PAGE 44 SUR LA ROUTE

adresses

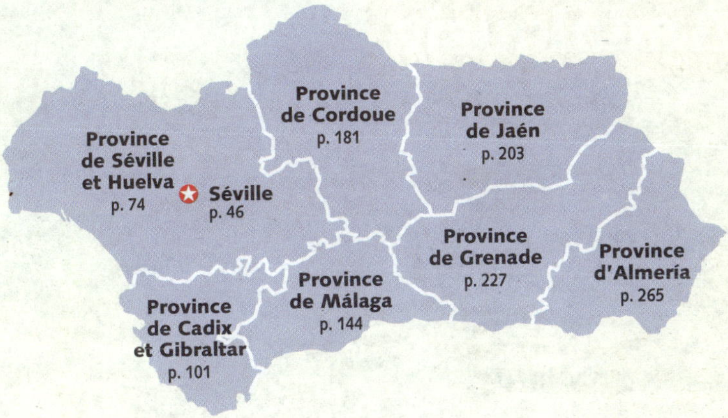

Hébergement p. 288

PAGE 361 L'ANDALOUSIE PRATIQUE

TOUT POUR S'ORGANISER
Location de voiture, ferries, organismes à connaître

ÉDITION ÉCRITE ET ACTUALISÉE PAR

Brendan Sainsbury

John Noble, Josephine Quintero, Daniel Schechter

GIOVANNI SIMEONE / 4CORNERS

L'odeur de la fleur d'oranger, le rythme d'une guitare flamenca, l'éclat de la cape d'un matador : tous ces souvenirs, aussi tangibles que les objets rapportés de votre voyage, vous inciteront à retourner en Andalousie.

(à gauche) Plage du Balcón de Europa, Nerja (p. 178), province de Málaga
(ci-dessous) Bar à tapas à Sanlúcar de Barrameda (p. 116), province de Cadix

STEFANO CELLAI / 4CORNERS

sec local, ces royaumes, tantôt paisibles, tantôt belliqueux, ont produit quantité de géants culturels : d'antiques mosquées déguisées en églises, de vastes palais criblés de stuc, une musique ardente nommée flamenco, des cités blanches dominant un paysage escarpé et aride. Un héritage, impressionnant à tous points de vue, présent dans toute la région, en des lieux comme la mosquée de Cordoue, les salles de concert de Jerez ou les villages de montagne de la province de Cadix.

Par-delà la côte

Il faudrait bien plus que les quelques tours d'habitation disgracieuses de la Costa del Sol pour faire oublier 3 000 ans d'histoire illustre. De vastes portions de la côte andalouse demeurent encore relativement vierges, tandis que, dans les terres, on découvre des villages blanchis par le soleil où la vie ne semble guère avoir changé depuis les *Bodas de Sangre* (*Noces de sang*) du poète et dramaturge Federico García Lorca. C'est dans le bar local que tout se passe. Les fermiers à la casquette aplatie disputant une bruyante partie de dominos, la photo jaunie d'une chanteuse de flamenco punaisée au mur, les vestiges d'un château mauresque scintillant dans l'encadrement de la porte, et ces incontournables arômes andalous – citronniers, encens d'église, friture à l'ail – qui éveillent les sens et donnent à penser que, peut-être, dans une vie antérieure, vous étiez andalou.

›Andalousie

ALTITUDE
2 000 m
1 500 m
1 000 m
500 m
200 m
100 m
0
0
80 km
Cordoue
Plus de 1 000 ans d'architectures chrétienne et musulmane (p. 181)
Séville
Rencontre entre une église gothique et un palais mudéjar (p. 46)
Badajoz
Mérida
ESPAGNE
ESTRÉMADURE
CORDOUE
Santa Eufemia
Pozoblanco
Peñarroya-Pueblonuevo
Río Guadiato
La Capitana (959 m)
Guadalcanal
Parque Natural Sierra de Hornachuelos
Parque Natural Sierra Norte
Constantina
Cordoue
Palma del Río
Beja
PORTUGAL
Parque Natural Sierra de Aracena y Picos de Aroche
Rosal de la Frontera
Jabugo
Aracena
Castaño (960 m)
Zalamea la Real
HUELA
Río Odiel
SÉVILLE
Río Huéznar
Lora del Río
Río Genil
Écija
Carmona
Séville
Río Tinto
Monte Francisco
Ayamonte
Lepe
Isla Cristina
Huelva
Punta Umbria
Almonte
Coria del Río
Marchena
Río Guadaíra
Río Corbones
Osuna
Utrera
Parque Nacional de Doñana
Matalascañas
37°N
Golfe de Cadix
Coripe
MÁLAGA
El Chorro
Olvera
Trebujena
Villamartín
El Torreón (1 654 m)
Barrage de Bornos
El Burgo
Ronda
Torrecilla (1 918 m)
Grazalema
Ubrique
Parque Natural Sierra de las Nieves
Sanlúcar de Barrameda
Jerez de la Frontera
Arcos de la Frontera
Baie de Cadix
CADIZ
Parque Natural Sierra de Grazalema
Gaucín
Cadix
San Fernando
Medina Sidonia
San Pedro de Alcántara
Marbella
Parque Nacional de Doñana
Îlot de biodiversité dans le delta du Río Guadalquivir (p. 82)
Cadix
L'atmosphère festive de la plus ancienne ville d'Europe (p. 103)
Conil de la Frontera
Los Caños de Meca
Barbate
Parque Natural del Estrecho
Costa de la Luz
Zahara de los Atunes
Bolonia
Gibraltar (Royaume-Uni)
Algésiras
36°N
Tarifa
Détroit de Gibraltar
Costa de la Luz
De vastes étendues de sable doré (p. 81)
Ceuta
OCÉAN ATLANTIQUE
Tanger
MAROC
6°O
5°O
7°O
Tarifa
La capitale andalouse de la planche à voile et du kitesurf
Ronda
Ville nichée au sommet d'une falaise, dans un cadre montagnard spectaculaire

DISTANCES ROUTIÈRES (KM)

N. B. : les distances indiquées sont approximatives.

	Séville	Cadix	Málaga	Cordoue	Jaén	Grenade
Cadix	126					
Málaga	209	240				
Cordoue	143	261	165			
Jaén	246	330	203	108		
Grenade	252	296	125	160	93	
Almería	410	463	207	316	220	162

17 FAÇONS DE VOIR L'ANDALOUSIE

Alhambra

1 Que dire ? Si les bâtisseurs nasrides de l'Alhambra (p. 229) ont démontré quelque chose, c'est bien que l'art et l'architecture sont infiniment plus éloquents que les mots, pour peu que l'on dispose du talent et de la vision nécessaires. Perchée sur une colline, avec la Sierra Nevada saupoudrée de neige en arrière-plan, l'imposante citadelle mauresque de Grenade éblouit les visiteurs depuis près de 1 000 ans. La raison à cela ? Un parfait équilibre entre le geste de l'architecte et l'environnement naturel. Oubliez la foule et les files d'attente : il s'agit là d'un pèlerinage fondamental.

Cathédrale de Séville et Alcázar

2 Les bâtisseurs de la cathédrale de Séville (p. 49), au XIIIe siècle, voulurent édifier une église si grande que les générations futures les traiteraient de fous. Le moins que l'on puisse dire est qu'ils ont réussi. Seule une poignée d'architectes aussi géniaux qu'illuminés auraient pu construire un chef-d'œuvre gothique aussi gigantesque. Plus subtil et d'une beauté plus sophistiquée, l'Alcázar (p. 53), véritable manifeste d'architecture mudéjare, sert toujours de palais à la famille royale espagnole. Les deux édifices se font face, de part et d'autre de la Plaza del Triunfo.

1

DR. WILFRIED BAHNMÜLLER / IMAGEBROKER ©

2

MONICA GUMM / IMAGEBROKER ©

Ronda

3 Pour visualiser Ronda (p. 163), pensez à l'adjectif "rugueux". Comme les imposantes montagnes de la Serranía de Ronda qui encerclent la ville, perchée au bord de falaises vertigineuses. Comme son histoire belliqueuse, pleine de bandits, de contrebandiers, de guerriers et de rebelles. Comme la corrida, car c'est ici, sous la conduite implacable des familles Romero et Ordóñez, que s'est développée l'école espagnole moderne. Enfin, comme Ernest Hemingway ou Orson Welles, deux personnalités rugueuses elles aussi, qui ont tissé des liens forts avec ce lieu. Sortez vos chaussures de randonnée et partez à l'assaut de cette cité.

Mosquée de Cordoue

4 Église, mosquée, puis de nouveau église, la Mezquita de Cordoue (p. 186) illustre l'évolution des architectures musulmane et occidentale sur plus de 1 000 ans. Parmi ses caractéristiques les plus novatrices, d'antiques arcs en fer à cheval, un *mihrab* (niche de prière) sophistiqué et une véritable "forêt" constituée de 856 colonnes, dont beaucoup proviennent de vestiges romains. L'envergure de la Grande Mosquée reflète la puissance passée de Cordoue, cité la plus raffinée de l'Europe du Xe siècle. Elle inspira des édifices plus remarquables encore, notamment à Séville et à Grenade.

Dégustation de xérès

5 Le xérès ou "sherry" a souvent l'image d'une boisson pour vieilles dames anglaises discutant de problèmes capillaires à l'heure du déjeuner dominical. Les amateurs de vin ne s'arrêteront pas à ce cliché. Ici, dans les vignes ensoleillées de la province de Cadix, le vin blanc fortifié est produit depuis l'époque phénicienne pour le grand bonheur de tous, de Christophe Colomb à Francis Drake. Pour humer son arôme boisé, rendez-vous dans le fameux "triangle du xérès", composé des villes de Jerez de la Frontera (p. 118), El Puerto de Santa María (p. 112) et Sanlúcar de Barrameda (p. 116).

4

OLIVER STREWE / GETTY IMAGES ©

5

MARTIN SIEPMANN / IMAGEBROKER ©

Sierra Nevada et Las Alpujarras

6 La neige est rarissime en Andalousie, ce qui donne une touche encore plus exotique à la Sierra Nevada (littéralement "montagnes enneigées" ; p. 253), chaîne montagneuse qui sert de majestueuse toile de fond à l'une des villes les plus saisissantes d'Espagne, la mauresque Grenade. Entre autres perles rares, on citera aussi l'unique station de ski d'Andalousie. La partie la moins élevée, appelée Las Alpujarras, est émaillée de villages pittoresques réputés pour leur artisanat ancestral et la fertilité de leurs terres.

Flamenco

7 Comme toutes les grandes musiques, le flamenco possède ce don de chasser le spleen et de toucher l'âme. Comme si, en charriant la douleur de générations d'êtres errants, une porte s'entrouvrait sur un univers secret peuplé de fantômes. La culture flamenca peut aussi révéler un visage incroyablement gai, drôle et ironique. Seule condition absolue : il faut l'écouter "en live", de préférence en son fief, le triangle Séville-Jerez de la Frontera-Cadix.

6

WILL SELAREP / GETTY IMAGES ©

7

PAUL BERNHARDT / GETTY IMAGES ©

ZORRO12 / DREAMSTIME.COM ©

OLIVER STREWE / GETTY IMAGES ©

SIMON GREENWOOD / GETTY IMAGES ©

Cabo de Gata

8 Pour emporter un beau souvenir de la côte, telle qu'elle était avant que les complexes hôteliers monstres ne s'invitent sur la Costa del Sol, venez découvrir Cabo de Gata (p. 280), dans la province d'Almería : une portion de littoral sauvage et déchiqueté où les bateaux rapportent encore leur pêche quotidienne et les falaises se découpent sur l'azur de la Méditerranée. Riche en créatures ailées et en végétation rase, cette zone parmi les plus sèches d'Europe est aussi une zone protégée. Oubliez donc la voiture ; ici, le vélo et la marche sont les modes de transport privilégiés.

Tapas

9 La gastronomie espagnole a beau avoir embrassé la tendance moléculaire ces dernières années, certains classiques demeurent incontournables. Les tapas définissent autant la forme que le fond de la cuisine ibérique – une interminable dégustation qui peut durer jusque tard dans la nuit. Séville revendique les *platillos* les plus inventifs, même si les *Malagueños* (habitants de Málaga) ne sont probablement pas de cet avis. Grenade est l'un des rares endroits en Espagne où chaque verre commandé au comptoir est accompagné de tapas gratuites.

Cadix

10 Les *Gaditanos* (habitants de Cadix) sont les plus farceurs des Espagnols. Et dans cette ville de *barrios* (quartiers) antiques, qui accueille le plus grand carnaval du pays (p. 109), on ne prend jamais rien trop au sérieux. Même la variété de flamenco locale, l'*alegrías*, est d'une gaieté inhabituelle. Posée comme un grand navire sédentaire sur une péninsule s'avançant dans l'Atlantique, Cadix (p. 103) s'enorgueillit également de la promenade de mer la plus romantique de la région, d'immenses plages et d'un nombre incroyable de sites gratuits.

Parque Nacional de Doñana

11 Véritable "îlot" de biodiversité situé dans le delta du Río Guadalquivir, le Parque Nacional de Doñana (p. 82) est l'une des zones humides les plus importantes d'Europe et l'un des deux parcs nationaux d'Andalousie. La région, propice à de multiples excursions en pleine nature, est une escale prisée des oiseaux aquatiques migrateurs et le territoire du lynx ibérique, une espèce rare. Pionnier de la gestion environnementale, le parc a montré la voie dans la façon de faire cohabiter richesses naturelles et exigences touristiques et agricoles.

Plages de la Costa de la Luz

12 Les habitués de la Costa del Sol n'ont probablement jamais entendu parler de Barbate, de Zahara de los Atunes ou d'El Palmar. Le versant atlantique de la côte andalouse, moins connu, est également plus sauvage et venteux que les plages méditerranéennes du sud. Il est aussi moins fréquenté. Sur la Costa de la Luz (p. 130), on dénombre bien moins de vacanciers sur la plage que d'amateurs de planche à voile, de balade à cheval et de randonnée, même si les vastes étendues de sable doré ne manquent pas.

11

RICHARD KEMP / GETTY IMAGES ©

WITOLD SKRYPCZAK / GETTY IMAGES ©

HILARY MORGAN / ALAMY ©

Musée Picasso de Málaga

13 Berceau de l'art de la Renaissance durant *El Siglo de Oro* (le Siècle d'or) espagnol, l'Andalousie a également vu naître l'un des artistes les plus fameux et les plus influents du XXe siècle : Pablo Picasso. Né à Málaga, avant de connaître la gloire à Barcelone et à Paris, le précurseur du cubisme a légué à titre posthume un remarquable musée à sa ville natale. Le Museo Picasso Málaga (p. 148), inauguré en 2003, offre un bel aperçu de l'œuvre de ce maître de l'art moderne, à travers plus de 200 pièces.

HARRY ENGELS / GETTY IMAGES ©

DESEO / CORBIS ©

Semana Santa à Séville

14 Seuls les *Sevillanos* (habitants de Séville) pouvaient s'emparer des thèmes du chagrin et de la mort et en faire un spectacle aussi saisissant. Si de nombreuses villes dans le monde célèbrent la Semaine sainte catholique (p. 65), aucune ne s'y prête avec autant d'intensité qu'à Séville. Voyez ces processions immémoriales, emmenées par les *hermanadades* (confréries ; la plus ancienne date de 1340), transporter ces chars richement décorés à travers les rues de la ville, dans une atmosphère empreinte d'émotion et d'intensité religieuse.

Joyaux Renaissance de Baeza et Úbeda

15 Ces deux villes méconnues, posées au milieu des oliveraies de la province de Jaén, semblent plus italiennes qu'espagnoles. Cette impression s'explique par une architecture Renaissance intacte. Remodelés par des urbanistes au XVIe siècle, leurs palais monumentaux et leurs édifices publics symétriques introduisirent les idées de la Renaissance en Espagne, avant qu'elles ne gagnent l'Amérique latine. En 2003, Baeza (p. 212) et Úbeda (p. 216) ont été classées au patrimoine mondial de l'Unesco.

DAVID C TOMLINSON / GETTY IMAGES ©

BEN WELSH / GETTY IMAGES ©

La visite des villages blancs

16 Difficile de déterminer quel est le plus beau village, ils sont tous formidables. Lorsqu'on insiste, la majorité des visiteurs ont tendance à énumérer les clichés : site fabuleux, vieille ville soporifique, luxueux *parador* et passé frontalier explosif. Les plus beaux échantillons sont disséminés dans toute la région, avec deux secteurs de concentration majeurs : l'un à l'est de la province de Cadix (p. 124), l'autre dans la zone montagneuse des Alpujarras (p. 253). Visitez-les à vélo, à pied, en voiture ou en bus.

Planche à voile à Tarifa

17 Si l'Andalousie a à son actif une activité de plein air emblématique, c'est bien la planche à voile. Ici, ce sport à sensation est rendu plus intense encore par les vents puissants qui fouettent les eaux près du détroit de Gibraltar. Cette activité, combinée au kitesurf, plus casse-cou encore, explique l'image tendance de la Costa de la Luz et de Tarifa (p. 133) – son point le plus méridional –, une ville côtière blanche et venteuse qui paraît plus marocaine qu'espagnole. Les boutiques de sport nautique branchées prolifèrent en bord de mer, fournissant un antidote au kitsch de la Costa del Sol.

L'essentiel

Monnaie

» Euro (€) ; livre de Gibraltar (£)

Langue

» Espagnol (castillan) ; anglais à Gibraltar

Quand partir

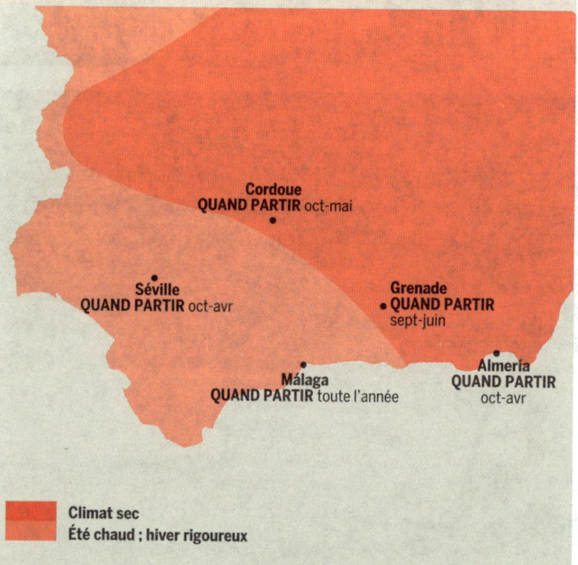

Haute saison
(juin-août)

» Le climat est chaud et sec.

» La majorité des Espagnols partent en vacances en août ; attendez-vous à des bouchons et à de fortes affluences.

» Les hôtels augmentent leurs tarifs.

Saison intermédiaire
(mars-mai, sept-oct)

» Les tarifs hôteliers peuvent tripler durant la Semana Santa et les *ferias*.

» Climat idéal – chaud, mais pas trop.

» Le printemps est ponctué de quantité de fêtes andalouses colorées.

Basse saison
(nov-fév)

» Climat chaud et sec sur la Costa del Sol, plus frais dans les terres.

» Possibilité de skier dans la Sierra Nevada.

» Les hôtels pratiquent de bons prix, mais certains ferment l'hiver.

Budget quotidien

Moins de 65 €

» *Hostales* et *pensiones* 25-50 €

» Tapas et *raciónes* à partager

» Profiter au maximum des sites gratuits

65-140 €

» Chambre dans un hôtel de catégorie moyenne 65-120 €

» Plat principal au déjeuner ou au dîner, divertissement nocturne abordable

» Privilégier le bus

Plus de 140 €

» Hébergement dans les *paradores* ou les hôtels de luxe

» Fréquentation régulière de bons restaurants, et spectacles le soir

» Taxi et trains à grande vitesse AVE (Alta Velocidad Española) sont privilégiés

Visa

» Non requis pour les séjours de 90 jours maximum (inutile pour les membres de l'UE ou les pays de l'espace Schengen).

Argent

» Les distributeurs automatiques de billets (DAB) sont très répandus. Cartes de crédit acceptées dans les hôtels, restaurants et magasins.

Téléphones portables

» Cartes SIM locales largement répandues ; compatibles avec les téléphones européens.

Hébergement

» Vaste gamme d'hébergements : *paradores* historiques, hôtels de charme luxueux, gîtes ruraux pittoresques et auberges modestes.

Sites web

» **Turismo Andalucía** (www.andalucia.org). Site officiel, véritable encyclopédie du tourisme.

» **Holiday in Spain** (www.spain.info). Autre site officiel utile.

» **Andalucia.com** (www.andalucia.com). L'un des sites les plus intéressants et les plus complets sur la région.

» **Lonely Planet** (lonelyplanet.fr). Pour construire son propre itinéraire.

» **Iberianature** (www.iberianature.com). Site spécialisé sur la faune et la flore d'Espagne.

Taux de change

Canada	1 $C	0,75 €
Maroc	1 Dh	0,09 €
Suisse	1 FS	0,83 €

Pour connaître les derniers taux de change, consultez www.xe.com/ucc/fr

Numéros utiles

L'Espagne n'a pas d'indicatifs régionaux ; composez les 9 chiffres tels qu'ils apparaissent dans ce guide.

Indicatif du pays	+34
Code d'accès international	+00
Ambulance	+061
Urgences	+112
Police nationale	+091

Arriver en Andalousie

» **Aéroport de Séville**
Bus – 2,40 € ; départ pour le centre toutes les 15 minutes aux heures de pointe, toutes les 30 minutes le reste de la journée et le dimanche
Taxi – 21-25 € ; de 15 à 20 minutes de trajet

» **Aéroport de Málaga**
Train – 1,20-1,30 € ; départ toutes les 20 minutes ; 15 minutes pour rallier le centre
Bus – 1,20 € ; départ du bus n°75 pour le centre (20 min) toutes les 20 à 30 minutes ; arrêt devant le hall principal des arrivées du Terminal 3
Taxi – 15-19 €

Conduire en Andalousie

L'Andalousie dispose d'un excellent réseau routier. Malgré la bonne qualité des transports publics, certains visiteurs préfèrent choisir la voiture, pour plus d'indépendance. En cas de location, vous gagnerez du temps en réservant un véhicule avant de partir. Comptez 120-150 € pour un modèle économique à 4 portes. Les sociétés présentes à l'aéroport de Málaga proposent des tarifs intéressants. Si la circulation ne pose pas de problème sur les routes de campagne, il en va autrement en ville. Les régions métropolitaines, comme celle de Séville, ont voté nombre de restrictions en matière de circulation ces dernières années ; une fois que vous aurez repéré votre lieu d'hébergement et garé votre véhicule, mieux vaut privilégier la marche, le vélo ou les transports publics. Les possibilités de se garer en ville sont rares. Les parkings payants ne sont pas toujours bon marché (environ 1 €/h) mais généralement sûrs.

Quoi de neuf ?

Pour cette nouvelle édition, nos auteurs ont traqué les dernières nouveautés, transformations, tendances et événements en Andalousie. En voici une sélection.

Metropol Parasol, Séville

1 La colossale "gaufre volante" de Séville a injecté une dose de modernité dans le cœur traditionnel de la ville. Forcément controversé, le jury s'interroge encore sur ses mérites architecturaux. (p. 59)

Museo Carmen Thyssen, Málaga

2 Avec cette collection d'art espagnol et andalou du XIXe siècle, la capitale artistique émergente ajoute une nouvelle corde à son arc. (p. 149)

Hammam Aíre de Almería, Almería

3 Situé dans un ancien souk, ce nouveau hammam de luxe rehausse d'une touche d'élégance la très branchée Almería. (p. 275)

El Pabellon de la Navegación, Séville

4 Nouvel emblème architectural installé sur les berges du Río Guadalquivir, à Séville, ce musée retrace la longue histoire qui unit la ville à la mer. (p. 63)

Village schtroumpf, Júzcar

5 Le village blanc de Júzcar, dans la province de Málaga, s'est vu repeindre en bleu en 2011, à l'occasion d'une superproduction mettant en scène les fameux Schtroumpfs. Depuis, la localité est devenue une attraction touristique majeure. (p. 169)

Patrimoine immatériel de l'Unesco

6 En 2010, l'Unesco a ajouté deux piliers de la culture andalouse à sa liste du patrimoine culturel immatériel : le "flamenco" et la "diète méditerranéenne".

Hotel Casa 1800, Séville

7 Dans ce nouvel hôtel de Santa Cruz, à Séville, le service et l'accueil sont à la hauteur du luxueux cadre flambant neuf. À noter : les appartements de standing sur le toit et la *merienda* (en-cas pris à 17h) gratuite. (p. 290)

Medina Azahara, Cordoue

8 Tout nouveau, cet élégant musée situé sur un site archéologique de Cordoue se fond habilement parmi les vestiges de la légendaire ville-palais d'Abd al-Rahman III. (p. 192)

Centre d'observation des oiseaux Francisco Bernis, El Rocío

9 Une fenêtre ouverte sur les marais du Parque Nacional de Doñana, dans la province de Huelva, où des spécialistes de l'ornithologie vous aident à identifier les innombrables espèces ailées. (p. 86)

Museo de Nerja, Nerja

10 La jolie ville côtière de Nerja, dans la province de Málaga, vient de se doter d'un musée d'histoire axé sur l'ethnologie, riche en objets découverts dans les fameuses grottes voisines. (p. 178)

Développement de Gibraltar

11 Tirant le meilleur parti de ses dimensions minuscules, le territoire britannique poursuit son expansion, avec l'achèvement de la luxueuse marina d'Ocean Village et d'un nouveau terminal d'aéroport. (p. 138)

Envie de...

Randonnées

Région montagneuse dotée d'une côte infinie, de sites historiques et d'un climat idyllique, l'Andalousie est digne de figurer au panthéon mondial de la randonnée.

Grazalema Randonnées avec guide ou balades énergiques en solo dans d'impressionnantes montagnes déchiquetées, entre orchidées et vautours tournoyant dans le ciel. (p. 125)

Parque Natural Sierra de Aracena Les territoires reculés de la province de Huelva restent un mystère pour beaucoup, lacis de sentiers bucoliques ponctué de minuscules villages. (p. 90)

Cabo de Gata Soixante kilomètres de sentiers côtiers sauvages devraient suffire à prouver que l'adjectif "défiguré" n'est pas le seul pour qualifier les *costas* tant décriées d'Andalousie. (p. 280)

Sierra Nevada Cochez le Mulhacén, point culminant de l'Espagne continentale, ou le Veleta, légèrement plus facile, sur votre liste de randonnées – pourvu que votre condition physique le permette. (p. 253)

Parque Natural Sierra de Hornachuelos Des balades faciles et méconnues, à l'ouest de Cordoue, dans une réserve naturelle intacte. (p. 200)

Plages

En attirant des foules d'Anglais et d'Allemands, les plages ont peut-être sauvé l'économie andalouse dans les années 1960 et 1970. Aujourd'hui, les meilleures d'entre elles sont souvent les moins fréquentées, coincées entre deux stations balnéaires.

Cabo de Gata Dans les criques sablonneuses de cette portion de littoral protégé de la Costa de Almería, on se croirait presque dans les années 1950. (p. 280)

Cadix La splendide Playa de la Victoria est suffisamment vaste pour accueillir la majorité des habitants de Cadix par un chaud week-end estival. (p. 108)

Nerja Cette charmante cité balnéaire de la province de Málaga a trouvé le juste équilibre entre tourisme et authenticité. (p. 178)

Zahara de los Atunes Faites votre jogging le long des larges plages désertes de la Costa de la Luz, avec le continent africain scintillant au loin. (p. 132)

Almuñécar Bienvenue sur la Costa Tropical. Jamais entendu parler ? Quittez Málaga et prenez vers l'est jusqu'à ce que vous atteigniez la sérénité, sans un touriste à l'horizon. (p. 263)

Architecture mauresque

Si l'Andalousie compte de nombreux styles architecturaux, c'est l'architecture mauresque qui donne vraiment le vertige. Les sceptiques sont invités à se rendre à Séville et à Grenade.

Alhambra (Grenade) En mille ans d'histoire, on n'a jamais fait mieux. L'architecture mauresque atteignit son apogée dans les années 1350, sous la tutelle du sultan Mohammed V. (p. 229)

Alcázar (Séville) Seul l'Alhambra pourrait faire de l'ombre à l'Alcázar, quelques millimètres en deçà sur l'échelle de la virtuosité. (p. 53)

Mezquita (Cordoue) L'une des plus formidables mosquées jamais bâties est aujourd'hui une cathédrale et un témoignage historique des débuts de l'architecture dans l'Espagne musulmane. (p. 186)

Alcazaba (Almería) Un fort magnifique, logé dans un cadre côtier splendide, qui rivalisait jadis avec l'Alhambra. (p. 267)

Giralda (Séville) Avant d'être un beffroi, c'était un minaret, et ce vestige mauresque se fond harmonieusement dans cette masse gothique qu'est la cathédrale de Séville. (p. 49)

QUADRIGA IMAGES / GETTY IMAGES ©

» Poêlée de tapas, Grenade

Délices gastronomiques locaux

Gardiens de la tradition gastronomique espagnole, les menus andalous mettent à l'honneur les plats de poisson, bien épaulés par quelques ragoûts de viande. Sans oublier les tapas, source de surprises infinie.

Sanlúcar de Barrameda Un poisson fantastique transformé en tapas follement inventives, le tout arrosé d'un verre de *manzanilla*, un xérès au goût légèrement salé. (p. 116)

Jabugo Dans cette ville de la province de Huelva, on déguste comme nulle part ailleurs un jambon espagnol de premier ordre, concocté à partir des cochons noirs gavés de glands du Parque Natural Sierra de Aracena y Picos de Aroche. (p. 91)

Grenade Tapas gratuites, cuisine d'influence marocaine, pléthore de bars et de cafés, sans oublier les légumes frais provenant de la *vega* (plaine agricole) voisine. (p. 243)

Málaga Ici, le *pescaito frito* (poisson frit), la signature culinaire andalouse, est omniprésent. À déguster avec un verre de vin local en admirant la mer. (p. 153)

Cités blanches perchées

Se rendre en Andalousie sans visiter une bourgade de montagne serait dommage. Des dizaines de ces créations cubistes immaculées ponctuent le paysage accidenté de la région, telles des sentinelles étincelantes.

Arcos de la Frontera La cité blanche par excellence : château en ruine, église mystérieuse et demeures mauresques aveuglantes, le tout accroché à un rocher escarpé. (p. 128)

Vejer de la Frontera Ici, vous tomberez en pâmoison devant les restaurants mauresques, les fontaines aux carreaux de céramique ouvragés, les fêtes, les hôtels de charme luxueux et ce sentiment d'intemporalité. (p. 131)

Olvera Cette cité de la province de Grazalema permet d'accéder directement aux autres villages blancs, de préférence en empruntant, à bicyclette, la Vía Verde de la Sierra – une voie verte. (p. 124)

Capileira Un autre type de village blanc, accroché au flanc d'une vallée encaissée des Alpujarras, lieu de production artisanale et point de départ des randonneurs pour la Sierra Nevada. (p. 259)

Beaux-Arts

La tournée des grands musées espagnols ne s'achève pas avec le Prado, à Madrid. Personne n'ignore que l'Andalousie a dominé la scène artistique durant *El Siglo de Oro* (le Siècle d'or), emmenée par les Velázquez, Murillo et autre Zurbarán. Sans surprise, la région porte l'empreinte de leur passage.

Málaga Le nom de Pablo Picasso devrait dire quelque chose au plus réticent des visiteurs de musée. Le maître andalou est né à Málaga, une ville qui clame haut et fort sa fierté au Museo Picasso Málaga. (p. 148)

Séville Si le Museo de Bellas Artes est incontournable, la cathédrale de Séville abrite également de remarquables œuvres de Murillo et Zurbarán. (p. 58)

Cadix Le Museo de Cádiz permet d'admirer gratuitement, à l'étage, de splendides collections, dont des œuvres notables des maîtres andalous. (p. 103)

Grenade Les édifices sacrés de Grenade regorgent de trésors. Ainsi du musée de la Capilla Real (chapelle royale), près de la cathédrale, et du Monasterio de San Jerónimo, aux motifs picturaux complexes. (p. 239)

Mois par mois

Le top 5

1 **Semana Santa,** mars

2 **Feria de Abril,** avril

3 **Carnaval,** février

4 **Festival de Jerez,** février

5 **Feria del Caballo,** mai

Janvier

L'année commence doucement. Dès la fin du mois, diverses *romerías* (pèlerinages et fêtes religieuses) et fêtes des saints relèvent le niveau, dont la fête de San Sebastián (saint Sébastien ; 20 janvier). À Málaga, les températures affichent un imperturbable 12°C.

Día de los Reyes Magos

Pour célébrer l'Épiphanie, le 6 janvier, les effigies des Rois mages traversent quantité de villes et de villages andalous. Traditionnellement, les porteurs jettent des bonbons dans la foule, une pratique qui vise essentiellement les enfants.

Février

Attention, poids lourds. En février, le carnaval de Cadix et le festival de flamenco de Jerez attirent des foules venues de toutes parts. C'est aussi le meilleur mois pour skier dans la Sierra Nevada, tandis que la côte affiche un agréable 13°C.

Festival de Jerez

Jerez de la Frontera accueille ce célèbre festival de flamenco (www.festivaldejerez.es), où les plus grands artistes du genre se produisent. Contrairement à la biennale de Séville, ce festival se déroule chaque année, deux semaines durant.

Carnaval

Février rime avec carnaval. Cadix organise le plus important du genre en Espagne continentale, un événement qui mise davantage sur l'humour et la satire que la grandiloquence, façon Rio de Janeiro. La fête bat son plein pendant 10 jours. À défaut, rabattez-vous sur le Festival de Jerez.

Mars

Mars inaugure la meilleure période pour visiter l'Andalousie, surtout lorsque Pâques tombe tôt. Les sombres défilés de la Semana Santa annoncent une saison de festivals qui s'intensifient à mesure que les températures augmentent.

Festival Internacional de Tango

Des spectacles de tango (argentin) et des cours de danse rythment le quotidien de Grenade de mi-mars à fin mars au cours de l'un des meilleurs festivals de musique/danse d'Andalousie.

Semana Santa

Le calme avant la tempête, la tristesse avant la résurrection. Peu de célébrations de la Semaine sainte dépassent celle de Séville (p. 65), qui voit des *nazarenos* (pénitents) encapuchonnés transporter d'énormes chars à travers les rues dans une atmosphère de spectrale solennité.

Avril

Peut-être le mois le plus propice de l'année pour découvrir l'Andalousie, avril rime avec beau temps (pas avec canicule) et fêtes exubérantes, dans le sillage du grand rendez-vous sévillan. Les tarifs peuvent exploser et les hôtels affichent vite complet.

Feria de Abril
La légendaire foire d'avril de Séville (p. 66) pourrait se résumer ainsi : un verre de xérès, un tour de cheval, quelques *sevillanas*, un tour d'autos-tamponneuses, un autre verre de xérès, avant un retour vers 2h du matin. Cette *feria de Abril* s'accompagne d'un programme complet de corridas.

Moto GP
À Jerez de la Frontera, les aficionados du cheval, du flamenco et du xérès nourrissent une autre passion : le Grand Prix d'Espagne de moto (p. 121), qui s'y déroule chaque année. Les fans viennent des quatre coins du pays et campent en nombre près du circuit, rappelant les grands rassemblements de motards.

Mai

Les flancs des montagnes se couvrent de fleurs sauvages, les tournesols sont de sortie, et chaque Andalou semble enfourcher son cheval pour participer à quelque romería ou fête printanière.

Feria del Caballo
Jerez de la Frontera accueille quelques-unes des plus grandes manifestations de la région, dont la fameuse fête du cheval (p. 121), qui remonte au Moyen Âge. Au programme : parades équestres, corridas, manèges et bars servant le meilleur xérès local.

Romería del Rocío
Chaque année, la mère de tous les pèlerinages (p. 86) attire plus d'un million de personnes venues vénérer la Vierge d'El Rocío, dans le village du même nom (province de Huelva). On vient de partout, à pied, à cheval ou en roulotte. La date varie en fonction de Pâques.

Concurso de Patios Cordobeses
On ne s'ennuie guère à Cordoue en mai, de la fête des fleurs à la foire de printemps. Entre ces deux événements, le concours des patios cordouans rend hommage (p. 192) aux splendides cours intérieures de la ville. Les propriétaires des maisons ouvrent alors leurs portes pour décrocher le titre du "plus beau patio".

Juin

La saison des fêtes estivales est lancée, chaque ville et village d'Andalousie apportant sa propre contribution. Si Pâques tombe tard, la Pentecôte de Mojácar Pueblo et la Romería del Rocío (deuxième jour de Pentecôte) peuvent se dérouler en juin.

Festival Internacional de la Guitarra
Si le flamenco est au cœur de ce festival de guitare (p. 193) de deux semaines, à la fin juin ou au début de juillet, sous le soleil cuisant de Cordoue, des concerts de guitare classique, de rock et de blues y sont également organisés.

Corpus Christi
Autre fête catholique itinérante, célébrée huit semaines et demie après Pâques, le Corpus Christi (Fête-Dieu) est un rendez-vous important à Grenade (p. 243). Malgré la solennité sous-jacente, la célébration se fond dans la foire annuelle. Traditionnellement, un tapis végétal luxuriant recouvre les rues de la ville.

Hogueras de San Juan
Feux de joie et feux d'artifice sont au cœur de la fête de la Saint-Jean, le 23 juin, qui célèbre la naissance de saint Jean-Baptiste. Des milliers de personnes passent alors la nuit sur les plages andalouses.

Juillet

Les Européens du Nord prennent les plages méditerranéennes d'assaut. Vous pouvez les accompagner, ou filer vers les sentiers de randonnée dans les montagnes de l'arrière-pays, sous un ciel dénué de nuages.

Virgen del Carmen
Tous les 15 juillet, on fête la sainte patronne des pêcheurs et des marins dans nombre de cités côtières andalouses (notamment Estepona, Barbate, Cadix et Málaga), où son effigie défile le long du littoral sur un bateau décoré de fleurs, avec force musique et feux d'artifice.

Août

Cette fois, il fait vraiment chaud. Direction la plage pour goûter à la brise marine, ou Málaga, cité aussi festive que Séville. Si vous choisissez la côte, sachez que la moitié de la population espagnole sera au rendez-vous. Réservez donc bien à l'avance.

Feria de Málaga

Dans un effort pour concurrencer sa grande rivale (et y parvenant presque), Málaga organise la feria andalouse la plus célèbre (p. 153) après celle de Séville. On y recense toutes les caractéristiques attendues : xérès, lampions, danses et feux d'artifice. Bizarrement, elle est relativement peu fréquentée par les vacanciers de la Costa del Sol.

Septembre

Enfin, la chaleur se calme un peu. Le climat est idéal pour la randonnée et l'heure est aux vendanges. Jerez et Montilla accueillent chacune une fête du vin.

Bienal de Flamenco

Séville (p. 66), qui organise l'événement les années paires, partage cette biennale de flamenco avec Málaga. Depuis 1980, des artistes de premier plan se produisent lors de cette fête qui dure 30 jours.

Feria de Pedro Romero

Encore des costumes et des taureaux, cette fois dans la cité montagnarde de Ronda (p. 167), où l'on revêt des tenues sophistiquées de l'époque de Goya pour ajouter une dimension historique au "ballet" de la corrida. Toute une série d'événements est au programme.

Fiestas de Otoño

Jerez de la Frontera, encore elle. Même les rock stars les plus extravagantes peineraient à suivre le rythme de cette ville enfiévrée. Lors de ces fêtes d'automne (p. 122), on saisit le prétexte des vendanges pour fouler le raisin, boire du xérès et jouer un flamenco de type *bulería*.

Octobre

Avec l'automne arrivent les vendanges et quantité de fêtes gastronomiques. Soyez à l'affût des dégustations de fromage, des journées de la soupe et des concours de coupe de jambon.

Feria de la Tapa

Rejoignez Sanlúcar de Barrameda, cité côtière dédiée aux produits de la mer, pour une dégustation de tapas en plein air. Arrosez le tout de quelques *copas* (verres) de *manzanilla*, le fameux xérès local.

Novembre

Un mois essentiel pour l'agriculture, avec l'abattage du cochon et la récolte des olives. C'est aussi le début de la basse saison, même si le soleil réchauffe encore Séville.

La Matanza

L'abattage du cochon, ou *matanza,* rivalise avec la Feria de Pedro Romero pour le titre du spectacle le plus macabre d'Andalousie. Il commence traditionnellement le 11 novembre, jour de la Saint-Martin. Cette joyeuse célébration, où l'on fait bombance, se déroule dans de nombreux villages de montagne.

Décembre

On les imagine épuisés après une année de fête ininterrompue, mais les Andalous ont gardé suffisamment d'énergie pour une dernière célébration : Noël. Sinon, décembre est plutôt calme, à moins que l'on aille skier.

Fiesta Mayor de Verdiales

Le 28 décembre, la bourgade d'Almogia, dans la province de Málaga, organise un concours de danses folkloriques de style fandango appelées *verdiales*. Des chanteurs et danseurs, baptisés *pandas*, revêtent un costume assorti de rubans et proposent une variété de flamenco typique de la région, avec guitares et violons.

Itinéraires

Que vous disposiez de six jours ou de deux mois, ces itinéraires sont l'amorce d'un voyage inoubliable. Pour plus d'informations, rejoignez la communauté de voyageurs sur le forum de lonelyplanet.fr.

Deux semaines

À ne pas manquer

Un périple de deux semaines vous permettra de découvrir l'essentiel de l'Andalousie. Le point de départ : **Séville** (sur trois jours), avec sa fameuse cathédrale et son Alcázar, juxtaposés de manière surréaliste. Parcourez 150 km en train vers l'est et remontez le temps pour explorer **Cordoue**, site de la mystérieuse mosquée et de patios dissimulés. Des tapas gratuites, des salons de thé ombragés et l'incomparable Alhambra rythmeront votre escapade à **Grenade**, où vous pourriez passer trois jours dans un hammam mauresque à déchiffrer les vers de García Lorca. Aisément accessible en bus, **Málaga** est sobre en comparaison. Consacrez-lui une journée, entre découverte du musée Picasso et dégustation de fruits de mer. Avec ses montagnes alentour, sa culture de la corrida et son passé rebelle, **Ronda** offre un contraste saisissant. À **Jerez de la Frontera**, vous seriez bien malchanceux si vous ne tombiez pas en plein festival ; la ville est également réputée pour ses chevaux, ses *bodegas* de xérès et le flamenco. À 40 minutes en train, **Cadix** compte quantité de sites gratuits, dont un remarquable musée et un club de flamenco, ainsi qu'un splendide *malecón* (promenade de bord de mer) où clore en beauté votre séjour.

Un mois

Le grand tour

Avec un mois devant vous, passez quelques jours à **Séville**, en profitant de ses sites emblématiques (la cathédrale, l'Alcázar) ou assez confidentiels (Casa de Pilatos, Triana), en plus de festivals et de quelques hauts lieux du flamenco. À l'ouest, dans la province de Huelva, excellent territoire de randonnée dans sa partie nord, les collines champêtres entourant **Aracena** promettent des promenades mémorables au gré de villages assoupis. Repassez par Séville puis prenez vers l'est. Après une journée dédiée à la charmante **Carmona**, offrez-vous une escapade dans la Sierra Norte, souvent négligée. La deuxième semaine, rejoignez **Cordoue**, longtemps faire-valoir historique de Séville. Retracez l'histoire de l'Andalousie au fil de ses rues blanches, de ses vestiges romains et de son architecture musulmane. Plus à l'est, la province de Jaén se caractérise par ses oliviers, omniprésents, et son impressionnante architecture Renaissance, visible dans les cités jumelles de **Baeza** et **Úbeda**. Plus à l'est, **Cazorla** marque l'entrée de la plus vaste zone protégée d'Andalousie, peu visitée. Destination plus classique, empreinte de majesté, **Grenade** inaugurera votre troisième semaine. Pour découvrir ces provinces, il vous faudra contourner la Sierra Nevada jusqu'à **Almería**, l'est andalou, aride, popularisé par les westerns-spaghettis. Mettez le cap sur la côte et **Almuñécar**, localité espagnole typique, puis poursuivez vers l'ouest au fil de stations balnéaires en constante expansion, jusqu'à **Málaga**, ville de la Costa del Sol qui n'y ressemble aucunement. Entamez votre dernière semaine à **Ronda**, qui figure à juste titre sur la majorité des itinéraires depuis le passage d'Hemingway. Un musée de la corrida riche en œuvres de Goya, des gorges vertigineuses et son statut de cité blanche y attirent les foules. La collection de villages blancs se poursuit dans la province voisine de Cadix – optez pour **Olvera**, **Grazalema** ou **Ubrique** – où profiter des parcs naturels environnants. Toute tentative de contourner **Arcos de la Frontera** serait vaine – la seule vue de ce spectaculaire village de montagne suffira à vous clouer sur place. Lors de cette semaine finale, recomposez le puzzle de la culture andalouse à **Jerez de la Frontera** et à **Cadix**, deux cités anciennes authentiques possédant tous les ingrédients qui ont fait la grandeur de cette région.

Une semaine
Le triangle culturel

Si un petit territoire résume l'essence même de l'Andalousie, c'est bien le triangle Séville-Cadix-Jerez de la Frontera, à l'ouest. Dotée d'un air excellent, bien desservie par le rail et le bus, **Séville** est le meilleur point de départ de ce séjour. Au programme (un jour ou deux) : un incroyable mélange d'architectures mauresque et gothique et d'innombrables festivals. Les trains à grande vitesse rallient désormais le sud et **Jerez de la Frontera**, première étape du "triangle du xérès", où alterner, sur deux jours, visites des bodegas, spectacles équestres, flamenco authentique et hammam. Plus à l'ouest, gagnez **Sanlúcar de Barrameda** en bus, histoire de comparer le *fino* à la *manzanilla* et de déguster certaines des meilleures tapas de fruits de mer du pays. L'endroit est aussi une base idéale pour apprécier la biodiversité du **Parque Nacional de Doñana**. Passez la soirée à **El Puerto de Santa María**, peu avare en bodegas, festivals et restaurants de poisson. Entourée par la mer, **Cadix** semble être aux confins de l'Europe. Les vastes plages se poursuivent vers le sud, le long de la Costa de la Luz – à découvrir à partir de **Vejer de la Frontera**, spectaculaire cité blanche perchée, à l'atmosphère raffinée.

Deux semaines
L'Ouest en détail

Commencez par le **Parque Nacional de Doñana**, dans la province de Huelva, peut-être le plus beau site naturel d'Andalousie et une zone humide rare en Europe, riche en oiseaux. Si **Séville** affiche des sites réputés, l'arrière-pays est plus méconnu. Visitez les paisibles cités de **Carmona** (avec son Alcázar) et d'**Osuna** (avec ses palais majestueux). Certes, la rugueuse **Ronda** figure sur l'itinéraire des touristes, mais la majorité d'entre eux n'y passent pas la nuit. Parmi les haltes de choix sur la route de Málaga, citons la gorge d'**El Chorro** et l'antique **Antequera**. **Málaga**, cité d'art intrépide, offre de délicieux fruits de mer. Si vous avez le temps, ne manquez pas quelques joyaux cachés de la province de Cadix, dont **Jimena de la Frontera**, de même que le **Parque Natural Los Alcornocales**, pour ses sentiers de randonnée. De son côté, **Gibraltar** a la faveur des expatriés britanniques. Poursuivez avec la Costa de la Luz, en passant au moins une nuit dans la cité blanche de **Vejer de la Frontera**. Puis consacrez les derniers jours au quatuor culturel composé de **Cadix**, **El Puerto de Santa María**, **Jerez de la Frontera** et **Sanlúcar de Barrameda**, pour un dernier cocktail xérès-flamenco-fruits de mer.

Trois semaines
La côte, incontournable

La côte borde cinq des huit provinces andalouses, la plupart des villes étant reliées par le bus. Si, jadis, on y construisit des empires, ces dernières années, le littoral a surtout été colonisé par les complexes balnéaires. Partez de **Cabo de Gata**, spectaculaire combinaison de falaises et de marais salants. À l'ouest, **Almería** mérite une halte pour son Alcazaba mauresque et ses rues sinueuses, tout comme la Costa Tropical de Grenade, escarpée et authentique. **Almuñécar** fait une base d'exploration idéale, tandis que **La Herradura** attire les amateurs de plongée. Non loin, à l'ouest, **Nerja** a su mieux tempérer son expansion que d'autres cités balnéaires, et **La Axarquía** séduit par ses excellents sentiers de randonnée. De plus en plus appréciée, **Málaga** mérite trois jours de votre temps pour son patrimoine artistique et sa gastronomie. **Marbella** est peut-être le bijou de la Costa del Sol, même si **Mijas** vaut bien une excursion. Plus à l'ouest, **Gibraltar** garde les portes de l'Europe. La Costa de la Luz, qui commence à **Tarifa**, paradis de la planche à voile, a une atmosphère bien à elle et une cuisine différente. Consacrez trois jours à **Barbate** et à **Los Caños de Meca**, avant de terminer en apothéose, à **Cadix**.

Deux semaines
L'Est en détail

Voici l'itinéraire le moins attendu de l'Andalousie. Consacrez trois jours à chacune de ses deux villes phares. **Cordoue** a tout d'un joyau, avec l'une des plus belles mosquées jamais bâties. **Grenade** illustre la fin de l'époque nasride à travers son Alhambra, son Albaicín et ses hammams de style mauresque. Les deux villes peuvent servir de base pour une incursion dans les régions montagneuses voisines. Les vastes étendues sauvages de la province de Cordoue abritent le **Parque Natural Sierra de Hornachuelos**. De son côté, Grenade offre le **Parque Nacional Sierra Nevada** et les Alpujarras, ces vallées qui ornent les versants sud du massif. De là, on peut faire un détour vers **Guadix**, avec ses maisons troglodytiques, ou **Almuñécar**, sur la côte, petit havre à l'abri des grands complexes balnéaires. **Jaén** est le royaume de l'huile d'olive et des bars à tapas, tandis que **Baeza** et **Úbeda** se distinguent par leur architecture Renaissance. Dans la province d'Almería, **Mojácar** hésite entre le bohème et le clinquant ; **Cabo de Gata** constitue l'enclave côtière la plus préservée de la région ; pour sa part, la ville d'**Almería** est une sorte de Grenade-sur-mer, avec quantité de vestiges mauresques.

Manger comme un Andalou

Quand partir

Par rapport au reste de l'Europe, l'Andalousie a ceci de particulier qu'elle produit des fruits et légumes toute l'année, surtout dans la province d'Almería et sur la Costa Tropical, en raison d'un climat particulièrement doux et d'un sol exceptionnellement fertile.

Avril-août Le printemps et l'été sont synonymes de gaspacho, l'emblématique soupe froide andalouse, avec les variantes régionales que sont le *salmorejo* (Cordoue) et l'*ajoblanco* (Málaga).

Août-septembre Les vendanges signent le début d'une série de fêtes du vin, notamment la Vendimia de Jerez de la Frontera, qui s'intègre aux Fiestas de Otoño en septembre – une excellente occasion d'accompagner *fino* et *manzanilla* de tapas.

Novembre-janvier Novembre marque le début de la *matanza* (abattage du cochon) et de fêtes où le porc est à l'honneur. C'est aussi la période de la récolte des olives. L'hiver rime avec marrons grillés, vendus dans la rue, notamment dans les zones les plus montagneuses.

Se restaurer à l'andalouse n'est pas seulement bon pour la santé. C'est aussi un excellent moyen de s'immerger dans la culture locale.

En matière gastronomique, la tradition domine toujours dans cette région de l'Espagne. Quelques experts gastronomiques du Pays basque et de la Catalogne y ont installé leurs laboratoires. On y trouve aussi quantité de poisson frais, un jambon fumé légendaire, des tomates douze mois sur douze et une huile d'olive douce-amère.

La culture culinaire en Andalousie n'est pas juste affaire de *contenu* ; c'est aussi une *manière* de se restaurer. Traditionnellement, les Andalous aiment à déguster de savoureux en-cas au petit-déjeuner, grignoter régulièrement, s'offrir une part de gâteau à 17h et dîner tard le soir. N'opposez aucune résistance et joignez-vous à eux !

Expériences culinaires

Plaisirs bon marché

» **Tapas gratuites** Grenade et Almería sont deux des derniers bastions ibériques des tapas gratuites. Contemplez ces petites assiettes d'en-cas servis gracieusement avec chaque verre commandé.

» **Chiringuitos** Cabanons de plage/restaurants saisonniers spécialisés dans les fruits de mer frits. Les classiques – *espeto de sardinas* (brochettes de sardine) et *boquerones fritos* (anchois frits) –

VÉGÉTARIENS ET VÉGÉTALIENS

Partout en Andalousie, fruits et légumes sont succulents et dégustés en saison, mais les restaurants qui s'affichent végétariens sont très rares dans la région. N'oubliez pas qu'un plat de "légumes" ne contient pas toujours que cela (par exemple, des haricots agrémentés de lamelles de jambon). Dans la plupart des restaurants, les végétariens trouveront des salades, du gaspacho (soupe de légumes froide), de l'*ajo blanco* (gaspacho blanc avec amandes, ail et raisin), *du pisto* (sorte de pistou), ou encore des *espárragos trigueros* (fines asperges sauvages), grillés ou accompagnés de *revueltos* (œufs brouillés cuisinés avec de l'ail sauté). Entre autres tapas sans viande, pensez aux *pimientos asados* (poivrons grillés), *alcachofas* (artichauts) et *garbanzos con espinacas* (pois chiches aux épinards), sans oublier les *quesos* (fromages). La coupelle d'*aceitunas* (olives) est aussi un classique.

s'accompagnent idéalement d'une bonne bière. La majorité des *chiringuitos* n'opèrent que durant les mois d'été.

» **Casetas** Tentes éphémères dressées lors des innombrables fêtes et festivals andalous. Nombre d'entre elles vendent une nourriture de type en-cas et des boissons.

» **Churros** Sorte de beignets allongés et frits proposés surtout dans les rues et les petits cafés. Créent une terrible dépendance dès qu'on les trempe dans une tasse d'épais chocolat chaud.

» **Menú del día** Repas de trois plats servi au restaurant, généralement avec du pain et du vin. À partir de 10 €, tout compris. Ne vous attendez pas à de la nouvelle cuisine, mais si votre budget est serré…

Tentez autre chose

» **Rabo de toro** Queue de bœuf en ragoût – provenant du taureau terrassé lors de la *corrida de toros* locale, servie le jour même de préférence.

» **Mollete** Tranche de pain grillé arrosé d'huile d'olive et garni d'ail cru (et parfois de tomate). Parfait… à ce détail près que l'on est censé le consommer au petit-déjeuner !

» **Ortiguillas** Anémones de mer, de la taille d'une croquette, généreusement frites dans l'huile d'olive. Leur saveur marine intense leur vaut une réputation de mets raffiné dans la région de Cadix.

» **Perdrix** À consommer idéalement dans un village de montagne, comme dans la Sierra de Grazalema ou la Sierra de Cazorla.

» **Ragoût de tripes** L'une des nombreuses bizarreries du menu de l'Aponiente, le restaurant haut de gamme tenu par Ángel León à El Puerto de Santa María (p. 114).

» **Du poisson tête comprise** Certains visiteurs se défilent à la vue d'un poisson servi… avec la tête. D'autres y voient la confirmation de sa fraîcheur et de son authenticité. Dans tous les cas, il faudra vous y faire car la mode andalouse est ainsi.

Chefs célèbres

» **Ángel León** Le maître andalou du poisson applique une partie de la folie créative du chef Ferran Adrià aux fruits de mer, dans cet improbable repaire gastronomique d'El Puerto de Santa María. En 2011, son Aponiente (p. 115) a été classé par le *New York Times* parmi les 10 restaurants de la planète méritant "un aller-retour en avion".

» **Martín Berasategui** Le fameux chef/expérimentateur basque a décroché trois étoiles Michelin, la dernière datant de 2011 avec son Santo Restaurante (p. 68), situé dans l'EME Catedral Hotel, à Séville.

» **Dani García** Transfuge du Tragabuches, à Ronda, García est désormais aux commandes du Calima (p. 160), une table de Marbella comptant deux étoiles au Michelin, où il expérimente à partir de son ingrédient favori, le poisson. Il jongle aussi avec les sept établissements de La Moraga, une chaîne de bars à tapas.

» **Pablo Grosso** Grosso gère quatre restaurants à Cadix et à El Puerto de Santa María, d'influence japonaise et italienne notamment. Son talent s'exprime le mieux à l'El Aljibe (p. 109), dans une cuisine qui mêle ancien et nouveau monde à partir de produits gaditans frais.

Des repas inoubliables

» **Vinería San Telmo** (p. 66). Le meilleur bar à tapas de Séville, sans conteste.

» **Ruta del Azafrán** (p. 243). Ce restaurant branché de Grenade propose une ambitieuse fusion entre Orient et Occident.

» **Casa El Padrino** (p. 91). Cuisine campagnarde et cadre rustique pour une expérience gastronomique mémorable, à Alájar, dans la province de Huelva.

» **Casa Curro** (p. 96). Rencontre de la tradition et de la modernité dans ce ravissant bar à tapas d'Osuna.

» **Sabores** (p. 122). Des saveurs inoubliables à cette table inventive de Jerez de la Frontera.

» **Calima** (p. 160). Avec ce feu d'artifice de poissons à Marbella, Dani García prouve qu'il est bien le meilleur chef andalou.

» **El Aljibe** (p. 109). La réponse de Cadix aux grands cuisiniers du nord ; Pablo Grosso fait de la cuisine une œuvre d'art.

Cours de cuisine

» **All Ways Spain** (www.allwaysspain.com). Cours de cuisine et de dégustation près de Grenade.

» **Finca Buen Vino** (www.fincabuenvino.com). Cours de cuisine dans la province de Huelva.

» **On the Menu** (www.holidayonthemenu.com) Cours d'une semaine ou d'un week-end.

» **Cooking Holiday Spain** (☎637 80 27 43 ; www.cookingholidayspain.com). Cours de cuisine d'une semaine à Ronda.

» **L'Atelier** (p. 260) Cours de cuisine végétarienne dans les Alpujarras.

» **Al-Andalus Spanish School** (www.alandalustarifa.com). Cours d'espagnol et de cuisine sont associés dans cette école de langues de Tarifa.

Spécialités locales

Province de Séville

Outre ses tapas variées, Séville produit d'excellents desserts. Les *polvorones*, de petits sablés friables, proviennent traditionnellement de la ville d'Estepa. Quant aux *tortas de aceite*, ce sont des biscuits sucrés à base d'huile d'olive. Les *huevos a la flamenco* sont un antique délice composé de morcilla (sorte de boudin), d'ail, d'oignons et de tomates, coiffé d'œufs en cocotte. Les oranges amères de Séville servent surtout à faire de la marmelade.

Province de Huelva

Deux mots définissent la province de Huelva en matière culinaire : fraises (90% de la production espagnole) et *jamón ibérico*. Ce fameux jambon, la Rolls-Royce des viandes fumées ibériques, est produit à partir du cochon noir d'Espagne, lequel arpente librement la Sierra de Aracena et se nourrit essentiellement de glands. Plus sucré et d'un goût de noisette plus prononcé que l'omniprésent *jamón serrano*, il est servi en tranches très fines et se vend à prix d'or.

Province de Cadix

La côte atlantique et les estuaires de la région de Cadix accueillent différentes espèces de poissons. Le thon constitue la vedette de la Costa de la Luz, le village de Barbate revendiquant les meilleures prises. Les crevettes sont tout aussi fameuses sur la côte. À Sanlúcar de Barrameda, on les sert en tapas dans des crêpes frites appelées *tortillitas de camerones*. Cadix est aussi la patrie du xérès (vin fortifié). Jerez de la Frontera et El Puerto de Santa María produisent les meilleures variétés de *fino* (sec) et d'*oloroso* (plus sucré et de couleur sombre). Sanlúcar de Barremeda fabrique sa propre *manzanilla*.

Province de Málaga

La Méditerranée est avant tout une affaire de poissons, *boquerones* (anchois) et *sardinas* (sardines) de Málaga notamment. L'*espeto de sardinas* est une brochette de sardines grillées. Dégustez-la sur la plage, dans un *chiringuito*. Quant à l'*ajoblanco*, c'est la version malagaise du gaspacho. Si la base de la recette est identique, des raisins frais flottent à la surface et les amandes remplacent les tomates, d'où son aspect blanc et crémeux. Le raisin est utilisé depuis longtemps pour produire des vins moelleux (blanc et rouge), revenus à la mode depuis peu.

Province de Cordoue

Loin de la mer, Cordoue produit des pois chiches et des olives en masse, tandis que son raisin donne le vin de Montilla, à l'origine du nom *amontillado*, un xérès non fortifié. Le Pedroches est un puissant fromage de brebis demi-sec originaire de la vallée de Pedroches-Alcudia. Parmi les spécialités cordouanes, citons le *salmorejo* (une épaisse soupe de style gaspacho, généralement garnie d'œufs durs et de jambon fumé) et le *flamenquín* (filet de porc roulé dans du *jamón serrano*, puis enrobé de chapelure et cuit à l'huile d'olive).

Province de Grenade

Rare est le *jamón serrano* qui surpasse celui de Trevélez, vieilli au grand air de montagne

COLIN DUTTON / 4CORNERS ©

» (ci-dessus) Tapas à l'El Rinconcillo (p. 69), le plus ancien bar de Séville
» (à gauche) La Bodegas Castañeda (p. 247), à Grenade

dans les Alpujarras. Ces montagnes sont aussi le berceau de ragoûts de lapin et de chèvre *con ajo* (avec ail). Quant aux basses plaines de La Vega, elles fournissent des haricots et des asperges en abondance. Grenade est la ville aux influences arabes les plus marquées, avec d'excellents tajines, couscous et *teterías* (salon de thé).

Province de Jaén

Jaén est la capitale mondiale de l'huile d'olive, la province assurant à elle seule 10% de la production globale. Elle est d'une excellente qualité. Les huiles de Jaén sont typiquement amères mais fruitées. La zone montagneuse du Parque Natural Sierras de Cazorla, Segura y Las Villas, qui compte une puissante association de chasseurs, est réputée pour son gibier, notamment les perdrix.

Province d'Almería

Si le poisson ne manque pas ici, les Almériens le préfèrent cuit *a la plancha* (sur un gril métallique) plutôt que frit. Les serres sont également omniprésentes, garnies de fruits et de légumes. À juste titre, Almería est réputée pour ses tomates rebondies, produites toute l'année.

À table comme un Andalou

En Andalousie, on repère aisément les touristes non initiés. Voyez l'air las et confus de ce flâneur en état d'hypoglycémie qui se réfugie dans le bar à tapas local à 18h et entreprend de commander un poulet rôti accompagné d'une carafe de sangria. Ce n'est pas forcément la meilleure façon de procéder. Comme nombre de choses dans la vie, la restauration en Andalousie est affaire de rythme, de savoir-vivre et de culture locale. Lisez donc ce qui suit.

Quand se restaurer

Conseil numéro un : prenez le rythme et sustentez-vous à l'heure espagnole. Voici dans les grandes lignes à quoi ressemble une journée typiquement andalouse en la matière. Au réveil, commencez par un café bien fort accompagné d'une pâtisserie légère et sucrée, de préférence au comptoir d'un café. Vous pourrez prendre un *desayuno* plus consistant vers 10h ; le petit-déjeuner classique consiste en un *mollete* (petit pain coupé en deux, légèrement grillé, arrosé d'huile d'olive et garni d'ail frais et de tomates). Le premier rendez-vous "tapas" est à 13h : c'est le moment de *picar* (picorer) dans diverses petites assiettes en prélude à l'*almuerzo* (déjeuner), vers 14h. Certains optent pour un repas complet avec hors-d'œuvre et plat principal, tandis que d'autres préfèrent commander au comptoir une sélection de *media raciones* ou de *raciones*.

Puis vient l'heure de la sieste. Allongez-vous une heure ou deux et fermez les yeux – vous vous en trouverez revigoré. Si vous êtes debout dès 17h, envisagez une *merienda* roborative, une rapide pause à base de café et de gâteaux (de préférence dans un café) afin de combler l'espace entre le déjeuner et le dîner. Il n'y a rien de choquant à se frotter de nouveau aux tapas vers 19h, ou plutôt 20h en été. Frayez-vous un chemin jusqu'au comptoir et demandez vos *platillos* pour accompagner votre bière ou, pourquoi pas, un *tinto de verano* (vin rouge, limonade pétillante et glace). N'oubliez pas : la sangria est une boisson pour touristes. La *cena* (dîner) ne se prend jamais avant 21h et se révèle généralement plus frugale que le déjeuner, surtout si vous avez déjà ingurgité quelques tapas. Aller se coucher avant minuit relève presque de la faute de goût. Le week-end, nombreux sont ceux qui font la fête jusqu'à l'aube. De courageux vendeurs de *churros* (longs beignets) proposent leurs délices sucrés aux insomniaques aux premières lueurs du jour. Pourquoi s'en priver ?

Choisir un restaurant

Comme ailleurs en Espagne, les bars sont des lieux de grande convivialité. Il existe des *bodegas* (bars à vins traditionnels), des *cervecerías* (bars à bières), des *tascas* (spécialisés dans les tapas), des *tabernas* (tavernes) ou encore des pubs (là où l'influence anglaise est marquée). En général, vous pourrez y manger des tapas au bar (ce qui revient souvent 10 à 20% moins cher) ou bien vous installer dans le *comedor* (salle à manger).

Les *restaurantes* sont des établissements plus formels où l'on mange toujours à table. Le *mesón* est un restaurant simple, attenant à un bar, servant une cuisine familiale, tandis que la *venta* est (ou plutôt était) une auberge de bord de route – les plats peuvent y être succulents et les prix dérisoires. Vous dégusterez des fruits de mer dans une *marisquería*, tandis que le *chiringuito*, petit bar ou kiosque en plein air, vous attend souvent face à la plage.

COMMANDER DES TAPAS

En Andalousie, les tapas sont un mode de vie. Sortir pour manger des tapas fait partie des passe-temps favoris des Andalous. Si les tapas peuvent servir de prélude au déjeuner, le soir en revanche, elles constituent souvent le repas principal. Et l'on en picore jusque tard tout en buvant quelques verres. Une façon idéale de goûter à toutes sortes de mets.

Les bars présentent parfois un assortiment de tapas au comptoir. Dans ce cas, on peut au choix se servir soi-même dans une petite assiette ou montrer ce que l'on souhaite manger. La coutume veut alors que vous teniez les comptes de ce que vous avez consommé (en vous fiant par exemple au nombre de cure-dents) et l'annonciez au serveur au moment de payer l'addition.

Les tapas peuvent refléter les singularités gastronomiques d'une région donnée. À Huelva, il est impensable de ne pas commander du *jamón ibérico*, tandis qu'à Grenade, les tapas à base de tajines nord-africains rappellent l'époque où la ville était la capitale d'Al-Andalus. Dans la province de Cadix, les tapas à base de poissons et fruits de mer (marinés, frits ou frais) sont à l'honneur.

Voici quelques conseils supplémentaires :

» Les bars à tapas sont souvent concentrés, ce qui permet de passer d'un bar à un autre au fil des verres.

» La commande des tapas relève du sport de combat ; soyez prêt à jouer des coudes pour atteindre le comptoir.

» La forte affluence dans un bar est généralement significative : les bons bars à tapas sont en revanche invariablement pris d'assaut.

» N'accordez aucune attention aux serviettes laissées sur le sol – c'est la façon de faire ici.

» Les meilleurs créneaux horaires pour les tapas sont 13h-15h et 19h-21h (légèrement plus tard en été).

Savoir-vivre

» Les Andalous ne conçoivent pas de prendre un verre sans manger ; pas plus qu'ils ne comprennent cette habitude qu'ont les Européens du nord de boire plusieurs pintes de bière à la suite. Ralentissez le tempo, commandez des tapas et savourez.

» La bière peut se commander en bouteille ou à la pression. La *caña* est un verre de 250 ml, le *tubo* un verre de 330 ml. Si vous commandez une *cerveza*, on vous servira peut-être une bouteille.

» L'Espagne est moins snob que l'Italie en matière de café. Boire un cappuccino après 10h n'est pas un crime. Le *café con leche* est un crème, le *cortado* une noisette et le *sólo* un expresso.

» Le personnel espagnol n'est pas très démonstratif. Ne vous attendez pas à quantité d'interjections du type "Tout se passe bien ?".

» Ici, il n'y a pas de véritable culture du pourboire – quelques pièces sur la table suffisent.

» Les enfants sont généralement les bienvenus et peu d'entre eux sont couchés avant 20h. En revanche, soyez préparé à les voir galoper entre les tables jusque tard dans la soirée.

Conseils autour du menu

» Demandez systématiquement les tapas de la maison.

» Les *media raciones* sont plus consistantes que les tapas. Ces petites assiettes sont idéales à partager entre amis. On les déguste de manière plus tranquille, à table.

» Les *raciones* sont plus consistantes que les *media raciones*. Ces assiettes bien garnies sont parfaites à partager si vous avez une bonne faim.

» La paella andalouse est souvent préparée avec des amandes, du xérès, du poulet et des saucisses, ainsi que des fruits de mer.

» La majorité des repas sont accompagnés d'olives et d'une corbeille de pain. Les olives servies sont généralement vertes, et non noires.

» En règle générale, le gaspacho est disponible au printemps et en été. Il est généralement servi au verre.

» Le *tinto de verano* est un bon substitut à la sangria au printemps et en été.

» Les Andalous boivent rarement du xérès sucré ; ils lui préfèrent le *fino* ou la *manzanilla*, surtout avec les tapas.

Sports et activités

Le top des randonnées

En montagne Sierra Nevada ; Parque Natural Sierra de Grazalema

Vers les sommets Mulhacén (Sierra Nevada) ; El Torreón (Sierra de Grazalema)

Pour observer la faune Parque Natural Sierras de Cazorla, Segura y Las Villas

Pour observer les oiseaux Parque Nacional de Doñana

Champêtres Sierra de Aracena ; Parque Natural Los Alcornocales

Côtières Parque Naturel Cabo de Gata-Níjar ; Parque Natural de la Breña y Marismas de Barbate

Longue distance Circuit GR7 dans les Alpujarras

Solitaires Parque Natural Sierra Norte (province de Séville)

Urbaines Autour du brise-lames et du *malecón* (promenade de bord de mer), à Cadix

Contrairement aux idées reçues, la majeure partie de l'Andalousie demeure authentique et traditionnelle, et l'on peut y pratiquer quantité d'activités de plein air. Vous avez abusé des tapas à Grenade ? À 27 km au sud-est vous attendent les pistes de ski de la Sierra Nevada. Vous étouffez dans cette station balnéaire kitsch de Torremolinos ? Offrez-vous une escapade à vélo le long d'une *vía verde*. Et si rien de cela ne vous tente, essayez la plongée, l'escalade, l'équitation, le kitesurf, le deltaplane ou le parapente.

Pour autant, l'aventure en plein air ne signifie pas que l'aspect culturel est négligé. D'anciens chemins de randonnée traversent des villages immémoriaux, où des fermiers boivent du xérès sec en jouant aux dominos. Des pistes cyclables serpentent entre des châteaux en ruine. D'antiques épaves se dévoilent au cours d'une plongée. Ici, les grands espaces offrent autant une leçon d'histoire qu'un bon bol d'air.

Randonnée

En Andalousie, les randonnées vous mènent là où 95% des visiteurs ne vont jamais. Si vous recherchez la solitude, une leçon d'histoire rurale, ou une balade romantique au cœur d'un paradis champêtre, vous êtes au bon endroit.

Des milliers de kilomètres de sentiers et de pistes, au balisage irrégulier, sillonnent la région. La meilleure signalisation est réservée aux parcs naturels et nationaux, ainsi qu'aux principaux sentiers, comme le GR7 (p. 136). Dans certaines régions, vous pourrez enchaîner les excursions d'une journée et les transformer en un trek de plusieurs jours, en faisant halte dans différents *hostales* (petits hôtels) ou terrains de camping, et parfois même dans des refuges de montagne. Le climat est idéal pendant près de la moitié de l'année et, dans la plupart des zones, les mois les plus agréables pour marcher sont mai, juin, septembre et octobre.

En Espagne, les deux principales catégories de sentiers sont les *senderos de gran recorrido* (GR, sentiers de grande randonnée) et les *senderos de pequeño recorrido* (PR, sentiers de petite randonnée, parfaits pour quelques heures, une journée ou un week-end).

Pour vos randonnées en Andalousie, mieux vaut vous procurer les meilleures cartes du marché, car le balisage est parfois aléatoire. Le **Centro Nacional de Información Geográfica** (CNIG ; www.cnig.es, en espagnol), maison d'édition de l'Instituto Geográfico Nacional (IGN), publie d'excellentes cartes.

Par ailleurs, dans le commerce, on trouve de bonnes publications éditées par **Editorial Alpina** (www.editorialalpina.com, en espagnol), **Editorial Penibética** (www.penibetica.com, en espagnol), et les **Discovery Walking Guides** britanniques (www.walking.demon.co.uk).

Observation des oiseaux

Bordée par la Méditerranée, entre l'Afrique et l'Europe du Nord, l'Andalousie constitue une halte naturelle pour quelque 360 espèces aviaires. Les rapaces et les oiseaux aquatiques sont les vedettes du paysage ornithologique andalou. On trouve les premiers sur les affleurements déchiquetés qui parsèment l'intérieur des terres. Les seconds se rassemblent par milliers en hiver dans le Parque Nacional de Doñana. Parmi les espèces à ne pas manquer, citons l'avocette et la sarcelle marbrée, sans oublier l'une des plus grandes héronnières de Méditerranée. Quant aux oiseaux de proie, vous pouvez espérer voir des vautours noirs, des milans royaux, des faucons et diverses espèces d'aigles.

Située près d'Olvera, dans la province de Cadix, la Reserva Natural Peñon de Zaframagón, au rocher escarpé proéminent, abrite la plus importante colonie de vautours fauves d'Europe. Elle est accessible par la Vía Verde de la Sierra (une voie verte). Dans la province d'Almería, le Parque Natural de Cabo de Gata-Níjar, classé Zone de protection spéciale pour les oiseaux (ZEPA), est un autre formidable territoire d'observation, notamment des flamants roses, qui résident dans les marais salants côtiers. À proximité, la steppe aride accueille des alouettes, des outardes et des oiseaux de mer comme le pingouin torda. Les "zones d'accès protégées" au sein du Parque Natural Sierra de Grazalema sont le refuge de spécimens rares de vautours percnoptères, ainsi que des vautours fauves et des aigles royaux.

La région compte de nombreux prestataires d'observation ornithologique. Les suivants couvrent les meilleures zones.

Andalucian Guides (☎956 43 29 49 ; www.andalucianguides.com). Géré par un Britannique établi à Barbate, sur la Costa de la Luz. Excursions d'une journée sur la Costa de la Luz, Alcornocales et Doñana à partir de 55 €.

Birdwatch Alpujarras (www.birdwatchalpujarras.com). Basé à Lanjarón, dans la province de Grenade, ce prestataire propose diverses excursions dans la Sierra Nevada et ses environs, notamment à El Torcal et dans quelques zones humides proches, à partir de 75 € par jour.

Équitation

Le cheval fait partie de la vie andalouse, et la région est d'ailleurs le principal lieu d'élevage du pur-sang espagnol, aussi appelé Cartujano ou cheval andalou. Pour les amoureux d'équitation, un passage s'impose à Jerez de la Frontera, qui accueille des rendez-vous équestres réputés, dont la Feria del Caballo (fête du Cheval ; p. 121) en mai, et la célèbre **Real Escuela Andaluza del Arte Ecuestre** (École royale andalouse d'art équestre ; ☎956 31 80 08 ; www.realescuela.org ; Avenida Duque de Abrantes ; adulte/enfant 10/7 € ; ⏲10h-14h lun, mer et ven sept-juil, 10h-14h lun et mer août). Le centre de reproduction Yeguada de la Cartuja – Hierro del Bocado (p. 124), situé non loin de Jerez, est l'occasion d'une visite tout aussi captivante.

Quantité de pistes superbes sillonnent la campagne, et de plus en plus de *picaderos* (manèges) proposent des sorties guidées, ainsi que des cours d'équitation tout niveau. Les montures sont en principe des chevaux andalous ou arabo-andalous de taille moyenne, en général agiles et faciles à maîtriser. Une randonnée ou une leçon d'équitation coûte 25-30 € l'heure, 60-70 €

la demi-journée et environ 100 € la journée. Les mois les plus agréables pour une excursion à cheval sont mai, juin, septembre et octobre.

Si les provinces de Séville et de Cadix se targuent du plus grand nombre de chevaux et de manèges, on peut faire des randonnées équestres dans toute la région. Le site Internet **Andalucía Te Quiere** (www.andalucia.com) fournit les coordonnées de plus de 100 établissements équestres.

Parmi les randonnées à cheval les plus remarquables, citons celles des environs de Ronda et de la Sierra Nevada, ainsi que les promenades sur les plages et les dunes à proximité de Tarifa, sur la Costa de la Luz de Cadix.

Autres activités

Observation des baleines

C'est dans les eaux au large de Tarifa, autour du détroit de Gibraltar, que des dauphins et des baleines évoluent entre l'Atlantique et la Méditerranée. Les meilleures excursions pour admirer ces mammifères marins sont organisées depuis Gibraltar (p. 135).

Plongée

Moins spectaculaires que les eaux tropicales, celles des côtes andalouses n'en restent pas moins propices à la plongée. À moins d'être un plongeur expérimenté, mieux vaut éviter la côte atlantique, baignée de forts courants (il y a quelques épaves intéressantes aux environs de Gibraltar). De même, le versant méditerranéen occidental, avec ses eaux sablonneuses peu profondes, est d'un intérêt limité. Reste le côté oriental de la Méditerranée, plus précisément la Costa Tropical, dans la province de Grenade (surtout autour de La Herradura) et, mieux encore, Cabo de Gata, dans la province d'Almería – une zone protégée caractérisée par des herbiers sous-marins, du sable et des rochers, avec des grottes, des failles et des galeries. Comme pour la plongée, les spots de snorkeling s'améliorent à mesure que l'on va vers l'est.

La majorité des établissements proposent des formations sous l'égide d'organismes internationaux (PADI ou NAUI), ainsi que des sorties réservées aux plongeurs qualifiés et des baptêmes de plongée. Comptez environ 50 € pour une plongée avec l'équipement complet, et à partir de 75 € pour un cours d'initiation (3 heures maximum).

Ski et snowboard

La pratique du ski et du snowboard dans la Sierra Nevada, le domaine skiable le plus méridional d'Europe, possède le charme de la nouveauté. En outre, après les Alpes et le Caucase, ce sont les montagnes les plus hautes d'Europe, avec une altitude maximale de 3 300 m, et quelque 100 km de pistes. La neige peut tomber dès novembre et s'attarder jusqu'à début mai. Parmi les autres avantages, citons les files d'attente minimes (il y a 2 téléphériques et de nombreux remonte-pentes) et le soleil hivernal généreux. Si la petite localité de Pradollano, au pied des pistes (2 100 m), est une station de ski disgracieuse, des bus réguliers la relient à Grenade, bien plus séduisante, à 27 km.

Un forfait de ski coûte 60-70 € par jour, location du matériel comprise. Les deux périodes de haute saison vont de Noël au Nouvel An et de début février à début mars. Pour 6 heures de cours collectifs dans une école de ski, comptez 65 €.

Deltaplane et parapente

Perché au bord du Parque Natural de la Sierra de Grazalema, le village blanc d'Algodonales est le site de vol le plus réputé d'Andalousie en matière de deltaplane et de parapente (avec une école). Il a notamment accueilli les championnats du monde de deltaplane en 2001 grâce à ses vents impétueux. On imagine que la vue de là-haut, au-dessus des innombrables lacs, villages blancs et montagnes escarpées, est des plus séduisantes. **Parapente Andalousie** (www.parapentevoyages.com ; séjour d'une semaine à partir de 500 €) est basé sur place. Les formations de 5 jours pour débutants coûtent 560 € (hors hébergement).

Vélo

Dans un pays qui a décroché dix Tours de France depuis 1991, le cyclisme professionnel est une affaire sérieuse. Toutefois, les amateurs bénéficient également de bonnes infrastructures. L'Andalousie a développé la location de vélos, imposé les pistes cyclables, ainsi qu'un nombre croissant de systèmes de partage de deux-roues en ville (p. 67). Certains cyclistes ont même adopté le VTT, qui convient parfaitement au terrain accidenté de la région. Parmi les hauts lieux du tout-terrain, citons la région d'El Chorro, le Parque Natural Sierras de Cazorla, Segura y Las Villas, et les Alpujarras.

VOIES VERTES, NOUS VOILÀ

En matière d'environnement, la meilleure idée espagnole de ces 20 dernières années pourrait bien être les *vías verdes* (voies vertes), d'anciennes voies ferrées transformées en sentiers pour la randonnée, le vélo et toute forme de transport non motorisé (dont les fauteuils roulants). Sur les 7 500 km de voies ferrées désaffectées que compte l'Espagne, 1 800 km ont été démantelés et réhabilités en voies vertes depuis 1993. Actuellement, il y en a 17 en Andalousie (soit 450 km au total), chacune possédant sa propre histoire et son propre charme.

Outre leurs atouts naturels (réserves ornithologiques, oliveraies, parcs naturels, etc.), ces voies vertes sont les gardiennes d'un riche patrimoine. La **Vía Verde del Aceite**, dans la province de Jaén, charriait jadis des trains chargés d'une huile d'olive destinée à l'exportation jusqu'à la côte, tandis que la **Vía Verde Riotinto**, dans la province de Huelva, acheminait des mineurs jusqu'aux fameuses mines à ciel ouvert de Rio Tinto. Nombre des ouvrages d'art des anciennes lignes ferroviaires (ponts, viaducs, tunnels) ont été préservés, ainsi que beaucoup de gares, dont certaines ont été reconverties en magasins, cafés ou hôtels campagnards (avec location de vélos).

Avantage évident des *vías verdes*, leur dénivelé positif assez faible. Par ailleurs, elles sont bien balisées et jalonnées de plans, de points de vue et d'aires de pique-nique.

On considère souvent que la plus belle voie verte d'Andalousie est la **Vía Verde de la Sierra**, dans la province de Cadix. N'oublions pas la **Vía Verde del Aceite**, dans la province de Jaén, et la **Vía Verde Subbética**, dans la province de Cordoue, qui se rejoignent sur le spectaculaire viaduc de Guadajoz pour former un sentier ininterrompu de 111 km.

Pour les cyclistes, les voies les plus sûres, les plus plates et les plus familiales sont les *vías verdes* (p. 126), même si les routes de campagne sont également bien entretenues et peu fréquentées par les voitures, hormis dans les zones très peuplées. Toutefois, il est conseillé aux cyclistes de se méfier de la chaleur. La vallée du Río Guadalquivir – surnommée à juste titre la *sarten* ("poêle à frire") d'Andalousie – est un piège qu'il vaut mieux éviter en juillet-août.

Escalade

Si vous mentionnez l'Andalousie à n'importe quel amateur d'escalade, il y a de fortes chances qu'il vous réponde "El Chorro". Cette gorge calcaire abrupte, qui domine le Río Guadalhorce, à 50 km au nord de Málaga, comprend des centaines de voies équipées tout niveau, dont beaucoup partent du terrifiant Camino del Rey (chemin du roi), un sentier d'un mètre de large (actuellement en mauvais état), accroché à la paroi.

La communauté des alpinistes, basée dans le minuscule village d'El Chorro (p. 170), se réunit à la **Finca La Campana** (☎626 96 39 42 ; www.fincalacampana.com), qui assure aussi le gîte. La Campana et Andalucia Aventura (p. 171) organisent des excursions d'escalade. L'Andalousie compte d'autres parois calcaires escarpées, notamment El Torcal de Antequera, dans la province de Málaga, et Los Cahorros, dans la Sierra Nevada. La saison dure d'octobre à avril. *Andalucía, Escalada deportiva* de David Munilla (2007), est un bon guide (textes en espagnol et en anglais) sur l'escalade dans la région.

Planche à voile et kitesurf

Tarifa, sur le détroit de Gibraltar, est l'un des hauts lieux européens de la planche à voile, balayé par des vents forts presque toute l'année. Après la naissance de la scène locale, au début des années 1980, l'afflux de véliplanchistes passionnés qui s'est ensuivi a transformé la petite ville en cité sportive branchée. La location d'une planche, d'une voile et d'une combinaison coûte environ 35 € de l'heure ou 75 € la journée. Comptez un minimum de 120 € pour un cours débutant de 6 heures.

Le kitesurf, petit cousin de la planche à voile, est un sport plus extrême, avec toute l'adrénaline et les risques que cela suppose. Le cours débutant de 6 heures revient à quelque 120 €. Aujourd'hui, les écoles de planche à voile et de kitesurf sont très bon marché à Tarifa (p. 134) et la région accueille plusieurs compétitions chaque année. Attention toutefois : les vents forts et les eaux agitées de la Costa de la Luz ne sont pas toujours adaptés aux débutants.

Voyager avec ses enfants

Le top des régions

Province de Málaga

Les parents ne seront peut-être pas à la fête, mais les parcs d'attractions autour de Torremolinos et Benalmádena, sur la Costa del Sol, plairont aux enfants, tandis que les plages bordées d'une mer peu profonde et les balades en bateau raviront toute la famille.

Province d'Almería

Dans un genre très différent, l'épopée du Far West et les spectacles de cowboys, à Tabernas, laisseront forcément les petits bouche bée.

Séville

On profite à Séville d'un grand parc verdoyant, de balades en calèche, d'excursions en bateau et d'un parc d'attractions sur le site de l'Exposition universelle.

Province de Cadix et Gibraltar

Les plus grands adoreront la planche à voile et le kitesurf à Tarifa. Toute la famille peut également prendre le ferry pour passer la journée au Maroc.

L'Espagne est une destination familiale par excellence. Ici, la culture tourne autour de la famille (élargie) et les enfants sont vénérés. Ils sont les bienvenus dans tous les types d'hébergement ainsi que dans quasiment tous les cafés, bars et restaurants.

Les petits Espagnols se couchent tard. Lors des fêtes, il n'est pas rare de les voir trottiner dans les rues à 2h du matin. Si les jeunes touristes se réjouissent à cette idée, ils ne seront pas tous capables de suivre le rythme.

N'oubliez pas de demander au personnel des offices du tourisme de vous renseigner sur les activités familiales, notamment les fêtes traditionnelles, ainsi que sur les hôtels qui pourvoient aux besoins des enfants.

Pour davantage de renseignements généraux, consultez *Voyagez avec ses enfants,* publié par Lonely Planet.

L'Andalousie avec des enfants

Ajoutez aux plages et au climat fabuleux les sports nautiques, les musées, les parcs, les balades en bateau et les glaces, et vous admettrez que vos enfants sont gâtés. La majorité des parcs à thèmes et des divertissements pour les enfants sont situés dans la province de Málaga, notamment sur la Costa del Sol. Néanmoins, chaque localité dispose au moins d'une aire de jeux assez grande. Les espaces publics, telles les places des villes et des villages, se transforment également en zones de jeu informelles où les enfants peuvent taper dans le ballon, faire du vélo et jouer, tandis que les parents dégustent quelques tapas à la terrasse d'un bar voisin. Nombre de cités andalouses comptent aussi une piscine municipale.

Se restaurer et prendre un verre

Une famille au grand complet, toutes générations confondues, réunie autour d'une table de restaurant ou de bar : voilà un élément fondamental du mode de vie espagnol. Aussi est-il rare de trouver un restaurant où les enfants ne sont pas les bienvenus. Même si la majorité des établissements n'ont pas de menu spécial enfant, ils sont généralement disposés à préparer une portion réduite ou à suggérer des tapas appropriées.

Notez que les chaises hautes, de plus en plus répandues dans les restaurants, sont loin d'être systématiques.

Mets favoris

On peut difficilement se tromper en commandant un *churro* pour son enfant. À défaut d'être le plus équilibré des en-cas, cet épais beignet allongé est parfaitement irrésistible pour les plus petits.

Les jeunes gastronomes perspicaces pourront se familiariser avec la cuisine andalouse en goûtant diverses tapas, découvrant ainsi de nouvelles saveurs de manière progressive. Parmi les valeurs sûres, citons la *tortilla de patatas* (omelette de pommes de terre), les *albondigas* (boulettes de viande), les amandes salées et, bien entendu, les frites. Sans oublier, dans les endroits à forte population nord-africaine, les kebabs ou le chawarma – un pain plat roulé garni de viande rôtie, suffisamment savoureuse pour séduire la majorité des enfants.

Outre la sélection classique de sodas, la majorité des bars proposent du jus d'orange pressé. Le *Cola Cao* (boisson chocolatée), servi froid ou chaud avec du lait, est également très prisé des petits.

Réductions

Si les enfants ne paient que deux tiers du tarif dans les AVE (Alta Velocidad Española ; trains à grande vitesse), le plein tarif est appliqué dans la plupart des bus et des ferries. L'entrée des sites, habituellement gratuite pour les moins de 4 ans, fait généralement l'objet d'une réduction pour les enfants.

ICÔNE "FAMILIALE"

Dans ce guide, une icône (👪) "familiale" signale les sites, ainsi que les lieux de restauration et d'hébergement qui semblent particulièrement adaptés aux enfants, ou font des efforts en ce sens. Pour autant, cela ne signifie pas que les autres endroits mentionnés ne sont pas ouverts aux enfants.

À ne pas manquer

Parcs d'attractions

» **Tivoli World, Arroyo de la Miel** Divers manèges et toboggans, ainsi que des spectacles de danse et de musique pour les enfants.

» **Isla Mágica, Séville** Pléthore de manèges, dont des montagnes russes, des spectacles de pirates et des démonstrations d'oiseaux de proie, entre autres divertissements.

» **Crocodile Park, Torremolinos** Des guides expérimentés fournissent quantité d'informations sur les 300 espèces de crocodiles représentées.

» **Oasys/Mini Hollywood, Desierto de Tabernas** Cet ancien lieu de tournage de westerns accueille des spectacles de cow-boys, des diligences, des danseuses de cancan et un zoo.

» **Parque Acuático Mijas, Mijas Costa** Quantité de toboggans, plus un mini parc.

Musées

» **Parque de las Ciencias, Grenade** Musée des sciences, moderne et amusant ; expositions interactives pour les enfants, plus un planétarium.

» **Museo Lara, Ronda** Vaste musée avec notamment une exposition sur la sorcellerie que les petits ne manqueront pas d'apprécier.

» **Cueva Museo Municipal, Guadix** Grotte-musée qui recrée l'habitat troglodytique traditionnel.

» **Casa Museo de Mijas, Mijas** Musée axé sur le folklore, qui donne à voir des maquettes, divers objets et un âne en fibres d'alfa.

» **Museo del Bandolero, Ronda** Consacré aux brigands locaux, avec quantité de photos et d'armes, ainsi qu'une boutique de souvenirs.

» **Museo del Baile Flamenco, Séville** Musée dédié à l'art et à la culture du flamenco. Spectacles quotidiens de flamenco à 19h.

PRÉPARER SON VOYAGE

» Si la plupart des agences de location de voitures louent des sièges auto, mieux vaut les réserver à l'avance.

» Aucune précaution sanitaire particulière, mais n'oubliez pas l'indispensable crème solaire, même si vous pourrez en acheter sur place.

» Évitez les crises de larmes en prévoyant dès le départ quels parcs d'attractions, musées et divertissements vous souhaitez privilégier en fonction de votre budget.

» Les livres en français ne sont pas toujours faciles à trouver. Emportez-en donc quelques-uns si votre enfant est friand de lecture ou d'histoires pour s'endormir.

Grottes et cavernes

» **Cueva de Nerja, Nerja** Riche en stalactites et stalagmites.

» **St Michael's Cave, Gibraltar** Une grotte-cathédrale naturelle agrémentée d'un lac souterrain et d'un auditorium.

» **Gruta de las Maravillas, Aracena, Séville** Explorez les 12 cavernes de cette grotte des Merveilles et ses lacs souterrains.

» **Cueva de la Pileta, Benaojan, Ronda** Des grottes anciennes, des passages bas et étroits, des lacs et des peintures rupestres.

Faune

» **Biopark, Fuengirola** Zoo dénué d'enclos et respectueux des animaux, en centre-ville.

» **Zoo Jerez, Jerez de la Frontera** Près d'un millier d'animaux et de 200 espèces, dans ce vaste zoo de la province de Cadix.

» **Selwo Aventura, Estepona** Réserve d'animaux sauvages originaires d'Afrique, peuplée entre autres de rhinocéros, de girafes, d'hippopotames et de guépards.

» **Selwo Marina, Benalmádena** Aquariums, pingouins et spectacles de dauphins.

» **Observation des dauphins, Gibraltar** Plusieurs espèces de dauphins évoluent dans le détroit de Gibraltar. On y aperçoit aussi parfois des baleines.

» **Parque Ornitológico Loro-Sexi, Almuñécar** Vaste volière abritant des milliers d'oiseaux ; spectacles de perroquets et d'oiseaux de proie.

Autres attractions et activités

» **Bus touristique de ville** Bus à impériale à Séville, Grenade, Cadix, Benalmádena et Málaga.

» **Balade en calèche** Les enfants adoreront faire un tour de la ville en calèche à Cordoue, Huelva, Málaga ou Séville, ainsi que dans des localités plus modestes ou des cités balnéaires, dont Marbella.

» **Foires et manèges** Les foires, qui se déroulent dans toutes les villes et villages andalous, comptent toujours une fête foraine.

» **Barque** Louez une barque pour parcourir les douves proches de la Plaza de España, à Séville, ou un quadricycle pour explorer le parc en détail.

» **Planche à voile et kitesurf** Les plus grands pourront suivre une formation à Tarifa, sur la côte cadicienne.

» **Excursion au Maroc** Prenez le ferry rapide qui relie Tarifa à Tanger et passez la journée au Maroc.

Organisation

L'Andalousie, destination tranquille et familiale, nécessite peu d'organisation préalable.

Quand partir

L'été, les grandes stations balnéaires sont prises d'assaut, certains hôtels étant entièrement réservés par les tour-opérateurs. Les périodes de mai-juin et septembre-octobre sont parfaites pour voyager avec de jeunes enfants car il fait suffisamment chaud pour patauger dans la mer, sans souffrir de la canicule. En outre, les parcs d'attractions et les sites à visiter ne sont pas trop fréquentés – hormis durant les vacances de Pâques.

Hébergement

La plupart des hôtels et même des *hostales* sont à même de fournir un lit pour bébé. Toutefois, mieux vaut se le faire confirmer. Un supplément vous sera facturé. Au moment de la réservation, demandez si l'hôtel propose un club ou des activités pour les enfants et/ou un service de baby-sitting.

Certains hôtels haut de gamme assurent éventuellement la garde des enfants.

Produits disponibles

Produits stérilisants et lait artificiel s'achètent dans les pharmacies locales. Les couches-culottes jetables sont disponibles dans les supermarchés et les *farmacias*.

Les régions en un clin d'œil

Séville

Fêtes ✓✓✓
Architecture ✓✓
Musique ✓✓✓

Événements printaniers

Aucune autre ville ne se transforme aussi radicalement en une semaine que Séville, quand le deuil obligé de la Semana Santa (Semaine sainte) fait place à l'insouciante célébration de la Feria de Abril. Si le printemps est la saison privilégiée des fêtes sévillanes (vérifiez la date exacte de Pâques), les réjouissances ne s'arrêtent jamais véritablement.

Cathédrale et Alcázar

Au cœur de Séville, 200 pas suffisent pour passer d'une lumineuse géométrie mudéjare à un ensemble gothique sombre et évocateur, là où l'Alcázar et la cathédrale se dressent côte à côte. En soi, la cathédrale est déjà un croisement hybride entre influences musulmanes et chrétiennes, avec la Giralda, son beffroi aux trois quarts mauresque. Cette diversité architecturale se répète dans une moindre mesure à travers la ville, en des lieux comme la Torre del Oro et la Casa de Pilatos.

Flamenco

Qu'importe qui a inventé cet art, Séville est la ville andalouse qui compte le plus grand nombre de scènes et la plus grande variété de flamenco. Triana est le secteur par excellence des *peñas* (petits clubs de flamenco), où l'on peut écouter des *soleares* (morceaux non dénués d'humour), et le Barrio de Santa Cruz recèle d'authentiques *tablaos*. Durant la tapageuse Feria de Abril, les *sevillanas* campagnardes (une forme de danse folklorique andalouse) sont de rigueur. À noter, l'ouverture d'un musée du flamenco intéressant.

p. 46

Provinces de Huelva et de Séville

Faune ✓✓✓
Marche ✓✓
Histoire ✓

Oiseaux du delta

Le Parque Nacional de Doñana est une zone protégée remarquable. À cheval sur les provinces de Huelva et de Séville, dans le delta du Río Guadalquivir, ce parc national donne aux visiteurs le privilège d'observer des oiseaux et des mammifères rares.

Balades champêtres

Si les promenades sont l'un des attraits principaux du Parque Nacional de Doñana, rien ne vaut la topographie contrastée du Parque Natural Sierra de Aracena y Picos de Aroche, dans le nord de la province de Huelva, une région sillonnée d'excellents sentiers de randonnée.

Colomb et consorts

Souvent étiquetées comme "le point de passage vers le Portugal", les provinces de Huelva et de Séville permettent d'aller sur les traces de Christophe Colomb et de visiter la baroque Osuna, l'ancienne cité de Niebla aux remparts almohades et la mauresque Almonaster La Real.

p. 74

Province de Cadix et Gibraltar

Cuisine ✓✓
Cités blanches ✓✓✓
Musique ✓✓✓

Poisson et xérès
Au confluent de l'Atlantique et de la Méditerranée, on trouve forcément un excellent poisson, typiquement frit dans l'huile d'olive – le fameux *pescaito frito*. Le vin de xérès, son complément idéal, est issu d'un raisin cultivé près de la côte.

Villages perchés
Des fameux villages blancs caractérisés par leurs châteaux en ruine coiffant les collines, leurs bacs de géraniums et leurs petites églises endormies, aucun ne manque à l'appel. Arcos, Jimena, Castellar, Vejer… antiques sentinelles d'une frontière jadis extrêmement sensible entre deux grandes cultures.

Réservoir de flamenco
Les cités de la province de Cadix ont créé l'essentiel du flamenco moderne. N'allez pas chercher plus loin que les *bulerías* de Jerez de la Frontera ou les *alegrías* de Cadix, toujours proposées dans les *tablaos* et *peñas* locaux.

p. 101

Province de Málaga

Plages ✓✓
Art ✓✓✓
Cuisine ✓✓

Stations balnéaires
Les plages de Málaga sont une véritable industrie touristique qui empoche à elle seule plus d'argent que tout le reste de la région. Selon votre budget vous choisirez entre Estepona, Marbella, Fuengirola, Torremolinos, Málaga et Nerja.

Picasso
Qu'importe si Picasso a quitté Málaga lorsqu'il n'avait que 10 ans. La ville natale du grand maître a explosé récemment, inaugurant deux musées d'art en autant d'années et soufflant peut-être le titre de "capitale artistique" de l'Andalousie à Séville et à Grenade.

Spécialités régionales
Sur la côte, les simples *chiringuitos* (restaurants de plage) côtoient les tables de poisson doublement étoilées au Michelin. Dans les terres, Antequera fait la part belle aux soupes et aux desserts remarquables, alors que Ronda se dédie aux ragoûts montagnards et aux plats de viande.

p. 144

Province de Cordoue

Édifices mauresques ✓✓✓
Châteaux ✓
Zones naturelles ✓✓

Califat de Cordoue
Il y a 1 000 ans, au Xe siècle, le califat de Cordoue a défini l'essentiel de l'architecture musulmane. On peut encore l'admirer, dans toute sa gloire intacte, avec la fameuse Mezquita (Grande Mosquée), ou à travers ses ruines élégantes, avec la Medina Azahara, cité-palais située juste à l'extérieur de la ville.

Fortifications frontalières
Au nord de la province de Cordoue, au bord de la Castille, de nombreux châteaux veillent sur le paysage escarpé, dominé par le spectaculaire Almodóvar del Río.

Hors des sentiers battus
La province de Cordoue compte trois parcs naturels peu visités, dont le boisé Parque Natural Sierra de Hornachuelos, et le montagneux Parque Natural Sierras Subbéticas. Au nord de la capitale provinciale s'étend la Sierra Morena, l'une des régions les plus reculées d'Andalousie.

p. 181

Province de Jaén

Zones naturelles ✓✓
Faune ✓
Architecture ✓✓

Faune andalouse

La province de Jaén veille sur l'une des plus vastes zones protégées d'Europe, le Parque Natural Sierras de Cazorla, Segura y Las Villas, ainsi que sur des étendues sauvages comme le Parque Natural Sierra de Andújar, parfaitement vierge.

Espèces animales rares

Les lynx, les loups, les sangliers et les mouflons sont rares en Andalousie. C'est dans les recoins les plus tranquilles de la province de Jaén, là où parcs et montagnes protégés rompent la monotonie des oliveraies, que vous avez le plus de chances de les apercevoir.

Joyaux Renaissance

L'architecture Renaissance apparaît brièvement en territoire andalou, par la grâce de deux joyaux de la province de Jaén – Úbeda et Baeza – et de sa capitale Jaén, moins emblématique, dont la grandiose cathédrale ne déparerait point à Grenade ou à Séville.

p. 203

Province de Grenade

Architecture ✓✓✓
Cités blanches ✓✓
Culture ✓✓

Périodes historiques

Un illustre palais-forteresse nasride, un quartier maure perché, le charmant "Realejo" (ancien quartier juif, attenant à l'Alhambra) et une cathédrale de style baroque-Renaissance : Grenade est un splendide "fouillis" d'à peu près tous les styles architecturaux répertoriés en Europe.

Villages des Alpujarras

Comparables aux villages blancs de la province de Cadix en termes de beauté spectaculaire, les *pueblos* de Grenade sont nettement plus haut perchés, dominant les vallées à pic des Alpujarras. Ils sont réputés pour leur artisanat et leur cuisine montagnarde roborative.

Divertissement

Ville universitaire dotée d'un penchant bohème et d'une solide tradition littéraire, Grenade mène la danse sur le front de la vie sociale andalouse. Si Séville organise les meilleures fêtes et festivals, Grenade reste la plus dynamique en matière de divertissements.

p. 227

Province d'Almería

Paysage côtier ✓✓✓
Plateaux de cinéma ✓
Histoire ✓✓

Littoral préservé

Oublié, chanceux ou juste trop aride pour faire l'objet d'un aménagement urbain, le littoral du Cabo de Gata a échappé aux bulldozers de la Costa del Sol. Aujourd'hui protégé par le statut de parc naturel, il veille sur la faune la plus précieuse du Sud méditerranéen.

Mini-Hollywood

Aurait-on déjà vu ce paysage désertique quelque part ? Mais bien sûr. C'est ici, dans le Desierto de Tabernas que Sergio Leone immortalisa Clint Eastwood dans ses fameux westerns-spaghettis et que Charles Bronson se fit abattre dans *Les Sept Mercenaires*. Revivez l'épopée du Far West dans ce mini-Hollywood.

Patrimoine mauresque

Souvent dédaignée, la ville d'Almería a pourtant plus d'une histoire à raconter, dont beaucoup remontent à l'ère préchrétienne. Visitez l'ancienne *medina* (vieille ville) et l'Alcazaba (forteresse) avant de rallier Mojácar pour plus de mystères mauresques.

p. 265

Les établissements sont cités par ordre de préférence des auteurs

Les pictos pour se repérer

- ♥ Les coups de cœur de l'auteur
- Les adresses écoresponsables
- GRATUIT Entrée, accès libre

Voir aussi l'index où figurent toutes les localités couvertes dans ce guide.

Sur la route

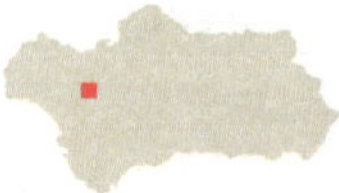

Séville

703 000 HABITANTS / ALTITUDE 30 M

Dans ce chapitre »

Le top des restaurants

- » Vinería San Telmo (p. 66)
- » Los Coloniales (p. 68)
- » Bar-Restaurante Eslava (p. 69)
- » Restaurante Egaña Oriza (p. 66)

Le top des hébergements

- » Hotel Casa 1800 (p. 290)
- » Hotel Amadeus (p. 290)
- » Hotel San Gil (p. 292)
- » Hotel Sacristía de Santa Ana (p. 292)

Pourquoi y aller

Certaines villes ont de l'allure, d'autres, de la personnalité. La flamboyante et charismatique métropole andalouse fondée, d'après la légende, il y a quelque 3 000 ans par le dieu Hercule, possède les deux. La beauté de Séville (*Sevilla* en espagnol), constamment baignée de soleil, se découvre assez facilement, et les jolies filles en robes à pois sur les chars de la Feria de Abril en sont l'une des images les plus typiques. Cependant, son âme cache une force plus sombre et plus complexe. L'histoire du flamenco est partiellement enracinée dans les tavernes poussiéreuses de Triana, et autrefois, les conquistadors parcouraient les rues sinueuses d'El Arenal en comptant leur or colonial. Dans cette ville comme tiraillée entre ces deux forces, c'est l'imprévisibilité qui marque le plus. En avril, vous y verrez l'envoûtante Semana Santa (Semaine sainte) se métamorphoser en tumultueuse Feria de Abril (la fête du printemps), et vous vous demanderez si la Carmen dont s'inspira Bizet n'était pas bien réelle.

Quand partir

La meilleure période pour visiter Séville court de mars à mai, lorsque ses deux fêtes principales – la Semana Santa et la Feria de Abril – se suivent. Enveloppée d'une douce chaleur et du parfum des orangers en fleur, la ville dévoile alors toute sa personnalité. Au printemps, toutefois, la foule dense et les prix élevés (les tarifs des chambres peuvent tripler) sont des inconvénients inévitables pour les visiteurs. Septembre et octobre sont des mois tout aussi agréables et plus tranquilles, après la chaleur extrême de l'été.

Comment circuler

Marcher est la meilleure façon de se déplacer à Séville, notamment dans le centre. Le système de vélos en libre-service facilite aussi les déplacements et l'on compte aujourd'hui presque autant de pistes cyclables que de trottoirs. Le tramway a récemment été étendu jusqu'à la station de San Bernardo (les lignes sont encore peu nombreuses), et les bus sont plus pratiques que le métro pour rejoindre les principaux sites touristiques. Les déplacements en voiture sont rendus difficiles, toutes les artères du centre-ville étant désormais fermées à la circulation ; garez-vous en périphérie.

TROIS JOURS IDYLLIQUES

Jour 1 : La découverte de la ville

Découvrez les petites places et d'étroites ruelles du **Barrio de Santa Cruz**. Prenez l'air dans El Centro et pénétrez dans un bar à tapas près de la **Plaza de la Alfalfa**. Appréciez (ou non) le **Metropol Parasol** et le chaos des boutiques de la **Calle Sierpes**. Puis rejoignez l'**Alameda de Hércules** à l'heure de l'apéritif.

Jour 2 : Les grands sites

Après un petit-déjeuner près de la Plaza Nueva, consacrez au moins 2-3 heures à la **cathédrale**, Giralda (l'ancien minaret) comprise. Déjeunez dans le *barrio* (quartier) d'**El Arenal** et flânez sur les berges du Río Guadalquivir jusqu'au **Parque de María Luisa**, où deux excellents musées vous retiendront. De retour à Santa Cruz, faites une pause thé aux **Baños Árabes-Aire de Sevilla** et mettez le cap sur le **Museo del Baile Flamenco**. Là, réservez une place pour le spectacle de flamenco (à 19h) et parcourez le musée en attendant.

Jour 3 : L'art à Séville

Partez tôt pour l'**Alcázar**, où passer quelques heures à admirer les palais et les jardins. Vous pouvez déjeuner au **Catalina** ou à la **Vinería San Telmo** voisine. Enfourchez un vélo Sevici et suivez les pistes jusqu'au **Museo de Bellas Artes**, riche en œuvres de Murillo et de Zurbarán. De l'autre côté du fleuve, à **Triana**, les boutiques de céramiques vous attendent. Terminez cette journée en prenant un verre et quelques tapas dans la **Calle del Betis**, fort animée, en bord de fleuve.

Hébergement

Il y a à Séville une multitude d'hébergements. Mieux vaut cependant réserver bien à l'avance pour la Semana Santa et la Feria de Abril, car les prix peuvent alors tripler. Parmi les nouveaux établissements de luxe figurent l'EME Catedral Hotel, l'Hotel Casa 1800 et l'Hotel Palacio Alcázar. Côté bonnes affaires, dans le centre, citons la Pensión San Pancracio et l'Hotel Simón. Découvrez toutes nos adresses dans le chapitre *Hébergement* (p. 288).

À NE PAS MANQUER

Rouvert en 2012, dans un nouveau lieu, El Pabellon de la Navegación (p. 63) explore la relation étroite entre Séville et la mer. Ce musée de la navigation est le dernier emblème architectural d'une ville qui refuse obstinément de vivre dans le passé.

Les meilleurs lieux où voir du flamenco

- Museo del Baile Flamenco (p. 58)
- Casa de la Memoria de Al-Andalus (p. 70)
- Tablao El Arenal (p. 70)
- Casa Anselma (p. 70)

Les meilleurs points de vue

- Giralda (p. 49)
- Torre del Oro (p. 67)
- Tour Schindler d'El Pabellon de la Navegación (p. 63)
- Passerelle panoramique du Metropol Parasol (p. 59)

Sites Internet

- **Explore Seville** (www.exploreseville.com). Traite de tout, des bonnes manières à table à la sécurité.
- **Turismo de Sevilla** (www.visitasevilla.es). Le site officiel du tourisme à Séville ; comporte des renseignements s'adressant aux voyageurs à mobilité réduite.
- **Guía Flama** (www.guiaflama.com). Site spécialisé sur le flamenco (adresses, calendrier, etc.).

À ne pas manquer

1 Le sublime **Alcázar** (p. 53), autant pour ses somptueux intérieurs que ses patios et jardins

2 Les bars branchés de l'**Alameda de Hércules** (p. 69), à l'heure de l'apéritif

3 Un moment de détente au hamman, puis au salon de thé des magnifiques **Baños Árabes-Aire de Sevilla** (p. 58), les seuls bains arabes de la ville

4 Un spectacle au **Museo del Baile Flamenco** (p. 58)

5 La tournée des bars à tapas des environs de la **Plaza de la Alfalfa** (p. 68)

6 La passerelle panoramique du nouveau **Metropol Parasol** (p. 59)

7 La splendeur gothique de la cathédrale de Séville depuis le sommet de la **Giralda** (p. 49)

8 Une balade à vélo dans le **Parque de María Luisa** (p. 63), ponctué d'orangers odorants

Histoire

Fondée par les Romains, la cité de Séville ne commença véritablement à prospérer qu'à l'époque des Almoravides, à partir de 1085. Ceux-ci furent supplantés au XIIe siècle par les Almohades. Le calife Yacoub Youssouf fit alors de Séville la capitale du royaume almohade et construisit une grande mosquée, à l'emplacement actuel de la cathédrale. La puissance almohade s'affaiblit après la défaite cinglante de Las Navas de Tolosa, en 1212. Le roi castillan Ferdinand III (El Santo ; le Saint) s'empara ensuite de Séville en 1248.

Ferdinand installa 24 000 Castillans dans la cité qui, au XIVe siècle, était devenue la plus importante du royaume de Castille. La découverte des Amériques par Christophe Colomb, en 1492, valut à Séville ses heures les plus glorieuses. En 1503, elle se vit accorder le monopole officiel sur le commerce espagnol avec le nouveau continent, et devint rapidement l'une des villes les plus importantes, les plus riches et les plus cosmopolites du monde. Une telle félicité ne pouvait durer. En 1649 s'abattit une épidémie de peste à laquelle succomba la moitié de la population. Au cours du XVIIe siècle, le Río Guadalquivir, toujours plus ensablé, devint moins navigable. En 1717, la Casa de la Contratación (organe officiel contrôlant le négoce avec les Amériques) fut transférée à Cadix.

Avec le développement industriel au milieu du XIXe siècle, le premier pont enjambant le Guadalquivir, le Puente de Triana (ou Puente de Isabel II), fut construit en 1852, et l'ancienne muraille almohade fut démolie en 1869, afin que la cité puisse s'étendre. En 1936, Séville tomba aux mains des nationalistes dès le début de la guerre civile, malgré la résistance de la classe ouvrière – qui donna lieu à de sauvages représailles.

Dans les années 1980, la situation s'est améliorée. Séville est devenue capitale de la nouvelle région autonome de l'Andalousie (ces 25 dernières années, plusieurs provinces espagnoles se sont vu accorder une certaine autonomie par Madrid). Au début des années 2000, l'économie de Séville a connu une progression constante, grâce au dynamisme conjugué du tourisme, du commerce, de la technologie et de l'industrie. Depuis 2008, la crise financière touche la ville, comme le reste de l'Andalousie, de manière brutale. Bien que de gros projets urbains, comme le Metropol Parasol, aient été poursuivis, la situation économique est désastreuse, le chômage touchant une personne sur quatre en 2012. Malgré tout cela, les *Sevillanos* (habitants de Séville) font preuve d'une remarquable cohésion sociale en coopérant pour contrer la crise.

À voir et à faire

Cathédrale et Giralda ÉGLISE

(carte p. 50 ; adulte/enfant 8 €/gratuit ; 11h-17h30 lun-sam, 14h30-18h30 dim sept-juin, 9h30-16h30 lun-sam, 14h30-18h30 dim juil-août). L'immense cathédrale de Séville, l'une des plus grandes au monde (en volume), occupe l'emplacement de la grande mosquée almohade du XIIe siècle, dont le minaret (la Giralda) se dresse aujourd'hui encore à ses côtés.

Lorsque la ville passa aux mains des chrétiens, en 1248, la mosquée fit office d'église jusqu'en 1401 ; elle était alors dans un tel état de délabrement que les autorités religieuses entreprirent de tout démolir et de repartir de zéro. "Nous allons édifier une église si grande que les générations futures nous traiteront de fous", auraient déclaré les bâtisseurs. Avec 126 m de long et 83 m de large, le résultat fut à la hauteur de leurs ambitions. La cathédrale, de style gothique, fut achevée en 1507, mais après l'effondrement du dôme central en 1511, les travaux de réfection s'inspirèrent davantage du style Renaissance.

Le système des entrées et les horaires de visite de la cathédrale changent fréquemment. Les règles en vigueur sont en général affichées de façon claire.

L'extérieur

La façade de la cathédrale ne donne qu'un faible aperçu des trésors qu'elle renferme. On remarquera quand même la **Puerta del Perdón**, dans la Calle Alemanes, héritage de la mosquée d'origine.

La Giralda, tour en brique haute de 104 m située sur le flanc nord-est de la cathédrale, tenait lieu de minaret à la mosquée construite entre 1184 et 1198, à l'apogée du califat almohade. Elle est, notamment par ses proportions et ses motifs ornementaux, l'un des joyaux de l'architecture musulmane en Espagne. Le beffroi fut ajouté au XVIe siècle, époque où les chrétiens espagnols "améliorèrent" les édifices islamiques encore existants. La girouette en bronze, connue sous le nom d'**El Giraldillo**, représente la Foi ; elle est devenue le symbole de Séville (l'entrée de la Giralda se trouve à l'intérieur de la cathédrale).

Sala del Pabellón

Située juste après la billetterie, cette salle présente une sélection d'œuvres d'art

Barrio de Santa Cruz et El Arenal

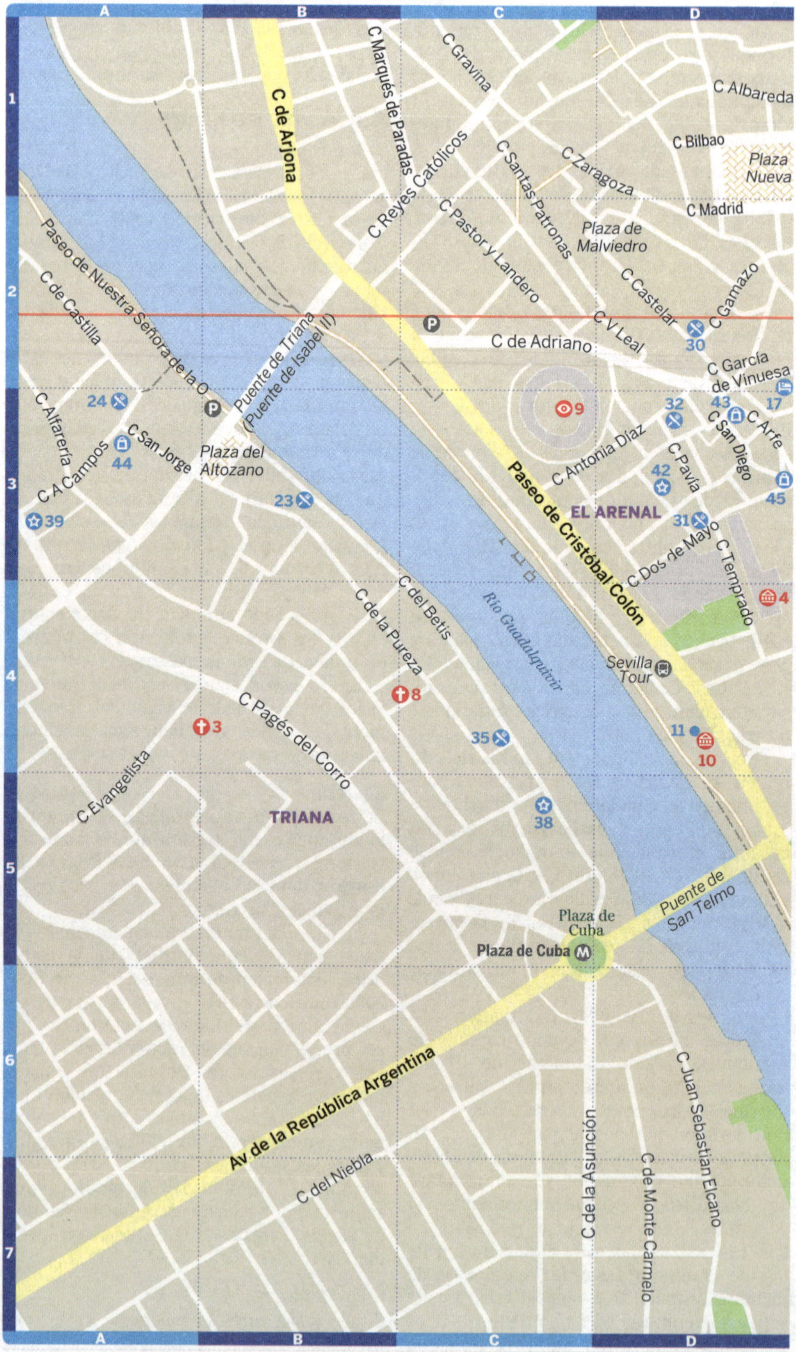

0
400 m
E
F
G
H
1
2
3
4
5
6
7
C Sagasta
Plaza del Salvador
C Sierpes
C Cuesta Rosario
C Alfalfa
C Águilas
C Imperial
C San Esteban
Plaza de Pilatos
Plaza de San Francisco
C Álvarez Quintero
C Corral del Rey
C Federico Rubio
C San José
C Levíes
C San Clemente
C Hernando Colón
C Aire
C Argote de Molina
C Segovias
C Don Remondo
C Abadés
C Jimios
Voir Carte El Centro (p. 60)
13
36
C Alemanes
Patio de los Naranjos
29
C Mateos Gago
C Fabiola
Plaza de las Cruces
C Archeros
Av Menéndez Pelayo
12
25
40
18
Av de la Constitución
Plaza Virgen de los Reyes
21
20
C Ximénez de Enciso
22
C Doncellas
19
C Puerta de la Carne
14
CR Caro
Cathédrale et Giralda
15
BARRIO DE SANTA CRUZ
Plaza Refinadores
16
C Demetrio de los Rios
Turismo Sevilla
5
34
Plaza de Santa Cruz
26
37
C Tomas de Ibarra
Plaza del Triunfo
Plaza de Doña Elvira
Plaza de los Venerables
41
Jardines de Murillo
2
Patio de las Banderas
28
27
C Santo Tomás
Callejón del Agua
C Miguel de Mañara
C Deán Miranda
Alcázar
Paseo Catalina de Ribera
C Capitán Vigueras
Office du tourisme régional
Plaza Contratación
Jardins de l'Alcázar
Puerta de Jerez
Av de Cádiz
Puerta de Jerez
Av Málaga
Bus pour l'aéroport
C San Fernando
6
33
Estación de Autobuses Prado de San Sebastián
Plaza de San Sebastián
Av de Roma
1
Prado de San Sebastián
Bus C2
Av del Cid
C Palos de la Frontera
Prado de San Sebastian
Paseo de las Delicias
Av de Portugal
C La Rábida
Sevilla Tour
Av de Isabel la Católica
Río Guadalquivir
Parque de María Luisa
7
Plaza de España
Vers le Museo de Artes y Costumbres Populares (650 m) et le Museo Arqueológico (700 m)
Av María Luisa

Barrio de Santa Cruz et El Arenal

Les incontournables
Alcázar ... F4
Cathédrale et Giralda ... E3

À voir
1 Antigua Fábrica de Tabacos ... F5
2 Archivo de Indias ... E3
3 Capilla del Rocío ... B4
4 Hospital de la Caridad ... D4
5 Hospital de los Venerables Sacerdotes ... F3
6 Hotel Alfonso XIII ... E5
7 Parque de María Luisa ... G7
8 Parroquia de Santa Ana ... C4
9 Plaza de Toros de la Real Maestranza ... C3
10 Torre del Oro ... D4

Activités
11 Cruceros Turísticos Torre del Oro ... D4
12 Giralda Center ... F3

Où se loger
13 EME Catedral Hotel ... E2
14 Hotel Casa 1800 ... F3
15 Hotel Palacio Alcázar ... F3
16 Hotel Puerta de Sevilla ... H3
17 Hotel Simón ... D2
18 Pensión San Pancracio ... G3
19 Un Patio en Santa Cruz ... G3

Où se restaurer
20 Álvaro Peregil ... F3
21 Bodega Santa Cruz ... F3
22 Café Bar Las Teresas ... G3
23 Café de la Prensa ... B3
24 Casa Cuesta ... A3
25 Casa Tomate ... F3
26 Catalina ... H3
27 Corral del Agua ... G3
28 Extraverde ... F3
29 Horno de San Buenaventura ... E2
30 Mesón Cinco Jotas ... D2
31 Mesón de la Infanta ... D3
32 Mesón Serranito ... D3
33 Restaurante Egaña Oriza ... G5
34 Restaurante La Albahaca ... G3
35 Ristorante Cosa Nostra ... C4
36 Taberna Los Coloniales ... E2
37 Vinería San Telmo ... H3

Où sortir
38 Boss ... C5
39 Casa Anselma ... A3
40 Casa de la Memoria de Al-Andalus ... G3
41 Los Gallos ... G3
42 Tablao El Arenal ... D3

Achat
43 Baco ... D3
44 Cerámica Santa Ana ... A3
45 El Postigo ... D3

provenant de la collection de la cathédrale. La plupart des chefs-d'œuvre exposés ici, comme ailleurs dans la cathédrale, ont été réalisés par des artistes du XVIIe siècle, durant l'âge d'or de Séville.

Chapelles sud et nord

Les chapelles longeant les côtés sud et nord de la cathédrale recèlent quantité de sculptures et de tableaux. La **Capilla de San Antonio**, au nord-ouest, recèle notamment un tableau de Bartolomé Esteban Murillo (1618-1682), *La vision de saint Antoine*, datant de 1666. En 1874, des voleurs découpèrent et dérobèrent le saint agenouillé. La toile fut retrouvée à New York et restaurée.

Tombeau de Christophe Colomb

Au-delà de la **Puerta de los Príncipes** (porte des Princes) se dresse le tombeau monumental de Christophe Colomb (Cristóbal Colón en espagnol) – véritable énigme – qui renferme les ossements du grand explorateur, lesquels ont été rapportés de Cuba en 1898.

Christophe Colomb mourut en 1506 à Valladolid, dans le nord de l'Espagne. Sa dépouille fut inhumée au monastère de La Cartuja à Séville, avant d'être déplacée jusqu'à Hispaniola (Saint-Domingue) en 1536. Bien que l'on ait d'abord tenu les ossements se trouvant dans la cathédrale de Séville pour ceux du fils du navigateur, Diego (qui fut enterré avec son père à Saint-Domingue, Hispaniola), des tests d'ADN récents semblent prouver qu'ils sont bel et bien ceux du père. Malheureusement, pour ajouter encore un peu à la confusion, selon les chercheurs, les ossements de Saint-Domingue pourraient également être authentiques puisque la dépouille de Christophe Colomb a été déplacée à plusieurs reprises. Même la mort, semble-t-il, n'est pas parvenue à modérer les envies de voyage du grand explorateur !

Capilla Mayor

La Capilla Mayor (grande chapelle) se trouve à l'est du chœur. Son colossal retable gothique passe pour le plus grand du monde. Commencé par le sculpteur flamand Pieter Dancart en 1482 et achevé par d'autres artistes en 1564, cet ensemble de boiseries polychromes et de dorures est sculpté de plus de 1 000 scènes bibliques. Au centre de la partie inférieure trône la statue de la Virgen de la Sede (Vierge de l'Évêché), patronne de la cathédrale. Sculptée en cèdre plaqué d'argent, elle date du XIIIe siècle.

Sacristía de los Cálices

Au sud de la Capilla Mayor, des salles renferment les principaux trésors artistiques de la cathédrale. Dans la sacristie des Calices, la salle la plus à l'ouest, le tableau de Francisco de Goya y Lucientes (1746-1828), *Santas Justa y Rufina* (1817), représentant les martyres de Séville, est exposé au-dessus de l'autel.

Sacristía Mayor

Cette salle à coupole de pierre finement sculptée fut construite entre 1528 et 1547. L'arc gravé couronnant son portail date du XVIe siècle. Le *Descendimiento* (*Descente de Croix*, 1547) de Pedro de Campaña, au-dessus de l'autel central à l'extrémité sud, ainsi que la *Santa Teresa* de Francisco de Zurbarán, à sa droite, figurent parmi les tableaux les plus précieux de la cathédrale. Le point d'orgue de la salle est la **Custodia de Juan de Arfe**, énorme ostensoir en argent pesant 475 kg réalisé dans les années 1580 par Juan de Arfe, orfèvre de la Renaissance.

Cabildo

Ce joli chapitre à coupole, aussi appelé Sala Capitular, dans l'angle sud-est de la cathédrale, fut construit entre 1558 et 1592 pour accueillir les assemblées de religieux. Au-dessus du siège de l'archevêque, côté sud, est exposé le chef-d'œuvre de Murillo, *La Inmaculada*.

Giralda

Dans le coin nord-est de la cathédrale, vous accéderez au passage qui monte au beffroi de la Giralda. L'ascension est facilitée par des rampes – et non des marches – qui avaient été conçues pour que les gardes puissent gravir la tour à cheval. D'en haut, la vue sur la ville est magnifique.

Patio de los Naranjos

En sortant par le flanc nord de la cathédrale, on découvre l'ancienne cour intérieure de la mosquée, un patio planté de 66 *naranjos* (orangers). Une fontaine wisigothe trône en son centre. À l'angle sud-est du patio, la réplique d'un crocodile naturalisé – l'original était un cadeau du sultan d'Égypte à Alphonse X de Castille (Alfonso X) – est suspendue au plafond. Sur le côté nord du patio, remarquez la belle porte remontant à l'édifice musulman.

Alcázar

PALAIS FORTIFIÉ

(carte p. 50 ; adulte/enfant 7,50 €/gratuit ; 9h30-19h avr-sept, 9h30-18h oct-mars). Inscrit au patrimoine mondial de l'Unesco en 1987 (comme la cathédrale de Séville), l'Alcázar, qui marqua un point d'orgue dans l'histoire de l'architecture mudéjare, est une pure merveille.

Construit en 913 comme fort pour les gouverneurs cordouans de Séville, il a subi de nombreuses transformations au cours de ses onze siècles d'existence. Au XIe siècle, les seigneurs du prospère *taifa* (petit royaume) musulman de Séville firent ériger un palais qu'ils baptisèrent Al-Mubarak (le Béni) à l'emplacement correspondant à l'actuelle partie ouest de l'Alcázar. À l'est de ce dernier, les califes almohades du XIIe siècle ajoutèrent un autre palais, autour de ce qui est aujourd'hui le Patio del Crucero. Lorsque le roi chrétien Ferdinand III s'empara de Séville en 1248, il s'établit à l'Alcázar. Plusieurs des monarques chrétiens qui lui succédèrent en firent leur résidence principale. Alphonse X, le fils de Ferdinand, remplaça la majeure partie du palais almohade par un édifice gothique. De 1364 à 1366, Pierre Ier fit construire le somptueux palais mudéjar appelé Palacio de Don Pedro.

Patio del León

Depuis la billetterie située à l'intérieur de la **Puerta del León** (porte du Lion), on pénètre dans le Patio del León, qui faisait office de cour de garnison à l'époque du palais Al-Mubarak. À côté s'ouvre la **Sala de la Justicia**, dotée de magnifiques stucs mudéjars et d'un plafond *artesonado* (à caissons ornementés). Cette salle fut réalisée dans les années 1340 par le roi Alphonse XI, qui venait ici en compagnie de l'une de ses maîtresses, la belle Leonor de Guzmán. La salle donne sur le joli **Patio del Yeso**, vestige du palais almohade du XIIe siècle reconstruit au XIXe siècle.

La cathédrale de Séville

CE QU'IL FAUT VOIR

"Nous allons édifier une église si grande que les générations futures nous traiteront de fous", auraient déclaré, en 1402, les architectes inspirés de la cathédrale de Séville, au commencement de l'un des projets de construction les plus grandioses de l'histoire médiévale. Un siècle plus tard, leur folie fut confirmée de manière triomphale.

Pour éviter de se perdre, mieux vaut se repérer par rapport aux éléments majeurs à voir. Juste après l'entrée sud (principale) se trouve le monumental **tombeau de Christophe Colomb** 1. Tournez alors à droite vers l'angle est pour découvrir des trésors artistiques : un Goya dans la Sacristía de los Cálices, un Zurbarán dans la **Sacristía Mayor** 2, et une superbe Inmaculada de Murillo dans la Sala Capitular. Passez la façade est de la cathédrale et pénétrez dans la **Capilla Real** 3 qui renferme d'importantes tombes royales. Il est alors impossible de manquer la **Capilla Mayor** 4 et son magnifique retable. Dissimulée dans l'angle nord-ouest, la **Capilla de San Antonio** 5 recèle un légendaire Murillo. L'énorme **Puerta de la Asunción** 6, tout près, est généralement close. Dirigez-vous ensuite vers la **Giralda** 7, tout en admirant au passage les plafonds voûtés. Après avoir observé de haut cette immense cathédrale, redescendez et sortez par le **Patio de los Naranjos** 8.

BON À SAVOIR

» **Éviter l'attente** Réservez vos billets en ligne sur www.catedraldesevilla.es jusqu'à 6 semaines à l'avance pour 1 € de plus.

» **Ne pas se presser** Ne visitez pas l'Alcázar et la cathédrale le même jour. Il y a beaucoup trop de choses à voir.

» **Observer** Prenez le temps d'admirer la cathédrale de l'extérieur. Elle est particulièrement belle la nuit depuis la Plaza Virgen de los Reyes, et depuis la rive opposée du fleuve, à Triana.

ONTHEROAD/ALAMY ©

Capilla Mayor

Le point central de la cathédrale abrite son plus grand trésor, un colossal retable doré dépeignant des scènes de la vie du Christ. Il représente l'œuvre d'une vie, celle de l'artiste flamand Pieter Dancart.

Patio de los Naranjos

Une soixantaine d'orangers parfument ce patio ceint de murs fortifiés – vestige de la mosquée d'origine, du XIIe siècle. La sortie se fait par la Puerta del Perdón, à l'arc en fer à cheval.

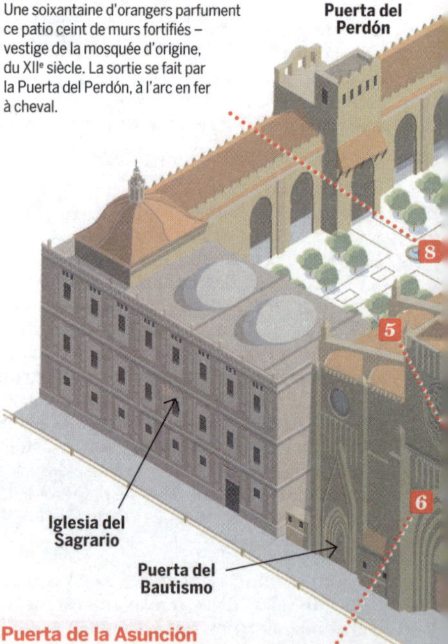

Puerta de la Asunción

Située du côté ouest de la cathédrale et également appelée Puerta Mayor, cette immense porte, rarement ouverte, est poussée pendant la Semaine sainte pour permettre l'accès des processions solennelles des *hermanadades* (confréries) catholiques.

ADB TRAVEL/ALAMY ©

MARK DAFFEY/GETTY IMAGES ©

STUART CRUMP/ALAMY ©

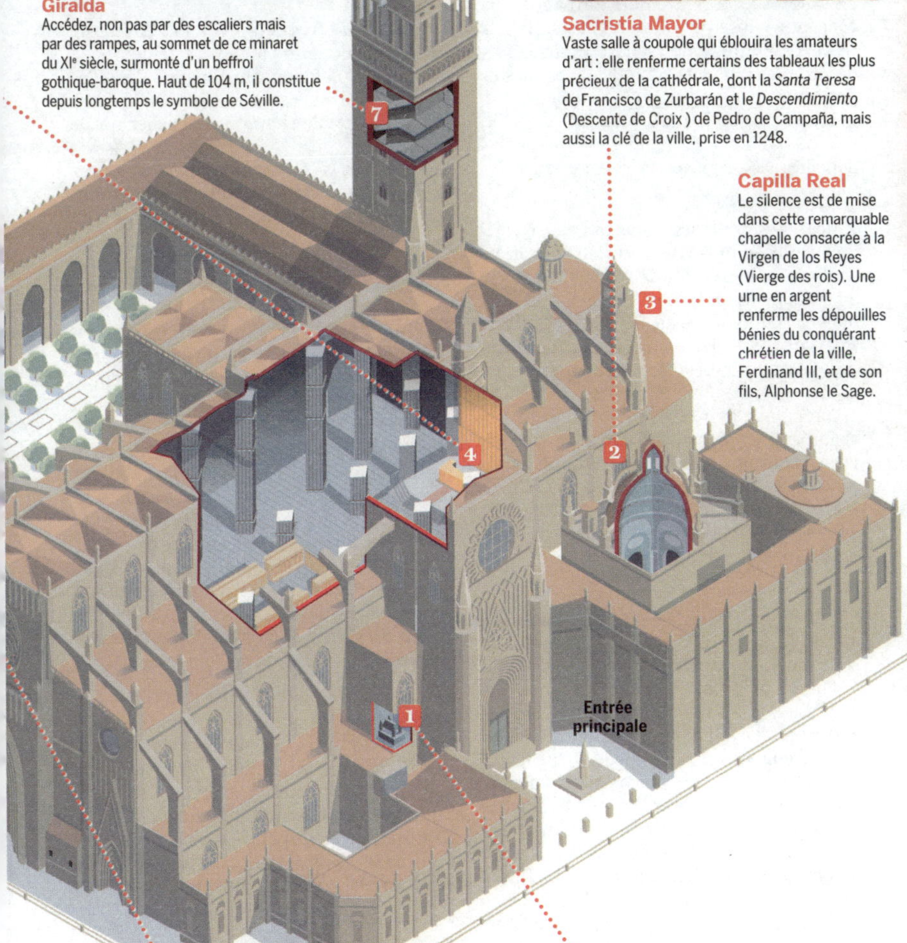

Giralda

Accédez, non pas par des escaliers mais par des rampes, au sommet de ce minaret du XIe siècle, surmonté d'un beffroi gothique-baroque. Haut de 104 m, il constitue depuis longtemps le symbole de Séville.

Sacristía Mayor

Vaste salle à coupole qui éblouira les amateurs d'art : elle renferme certains des tableaux les plus précieux de la cathédrale, dont la *Santa Teresa* de Francisco de Zurbarán et le *Descendimiento* (Descente de Croix) de Pedro de Campaña, mais aussi la clé de la ville, prise en 1248.

Capilla Real

Le silence est de mise dans cette remarquable chapelle consacrée à la Virgen de los Reyes (Vierge des rois). Une urne en argent renferme les dépouilles bénies du conquérant chrétien de la ville, Ferdinand III, et de son fils, Alphonse le Sage.

Capilla de San Antonio

Il faudra chercher parmi les 80 chapelles celle qui contient *La vision de saint Antoine*, peinte par Bartolomé Esteban Murillo en 1666. Dérobée en 1874, l'œuvre fut ensuite retrouvée et restaurée.

OLIVER STREWE/ GETTY IMAGES ©

Tombeau de Christophe Colomb

Inhumée à Valladolid en 1506, la dépouille de Christophe Colomb fut déplacée quatre fois avant d'arriver à Séville en 1898, enveloppée dans un catafalque sculpté. Mais un débat fait rage pour savoir s'il s'agit bien de sa dépouille ou si, suite à une confusion, il repose toujours en République dominicaine.

Patio de la Montería

Les salles situées à l'ouest de ce patio faisaient partie de la **Casa de la Contratación** (chambre de commerce) fondée par les Rois Catholiques en 1503 pour contrôler le négoce avec les colonies espagnoles en Amérique. Le **Salón del Almirante** (salon de l'amiral) renferme des peintures des XIXe et XXe siècles illustrant des événements historiques et des personnages associés à Séville. La salle située à l'extrémité nord abrite une collection internationale d'éventails. La **Sala de Audiencias** (salle d'audience) est décorée de tapisseries brodées des blasons des amiraux espagnols, et d'un tableau de 1530, *Virgen de los Mareantes* (Vierge des marins), d'Alejo Fernández, le premier à dépeindre la découverte des Amériques.

Cuarto Real Alto

L'Alcázar est toujours un palais royal. C'est là qu'a eu lieu, en 1995, la réception du mariage de l'infante Elena, fille du roi Juan Carlos Ier, à l'issue de la cérémonie religieuse célébrée dans la cathédrale de Séville. Le **Cuarto Real Alto** (appartements royaux), constitué des pièces réservées à la famille royale espagnole, est accessible aux visites guidées. Il est impératif de réserver (☎954 50 23 24 ; visite 4,50 €). Parmi les temps forts de la visite figurent le **Salón de Audiencias**, du XIVe siècle, qui reste de nos jours la salle de réception du roi, et la chambre de Pierre Ier, avec ses splendides carreaux de céramique mudéjars et ses décorations en stuc.

Palacio de Don Pedro

C'est à Pierre Ier que l'on doit ce palais (aussi appelé Palacio Mudéjar), sans doute la plus belle merveille architecturale de Séville.

Parce qu'il ne pouvait accorder sa confiance à ses coreligionnaires, Pierre Ier entretint une alliance durable avec l'émir de Grenade, Mohammed V, principal commanditaire des décorations magnifiques de l'Alhambra. En 1364, lorsque le roi décida de construire un nouveau palais dans l'enceinte de l'Alcázar, l'émir lui envoya ses meilleurs artisans. Ils furent rejoints par d'autres, venus de Séville et de Tolède. Leur ouvrage, empruntant aux traditions des Almohades et du califat de Cordoue, aboutit à une synthèse unique de l'art ibéro-musulman.

Les inscriptions sur la façade du palais, face au Patio de la Montería, résument bien l'esprit inhabituel de toute l'entreprise. L'une rappelle en espagnol que le créateur de l'édifice est "le majestueux, noble et conquérant Don Pedro, par la grâce de Dieu roi de Castille-León". L'autre répète inlassablement en arabe : "Il n'est de conquérant qu'Allah."

Au cœur du palais se trouve le merveilleux **Patio de las Doncellas** (patio des demoiselles), entouré d'arcs et décoré de dentelles de stuc et d'azulejos. En 2004, des archéologues ont mis au jour un jardin enfoui au centre du patio, jusque-là dissimulé sous des dalles de marbre datant du XVIe siècle.

La **Cámara Regia** (appartements du roi), sur le flanc nord du patio, est agrémentée de somptueux plafonds, ainsi que de dentelles de stuc et d'azulejos. La salle du fond servait probablement de chambre à coucher royale en été.

En allant vers l'ouest, vous aboutirez au petit **Patio de las Muñecas** (patio des poupées), au cœur des quartiers privés du palais, paré de délicates ornementations dans le style de Grenade. Le **Cuarto del Príncipe** (chambre du prince), au nord, possède une superbe coupole en bois figurant un ciel étoilé.

L'impressionnant **Salón de Embajadores** (salon des ambassadeurs), à l'extrémité ouest du Patio de las Doncellas, tenait lieu de salle du trône au palais de Pierre Ier. Son extraordinaire coupole en bois, parée de multiples motifs en étoile symbolisant l'univers, fut ajoutée en 1427. Sa forme valut à cette salle son autre nom, la **Sala de la Media Naranja** (salle de la moitié d'orange).

Côté ouest du Salón de Embajadores, l'Arco de Pavones, ainsi nommé en raison de ses motifs de paon, mène au **Salón del Techo de Felipe II**, au plafond Renaissance (1589-1591).

Salones de Carlos V

Accessibles par un escalier à l'angle sud-est du Patio de las Doncellas, ces salons remodelés à maintes reprises remontent au palais gothique d'Alphonse X (XIIIe siècle). Ces salles portent aujourd'hui le nom du roi du XVIe siècle, Charles Ier, mais sous son titre de Charles Quint (Carlos V), souverain du Saint Empire romain germanique.

Patio del Crucero

Situé à l'extérieur des Salones de Carlos V, ce patio constituait, à l'origine, la partie supérieure du patio central du palais almohade du XIIe siècle. Il était alors formé d'allées longeant les quatre côtés et de deux allées diagonales se croisant au milieu. Des orangers avaient été plantés au niveau inférieur, et ceux qui fréquentaient les galeries de l'étage pouvaient en cueillir les fruits. Tout le niveau inférieur dut être reconstruit au XVIIIe siècle à la suite d'un séisme.

Jardins et sortie

Depuis les Salones de Carlos V, vous pouvez accéder aux vastes jardins de l'Alcázar. Devant les bâtiments, de petits jardins se succèdent en enfilade, agrémentés pour certains de bassins et de fontaines. De l'un d'entre eux, le **Jardín de las Danzas** (jardin des danses), un passage courant sous les Salones de Carlos V mène aux **Baños de Doña María de Padilla** (bains de María de Padilla). Admirez les voûtes sous le Patio del Crucero – à l'origine, le niveau inférieur du patio – et une grotte qui remplaça le bassin du patio.

Des concerts ont parfois lieu en été dans ces jardins ; renseignez-vous sur www.actidea.com. Il y a aussi un labyrinthe de haies qui ravira les enfants. Les jardins à l'est, de l'autre côté d'un long mur, sont des créations du XXe siècle, tout aussi somptueuses.

GRATUIT **Archivo de Indias** MUSÉE

(archives des Indes ; carte p. 50 ; Calle Santo Tomás ; ⌚10h-16h lun-sam, 10h-14h dim et jours fériés). Du côté ouest de la Plaza del Triunfo, l'Archivo de Indias renferme les principales archives de l'empire espagnol d'Amérique. Ses 8 km de rayonnage contiennent 80 millions de pages de documents allant de 1492 à la fin de l'empire, au XIXe siècle – preuve du pouvoir et de l'influence de l'Espagne durant son âge d'or. En temps normal, les Archives organisent des expositions de cartes et de documents, dont des manuscrits originaux de Christophe Colomb, Cervantès, Cortés ou Pizarro. On peut également y voir un court métrage retraçant l'histoire de l'édifice. Chef-d'œuvre de la Renaissance espagnole, ce bâtiment du XVIe siècle, restauré entre 2003 et 2005, est également inscrit au patrimoine mondial.

Barrio de Santa Cruz

À l'est de la cathédrale et de l'Alcázar, la *judería* (quartier juif) médiévale de Séville est aujourd'hui un enchevêtrement de ruelles sinueuses et de jolies places plantées d'orangers. La Plaza de Santa Cruz, qui a donné son nom au quartier, en est la plus emblématique, et la Plaza de Doña Elvira l'une des plus charmantes, en particulier le soir.

Hospital de los Venerables Sacerdotes GALERIE D'ART

(carte p. 50 ; ☎954 56 26 96 ; Plaza de los Venerables 8 ; adulte/enfant 4,75/2,40 €, dim après-midi gratuit ; ⌚10h-14h et 16h-20h). Cet édifice baroque du XVIIe siècle, qui accueillait autrefois les prêtres âgés, s'agrémente de l'un des patios les plus typiques de Séville. Outre son église, également du XVIIe, qui recèle de riches peintures murales, on peut

LE NOUVEL ÂGE D'OR

Une cité telle que Séville pourrait aisément se reposer sur ses lauriers, mais dans cette métropole adepte des projets ambitieux (avez-vous vu la cathédrale ?), le désir de recréer l'esprit d'*El Siglo de Oro* (le Siècle d'or) n'est jamais vraiment éteint. Le "nouvel âge d'or" de Séville a été initié il y a 20 ans lors de l'Expo '92, Exposition universelle organisée pour le 500e anniversaire du premier voyage de Christophe Colomb vers les Amériques. Elle a eu lieu sur l'Isla de la Cartuja, une île du Río Guadalquivir que les urbanistes ont reliée à la rive ouest lors d'un important projet de rajeunissement. Le modernisme frappant de l'Expo '92 s'est reflété dans ses expositions internationales géantes et dans les infrastructures réalisées pour l'occasion, comme les remarquables ponts de l'Alamillo et de la Barqueta qui traversent le fleuve.

Désireuse de poursuivre sur sa lancée, Séville a fait son entrée dans le XXIe siècle sous la direction du maire Alfredo Sánchez Monteseirín (1999-2011), qui a répondu aux défis du changement climatique et du renouvellement urbain avec assurance et passion. En seulement cinq ans, Monteseirín a supervisé l'inauguration d'un tramway et d'un métro souterrain, d'un système de vélos et de voitures électriques en libre-service. Dans le même temps, il a participé au lancement de deux emblèmes architecturaux qui allaient rivaliser avec la cathédrale gothique en matière d'audace : le controversé Metropol Parasol et le nouvel El Pabellon de la Navegación.

Au moment de l'impression de ce guide, la date d'achèvement de la **tour Cajasol**, le premier gratte-ciel de la ville, haut de 180 m, dessinée par l'architecte argentin César Pelli, n'était pas encore arrêtée. Un nouveau sujet de conversation épineux dans cette métropole qui a toujours refusé l'immobilité.

y découvrir la célèbre *Santa Rufina* (Sainte Rufine) peinte par Diego Velázquez, acquise en 2007 par la fondation Centro Velázquez, installée dans les locaux, pour la coquette somme de 12,5 millions d'euros. Plusieurs salles sont aussi consacrées aux expositions temporaires.

Baños Árabes-Aire de Sevilla HAMMAM
(carte p. 60 ; ☎955 01 00 25 ; www.airedesevilla.com ; Calle Aire 15 ; à partir de 20 € ; ⏲toutes les 2 heures 10h-24h). Profitez d'un magnifique cadre historique dans ces anciens bains arabes du Barrio de Santa Cruz, qui se doublent d'une *tetería* (salon de thé à l'orientale ; p. 70).

El Arenal

Une petite marche en partant à l'ouest de l'Avenida de la Constitución mène aux rives du Guadalquivir et au quartier d'El Arenal. Son nom provient du mot *arena,* signifiant sable, car ce dernier s'accumulait sur la rive du fleuve. Jusqu'au XVIIe siècle, c'était le centre du chantier naval et des opérations maritimes de la ville. Aujourd'hui, un agréable sentier longe le fleuve, d'où l'on peut prendre un bateau pour une découverte de la ville au fil de l'eau.

Torre del Oro MUSÉE
(carte p. 50 ; Paseo de Cristóbal Colón ; 2 € ; ⏲10h-13h30 mar-dim). Cette tour de guet almohade du XIIIe siècle, au bord du fleuve, aurait été surmontée d'un dôme couvert de céramiques dorées, d'où son nom ("Tour d'or"). C'est là que fut stocké le butin détourné des coffres coloniaux par les conquistadors rentrant du Mexique et du Pérou. Depuis, la tour, devenue l'un des symboles architecturaux les plus reconnaissables de Séville, héberge un petit **musée maritime**.

Hospital de la Caridad GALERIE D'ART
(carte p. 50 ; Calle Temprado 3 ; 5 € ; ⏲9h30-13h et 15h30-19h lun-sam, 9h-12h30 dim). À une rue à l'est du fleuve, l'Hospital de la Caridad accueille une galerie d'art. Cet ancien hospice de la Charité, destiné aux personnes âgées, fut fondé par Miguel de Mañara. Selon la légende, ce libertin notoire aurait changé de mœurs après avoir eu une vision de ses propres funérailles.

Dans les années 1670, il commanda une série d'œuvres traitant du thème de la mort et de la rédemption aux trois plus grands artistes sévillans de l'époque – Bartolomé Esteban Murillo, Juan de Valdés Leal et Pedro Roldán –, qu'il donna à l'église de l'hospice. Ces tableaux témoignent de la munificence artistique sévillane du Siècle d'or.

Plaza de Toros de la Real Maestranza ARÈNE, MUSÉE
(carte p. 50 ; ☎954 22 45 77 ; www.realmaestranza.es ; Paseo de Cristóbal Colón 12 ; visites guidées adulte/enfant 6,50/2,50 € ; ⏲visites toutes les 30 min 9h30-20h, 9h30-15h les jours de corrida). L'arène de Séville est l'une des plus prestigieuses du pays, et la plus ancienne (sa construction a débuté en 1758). C'est dans cette Plaza de Toros et celle de Ronda que naquit la tauromachie à pied, au XVIIIe siècle. Très intéressantes, les visites commentées, en espagnol et en anglais, permettent de découvrir l'arène et le musée.

El Centro

Comme son nom l'indique, cet enchevêtrement de ruelles étroites et de places qui s'étend au nord de la cathédrale figure le centre de Séville. C'est aussi le quartier du shopping, et l'on y trouve quantité d'excellents bars et restaurants.

Museo del Baile Flamenco MUSÉE
(carte p. 60 ; www.museoflamenco.com ; Calle Manuel Rojas Marcos 3 ; adulte/enfant 10/6 € ; ⏲9h30-19h). Ouvert à l'initiative de la grande danseuse sévillane Cristina Hoyos, ce musée, occupant 3 étages d'un palais du XVIIIe siècle, est *le* lieu incontournable pour qui s'intéresse à l'art et à la culture du flamenco. Esquisses, peintures, photos des grands du flamenco d'hier et d'aujourd'hui, et une collection de robes et de châles y sont exposées.

Conférences, cours, ateliers et concerts s'y succèdent, et sa boutique est un passage obligé.

Museo de Bellas Artes MUSÉE DES BEAUX-ARTS
(carte p. 60 ; Plaza del Museo 9 ; 1,50 € ; ⏲9h-20h30 mar-sam, 9h-14h30 dim et jours fériés). Aménagé dans l'ancien Convento de la Merced, le Museo de Bellas Artes rend justice à la contribution artistique de tout premier plan de Séville au Siècle d'or espagnol, à savoir le XVIIe siècle.

L'essentiel des œuvres traite de thèmes religieux. Parmi celles présentées au rez-de-chaussée, on remarquera les sculptures en terre cuite de Pedro Millán, l'immense *Sagrada Cena* (La Cène) d'Alonso Vázquez, et la tête macabre de saint Jean-Baptiste (*Cabeza de San Juan Bautista*), sculptée en 1591 par Gaspar Núñez Delgado. La salle la plus impressionnante est l'église du

À NE PAS MANQUER

LE METROPOL PARASOL

Certains le surnomment le Ferran Adriá de l'architecture moderne, et il est vrai que l'architecte allemand Jurgen Mayer H. possède une forme de génie artistique. Qui d'autre aurait rêvé de construire une "gaufre volante" au beau milieu de l'une des places commerçantes les plus traditionnelles de Séville ? Avec l'audace d'une tour Eiffel moderne, le **Metropol Parasol** (carte p. 60 ; Plaza de la Encarnación), inauguré en mars 2011 sur la Plaza de la Encarnación, divise l'opinion et s'enorgueillit d'être la superstructure en bois la plus grande du monde. Son toit ondoyant alvéolé est supporté par cinq piliers aux airs de champignons géants, qui lui ont valu le surnom de *Las Setas de la Encarnación* (Les champignons de la Encarnación).

Le Metropol Parasol, dont la construction a duré six ans, couvre une zone du centre-ville auparavant laissée à l'abandon, après avoir accueilli un parking. Mises au jour sur le chantier, des ruines romaines ont été incorporées aux fondation de l'édifice dans ce qui est aujourd'hui le **Museo Antiquarium** (carte p. 60 ; Plaza de la Encarnación ; 2 € ; ⌚11h-14h et 15h-20h). Au niveau 2, on peut accéder, pour 1,20 €, à la passerelle panoramique qui offre de splendides vues sur la ville. Le Metropol accueille également l'ancien marché de la place, un restaurant et une salle de concert. Bien que controversée et ayant coûté une fortune, l'œuvre de Mayer s'est intégrée dans le cœur historique de Séville avec une harmonie bien à elle, attirant les regards de tous les passants.

couvent, où sont exposés les tableaux des maîtres du baroque sévillan, dont Murillo. Son *Inmaculada Concepción Grande* montre un dynamisme et un mouvement caractéristiques du baroque. À l'étage, parmi les tableaux les plus remarquables figurent le très espagnol *Santiago Apóstol* (saint Jacques l'Apôtre) de José Ribera, ainsi que le très sombre *Cristo Crucificado* (Christ crucifié) de Zurbarán.

Casa de Pilatos — PALAIS, MUSÉE

(carte p. 60 ; ☎954 22 52 98 ; www.fundacionmedinaceli.org ; Plaza de Pilatos ; rdc uniquement 5 €, maison complète 8 € ; ⌚9h-19h avr-oct, 9h-18h nov-mars). Toujours habitée par les ducs de Medinaceli, la Casa de Pilatos est l'une des plus belles demeures aristocratiques de la ville. L'édifice mêle l'architecture mudéjare, gothique et Renaissance, le tout agrémenté d'azulejos et d'*artesonados* (plafonds à caissons), et rappelle l'Alcázar.

La cage d'escalier conduisant à l'étage, ornée des plus beaux azulejos de tout l'édifice, est surmontée d'un splendide dôme *artesonado* doré. La visite de l'étage, en partie habitée par les Medinaceli, est assurée par un guide. Ne manquez pas les portraits de la famille à travers les siècles et un petit Goya représentant une corrida.

Palacio de la Condesa de Lebrija — PALAIS, MUSÉE

(carte p. 60 ; Calle de la Cuna 8 ; palais entier/rdc uniquement 8/5 €, rdc 9h-12h mer gratuit ; ⌚10h30-19h30 lun-ven, 10h-14h et 16h-18h sam, 10h-14h dim). À un pâté de maisons de la Calle Sierpes, le Palacio de la Condesa de Lebrija, un palais du XVIe siècle, sert d'écrin à une somptueuse collection d'art et d'artisanat. Il s'agrémente d'une magnifique cour Renaissance mudéjare. La comtesse de Lebrija, archéologue aujourd'hui décédée, avait réaménagé la demeure en 1914 pour installer, dans la plupart des pièces, les trésors recueillis lors de ses voyages. Spécialiste de la Rome antique, elle a laissé une bibliothèque remplie de livres sur l'Antiquité et quantité de vestiges d'Itálica (ancienne ville romaine, dans la province de Séville), dont de superbes mosaïques. Il faut participer à la visite guidée pour accéder aux salles de l'étage, consacrées aux arts musulman, chinois et espagnol, mais cela vaut la peine.

Plaza de San Francisco — PLACE

(carte p. 60). Emplacement du marché de l'époque musulmane puis théâtre des bûchers de l'Inquisition, la Plaza de San Francisco est, depuis le XVIe siècle, la principale place de Séville. La partie sud de l'*ayuntamiento* (hôtel de ville), célèbre pour son style plateresque (style d'ornementation architecturale de la première Renaissance espagnole), est ornée de ravissantes sculptures des années 1520 et 1530.

Calle Sierpes — RUE

(carte p. 60). Rendue piétonne, la Calle Sierpes qui court au nord depuis la Plaza de San Francisco, et sa parallèle, la Calle Tetuán/

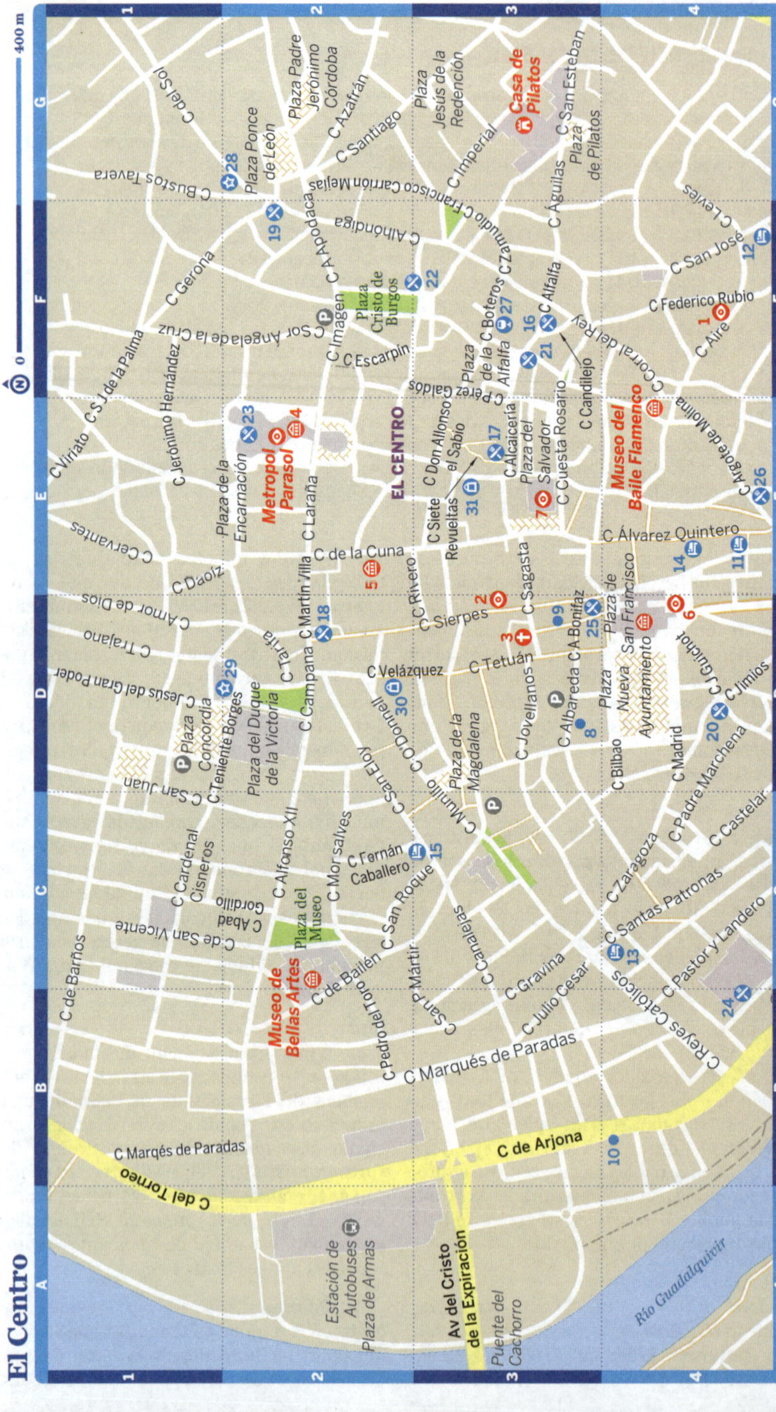
El Centro
0
400 m
Casa de Pilatos
Metropol Parasol
Museo del Baile Flamenco
Museo de Bellas Artes
EL CENTRO
Plaza Padre Jerónimo Córdoba
Plaza Ponce de León
Plaza Jesús de la Redención
Plaza de Pilatos
Plaza Cristo de Burgos
Plaza de la C Boteros Alfalfa
Plaza de la Encarnación
Plaza del Salvador
Plaza de San Francisco
Plaza Nueva
Ayuntamiento
Plaza de la Magdalena
Plaza del Duque de la Victoria
Plaza Concordia
Plaza del Museo
Estación de Autobuses Plaza de Armas
Puente del Cachorro
Av del Cristo de la Expiración
Río Guadalquivir
C del Sol
C Bustos Tavera
C Azafrán
C Santiago
C Imperial
C San Esteban
C Francisco Carrión Mejías
C Almudio C Zamudio
C Alhóndiga
C A Apodaca
C Gerona
C Sor Ángela de la Cruz
C Imagen
C Escarpín
C Águilas
C Alfalfa
C Candilejo
C Corral del Rey
C Federico Rubio
C Aire
C San José
C Levíes
C Viriato
C S J de la Palma
C Jerónimo Hernández
C Pérez Galdós
C Don Alonso el Sabio
C Siete Revueltas
C Alcaicería
C Cuesta Rosario
C Argote de Molina
C Álvarez Quintero
C Cervantes
C Daoíz
C Laraña
C de la Cuna
C Rivero
C Sierpes
C Sagasta
C A Bonifaz
C Amor de Dios
C Trajano
C Tarifa
C Martín Villa
C Campana
C Velázquez
C Tetuán
C Jovellanos
C Albareda
C Jesús del Gran Poder
C Teniente Borges
C San Juan
C O'Donnell
C San Eloy
C Murillo
C Bilbao
C Madrid
C J Guichot
C Jimios
C Padre Marchena
C Castelar
C Cardenal Cisneros
C Alfonso XII
C Morsalves
C Fernán Caballero
C San Roque
C Canalejas
C Zaragoza
C Abad Gordillo
C de San Vicente
C de Baños
C de Bailén
C Pedro del Toro
C San P Mártir
C Gravina
C Julio César
C Santas Patronas
C Reyes Católicos
C Pastor y Landero
C Marqués de Paradas
C de Arjona
C del Torneo

El Centro

Velázquez, forment aujourd'hui le haut lieu du shopping à Séville. Entre ces deux rues, ne manquez pas la **Capilla de San José** (carte p. 60 ; Calle Jovellanos ; ⌚8h-12h30 et 18h30-20h30), une chapelle du XVIIIe siècle à l'époustouflante décoration baroque.

Plaza Salvador PLACE

(carte p. 60). Cette place, aux quelques bars populaires, fut autrefois le forum de la ville romaine d'Hispalis. Elle est dominée par la **Parroquia del Divino Salvador**, une imposante église baroque bâtie entre 1674 et 1712 sur le site de la mosquée de la cité arabe d'Isbiliya. L'intérieur offre une débauche de sculptures et de dorures.

Triana

Sur l'autre rive du Guadalquivir depuis le centre, on accède à Triana, autrefois le *barrio gitano* (quartier gitan) de Séville, qui fut l'un des berceaux du flamenco. Depuis longtemps, des générations de chanteurs l'évoquent avec nostalgie.

La "rue principale" de Triana est la Calle del Bétis, au bord du fleuve, populaire pour ses tapas le midi et ses bars la nuit.

Parroquia de Santa Ana ÉGLISE

(carte p. 50 ; Calle de la Pureza 80). La Parroquia (paroisse) de Santa Ana, église construite en 1280, abrite quantité de tableaux anciens à thème religieux. D'après la tradition, toute femme célibataire qui frappe du pied "El Negro", un caveau du XVIe siècle recouvert d'azulejos représentant un chevalier gisant, est assurée de trouver un mari. Malgré les bancs et autres obstacles placés à cet endroit afin d'empêcher la dégradation de l'œuvre d'art, la coutume se perpétue.

Capilla del Rocío ÉGLISE

(carte p. 50 ; Calle Evangelista 23). Dans la partie sud de Triana, la Capilla del Rocío accueille l'Hermandad del Rocío de Triana. Le jeudi précédant la Pentecôte, le départ en procession des chevaux et des chars enrubannés de cette confrérie jusqu'à El Rocío est l'un des événements les plus attendus et les plus festifs du calendrier sévillan.

Sud du centre

Au sud de Santa Cruz et d'El Centro, la ville s'ouvre sur de vastes parcs et de larges rues, investies depuis peu par les tramways, les vélos et les promeneurs.

Alameda de Hércules, Macarena et Isla de la Cartuja

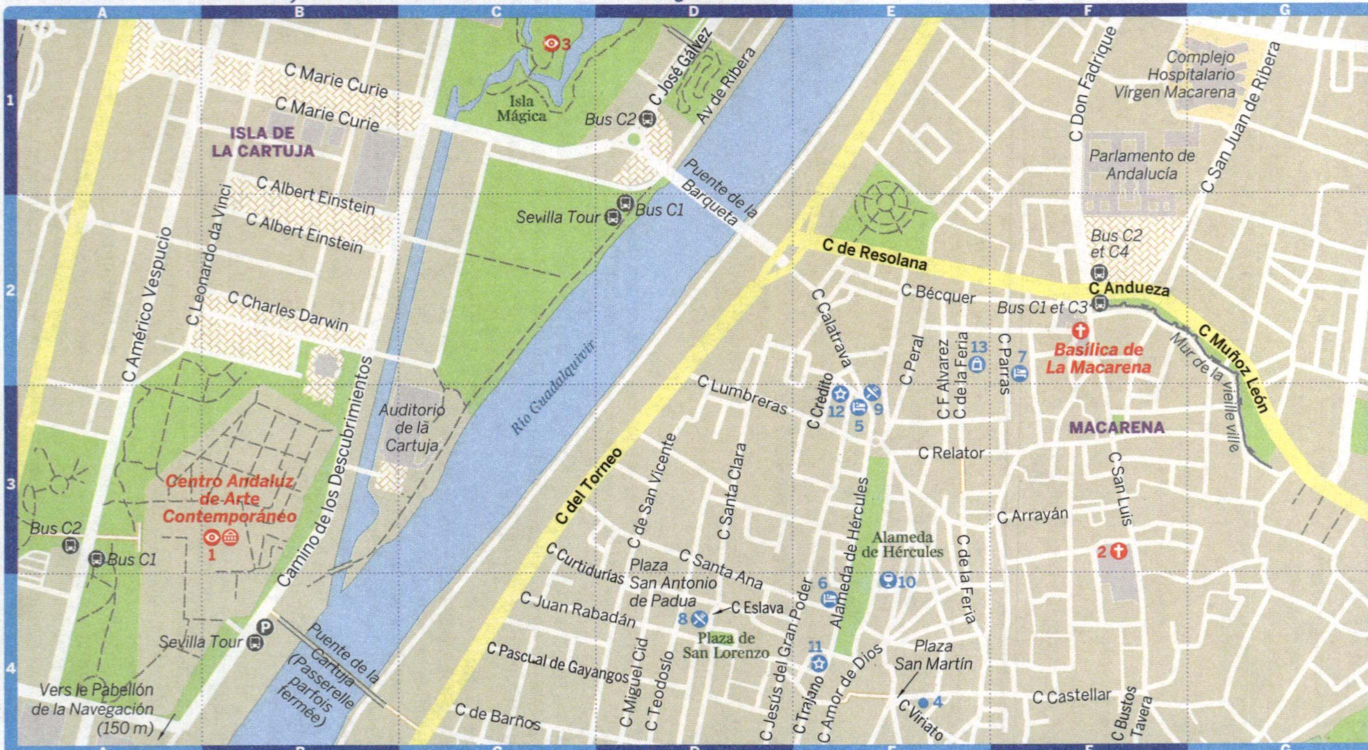

Alameda de Hércules, Macarena et Isla de la Cartuja

Parque de María Luisa PARC
(carte p. 50 ; 8h-22h sept-juin, 8h-24h juil-août ;). Oasis du centre de Séville, le Parque de María Luisa est un véritable havre de paix, à l'écart de l'agitation de la ville. Avec ses allées sinuant à l'ombre des arbres et ses pelouses, c'est le lieu de prédilection des Sévillans en quête de tranquillité.

Si vous préférez la culture à la nature, le parc compte aussi quelques sites d'intérêt. Le plus grandiose des édifices construit pour l'Exposición Iberoamericana de 1929 épouse les contours de la **Plaza de España**, dotée de fontaines et de petits canaux. Il s'agit d'un bâtiment en brique couvert d'azulejos représentant chaque province espagnole au moyen d'une carte et d'une scène historique. On peut louer une barque (5 €) pour naviguer sur les canaux.

À l'extrémité sud du parc, le **Museo Arqueológico** (adulte/enfant 1,50 €/gratuit ; 9h-20h30 mar-sam, 9h-14h30 dim et jours fériés) donne à voir des sculptures, mosaïques et statues romaines, provenant pour l'essentiel d'Itálica. L'une de ses salles est réservée aux bijoux en or tartessiens.

En face, le **Museo de Artes y Costumbres Populares** (954 23 25 76 ; 1,50 € ; 9h-20h30 mar-sam, jusqu'à 14h30 dim et jours fériés) met l'accent sur les céramiques produites dans une manufacture fondée par l'Anglais, Charles Pickman, dans l'ancien monastère de la Cartuja en 1841.

Les enfants pourront se dépenser dans le parc et nourrir les tourterelles sur l'esplanade située à côté du musée, à l'extrémité sud du parc. Il est possible de louer des quads 4 places pour 12 € l'heure.

GRATUIT **Antigua Fábrica de Tabacos** UNIVERSITÉ
(carte p. 50 ; Calle San Fernando ; 8h-21h30 lun-ven, 8h-14h sam). Construite au XVIIIe siècle, l'ancienne manufacture de tabac de Séville – où travaille Carmen, l'héroïne passionnée de l'opéra de Bizet – est le deuxième plus grand édifice d'Espagne, derrière El Escorial – le site royal de l'Escurial, non loin de Madrid. Aujourd'hui, c'est une université (accessible aux fauteuils roulants).

Hotel Alfonso XIII ÉDIFICE HISTORIQUE
(carte p. 50 ; Calle San Fernando 2). Édifice emblématique de Séville, l'éblouissant Alfonso XIII fut réalisé, avec la Plaza de España, pour l'Exposition universelle de 1929. Il arbore un style néo-mudéjar classique, avec des tuiles vernissées et des briques couleur ocre. Cet hôtel, parmi les plus luxueux d'Espagne, est certainement plus abordable pour un café que pour une chambre.

Isla de la Cartuja

Cette ancienne île du Río Guadalquivir tient son nom du monastère de la Cartuja, qui s'y trouve. Elle fut reliée à la rive ouest de Séville en 1992, pour accueillir l'Expo '92.

El Pabellon de la Navegación MUSÉE
(www.pabellondelanavegacion.es ; Camino de los Descubrimientos 2 ; adulte/enfant 4,90/3,50 € ; 10h-19h30 mar-sam, 10h- 15h dim ;). L'"autre" nouvel édifice futuriste de Séville a peut-être été éclipsé par son cousin précoce, le Metropol Parasol, mais son musée et espace d'exposition ultramoderne, ouvert en janvier 2012, est tout aussi remarquable.

Au bord du Río Guadalquivir, sur l'Isla de la Cartuja, ce pavillon à l'impressionnante architecture fait renaître un précédent musée de la navigation resté ouvert suite à l'Exposition universelle de 1992 jusqu'en 1999, en retraçant la longue histoire qui unit la ville à la mer.

Sa collection permanente est composée de quatre parties – navigation, marins, vie à bord et vues historiques de Séville –, le tout illustré par des expositions interactives qu'apprécieront les enfants. Le billet donne accès à la tour Schindler, adjacente, offrant un beau panorama contemporain.

Conjunto Monumental de la Cartuja MONASTÈRE, CENTRE D'ART

(monastère de la Cartuja ; carte p. 62 ; ☎955 03 70 70 ; www.caac.es ; visite complète/monument ou expositions temporaires 3/1,80 €, gratuit 19h-21h mar-ven et toute la journée sam ; ⏲11h-21h mar-sam, jusqu'à 15h dim). Fondé en 1399, ce monastère abrite aujourd'hui le superbe **Centro Andaluz de Arte Contemporáneo** (CAAC ; Centre andalou d'art contemporain ; carte p. 62), qui possède une collection d'art moderne andalou et accueille régulièrement des expositions temporaires. La Cartuja devint le lieu de séjour sévillan préféré de Christophe Colomb, qui priait dans sa chapelle avant ses voyages aux Amériques. Sa dépouille y fut d'ailleurs inhumée pendant près de deux décennies, dans les années 1530 et 1540.

En 1839, Charles Pickman, un Anglais audacieux, acquit ce complexe monastique et le transforma en une manufacture de porcelaine et de céramiques. Il fit construire les immenses fours à céramique en forme de bouteilles qui se dressent, incongrus, à côté du monastère. La fabrique cessa son activité en 1982 et, en 1992, l'édifice servit de pavillon royal lors de l'Exposition universelle.

Isla Mágica PARC D'ATTRACTIONS

(carte p. 62 ; ☎902 16 17 16 ; www.islamagica.es ; adulte/enfant 29/20 € ; ⏲environ 11h-22h haute saison, fermé déc-mars ; 👪). Accessible par les bus C1 et C2, ce parc d'attractions (onéreux), à thème colonial, ravira les enfants et les amateurs de manèges à sensations. Horaires variables suivant les saisons – consultez le site Internet.

Alameda de Hércules et ses environs

La jeunesse branchée a peu à peu délaissé le Barrio de Santa Cruz et le quartier de la cathédrale au profit de l'Alameda de Hércules.

Autrefois secteur livré aux prostituées, aux proxénètes et autres personnages interlopes, l'Alameda de Hércules (promenade d'Hercule), bande de terrain ressemblant à un parc, s'est réinventée pour devenir un quartier bohème et alternatif, où bars à la mode et boutiques chics ne manquent pas. On y trouve aussi le populaire **Teatro Alameda** (carte p. 62 ; ☎954 90 01 64 ; Calle Crédito 11 ; environ 8 €), l'une des meilleures scènes expérimentales de la ville.

Les deux colonnes à l'extrémité sud de la place sont de véritables colonnes romaines.

Basílica de La Macarena ÉGLISE, MUSÉE

(carte p. 62 ; ☎954 90 18 00 ; Calle Bécquer 1 ; entrée musée 5 € ; ⏲9h30-14h et 17h-21h). Cette basilique néo-baroque renferme l'image de la Vierge la plus révérée de Séville, et la visiter vous donnera un aperçu de la ferveur qui règne dans la ville pendant la Semana Santa. La *Virgen de la Esperanza Macarena* (Vierge de l'Espérance Macarena), splendide statue coiffée d'une couronne d'or, vêtue de riches habits, et parée de cinq broches en émeraudes et diamants offertes par Joselito El Gallo, célèbre matador du XXe siècle, est placée derrière l'autel principal.

La Macarena, comme on l'appelle couramment, est la patronne des toreros et la représentation suprême, aux yeux des Sévillans, de la mère du Christ, partagée entre l'affliction et le désespoir. La vénération qu'inspire cette belle et fragile statue est plus évidente encore aux petites heures de la *madrugá* (nuit du jeudi au Vendredi saint) lors de la procession de la Semana Santa. Partout où elle passe, elle reçoit une pluie de pétales de roses, et les Sévillans crient avec ferveur : "*Macarena, guapa*" (belle Macarena). On chante aussi à cette occasion une *saeta* (complainte religieuse andalouse) vantant la beauté de la Vierge. Le musée de l'église, rénové récemment, accueille une partie de l'iconographie de la Semaine sainte. De l'autre côté de la rue apparaît la plus longue portion des remparts almohades du XIIe siècle.

Iglesia de San Luis ÉGLISE

(carte p. 62 ; ☎954 55 02 07 ; Calle San Luis ; ⏲9h-14h mar-jeu, 9h-14h et 18h-21h ven-sam, fermé août). L'une des plus impressionnantes églises sévillanes, l'Iglesia de San Luis, baroque, se dresse à 500 m au sud de la Basílica de La Macarena. Bâtie en 1731 pour les Jésuites par Leonardo de Figueroa, elle possède un plan original en forme de croix à branches d'égale longueur, 16 piliers torsadés en pierre et un magnifique dôme s'élançant vers le ciel. Ne manquez pas d'observer les crânes humains ornés de couronnes et de fleurs sur l'autel de San Francisco de Borja.

Cours

Séville est la ville idéale pour apprendre l'espagnol car les écoles de langue y sont légion. On y dénombre également quantité d'écoles de danse et de flamenco ouvertes aux visiteurs séjournant quelque temps dans la capitale andalouse.

CLIC COURS DE LANGUE

(carte p. 60 ; ☎954 50 21 31 ; www.clic.es ; Calle Albareda 19). Un centre linguistique réputé pour ses cours d'espagnol des affaires et d'études hispaniques, ainsi que ses activités culturelles.

Giralda Center COURS DE LANGUE

(carte p. 50 ; ☎954 22 13 46, 954 21 31 65 ; www.giraldacenter.com ; Calle Mateos Gago 17). Jouit d'une réputation de sérieux, d'une ambiance conviviale et organise de nombreuses sorties.

Lenguaviva COURS DE LANGUE

(carte p. 62 ; ☎954 90 51 31 ; www.lenguaviva.net ; Calle Viriato 24). Cours d'espagnol des affaires et nombreuses activités de loisirs, telles que dégustations de tapas et sorties dans les bars.

Linc COURS DE LANGUE

(carte p. 60 ; ☎954 50 04 59 ; www.linc.es ; Calle General Polavieja 13). Un petit établissement très prisé, axé sur les activités culturelles et les excursions.

Fundación Cristina Heeren de Arte Flamenco COURS DE FLAMENCO

(carte p. 60 ; ☎954 21 70 58 ; www.flamencoheeren.com ; Avenida de Jerez 2). De loin l'école la plus renommée, qui propose des formations longues dans tous les arts du flamenco, ainsi que des stages intensifs d'un mois.

Fêtes et festivals

Semana Santa SEMAINE SAINTE

(www.semana-santa.org). La ferveur atteint son paroxysme à Séville avec les spectaculaires célébrations de la Semana Santa. Chaque jour de cette semaine hors du commun, du dimanche des Rameaux au dimanche de Pâques, d'immenses images saintes richement décorées, ainsi que des *pasos* (plates-formes supportant des reconstitutions grandeur nature de scènes de l'histoire pascale) sont portées à travers les rues depuis les églises de Séville jusqu'à la cathédrale. Elles sont accompagnées de longues processions qui mettent parfois plus d'une heure à accomplir leur parcours, et auxquelles assistent des foules immenses. Plus de 50 *hermandades* ou *cofradías* différentes (confréries, certaines acceptant les femmes) organisent ces processions.

Point d'orgue de la semaine, la *madrugada* (le petit matin) du Vendredi saint voit défiler certaines des confréries les plus respectées. Le costume porté par

LES AZULEJOS

Les emblématiques azulejos de Séville furent popularisés dans une manufacture installée, en 1841, sur l'Isla de la Cartuja, dans un monastère abandonné du XIVe siècle. Bizarrement, le créateur de la fabrique n'était ni moine ni espagnol, c'était un Anglais originaire de Liverpool, nommé Charles Pickman. Il était arrivé en Andalousie en passant par Cadix en 1822, à une époque où la porcelaine et les céramiques anglaises étaient en vogue en Espagne. Pressentant une affaire lucrative, il se rendit à Séville, et s'installa dans le monastère de la Cartuja, déserté peu avant par l'armée en repli de Napoléon (qui s'en était servi comme caserne).

Le génie de Pickman fut d'allier le savoir-faire industriel britannique à la tradition sévillane, vieille de plusieurs siècles. Les azulejos (du mot arabe *zellige*, signifiant "pierre polie") furent d'abord introduits en Espagne par les Maures. L'Anglais utilisa des moules innovants et des presses à imprimer pour former et décorer ses céramiques – carreaux, porcelaine et vaisselle –, et ses produits devinrent rapidement un symbole de la mode et de l'architecture sévillanes.

La société rencontra un grand succès à la fin du XIXe siècle et au début du XXe siècle, lorsque la marque Pickman reçut des commandes royales et se trouva associée à de remarquables constructions néo-mudéjares comme la Plaza de España et l'Hotel Alfonso XIII. L'activité de la Cartuja cessa en 1982 et fut déplacée dans de nouveaux locaux de la banlieue de Santiponce.

les *nazarenos* (pénitents) qui suivent la procession est composé d'une longue robe et d'un chapeau conique tombant jusqu'aux épaules, avec de petites fentes pour les yeux.

Les programmes indiquant l'horaire et l'itinéraire de chaque procession sont disponibles un peu partout pendant la Semaine sainte. Le quotidien *El País* fait paraître chaque jour une brochure détaillant les itinéraires, et le journal *ABC* publie des cartes indiquant l'emplacement des églises, les meilleurs sites pour assister au spectacle et d'autres informations. Consultez également le site de la Semana Santa. Arrivez près de la cathédrale tôt dans la soirée pour bien voir.

Feria de Abril FÊTE DU PRINTEMPS
La Foire d'avril, qui a lieu la deuxième quinzaine du mois (et déborde parfois sur mai), est un moment de réjouissance apportant un contrepoint à la solennelle Semana Santa. Plus importante de toutes les *ferias* andalouses, elle n'atteint toutefois pas l'intensité des célébrations de Pâques et reste cantonnée à El Real de la Feria, dans le quartier de Los Remedios, à l'ouest du Guadalquivir.

L'éclairage rituel du site de la feria, au soir du lundi d'ouverture, donne le coup d'envoi de six nuits de festins, de libations et de danse, auxquels les Sévillans, qui se mettent sur leur trente et un, prennent part jusqu'au petit matin.

Corpus Christi FÊTE RELIGIEUSE
Le Corpus Christi (Fête-Dieu) est l'occasion d'une importante procession, à l'aube, pendant laquelle on transporte depuis la cathédrale l'énorme Custodia de Juan de Arfe (un ostensoir), accompagnée d'images saintes. La date n'est pas fixe mais la fête se tient toujours un jeudi, entre fin mai et fin juin.

Bienal de Flamenco BIENNALE DE FLAMENCO
(www.bienal-flamenco.org). La plupart des grands noms du flamenco prennent part à cette grande biennale, qui se tient les années paires au mois de septembre.

Où se restaurer

Les centaines de bars à tapas de Séville, authentiques, font la fierté gastronomique de la ville, et ses tapas sont parmi les plus inventives d'Andalousie.

Le **Mercado del Arenal** (carte p. 60 ; Calle Pastor y Landero) et le **Mercado de la Encarnación** (carte p. 60 ; Plaza de la Encarnación) sont les deux marchés alimentaires du centre-ville. Celui de l'Encarnación, principalement dédié aux fruits, aux légumes et au poisson, a récemment été déplacé sous les piliers en forme de champignons géants du Metropol Parasol.

Barrio de Santa Cruz, Alcázar et cathédrale

♥ **Vinería San Telmo** TAPAS, FUSION €€
(carte p. 50 ; ☎954 41 06 00 ; www.vineriasantelmo.com ; Paseo Catalina de Ribera 4 ; tapas 3,50 €, media raciones 10 €). Le San Telmo a inventé la tapa *rascocielo* (littéralement "gratte-ciel"), une pyramide de tomates, aubergines, fromage de chèvre et saumon fumé qui ne manquera pas de vous régaler, tout comme le foie gras aux œufs de caille et litchis, ou les délicieuses briques au thon.

Catalina TAPAS €€
(carte p. 50 ; Paseo Catalina de Ribera 4 ; raciones 10 €). Si pour vous, les tapas sont des "en-cas améliorés", vous risquez d'être surpris. Ici, les mélanges créatifs associent tous les ingrédients connus de la cuisine espagnole. Commencez par la spécialité : fromage, aubergines et paprika.

Restaurante Egaña Oriza ESPAGNOL CONTEMPORAIN €€€
(carte p. 50 ; www.restauranteoriza.com ; Calle San Fernando 41 ; plats 22-32 € ; ⊙fermé sam déj et dim). Le Pays basque est réputé pour sa cuisine gastronomique. Pas étonnant donc que l'Egaña Oriza, tenu par des Basques, compte parmi les meilleurs restaurants de la ville. Installé près de la gare routière Prado de San Sebastián, l'établissement pourrait être votre premier (et meilleur) plaisir culinaire à Séville. Au rez-de-chaussée, dégustez des tapas dans un cadre chic.

Café Bar Las Teresas TAPAS €
(carte p. 50 ; Calle Santa Teresa 2 ; tapas 3 €). Les jambons suspendus au plafond donnent le ton dans ce vénérable bar qui a beaucoup de cachet – et tout juste assez d'espace pour que les deux serveurs circulent, chargés d'assiettes de tapas en équilibre précaire. La nourriture est traditionnelle, et la clientèle mêle touristes et habitants de Santa Cruz.

Casa Tomate TAPAS, ANDALOU €€
(carte p. 50 ; Calle Mateos Gago 24 ; media raciones 8-9 €, raciones 12 €). Une adresse récente, à la belle salle à manger ancienne ornée de posters Art déco de ferias, où l'on privilégie la satisfaction des clients aux menus "spécial touristes". Les serveurs recommandent les crevettes à l'ail et le filet de porc dans une

CIRCULER À VÉLO À SÉVILLE

Après des décennies de chaos sur les routes, le lancement du système public de vélos en libre-service de Séville, **Sevici** (☎902 01 10 32 ; www.sevici.es ; ⏰7h-21h), en avril 2007, fut une aubaine. Deuxième initiative de ce genre en Espagne (on en dénombre désormais neuf), le Sevici, qui compte 2 500 vélos répartis sur 250 stations aux quatre coins de la ville, fut inauguré quelques semaines après le Bicing (même principe de vélos en libre-service) de Barcelone. Soit un des meilleurs moyens de circuler dans Séville, ville sans grands dénivelés.

L'abonnement de courte durée (une semaine) coûte 10 €. La première demi-heure d'utilisation est gratuite. Au-delà, comptez 1 € pour la première heure et 2 € pour chaque heure suivante. Il faut payer une caution de 150 € par carte de crédit la première fois que l'on retire un vélo. Informations, abonnement et tarifs sur le site Internet. Séville dispose de 120 km de pistes cyclables (peintes en vert et équipées de leur propre signalisation).

Sinon, pour découvrir la ville à vélo, **Sevilla Bike Tour** (carte p. 60 ; www.sevillabiketour.com ; adulte/enfant 25/19 €) propose des circuits guidés faciles de 3 heures (10 km), tous les jours, à 10h30 et 18h. Rendez-vous devant la Torre del Oro. Les réservations ne sont pas obligatoires et les vélos sont fournis.

sauce au vin blanc et pignons de pin. Et ils ont raison.

Corral del Agua ANDALOU €€€
(carte p. 50 ; ☎954 22 48 41 ; www.corraldelagua.es ; Callejón del Agua 6 ; plats 16,50-22 € ; ⏰déj et dîner lun-sam). Une cuisine originale, où des ragoûts traditionnels côtoient des desserts inspirés de la gastronomie arabe – à déguster dans une cour verdoyante et ombragée.

Restaurante La Albahaca ANDALOU CONTEMPORAIN €€€
(carte p. 50 ; ☎954 22 07 14 ; Plaza de Santa Cruz 12 ; plats 20-25 €, menu 19 €). Occupant un imposant édifice doté de lourdes portes en bois cloutées, un élégant restaurant axé sur l'inventivité culinaire. Le *menú del día* (menu du jour) servi au déjeuner est d'un excellent rapport qualité/prix. Essayez les pieds de porc servis avec des champignons, de jeunes pousses d'ail et une mousse de petits pois, ou le civet de lapin.

Extraverde TAPAS €
(carte p. 50 ; www.extraverde.es ; Plaza de Doña Elvira 8 ; tapas 2,50-4 € ; ⏰10h30-23h30). Ouvert récemment à Santa Cruz, l'Extraverde est un bar-boutique unique, spécialisé dans les produits andalous, tels l'huile d'olive, le fromage et le vin. Dégustations gratuites debout. On peut aussi s'installer assis, à l'intérieur, et commander des tapas.

Álvaro Peregil TAPAS €
(carte p. 50 ; Calle Mateos Gago 20 ; tapas 2,50-4 €). Des tresses d'ail suspendues au plafond et une poignée de tables installées dehors pour savourer les tapas sont les seuls éléments de décoration de ce minuscule bar. Il se trouve près de la cathédrale parmi d'autres bars rarement vides, dont les cuisines semblent ne jamais fermer.

La plupart des aliments, délicieux, sont présentés en brochette, notamment le poulet, les noix de saint-jacques et les crevettes. Accompagnez votre repas d'une *manzanilla* locale.

Bodega Santa Cruz TAPAS €
(carte p. 50 ; Calle Mateos Gago ; tapas 2 €). Établissement toujours bondé et jonché de papiers. On y mange généralement debout, et l'on déguste tapas et boissons en plein air, en évitant la horde de touristes qui se pressent dans les ruelles étroites de Santa Cruz.

Horno de San Buenaventura CAFÉ, EN-CAS €
(carte p. 50 ; www.hornosanbuenaventura.com ; Avenida de la Constitución ; pâtisseries à partir de 1 € ; ⏰9h-21h). Séville compte plusieurs de ces jolis bars-cafés-pâtisseries de la chaîne Buenaventura, dont un dans l'Avenida de la Constitución, face à la cathédrale, et un autre (moins bien) sur la **Plaza de la Alfalfa** (carte p. 60 ; Plaza de Alfalfa). Toutes sortes de mets sont proposés mais on s'y rend surtout pour l'agréable petit-déjeuner continental (le service peut être lent) ou pour une part de gâteau le soir.

El Arenal

Enrique Becerra ANDALOU €€€
(carte p. 60 ; ☎954 21 30 49 ; www.enriquebecerra.com ; Calle Gamazo 2 ; plats 17-25 € ; ⏰fermé sam-dim). À l'heure du déjeuner, mêlez-vous

aux habitués et régalez-vous d'une généreuse cuisine andalouse. Parmi les délicieuses préparations figure l'agneau farci aux épinards et aux pignons de pin arrosé d'une sauce au miel (22 €). Attention : le pain et les olives sont facturés 2,50 €.

Mesón Cinco Jotas TAPAS **€€**

(carte p. 50 ; www.mesoncincojotas.com ; Calle Castelar 1 ; tapas 3,80 €, media raciones 10 €). Un *jamón* ayant obtenu "Cinco Jotas" (soit cinq J) est la garantie d'un label de grande qualité. Le propriétaire des lieux, et plus grand producteur de jambon de Jabugo, Sánchez Romero Carvajal, en propose un choix très varié.

Pour développer votre goût et être en mesure de comparer, n'hésitez pas à en commander une petite sélection. Sachez néanmoins que les meilleurs *jamones* coûtent parfois jusqu'à 40 € !

Mesón de la Infanta TAPAS **€**

(carte p. 50 ; ✆954 56 15 54 ; www.infantasevilla.es ; Calle Dos de Mayo 26 ; tapas 3 €). Pour des tapas un tantinet plus "chics" que de coutume, accompagnées d'un verre de xérès frais, rendez-vous dans ce lieu très apprécié des Sévillans. Conserves et confitures à la vente.

Mesón Serranito TAPAS, ANDALOU **€**

(carte p. 50 ; ✆954 21 12 43 ; Calle Antonia Díaz 11 ; media raciones 7 €). Cet établissement proche de l'arène est spécialisé dans le *serranito*, véritable institution de la gastronomie espagnole, qui consiste en un morceau de pain grillé surmonté d'une tranche de filet de porc, d'un poivron grillé, d'un copieux morceau de *jamón serrano*, et d'ail.

Les curieux pourront goûter à la queue de taureau en ragoût (*rabo de toro*) d'après corrida. Des têtes de taureau empaillées et des photos de corrida ornent les murs.

El Centro

La Plaza de la Alfalfa, haut lieu de la dégustation de tapas, compte quelques excellents bars.

Los Coloniales ANDALOU CONTEMPORAIN **€€**

(carte p. 60 ; www.tabernacoloniales.es ; angle Calle Dormitorio et Plaza Cristo de Burgos ; tapas 2,50 €, raciones 10-12 €). Ne vous fiez pas à l'extérieur, qui ne paie pas de mine : voilà une adresse unique et incontournable, où tous les mets, alignés comme des mannequins sur un podium, sont un régal. Citons notamment le *chorizo a la Asturiana* (un chorizo épicé accompagné d'une sauce à l'oignon et servi sur un lit de pommes de terre rissolées), les aubergines au miel et le filet de porc sauce au whisky.

L'autre enseigne, la **Taberna Los Coloniales** (carte p. 50 ; Calle Jimios), plus touristique et de qualité inférieure, est située près de la cathédrale.

Santo Restaurante FUSION **€€€**

(carte p. 60 ; www.emecatedralhotel.com ; Calle Argote de Molina 29 ; plats à partir de 34 € ; ⊙fermé dim-lun). Le célèbre chef basque Martín Berasategui a obtenu une étoile au Michelin (la première de Séville) pour son restaurant situé dans l'EME Catedral Hotel (p. 291), à deux pas de la cathédrale. Au programme : une cuisine expérimentale aux accents traditionnels andalous, et un menu très élaboré composé de mets originaux, comme le pigeon rôti aux épinards et à la compote de cerises.

Bar Alfalfa TAPAS **€**

(carte p. 60 ; angle Calles Alfalfa et Candilejo ; tapas 3 €). Un bar minuscule souvent bondé, rempli de jambons et de bouteilles de vin, où officie un chef italien. D'où de délicieuses saveurs italo-ibériques, comme le *salmorejo* (épaisse soupe à l'ail qui ressemble au gaspacho mais sans concombre ni poivron, principalement originaire de Cordoue) à la *bruschetta*. S'il y a trop de monde à l'intérieur, on peut passer commande de l'extérieur.

Robles Laredo ESPAGNOL CONTEMPORAIN **€€**

(carte p. 60 ; www.casa-robles.com ; Plaza de San Francisco ; raciones 9-12 €). Petit café-restaurant au design très italien, où dominent deux immenses lustres et un magnifique comptoir en verre dévolu aux desserts. Les tapas sont tout aussi raffinées. Essayez le foie gras, le hamburger sauce aux truffes, ou les huîtres avec petite friture.

Bar Europa TAPAS **€**

(carte p. 60 ; ✆954 22 13 54 ; www.bareuropa.info ; Calle Siete Revueltas 35, angle Calle Alcaicería ; tapas 3 €, media raciones 6-8 €). Une institution du quartier dont les tapas innovantes sont régulièrement primées. Ainsi de la désormais célèbre *quesadilla los balanchares gratinada sobre manzana*, tapas à base de pomme granny-smith surmontée de fromage de chèvre et posée sur un lit de fraises.

Confitería La Campana CAFÉ, BOULANGERIE **€**

(carte p. 60 ; www.confiterialacampana.com ; angle Calles Sierpes et Martín Villa ; gros gâteaux à partir de 7 €). Boulangerie-pâtisserie parmi les plus populaires de Séville, fondée en 1885, et qui régale toujours son monde. Entre autres

CIRCUITS ORGANISÉS

Plusieurs agences proposent des visites guidées de Séville, à pied, en bateau, en bus et même en calèche. Renseignez-vous sur la Sevilla Card (p. 72) pour les réductions.

Cruceros Turísticos Torre del Oro (carte p. 50 ; ☎954 56 16 92 ; www.crucerostorredeloro.com ; adulte/moins de 14 ans 16 €/gratuit). Croisières touristiques d'une heure ; départ toutes les 30 minutes à partir de 11h sur la rive du fleuve, près de la Torre del Oro. Dernier départ à 18h en hiver, à 22h en été.

Sevilla Tour (☎902 10 10 81 ; www.sevillatour.com ; adulte/enfant 17/7 € ; ⏲7h-20h). Visites d'une heure dans des bus à impériale et d'anciens tramways, avec commentaires en plusieurs langues (écouteurs individuels). Le billet est valable 48 heures. Vous pouvez monter ou descendre tout le long du Paseo de Cristóbal Colón (près de la Torre del Oro), dans l'Avenida de Portugal derrière la Plaza de España ou à l'Isla de la Cartuja. Les bus partent en principe toutes les 30 minutes de 7h à 20h.

Promenades en calèche Les calèches stationnent aux alentours de la cathédrale, de la Plaza de España et de la Puerta de Jerez. Il en coûte 40 € pour une promenade d'une heure dans le Barrio de Santa Cruz et dans le quartier du Parque de María Luisa.

délectables spécialités, figurent les *yemas* (petites bouchées à base de jaune d'œuf cuit et de sucre) et la *nata* (sorte de flan), à côté de chocolats, pâtes d'amandes, pâtes de fruits et autres friandises.

El Rinconcillo TAPAS, ANDALOU €
(carte p. 60 ; ☎954 22 31 83 ; www.elrinconcillo.es ; Calle Gerona 40 ; tapas 3 €, raciones 12 €). Le bar à tapas-restaurant le plus ancien de Séville ouvert en 1670, au cadre plein de charme. Avec le temps, sa carte s'est étoffée jusqu'à proposer un choix impressionnant de mets simples et sans prétention, dont d'exquises *ortiguillas fritas* (anémones de mer frites). On y sert aussi d'énormes olives.

Triana

Café de la Prensa POISSON ET FRUITS DE MER €
(carte p. 50 ; Calle del Betis 8 ; tapas 3 €). Il n'y a pas meilleur endroit pour déguster des tapas à Triana que ce "café de la Presse" de la Calle del Betis, toujours en ébullition. On a ici vue sur le fleuve, avec la Giralda en toile de fond. Il faut absolument goûter au poisson, de préférence plongé dans la farine de pois chiche et brièvement frit dans l'huile d'olive.

Casa Cuesta ESPAGNOL CONTEMPORAIN €
(carte p. 50 ; ☎954 33 33 37 ; www.casacuesta.net ; Calle de Castilla 3-5 ; plats 10€). Le bar en bois soigneusement poli et les pompes à bières étincelantes reflètent la fierté justifiée des propriétaires de la Casa Cuesta, où se retrouvent les gourmets et les amateurs de bon vin.

Ristorante Cosa Nostra ITALIEN €€
(carte p. 50 ; ☎954 27 07 52 ; Calle del Betis 52 ; pizzas 8,50-12 € ; ⏲fermé lun ; 👪). Oubliez son nom mafieux, ce restaurant sert la meilleure cuisine italienne de Séville et mérite que l'on traverse le fleuve. Les pizzas sont préparées devant les clients et tous les chefs de la ville spécialisés dans la paella ont du souci à se faire avec ses copieux risottos fondants.

Alameda de Hércules

Duo Tapas TAPAS, FUSION €€
(carte p. 62 ; Calle Calatrava 10 ; tapas 3-4,50 €, media raciones 9-12 €). Peu fréquenté par la foule qui s'aventure rarement au nord de l'Alameda de Hércules, le Duo Tapas est le pendant moderne d'El Rinconcillo (le plus ancien bar à tapas de la ville). Ici, pas d'azulejos, ni de prestigieux clients du passé, mais des tapas inventives, avec une touche asiatique. La faune branchée d'Alameda ne jure que par son poulet vert servi avec du riz et des nouilles épicées.

Bar-Restaurante Eslava TAPAS, ANDALOU €€
(carte p. 62 ; www.espacioeslava.com ; Calle Eslava 3 ; tapas 4 €, media raciones 9-13 €). Le célèbre Eslava fait l'impasse sur les carrelages et les posters de corridas des traditionnels bars à tapas, se concentrant sur l'essentiel : une bonne cuisine et un service agréable.

Une touche moderne est apportée aux mémorables *costillas a la miel* (côtes de porc dans un glaçage au miel et au romarin) et au mille-feuille de légumes sauce au fromage. L'atmosphère, qui n'a rien de prétentieux, est locale et plutôt exaltée après 21h. Un restaurant tout aussi bon (partageant la même cuisine) est installé à côté.

Où prendre un verre

Les bars ouvrent en principe de 18h à 2h en semaine, et de 20h à 4h le week-end. L'ambiance bat son plein à partir de minuit les vendredi et samedi (tous les jours quand il fait beau), et continue de plus belle au fur et à mesure que la nuit avance.

En été, d'innombrables *terrazas de verano* (littéralement "terrasses d'été"), bars saisonniers en plein air ouvrant jusque tard dans la nuit, occupent les deux rives du fleuve. Accueillant pour la plupart des groupes de musique, elles disposent de grandes "pistes de danse". D'année en année, elles changent de nom et d'ambiance.

Les quartiers où prendre un verre ne manquent pas. Mentionnons, entre autres endroits typiques, les quais du Río Guadalquivir à Triana (le muret le long de la Calle del Betis fait un bar improvisé épatant pour siroter une boisson), la Plaza de la Alfalfa (simples bars et bars à cocktails) et le Barrio de Santa Cruz. Quant à l'Alameda de Hércules, c'est aujourd'hui *le* quartier branché de la ville, investi par les jeunes et les Sévillans bohèmes ; son atmosphère un peu canaille, alliée à l'aspect délabré de certains bâtiments, n'y sont pas étrangers.

La plupart des restaurants-bars à tapas référencés dans la partie *Où se restaurer* sont en soi d'excellents bars.

Baños Árabes-Aire de Sevilla Tetería — SALON DE THÉ

(carte p. 60 ; Calle Aire 15). Séville est loin derrière Grenade en matière de salons de thé à l'orientale (*teterías*), mais celui des Baños Árabes de Santa Cruz, très confortable, fait exception. Ici, pas de chicha, ni de chanteur : l'art avant-gardiste et les discrètes discussions autour des films d'Almodóvar composent l'atmosphère.

Bulebar Café — BAR, CAFÉ

(carte p. 62 ; 954 90 19 54 ; Alameda de Hércules 83 ; 16h-tard). L'ambiance est assez *caliente* (chaude) le soir et détendue en début d'après-midi, avec un personnel accueillant. Ne manquez pas les petits-déjeuners en plein air qui réunissent lève-tôt et couche-tard.

El Garlochi — BAR

(carte p. 60 ; Calle Boteros 4). Ce bar, entièrement décoré sur le thème de la Semana Santa, est une merveille. Un nuage d'encens vous enveloppe dès que vous montez l'escalier. À l'étage, les visages de l'Enfant Jésus et de la Vierge Marie vous accueillent dans la salle aux murs drapés de velours, et ornée d'une profusion d'images pieuses.

En matière de boissons, essayez la "Sangre de Cristo" (sang du Christ) et l'"Agua de Sevilla", deux cocktails à base de vodka, de whisky et de grenadine.

Où sortir

Tablao El Arenal — FLAMENCO

(www.tablaoelarenal.com ; Calle Rodo 7 ; entrée avec 1 boisson 37 €, avec dîner 72 € ; restaurant à partir de 19h, spectacles 20h et 22h). Des trois établissements de Séville proposant des spectacles de flamenco avec dîner, celui-ci – les habitants confirmeront – est le meilleur. Le nombre restreint de places (100 contre 600 au Palacio Andaluz) offre plus d'intimité, mais la salle manque toutefois d'authenticité et donc du *duende* (esprit du flamenco) des *peñas* (petits clubs de flamenco).

Casa de la Memoria de Al-Andalus — FLAMENCO

(carte p. 50 ; 954 56 06 70 ; www.casadelamemoria.es ; Calle Ximénez de Enciso 28 ; billets 15 € ; 21h). À Santa Cruz, ce *tablao* (salle de spectacles de flamenco professionnels) présente certainement le spectacle de flamenco le plus intime et authentique après celui du Museo del Baile Flamenco. Grande variété de *palos* (styles musicaux de flamenco), à apprécier dans un superbe patio agrémenté de fleurs en pots ou suspendues. Les places sont limitées à 100 – réservez au moins un jour avant, sur place ou par téléphone.

Casa Anselma — FLAMENCO

(carte p. 50 ; Calle Pagés del Corro 49 ; 0h-tard lun-sam). Ici, dans l'antre d'Anselma, célèbre danseuse de flamenco de Triana, vous réaliserez rapidement que tout peut arriver. L'endroit n'a rien d'un *tablao* touristique : une clientèle qui joue des coudes, de la fumée de cigarette, et des danses habiles et spontanées. De la magie à l'état pur.

La Casa Anselma se trouve à Triana, à environ 200 m du côté ouest du Puente de Isabel II – il n'y a pas d'enseigne, mais une simple porte ornée d'azulejos.

Los Gallos — FLAMENCO

(carte p. 50 ; 954 21 69 81 ; www.tablaolosgallos.com ; Plaza de Santa Cruz 11 ; 20h et 22h30). *Tablao* de Santa Cruz, supérieur à la moyenne, où se sont produits quelques grands artistes de flamenco. Chaque soir, spectacles de 2 heures, à 20h et 22h30 (30 €,

SÉVILLE POUR LES ENFANTS

De nombreux sites emblématiques de la ville plairont à leur manière aux enfants, notamment la cathédrale et l'Alcázar (vous trouverez un livret sur l'Alcázar raconté aux enfants chez la plupart des marchands de journaux). Pour en savoir plus, consultez le chapitre *Voyager avec ses enfants*.

» La ville ne manque pas de grands espaces et de parcs ; les rives du Río Guadalquivir, le Parque de María Luisa (p. 63) et les **Jardines de Murillo** notamment, disposent d'aires de jeux correctes.

» Si les tapas sont trop élaborées pour eux, préférez une glace ou des *churros*, ou bien un bon restaurant italien ; il y en a beaucoup près de la **Plaza de la Alfalfa**.

» L'Isla Mágica (p. 64) est un parc d'attractions pour les enfants, notamment les 10 ans et plus. Non loin, les nombreux gadgets high-tech et interactifs du tout nouveau Pabellon de la Navegación (p. 63) amuseront et instruiront vos bambins. Les balades en bus à impériale, en bateau sur le fleuve, ou en calèche ont également du succès.

» Pour leur faire découvrir le flamenco, rien ne vaut les spectacles quotidiens du Museo del Baile Flamenco (p. 58), qui démarrent à une heure raisonnable (19h) et durent 45-60 minutes.

» Le dimanche matin, rendez-vous au marché aux animaux de la Plaza de la Alfalfa.

» Par les chaudes journées d'été, pour les rafraîchir, mettez le cap sur l'**Aquópolis Sevilla** (☎902 34 50 10 ; www.aquopolis.es ; Avenida del Deporte ; adulte/enfant 18,95/13,95 € ; ⌚11h-19h ou 20h fin mai-début sept). Au programme : toboggans aquatiques et autres piscines à vagues, dans le Barrio Las Delicias, à l'est de la ville (sur l'A92 en direction de Málaga).

boisson comprise), dans un décor de club de jazz, avec chaises confortables et tables basses.

Teatro Duque La Imperdible THÉÂTRE

(carte p. 60 ; ☎954 90 54 58 ; www.imperdible.org ; Plaza del Duque de la Victoria ; 12 €). Ce théâtre constitue l'épicentre des arts expérimentaux à Séville. Sa petite scène accueille des compagnies de danse contemporaine, ainsi qu'un peu de théâtre et de musique, généralement à 21h. La soirée du mercredi est réservée au flamenco.

Sala Cero Teatro THÉÂTRE

(carte p. 60 ; ☎954 22 51 65 ; www.salacero.com ; Calle del Sol 5 ; environ 10 €). À 300 m au nord-est du Metropol Parasol, cette ancienne salle de flamenco a changé de nom et d'activité pour devenir un théâtre d'art et d'essai, accueillant parfois quelques spectacles de flamenco.

Boss DISCOTHÈQUE

(carte p. 50 ; www.salaboss.es ; Calle del Betis 67 ; à partir de 12 € ; ⌚20h-7h mar-dim). Oubliez les videurs grincheux : le Boss abrite une bonne piste de danse, relativement chic pour Triana. Musique très variée.

Naima Café Jazz BLUES, JAZZ

(carte p. 62 ; ☎954 38 24 85 ; Calle Trajano 47 ; ⌚concerts à partir de 23h). Une ambiance intime sur fond de jazz très doux (live le week-end).

Achats

Le shopping est un passe-temps de première importance pour les Sévillans, qui aiment particulièrement faire les boutiques de vêtements. Les magasins de chaussures arrivent en deuxième position.

La Calle Sierpes, la Calle Velázquez/Tetuán et la Calle de la Cuna ont conservé tout leur charme et sont bordées de petites boutiques vendant aussi bien des robes de flamenco à pois (*trajes de flamenca*) que des éventails anciens. La plupart des commerces ouvrent de 9h à 21h, avec une pause *siesta* entre 14h et 17h.

Si vous cherchez des magasins moins conventionnels, rendez-vous dans la Calle Amor de Dios et la Calle Doctor Letamendi, près de l'Alameda de Hércules.

Triana est célèbre pour ses poteries et ses céramiques. Une bonne dizaine de magasins et d'ateliers vendent aujourd'hui encore de superbes azulejos à l'angle de la Calle Alfarería et de la Calle Antillano Campos.

Cerámica Santa Ana CÉRAMIQUES
(carte p. 50 ; ☎954 33 39 90 ; www.ceramicasantaana.com ; Calle San Jorge 31). C'est l'une des boutiques de céramiques les plus réputées et le bâtiment qu'elle occupe est presque une curiosité en lui-même.

Marché d'El Jueves MARCHÉ AUX PUCES
(carte p. 62 ; Calle de la Feria ; ⊙7h-14h jeu). Faites un tour au "marché du jeudi", à l'est de l'Alameda de Hércules, où dénicher toutes sortes de trouvailles, des antiquités aux chapeaux et aux appareils électroménagers d'autrefois. De quoi faire de bonnes affaires ou simplement profiter du spectacle.

Baco ALIMENTATION
(carte p. 50 ; Calle Arfe 20). Vous trouverez chez cet excellent traiteur de quoi remporter à la maison des produits de la gastronomie locale, notamment des olives, de l'huile d'olive, du jambon, des fromages et du *bacalao* (morue séchée).

El Postigo MARCHÉ ARTISANAL
(carte p. 50 ; angle Calles Arfe et Dos de Mayo). Ce marché artisanal couvert regroupe plusieurs boutiques vendant notamment des poteries, des tissus et de l'argenterie.

Casa del Libro LIVRES
(carte p. 60 ; www.casadellibro.com ; Calle Velázquez 8). Cette enseigne de la plus ancienne chaîne de librairies d'Espagne propose, sur 4 étages, quantité de guides et de fictions multilingues.

María Rosa VÊTEMENTS
(carte p. 60 ; Calle Linares 6). Mesdames, voici l'adresse incontournable pour faire emplette de tous les articles et accessoires qui vous permettront de vous vêtir comme une reine du flamenco. Que les hommes et les enfants se rassurent, un rayon leur est également consacré.

SEVILLA CARD

Sevilla Card (☎913 60 47 72 ; www.sevillacard.es ; ICONOS, Avenida de la Constitución 21 ; 24/48/72h 33/53/71 €). Carte donnant droit à des réductions sur les entrées de grands sites touristiques, sur les circuits organisés et dans certains magasins et restaurants.

Renseignements

Offices du tourisme

Infhor (☎954 54 19 52 ; Estación Santa Justa ; ⊙8h-22h, fermé au déjeuner sam-dim). Office du tourisme indépendant, situé dans la gare ferroviaire (l'Estación Santa Justa)

Office du tourisme régional (Avenida de la Constitución 21 ; ⊙9h-19h lun-ven, 10h-14h et 15h-19h sam, 10h-14h dim, fermé jours fériés). Excellente source d'informations, mais bureau souvent bondé. Succursale à l'**aéroport** (☎954 44 91 28 ; Aeropuerto San Pablo ; ⊙9h-20h30 lun-ven, 10h-18h sam, 10h-14h dim, fermé jours fériés).

Turismo Sevilla (www.turismosevilla.org ; Plaza del Triunfo 1 ; ⊙10h30-19h lun-ven). Renseignements sur toute la province de Séville.

Urgences

Ambulance (☎061)
Pompiers (☎085)
Policía Local (☎092). Police municipale.
Policía Nacional (☎091). Police nationale.

Depuis/vers Séville

Avion

L'**Aeropuerto San Pablo** (SVQ ; www.sevilla-airport.com ; ⊙24h/24) de Séville, à 7 km à l'est de la ville, est le deuxième aéroport le plus fréquenté d'Andalousie, derrière celui de Málaga. Il accueille aussi bien des vols domestiques qu'internationaux ; entre autres destinations figurent Paris et Genève. Il est desservi par plusieurs compagnies low cost :

Easyjet (www.easyjet.com)
Ryanair (www.ryanair.com)
Vueling Airlines (www.vueling.com)

Bus

Estación de Autobuses Plaza de Armas (Avenida del Cristo de la Expiración). Gare routière pour les bus depuis/vers le nord de la province de Séville, la province de Huelva, le Portugal et d'autres régions d'Espagne, dont Madrid. C'est également la principale gare routière pour les lignes Eurolines et internationales vers la France et la Belgique notamment.

Estación de Autobuses Prado de San Sebastián (Plaza San Sebastián). Les autres bus – principalement ceux desservant l'Andalousie (sauf Huelva) – utilisent l'Estación de Autobuses Prado de San Sebastián. Il y a des départs environ toutes les heures pour Cadix, Cordoue, Grenade, Jerez de la Frontera, Málaga et Madrid.

CONDUIRE À SÉVILLE

Chaleur torride, crises de nerfs et, parfois, peur bleue, voilà ce qui vous attend si vous décidez de prendre le volant à Séville ! De quoi hésiter à louer une voiture en ville... Par ailleurs, les vols avec effraction étant monnaie courante, il ne faut jamais rien laisser en évidence dans son véhicule. Il existe de nombreux parkings souterrains (nous les avons indiqués sur les cartes pour la plupart) qui coûtent 18 € les 24 heures. Le stationnement dans la rue est payant (0,60 € l'heure) et souvent limité à 3 heures. Le parking le plus pratique du Barrio de Santa Cruz se situe à l'angle de l'Avenida Menéndez Pelayo et de l'extrémité nord des Jardines de Murillo.

Train

L'**Estación Santa Justa** (☎902 43 23 43 ; Avenida Kansas City), la gare ferroviaire de Séville, est à 1,5 km au nord-est du centre-ville.

DESTINATION	PRIX (€)	DURÉE (HEURES)	FRÉQUENCE (/JOURS)
Cadix	13,25	1 h 45	15/j
Cordoue	33,20	42 min	30/j
Huelva	10,05	1 h 30	3/j
Grenade	24,80	3 h	4/j
Madrid	83,30	2 h 30	20/j
Málaga	38,70	2 h	11/j

Comment circuler

Depuis/vers l'aéroport

BUS Des bus (2,40 €) font la navette entre l'aéroport et le centre-ville tous les quarts d'heure environ, toute la journée. Le service est réduit à un bus toutes les demi-heures le dimanche, de même que très tôt le matin et tard le soir. Le premier bus de l'aéroport au centre-ville part à 5h45, et le dernier à 0h15. En sens inverse, le premier bus part à 5h15 et le dernier à 0h45. Il prend et dépose les passagers à proximité du centre-ville, près de la Puerta de Jerez, et marque plusieurs arrêts dans l'Avenida del Cíd, l'Avenida de Carlos V, ainsi qu'en divers autres endroits.

TAXI De l'aéroport au centre-ville, la course en taxi revient à 22 € (supplément de 1 € par bagage). Dans le sens inverse en revanche, vous paierez au minimum 25 €. Les tarifs augmentent (de 3-4 €) la nuit, le week-end et les jours fériés.

Bus

Les bus C1, C2, C3 et C4 suivent un itinéraire circulaire pratique reliant les principales gares au centre-ville. Le ticket standard coûte 1,30 € mais il existe plusieurs types de forfaits (à acheter dans les gares et dans les kiosques proches des arrêts) si vous souhaitez beaucoup utiliser ce moyen de transport.

Métro

Projet imaginé il y a près de 30 ans, le **métro** (www.sevilla21.com/metro) de Séville est enfin sorti de l'ombre, pour ainsi dire. La première ligne, inaugurée en avril 2009, relie Ciudad Expo et Olivar de Quinto (une ligne qui ne présente guère d'intérêt pour les touristes). Trois autres lignes devraient être achevées en 2017. Un ticket à l'unité coûte 1,35 €. Comptez 4,50 € pour un pass à la journée.

Taxi

On trouve facilement des taxis. Une course dans le centre-ville, en journée, ne devrait guère coûter plus de 5-7 €.

Tramway

L'élégant tramway de la ville, **Tranvia** (www.tussam.es), a vu le jour en 2007. Deux lignes parallèles circulent entre la Plaza Nueva, l'Avenida de la Constitucíon, la Puerta de Jerez, San Sebastián et San Bernardo (ce dernier arrêt a été ajouté en 2011).

Voiture

Vous trouverez une agence de location **Avis** (☎902 48 03 21 ; www.avis.com ; Avenida de Italia 107) et une agence **National Atesa** (☎959 28 17 12 ; www.atesa.es) dans l'enceinte de l'Estación Santa Justa, la gare ferroviaire. Toutes les grandes agences sont représentées à l'aéroport.

Provinces de Huelva et de Séville

Dans ce chapitre »

Le top des restaurants

» El Picoteo (p. 78)
» Casa El Padrino (p. 91)
» Agustina Restaurante (p. 100)
» Casa Curro (p. 96)

Le top des hébergements

» Casa de Carmona (p. 294)
» Las Navezuelas (p. 294)
» Hotel Sol y Mar (p. 293)
» Molino Río Alájar (p. 293)
» Hotel La Malvasia (p. 293)

Pourquoi y aller

Villes d'un blanc étincelant que dominent clochers et palais, vastes littoraux, ports de pêche dont les prises du jour sont servies dans de modestes restaurants, villages de montagne isolés, sans oublier la plus grande réserve de zone humide d'Europe : l'ouest de l'Andalousie – provinces de Séville et de Huelva – mêle de façon unique intérêt historique, beauté naturelle, génie culinaire et ensoleillement. Séville concentre toutes les attentions, et pourtant, à l'est, trois villes, beaucoup moins touristiques, s'avèrent tout aussi passionnantes sur le plan historique et loin d'être en reste côté bars à tapas ! Au sud-ouest de Séville, le Parque Nacional de Doñana (parc national de Doñana) protège une vaste zone de marécages, dunes et forêts. De là jusqu'au Portugal s'étend la Costa de la Luz, un littoral immaculé, bien loin du chaos qui règne plus à l'est. Au nord, vers l'Estrémadure, s'élève la Sierra Morena, une chaîne peu visitée, sillonnée de sentiers bien entretenus et parsemée de villages aux rues pavées.

Distances en voiture (km)

	Aracena	Ayamonte	El Rocío	Huelva
Ayamonte	142			
El Rocío	118	107		
Huelva	101	52	60	
Niebla	87	75	35	29

Comment circuler

Des lignes de bus relient presque toutes les destinations décrites à Séville et Huelva. Vous trouverez généralement un bus l'après-midi pour rentrer de randonnée ou de la plage. Le réseau ferré relie Huelva à Séville, et depuis ces 2 villes, des trains desservent les localités de la Sierra en allant vers l'Estrémadure. Conduire dans cette région est un plaisir, les routes sont pittoresques au nord, en direction de Cazalla de la Sierra, et vers l'ouest, en direction du Portugal.

TROIS JOURS IDYLLIQUES

Jour 1 : Les trésors de la Doñana

Commencez par une virée matinale au **Parque Nacional de Doñana**. L'excellente visite proposée par les guides du parc couvre les zones principales (côte, dunes, marais et forêt), et offre de nombreuses occasions d'apercevoir des daims, des sangliers et toutes sortes d'oiseaux migrateurs. À midi, dégustez des fruits de mer dans l'un des cafés du front de mer de **Matalascañas**, puis profitez de la plage jusqu'au soir.

Jour 2 : Dessus-dessous

Admirez la **Sierra de Aracena**... sous tous les angles ! Depuis le village de Castaño del Robledo, randonnez jusqu'à Galaroza, puis revenez par les rives ombragées de la Rivera de Jabugo. De retour à Castaño, installez-vous sur le balcon du **Maricastaña**, pour une cuisine traditionnelle avec une touche de nouveauté. Dirigez-vous vers Aracena, à l'est, pour suivre une visite de la **Gruta de las Maravillas**, un labyrinthe de grottes souterraines. Au dîner, arrêtez-vous au **Rincón de Juan** et savourez le jambon des légendaires cochons noirs qui peuplent la Sierra.

Jour 3 : La Campiña

Dans la campagne vallonnée à l'est de Séville se trouvent trois villes, trésors du baroque sévillan et paradis des amateurs de tapas. Prenez l'A 92 vers l'est, en direction d'Osuna, où vous pourrez visiter la **Colegiata de Santa María** et ses peintures baroques. Coupez vers le nord, à travers les plaines, pour rejoindre **Écija**, et ses mosaïques préservées. Puis revenez vers Séville, en vous arrêtant dans la plus grande et la plus somptueuse de ces cités, **Carmona**. Le soir venu, profitez des bars à tapas qui font sa réputation.

Hébergement

L'hébergement dans le nord montagneux est plutôt rustique, en revanche, les villes de La Campiña offrent un choix de demeures historiques. Sur la Costa de la Luz, Isla Cristina propose des hôtels d'un excellent rapport qualité/prix. Faites votre choix en consultant le chapitre *Hébergement* (p. 288).

À NE PAS MANQUER

Le musée d'histoire d'Écija expose une demi-douzaine de mosaïques, parfaitement préservées, datant de l'époque où la ville avait une grande importance dans l'Hispanie romaine. Certaines ont été découvertes sous la place centrale.

Observer les oiseaux

» Paraje Natural Marismas del Odiel (p. 78)

» Sendero Charco de la Boca (p. 84)

» Parque Nacional de Doñana (p. 82)

» Dehesa de Abajo (p. 92)

» Sierra de Aracena (p. 90)

Le top des plages

» Matalascañas (p. 81)

» Isla Cristina (p. 81)

» Ayamonte (p. 81)

» Flecha El Rompido (p. 81)

Sites Internet

» **Turismo de Huelva** (www.turismohuelva.org). Descriptions de plages et recherche d'hébergement.

» **Sierra de Aracena** (www.sierradearacena.com). Renseignements sur le nord montagneux. Indications téléchargeables pour 16 randonnées.

» **Turismo Sevilla** (www.turismosevilla.org). Renseignements sur la province de Séville.

À ne pas manquer

1 Le **Parque Nacional de Doñana** (p. 82), domaine de l'aigle impérial ibérique

2 **Itálica** (p. 92), une cité romaine bien préservée, où trône un immense amphithéâtre

3 La route des tapas à **Carmona** (p. 93), toute de châteaux et d'églises

4 Les richesses d'**Osuna** (p. 96), vitrine de la fortune ducale et de l'art baroque sévillan

5 Le **jamón ibérico de bellota** (p. 357), provenant des

célèbres cochons andalous nourris de glands

6 L'ambiance de carnaval d'**Isla Cristina** (p. 81), réputée pour ses plages de sable blanc et son savoureux thon

7 Une balade dans les charmants villages de la **Sierra Norte de Sevilla** (p. 98)

8 L'architecture musulmane d'**Almonaster la Real** (p. 92), un village isolé et labyrinthique

9 Les **Lugares Colombinos** (p. 80), en route vers le Nouveau Monde

HUELVA

148 918 HABITANTS

La capitale de la province de Huelva est un port industriel moderne, sans prétention, installé entre les estuaires de l'Odiel et du Tinto. En dépit de son aspect peu engageant, le centre de la ville est plaisant et animé, et ses habitants – appelés *choqueros* en raison de leur goût prononcé pour les abondantes seiches (*chocos*) locales – sont réputés pour leur cordialité.

L'histoire de Huelva remonte à 3 000 ans, à l'époque de la phénicienne Onuba, dont la situation à l'embouchure d'un fleuve fit une base naturelle pour l'exportation de minerais vers la Méditerranée. Détruite par le tremblement de terre de Lisbonne en 1755, la ville s'agrandit après que la société britannique Río Tinto eut développé les mines de la province dans les années 1870. Aujourd'hui, Huelva possède une flotte de bateaux de pêche assez considérable et une industrie pétrochimique importante.

À voir et à faire

Même si c'est la vue d'ensemble qui séduit le visiteur avant tout, quelques sites de qualité s'imposent à Huelva.

GRATUIT Museo de Huelva MUSÉE

(www.museosdeandalucia.es/cultura/museos/MHU ; Alameda Sundheim 13 ; 14h30-20h30 mar, 9h-20h30 mer-sam, 9h-14h30 dim). Installé dans l'Alameda, domaine de la bourgeoisie du début du XXe siècle, le musée de la ville de Huelva fait la part belle à l'art et l'histoire. La collection permanente est principalement axée sur l'impressionnant héritage archéologique de la province, avec, en particulier, d'intéressants témoignages de la période romaine et de l'activité minière. À l'étage, les expositions temporaires puisent dans l'important fonds artistique du musée, qui remonte au XVIe siècle.

GRATUIT Embarcadero de Mineral de Río Tinto SITE HISTORIQUE

À environ 1 km au sud-ouest de la Plaza de las Monjas se trouve cet embarcadère de fer, curieux héritage du passé minier de la région. Construit pour la société Río Tinto dans les années 1870, il décrit une courbe dans l'estuaire de l'Odiel, à environ 500 m au sud du port. Les passerelles des niveaux supérieur et inférieur permettent d'agréables balades au cours desquelles on peut admirer le port et les bateaux.

GRATUIT Paraje Natural Marismas del Odiel ZONE PROTÉGÉE

(959 52 43 35 ; 10h-14h et 16h-18h mar-dim). Cette réserve de 72 km^2, située dans l'estuaire en face de Huelva, est un système unique de marais côtiers. Point stratégique sur la trajectoire migratoire entre l'Europe et l'Afrique, il accueille une vaste population variée d'oiseaux, dont 1 000 flamants roses en hiver, ainsi que des balbuzards, des hérons cendrés et pourprés, et de nombreux autres oiseaux aquatiques.

Les marais sont accessibles par l'A497 en direction de Punta Umbría, à l'ouest de Huelva. Traversez l'un des 2 ponts parallèles enjambant le Río Odiel, puis suivez les indications "PN Marismas del Odiel" pour rejoindre le **Centro de Visitantes Anastasio Senra** (centre des visiteurs Anastasio Senra ; 959 50 90 11 ; 10h-14h et 18h-20h mar-dim avr-sept, 10h-14h et 16h-18h mar-dim oct-mars), qui propose une grande exposition sur l'écologie et l'histoire de la zone. Depuis la route, de nombreux chemins conduisent à de bons points d'observation des oiseaux dans la réserve. Près du centre des visiteurs, le Sendero Calatilla de Bacuta est un sentier de 750 m longeant de vieux marais salants, au bout duquel on aperçoit une petite île abritant la plus grande colonie de spatules de la péninsule Ibérique.

Fêtes et festivals

Fiestas Colombinas FÊTE

Pendant la première semaine d'août, Huelva célèbre le départ de Colomb pour l'Amérique (3 août 1492) : 6 jours de musique, danse, fête foraine, manifestations culturelles et corridas.

Où se restaurer

Dans une ville portuaire telle que Huelva, il n'est pas surprenant de voir les produits de la mer à l'honneur dans les menus. Les nombreux bars à tapas bordant l'Avenida Pablo Rada, au nord du centre-ville, leur font d'ailleurs la part belle.

El Picoteo TAPAS €

(Avenida Pablo Rada 5 ; raciones 9,50 €). Du côté nord de Pablo Rada, ce bar à tapas décontracté attire les connaisseurs. L'endroit est souvent bondé mais jamais à court. Le *bacalao* (morue) est préparé de diverses manières (avec sauce au homard ou au vin pedro ximénez, par exemple), et de nombreux plats végétariens, comme la tarte aux aubergines et gouda, sont proposés.

Huelva

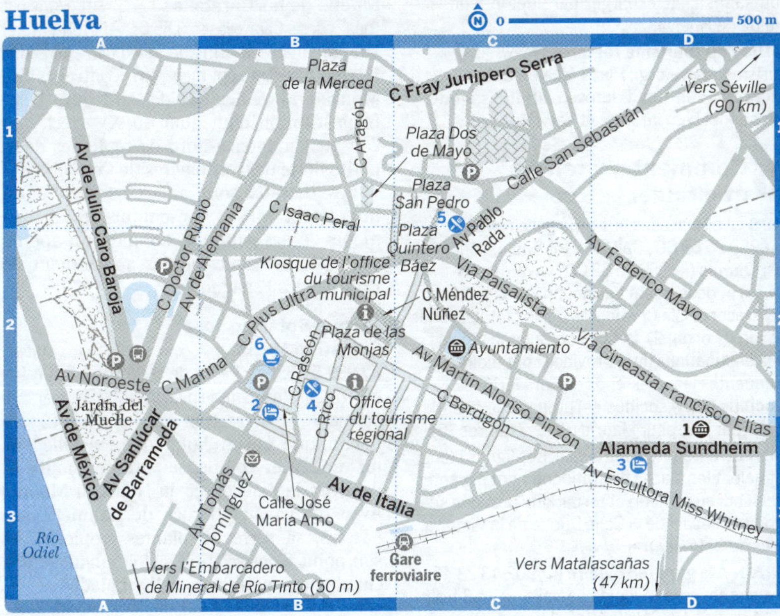

Ciquitrake

TAPAS €

(www.ciquitrake.com ; Calle Rascón 21 ; tapas 2,50 €, raciones 7,50 € ; ⏲fermé dim). “Savoir manger, c'est savoir vivre”, voilà la devise de cet innovant bar à tapas, spécialisé dans les plats *choqueros*, présentés avec goût dans un décor minimaliste (glossaire de l'argot de Huelva en guise de papier peint). Essayez le *salmorejo* (sorte de gaspacho épais et aillé, garni de morceaux de jambon et d'œufs), les croquettes et les boulettes de seiche, ou demandez les nouveautés du menu toujours plus complet.

Restaurante Juan José

ANDALOU €

(☎959 26 38 57 ; Calle Villamundaka 1 ; tapas 2 €, raciones 9 €). Légèrement excentré (au nord du centre-ville), ce modeste établissement attire toutefois des clients réguliers avec sa fabuleuse *tortilla española* (baignée de mayonnaise). Le thon frais (en provenance d'Isla Cristina) et la *carne mechada* (viande farcie de poivron et jambon) sont aussi excellents. Après 14h, il faut patienter pour une table. Le restaurant se trouve à environ 1,5 km au nord-est de la Plaza de las Monjas. À la gare routière, prenez le bus n°6 jusqu'à la Plaza Huerto Paco. Descendez l'Avenida de las Adoratrices sur un pâté de maisons et tournez à gauche dans la Calle Villamundaka.

Huelva

À voir

1 Museo De Huelva D3

Où se loger

2 Hotel Costa de la Luz B2
3 Hotel Familia Condes D3

Où se restaurer

4 Ciquitrake B2
5 El Picoteo C1

Où prendre un verre

6 Café Central B2

Où prendre un verre

Café Central

CAFÉ

(Calle Duque de la Victoria 6 ; ⏲fermé dim). Témoin discret de la tradition au cœur du centre-ville en perpétuelle rénovation, le Café Central semble être là depuis toujours avec son comptoir métallique, ses tables en marbre et ses serveurs très attentionnés. Ici, pas de *churros*, mais on peut en apporter du Bar Paco Perdigones, en face.

Renseignements

Kiosque de l'office du tourisme municipal
(Plaza de las Monjas ; ⏲10h-14h et 17h-20h30

lun-sam). Ici, téléchargez par Buetooth un guide de Huelva.

Office du tourisme régional (www.turismohuelva.org ; Plaza Alcalde Coto Mora 2 ; ⏲9h-19h30 lun-ven, 9h-15h sam-dim). Personnel bien informé et serviable.

Comment s'y rendre et circuler

BUS La plupart des bus de la **gare routière** (☎959 25 69 00 ; Calle Doctor Rubio) sont gérés par **Damas** (☎959 25 69 00 ; www.damas-sa.es) et desservent des destinations telles qu'Aracena, Isla Cristina, Moguer, Matalascañas et Faro (Portugal). Les liaisons avec la plupart des destinations de la province sont moins fréquentes les week-ends et jours fériés. **Socibus** (www.socibus.es) propose au moins 2 bus par jour pour Madrid (24 €, 7 heures 15).

VOITURE Dans le centre-ville, des lignes bleues signalent les places de stationnement payantes (du lundi au samedi) et un parking pratique se trouve à l'écart de la Calle Duque de la Victoria, près du Café Central.

TRAIN À la **gare ferroviaire** (☎902 43 23 43 ; www.renfe.com ; Avenida de Italia), il y a 3 trains quotidiens pour Séville (10 €, 1 heure 30) et 1 pour Cordoue et Madrid (70 €, 4 heures).

ENVIRONS DE HUELVA

Lugares Colombinos

Les "lieux de Christophe Colomb" sont en fait les localités de La Rábida, Palos de la Frontera et Moguer, sur la berge orientale de l'estuaire du Tinto. Toutes ont joué un rôle dans la découverte des Amériques et peuvent faire l'objet d'une excursion de 40 km aller-retour depuis Huelva.

LA RÁBIDA

Monasterio de La Rábida MONASTÈRE

(☎959 35 04 11 ; 3 € ; ⏲10h-13h et 16h-19h mar-dim). Dans la jolie et paisible ville de La Rábida, ne manquez pas ce monastère franciscain des XIVe et XVe siècles, que Christophe Colomb visita maintes fois avant son périple.

Il y rencontra l'abbé Juan Pérez qui l'aida à mener à bien son ambition de découvrir de nouveaux territoires. Le monastère renferme une chapelle avec une Vierge en albâtre devant laquelle Colomb priait, et un cloître mudéjar, l'un des rares éléments d'origine à avoir survécu au tremblement de terre de 1755.

Muelle de las Carabelas SITE HISTORIQUE

(quai des Caravelles ; 3,55 € ; ⏲10h-14h et 17h-21h mar-ven, 11h-20h sam-dim juin-août, 10h-19h mar-dim sept-mai). En contrebas du Monasterio de La Rábida, se trouve cette reconstitution d'un quai du XVe siècle, où l'on peut monter à bord de répliques de la petite flotte de trois navires de Colomb.

Les bateaux sont amarrés derrière un intéressant musée présentant des instruments de navigation et donnant un aperçu de la vie des Amérindiens au moment de l'arrivée des Espagnols.

Parque Botánico José Celestino Mutis JARDINS

(☎959 53 05 35 ; Paraje de la Rábida ; ⏲10h-14h et 17h-21h mar-dim juin-sept, 10h-19h mar-dim oct-mai). En direction de la N 442, ce magnifique jardin botanique, installé sur un versant de colline, se pare de plantes et d'arbres de l'Ancien et du Nouveau Monde. Avec ses canaux bordés de palmiers, ses bassins, sa serre de plantes tropicales et son point d'observation surplombant le Río Guadiana, il permet de belles balades.

PALOS DE LA FRONTERA

C'est du port de Palos de la Frontera que Colomb et son équipage mirent les voiles vers l'inconnu. La petite localité lui fournit deux vaisseaux et leurs capitaines (les frères Pinzón, Martín Alonso et Vicente Yañez), ainsi que plus de la moitié de son équipage.

En ville, la **Casa Museo Martín Alonso Pinzón** (☎959 10 00 41 ; Calle Colón 24 ; entrée libre ; ⏲10h-14h lun-ven) est l'ancienne demeure du capitaine de la *Pinta*. À l'intérieur, une exposition permanente présente la contribution cruciale de Palos à l'expédition.

MOGUER

La charmante petite ville blanche de Moguer, où fut construite la *Niña*, est à 7 km de Palos de la Frontera par l'A494. C'est dans le **Monasterio de Santa Clara** (☎959 37 01 07 ; www.santa-clara.tk ; Plaza de las Monjas ; visite guidée ttes les heures 3 € ; ⏲10h30-13h et 16h30-19h mar-sam, 10h30-13h dim), du XIVe siècle, que Colomb, de retour de sa première expédition, passa une nuit de veille et de prière. Le monastère possède un joli cloître mudéjar et une précieuse collection d'art sacré Renaissance.

Moguer possède son propre charme baroque andalou, et sa beauté ensoleillée fut abondamment chantée par le poète local Juan Ramón Jiménez (1881-1958), prix Nobel de littérature en 1956. La **Casa**

Museo Zenobia y Juan Ramón Jiménez (Calle Juan Ramón Jiménez 10 ; 3 € ; ⌚10h15-13h mar-dim et 17h15-19h mar-sam), l'ancienne demeure du poète et de sa femme, propose des visites guidées.

Face au monastère, de l'autre côté de la place, **Barola** (www.barola.es ; Plaza de las Monjas) est un bar à tapas chic et agréable, dans un vaste édifice reconstruit avec des arches mauresques.

Costa de la Luz

S'étalant de l'embouchure du Río Guadalquivir jusqu'à la frontière portugaise, le littoral peu construit de la province de Huelva, bien différent de la côte méditerranéenne de l'Andalousie, est composé de vastes plages de sable blanc protégées par des dunes et des pins. À l'est de Huelva, les principales stations balnéaires sont Matalascañas et Mazagón, tandis que les plages les plus remarquables à l'ouest sont à Punta Umbría, Flecha El Rompido, Isla Cristina et Ayamonte. Fréquentées surtout par les vacanciers espagnols, ces cités balnéaires sont sans prétention – quelques sites et curiosités permettent de varier les plaisirs.

MATALASCAÑAS

Jouxtant le parc national de Doñana, Matalascañas est une ville touristique bâtie à la va-vite. Heureusement, les constructions sont limitées à une surface de 4 km par 1 km, et la plage est tout simplement magnifique. Monument remarquable, partiellement submergé par les eaux, la Torre de Higuera est un morceau de tour renversée datant de 1600.

En suivant la route vers l'est, vous trouverez un sentier longeant la limite du parc national et conduisant à la plage. Depuis un poste de contrôle près du Gran Hotel El Coto, un sentier de 1,5 km serpente à travers les dunes parsemées de pins parasols et de genévriers.

À l'extrémité opposée de la ville, le **Parque Dunar** (☎959 44 80 86 ; www.parquedunar.com ; Avenida de las Adelfas ; ⌚9h-20h) est composé de 1,3 km² de hautes dunes couvertes de pins, et sillonnées d'un labyrinthe de chemins et sentiers sablonneux.

Face à la plage, à l'extrémité ouest de la ville, quelques restaurants de fruits de mer servent des crevettes et des coques d'une extrême fraîcheur.

FLECHA EL ROMPIDO

C'est peut-être la plage la plus spectaculaire de la Costa de la Luz ; cette bande de sable de 8 km de long est séparée du continent par l'embouchure du Río Piedras. Sans route et accessible en ferry uniquement, elle n'est jamais bondée, même en plein été. Du côté intérieur, l'eau est calme, tandis que le côté sud fait face au large. Appartenant à la réserve de la zone humide du Río Piedras, l'endroit présente un grand intérêt ornithologique et botanique, avec la possibilité d'observer cormorans, canards pilets et aigrettes, ainsi que quelques lynx. Pour vous y rendre, prenez un bus de Huelva à El Portil ou Cartaya et descendez au dernier arrêt (en face de l'hôtel AC Nuevo Portil). Marchez jusqu'à la plage où vous trouverez un bateau *Transbordador Papalima* (3 € aller-retour), qui part quand il est plein, mais vous ne devrez normalement pas attendre bien longtemps.

ISLA CRISTINA

Isla Cristina est avant tout un port de pêche doté d'une flotte de 250 bateaux. Outre son thon et ses sardines, la ville est connue pour son carnaval animé. Si vous n'y passez pas en février, visitez le **Museo del Carnaval** (☎959 33 26 94 ; Calle San Francisco 12 ; ⌚10h-14h et 17h30-19h30), installé au-dessus de l'office du tourisme municipal, pour voir l'exposition permanente des meilleurs costumes.

Au sud de la ville, un pont traverse une lagune et rejoint la vaste **Playa de la Gaviota**. Longeant l'arrière de la plage, un sentier conduit à l'est sur la **Playa Central**, principale zone touristique comprenant quelques hôtels et restaurants. Plus à l'est, un sentier naturel serpente à travers les marais boisés et permet d'observer les oiseaux. On trouve certains des meilleurs restaurants de fruits de mer sur une place de la pointe nord-ouest de la péninsule, en face de la criée (où l'on peut voir les restaurateurs de toute l'Espagne commander les prises du jour). Ces établissements animés servent *chocos* (seiches), *casatñuelas* (petites seiches) et *chipirones* (calamars) d'une fraîcheur incroyable.

AYAMONTE

Située face au Portugal qui se trouve de l'autre côté du Río Guadiana, Ayamonte se caractérise par sa joyeuse animation de ville frontalière. La vieille ville comporte quantité de jolies places et d'églises, et abonde en cafés, boutiques et restaurants.

LES QUATRE TRAVERSÉES DE CHRISTOPHE COLOMB

En avril 1492, Christophe Colomb (Cristóbal Colón en espagnol) reçut enfin l'appui de la royauté espagnole pour son projet d'expédition en Orient, riche en épices. Ce projet, qui se traduisit par quatre voyages entrepris par le grand navigateur dans les dix dernières années de sa vie, allait marquer le début d'un fabuleux âge d'or en Espagne.

Colomb partit de Palos de la Frontera le 3 août 1492, avec cent hommes et trois vaisseaux. Après avoir échappé de peu à la mutinerie – l'équipage désespérant de jamais apercevoir la terre – l'expédition accosta finalement le 12 octobre sur l'île de Guanahaní, aux Bahamas, et la baptisa San Salvador. Poursuivant son périple, elle découvrit Cuba et Hispaniola, où la *Santa María* coula. Le bois de l'épave servit à construire un fort, Fuerte Navidad, où 33 Espagnols restèrent. La *Niña* et la *Pinta* rentrèrent à Palos le 15 mars 1493.

Colomb, qui revenait avec des animaux, des plantes, des ornements d'or et six Indiens des Caraïbes, reçut un accueil triomphal. Tout le monde pensait en effet qu'il avait atteint les Indes orientales (il s'était en fait trompé d'environ 16 000 km dans ses calculs).

Le navigateur entreprit des voyages plus lointains en 1493 et 1498, et découvrit ainsi la Jamaïque, Trinidad et l'embouchure de l'Orénoque. Mais il s'avéra d'une incompétence catastrophique dans le poste d'administrateur colonial, réduisant les indigènes en esclavage et s'aliénant les colons espagnols. Sa gestion désastreuse de la situation déboucha sur une révolte conduite par les colons à Hispaniola. Avant qu'il ait pu mettre fin à ce soulèvement, il fut arrêté par un émissaire du roi venu d'Espagne et envoyé en prison dans la péninsule Ibérique.

Décidé à se racheter et à trouver le chemin de l'Asie, il embarqua pour son quatrième et dernier voyage en avril 1502. Cette fois-ci, il atteignit le Honduras et le Panamá, mais il resta bloqué toute une année en Jamaïque, ses vaisseaux ayant été mangés par les vers marins.

Colomb mourut en 1506 à Valladolid, dans le nord de l'Espagne – pauvre et apparemment toujours convaincu d'avoir découvert la route des Indes. Sa dépouille, selon son souhait, fut emportée aux Caraïbes, avant d'être rapportée à Séville (p. 52). Du moins le pense-t-on, car l'histoire des voyages posthumes de la dépouille de Christophe Colomb est une véritable saga à multiples rebondissements.

Au sud de la ville se déploient les larges plages d'**Isla Canela** et de **Punta del Moral**, cette dernière étant plus développée.

À la route moderne et rapide, les esprits romantiques en partance pour le Portugal préféreront le ferry de **Transporte Fluvial del Guadiana** (☎959 47 06 17 ; www.rioguadiana.net ; Muelle de Portugal ; passager/vélo/voiture 1,70/1,10/5 € ; ⊙départ ttes les heures 9h30-19h30 mi-sept à juin, départ toutes les demi-heures 9h30-21h juil à mi-sept), plus lent (15 min), sur le Guadiana, jusqu'à Vila Real de Santo António, au Portugal. Cette même compagnie propose des croisières quotidiennes remontant le Río Guadiana, l'un des plus longs fleuves d'Espagne, jusqu'au village portugais d'Alcoutim (8 heures 30). Les tickets et les horaires sont disponibles dans les kiosques des quais.

Parmi les nombreux restaurants de fruits de mer, **Casa Luciano** (www.casaluciano.com ; Calle de la Palma 1 ; plats 12-15 € ; ⊙fermé dim) est l'un des meilleurs. Les aliments tout juste sortis de l'eau sont frais : ainsi le thon, particulièrement prisé sur cette partie de la côte, est tout simplement remarquable.

EST DE HUELVA

Parque Nacional de Doñana

Le Parque Nacional de Doñana est un lieu magique à la beauté sauvage : des nuées de flamants roses se détachent sur le ciel au coucher du soleil, cerfs et sangliers se promènent entre les arbres, et le superbe et insaisissable lynx ibérique se bat pour sa survie. Le plus célèbre parc national d'Espagne, qui est également la plus vaste région d'Europe occidentale dépourvue de la moindre route, évoque étrangement la majesté des paysages d'Afrique, dans ce qu'ils ont de plus extraordinairement brut et de plus authentique.

D'une superficie de 542 km^2, le parc national s'étend sur 30 km en bordure ou à proximité du littoral atlantique et sur 25 km à l'intérieur des terres. Une grande partie du parc national jouxte le **Parque Natural de Doñana** (parc naturel de Doñana), aire moins strictement protégée jouant le rôle d'espace tampon. À eux deux, les *parques* (national et naturel) constituent un refuge pour 419 espèces d'oiseaux et 39 espèces de mammifères, dont des espèces en voie de disparition comme le lynx ibérique et l'aigle impérial ibérique (8 couples). C'est aussi un habitat essentiel pour les oiseaux migrateurs.

Depuis sa création, en 1969, le parc national subit la pression constante du tourisme et de l'agriculture, ainsi que celle des chasseurs, urbanistes et autres promoteurs immobiliers, qui contestent les restrictions concernant l'occupation des sols. Les écologistes quant à eux déplorent que le Doñana soit cerné par les zones touristiques et agraires et des infrastructures menaçant d'épuiser ses ressources en eau et de le couper des autres terrains encore vierges. L'été, par exemple, la population de la station balnéaire de Matalascañas passe de 1 000 à environ 200 000 personnes. La circulation augmente entre la station et Séville, et des lynx se sont fait écraser en tentant de traverser les routes autour du Doñana. Cela dit, ces dernières années le nombre de ces animaux s'est stabilisé autour d'une soixantaine d'individus. Le programme d'élevage en captivité est également fructueux (pour en savoir plus sur ces initiatives et voir des vidéos des nouveau-nés, visitez le www.lynxexsitu.es).

VISITER LE PARC

L'accès au parc national est strictement réglementé. Il est possible, cependant, de marcher le long du littoral atlantique entre Matalascañas et l'embouchure du Guadalquivir (que l'on peut traverser en bateau depuis Sanlúcar de Barrameda, dans la province de Cadix) tant que l'on ne s'enfonce pas à l'intérieur des terres.

Pour visiter le parc, il est indispensable de participer à un circuit organisé au départ du centre des visiteurs d'El Acebuche. Ces circuits se font en véhicules tout-terrain (pouvant transporter 20 pers), et sont organisés par la **Cooperativa Marismas del Rocío** (☎959 43 04 32 ; www.donanavisitas.es ; 27 €/pers ; ⌚8h30 et 15h mar-dim mi-sept à avr, 8h30 et 17h lun-sam mai à mi-sept). Ils parcourent 70 km en 4 heures et couvrent les principaux écosystèmes – côte, dunes, marais et forêt méditerranéenne. On pourrait se croire un peu dans un parc à thème,

LA BIODIVERSITÉ DU DOÑANA

Les multiples écosystèmes du Parque Nacional de Doñana reflètent une extraordinaire biodiversité. Près de la moitié du parc est constituée de marais. Presque asséchés de juillet à octobre, ils sont envahis par l'eau en automne au point qu'il ne reste plus ensuite que quelques îlots. Des centaines de milliers d'oiseaux aquatiques en provenance du Nord, dont 80% des canards sauvages d'Europe occidentale selon les estimations, viennent hiverner ici. Au printemps, quand l'eau se retire, arrivent flamants, spatules, cigognes, hérons, avocettes, huppes fasciées, guêpiers d'Europe, échasses et d'autres espèces, pour passer l'été ou nidifier. Les oisillons s'attroupent autour des *lucios* (étangs). Au fur et à mesure que ceux-ci s'assèchent en juillet, les hérons, les cigognes et les milans participent à un véritable festin, se régalant des perches prises au piège dans les petites poches d'eau qui subsistent.

Entre les marais et la plage du parc, longue de 35 km, se trouvent des dunes de sable que le vent pousse à l'intérieur des terres, les faisant avancer de 6 m par an. Les vallées creuses situées entre les dunes et appelées *corrales* sont plantées de pins et autres arbres très appréciés des rapaces qui y installent leurs nids. Une fois que le sable des dunes atteint les marais, les fleuves le ramènent à la mer, qui le rejette à son tour sur la plage en un cycle sans fin.

Ailleurs dans le parc, le terrain sablonneux stable est couvert de 144 km^2 de *coto*, des zones plantées d'arbres et de buissons. Le *coto* est l'habitat privilégié de nombreux oiseaux nidificateurs, ainsi que de l'importante population de mammifères du parc, qui compte 39 espèces dont le cerf, le daim, le sanglier, la mangouste et la genette.

Le parc est également peuplé de nombreux animaux plus petits mais tout aussi spectaculaires. Les reptiles et amphibiens abondent, et notamment parmi eux la tortue mauresque, la vipère de Lataste et le crapaud accoucheur.

BALADES À PIED

Les sentiers de randonnée partant des trois centres des visiteurs du parc sont incontournables, et leur faible niveau de difficulté les rend accessibles à tous. Les saisons migratoires (mars-mai et septembre-novembre) sont les plus propices à une observation réussie des oiseaux.

» Le **Sendero Charco de la Boca**, au centre **La Rocina** (9h-15h et 16h-19h, jusqu'à 20h ou 21h avr-août, jusqu'à 15h dim 15 juin-14 sept), est une boucle de 3 km, avec 4 postes d'observation d'oiseaux, qui vous conduit dans divers habitats.

» Le **Sendero Charco del Acebrón**, près du Centro de Visitantes El Acebrón (p. 85), est un sentier de 1,5 km entre la résidence et le parking, longeant les rives d'un cours d'eau, à l'ombre des saules, des chèvrefeuilles et des nerpruns. Des sections traversent les zones marécageuses. Eucalyptus et pins sont en nombre mais des traces de végétation endémique sont présentes comme le chêne-liège et le pistachier lentisque.

» Les sentiers (1,5 km et boucle de 3,5 km) du **Sendero Lagunas del Acebuche**, près du Centro de Visitantes El Acebuche (p. 85), conduisent à des postes d'observation d'oiseaux surplombant les lagunes voisines.

» Le **Centro de Visitantes José Antonio Valverde** (671 564145 ; 10h-19h, jusqu'à 20h ou 21h avr-août), centre plus éloigné situé en lisière est du parc, est d'ordinaire un excellent coin d'observation car il surplombe un *lucio* (étang) fréquenté toute l'année par les oiseaux. Le bras d'eau appelé Caño de Rosalimán, à l'ouest de ce centre, est aussi un excellent site. Prendre part à un circuit organisé au départ d'El Rocío est le moyen le plus facile d'accéder au centre Valverde. Sinon, vous pouvez emprunter vous-même les routes accidentées qui partent de Villamanrique de la Condesa ou de La Puebla del Río au nord-est.

» La **Raya Real**, un des plus importants itinéraires empruntés par les pèlerins de la Romería lors de leur voyage vers El Rocío et au retour, est accessible depuis le côté nord-est de ce village, en empruntant le Puente del Ajolí, puis en suivant le sentier dans les bois. Il traverse le **Coto del Rey**, une vaste zone boisée où l'on peut apercevoir des daims et des sangliers, tôt le matin ou tard dans la soirée.

mais les guides ont beaucoup de bonnes informations à partager. Il est généralement possible de se joindre à un groupe avec un guide bilingue. Il est préférable de réserver par téléphone : au printemps, en été et les jours fériés, les circuits affichent souvent complet plus d'un mois à l'avance. Le centre pour visiteurs loue des jumelles. Munissez-vous de répulsif contre les moustiques (sauf en hiver) et emportez de l'eau.

Ce type de circuit est parfait pour les amateurs qui souhaitent avoir une vue d'ensemble du parc. En revanche, les vrais amoureux de la nature ont tout intérêt à opter pour les circuits des tour-opérateurs privés. En principe, leurs excursions s'effectuent dans le parc national et dans le parc naturel. Les itinéraires traversent des forêts de pins et de chênes, ainsi que des marais. Les oiseaux y sont nombreux et l'on a de grandes chances d'apercevoir des cerfs et des sangliers. Les tour-opérateurs suivants transportent leurs passagers dans de petits véhicules (12 pers maximum).

Doñana Reservas OBSERVATION DES OISEAUX
(959 44 24 74 ; www.donanareservas.com ; Avenida La Canaliega, El Rocío ; excursion de 4 heures 4-12 pers 35 €/pers, excursion de 10 heures 3-6 pers 85 €/pers). Guides sachant identifier oiseaux, fleurs sauvages, champignons et mammifères. Les visites se concentrent sur les marais et les forêts de la partie nord du parc. Jumelles, télescopes et feuillets d'observation sont fournis.

Doñana Bird Tours OBSERVATION DES OISEAUX
(959 46 59 47 ; www.donanabirdtours.com ; excursion de 9 heures 1-3 pers 150 €, 30 €/pers supplémentaire). Visites de qualité au départ de Villamanrique de la Condesa.

Doñana Nature VISITE GUIDÉE
(959 44 21 60 ; www.donana-nature.com ; Calle Las Carretas 10 ; excursion de 3 heures 30 26 €/pers). Excursions d'une demi-journée, tous les jours à 8h et 15h30. Circuits généralistes et formules plus spécialisées (photo et ornithologie) ; guides francophones.

Renseignements

Centro de Visitantes El Acebuche (959 43 96 29 ; 8h-21h mai-sept, jusqu'à 19h oct-avr). À 12 km au sud d'El Rocío sur l'A483, puis à 1,6 km à l'ouest, El Acebuche est le principal centre des visiteurs du parc national. On y trouve une exposition interactive sur le parc, des sentiers conduisant à des postes d'observation d'oiseaux et un film sur les lynx ibériques d'El Acebuche – unique moyen pour les visiteurs de les voir de près.

Centro de Información La Rocina (959 44 23 40 ; 9h-15h et 16h-19h sept-mars, jusqu'à 20h ou 21h avr-août). Près de l'A483, à 1 km au sud d'El Rocío. Exposition sur l'histoire du pèlerinage d'El Rocío.

Centro de Visitantes El Acebrón (9h-15h et 16h-19h sept-mars, jusqu'à 20h ou 21h avr-août). À 6 km à l'ouest de La Rocina, sur une route pavée. Exposition ethnographique relative au parc dans une magnifique résidence.

Depuis/vers le Parque Nacional de Doñana

VOITURE ET BUS Il est impossible d'accéder au parc avec son propre véhicule. **Damas** (www.damas-sa.es) propose 9 à 11 bus par jour entre El Rocío et Matalascañas ; ils s'arrêtent à l'embranchement d'El Acebuche sur l'A483. Sinon, tous les tour-opérateurs, y compris pour les circuits organisés par le parc national, viendront vous chercher à Matalascañas si vous prévenez.

El Rocío

1 639 HABITANTS

El Rocío, la plus importante ville des environs du Parque Nacional de Doñana, a de quoi surprendre les visiteurs. Site majeur de pèlerinage pendant une semaine à la fin du printemps, elle est endormie le reste de l'année. Les rues de la ville, non pavées et sablonneuses, sont bordées de maisons colorées, dotées de grandes vérandas. Ces demeures bien entretenues appartiennent aux 90 *hermandades* (confréries) dont les membres affluent chaque année à la Pentecôte, à l'occasion de la Romería del Rocío, le plus grand pèlerinage d'Espagne. Le reste du temps, les maisons sont vides et l'endroit a des airs de ville fantôme.

En plus d'une ambiance particulière, le village jouit d'une situation exceptionnelle, devant de beaux *marismas* (marais) où les cerfs viennent boire à l'aube et où, à certaines périodes de l'année, les flamants roses se rassemblent.

Rayons du soleil jouant sur l'eau des marais, vieille femme priant à l'église ou jeune passante en robe de flamenco, les belles images sont toujours au rendez-vous dans les rues de ce village hors du commun.

À voir et à faire

Ermita del Rocío ÉGLISE

(8h-22h30 avr-sept, 8h30-20h oct-mars). Au cœur du village se dresse l'Ermita del Rocío, construite sous sa forme actuelle en 1964. Cette église abrite la très vénérée **Nuestra Señora del Rocío** (Notre Dame de la Rosée), une statuette en bois de la Vierge parée d'une longue robe incrustée de joyaux, qui trône au-dessus du maître-autel. Chaque jour de l'année, des fidèles viennent se recueillir devant elle, en particulier le week-end, car les confréries d'El Rocío se réunissent alors souvent pour des célébrations hautes en couleur.

Museo del Rocío MUSÉE

(Camino de Moguer ; 2 €). De l'autre côté de la route principale, à l'extrémité ouest du marais, ce musée offre un aperçu des aspects culturels, naturels et économiques d'El Rocío, avec des sections consacrées à l'Ermita, aux pèlerinages et au Doñana. Nombreuses photos anciennes

LAPINS MENACÉS

Les Romains considéraient l'Hispanie comme la terre des lapins. C'est en effet le seul endroit en Europe où ces animaux étaient endémiques. La population s'est longtemps trouvée contrôlée par des prédateurs naturels comme le lynx ibérique et l'aigle impérial. Toutefois, dans les années 1950, une maladie virale, la myxomatose, suivie dans les années 1990 d'une épidémie de pneumonie hémorragique, a presque totalement éradiqué la population de lapins espagnols, laissant lynx et aigles sans source d'alimentation naturelle. Le Parque Nacional de Doñana s'est efforcé de réintroduire les lapins dans le parc : leur habitat fut restauré pour accroître leur réserve alimentaire, des lapins furent apportés de la province de Cadix, et des enclos furent construits à partir de souche d'eucalyptus abattus. Malgré des débuts difficiles, le nombre de lapins augmente progressivement.

LA BLANCHE COLOMBE

À l'instar de la plupart des images sacrées de l'Espagne, Nuestra Señora del Rocío (également appelée La Blanca Paloma – la Blanche Colombe) tire son origine d'une légende. Selon celle-ci, au XIIIe siècle, un chasseur originaire du village d'Almonte aurait trouvé une effigie de la Vierge dans un arbre des marais, et aurait décidé de l'emmener chez lui. Lorsqu'il s'arrêta pour se reposer, la Vierge serait retournée dans son arbre. Très vite, une chapelle fut érigée à l'emplacement de cet arbre (El Rocío) et devint un lieu de pèlerinage.

des pèlerinages, film sur les confréries d'El Rocío et atelier de sellerie.

Observation de la nature

Les marais d'El Rocío sont le meilleur endroit de la région de Doñana pour observer les oiseaux et d'autres animaux. Vous verrez des cerfs et des chevaux ou une nuée de flamants roses s'envoler. Emportez des jumelles pour une promenade au bord de l'eau.

GRATUIT Centre ornithologique Francisco Bernis OBSERVATION DES OISEAUX

(☎959 44 23 72 ; ⏲9h-14h et 16h-18h mar-dim). Situé à environ 350 m à l'est de l'Ermita, au bord de l'eau, ce centre donne sur le marais. On peut y apercevoir flamants, ibis, spatules et bien d'autres espèces par la fenêtre ou depuis le pont d'observation. Le personnel expert peut vous aider à les identifier, vous renseigner sur les oiseaux migrateurs présents et les endroits où les trouver. Jumelles puissantes fournies.

Fêtes et festivals

Romería del Rocío RELIGION

Sept semaines après Pâques, une véritable fièvre, marquée par la ferveur religieuse et une ambiance festive, s'empare d'El Rocío. C'est le point d'orgue de la Romería del Rocío, le plus important pèlerinage d'Espagne. Il attire des centaines de milliers de pèlerins, membres pour la plupart d'une des 106 confréries, venues de tout le sud du pays. Les fidèles se rendent à El Rocío à pied, à cheval ou à bord de roulottes parées de couleurs gaies.

Dans une atmosphère rien moins que solennelle, les participants, en costumes andalous traditionnels, chantent, dansent, boivent et s'amusent, pour agrémenter leur voyage vers El Rocío. On a compté déjà un million de visiteurs.

Ces deux jours de fête atteignent leur paroxysme le lundi matin. Les membres de la *hermandad* d'Almonte, réclamant la Vierge, font irruption dans l'église et s'emparent de la statue qu'ils installent sur un char. Autour, des mains bataillent pour avoir l'honneur de porter La Blanca Paloma. Malgré la cohue, la statue fait le tour des confréries puis retrouve sa place dans l'église.

Une procession plus petite et plus locale, **El Rocío Chico**, a lieu les 18 et 19 août à Almonte pour commémorer la fin des représailles françaises en 1810, déclenchées par l'exécution d'un officier français par les habitants. Tous les 7 ans, les célébrants emportent la Vierge de Rocío dans leur ville, à 15 km au nord, au-delà du Doñana. Elle y reste pendant 9 mois puis revient à El Rocío lors d'une grande fête, une semaine avant la Romerí.

Où se restaurer

Restaurante Toruño ANDALOU €€

(☎959 44 24 22 ; www.toruno.es ; Plaza Acebuchal 22 ; plats 12-20 €). L'atmosphère andalouse traditionnelle, l'excellente cuisine et les énormes portions font de ce restaurant un incontournable. La star du menu est le veau *mostrenca*, élevé en plein air et grillé à la perfection. Une belle salle se trouve à l'arrière ; les soirs d'été, dînez devant le restaurant, près de l'arbre *acebuche* millénaire.

Restaurante El Real ANDALOU €

(Calle Real 7 ; menu fixe midi 9 € ; ⏲8h-19h mar-dim). C'est peut-être un endroit pour touristes mais ces derniers n'en sont pas moins très bien traités (cuisine maison). Essayez le *salmorejo*, puis, en dessert, le "bacon divin" (flan aux pignons de pin). Agréable terrasse.

Renseignements

Office du tourisme (www.turismodedonana.com ; Camino de Moguer ; ⏲9h30-14h mar-dim). Dans le Museo del Rocío, à l'angle sud-ouest du village, un peu à l'écart de l'A483.

Depuis/vers El Rocío

Les bus **Damas** (www.damas-sa.es) circulent de Séville à El Rocío puis jusqu'à Matalascañas (5,80 €, 1 heure 30, 3/j). Depuis Huelva, il faut prendre un bus Damas pour Almonte, puis un autre pour El Rocío (10/j).

NORD DE HUELVA

En direction du nord, les autoroutes cèdent la place à de petites routes sinueuses au fur et à mesure que l'on pénètre dans une zone au climat plus tempéré, qui s'élève jusqu'à 960 m. Les collines de la partie de la Sierra Morena incluse dans la province de Huelva sont couvertes de chênes-lièges et de pins, et ponctuées de vallées. Ici et là surgissent de charmants villages et des bourgades comme Aracena, la "capitale" de la région.

Cette magnifique région rurale encore peu visitée abonde en sentiers de randonnée. On y déguste une cuisine savoureuse composée pour l'essentiel de gibier, de fromages et de légumes. Elle est avant tout connue pour son *jamón serrano*, le meilleur d'Espagne. Le Parque Natural Sierra de Aracena y Picos de Aroche, deuxième plus grande réserve d'Andalousie (1 840 km^2), englobe la majeure partie de cette campagne.

Minas de Riotinto

4 157 HABITANTS / ALTITUDE 420 M

Niché à la lisière méridionale de la sierra se trouve l'un des plus anciens sites miniers au monde, si ancien même que le roi Salomon de Jérusalem en aurait tiré l'or nécessaire à la construction de son temple. Les mineurs ont cessé leur activité en 2001, mais le site demeure captivant : il comporte un superbe musée, et l'on peut visiter les anciennes mines et voyager en train sur les rails qui y conduisaient.

Le Río Tinto prend sa source à quelques kilomètres au nord-est de la ville, son nom ("fleuve rouge") vient de la couleur rougeâtre produite par la réaction des eaux acides et des abondants minerais de fer et de cuivre.

À voir et à faire

Museo Minero MUSÉE

(☎959 59 00 25 ; www.parquemineroderiotinto.com ; Plaza Ernest Lluch ; adulte/enfant 4/3 € ; ⌚10h30-15h et 16h-19h). Le Museo Minero est une véritable mine d'or pour les passionnés d'archéologie industrielle, qui fait voyager le visiteur dans le temps, depuis les tombes mégalithiques du IIIe millénaire av. J.-C. aux périodes de colonisation romaine et d'influence britannique pour finir par la fermeture des mines en 2001. La visite comprend une reconstitution élaborée d'une mine romaine sur 200 m de long.

Le musée présente également une grande exposition sur les wagons utilisés dans les mines. La place d'honneur revient au Vagón del Maharajah, une luxueuse voiture construite en 1892 pour la visite de la reine Victoria d'Angleterre en Inde, bien qu'elle ne soit jamais montée à bord.

Peña de Hierro MINES

(adulte/enfant 8/7 € ; ⌚12h-13h30 et 17h30-19h). À 3 km au nord de Nerva, ces anciennes mines de cuivre et de soufre comprennent la source du Río Tinto, une mine à ciel ouvert de 65 m de profondeur, et une mine souterraine de 200 m de long. Réservation indispensable via le Museo Minero. Horaires sujets à modification.

Ferrocarril Turístico-Minero VISITE

(☎959 59 00 25 ; www.parquemineroderiotinto.com ; adulte/enfant 10/9 € ; ⌚13h lun-ven et 16h30 sam-dim mars à mi-juin et oct-nov, 13h30 et 17h30 tous les jours mi-juin à sept). La manière la plus agréable de visiter les mines (en particulier avec des enfants) consiste à prendre l'ancien train minier, un train restauré du début du XXe siècle qui vous transporte sur 22 km (aller-retour) à travers un paysage irréel. Le train longe le fleuve durant tout le trajet, les passagers peuvent donc apprécier ses teintes

LE PROJET MARTE

Depuis 2003, les scientifiques de la NASA et du Centro de Astrobiología de Madrid participent, dans les environs de Minas de Riotinto, à un programme de recherche appelé Marte (Mars Analog Research & Technology Experiment), en prévision d'une expérience destinée à chercher des traces de vie sur Mars. On pense que le très fort taux d'acide qui donne sa couleur au Río Tinto (par un phénomène d'oxydation du fer) est le produit d'un écosystème souterrain de micro-organismes comparables à ceux qui pourraient exister sous la surface de Mars. Les expériences menées pour localiser ces micro-organismes jusqu'à 150 m sous la surface de la Terre servent à développer des outils techniques et des méthodes qui aideront à chercher une biosphère souterraine similaire sur la planète rouge.

Aracena

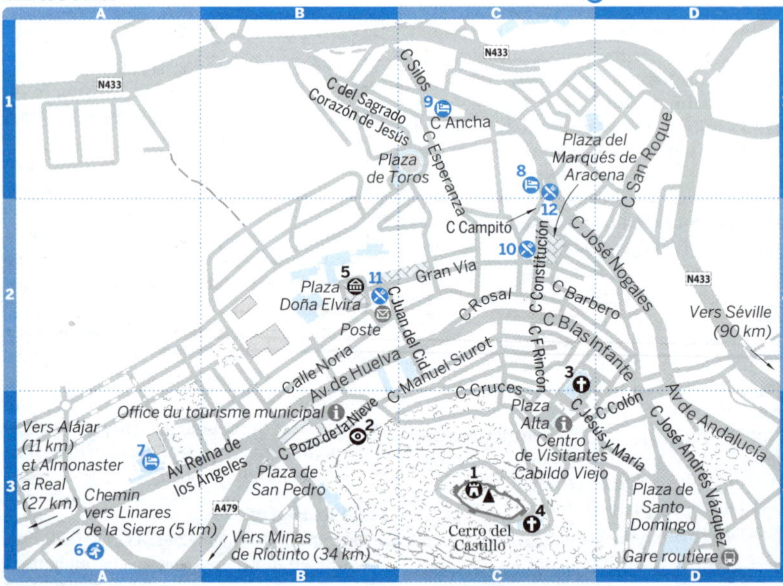

Aracena

À voir

1 Castillo C3
2 Gruta de las Maravillas B3
3 Iglesia de la Asunción C2
4 Iglesia Prioral de Nuestra Señora del Mayor Dolor C3
5 Museo del Jamón B2

Activités

6 Piscina Municipal A3

Où se loger

7 Hospedería Reina de los Ángeles A3
8 La Casa Noble C1
9 Molino del Bombo C1

Où se restaurer

10 Café-Bar Manzano C2
11 Mesón Rural las Tinajas B2
12 Rincón de Juan C1

sans cesse changeantes et se jeter à l'eau au bout de la ligne.

Les trajets commencent à l'ancien atelier de réparation des trains, à 4 km à l'est de Minas de Ríotinto, à l'écart de la route de Nerva. La visite est en espagnol. Il est impératif de réserver. Les tickets s'achètent au musée ou à la gare.

Depuis/vers Minas de Riotinto

Du lundi au vendredi, **Damas** (www.damas-sa.es) propose 5 bus entre Minas de Riotinto et Huelva (6,30 €, 1 heure 45), et 3 le week-end. Aucun transport en commun ne conduit au Ferrocarril Turístico-Minero.

Aracena

7 812 HABITANTS / ALTITUDE 730 M

Avec ses maisons d'un blanc étincelant serties dans un joli paysage de montagne, la petite agglomération ancienne et assez animée d'Aracena est un ravissement pour les yeux. Elle se déploie à la manière d'un ruban autour d'une charmante église médiévale et d'un château en ruine. Vous y trouverez un bon choix d'hébergements et de restaurants. Aracena constitue une base idéale pour partir à la découverte de la région.

À voir et à faire

Gruta de las Maravillas GROTTE

(grotte des Merveilles ; ☎663 93 78 76 ; Calle Pozo de la Nieve ; visite adulte/enfant 8,50/6 € ; ⊙10h30-13h30 et 15h-18h, visites ttes les heures lun-ven, ttes les demi-heures sam, dim et jours fériés). Sous la colline du château se trouve un réseau de grottes et de tunnels creusé dans le karst. L'itinéraire de 1 km compte 12 salles, 6 lacs et toutes sortes d'étranges et magnifiques formations rocheuses qui ont servi de décor au film d'Henry Levin, *Voyage au centre de la Terre* (1959).

Les visites sont en espagnol, mais des audioguides sont proposés. Un photographe est présent à l'entrée si vous souhaitez emporter un portrait comme souvenir (les photos sont interdites). Il arrive qu'en raison de l'intense fréquentation, on ne puisse entrer l'après-midi et le week-end.

Museo del Jamón MUSÉE
(Gran Vía ; 3 €, réduction avec l'achat d'un ticket pour la Gruta de las Maravillas ; ⏲11h-13h45 et 15h30-18h30). Ce musée moderne met à l'honneur le *jamón* qui fait la renommée de la sierra. On y apprend pourquoi le porc ibérique nourri aux glands donne une viande si succulente, l'importance des prés locaux dans lesquels il est élevé et les différents aspects des méthodes traditionnelles et modernes d'abattage et de fumage. Près de l'entrée, une salle est consacrée aux champignons sauvages, autre spécialité locale.

Vieille ville

Au sommet d'une colline, les ruines du **castillo** dominent la ville de manière spectaculaire. Cette charmante fortification fut construite par les royaumes du Portugal et de Castille au XIIe siècle. À côté se tient l'**Iglesia Prioral de Nuestra Señora del Mayor Dolor** (⏲10h-19h), édifiée environ un siècle plus tard. Cette église gothico-mudéjare se distingue par une architecture typiquement islamique, qui associe de beaux motifs en brique sur la façade extérieure de sa tour à un intérieur orné de voûtes nervurées. Le château est accessible par un chemin escarpé depuis la Plaza Alta, une jolie place pavée qui était autrefois le centre-ville. C'est ici que se dresse l'élégant **Cabildo Viejo** du XVe siècle, l'ancien hôtel de ville, doté d'une belle porte Renaissance. Depuis la Plaza Alta, la Calle Francisco Rincón redescend vers la ville, traversant une série de ruelles étroites, flanquées de petites maisons blanches, avant de déboucher sur la **Plaza del Marqués de Aracena**, une place animée bordée de quelques agréables terrasses de cafés.

Randonnée

Les collines et les montagnes environnant Aracena comptent de superbes **sentiers de randonnée** parmi les moins connus d'Andalousie. Si ces balades sont agréables toute l'année, elles le sont particulièrement au printemps, quand les prairies se couvrent de fleurs sauvages. L'office du tourisme peut recommander quelques randonnées simples d'une journée et vend une excellente carte présentant des dizaines d'itinéraires.

Vous pouvez aussi faire un beau périple d'environ 5 km en partant de l'extrémité ouest d'Aracena, entre la Piscina Municipal (piscine municipale) et l'HU 8105. Un chemin descend alors une vallée verdoyante jusqu'à **Linares de la Sierra** ; comptez environ 2 heures. Vous pourrez poursuivre jusqu'au village d'Alájar (5,5 km, 3 heures), avec la possibilité de rentrer à Aracena par le bus de 16h (sauf dimanche).

Un autre sentier conduit à Corteconcepción, à l'est, et forme une boucle de 10,5 km en repartant par le chemin de Rebollar. Cet itinéraire régulièrement emprunté pour des pèlerinages religieux est jalonné de chapelles.

Où se restaurer

Une cuisine merveilleuse caractérise les collines autour d'Aracena. Parmi les spécialités figurent les champignons de la région : des dizaines de variétés différentes poussent à l'automne. Mais il y a aussi le jambon : le *jamón serrano* de Jabugo, non loin, est considéré comme le meilleur du pays. En explorant les collines, vous remarquerez certainement les animaux à l'origine de ce délice – des cochons noirs se nourrissant de glands dans la forêt.

Rincón de Juan TAPAS €
(☎627 33 47 66 ; Calle José Nogales ; tapas 1,80 €, raciones 7-10 € ; ⏲7h-16h et 18h30-0h lun-ven, 8h-0h sam). On mange debout dans cet établissement aux murs de pierre. Incontestablement le meilleur bar à tapas de la ville. Le jambon ibérique est à l'honneur et constitue la base de plusieurs *montaditos* (petits sandwichs) et *rebanadas* (tranches de pain nourrissant plusieurs personnes). La saucisse maison, douce ou épicée, est toujours un bon choix.

Mesón Rural las Tinajas TAPAS €€
(☎959 12 78 82 ; Calle Juan del Cíd López ; plats 8-10 €). Tenue par un Argentin affable, cette maison au succès jamais démenti ne fait pas mystère de ses influences gauchos : goûtez les excellentes *empanadas*, chaudes (farcies à la viande hachée et aux œufs) ou froides (au thon).

Café-Bar Manzano TAPAS €€

(☎959 12 75 13 ; Calle Campito 9 ; raciones 9-14 € ; ⊙9h-16h30 et 20h-0h mer-lun). Terrasse de café chic sur la place principale, idéale pour prendre le pouls d'Aracena et savourer diverses tapas et *raciones* (grosses portions de tapas) qui font la part belle aux champignons sauvages et autres spécialités régionales. Même hors saison, on y sert des champignons (*tentullos, gurumelos* et *tanas)* sautés ou dans d'appétissantes compositions.

ℹ Renseignements

Centro de Visitantes Cabildo Viejo (☎959 12 95 53 ; Plaza Alta ; ⊙10h-14h et 16h-18h mar-dim). Présente les points forts du Parque Natural Sierra de Aracena y Picos de Aroche, avec une exposition sur la flore, la faune, la culture et l'histoire du parc.

Office du tourisme municipal (www.aracena.es ; Calle Pozo de la Nieve ; ⊙10h-14h et 16h-18h). Face à l'entrée de la Gruta de las Maravillas. Vend des cartes de la région.

ℹ Comment s'y rendre et circuler

BUS La **gare routière** (Avenida de Sevilla) se trouve à 700 m au sud-est de la Plaza del Marqués de Aracena. Damas propose un bus le matin et deux l'après-midi depuis Séville (6,80 €, 1 heure 15), qui vont jusqu'à Cortegana, via Alájar ou Jabugo. Depuis Huelva, il y a 2 départs quotidiens l'après-midi (10 €, 3 heures). Une ligne locale relie également Aracena et Cortegana, via Linares, Alájar et Almonaster la Real.

VOITURE Aracena dispose de nombreuses places de stationnement gratuit dans les rues.

Sierra de Aracena

À l'ouest d'Aracena s'étend l'un des paysages les plus beaux et les plus surprenants d'Andalousie – une campagne vallonnée, émaillée de vieux villages et de châteaux. Beaucoup de vallées sont très boisées, tandis qu'ailleurs prospèrent des étendues de *dehesa*, ces forêts de chênes verts à pâturage où les porcs noirs trouvent des glands pour se nourrir. Un réseau dense de sentiers de randonnée bien entretenus, avec un panorama toujours changeant, sillonne la région, l'une des plus agréables en Andalousie pour les balades à pied.

D'excellents itinéraires de randonnée couvrent l'ensemble du **Parque Natural Sierra de Aracena y Picos de Aroche**, néanmoins, ils forment un maillage particulièrement serré dans la zone comprise entre Aracena et Cortegana. Ainsi, les jolis villages tels qu'Alájar, Castaño del Robledo, Galaroza et Almonaster la Real constituent d'excellents "camps de base".

Joliment sertis dans cette nature ondoyante, les villages de la Sierra de Aracena sont à une assez courte distance à pied les uns des autres. Il est donc facile de randonner dans les environs en s'arrêtant souvent pour d'agréables pauses.

LINARES DE LA SIERRA

À seulement 7 km à l'ouest d'Aracena, sur la HU 8105, Linares de la Sierra, au cœur d'une vallée verdoyante, est l'un des plus jolis villages de la région. Ses rues pavées sont bordées de maisons aux toits de tuiles formant des angles étranges. Dans le centre, à côté de l'église paroissiale, une minuscule arène présente un pavage en cercles

Sierra de Aracena

0 — 10 km

concentriques autour d'un blason à fleurs. Non loin, on peut goûter les en-cas locaux, comme les croquettes de *puchero* (une sorte de pot-au-feu) et la *carrillera* (joues de porc), à **El Balcón de Linares** (Calle Real 4, Linares de la Sierra ; raciones 8 €), un bar chaleureux.

ALÁJAR

Situé à 5 km à l'ouest de Linares de la Sierra, Alájar est le village le plus typique de la région. Plus important que son voisin, il conserve des ruelles pavées et des maisons en pierre cubiques, ainsi qu'une jolie église baroque.

La **Peña de Arias Montano**, éperon rocheux surplombant le village, jouit d'une vue sublime sur le bourg. Le site tire son nom de Benito Arias Montano, un remarquable humaniste du XVIe siècle, qui s'y rendit à plusieurs reprises pour y méditer dans la solitude. L'**Ermita de Nuestra Señora Reina de los Ángeles** (11h-crépuscule), une chapelle du XVIe siècle, abrite une petite sculpture de la Vierge, considérée comme la patronne de la Sierra de Aracena. L'*ermita* est au cœur de la plus importante fête religieuse annuelle, la **Romería de la Reina de los Ángeles** (7-8 septembre). Les pèlerins affluent alors des quatre coins de la sierra et au-delà pour fêter leur sainte patronne. Devant la chapelle, des stands vendent des fromages locaux et une **cabane d'information** (11h-14h et 16h-18h30 ven-dim) conseille des randonnées dans la région.

La **Casa El Padrino** (959 12 56 01 ; Plaza Miguel Moya 2 ; plats 10-15 € ; déj sam-dim, dîner ven-sam) sert de succulents plats de campagne inspirés des recettes des villages anciens. Les *pencas de acelgas* (blettes au jambon ibérique) sont inoubliables, tout comme le *lomo ibérico* (saucisse de porc fumé) sauce châtaigne, parfaitement grillé. On s'installe près de l'âtre en brique ou sur la terrasse ensoleillée.

CASTAÑO DEL ROBLEDO

Au nord d'Alájar, sur une route secondaire entre Fuenteheridos et Jabugo, le village de Castaño del Robledo est charmant. Dans ce bourg environné d'oliveraies et de forêts de chênes-lièges, presque aucun bâtiment moderne ne vient enlaidir la belle architecture d'ensemble. Le patchwork des toits de tuiles est dominé par deux églises, chacune assez grande pour abriter la population au complet.

Une belle boucle peut être parcourue à pied en empruntant le sentier PR A 38 depuis Castaño del Robledo jusqu'au village de Galaroza, puis en rentrant par le SL A 129, un autre chemin au bord de l'eau. L'itinéraire traverse diverses forêts entrecoupées de vastes panoramas. Les fleurs des champs abondent au printemps et vous apercevrez sûrement quelques cochons *pata negra* – qui font la renommée de Jabugo – à la recherche de glands. Comptez environ 3 heures pour la boucle, sans les pauses.

Repartez par le sentier traversant la zone ombragée de l'Área Recreativa Capilla del Cristo, du côté nord de la route H5211, laquelle passe au nord du village. Vous apercevrez très vite sur la gauche **Cortegana** et **Jabugo**. Tournez ensuite à droite au niveau du poteau peint de bandes jaunes, situé à 15 minutes de marche. Le chemin commence à descendre en serpentant jusqu'à atteindre l'intersection avec le sentier Jabugo-Fuenteheridos, au bout de 10 minutes. Environ 50 m plus loin, prenez à droite au croisement. Au bout de 10 minutes, vous apercevrez Galaroza et traverserez les *fincas* (propriétés rurales) qui se trouvent aux abords. Traversez le pont qui enjambe un petit cours d'eau pour déboucher sur la N433 3 minutes plus tard. Dirigez-vous vers la gauche et Galaroza, contournez la bourgade en longeant la N433 sur 800 m, puis repartez par le sentier situé sur la gauche et indiqué par un panneau portant la mention "Sendero Ribera del Jabugo".

Tournez à droite une minute après avoir dépassé ce panneau, puis, 4 ou 5 minutes plus tard, tournez à gauche pour emprunter le pont qui traverse un petit cours d'eau. Très vite, le sentier remonte la vallée du Río Jabugo. Le paysage est particulièrement beau sur cette portion. Au bout d'une demi-heure de marche, vous verrez une piste pour véhicules indiquée "Camino de Jabugo a Fuenteheridos ". Continuez tout droit, passez devant quelques *cortijos* (fermes) puis traversez la rivière via un pont assez bas. Tournez à gauche 50 m après le pont, puis à gauche à l'embranchement situé 30 m plus loin. Vous devrez alors retraverser la rivière puis vous en éloigner peu à peu en montant. À 15 minutes de la rivière, tournez à gauche à hauteur d'une maison au toit de tuiles rouges (Monte Blanco) ; en 15 minutes de marche (en montée pour l'essentiel), vous atteindrez de nouveau Castaño del Robledo, cette fois par l'ouest.

Où se restaurer

Fréquenté par les Sévillans en week-end, le **Restaurante Maricastaña** (654 24 85 83 ; Plaza del Álamo 7 ; plats 15-20 € ; dîner ven et sam, déj sam-dim) apporte une touche urbaine chic aux classiques de la Sierra, comme les champignons sauvages et le *jamón de bellota* (servis sur un lit d'aubergines marinées avec une sauce au vinaigre balsamique). Installez-vous dans la vieille maison ou sur la belle terrasse surplombant la colline. Réservation conseillée le dimanche midi.

ALMONASTER LA REAL

Almonaster la Real est un endroit pittoresque qui recèle des joyaux de l'architecture musulmane. La petite **mezquita** (mosquée ; entrée libre ; ⌚environ 9h-tombée de la nuit) domine la ville à environ 5 minutes à pied de la place centrale. Le bâtiment presque parfaitement préservé ressemble à une miniature de la grande mosquée de Cordoue. Malgré sa christianisation au XIIIe siècle, elle conserve presque toutes ses caractéristiques islamiques d'origine : arcs en fer à cheval, mihrab semi-circulaire, fontaine à ablutions et diverses inscriptions en arabe. Encore plus anciens, les chapiteaux des colonnes les plus proches du mihrab sont romains. Le minaret (tour carrée) d'origine jouxte l'édifice. Depuis son sommet, il est possible d'observer l'arène d'Almonaster (XIXe siècle), mais prenez garde près des fenêtres ouvertes et sans rambarde. Au village, l'**Iglesia de San Martín** (Placeta de San Cristóbal), mudéjare, possède une porte du XVIe siècle de style manuélin (portugais), unique dans la région.

Le restaurant de l'hôtel Casa García (p. 293) sert des spécialités locales en version gastronomique dans un cadre confortable avec cheminée et arcs en brique.

Comment s'y rendre et circuler

BUS Du lundi au samedi, un bus le matin et un l'après-midi parcourent la HU 8105 entre Cortegana et Aracena, en s'arrêtant à Almonaster la Real, Alájar et Linares de la Sierra. Tous deux reviennent dans l'après-midi. Quatre bus empruntent la N 433 entre Cortegana et Aracena, et s'arrêtent à Jabugo et Galaroza.

TRAIN Il y a 2 trains/jour (dans chaque direction) entre Huelva et les gares d'Almonaster-Cortegana (8 €, 1 heure 45) et de Jabugo-Galaroza. La gare d'Almonaster-Cortegana est à 1 km de la route Almonaster-Cortegana, à peu près à mi-chemin entre les deux villages. La gare de Jabugo-Galaroza se trouve à El Repilado, sur la N433, à 4 km à l'ouest de Jabugo.

PROVINCE DE SÉVILLE

Au nord-ouest de Séville, à Santiponce, on peut visiter les ruines romaines d'Itálica. À l'est, c'est La Campiña, vaste étendue fertile regroupant d'immenses domaines agricoles appartenant à une poignée de propriétaires terriens, et ponctuée çà et là de bourgades et de villages.

Santiponce

C'est à Santiponce, petite ville à 6 km au nord-ouest de Séville, que se trouve **Itálica** (☎955 62 22 66 ; www.juntadeandalucia.es/cultura/italica ; Avenida de Extremadura 2 ; 1,50 € ; ⌚8h30am-21h mar-sam, 9h-15h dim et jours fériés avr-sept, 9h-18h30 mar-sam, 10h-16h dim et jours fériés oct-mars), le plus impressionnant site romain d'Andalousie. On peut s'y rendre lors d'une excursion d'une journée au départ de Séville.

Fondée en 206 av. J.-C., Itálica fut la première cité romaine d'Espagne, et la ville natale de l'empereur romain Trajan, qui vécut au IIe siècle. C'est sans doute là aussi que naquit son fils adoptif et successeur Hadrien.

Le site comprend de vastes rues pavées, l'un des plus imposants **amphithéâtres** romains (pouvant accueillir jusqu'à 20 000 spectateurs), ainsi que les ruines de plusieurs maisons construites autour de patios décorés de belles mosaïques. Parmi les demeures les plus remarquables figurent la **Casa del Planetario** (maison du Planétarium), qui abrite une mosaïque représentant les dieux des sept jours de la semaine, et la **Casa de los Pájaros** (maison des Oiseaux).

Depuis la Plaza de Armas à Séville, le bus M 172 se rend à Santiponce (30 min) au moins 2 fois par heure, et s'arrête à l'entrée du site archéologique.

Dehesa de Abajo

En direction d'El Rocío et du Parque Nacional de Doñana dans la province de Huelva, la petite réserve naturelle de Dehesa de Abajo occupe un lieu de transition entre forêts et marais ; la diversité des espèces y est donc extraordinaire et les possibilités d'observer les oiseaux nombreuses. Des sentiers conduisent à des points d'observation autour de la Laguna La Rianzuela, où résident flamants, spatules, hérons, avocettes et autres oiseaux plus rares comme la foulque à crête. La plus grande colonie européenne de cigognes blanches des bois (400 couples) niche également ici.

Pour s'y rendre depuis Séville, il faut emprunter l'Avenida de la República Argentina en direction du sud-ouest puis l'A3122 vers Coria del Río et La Puebla del Río. Là, un petit panneau indique la réserve, à 14 km au sud-ouest, après Venta del Cruce.

Autre bon endroit pour observer des cigognes blanches et plus de 150 autres espèces d'oiseaux, **La Cañada de los Pájaros** (☎955 77 21 84 ; www.canadadelospajaros.com ; Carretera Puebla del Río-Isla Mayor km 8 ; adulte/enfant 9/5 € ; ⏲10h-tombée de la nuit) est une ancienne décharge transformée en réserve/zoo marécageux privé. Ici, vous serez assez près des énormes cigognes pour entendre battre leurs ailes au milieu des pins parasols. Vous trouverez l'endroit en remontant vers Séville, sur la route en direction de La Puebla del Río, à environ 1,75 km à l'est après l'embranchement vers Isla Mayor.

Carmona

28 679 HABITANTS / ALTITUDE 250 M

Perchée au sommet d'une petite colline dominant une magnifique *vega* (vallée), Carmona est une charmante cité historique où se côtoient palais anciens et monuments imposants. Elle demeure un joyaux méconnu de l'ouest de l'Andalousie.

La ville jouit d'une position stratégique qui profita tant aux Carthaginois qu'aux Romains, lesquels établirent le tracé des rues, inchangé aujourd'hui. La Vía Augusta, qui va de Rome à Cadix, débouche à Carmona via la Puerta de Córdoba à l'est, et repart via la Puerta de Sevilla à l'ouest. Les musulmans érigèrent un rempart tout autour de la cité mais Carmona tomba aux mains de Ferdinand III en 1247. Plus tard, la ville s'agrémenta de belles églises, couvents et demeures conçus par des artisans mudéjars et chrétiens.

À voir

Alcázar de la Puerta de Sevilla — PORTE

(adulte/enfant 2/1 €, gratuit lun ; ⏲10h-18h lun-sam, 10h-15h dim et jours fériés). Une simple promenade permet de voir les plus beaux sites du vieux Carmona. Commencez à la Puerta de Sevilla, l'impressionnante porte principale de la vieille ville. Elle faisait partie d'une fortification construite depuis déjà 5 siècles lorsque les Romains la renforcèrent et construisirent un temple par-dessus. Les Almohades ajoutèrent un *aljibe* (citerne) au patio supérieur, offrant aujourd'hui un excellent point d'observation du panorama typiquement andalou de maisons cubiques blanches et de clochers élancés.

Iglesia Prioral de Santa María — ÉGLISE

(☎954 19 14 82 ; Plaza Marqués de las Torres ; 3 € ; ⏲9h-14h et 17h30-19h30 lun-ven, 9h-14h sam). Cette magnifique église fut édifiée principalement au cours des XVe et XVIe siècles, sur l'emplacement de l'ancienne mosquée. Un calendrier wisigothique est gravé sur l'un des piliers du Patio de los Naranjos par lequel on entre. À l'intérieur, l'autel plateresque (richement orné) comporte 20 panneaux représentant des scènes bibliques, extrêmement détaillées, entourés de colonnes dorées ornées de volutes.

À l'étage, un musée d'art sacré présente joliment la collection d'objets en argent, de statues polychromes et de peintures rassemblés au fil des siècles par l'église.

Museo de la Ciudad — MUSÉE

(musée d'Histoire de la ville ; ☎954 14 01 28 ; www.museociudad.carmona.org ; Calle San Ildefonso 1 ; adulte/enfant 3 €/gratuit, mar gratuit ; ⏲11h-19h mar-dim, 11h-14h lun). Dans un palais vieux de plusieurs siècles, ce musée doté de pièces datant du paléolithique retrace l'intéressante histoire de la ville. Les sections consacrées aux Tartessos (peuple héritier de la civilisation andalouse des mégalithes) et à leurs successeurs romains sont remarquables. La première comporte une collection unique de grands récipients en faïence aux motifs moyen-orientaux, la seconde, de très belles mosaïques.

Convento de Santa Clara — COUVENT

(Calle Torno de Santa Clara ; 2 € ; ⏲11h-13h30 et 16h-18h ven-lun). Avec ses voûtes en ogive gothiques, son plafond sculpté de style mudéjar et son éblouissant retable – brillant exemple du baroque sévillan –, le couvent de Santa Clara devrait ravir les amateurs d'art comme d'architecture. La visite commence par l'ascension de la tour, ajoutée tardivement, avec des expositions d'art et de poésie à divers niveaux. Le sommet offre une merveilleuse vue sur la ville.

Puerta de Córdoba — PORTE

(Calle de Dolores Quintanilla ; 2 € ; ⏲visites 8 pers minimum 11h30, 12h30 et 13h30 mar, sam-dim). En merveilleux état, la porte romaine qui contrôlait l'accès de la ville par l'est encadre la campagne fertile extérieure telle une précieuse tapisserie. Des visites guidées de la Puerta de Córdoba peuvent être organisées par le Museo de la Ciudad, seulement si 8 participants se présentent au rendez-vous.

Carmona

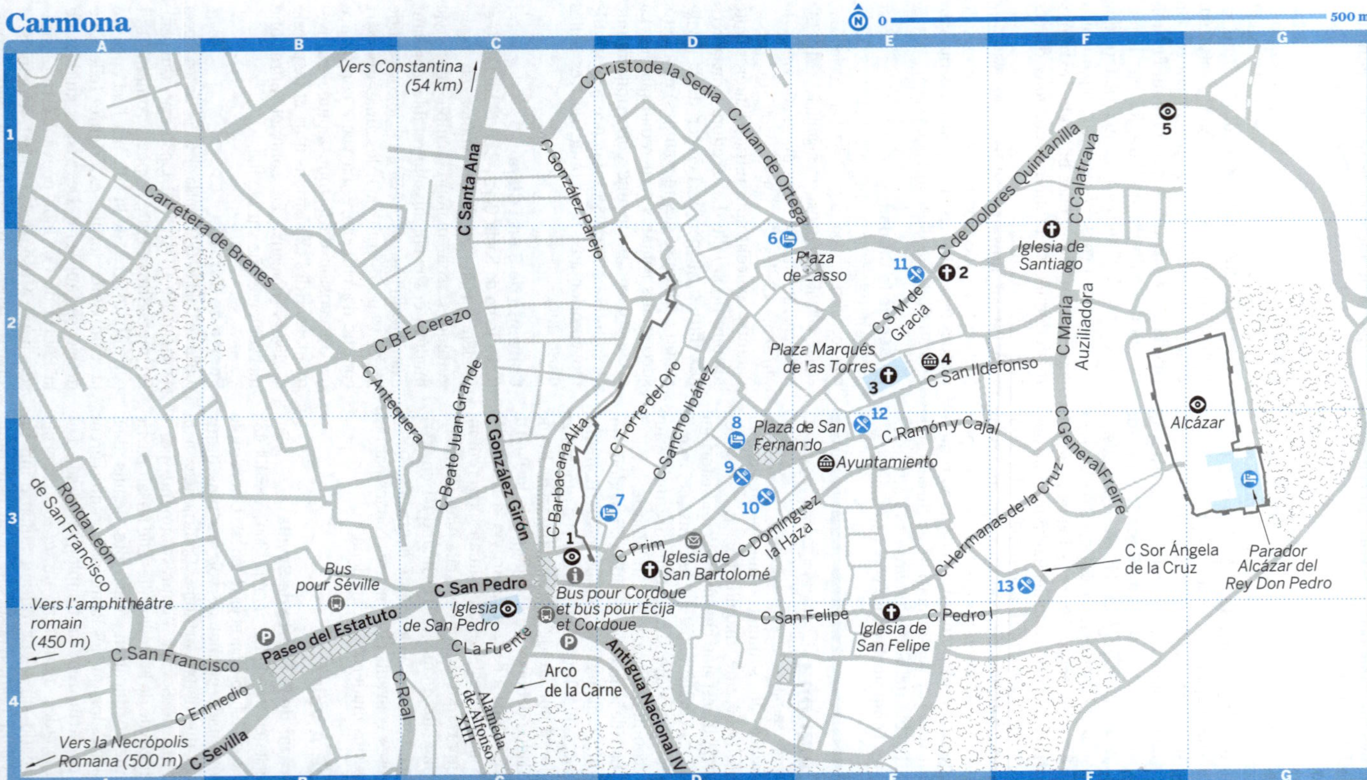
0
500 m
A
B
C
D
E
F
G
1
2
3
4
Vers Constantina (54 km)
C Cristode la Sedia
C Juan de Ortega
C de Dolores Quintanilla
C Calatrava
5
Carretera de Brenes
C Santa Ana
C González Parejo
6
Plaza de Lasso
11
2
Iglesia de Santiago
C S M de Gracia
C María Auxiliadora
C B E Cerezo
C Antequera
C Beato Juan Grande
C González Girón
C Barbacana Alta
C Torre del Oro
C Sancho Ibáñez
Plaza Marqués de las Torres
3
4
C San Ildefonso
Alcázar
8
Plaza de San Fernando
12
C Ramón y Cajal
Ayuntamiento
9
10
C General Freire
C Domínguez la Haza
7
C Hermanas de la Cruz
Ronda León de San Francisco
1
C Prim
Iglesia de San Bartolomé
C Sor Ángela de la Cruz
Parador Alcázar del Rey Don Pedro
13
Bus pour Séville
C San Pedro
Bus pour Cordoue et bus pour Écija et Cordoue
Vers l'amphithéâtre romain (450 m)
Iglesia de San Pedro
C San Felipe
Iglesia de San Felipe
C Pedro I
C San Francisco
Paseo del Estatuto
C La Fuente
Arco de la Carne
C Real
Alameda de Alfonso XIII
Antigua Nacional IV
C Enmedio
Vers la Necrópolis Romana (500 m)
C Sevilla

Carmona

À voir

Où se loger

Où se restaurer

GRATUIT **Necrópolis Romana** RUINES

(cimetière romain ; ☎955 62 46 15 ; Avenida de Jorge Bonsor ; ⏲9h-18h mar-ven, 9h-15h30 sam-dim). À la limite sud-ouest de la ville se trouvent les vestiges d'une "cité des morts" romaine. Au moins une douzaine de sépultures familiales y furent taillées dans la roche aux Ier et IIe siècles. Certaines sont très élaborées et comptent de multiples salles. La crémation était alors courante, et les parois des tombes sont pourvues de niches en pierre destinées aux urnes funéraires.

Vous pouvez entrer dans l'immense Tumba de Servilia, tombeau d'une puissante famille hispano-romaine. Le site comprend aussi un intéressant musée présentant des objets découverts dans les tombes. De l'autre côté de la rue se trouve un **amphithéâtre romain** du Ier siècle av. J.-C., dans lequel on ne peut pas entrer.

Où se restaurer

Le *tapeando* – manger des tapas – est un véritable hobby ici, si bien que Carmona l'a officialisé en créant une route des tapas. Cette Ruta de la Tapa comprend 17 restaurants, un nombre impressionnant pour une ville de cette taille. La brochure avec cartes et descriptions des bars est disponible à l'office du tourisme.

Bar Goya TAPAS €€

(Calle Prim 2 ; tapas 2 €, raciones 8 € ; ⏲fermé mar soir et mer). À côté de la Plaza San Fernando, bar toujours plein, au fabuleux choix de savoureuses tapas. Outre la *carrillada* et le *menudo* (tripes), prisés des amateurs de viande, le chef Isabel propose des plats végétariens tels que l'*albornía,* délicieux ragoût de pommes de terre et poivrons, et les excellents épinards Carmona (avec pois chiches).

Casa Curro Montoya TAPAS €€

(Calle Santa María de Gracia 13 ; tapas 2,50 € ; ⏲fermé mar). Face au Convento de Santa Clara, ce chaleureux établissement familial occupe une salle étroite ornée de souvenirs. Les vieilles traditions culinaires de la famille trouvent leur expression dans des plats comme le thon frais dans une délicieuse sauce à l'oignon, l'aubergine farcie au foie gras et les *pizcotas* (petits poissons semblables à des sardines) frites.

Mingalario TAPAS €

(Calle El Salvador ; montaditos 2 €, raciones 2-8 €). Petit bar très ancien avec jambons suspendus au plafond. Excelle dans l'art des *montaditos* – petits sandwichs grillés garnis, par exemple, de morue salée et crevettes sauce à l'ail. Diverses préparations de champignons sauvages.

Bar Plaza TAPAS €

(Plaza de San Fernando ; ⏲fermé lun soir). À l'écart de la Plaza San Fernando, l'affable Don Antonio dirige ce bar familial aux murs carrelés. Les tapas sont presque des plats et s'accompagnent de gros morceaux de pain pour les excellentes sauces. Essayez la queue de taureau, tellement tendre qu'elle se détache seule de l'os.

Molino de la Romera ANDALOU €€

(☎954 14 20 00 ; www.molinodelaromera.com ; Calle Sor Ángela de la Cruz 8 ; plats 17-19 € ; ⏲déj uniquement dim et mar-ven, déj et dîner sam, fermé lun). Dans un moulin à huile d'olive du XVe siècle avec vue sur la vallée en contrebas, ce restaurant apprécié sert de bons et copieux plats. La cuisine andalouse traditionnelle domine, mais quelques mets modernes sont proposés (boulettes de calamar sur riz basmati, poisson flambé à la vodka). Plats plus légers au bar et au café.

Renseignements

Office du tourisme (www.turismo.carmona.org ; Alcázar de la Puerta de Sevilla ; ⏲10h-18h lun-sam, 10h-15h dim et jours fériés). Efficace, l'office du tourisme se trouve à l'intérieur de la Puerta de Sevilla.

Depuis/vers Carmona

BUS Du lundi au vendredi (moins souvent le week-end) des bus **Casal** (www.autocarescasal.com)

partent toutes les heures pour Séville de l'arrêt sur le Paseo del Estatuto. Deux ou trois bus par jour se rendent à Cordoue, via Écija, au départ du parking à côté de la Puerta de Sevilla.

VOITURE Le parking souterrain du Paseo del Estatuto est ouvert 24h/24 (12,50 €/24 h). Les places de stationnement dans la vieille ville sont limitées.

Osuna

17 973 HABITANTS / ALTITUDE 330 M

Héritage d'une lignée de ducs richissimes qui transmit son nom à la ville, Osuna éblouit par ses demeures baroques et son monastère de la Renaissance espagnole aux nombreux trésors artistiques. Cet étonnant paysage apparaît tel un mirage dans un panorama vide, comme pour dévoiler ses joyaux architecturaux et artistiques.

Osuna se situe à 91 km au sud-est de Séville, sur l'A92 Grenade-Séville.

À voir

Colegiata de Santa María de la Asunción MUSÉE

(☎954 81 04 44 ; Plaza de la Encarnación ; entrée uniquement avec visite guidée 3 € ; ⏲10h-13h30 et 16h-19h mar-dim mai-sept, 10h-13h30 et 15h30-18h30 oct-avr). Cet imposant ensemble Renaissance domine Osuna depuis le site de l'ancienne église paroissiale. Ses salles renferment quantité d'œuvres d'art accumulées par la maison d'Osuna, dont une série de peintures de José Ribera, surnommée "El Españoleto", et des sculptures de Juan de Mesa.

La visite guidée (obligatoire, en espagnol uniquement) conduit également au sépulcre souterrain, doté de sa propre chapelle, qui fut creusé en 1548 pour faire office de caveau familial des Osuna, dont les membres sont inhumés dans les niches murales.

Monasterio de la Encarnación MUSÉE

(Plaza de la Encarnación ; 2,50 € ; ⏲10h-13h30 et 16h-19h mar-dim mai-sept, 10h-13h30 et 15h30-18h30 oct-avr). Cet ancien monastère est désormais un musée d'art religieux. Son église est ornée d'œuvres et de sculptures baroques, tandis que le cloître comporte des *tableaux* carrelés représentant diverses scènes bibliques, monacales, de chasse et de tauromachie, parmi les plus beaux azulejos sévillans. On n'y accède que par une visite guidée (en espagnol), conduite par l'une des moniales qui vivent sur place.

Demeures baroques

Le triangle à l'ouest de la Plaza Mayor, traversé par de jolis passages et ruelles, est parsemé de demeures et d'églises. La Calle Sevilla, qui mène à l'ouest de la place centrale, et la Calle San Pedro, quelques pâtés de maisons au nord, regorgent d'imposants édifices. On ne peut généralement pas visiter ces demeures, mais plusieurs d'entre elles présentent d'admirables façades.

Le **Palacio de los Cepeda** (Calle de la Huerta), l'un des bâtiments les plus impressionnants, derrière l'hôtel de ville, aligne des rangées de colonnes churrigueresques (style baroque exubérant), surmontées de hallebardes en pierre portant le blason de la famille Cepeda. La porte du **Palacio de Govantes y Herdara** (Calle Sevilla 44), du XVIIIe siècle, s'orne de colonnes torsadées sculptées de grappes de raisin et de feuilles de vigne. Autrefois palais de justice d'Osuna, il se trouve à quelques rues à l'ouest de la Plaza Mayor. Sur la façade de la **Cilla del Cabildo Colegial** (Calle San Pedro 16) figure une représentation de la Giralda de Séville.

Le **Palacio del Marqués de La Gomera** (Calle San Pedro 20) compte parmi les demeures du XVIIIe siècle les plus ornées d'Osuna, sa façade présente des piliers élaborés et le blason de la famille trône au sommet. C'est désormais un hôtel où prendre un verre éventuellement.

Où se restaurer

♥ Casa Curro TAPAS €€

(Plazuela Salitre 5 ; tapas 2 €, raciones 8 €). C'est le bar à tapas de vos rêves, un merveilleux mélange de tradition et de nouvelle cuisine : aubergine sauce crevette et muscat, boulettes de viande maison, "secret" ibérique sauce au coing, servi avec des champignons sauvages...

El Mesón del Duque ANDALOU €€

(Plaza de la Duquesa ; tapas 2,50 €, raciones 2,50 €). Vous pourrez déguster la spécialité d'Osuna, l'*ardoria,* une version locale du *salmorejo*, la soupe andalouse froide et aillée. À Osuna, elle est garnie de thon et de morceaux d'œufs ainsi que des habituels morceaux de jambon ibérique.

Restaurante Doña Guadalupe ANDALOU €€

(☎954 81 05 58 ; Plaza Guadalupe 6 ; menu de 4 plats 15 €, plats 17-19 € ; ❄). L'air satisfait des clients témoigne de la qualité de la cuisine andalouse proposée, de la perdrix au ragoût d'asperges sauvages. Bonne carte de vins espagnols. L'établissement donne sur une cour entre les Calles de la Quijada et Gordillo (toutes deux en retrait de la Calle Carrera).

Confitería Santo Domingo BOULANGERIE €
(Calle Carrera 63 ; pâtisseries 1,50 €). Petite boulangerie dans la rue principale, connue pour ses *aldeanas* (pâtisseries garnies d'une crème à la patate douce et saupoudrées de sucre glace).

Renseignements

Oficina Municipal de Turismo (954 81 57 32 ; www.turismosuna.es ; Calle Carrera 82 ; 9h30-13h30 et 16h-18h mar-sam, 9h30-13h30 dim). Toutes les informations nécessaires sur la ville et quelques guides.

Écija

38 771 HABITANTS / ALTITUDE 110 M

Étant la moins visitée des villes de La Campiña, Écija offre par conséquent un aperçu authentique de la vie urbaine andalouse. Pour les Romains, c'était Colonia Augusta Firma Astigi, l'une des principales villes de leurs possessions ibériques, qui s'enrichit rapidement en approvisionnant de lointains marchés en huile d'olive. Des vestiges de bains publics et d'un gymnase de l'époque romaine ont récemment été mis au jour sous la place principale d'Écija. La ville doit son surnom de *ciudad de las torres* (ville des tours) aux nombreux palais et églises de style gothique et mudéjar, dont les tours scintillent au soleil. Mieux vaut éviter de visiter Écija au cœur de l'été car la ville est aussi connue comme la *sartén de Andalucía* (la fournaise de l'Andalousie), par allusion à ses températures avoisinant fréquemment les 45°C.

La ville s'étend à 53 km à l'est de Carmona par l'A4.

INTERVIEW

PABLO A. FONTALES : LA VILLE AU FOND DES YEUX

Professeur de philosophie dans un lycée, Pablo est passionné par l'architecture de sa ville d'adoption, Écija. Même lorsqu'il se promène dans son propre quartier, il emporte un appareil photo.

Vous passez beaucoup de temps à vous promener et à admirer les monuments ? Oui, chaque fois que je sors de chez moi, j'essaie de capturer ma propre vision de la ville.

Mais c'est une si petite ville, vous avez déjà dû tout voir ? Non, parce que j'ai arrêté depuis longtemps d'essayer de "voir" pour "ressentir". Chaque photo que je prends est nouvelle, grâce à la lumière, la couleur, mon humeur, mon attention à de nouveaux détails, etc.

C'est surtout l'architecture civile qui vous intéresse ? Oui, tout sauf les églises. Les édifices religieux m'ennuient ; ils sont partout. Mais Écija compte beaucoup de palais, vieilles demeures et autres bâtiments civils particulièrement intéressants d'un point de vue architectural.

Qu'ont de si particulier les palais d'Écija ? Peu de villes espagnoles – et aucune de la taille d'Écija – possèdent 20 ou 30 palais et demeures datant du XVIe au XVIIIe siècle.

Pourquoi une si petite ville renferme-t-elle autant de palais ? Parce qu'Écija était un important centre historique où a prospéré une bourgeoisie marchande. Les jolis bâtiments qui abritaient les guildes de la laine et de la soie sont toujours intacts. La Calle Platería est la rue de la guilde de l'argent et de celle des fabricants de rubans. Le commerce et l'artisanat, très développés au Moyen Âge et à la Renaissance, ont laissé leur marque.

Ces palais présentent-ils un style unique ? Oui, la version locale du baroque andalou, appelée baroque Écija, comportant grilles en fer forgé, briques moulées, ornementations sculptées sur les façades, etc.

Cela ne vous contrarie pas que ces édifices soient les symboles d'une élite établie ? Je peux aussi bien admirer Sainte-Sophie à Istanbul, la chapelle Sixtine, le Taj Mahal, ou toute autre construction, même si l'intérêt et l'histoire de ceux qui les ont fait bâtir étaient tragiques, horribles ou tyranniques.

À voir

Bordée de cafés, la Plaza de España, surnommée El Salón (le Salon), est le cœur de l'animation à Écija ; avant de partir explorer le vieux quartier qui l'entoure, arrêtez-vous pour prendre un verre.

GRATUIT **Museo Histórico Municipal** MUSÉE
(http://museo.ecija.es ; Plaza de la Constitución 1 ; 10h-13h30 et 16h30-18h30 mar-sam, 10h-15h dim). Le Palacio de Benamejí du XVIIIe siècle abrite le musée d'histoire de la ville. Les pièces romaines découvertes dans la région sont à l'honneur, notamment une sculpture d'une Amazone (guerrière légendaire). Au niveau supérieur, une salle est consacrée à 6 mosaïques romaines très bien conservées, dont l'une dépeint la "naissance" du vin. Certaines ont été découvertes sous la place centrale d'Écija.

Palacio de Peñaflor PALAIS
(Calle Emilio Castelar 26). Construit au XVIIIe siècle, l'immense Palacio de Peñaflor, ou "palais aux longs balcons", est l'édifice le plus emblématique d'Écija. L'intérieur est fermé en raison d'une rénovation de durée indéterminée, mais la façade incurvée et décorée de fresques mérite d'être admirée à toute heure de la journée.

Casa Museo Hermandad de San Gil MUSÉE
(www.hermandadsangil.es ; Calle San Marcos 3 ; 3 € ; 10h-13h mar-dim). Ce musée en forme de cube, à côté de l'église de San Gil, est consacré à la confrérie de San Gil. Les *pasos*, lourdes plates-formes servant à transporter les statues du Christ et de la Vierge, sont exposés. Lors des processions de Pâques d'Écija, il faut jusqu'à 40 hommes pour porter ces lourds chars.

Églises et clocher

Le paysage constellé de clochers témoigne du passé prospère d'Écija, bien que certaines constructions se soient effondrées lors du grand tremblement de terre de Lisbonne en 1755. L'une des plus jolies tours appartient à l'**Iglesia de Santa María** (Plaza Santa María), en retrait de la Plaza de España, tandis qu'un peu plus au nord-est, celle de l'**Iglesia de San Juan** (Plaza San Juan) s'élève telle une pièce montée recouverte de glaçage. Le clocher de l'**Iglesia de San Pablo-Santo Domingo** (Plaza de Santo Domingo), à l'est de la place, s'orne d'un chapelet géant.
Autrefois, la **Parroquia Mayor de Santa Cruz** (Plazuela de Nuestra Señora del Valle ; entrée libre ; 9h-13h et 17h-20h30 lun-sam, 10h-13h et 18h-20h dim mai-sept, 9h-13h et 18h-20h lun-sam, 10h-13h et 18h-21h dim oct-avr) était la mosquée principale de la ville. Des éléments de son passé musulman sont toujours visibles. Passé l'atrium ouvert, se dévoile un intérieur débordant d'objets sacrés et baroques en argent. Devant l'autel, un sarcophage datant du début de l'ère chrétienne comporte un portrait gravé de Daniel entouré de 2 lions.

Où se restaurer

Hispania TAPAS €€
(www.hispaniacafe.com ; Pasaje Virgen de Soterraño ; tapas 2 €, plats 10-14 €). Donnant sur la rue, cet établissement branché et chaleureux est très fréquenté. L'exubérante cuisine est en harmonie avec le cadre aux couleurs vives. Les chefs créatifs apportent sans cesse une touche nouvelle aux classiques espagnols, qu'ils préparent des tapas, des *bocatas* (sandwichs) ou des desserts – gardez de la place pour la soupe de chocolat blanc.

Restaurante Amrita ANDALOU €€
(www.amrita.es ; Calle Emilio Castelar 15 ; tapas 2,50-5,50 €, dégustation de 4 plats 30 €). Restaurant moderne et chic sur 3 niveaux, servant des plats exotiques sous forme de tapas, tels que les beignets de fromage et poireaux sauce pedro ximénez et les *ortiguillas* (sorte d'anémone de mer) frites.

Renseignements

Office du tourisme (www.turismoecija.com ; Calle Elvira 1 ; 9h30-15h lun-ven). Le week-end, le Museo Histórico Municipal pourra vous renseigner.

Parque Natural Sierra Norte de Sevilla

S'étirant dans le nord de la province de Séville, cette zone protégée de 1 775 km² présente un paysage varié où se succèdent vallées et collines verdoyantes, forêts, rivières, et villes et villages à la belle atmosphère, au-dessus desquels se dressent des forts ou des châteaux datant de l'époque musulmane. Il est possible de passer des jours sur les routes secondaires de la sierra en profitant des nombreux sentiers pédestres sans presque jamais croiser personne.

Pas moins de 14 marches de quelques heures sont balisées en divers endroits. Les itinéraires sont signalés sur la carte au 1/10 000 *IGN/Junta de Andalucía*, disponible au **Centro de Visitantes El Robledo** (Carretera Constantina-El Pedroso km 1 ;

DÉPART LORA DEL RÍO
ARRIVÉE LA CAPITANA
DISTANCE 109 KM
DURÉE 7 À 8 HEURES

Balade en voiture

La Sierra Norte de Sevilla

En pénétrant dans le Parque Natural Sierra Norte de Sevilla par le sud, la transition est plutôt surprenante et la balade, exaltante. Depuis Séville, suivez le Guadalquivir vers l'est sur l'A431 jusqu'à 1 **Lora del Río**, puis prenez l'A455 vers le nord. Les orangers disparaissent et vous commencez à grimper, profitant des paysages variés de collines vertes qu'offre chaque virage. Vous entrez bientôt dans le *parque natural*. Continuez l'ascension jusqu'à 2 **Constantina** et arrêtez-vous dans l'un de ses agréables cafés. Puis, direction l'ouest sur l'A452, avec une pause au 3 **Centro de Visitantes El Robledo**, où vous trouverez des cartes et pourrez visiter le jardin botanique. La route pour El Pedroso serpente dans la campagne vallonnée. En traversant le Río Huéznar, vous apercevrez un vieil aqueduc. Puis la petite ville d' 4 **El Pedroso** apparaît, vous invitant à découvrir son petit centre. Reprenez un moment vers l'est pour rattraper l'A432 en direction du nord. Quelque 15 km de route dans les montagnes conduisent à 5 **Cazalla de la Sierra**, la brillante "capitale" de la chaîne du nord. Au déjeuner, prenez quelques délicieuses tapas sur place. Quittez Cazalla en direction du nord et rattrapez l'A455 pour retourner vers Constantina. Cette route croise à nouveau le Río Huéznar juste à l'est de la gare desservie par le train Cazalla-Constantina. Un chemin praticable de 1 km descend le cours d'eau jusqu'au pont ferroviaire 6 **Puente del Castillejo** et à une aire de loisirs. La SE7101 longe le fleuve et le remonte sur 13 km jusqu'au village de San Nicolas del Puerto. Deux kilomètres avant le village, les 7 **Cascadas de Huesna** forment une série de puissantes cascades. Depuis 8 **San Nicolas del Puerto**, prenez la SE8100 en direction du nord-ouest. Le paysage devient plus spectaculaire à l'approche d' 9 **Alanís**, que domine un château médiéval entouré de chapelles. Poursuivez vers le nord-ouest, en suivant la limite du parc, pour atteindre 10 **Guadalcanal**. Au nord de la ville isolée, enfilez vos chaussures de marche pour une randonnée : le Sendero Sierra del Viento suit une arête jusqu'à 11 **La Capitana**, point culminant du parc et parfait endroit pour conclure votre visite.

⏲10h-14h et 16h-18h oct-mars, 10h-14h et 18h-20h avr-sept), situé à 1 km à l'ouest de Constantina, sur l'A452 en direction d'El Pedroso. Ce centre des visiteurs dispose d'un jardin botanique. Divisé en environnements régionaux comprenant la flore représentative de chaque région, il offre un aperçu des spécimens que vous pourrez croiser dans la Sierra Morena.

CAZALLA DE LA SIERRA

5 072 HABITANTS / ALTITUDE 600 M

Cette jolie petite ville blanche éparpillée autour du sommet d'une colline, à 85 km au nord-est de Séville, est le point d'accès au Parque Natural Sierra Norte, qui s'étend à l'ouest. Cazalla offre un bon choix d'hébergements de qualité, ainsi que d'agréables promenades dans les bois alentour.

Activités

Deux sentiers mènent de Cazalla vers la vallée de Huéznar. En les combinant, vous effectuerez une boucle de 9 km. Les chemins traversent des forêts de chênes verts, des oliveraies, de petits lopins de terre cultivée, ainsi que des châtaigneraies et vignobles.

L'un des deux sentiers, le **Sendero de las Laderas**, part de la fontaine El Chorrillo, à la lisière est de Cazalla, au pied de la Calle Parras. Un panneau indiquant "Sendero de las Laderas 900 m" sur le Paseo El Moro, juste après la Posada del Moro, vous conduit au point de départ. Le chemin descend jusqu'au Puente (pont) de los Tres Ojos, sur le Río Huéznar, d'où vous remontez un peu par la rive ouest pour passer sous le Puente del Castillejo, le pont de chemin de fer (aire de pique-nique sur l'autre rive). Revenez à Cazalla par le **Camino Viejo de la Estación** (ancien chemin de la gare).

Où se restaurer

Agustina Restaurante TAPAS €€
(www.agustinarestaurante.com ; Plaza del Concejo ; tapas 2 €, raciones 10 €). Les jeunes propriétaires préparent des mets traditionnels de la sierra teintés d'exotisme, tel le *magret de pato con miel y vinagre de módena* (magret de canard). Parmi les tapas, citons la spécialité maison, le *queso de cabra con miel* (fromage de chèvre au miel).

Bodeguita Granado ANDALOU €
(Calle Velarde 4 ; tapas 2 €, raciones 8 €). Établissement aux airs de grotte préparant de délicieux plats : champignons sauvages, croquettes maison et jambon ibérique.

Las Navezuelas ANDALOU, ITALIEN €€
(☎954 88 47 64 ; www.lasnavezuelas.com ; menu 19 €). À 2 km au sud de la ville, sur l'A432, cette *finca* (ferme) hôtel propose, plusieurs soirs par semaine, des repas à l'ancienne, concoctés avec les produits du jardin. Résultat : des saveurs exquises. On dîne ici avec de la musique classique en fond sonore et le service est irréprochable. Cela en fait l'un des établissements les plus raffinés de la sierra. Réservation nécessaire.

CONSTANTINA

Avec plus de 7 000 âmes, Constantina est la plus grande ville de la Sierra Norte. Voitures et camions descendent la Calle El Peso centrale, tandis que les habitants se retirent dans des cafés où l'huile d'olive la plus pure est servie dans des brocs en argent.

La partie ouest de Constantina est dominée par les ruines d'un **fort musulman** datant de l'époque almoravide, qui offre un panorama merveilleux. En contrebas s'étendent les rues médiévales et les demeures du XVIIIe siècle du **Barrio de la Morería**.

Sentier en boucle de 5,5 km, qui part de l'extrémité nord du Paseo de la Alameda, au nord de la ville, le **Sendero Los Castañares** conduit à travers des forêts de châtaigniers jusqu'au sommet d'une colline, puis redescend à Constantina pour aboutir en dessous du fort (prévoyez 2 heures en tout).

Près de l'extrémité nord de la ville, **El Mesón de la Abuela Carmen** (Paseo de la Alameda 39 ; raciones 8-12 €), une grange rustique sert de succulentes viandes grillées en grands assortiments ou en tapas.

EL PEDROSO

Ravissant village aux rues pavées, El Pedroso est à 16 km au sud de Cazalla de la Sierra, en empruntant l'A432 au départ de Séville. L'une des plus belles promenades du parc, le **Sendero del Arroyo de las Cañas**, sentier balisé de 10 km autour des plaines à l'ouest d'El Pedroso, débute en face du Bar Triana, dans l'ouest du village. Vous traverserez un paysage rocheux qui, au printemps, se couvre de fleurs sauvages.

Renseignements

L'**office du tourisme** (www.cazalladelasierra.es/turismo.html ; ⏲10h-14h mar-mer, 10h-14h et 18h-20h jeu-sam, 10h-13h dim) donne sur la Plaza Mayor, près de l'Iglesia de la Consolación.

Comment s'y rendre et circuler

Des bus empruntent les sinueuses routes de montagne entre Cazalla de la Sierra et Séville 5 à 6 fois par jour en semaine, 2 fois par jour le samedi, et 3 fois par jour le dimanche.

Province de Cadix et Gibraltar

Dans ce chapitre »

Le top des restaurants

» Sabores (p. 122)
» El Aljibe (p. 109)
» Poma (p. 117)
» Mandrágora (p. 135)

Le top des hébergements

» V... (p. 297)
» La Casa de la Favorita (p. 297)
» Hotel Argantonio (p. 295)
» Parador Casa del Corregidor (p. 297)

Pourquoi partir

La province de Cadix (*Cádiz* en espagnol) est probablement la plus représentative de l'Andalousie. Ici, les traits typiquement régionaux ne manquent pas : villages blancs au cadre enchanteur, montagnes escarpées, oliviers à perte de vue, flamenco dans sa forme la plus pure, authentique xérès, culture hippique andalouse, fêtes à foison, et, quand on pense avoir tout vu, on découvre l'étrange territoire britannique de Gibraltar. Outre ce fascinant condensé de culture, deux vastes parcs naturels couvrent une surface ininterrompue entre Olvera, au nord, et Algésiras, au sud. La ligne reliant ces deux villes marquait autrefois la séparation floue entre l'Espagne chrétienne et la Grenade maure, et cette ancienne ligne de partage est constellée de "villages blancs", dont beaucoup portent le suffixe "de la Frontera" (de la frontière), témoignage de leur fascinante histoire.

Distances en voiture (km)

	Cadix	Jerez de la Frontera	Tarifa	Gibraltar
Jerez de la Frontera	32			
Tarifa	103	113		
Gibraltar	144	113	43	
Arcos de la Frontera	63	32	113	115

À NE PAS MANQUER

Tendez l'oreille dans la rue si vous entendez parler de clubs privés de flamenco ou *peñas* (petits clubs privés) – ils offrent, comme peu d'autres en Andalousie, des spectacles authentiques, pleins de tension dramatique et d'émotions.

Les plus beaux villages blancs

» Vejer de la Frontera (p. 131)

» Grazalema (p. 125)

» Jimena de la Frontera (p. 138)

» Arcos de la Frontera (p. 128)

Les meilleures randonnées

» Salto del Cabrero (p. 128)

» Garganta del Verde (p. 128)

» Sendero del Acantilado (p. 132)

» Sendero de Río Hozgarganta (p. 138)

Sites Internet

» **Cádiz Net** (www.cadiznet.com). Un guide très complet sur la province de Cadix.

» **Cádiz Turismo** (www.cadizturismo.com). Un aperçu officiel du tourisme dans la province, par le gouvernement.

Comment circuler

Deux compagnies de bus, Comes et Los Amarillos, circulent dans la province de Cadix. Elles relient toutes les grandes villes ainsi qu'un nombre étonnant de petits villages. Des trains rapides desservent Jerez, El Puerto de Santa María et Cadix depuis Madrid. L'une des lignes les plus pittoresques d'Espagne descend de Ronda jusqu'à Algésiras. Avec un peu d'organisation préalable, il est possible de se déplacer dans presque toute la province en transports publics. Les plus belles routes sillonnent les montagnes du nord-est.

TROIS JOURS IDYLLIQUES

Jour 1 : En bord de mer

Le matin, orientez-vous dans Cadix en longeant le littoral. Faites une halte à la **cathédrale**, au **Museo de Cádiz** et à la **Playa de la Caleta**. En fin d'après-midi, un court trajet en ferry vous conduit à El Puerto de Santa María pour déguster une des meilleures cuisines andalouses. Commencez par des tapas au centre-ville, avant de dîner au **Mesón del Asador** ou à l'**Aponiente**, selon votre budget.

Jour 2 : Excursion à Jerez

En train, rendez-vous à **Jerez de la Frontera**, la sous-estimée, pour la journée. Visitez la **cathédrale**, chef-d'œuvre gothique-baroque, avant de vous rendre à l'Alcázar de l'époque almohade. Profitez-en pour céder aux tentations du **Hammam Andalusi** – 90 minutes de bonheur inoubliable. L'après-midi, choisissez entre un spectacle équestre et une visite de *bodega* (cave) de xérès. Le restaurant le plus créatif de Jerez, **Sabores**, est idéalement situé pour entamer une soirée dans les bars de flamenco légendaires de la Calle Francos.

Jour 3 : Les villages blancs

Prenez la voiture ou un bus, direction les villages blancs. **Arcos de la Frontera**, le plus proche de Cadix, est idéal pour une balade en ville. Ne manquez pas la splendide **Basílica-Parroquia de Santa María**, et prenez un café en hauteur au **Parador Casa del Corregidor**. Après le déjeuner, passez par El Bosque pour gagner Grazalema, où des randonnées faciles en montagne vous dégourdiront les jambes. Si vous avez le temps, rentrez par Benaocaz et Ubrique, pour profiter du magnifique panorama montagneux.

Hébergement

Les villages blancs abritent de splendides *casas rurales* (hébergements à la ferme) et des *hostales* (petits hôtels) familiaux. Les meilleures adresses de charme sont à Cadix, Jerez et Tarifa, et les palaces caractérisent El Puerto de Santa María et Sanlúcar de Barrameda. L'un des *paradores* de Cadix se trouve à Arcos de la Frontera. Renseignez-vous sur les choix d'hôtels dans notre chapitre *Hébergement* (p. 288).

CADIX

125 000 HABITANTS

On pourrait parler de Cadix pendant des heures sans pour autant s'approcher de sa quintessence. Et son ancienneté – Cadix est souvent considérée comme la plus vieille ville d'Europe – ne facilite pas la tâche. Désormais bien ancré dans son 4e millénaire, ce centre antique, presque encerclé par les eaux, est un romantique dédale de rues sinueuses, où les vagues de l'Atlantique viennent s'écraser contre les digues érodées, les plages municipales s'étendent sur des kilomètres, et la cohue des tavernes fait écho au cri des mouettes et au poisson qui frit.

Vénérable, la cité peut aussi se targuer d'une certaine importance sur le plan historique. La 1re constitution libérale d'Espagne y fut signée en 1812, tandis que son architecture particulière servit de modèle aux villes coloniales fortifiées des Amériques. En effet, le port, avec ses digues crénelées et ses imposants forts, n'est pas sans rappeler La Havane à Cuba ou San Juan à Porto Rico.

Les voyageurs rentrant de Cadix se souviennent avec émotion de ses fruits de mer, du surf, de ses superbes églises et de ses musées peu chers. Mais surtout, ils évoquent avec emphase les *Gaditanos* (Gaditans), un peuple franc et sociable qui pratique l'ironie lors du carnaval, et dont les chansons entraînantes de flamenco (appelées *alegrías*) vous réchaufferont le cœur.

À voir et à faire

Pour comprendre Cadix, il faut avant tout se familiariser avec ses quartiers (*barrios*). La vieille ville se divise comme suit : le Barrio del Pópulo, centre du village médiéval autrefois prospère, où se dresse la cathédrale ; le Barrio de Santa María, vieux quartier gitan et important foyer du flamenco ; le Barrio de la Viña, ancien vignoble devenu principal quartier de pêche de la ville ; et le Barrio del Mentidero, qui regroupe les bars et établissements nocturnes modernes de Cadix.

Cadiz Catedral CATHÉDRALE

(956 28 61 54 ; Plaza de la Catedral ; adulte/enfant 5/3 €, gratuit 19h-20h, 11h-13h et dim ; 10h-18h30 lun-sam, 13h-18h30 dim). La cathédrale au dôme jaune est une impressionnante construction à la fois baroque et néoclassique, dont la décoration reste toutefois très sobre pour l'Espagne. Son parvis est une vaste place piétonne sur laquelle est tracé le plan au sol de la cathédrale.

On décida de construire cette cathédrale en 1716, mais le projet ne fut achevé qu'en 1838 : entre-temps, des éléments néoclassiques, tels que le dôme, les tours et la façade principale, s'étaient insinués dans les plans baroques originaux de Vicente Acero.

Juste à l'est de la cathédrale, le **Museo Catedralicio** (musée de la Cathédrale ; carte p. 106 ; Plaza de Fray Félix ; 5 € ; 10h-18h30 lun-sam, 14h-18h30 dim) abrite une rue médiévale mise au jour, ainsi que les trésors de la cathédrale et des œuvres d'art.

GRATUIT **Théâtre romain** VESTIGES ROMAINS

(Campo del Sur ; 10h-14h30 et 17h-19h mer-lun). Dans le Barrio del Pópulo, côté mer, se trouve le petit Teatro Romano, le site romain le plus accessible de Cadix. L'ancienne scène est enterrée sous les édifices adjacents, mais on peut longer la galerie sous les gradins.

Casa del Obispo MUSÉE

(Plaza de Fray Félix 5 ; 5 €, billet combiné avec la Torre de Poniente 7 € ; 10h-18h mi-sept à mi-juin, 10h-20h mi-juin à mi-sept). Près de la façade est de la cathédrale se trouve la Casa del Obispo. Les vitrines de cet immense musée couvrent plus de 1 500 m² et présentent des ruines retraçant toute l'histoire de la ville, du VIIe siècle av. J.-C. au XVIIIe siècle.

Le site fut un complexe funéraire phénicien, un temple romain et une mosquée, avant de devenir le palais épiscopal de la ville au XVIe siècle. Quatre visites guidées gratuites en espagnol sont proposées tous les jours.

Plaza de Topete PLACE

(9h30-14h lun-sam). À quelques rues au nord-ouest de la cathédrale, cette place triangulaire, l'une des plus charmantes de la ville, avec ses stands de fleurs, est encore appelée par son ancien nom, la Plaza de las Flores (place des Fleurs). Elle jouxte le grand Mercado Central. Bâti en 1837, c'est le plus ancien marché couvert d'Espagne.

Museo de Cádiz MUSÉE

(Plaza de Mina ; 1,50 € ; 14h30-20h30 mar, 9h-20h30 mer-sam, 9h30-14h30 dim). L'excellent Museo de Cádiz, situé sur une place verdoyante, est le meilleur musée de la province. Au rez-de-chaussée, la section archéologique comprend deux sarcophages phéniciens en marbre, sculptés à l'effigie des défunts, de nombreuses statues romaines dépourvues de têtes et une statue de l'empereur Trajan (avec tête), provenant des ruines de Baelo Claudia. À l'étage, la collection d'œuvres d'art inclut un superbe ensemble

À ne pas manquer

1 La **vieille ville** (p. 103) de Cadix, entourée par les eaux, et ses 3 000 ans d'histoire

2 Le plus authentique des flamencos à **Jerez de la Frontera** (p. 118)

3 Le poisson tout juste pêché dans le quartier **Bajo de Guía** (p. 117), à Sanlúcar de Barrameda

4 Des tapas accompagnées d'un xérès local à **El Puerto de Santa María** (p. 112)

5 La **Vía Verde de la Sierra** (p. 126) à vélo, entre Olvera et Puerto Serrano

6 L'Afrique au loin depuis le **Castillo** (p. 138) de Jimena de la Frontera

7 Une randonnée jusqu'à Los Caños de la Meca en traversant le **Parque Natural de la Breña y Marismas de Barbate** (p. 132)

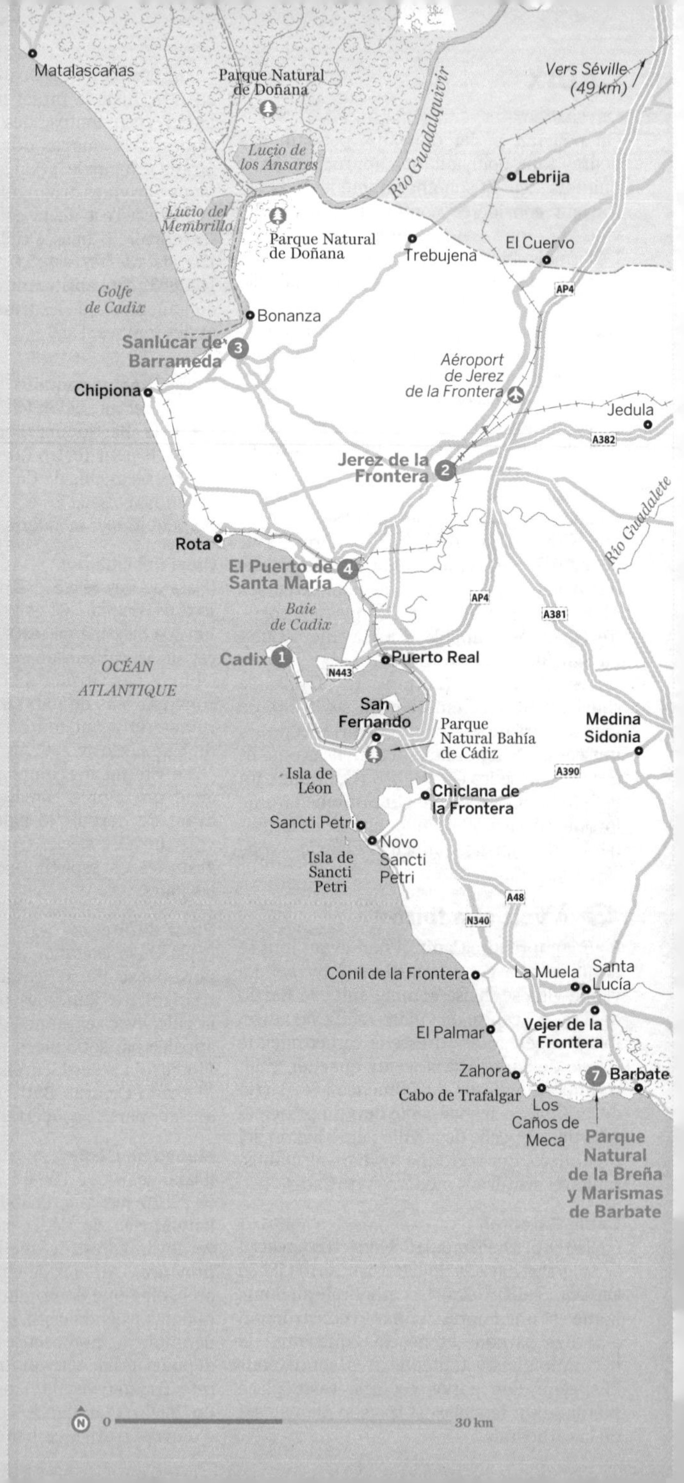

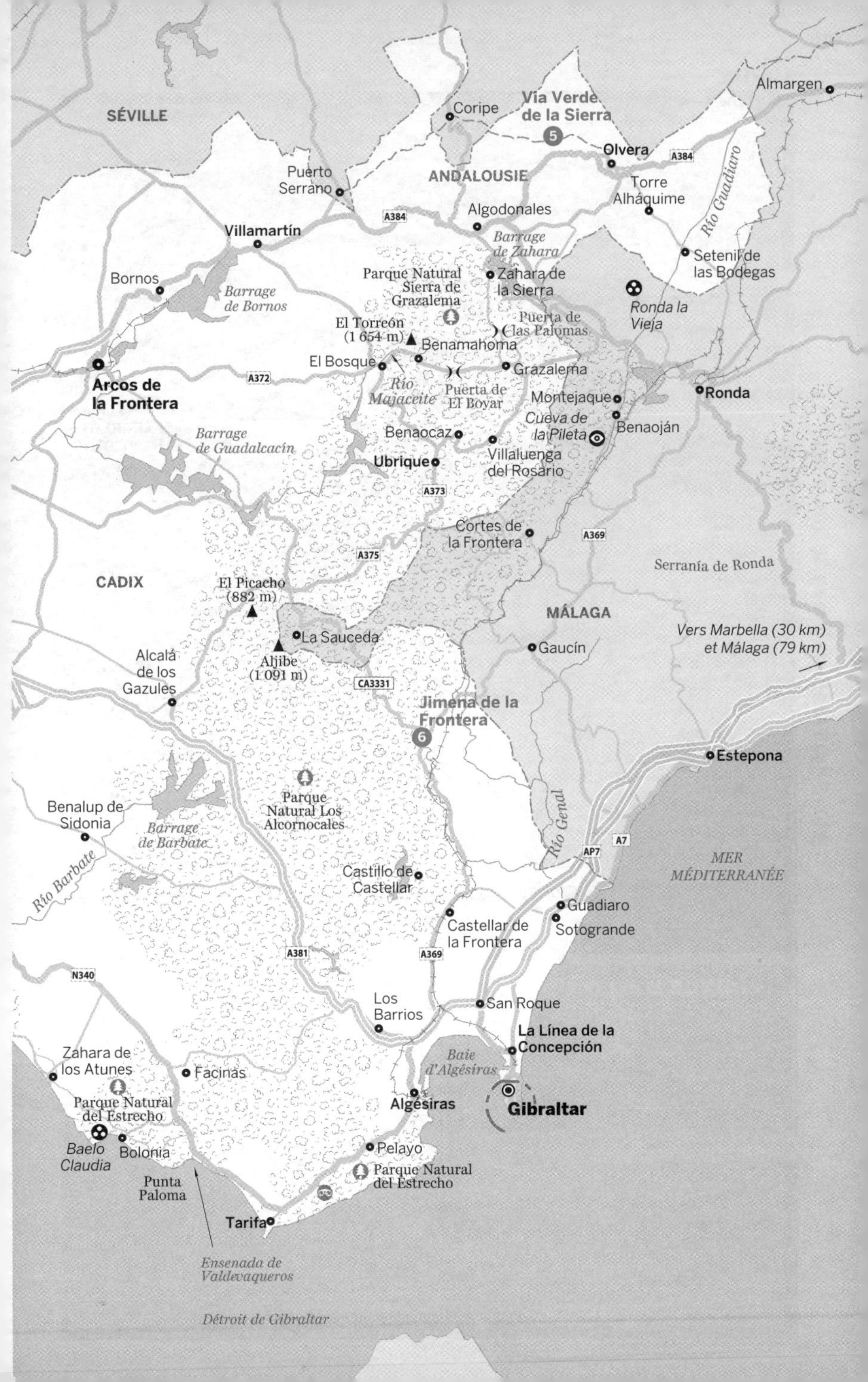
SÉVILLE
Coripe
Via Verde de la Sierra
5
Almargen
Olvera
A384
Puerto Serrano
ANDALOUSIE
Torre Alháquime
Río Guadiaro
Algodonales
A384
Villamartín
Barrage de Zahara
Setenil de las Bodegas
Bornos
Barrage de Bornos
Parque Natural Sierra de Grazalema
Zahara de la Sierra
Ronda la Vieja
El Torreón (1 654 m)
Puerta de las Palomas
Benamahoma
El Bosque
Grazalema
Arcos de la Frontera
A372
Río Majaceite
Puerta de El Boyar
Montejaque
Ronda
Barrage de Guadalcacín
Cueva de la Pileta
Benaoján
Benaocaz
Ubrique
Villaluenga del Rosario
A373
Cortes de la Frontera
A369
A375
Serranía de Ronda
CADIX
El Picacho (882 m)
MÁLAGA
La Sauceda
Vers Marbella (30 km) et Málaga (79 km)
Alcalá de los Gazules
Aljibe (1 091 m)
Gaucín
CA3331
Jimena de la Frontera
6
Estepona
Parque Natural Los Alcornocales
Benalup de Sidonia
Barrage de Barbate
Río Genal
A7
AP7
MER MÉDITERRANÉE
Río Barbate
Castillo de Castellar
Guadiaro
Sotogrande
Castellar de la Frontera
A381
A369
N340
Los Barrios
San Roque
La Línea de la Concepción
Baie d'Algésiras
Zahara de los Atunes
Facinas
Gibraltar
Algésiras
Parque Natural del Estrecho
Baelo Claudia
Bolonia
Pelayo
Parque Natural del Estrecho
Punta Paloma
Tarifa
Ensenada de Valdevaqueros
Détroit de Gibraltar

Cadix

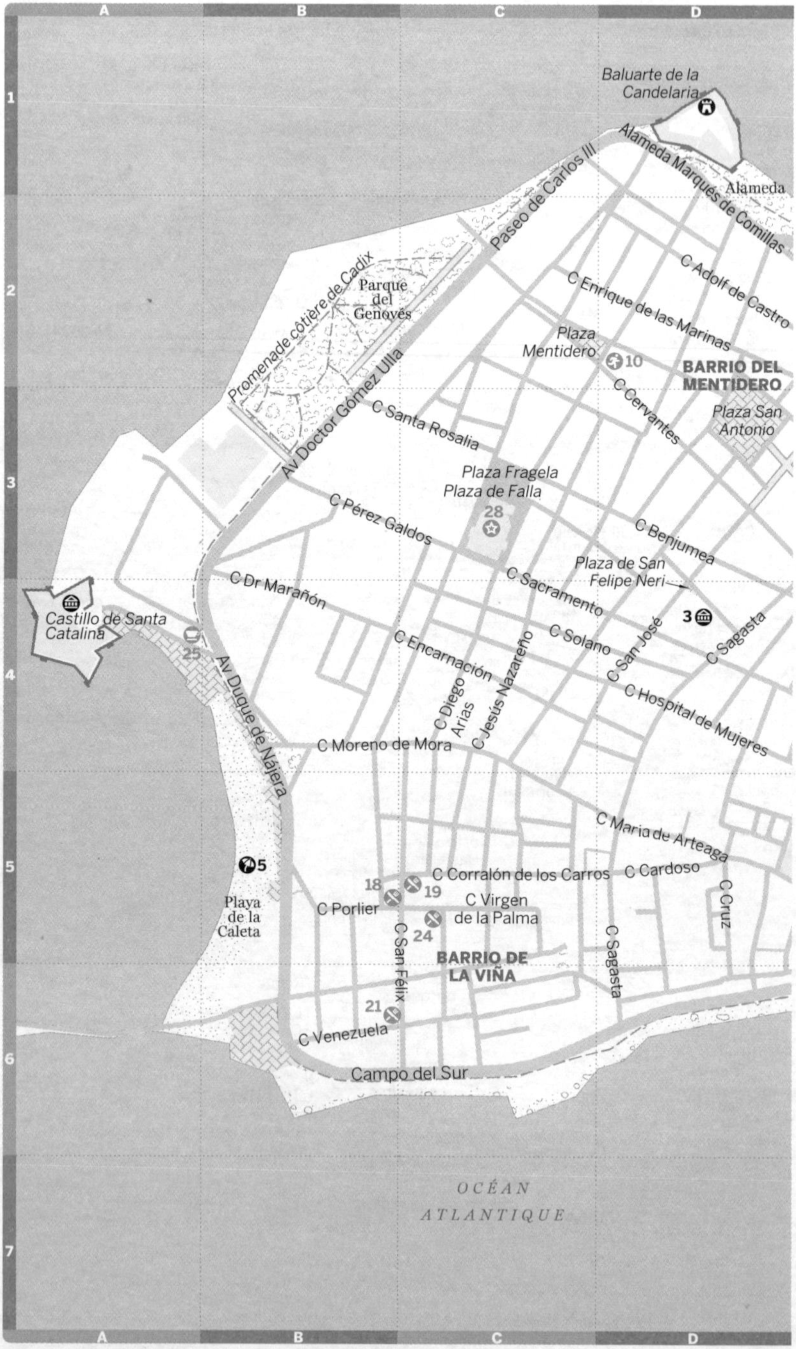
A
B
C
D
1
2
3
4
5
6
7
Baluarte de la Candelaria
Alameda Marqués de Comillas
Alameda
Paseo de Carlos III
C Adolf de Castro
C Enrique de las Marinas
Parque del Genovés
Promenade côtière de Cadix
Av Doctor Gómez Ulla
Plaza Mentidero
10
BARRIO DEL MENTIDERO
C Cervantes
Plaza San Antonio
C Santa Rosalia
Plaza Fragela
Plaza de Falla
28
C Pérez Galdos
C Benjumea
Plaza de San Felipe Neri
C Sacramento
3
C Dr Marañón
Castillo de Santa Catalina
25
C Solano
C San José
C Sagasta
C Encarnación
C Diego Arias
C Jesús Nazareño
C Hospital de Mujeres
Av Duque de Nájera
C Moreno de Mora
C Maria de Arteaga
5
C Corralón de los Carros
C Cardoso
18
19
C Cruz
Playa de la Caleta
C Porlier
C Virgen de la Palma
24
C San Félix
BARRIO DE LA VIÑA
C Sagasta
21
C Venezuela
Campo del Sur
OCÉAN ATLANTIQUE

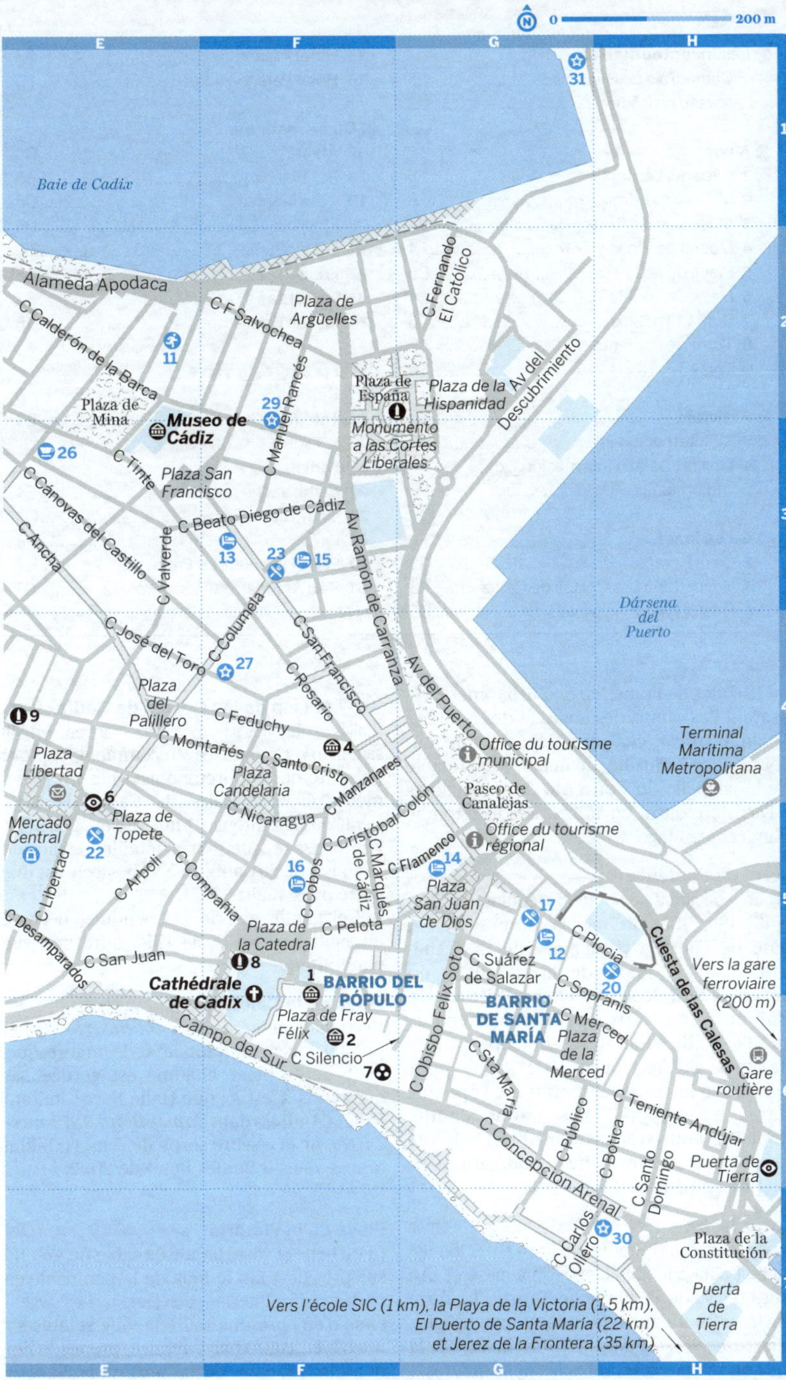
0 200 m
E
F
G
H
1
2
3
4
5
6
7
Baie de Cadix
Alameda Apodaca
C Calderón de la Barca
C F Salvochea
Plaza de Argüelles
C Fernando El Católico
Av del Descubrimiento
11
Plaza de España
Plaza de la Hispanidad
Monumento a las Cortes Liberales
Plaza de Mina
Museo de Cádiz
29
C Manuel Rancés
26
C Tinte
Plaza San Francisco
C Cánovas del Castillo
C Beato Diego de Cádiz
C Ancha
C Valverde
13
23
15
Av Ramón de Carranza
Dársena del Puerto
C Columeta
C José del Toro
27
C San Francisco
C Rosario
Av del Puerto
Plaza del Palillero
9
C Feduchy
C Montañés
4
Office du tourisme municipal
Terminal Marítima Metropolitana
Plaza Libertad
C Santo Cristo
Plaza Candelaria
C Manzanares
Paseo de Canalejas
6
C Nicaragua
C Cristóbal Colón
Mercado Central
Plaza de Topete
Office du tourisme régional
22
C Arbolí
C Compañía
16
C Flamenco
14
C Libertad
C Cobos
C Marqués de Cádiz
Plaza San Juan de Dios
17
C Desamparados
Plaza de la Catedral
C Pelota
12
C Plocia
Cuesta de las Calesas
C San Juan
8
C Suárez de Salazar
Vers la gare ferroviaire (200 m)
Cathédrale de Cadix
1
BARRIO DEL PÓPULO
C Obisbo Felix Soto
BARRIO DE SANTA MARÍA
C Sopranis
20
Plaza de Fray Félix
2
C Merced
Plaza de la Merced
Campo del Sur
C Silencio
7
C Sta María
Gare routière
C Teniente Andújar
C Público
C Botica
C Santo Domingo
Puerta de Tierra
C Concepción Arenal
C Carlos Olleros
30
31
Plaza de la Constitución
Puerta de Tierra
Vers l'école SIC (1 km), la Playa de la Victoria (1,5 km), El Puerto de Santa María (22 km) et Jerez de la Frontera (35 km)

Cadix

Les incontournables
Cathédrale de Cadix F5
Museo de Cádiz E3

À voir
1 Casa del Obispo F5
2 Museo Catedralicio F6
3 Museo de las Cortes de Cádiz D4
4 Museo de Vinos y Toros F4
5 Playa de la Caleta B5
6 Plaza de Topete E4
7 Roman Theatre F6
8 Torre de Poniente F5
9 Torre Tavira E4

Activités
10 K2 Internacional D2
11 Melkart Centro Internacional de Idiomas E2

Où se loger
12 Casa Caracol G5
13 Hospedería Las Cortes de Cádiz F3
14 Hostal Fantoni G5
15 Hotel Argantonio F3
16 Hotel Patagonia Sur F5

Où se restaurer
17 Atxuri G5
18 Bar Balneario B5
19 Casa Manteca C5
20 El Aljibe H5
21 El Faro B6
22 Freiduría Las Flores E5
23 La Gorda Te Da De Comer F3
24 Mesón Criolla C5

Où prendre un verre
25 Quilla A4
26 Tetería El Oasis E3

Où sortir
27 Cambalache F4
28 Gran Teatro Falla C3
29 La Cava F2
30 Peña Flamenca La Perla H7
31 Sala Anfiteátro G1

de 18 toiles de Francisco de Zurbarán, représentant des saints, des anges et des moines.

On y trouve également la peinture qui coûta la vie à Murillo : le magnifique retable de la chapelle du Convento de Capuchinas – l'artiste mourut en 1682 après être tombé d'un échafaudage.

Torre de Poniente — TOUR

(Tour occidentale ; adulte/enfant 4/3 € ; 10h-18h, 10h-20h mi-juin à mi-sept). À côté de l'entrée principale de la cathédrale, sur la Plaza de la Catedral, on accède à l'un de ses clochers, la **Torre de Poniente**, qui offre une vue imprenable sur la vieille ville et ses multiples tours de guet, édifiées au XVIIIe siècle pour surveiller le trafic maritime. À l'époque, Cadix en comptait pas moins de 160, dont 127 subsistent aujourd'hui. On ne gravit pas des marches, mais un plan incliné continu.

Torre Tavira — TOUR

(Calle Marqués del Real Tesoro 10 ; 4 € ; 10h-18h mi-sept à mi-juin, 10h-20h mi-juin à mi-sept). Au nord-ouest de la Plaza de Topete, la Torre Tavira offre un autre panorama magnifique. Une *camera oscura* projette des images de la ville en temps réel (toutes les demi-heures).

GRATUIT Museo de las Cortes de Cádiz — MUSÉE

(Calle Santa Inés 9 ; 9h-18h mar-ven, 9h-14h sam-dim). Ce musée récemment rénové présente de nombreux objets liés au parlement révolutionnaire de Cadix de 1812. Réalisée par Alfonso Ximénez en 1777-1779, l'immense maquette très détaillée, en acajou et en ivoire, de Cadix au XVIIIe siècle est une autre pièce maîtresse.

L'élégante galerie suspendue, décorée de vieilles cartes de la ville, offre une vue panoramique.

Playa de la Caleta — PLAGE

Reconnaissable à son *balneario* (bain public) kitsch imitant le style mauresque, cette petite plage citadine est gardée par deux forts. C'est ici que Halle Berry, imitant Ursula Andress dans *James Bond 007 contre Dr No,* fit sa célèbre sortie de l'eau en bikini orange dans le James Bond de 2002, *Meurs un autre jour.*

Playa de la Victoria — PLAGE

Cette belle et vaste bande de sable fin s'étend sur près de 4 km le long de la péninsule en partant des Puertas de Tierra. Les week-ends d'été, presque toute la ville semble s'y retrouver. Pour vous y rendre, prenez le bus n°1 (Plaza España-Cortadura) sur la Plaza de

España ou marchez le long de la promenade depuis le Barrio Santa María.

Museo de Vinos y Toros MUSÉE
(musée du Vin et des Taureaux ; www.vinosytoros.com ; Calle Feduchy 17 ; 5 € ; ⌚10h-14h et 16h-20h lun-ven, 10h-14h sam). Cet attrayant musée offre un aperçu de l'âme andalouse. Plus de 1 000 bouteilles de vin (millésimées pour l'essentiel) de la province de Cadix sont exposées, ainsi qu'une myriade de photographies, de posters et de lithographies liés à la tauromachie. Le prix de l'entrée comprend un verre de vin.

Fêtes et festivals

Carnaval CARNAVAL
Aucune ville d'Espagne ne célèbre le carnaval avec autant d'exubérance que Cadix. Ici, il prend la forme d'une fête costumée de 10 jours, qui couvre deux week-ends, en février. La gaieté, entretenue par les libations, est communicative. Des groupes costumés, les *murgas*, parcourent la ville à pied ou sur des chars, entonnant des chansons satiriques, dansant et jouant des sketches (seuls les bons hispanisants pourront comprendre la célèbre verve des Gaditanos). Outre les quelque 300 *murgas* officielles, récompensées par un jury dans le Gran Teatro Falla, des *ilegales* – groupes de fêtards – investissent les rues.

Les spectacles les plus animés se déroulent dans le quartier ouvrier du Barrio de la Viña, entre le Mercado Central et la Playa de la Caleta, ainsi que dans la Calle Ancha et autour de la Plaza de Topete, où les *ilegales* aiment à se rassembler.

Si vous comptez visiter Cadix à cette période, réservez votre hébergement plusieurs mois à l'avance.

Cours

Cadix est l'endroit rêvé pour étudier la langue et la culture espagnoles. **Gadir Escuela Internacional de Español** (☎956 26 05 57 ; www.gadir.net ; Calle Pérgolas 5) est une école très réputée, au sud-est de la Puerta de Tierra. Parmi les autres bonnes écoles de langues, citons : **Melkart Centro Internacional de Idiomas** (☎956 22 22 13 ; www.centromelkart.com ; Calle General Menacho 7), **K2 Internacional** (☎956 21 26 46 ; www.k2internacional.com ; Plaza Mentidero 19) et **SIC** (☎956 25 27 24 ; www.spanishincadiz.com ; Calle Condesa Villafuente Bermeja 7), à 1 km au sud-est de la Puerta de Tierra. Ces écoles s'occupent du logement des étudiants et proposent également diverses activités, comme des cours de flamenco, de salsa, ou même de surf.

Où se restaurer

Si la spécialité de Jerez de la Frontera est le xérès, celle de Cadix est le poisson frais. La Calle Plocia regroupe les établissements gastronomiques, en particulier les restaurants créatifs les plus récents proposant des cuisines de toute l'Espagne, y compris basque et galicienne. Le Barrio de la Viña – notamment la Calle Virgen de la Palma – est plutôt spécialiste de la bonne chère traditionnelle, avec des tables éparpillées en extérieur où sont posées les dernières prises provenant de la Playa de la Caleta voisine.

♥ **El Aljibe** TAPAS €€
(www.pablogrosso.com ; Calle Plocia 25 ; tapas 2-3,50 €, plats 10-15 €). Restaurant raffiné à l'étage et bon bar à tapas au rez-de-chaussée : El Aljibe est l'une des meilleures adresses de la ville. La cuisine imaginée par le chef *gaditano* Pablo Grosso est une délicieuse combinaison de tradition et d'audace – fromage de chèvre sur pain aux noix avec sauce myrtilles, lasagnes aux courgettes et aux crevettes, etc.

Atxuri BASQUE, ANDALOU €€
(☎956 25 36 13 ; www.atxuri.es ; Calle Plocia 7 ; plats à partir de 12 € ; ⌚13h-16h30 tlj et 21h-23h jeu-sam). L'un des restaurants les plus établis de la ville. La cuisine mêle influences basques et andalouses, produisant un éventail de saveurs élaboré. Le *bacalao* (morue) et les grillades sont de grands classiques rappelant la tradition basque, mais ces ingrédients sont tellement essentiels en Andalousie que la frontière entre les deux cuisines est souvent ténue.

Bar Balneario FRUITS DE MER €€
(☎636 946566 ; angle Calles Virgen de la Palma et San Félix ; plats 10-18 € ; ⌚fermé dim soir et lun). Si la plupart des adresses du Barrio de la Viña sont sans prétention, fidèles aux racines ouvrières du quartier, le Bar Balneario est plus chic, et toujours bondé. On y vient notamment pour l'*arroz señorito* (riz aux fruits de mer décortiqués) ou l'*arroz negro* (riz noir à l'encre de seiche), servis pour deux personnes minimum. Service efficace et agréable.

Casa Manteca TAPAS €
(☎956 21 36 03 ; Calle Corralón de los Carros 66 ; tapas 1,50-2 € ; ⌚fermé dim soir et lun). L'un des meilleurs bars à tapas du *barrio* (quartier), et sans doute l'un des plus conviviaux – au

cœur de l'action lors du carnaval de La Viña. Ici, les murs sont presque entièrement couverts d'objets liés au flamenco, à la tauromachie ou... au carnaval.

Demandez aux sympathiques serveurs une tapa de *chicharrones* – pressé de porc assaisonné d'un filet de citron, servi sur une serviette en papier.

Arrocería La Pepa ESPAGNOL €€
(☎956 26 38 21 ; Paseo Marítimo 14 ; paella 12-17 €/personne). Pour une bonne paella, il vous faudra quitter la vieille ville et parcourir quelques kilomètres vers le sud-ouest, le long de la Playa de la Victoria. Sur un chemin fréquenté par les joggeurs, cette agréable balade au bord de l'océan creuse l'estomac. Vous pouvez aussi prendre le bus n°1.

Ici, le poisson de la paella de la mer semble tout juste sorti de l'Atlantique, qui se trouve à une centaine de mètres.

El Faro FRUITS DE MER €€
(www.elfarodecadiz.com ; Calle San Félix 15 ; plats 15-25 €). Près de la Playa de la Caleta, El Faro est l'un des restaurants de fruits de mer les plus fréquentés de Cadix. On peut prendre place dans la salle décorée de jolies céramiques, ou se mêler aux habitants dans le bar à tapas attenant. Certains adeptes viennent aussi ici pour le *rabo de toro* (queue de taureau mijotée).

Freiduría Las Flores FRUITS DE MER €
(☎956 22 61 12 ; Plaza de Topete 4 ; fruits de mer 3-8 €/250 g). Cadix a pour spécialité les poissons et fruits de mer frits. Las Flores est l'endroit idéal pour les déguster, que ce soit en tapas, en *ración* (portion de tapas de la taille d'un plat), en *media ración* (la moitié d'une *ración*) ou servis dans un cornet en papier. La commande se fait au poids (en général 250 g).

On peut aussi commander un *surtido* (un assortiment). Les tables peuvent se faire rares, surtout au déjeuner.

Mesón Criolla ANDALOU €
(angle Calles Virgen de la Palma et Lubet ; tapas 3 €, raciones 10-12 €). Parmi les multiples restaurants de poisson du Barrio de la Viña, celui-ci est remarquable pour ses crevettes, ses *bruschettas* au poisson et sa paella individuelle (ici, nul besoin de partager, ni d'attendre une demi-heure). Installez-vous dans la rue à l'heure des tapas et vous assisterez à un défilé incessant dans le principal quartier du carnaval de Cadix.

La Gorda Te Da De Comer FUSION €
(Calle General Luque 1 ; tapas 2 € ; ⌚21h-23h30 lun, 13h30-16h et 21h-23h30 mar-sam). Des mets savoureux à des prix incroyablement bas, servis dans un sympathique décor pop art. Pas étonnant que la demi-douzaine de tables soit extrêmement prisée : arrivez au moins 10 minutes avant l'ouverture pour éviter une longue attente.

Goûtez le poulet au curry et sa sauce Marie-Rose, les aubergines frites au miel, et bien d'autres délices.

Où prendre un verre

Ville de la mer et du flamenco, Cadix compte évidemment une multitude d'établissements, du petit bistrot aux murs carrelés, aux bars de nuit chics fréquentés par une clientèle jeune et férue de musique branchée. Le quartier autour de la Plaza San Francisco, la Plaza de España et la Plaza de Mina concentre la majorité des bars de nuit, qui commencent généralement à s'animer vers 23h ou minuit, mais peuvent être plutôt calmes en début de semaine.

♥ **Quilla** CAFÉ
(www.quilla.es ; Playa de la Caleta ; ⌚10h-0h ; 📶). Bar où il fait bon lire, installé dans ce qui ressemble à une épave rouillée donnant sur la Playa de la Caleta. Pâtisseries, tapas, vin, expositions d'art et Wi-Fi gratuit sont proposés – en plus des couchers de soleil.

Tetería El Oasis SALON DE THÉ
(Calle San José 6). Installez-vous dans un coin sombre sous les rideaux rouge et orange et sirotez votre Darjeeling dans un état contemplatif – jusqu'à l'arrivée des danseuses du ventre !

Où sortir

Cadix a participé à l'éclosion du flamenco et a vu naître le plus grand compositeur classique d'Andalousie, Manuel de Falla. Cet important héritage musical est ancré dans les divertissements de la ville.

♥ **Peña Flamenca La Perla** FLAMENCO
(☎956 25 91 01 ; www.laperladecadiz.es ; Calle Carlos Ollero ; entrée libre). Installé près des vagues de l'Atlantique, l'établissement à la peinture écaillée accueille des soirées flamenco à 22h, presque tous les vendredis, et davantage au printemps et en été. La salle, en retrait de la Calle Concepción Arenal dans le Barrio de Santa María, promet un moment inoubliable. Entrée gratuite et public d'*aficionados*.

Gran Teatro Falla THÉÂTRE
(☎956 22 08 34 ; Plaza de Falla). Ce superbe théâtre porte le nom de l'enfant du pays, le compositeur Manuel de Falla. La majesté néo-mudéjare de l'édifice en briques rouges mérite le coup d'œil. Les plus grands spectacles sont les compétitions annuelles du carnaval. Le reste de l'année, il accueille des pièces et des concerts.

Barabass BAR, MUSIQUE
(☎856 07 90 26 ; www.barabasscadiz.es ; Calle General Muñoz Arenillas 4-6 ; entrée avec boisson 10 € ; ⏲22h-6h). Bar glamour parmi les plus branchés de la Playa de la Victoria, un des hauts lieux de la nuit à Cadix.

Cambalache JAZZ, BLUES
(Calle José del Toro 20 ; ⏲fermé dim). Bar à l'éclairage tamisé, où l'on peut écouter du jazz et du blues. Concerts le jeudi soir vers 22h30. Ambiance excellente.

Sala Anfiteátro CLUB
(Paseo Pascual Pery ; 6-8 €). Sur la *punta* (Punta de San Felipe) dans la partie nord du port, ce grand club accueille une foule âgée de 18 à 25 ans, entre 3h et 6h.

La Cava FLAMENCO
(www.flamencolacava.com ; Calle António López 16 ; 22 €, avec tapas 39 € ; ⏲spectacles 22h). Le principal *tablao* (spectacle organisé de flamenco) de Cadix a lieu dans une taverne au décor rustique, servant boissons et tapas. Professionnel, bien que touristique (les hôtels le recommandent).

ℹ Renseignements

Hospital Puerta del Mar (☎956 00 21 00 ; Avenida Ana de Viya 21). Principal centre hospitalier, à 2,25 km au sud-est de la Puerta de Tierra.

Office du tourisme municipal (Paseo de Canalejas ; ⏲8h30-18h lun-ven, 9h-17h sam-dim). Proche des gares routière et ferroviaire.

Office du tourisme régional (Avenida Ramón de Carranza ; ⏲9h-19h30 lun-ven, 10h-14h sam, dim et jours fériés).

Policía Nacional (☎091, 956 28 61 11 ; Avenida de Andalucía 28). Police nationale, à 500 m au sud-est de la Puerta de Tierra.

Urgences médicales (☎061).

ℹ Comment s'y rendre et circuler

Bateau

Le **catamaran** (www.cmtbc.es) part du Terminal Marítima Metropolitana pour El Puerto de Santa María (2,35€) 18 fois par jour du lundi au vendredi, et seulement 6 fois le samedi et 5 le dimanche.

Bus

Comes (☎956 80 70 59 ; www.tgcomes.es ; Plaza de la Hispanidad) propose des départs réguliers depuis la **gare routière** (☎956 80 70 59 ; Plaza Sevilla) pour Arcos de la Frontera (5 €, 1 heure), El Puerto de Santa María (1,50 €, 45 min), Grenade (33 €, 5 heures 30), Jerez de la Frontera (1,70 €, 1 heure), Málaga (24 €, 4 heures), Ronda (15 €, 2 heures), Séville (9 €, 1 heure 45), Tarifa (9 €, 1 heure 30) et Vejer de la Frontera (6 €, 1 heure 20).

Les bus **Los Amarillos** (www.losamarillos.es) desservent aussi, en plus de certaines de ces destinations, El Bosque, Sanlúcar de Barrameda et Ubrique ; départs depuis l'extrémité sud de l'Avenida Ramón de Carranza.

Les bus M050 et M051 du **Consorcio de Transportes Bahía de Cádiz** (☎956 01 21 00 ; www.cmtbc.com) relient l'aéroport de Jerez de la Frontera à la gare routière Comes de Cadix, via la ville de Jerez et El Puerto de Santa María.

Voiture et moto

L'autoroute AP4 relie Séville à Puerto Real (péage 5,90 €), à l'est de la Baie de Cadix. Depuis Puerto Real, un pont enjambe la partie étroite de la baie pour rejoindre l'A48, qui mène à Cadix par le sud.

Des parkings souterrains comme le Campo del Sur (17 €) et le Paseo de Canalejas (9 €) sont ouverts 24h/24 dans la vieille ville.

Train

Depuis la **gare ferroviaire** (☎902 24 02 02), de nombreux trains assurent la liaison quotidienne avec El Puerto de Santa María (4,10 €, 30 min, 15/j), Jerez de la Frontera (5 €, 40 min, 15/j), Séville (13,25 €, 1 heure 45 min, 15/j) et Madrid (72,20 €, 4 heures 30, 3/j). D'ici la parution de ce guide, la ligne à grande vitesse AVE devrait relier Madrid à Cadix.

LE TRIANGLE DU XÉRÈS

Au nord de Cadix, les villes de Jerez de la Frontera, de Sanlúcar de Barrameda et d'El Puerto de Santa María forment le "triangle du xérès". Nul besoin d'être amateur de ce vin andalou pour apprécier l'histoire de ces 3 villes, les plages, les chevaux, le flamenco et la perle que constitue le Parque Nacional de Doñana (parc national de Doñana).

UN VIN TRÈS BRITANNIQUE

Ce sont leurs noms qui les trahissent : Harvey, Sandeman, Terry, Humbert et Osborne. L'industrie andalouse du xérès a peut-être une personnalité espagnole, mais ses origines sont sans conteste anglo-irlandaises. Sa passion pour le xérès, la Grande-Bretagne la doit à Francis Drake. Tout commença lorsque l'audacieux corsaire élisabéthain pilla Cadix en 1587 et s'enfuit avec plus de 3 000 tonneaux contenant ce vin local. Très vite, les Britanniques développèrent un goût incurable pour ce vin muté d'Espagne – et ils en redemandèrent. Une toute nouvelle industrie vit le jour pour satisfaire cette demande.

Thomas Osborne Mann, un commerçant d'Exeter établi à Cadix, fut l'un des premiers à se lancer dans l'aventure. Devenu ami avec des viticulteurs d'El Puerto de Santa María, en 1772, il créa Osborne, l'une des plus anciennes entreprises familiales espagnoles, célèbre pour son logo figurant un énorme taureau noir. George Sandeman, un Écossais de Perth, fut aussi un des premiers entrepreneurs du milieu et fonda son empire du xérès en 1790, au café Tom's Coffee House dans la City de Londres. Tous les Britanniques ayant la fibre du commerce s'essayaient alors à la production vinicole. Parmi eux, John Harvey, de Bristol, commença à importer du xérès d'Espagne en 1796, et la première crème de xérès au monde, la Harvey's Bristol Cream, fut concoctée dans les années 1860. Après avoir fait naufrage au large de Cadix en 1780, William Garvey, un aristocrate irlandais de Waterford, décida de rester et de tenter sa chance dans le commerce du vin. Venant également du sud de l'Irlande, la famille Terry établit ses célèbres bodegas à El Puerto de Santa María en 1865. Même la dynastie la plus célèbre d'Espagne, Gonzalez-Byass – producteurs de la marque Tío Pepe –, était une alliance anglo-espagnole formée en 1835 entre l'Andalou Manuel Maria Gonzalez et son agent (anglais) installé à Londres, Robert Byass.

El Puerto de Santa María

89 000 HABITANTS

Lorsque l'on est entouré de villes culturelles comme Cadix, Jerez de la Frontera et Séville, il est facile de passer inaperçu. Tel est d'ailleurs le sort d'El Puerto de Santa María, et ce malgré de sérieux atouts. Tout comme une demi douzaine d'autres bodegas de xérès, Osborne, la marque au célèbre taureau, fut fondée et possède toujours son siège ici. El Puerto compte également l'une des plus grandes arènes d'Espagne, et un important passé tauromachique. La gastronomie est un autre point fort de la ville. On trouve ici plus de bons bars à tapas par habitant que presque n'importe où dans le pays. El Puerto représente, en définitive, un condensé du sud de l'Andalousie, réunissant de nombreuses belles plages, des bodegas de xérès et une poignée de bijoux architecturaux. Il serait donc dommage de ne pas l'inscrire à son itinéraire.

À voir et à faire

GRATUIT Plaza de Toros — ARÈNE

(Plaza Elías Ahuja ; ⏲11h-13h30 et 18h-19h30 mar-dim mai-sept, 11h-13h30 et 17h30-19h mar-dim oct-avr). Quatre rues au sud-ouest de la Plaza de España, la grande Plaza de Toros d'El Puerto, construite en 1880, demeure l'une des plus belles et des plus importantes arènes d'Andalousie. Elle accueille jusqu'à 15 000 spectateurs. Le site est fermé la veille et le lendemain des corridas. On y entre par la Calle Valdés.

Fundación Rafael Alberti — MUSÉE

(☎956 85 07 11 ; www.rafaelalberti.es ; Calle Santo Domingo 25 ; 5 €, audioguide 1 € ; ⏲11h-14h30 mar-dim). Située plus vers l'intérieur, à quelques pâtés de maisons du Castillo de San Marcos, cette fondation propose d'intéressantes expositions sur Rafael Alberti (1902-1999), l'un des plus grands poètes de la "Génération de 27" (groupe littéraire espagnol), qui a grandi ici. Audioguides en espagnol, anglais et allemand.

Castillo San Marcos — CHÂTEAU

(☎956 85 17 51 ; Plaza Alfonso X El Sabio ; gratuit mar, 5 € jeu et sam ; ⏲visites 11h30, 12h30 et 13h30 mar, 10h30, 11h30, 12h30 et 13h30 jeu et sam). Considérablement restauré au XXe siècle, le splendide Castillo San Marcos fut construit par Alphonse X de Castille sur le site d'une mosquée, après qu'il eut conquis la ville en 1260. Les remparts crénelés sont magnifiques, mais c'est l'ancienne mosquée – transformée depuis en église – qui en constitue l'élément le plus remarquable. Les jeudi et samedi, les visites guidées, qui durent un peu moins d'une heure, comprennent une dégustation de produits locaux.

Playas PLAGES

Les plages de sable blanc d'El Puerto sont très prisées et attirent nombre de touristes, principalement espagnols. Bordée de pins, la **Playa de la Puntilla** est la plus proche de la ville, à une demi-heure de marche au sud-ouest (ou par le bus 26, qui emprunte l'Avenida Aramburu de Mora vers le sud-ouest).

Quelques kilomètres plus à l'ouest, une marina très chic a été aménagée et baptisée, comme il se doit, **Puerto Sherry** (le xérès, en anglais, a pour nom sherry). Après Puerto Sherry se trouvent la pittoresque **Playa de la Muralla**, puis la **Playa de Santa Catalina**, longue de 3 km, avec leurs bars de plage ouverts en été. Depuis le centre-ville, le bus 35 rejoint la **Playa Fuenterrabía**, tout au bout de la **Playa de Santa Catalina**. Si vous êtes en voiture, prenez la route "Rotas" et "Playas", vers l'ouest à partir du rond-point situé à l'extrémité nord-ouest de la Calle Valdés.

Sur la rive est du Río Guadalete, la **Playa de Valdelagrana**, une belle plage bordée de tours d'immeubles et d'hôtels, de bars et de restaurants, est également desservie par le bus 35.

Bodegas de xérès

Parmi les 7 bodegas d'El Puerto, certaines sont très réputées, comme Osborne et Terry. La plupart des producteurs de xérès d'El Puerto proposent des circuits guidés, qui donnent un aperçu des différentes étapes de la production et de la mise en bouteille. Il y a souvent un petit musée sur place, et une dégustation de rigueur en fin de parcours. Les bodegas possèdent généralement de vastes jardins plantés de hauts palmiers.

Bodegas Osborne ÉTABLISSEMENT VITICOLE

(☎956 86 91 00 ; www.osborne.es ; Calle Los Moros 7 ; visites en espagnol/anglais/allemand 6 € ; ⏲visites 10h30, 11h, 12h et 12h30 lun-ven, 11h et 12h sam). Son légendaire logo au taureau noir est toujours visible sur des panneaux géants dans toute l'Espagne (aujourd'hui sans le nom de la marque). Osborne, le plus connu des 7 producteurs de xérès d'El Puerto, fut fondé par l'Anglais Thomas Osborne Mann (d'Exeter) en 1772. C'est l'une des plus anciennes entreprises familiales du pays.

Outre les visites en semaine, la magnifique bodega blanchie à la chaux propose parfois des visites supplémentaires en été, notamment le samedi. Mieux vaut téléphoner au préalable.

Bodegas Terry ÉTABLISSEMENT VITICOLE

(☎956 15 15 00 ; www.bodegasterry.com ; Calle Toneleros 1 ; visite 8 €, visite et spectacle équestre 15 € ; ⏲visites 10h30 et 12h30 lun-ven, 12h sam). Proche de la gare ferroviaire d'El Puerto, la bodega (visite sans réservation) fondée par un Irlandais est connue pour ses grands spectacles équestres en été (11h vendredi ; réservation obligatoire) et son musée de calèches.

Fêtes et festivals

Feria de Primavera y Fiestas del Vino Fino VIN

Cette manifestation de quatre jours (fête du printemps) démontre que le *fino* (xérès) d'El Puerto n'est pas juste destiné à l'exportation : pendant les festivités, fin avril

LES SECRETS DU XÉRÈS

L'élaboration du xérès suit un processus complexe. Après les vendanges, on presse le raisin et ce moût est mis à fermenter. Au bout de quelques mois, un voile mousseux de levure, appelé *flor*, apparaît à la surface. Le vin est alors transféré vers les *bodegas* (caves) dans de grands fûts de chêne américain.

Le vin est soumis au système *solera* lorsqu'il atteint un an d'âge. Les fûts, remplis environ aux 5/6, sont alignés sur au moins trois niveaux : ceux de l'étage inférieur, appelé *solera* (de *suelo*, sol), contiennent le vin le plus vieux. Environ trois fois par an, 10% du vin est tiré de ces fûts. Il est alors remplacé par une quantité équivalente prélevée dans les fûts de l'étage supérieur, laquelle est remplacée à son tour par du vin de la couche suivante. Avant de mettre le vin en bouteille, on y ajoute une petite quantité de cognac afin de le stabiliser. Le degré d'alcool est ainsi porté à 16-18%, ce qui arrête la fermentation.

Le *coñac* (cognac) de Jerez, très populaire en Espagne, est également un produit fort lucratif pour l'économie locale : environ 65 millions de bouteilles sont produites chaque année.

El Puerto de Santa María

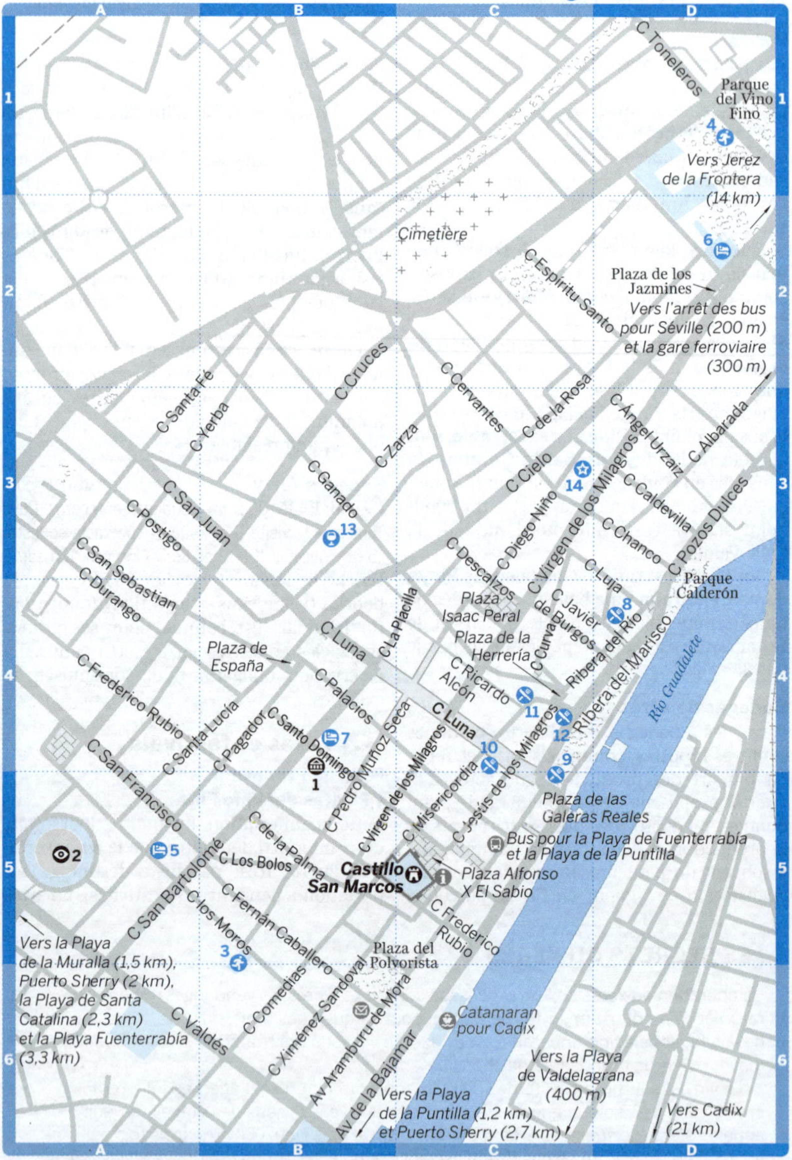

ou début mai, il s'en consomme environ 200 000 demi-bouteilles.

Festividad Virgen del Carmen RELIGION

Les pêcheurs de toute l'Andalousie rendent hommage à leur sainte patronne le 16 juillet au soir ; à El Puerto, l'image de la Vierge défile le long du Río Guadalete, suivie d'une flottille.

Où se restaurer

El Puerto est renommé pour ses fruits de mer, ses bons restaurants et ses bars à tapas.

El Puerto de Santa María

Les incontournables
Castillo San Marcos ... C5

À voir
1 Fundación Rafael Alberti ... B4
2 Plaza de Toros ... A5

Activités
3 Bodegas Osborne ... B5
4 Bodegas Terry ... D1

Où se loger
5 El Baobab Hostel ... A5
6 Hotel Duques de Medinaceli ... D2
7 Palacio San Bartolomé ... B4

Où se restaurer
8 Aponiente ... D4
9 Bar Santa María ... C5
10 Cervecería El Puerto ... C4
11 Mesón del Asador ... C4
12 Romerijo ... C4

Où prendre un verre
13 Bodega Obregón ... B3

Où sortir
14 Peña Flamenca Tomás El Nitri ... C3

Goûtez à la spécialité locale, la *urta roteña* (dorade cuite avec du vin blanc, des tomates, des poivrons et du thym), et n'oubliez pas les vins locaux !

Mesón del Asador ESPAGNOL, GRILL €€
(www.mesondelasador.com ; Calle Misericordia 2 ; tapas 2,20 €, plats 12-15 €). El Puerto, ville de la mer, fait preuve d'une belle ouverture d'esprit culinaire en proposant un restaurant de viande capable de rivaliser avec les grills de Buenos Aires. Dès l'ouverture de la porte, de délicieuses odeurs mettent en appétit – bœuf et porc cuits au charbon de bois grésillent sur des mini-barbecues apportés sur les tables.

Goûtez le chorizo, sans oublier la *bruschetta* au poulet ou au porc.

Aponiente FRUITS DE MER, FUSION €€€
(956 85 18 70 ; www.aponiente.com ; Puerto Escondido 6 ; menu dégustation de 12 plats 95 € ; fermé dim soir et lun, fermé janv à mi-mars). Les expérimentations audacieuses du grand chef espagnol Ángel León ont valu à son menu de fruits de mer façon *nueva cocina* moult récompenses, notamment une étoile Michelin et une apparition en 2011 dans le *New York Times,* qui le classait parmi les 10 restaurants au monde "méritant que l'on prenne l'avion".

Les habitants du traditionaliste El Puerto sont partagés. Certains tordent du nez devant ses prix et sa prétention, quand d'autres salivent en pensant au ragoût de tripes, au maquereau fermenté et au riz fondant aux micro-algues.

Romerijo FRUITS DE MER €
(956 54 12 54 ; Plaza de la Herrería ; fruits de mer à partir de 4,50 €/250 g). Cette institution d'El Puerto, répartie sur 2 bâtiments, ne désemplit jamais. L'un fait bouillir les fruits de mer, tandis que l'autre les frit. On choisit à l'étalage des cornets de 250 g que l'on savoure sur les tables en formica.

Cervecería El Puerto POISSON, FRUITS DE MER €€
(956 85 89 39 ; Calle Misericordia 15 ; tapas 3 €, raciones 8 € ; 11h30-16h30 et 20h-23h30 mer-lun, fermé déc). On sert ici principalement des fruits de mer, du poisson et de la bière – un tiercé gagnant à en juger par l'affluence. La carte affiche divers plats méditerranéens de poisson et de fruits de mer, ainsi que des spécialités de Galice (nord-ouest du pays). Les *navajas* (couteaux) sont les meilleurs de la côte.

Bar Santa María TAPAS €
(Plaza Galeras Reales ; tapas 2-3,50 €). Paradis du bon goût, en bord de fleuve, où le poisson est roi. Pour prendre un verre et des tapas.

Où prendre un verre

Bodega Obregón BAR
(Calle Zarza 51 ; fermé lun). Vous pensiez que le xérès était une boisson pour vieilles dames ? Venez découvrir la réalité dans ce bar où l'on sert ce vin depuis des tonneaux en bois. Flamenco le dimanche entre 12h30 et 15h.

Où sortir

Peña Flamenca Tomás El Nitri FLAMENCO
(956 54 32 37 ; Diego Niño 1). Bonne *peña* (petit club privé) aux airs de bar de flamenco du XIXe siècle. Guitaristes, chanteurs et danseurs exceptionnels se produisent devant un public d'habitués. De délicieuses assiettes sont préparées dans la minuscule cuisine du fond.

Renseignements

L'**Office du tourisme** (956 54 24 13 ; www.turismoelpuerto.com ; Plaza de Alfonso X El Sabio 9 ; 10h-14h et 18h-20h mai-sept) organise des balades guidées dans la ville à partir de 5 €, à 18h30 les mardi et jeudi, et à 12h les samedis.

Comment s'y rendre et circuler

BATEAU Le **catamaran** (www.cmtbc.es) qui assure la liaison avec le Terminal Marítima Metropolitana de Cadix (2,35 €) part du quai en face de l'Hotel Santa María. Il y a 18 liaisons par jour du lundi au vendredi, 6 le samedi et 5 le dimanche.

BUS Des bus partent régulièrement de la Plaza de Toros pour Cadix (1,56 €, 45 min), Jerez de la Frontera (1,60 €, 20 min) et Sanlúcar de Barrameda (1,67 €, 15 min). D'autres desservent quotidiennement Séville depuis la gare ferroviaire.

TRAIN Des trains quotidiens assurent la liaison avec Jerez de la Frontera (2,20 €, 10 min, 15/j), Cadix (4,10 €, 30 min, 15/j) et Séville (11,10 €, 1 heure 20 min, 15/j).

VOITURE Comptez 1 €/jour tout au plus pour la plupart des parkings surveillés, y compris à la gare ferroviaire, près de la Plaza de Toros et au bord du fleuve.

Sanlúcar de Barrameda

67 000 HABITANTS

Sanlúcar est une de ces villes méconnues d'Andalousie qui méritent pourtant de figurer dans tout itinéraire. Ne serait-ce, en premier lieu, que pour sa gastronomie. Dans un vénérable quartier au bord de l'eau, le Bajo de Guía, on trouve certains des meilleurs fruits de mer de la région. Les *langostinos* (grosses crevettes) figurent parmi les spécialités. Ensuite, Sanlúcar se trouve à la pointe nord du "triangle du xérès", et ses bodegas, installées dans la paisible vieille ville, ont quelque chose de plus authentique et de moins commercial. Elles produisent également un xérès particulièrement délicat, le manzanilla. Enfin, située à l'embouchure de l'estuaire du Guadalquivir, la ville offre un point d'entrée paisible au Parque Nacional de Doñana, accessible en bateau.

Sanlúcar tire orgueil de son passé maritime ; c'est là que Christophe Colomb (pour son 3e départ) et le Portugais Fernand de Magellan embarquèrent pour leurs voyages de découvertes.

Très bien desservi en transports, Sanlúcar est une bonne destination pour une journée depuis Cadix ou Jerez.

À voir et à faire

Outre son appartenance au fameux triangle du xérès, Sanlúcar est une cité balnéaire florissante où il fait bon vivre. La ville jouit au surplus d'une excellente situation sur l'estuaire du Guadalquivir, face au Parque Nacional de Doñana.

♥ Bodega Barbadillo ÉTABLISSEMENT VITICOLE

(☎956 38 55 00 ; www.museobarbadillo.com ; Calle Luis de Eguilaz 11 ; visite 3 €, musée gratuit ; ⏲visites 12h et 13h lun-sam, en anglais 11h mar-sam, Museo de Manzanilla 10h-15h lun-sam). Sanlúcar est célèbre pour son manzanilla, vin de xérès caractéristique, et Barbadillo est certainement son exportateur le plus connu, mais aussi le producteur d'un des vins les plus prisés du pays. La Bodega Barbadillo abrite, dans un édifice du XIXe siècle, un musée retraçant les 200 ans du manzanilla et l'histoire de la famille Barbadillo – la première à l'avoir mis en bouteille. L'office du tourisme dispose d'une liste des quelque 6 autres bodegas des environs de Sanlúcar ; certaines proposent des visites guidées.

GRATUIT Palacio de Orleans y Borbón PALAIS

(angle Cuesta de Belén et Calle Caballero ; ⏲10h-13h30 lun-ven). Depuis la Plaza del Cabildo, traversez la Calle Ancha en direction de la Plaza San Roque, puis rejoignez la Calle Bretones, qui devient la Calle Cuesta de Belén. Enfin, admirez ce superbe palais néomudéjar dans la vieille ville. Construit au XIXe siècle comme résidence d'été pour la famille Montpensier, il abrite aujourd'hui l'hôtel de ville.

Palacio de los Duques de Medina Sidonia PALAIS, MUSÉE

(☎956 36 01 61 ; www.fcmedinasidonia.com ; Plaza Condes de Niebla 1 ; 3 € ; ⏲visites 11h et 12h lun-sam, sur rdv dim). À côté de l'Iglesia de Nuestra Señora de la O, cette vaste demeure appartenait à une très puissante famille de Grands d'Espagne. Datant principalement du XVIIe siècle, la maison regorge d'objets anciens et de peintures de Goya, de Zurbarán et d'autres célèbres artistes espagnols.

Iglesia de Nuestra Señora de la O ÉGLISE

(Plaza de la Paz ; ⏲messe 19h30 lun-ven, 9h, 12h et 19h30 dim). À gauche du Palacio de Orleans y Borbón, en suivant la Calle Caballeros, on remarque cette église médiévale pour son magnifique portail gothique-mudéjar créé dans les années 1360, et pour la richesse de sa décoration intérieure, comprenant un *artesonado* mudéjar (plafond composé de poutres entrelacées et d'éléments décoratifs).

Castillo de Santiago CHÂTEAU

(☎956 08 83 29 ; www.castillodesantiago.com ; Plaza del Castillo de Santiago ; ⏲visites guidées 11h, 12h et 13h jeu-dim). Situé parmi les bâtiments de l'entreprise de xérès Barbadillo, ce château restauré datant du XVe siècle offre une jolie vue depuis sa Torre del Homenaje (donjon) hexagonale. L'accès au Patio de Armas, la cour centrale du château, et à son restaurant est gratuit.

Bajo de Guía QUARTIER
L'ancien village de pêcheurs est désormais un havre gastronomique composé de restaurants de fruits de mer à la simplicité réjouissante. Le Guía est physiquement rattaché à Sanlúcar, mais sa situation juste en face du Parque Doñana, sur l'autre rive du Río Guadalquivir, offre un sentiment de liberté.

En août, certaines plages populaires sont réquisitionnées pour des courses de chevaux au coucher du soleil. C'est également ici que les pèlerins de la Romería del Rocío traversent le fleuve.

Parque Nacional de Doñana PARC
Le Parque Nacional de Doñana est visible sur l'autre rive du Guadalquivir, depuis Sanlúcar. Avant d'entamer votre exploration du parc, passez au **Centro de Visitantes Fábrica de Hielo** (956 38 16 35 ; Bajo de Guía ; 9h-19h), un centre d'information des visiteurs original, dans une ancienne fabrique de glaces, géré par les responsables des parcs nationaux. C'est également là que l'on achète les billets pour le **Real Fernando** (956 36 38 13 ; www.visitasdonana.com ; adulte/enfant 17/9 € ; 10h nov-fév, 10h et 16h mars-mai et oct, 10h et 17h juin-sept), bateau effectuant une croisière (3 heures 30) à la lisière du parc, qui séduira plus les visiteurs d'un jour que les amoureux de la nature. Vous pouvez réserver jusqu'à une semaine à l'avance.

Pour une exploration plus en profondeur, **Viajes Doñana** (956 36 25 40 ; viajesdonana@hotmail.com ; Calle San Juan 20 ; 8h30 et 16h30 mar et ven mai à mi-sept, 8h30 et 14h30 mar et ven mi-sept à avr) et **Viajes Recorrecaminos** (956 38 20 40 ; Calle Ramón y Cajal 4) organisent des excursions en 4x4 à travers les dunes, les marécages et les forêts de pins. Les véhicules accueillent jusqu'à 20 personnes (environ 40 €/pers).

Fêtes et festivals

Feria de la Manzanilla VIN
À Sanlúcar, l'été commence, fin mai/début juin, par une grande fête dédiée au vin local, le manzanilla.

Romería del Rocío RELIGION
(Pentecôte). De nombreux pèlerins et des chariots couverts partent de Sanlúcar pour le village d'El Rocío, le 7e week-end après Pâques.

Carreras de Caballo COURSES DE CHEVAUX
(www.carrerassanlucar.es). Presque chaque année depuis 1845, deux courses de chevaux de 3 ou 4 jours ont lieu au mois d'août : des pur-sang galopent sur le sable de l'estuaire du Guadalquivir.

Où se restaurer

Les restaurants situés le long du Bajo de Guía, à Sanlúcar, sont parmi les meilleurs d'Andalousie. La plupart disposent d'une terrasse et d'une salle à l'étage. La spécialité est sans conteste l'*arroz caldoso a la marinera* (riz aux fruits de mer), servi pour 2 personnes minimum (environ 9 € par convive). Ce plat s'accompagne bien de manzanilla.

Poma POISSON €€
(www.restaurantepoma.com ; Avenida de Bajo de Guía 6 ; plats 12-18 €). Dans le Bajo de Guía, vous êtes assuré de déguster un bon plat de poisson. Poma sert un *plato variado* composé de 5 variétés de poissons légèrement frits, provenant de l'océan et du fleuve voisins.

Casa Bigote POISSON, FRUITS DE MER €€
(www.restaurantecasabigote.com ; Avenida Bajo de Guía 10 ; plats de poisson 7-14 € ; fermé dim). Le restaurant, assez chic, le plus réputé du Bajo de Guía sert uniquement du poisson et des fruits de mer. Son bar à tapas, de l'autre côté de la ruelle, ne désemplit pas.

Cafetería Guzmán El Bueno CAFÉ, DESSERTS €
(Plaza Condes de Niebla 1 ; plats 3-8 € ; 8h30-21h, horaires prolongés sam et juil-août). Installez-vous sur les confortables coussins, entourés de mobilier ancien, dans ce café situé dans le Palacio de los Duques de Medina Sidonia. Cuisine simple (omelette, fromage, jambon) mais cadre au charme unique.

Helados Artesanos Toni GLACES €
(www.heladostoni.com ; Plaza de Cabildo 2). Tenu par la même famille depuis 1896, cet établissement vend les meilleures glaces d'Andalousie. Derrière le comptoir, des vidéos détaillent l'art de la fabrication des glaces.

Casa Balbino TAPAS, FRUITS DE MER €
(www.casabalbino.com ; Plaza del Cabildo 11 ; tapas 3 €). On ne tarit pas d'éloges sur la Casa Balbino et ses délicieuses tapas. Le choix est immense mais les *tortillas de camarones* (beignets croustillants de crevettes) et les *langostinos a la plancha* (gambas grillées ; 100 €/kg) sont, de loin, nos préférés. Même

QUEL METS POUR QUEL XÉRÈS ?

Les néophytes ont de la chance, le xérès, en plus d'être l'un des vins les plus appréciés au monde, est aussi l'un des plus faciles à marier, en particulier le *fino* et le manzanilla. Inutile donc d'être grand sommelier pour l'assortir. Voici quelques indications :

TYPE DE XÉRÈS	TEMPÉRATURE DE SERVICE	QUALITÉS	ACCORDS METS ET VINS
manzanilla	bien frappé	sec, frais, délicat, légèrement iodé	tapas, amandes, sushis, olives
fino	frappé	très sec et pâle	apéritif, tapas, soupe, poisson blanc, coquillages, crevettes, huîtres, fromages
amontillado	frais, mais pas frappé	légèrement suave	apéritif, fromages à pâte persillée, poulet et viande blanche, fromages affinés, foie gras, lapin, consommés
oloroso	frais, mais pas frappé	sec, goût de noix, sombre	viande rouge et gibier, sauces au fromage
pale cream	température ambiante	fino sucré	fruits frais, fromage à pâte persillée
cream	température ambiante	sucré	fruits secs, cheesecake
pedro ximénez	température ambiante	très sucré	chocolat noir, croquants

si vous trouvez une place en terrasse, vous devrez jouer des coudes jusqu'au bar pour faire votre commande.

Renseignements

Office du tourisme (www.turismosanlucar.com ; Calzada del Ejército ; 10h-14h et 18h-20h lun-ven, 10h-12h45 sam, 10h-14h dim). Personnel serviable et polyglotte.

Depuis/vers Sanlúcar de Barrameda

Des bus **Los Amarillos** (956 38 50 60 ; www.losamarillos.es) font la liaison toutes les heures avec El Puerto de Santa María (2 €, 15 min), Cadix (4,55 €, 1 heure) et Séville (8 €, 1 heure 30), au départ de la gare routière sur l'Avenida de la Estación.

Linesur (956 34 10 63) propose des bus toutes les heures depuis/vers Jerez de la Frontera.

Jerez de la Frontera

211 000 HABITANTS

Oubliez tout le reste. Les initiés le savent, Jerez *est* l'Andalousie. La ville en fait simplement moins ostensiblement état que Séville et Grenade. Par voie de conséquence, peu de voyageurs prévoient d'y passer, considérant a priori que seules les splendeurs de la Giralda et de l'Alhambra méritent de figurer sur leur carnet de bord. Si seulement ils savaient... Jerez est la capitale de la culture équestre andalouse, la première étape du célèbre “triangle du xérès” et – malgré les protestations de Cadix et de Séville – le berceau du flamenco. La *bulería*, réponse légère et ironique de Jerez à la tragique *soleá* de Séville, fut élaborée dans les légendaires quartiers gitans de Santiago et de San Miguel. Pas de doute : pour découvrir l'éternel mystère de l'Andalousie, il faut commencer ici.

À voir et à faire

Éparpillés, les sites discrets de Jerez prennent le visiteur par surprise. Beaucoup sont dissimulés derrière d'autres bâtiments, on ne les reconnaît qu'une fois à l'intérieur. Comprendre la ville peut prendre quelques jours. Mais une fois sous le charme, c'est comme le *duende* (esprit du flamenco) – il n'y a plus de retour en arrière possible.

Alcázar FORTERESSE

(956 14 99 55 ; Alameda Vieja ; entrée avec/sans camera obscura 5,40/3 € ; 10h-19h30 lun-sam,

10h-14h30 dim mai à mi-sept, 10h-17h30 lun-sam, 10h-14h30 dim mi-sept à avr). La forteresse des XIe et XIIe siècles, imposante mais raffinée, est l'un des vestiges les mieux préservés de la période almohade (1140-1212) en Andalousie. Sa tour octogonale est un élément classique des forts défensifs de ce type.

L'accès à l'Alcázar se fait par le **Patio de Armas**. Sur la gauche, la jolie *mezquita* (mosquée) fut transformée en chapelle par Alphonse X en 1264. À l'intérieur, vous admirerez un impressionnant ensemble de bains arabes (*baños árabes*) et le Palacio Villavicencio du XVIIIe siècle, édifié sur les ruines de l'ancien palais arabe. Il contient des œuvres d'art, et, dans sa tour, une *camera oscura* qui permet de voir, par un jeu de miroirs, un panorama vivant de Jerez.

♥ Catedral de San Salvador CATHÉDRALE
(Plaza de la Encarnación ; 5 € ; ⌚10h30-18h30 lun-sam, 12h30-15h30 dim). La magnifique cathédrale de Jerez est un mélange étonnamment harmonieux des styles baroque, néoclassique et gothique. Ses larges arcs-boutants et son plafond en pierre aux délicates ornementations sont remarquables. En 2012, la cathédrale est devenue un musée, elle présente ses œuvres d'art (de Zurbarán et Pacheco, notamment), ses vêtements sacerdotaux et son argenterie dans une série de salles et de chapelles derrière l'autel principal.

On y découvre un patio bordé d'orangers (l'église fut édifiée sur le site d'une ancienne mosquée) et un "escalier secret" ne menant nulle part. L'édifice, portant le nom de San Salvador, n'est devenu officiellement cathédrale qu'en 1980.

À quelques rues au nord-est de la cathédrale, la Plaza de la Asunción abrite le bel **Antiguo Cabildo** (ancien hôtel de ville ; carte p. 120) du XVIe siècle, et la jolie **Iglesia de San Dionisio** (carte p. 120) mudéjare du XVe siècle.

Real Escuela Andaluza del Arte Ecuestre SPECTACLE ÉQUESTRE
(☎956 31 80 08 ; www.realescuela.org ; Avenida Duque de Abrantes ; entraînement adulte/enfant 10/6 €, *exhibición* adulte/enfant 19/12 € ; ⌚entraînements 11h-13h lun, mer et ven sept-juil, lun et mer août, 12h mar et jeu sept-juil, *exhibición* 12h mar, jeu et ven août). La célèbre école royale andalouse entraîne chevaux et cavaliers aux arts équestres. On peut les observer à l'épreuve lors des entraînements et visiter le **musée de l'Attelage**, qui comprend un break de chasse Binder du XVIIIe siècle. Pour beaucoup, le véritable attrait est l'**exhibición** (représentation) officielle, lors de laquelle les superbes chevaux blancs réalisent des figures sur de la musique classique. Les réservations en ligne sont possibles – et même recommandées pour les représentations officielles, qui peuvent vite être complètes.

Hammam Andalusi HAMMAM
(bains arabes ; ☎956 34 90 66 ; www.hammamandalusi.com ; Calle Salvador 6 ; bains 22 €, avec massage de 15/30 min 32/50 € ; ⌚10h-0h). L'aménagement et la décoration du **Hammam Andalusi** (☎956 34 90 66 ; www.hammamandalusi.com ; Calle Salvador 6 ; bains 18 €, avec massage 15 min 28 €, bain andalou complet 85 € ; ⌚10h-minuit) recréent l'atmosphère de l'Espagne mauresque. Un parfum entêtant flotte dans l'air, mélange d'encens et d'huiles essentielles, tandis que la musique orientale vous transporte dans un autre monde. Profitez des trois bassins (eau chaude, tiède et froide), avant un massage et/ou divers soins cosmétiques. Le centre propose même un bain de chocolat (85 €). Réservez car chaque session est limitée à 15 personnes.

GRATUIT Centro Andaluz de Flamenco CENTRE ARTISTIQUE
(Centre andalou du flamenco ; ☎856 81 41 32 ; www.centroandaluzdeflamenco.es ; Plaza de San Juan 1 ; ⌚9h-14h lun-ven). Vous pourrez y admirer le plafond *artesonado* (plafond à caissons) mudéjar du XVe siècle, ainsi que la cour de style baroque andalou, du XVIIIe siècle. Sa bibliothèque contient des milliers d'ouvrages, ainsi qu'une salle consacrée à la musique.

Une vidéothèque permet de visionner des films le matin (à 10h, 11h, 12h et 13h), et le personnel pourra vous fournir la liste des 17 *peñas* de la ville, ainsi que des informations sur des cours de danse et de chant.

Bodegas de xérès

Jerez compte au moins 20 producteurs de xérès, notamment des grands noms tels González Byass, Williams & Humbert, Sandeman, Pedro Domecq, Garvey et Harveys. Dans la plupart des bodegas, il est nécessaire de téléphoner pour réserver la visite. Nous vous conseillons de vérifier les horaires auprès des bodegas ou de l'office du tourisme, parfaitement renseigné. La plupart des visites sont commentées en espagnol, et parfois en français ou en

Jerez de la Frontera

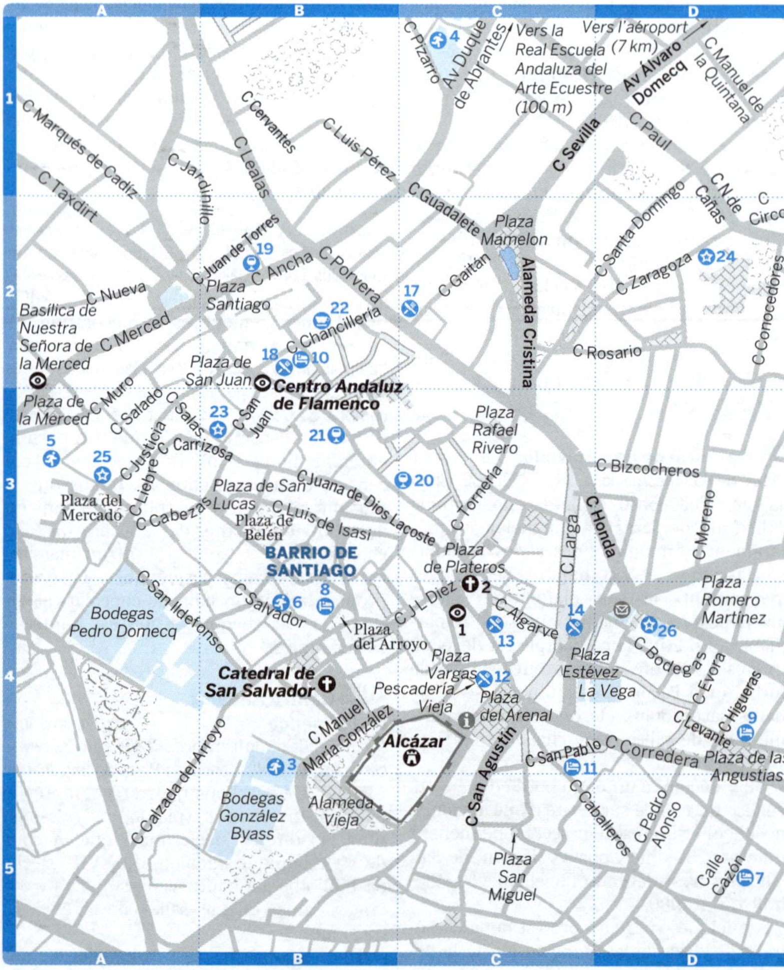

anglais. Une dégustation de xérès est généralement incluse.

Parmi les bodegas que l'on peut visiter sans réservation, citons :

Bodegas González Byass ÉTABLISSEMENT VITICOLE
(Bodegas Tio Pepe ; carte p. 120 ; ☎956 35 70 16 ; www.bodegastiopepe.com ; Calle Manuel María González 12 ; visite 11 €, avec tapas 16 € ; ⏲visites en anglais et espagnol toutes les heures 11h-18h lun-sam, 11h-14h dim oct-avr). À l'ouest de l'Alcázar se trouve le siège de la marque Tio Pepe, l'une des plus grandes maisons de xérès. Six ou sept visites ont lieu quotidiennement en anglais et en espagnol, quelques-unes en allemand et en français. Possibilité de réserver en ligne.

Bodegas Sandeman ÉTABLISSEMENT VITICOLE
(☎956 15 17 11 ; www.sandeman.com ; Calle Pizarro 10 ; visite en anglais 7 €, avec dégustation 14 € ; ⏲visites toutes les heures 11h30-14h30 lun, mer et ven, 10h30 et toutes les heures 12h-15h mar et jeu, 11h, 13h et 14h sam). Ses xérès portent le logo du "Don" à la cape noire. Les visites comprennent une présentation audiovisuelle et une dégustation de 3 xérès.

Bodegas Tradición ÉTABLISSEMENT VITICOLE
(☎956 16 86 28 ; www.bodegastradicion.com ; Plaza Cordobeses 3 ; visites 18 € ;

Jerez de la Frontera

Les incontournables

Alcázar C4
Catedral de San Salvador B4
Centro Andaluz de Flamenco B2

À voir

1 Antiguo Cabildo C4
2 Iglesia de San Dionisio C4

Activités

3 Bodegas González Byass B4
4 Bodegas Sandeman C1
5 Bodegas Tradición A3
6 Hammam Andalusi B4

Où se loger

7 Hostal Fenix D5
8 Hotel Bellas Artes B4
9 Hotel Casa Grande D4
10 Hotel Chancilleria B2
11 Nuevo Hotel C4

Où se restaurer

12 Bar Juanito C4
13 Cruz Blanca C4
14 El Gallo Azul C4
15 La Carboná E4
16 Mesón El Patio E4
17 Restaurante Gaitán C2
18 Sabores B2

Où prendre un verre

19 Bar Gitanería B2
20 Damajuana C3
21 El Arriate B3
22 Tetería La Jaima B2

Où sortir

23 Centro Cultural Flamenco Don Antonio Chacón B3
24 Discoteca Oxi D2
25 El Lagá Tio Parrilla A3
26 Teatro Villamarta D4

9h-18h30 lun-ven, 10h-14h sam mars-juin, 8h-15h sam juil et août). Bodega intéressante pour ses vieux xérès (20 ans d'âge ou plus) et pour sa Colección Joaquín Rivera, une collection d'art espagnol privée comprenant des œuvres de Goya, Velázquez et Zurbarán. Trois ou quatre visites de la collection sont proposées chaque jour.

Fêtes et festivals

Festival de Jerez FLAMENCO
(www.festivaldejerez.com). La plus grande fête du flamenco de Jerez ; fin février/début mars.

Grand Prix de moto SPORTS MÉCANIQUES
Généralement en mars, avril ou mai. Le **Circuito Permanente de Velocidad** (circuit automobile ; 956 15 11 00 ; www.circuitodejerez.com) de Jerez, sur l'A382, à 10 km à l'est de la ville, accueille diverses courses de voitures et de motos, dont une manche du championnat du Monde MotoGP.

Feria del Caballo FÊTE DU CHEVAL
Fin avril ou durant la 1re moitié de mai, la fête du Cheval dure une semaine à Jerez et compte parmi les plus grandes d'Andalousie. Au programme : musique, danse, corridas

et toutes sortes de compétitions et parades équestres.

Fiestas de Otoño FLAMENCO, VIN
Durant environ 2 semaines en septembre, les "fêtes d'automne" célèbrent les vendanges, avec des spectacles de flamenco, des manifestations équestres et le foulage traditionnel des premières grappes de raisin sur la Plaza de la Asunción.

Où se restaurer

La cuisine de Jerez mêle l'héritage mauresque et l'influence de la mer, le tout saupoudré de quelques touches françaises et britanniques. Le xérès entre tout naturellement dans la composition de nombreuses spécialités locales, tels les *riñones al jerez* (rognons au xérès) et le *rabo de toro* (queue de taureau).

En plus des adresses citées ci-dessous, il y a quelques excellents bars à tapas autour de la petite Plaza Rafael Rivero, à 500 m au nord de la Plaza del Arenal.

Sabores CONTEMPORAIN ANDALOU €€€
(☎956 32 98 35; www.restaurantesabores.es; Chancillería 21; plats à partir de 12 €). Installé dans le Chancillería, sans doute le plus bel hôtel de Jerez, le Sabores est, sans qu'il y ait de relation de cause à effet, l'un des meilleurs restaurants d'Andalousie. Ici, même les œufs brouillés deviennent gastronomiques. En pratique, ils sont flambés avec du jambon fumé, mais qu'importe la méthode, dans ce restaurant, le résultat est toujours divinement fondant.

Vous pourrez les faire suivre de plats tels que la joue de bœuf, ou de déclinaisons créatives de poisson présentées comme des œuvres d'art.

Cruz Blanca TAPAS €
(www.lacruzblanca.com; Plaza de la Yerva; tapas 1,80-3 €). Bons plats de fruits de mer, d'œufs, de viande et salades servis sur des tables installées sur une petite place. Le poisson mariné dans une sauce au pesto pourrait bien prétendre au titre de meilleur plat de Jerez.

Bar Juanito TAPAS €
(www.bar-juanito.com; Calle Pescadería Vieja 8-10; tapas à partir de 2,20 €, media raciones 5-7 €). L'un des meilleurs bars à tapas de Jerez, depuis 60 ans. Ses *alcachofas* (artichauts) ont remporté le concours national de tapas, et la carte comprend quantité de plats locaux, à accompagner d'un verre de xérès. La Calle Pescadería Vieja, à une rue de la Plaza del Arenal, est rafraîchissante par temps chaud.

El Gallo Azul ESPAGNOL €€
(Calle Larga 2; raciones à partir de 11,50 €). El Gallo Azul (le Coq bleu) occupe un immeuble circulaire, aujourd'hui emblème architectural de Jerez, orné d'un logo de xérès. Restaurant à l'étage et tapas au rez-de-chaussée. Excellent endroit également pour un café et une part de gâteau dans l'après-midi, quand la ville revit après la sieste.

La Carboná ANDALOU €€
(☎956 34 74 75; www.lacarbona.com; Calle San Francisco de Paula 2; plats 12,50-16,50 €; ⏰fermé mar). Installé dans une ancienne bodega immense, ce restaurant réputé sert des grillades, du poisson frais et une surprenante caille au foie gras et aux pétales de rose). Il y a aussi un menu incluant des vins de Jerez (30 €).

Mesón El Patio ANDALOU €€
(Calle San Francisco de Paula 7; plats 8-17 €; ⏰fermé dim soir et lun). Quel joli lieu convivial et raffiné que cet entrepôt à xérès restauré, haut de plafond, orné de céramiques mauresques et d'une collection de vieilles radios ! Plus important encore, la cuisine – toujours à base de viande et de poisson, les deux obsessions de la région – est succulente.

Restaurante Gaitán ANDALOU €€
(☎956 16 80 21; www.restaurantegaitan.es; Calle Gaitán 3; entrées à partir de 8,50 €, plats à partir de 12 €; ⏰fermé dim). Étrangement décoré de bois de cerf et de photos, Gaitán propose, outre les traditionnels plats de viande et de poisson, des recettes plus originales, comme le *cordero confitado con miel al brandy de Jerez* (agneau confit au miel et au cognac).

Où prendre un verre

Pour en savoir plus sur les sorties à Jerez, consultez le site www.turismojerez.com, surveillez les affiches et lisez les journaux *Diario de Jerez* et *Jerez Información*.

Bar Gitanería BAR, FLAMENCO
(Calle Ancha 18). Chaque facette de la culture de Jerez est représentée ici : xérès sec, gaspacho frais, posters de corridas, serviettes éparpillées au sol et spectacles spontanés de flamenco. À ne pas manquer !

Tetería La Jaima SALON DE THÉ
(Calle Chancillería 10; ⏰16h-23h30 lun-jeu, 16h-2h ven-sam, 16h-21h dim). On se sent plus l'âme

d'un sultan maure que d'un quidam du XXIe siècle en se prélassant dans ce charmant salon de thé sombre, décoré d'objets marocains. Choisissez un coin confortable et savourez l'un des nectars fruités et aromatiques.

☆ Où sortir

♥ El Lagá Tio Parrilla FLAMENCO
(Plaza del Mercado ; spectacle et 2 boissons 25 € ; ⌚22h30 lun-sam). Un bon nombre d'artistes et de clients gitans assure le succès des *tablaos de flamenco réguliers* de cet établissement. Les spectacles animés finissent rarement sans une interprétation passionnée de la *bulería* typique de Jerez.

Centro Cultural Flamenco Don Antonio Chacón FLAMENCO
(☎956 34 74 72 ; Calle Salas 2). Une des meilleures *peñas* de la ville (et donc d'Andalousie) tenue par les jumeaux Tota. Le Chacón, du nom du grand chanteur de flamenco né à Jerez, accueille souvent d'excellents artistes de flamenco le samedi à 22h. Spectacles impromptus à d'autres moments, notamment lors du festival de flamenco en février.

Teatro Villamarta THÉÂTRE
(☎956 35 02 72 ; www.villamarta.com ; Plaza Romero Martínez). Au programme, entre autres : Bizet, Verdi, Mozart et – bien sûr – un peu de flamenco.

Discoteca Oxi CLUB
(www.oxixerez.es ; Calle Zaragoza 20 ; ⌚21h-6h mer-sam). Superbe discothèque avec 4 salles différentes et une clientèle jeune dansant jusqu'à l'aube (7h) le week-end. Les soirées à thème ont du succès.

ⓘ Renseignements

Office du tourisme municipal (☎956 33 88 74 ; www.turismojerez.com ; Plaza del Arenal ; ⌚9h-15h et 17h-19h lun-ven, 9h30-14h30 sam-dim)

ⓘ Comment s'y rendre et circuler

Avion

L'**aéroport de Jerez** (☎956 15 00 00 ; www.aena.es), à 7 km au nord-est de la ville sur la NIV, est le seul à desservir la province de Cadix. Plus d'une douzaine de compagnies relient Jerez au reste de l'Europe, dont :

Air-Berlin (www.airberlin.com). Depuis Majorque et Düsseldorf (vols saisonniers).

Iberia (www.iberia.com). Liaison quotidienne depuis/vers Madrid.

Ryanair (www.ryanair.com). Depuis Barcelone et Londres-Stansted (vols saisonniers).

Comptez au moins 14 € pour un taxi depuis l'aéroport. Les bus locaux M050 et M051 (1 €, 30 min) circulent 12 fois par jour du lundi au vendredi, et 6 fois le week-end. Après Jerez, ils s'arrêtent à El Puerto de Santa María et Cadix.

Bus

La **gare routière** (☎956 33 96 66 ; Plaza de la Estación) est à 1,3 km au sud-est du centre-ville.

LA RICHE SCÈNE FLAMENCO DE JEREZ

Régulièrement contesté par les aficionados de Cadix et de Séville, le surnom de "berceau du flamenco" de Jerez est mérité. Cette ville étonnamment peu touristique possède non pas un mais *deux* quartiers gitans, **Santiago** et **San Miguel**, qui, à eux deux, ont produit quantité d'artistes renommés, dont les chanteurs gitans Manuel Torre et António Chacón. Comme ses rivales au nord et à l'ouest, Jerez a également créé son propre *palo* (forme musicale) flamenco, la très populaire *bulería*, un style musical rapide et rythmé avec le même *compás* (schéma rythmique) que la *soleá*.

La découverte de la scène flamenca de Jerez commence au Centro Andaluz de Flamenco (p. 119), l'unique véritable bibliothèque consacrée à cet art en Espagne. Elle contient des renseignements sur les clubs, spectacles et cours de chant/danse/guitare. Vous pourrez ensuite descendre la Calle Francos pour visiter les bars de flamenco légendaires, comme **Damajuana** (carte p. 120 ; www.damajuanacafebar.com ; Calle Francos 18 ; ⌚16h30-3h mar-dim) et **El Arriate** (carte p. 120 ; Calle Francos 41), qui réunissent toujours chanteurs et danseurs. Au nord, dans le quartier Santiago, sont rassemblées des dizaines de *peñas* (petits clubs privés), toutes réputées pour leur simplicité et leur intimité ; l'entrée est généralement gratuite si l'on consomme au bar. Les *peñas* sont particulièrement animées en février, lors du festival de flamenco, qui est sans conteste le meilleur d'Andalousie.

DESTINATION	PRIX (€)	DURÉE (HEURES)	FRÉQUENCE (/JOUR)
Arcos de la Frontera	3	45 min	3/j
Cadix	2	1 h	9/j
El Puerto de Santa María	1,60	20 min	15/j
Ronda	1,50	3 h	3/j
Sanlúcar de Barrameda	2	30 min	7/j
Séville	7,50	1 h 15	11/j

Voiture

Parking Doña Blanca (angle Plaza Estévez et Calle Doña Blanca ; 15 €/24h).

Train

La gare ferroviaire de Jerez est située à côté de la gare routière. Des trains réguliers desservent El Puerto de Santa María (2,20 €, 10 min, 15/j) et Cadix (5 €, 40 min, 15/j), et 10 trains minimum se rendent à Séville (9,15 €, 1 heure 15) quotidiennement.

Environs de Jerez de la Frontera

Monastère de La Cartuja MONASTÈRE
(Cartuja de Santa María de la Defensión ; ☎956 15 64 65 ; Carretera Jerez-Algeciras ; ⏲jardins 9h30-11h15 et 12h45-18h30 lun-sam, messe 8h mar-sam, 17h30 lun et dim). Merveille architecturale créée au XVe siècle, au milieu de splendides jardins, ce monastère se trouve en bordure de l'A381, à 9 km du centre de Jerez. C'est aux premiers moines chartreux que l'on attribue l'élevage du Cartujano, à une époque où la popularité de ce cheval avait décliné. On peut se promener dans les jardins et admirer la façade baroque de l'église (on ne peut y entrer que lors des messes).

Yeguada de la Cartuja – Hierro del Bocado SPECTACLE ÉQUESTRE
(☎956 16 28 09 ; www.yeguadacartuja.com ; Finca Fuente del Suero ; adulte/enfant 18/13 € ; ⏲11h-13h sam). Ce haras historique se consacre à l'amélioration de la race Cartujano, sur un domaine qui appartenait autrefois au monastère de La Cartuja. Vous pourrez vous promener et voir des poulains en liberté, des démonstrations effectuées par des juments, et du dressage. Mieux vaut réserver. Pour vous y rendre, prenez l'A381 et bifurquez au panneau "La Yeguada", 5 km après La Cartuja. Suivez la petite route sur 1,6 km jusqu'à l'entrée.

LES VILLAGES BLANCS

Zahara de la Sierra

1 500 HABITANTS

Installé autour d'un rocher escarpé au pied des montagnes de Grazalema, Zahara conserve un peu de sa physionomie de village mauresque. Pendant plus de 150 ans en effet, aux XIVe et XVe siècles, il tint tête, sur l'ancienne frontière médiévale, au village chrétien d'Olvera, clairement visible au loin. Aujourd'hui, Zahara concentre tous les attraits typiques des villages blancs, ce qui le rend particulièrement populaire. L'après-midi, pendant la sieste, on peut toutefois s'y promener dans un silence absolu.

La route abrupte de la Puerta de las Palomas (col des Colombes), à 1 331 m, relie Zahara à Grazalema (18 km), et offre un trajet spectaculaire composé d'impressionnants virages en lacet (sensations garanties à vélo !).

À voir et à faire

Le centre du village de Zahara, la Calle San Juan, abrite le **Punto de Información Zahara de la Sierra** (☎956 12 31 14 ; Plaza del Rey 3 ; ⏲9h-14h et 16h-19h) du parc naturel.

Avec des panoramas dissimulés derrière de hauts palmiers et des bougainvilliers rose vif, ses rues invitent à l'exploration. L'ascension de 10 à 15 minutes, sur le chemin situé presque face à l'Hotel Arco de la Villa, conduit au donjon du château du XIIe siècle. La reprise du château par Abu al-Hasan de Grenade, à l'issue d'une attaque nocturne en 1481, poussa les Rois Catholiques à lancer la dernière phase de la Reconquête, qui prit fin avec la chute de Grenade.

Olvera

8 500 HABITANTS

Refuge de bandits jusqu'au milieu du XIXe siècle, Olvera est désormais l'endroit regroupant le plus de coopératives agricoles familiales d'Espagne. Village blanc par excellence, il est également réputé pour son huile d'olive, sa remarquable église Renaissance et son histoire mouvementée qui commença avec les Romains.

À voir et à faire

La plupart des visiteurs viennent à Olvera pour la Vía Verde de la Sierra, mais il y a d'autres sites à découvrir.

VAUT LE DÉTOUR

SETENIL DE LAS BODEGAS

Contrairement aux fondateurs de la plupart des villages blancs cherchant à se protéger au sommet de hauts rochers escarpés, les habitants de Setenil s'installèrent dans de sombres grottes sous les falaises à pic du Río Trejo. Cette stratégie fonctionna, puisqu'en 1484, l'armée catholique mit 15 jours pour déloger les Maures de leurs repaires. Nombre des maisons-grottes d'origine existent toujours et ont été transformées en bars et restaurants. Plus loin, vous pourrez parcourir un sentier de 6 km (la Ruta de los Molinos), croisant d'anciens moulins, jusqu'au prochain village, Alcalá del Valle.

Près du sommet de la ville, l'office du tourisme occupe la **Casa Consistorial** du XVIe siècle, qui présente un rare plafond mudéjar en bois. Un peu plus haut, le **château** (horaires variables ; consultez l'office du tourisme) du XIIe siècle fut pris par les chrétiens 8 ans seulement avant la chute de Grenade.

Setenil possède d'excellents bars à tapas, parfaits pour se restaurer tout en étudiant son urbanisme unique. Commencez par le **Restaurante Palermo** sur la Plaza de Andalucía au sommet de la ville, puis descendez.

Construite sur une ancienne église, la néoclassique **Iglesia Parroquial Nuestra Señora de la Encarnación** (Plaza de la Iglesia ; ⏲messe dim) fut commandée par les ducs d'Osuna et achevée en 1843. Plus haut encore se trouve le **Castillo Árabe** (Plaza de la Iglesia ; entrée libre ; ⏲9h-14h mar, jeu, sam-dim) nasride du XIIe siècle. À côté, **La Cilla** (Plaza de la Iglesia ; ⏲10h30-14h et 16h-19h mar-dim), une ancienne réserve de céréales ayant appartenu aux ducs d'Osuna, abrite l'office du tourisme, le captivant Museo La Frontera y los Castillos et le Centre d'interprétation de la Vía Verde de la Sierra – qui retrace l'histoire naturelle du sentier cycliste voisin. Tous ont les mêmes horaires d'ouverture.

Où se restaurer

Bodega La Pitarra ANDALOU €€

(www.bodegalapitarra.com ; Julián Besteiro 44 ; media raciones 8-10 €). Appartenant à une petite chaîne de restaurants, dont la plupart sont à Séville, cet établissement collectionne les points positifs : personnel chaleureux, football à la TV, et de mémorables tapas avec fromage de chèvre, miel et confiture de pêche qui ravissent les cyclistes de retour de la Vía Verde.

Grazalema

2 200 HABITANTS

Grazalema semble avoir été déposé sur les flancs rocheux et accidentés de la chaîne montagneuse éponyme. Peu de *pueblos blancos* (villages blancs) sont aussi beaux que celui-ci, avec ses maisons immaculées blanchies à la chaux, arborant des toits de tuiles rouges et des barreaux de fenêtres en fer forgé. Des chemins de randonnée vers les grands espaces se déploient dans toutes les directions alentour. Producteur ancestral de couvertures, miel et ragoûts de viande, Grazalema accueille en outre une course de taureaux pourvoyeuse d'adrénaline. L'usine d'artisanat textile du village emploie toujours des méthodes de tissage traditionnelles.

À voir et à faire

Le jolie Plaza de España, dominée par l'Iglesia de la Aurora du XVIIIe siècle et ornée d'une fontaine médiévale, constitue le centre du village. Trois bons cafés-bars animent l'endroit. Un petit bureau d'information se trouve au bas de la Calle Mateos Gago voisine. Un chemin médiéval récemment restauré conduit dans la vallée en contrebas.

El Calvario-Corazon de Jésus RANDONNÉE

Au départ d'un parking situé au sommet de la ville, une courte marche de 40 minutes aller-retour conduit à **El Calvario**, un ermitage dévasté lors de la guerre civile, et à une énorme statue de Jésus appelée **Corazón de Jésus**. L'endroit offre un beau panorama des montagnes et du village.

Horizon SPORTS D'AVENTURE

(✆956 13 23 63 ; www.horizonaventura.com ; Calle Corrales Terceros 29). Prestataire très expérimenté, situé une rue derrière la Plaza de España. Escalade, saut à l'élastique, canyoning, spéléologie, parapente et randonnée. Les prix par personne vont de 14 € environ pour une demi-journée de marche à plus de 60 € pour une aventure souterraine de 4 km

À NE PAS MANQUER

LA VÍA VERDE DE LA SIERRA

Souvent présentée comme la plus belle des premières *vías verdes* (voies vertes qui transforment de vieux chemins de fer en pistes réservées aux vélos, randonneurs et chevaux) d'Espagne, la **Vía Verde de la Sierra** (www.fundacionviaverdedelasierra.com), entre Olvera et Puerto Serrano, fait partie des 17 itinéraires de ce genre en Andalousie. Outre son cadre naturel et escarpé, on remarque 4 spectaculaires viaducs, 30 tunnels (équipés d'éclairage par capteurs), et 3 anciennes gares transformées en hôtels/restaurants, répartis sur les 36 km. Bizarrement, la ligne suivie par la voie verte ne fut en réalité jamais terminée. Construite dans les années 1920 pour un projet de chemin de fer entre Jerez et Almargen, la ligne resta inutilisée après la faillite des investisseurs pendant la Grande Dépression. C'est au début des années 2000 qu'elle a été restaurée.

L'exceptionnel **Hotel/Restaurante Estación Verde** (☎661 463207 ; Olvera ; s/d/app 30/50/130 €), situé à la sortie d'Olvera, constitue le point de départ de la voie. Toutes sortes de vélos, tandems et remorques pour enfants y sont proposés à partir de 10 € la journée. Les gares de Coripe et de Puerto Serrano louent également des vélos. On trouve aussi une aire de jeux pour enfants, des appareils de musculation et la Patrulla Verde, une équipe serviable de spécialistes du vélo, qui renseigne et résout les problèmes mécaniques.

Point fort de la Vía Verde, le **Peñon de Zaframagón** est un imposant rocher servant de lieu de reproduction aux vautours fauves. Le **Centro de Interpretación y Observatorio Ornitologico** (adulte/enfant 2/1 € ; ⏲10h-16h), installé dans l'ancienne gare de Zaframagón, à 16 km à l'ouest d'Olvera, permet de les observer de près grâce à une caméra haute définition placée sur le rocher.

La Vía Verde de la Sierra est ouverte tous les jours. Le chemin est bien entretenu et relativement plat, à l'exception d'une petite côte à Puerto Serrano. Très fréquenté toute l'année, il convient à tous les cyclistes. Les passionnés de vélos aiment le parcourir durant les chaudes nuits d'été sous la pleine lune, équipés de lampes frontales.

en combinaison de plongée, de la Cueva del Hundidero, près de Montejaque, à la Cueva del Gato près de Benaoján.

Où se restaurer

Restaurante El Torreón ANDALOU €€
(www.restauranteeltorreongrazalema.com ; plats 8-12 €). Chaleureux restaurant de montagne, idéal pour changer du poisson de Cadix. Au menu : chorizo local, épinards, soupes et, en spécialité, de la perdrix. Pâtes pour les enfants.

Cafeteria Rumores CAFÉ €
(Plaza de España). Établissement fréquenté par les habitants, allez-y pour des *churros* au petit-déjeuner. Pâtisserie sur place.

Parque Natural Sierra de Grazalema

De toutes les zones protégées d'Andalousie, le Parque Natural Sierra de Grazalema (parc naturel de la Sierra de Grazalema) est le plus accessible et le plus propice à des sorties revigorantes. Moins hauts que ceux de la Sierra Nevada, les sommets déchiquetés du parc s'élèvent néanmoins brusquement au-dessus des plaines au nord-est de Cadix. Caractérisé par ses gorges abruptes, ses orchidées sauvages et d'importantes précipitations (évitez Galicia et Cantabria, les lieux les plus humides d'Espagne avec une moyenne annuelle de 2 000 mm de pluie), Grazalema se prête à de belles balades – les meilleurs moments sont mai, juin, septembre et octobre. Les plus intrépides auront le choix entre escalade, spéléologie, canyoning, kayak et parapente.

Nommé première réserve de biosphère de l'Unesco en 1977, le parc s'étend au nord-ouest de la province de Málaga, incluant la Cueva de la Pileta.

Activités

Randonnée, observation des oiseaux, spéléologie, canyoning, escalade et vélo ; cette zone protégée se prête à une multitude d'activités. Pour les plus techniques, mieux vaut partir avec un guide. Horizon (p. 125), dans le village de Grazalema, est certainement le prestataire le plus réputé.

Randonnées

De superbes sentiers de randonnée sillonnent la Sierra de Grazalema, dont beaucoup

DÉPART SETENIL DE LAS BODEGAS
ARRIVÉE ARCOS DE LA FRONTERA
DISTANCE 131 KM
DURÉE 1 À 2 JOURS

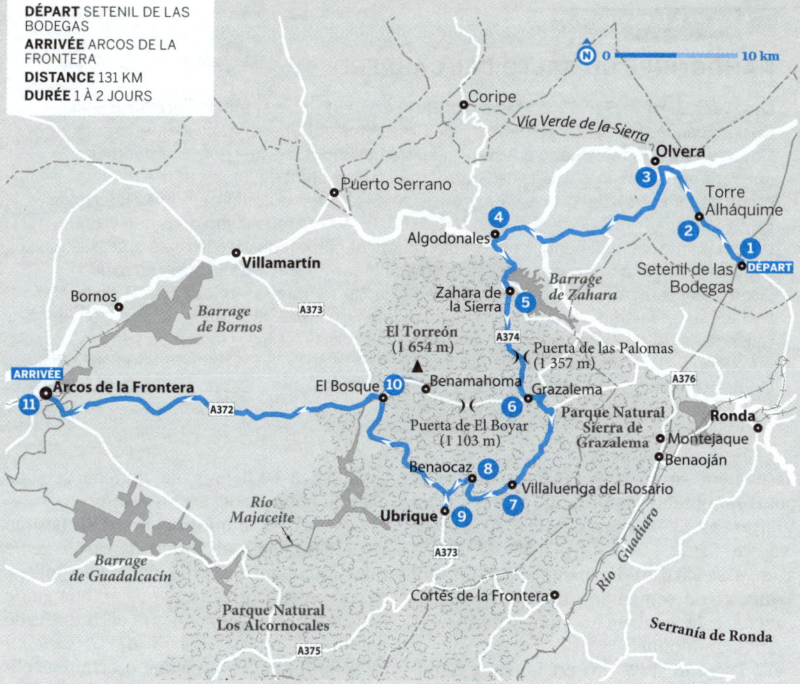

Balade en voiture

La Sierra de Grazalema

Rendez-vous près de la frontière de la province de Málaga. 1 **Setenil de las Bodegas** est reconnaissable instantanément grâce à ses maisons-grottes qui servaient autrefois à stocker le vin et protègent aujourd'hui de la chaleur estivale. La sinueuse CA9120 vers le nord conduit à 2 **Torre Alháquime**, un village blanc peu connu, doté d'un château maure du XIIIe siècle. La CA9106 poursuit jusqu'à 3 **Olvera**, réputé pour son huile d'olive de grande qualité et sa *vía verde* (piste cyclable), dont l'église néo-Renaissance et le château almohade haut perchés sont visibles à des kilomètres. En continuant sur l'A384 vers l'ouest, vous croiserez la plus grande colonie de vautours fauves d'Europe au Peñon de Zaframagón, et atteindrez 4 **Algodonales**, à la limite du Parque Natural de Grazalema. Ce village blanc est connu pour ses ateliers de fabrication de guitares, et pour sa passion du deltaplane et du parapente. À l'abri des montagnes de Grazalema, surplombant un lac miroitant, 5 **Zahara de la Sierra** est un village blanc typique, où sont regroupées des maisons installées sur les flancs d'un rocher à pic. Les virages en épingle se succèdent sur la CA9104 qui grimpe jusqu'à la Puerta de las Palomas, et poursuit jusqu'au village aux toits rouges de 6 **Grazalema**, au cœur du parc, célèbre pour sa fabrication de couvertures et son miel. Sur le flanc ouest de la Sierra, l'A2302 conduit au petit village de 7 **Villaluenga del Rosario** et son musée du fromage artisanal. Plus loin, le tout aussi petit 8 **Benaocaz**, point de départ/d'arrivée de nombreuses randonnées dans le parc de Grazalema, abrite un musée historique. À 9 **Ubrique,** proche des parcs naturels de Grazalema et d'Acornocales, on fabrique du cuir. Faites des affaires dans les boutiques spécialisées. Vous pourrez rouler plus librement jusqu'à 10 **El Bosque**, point d'accès ouest à la campagne de la province de Cadix et site du principal centre d'information du parc naturel. Les montagnes s'estompent rapidement alors que vous roulez vers l'ouest sur l'A372, mais le spectacle continue à 11 **Arcos de la Frontera**, une citadelle juchée au sommet d'une abrupte falaise de grès, qui a appartenu aux Romains, aux Maures puis aux chrétiens.

À NE PAS MANQUER

RANDONNÉE DU SALTO DEL CABRERO

Long de 7,2 km, le **Sendero Salto del Cabrero** est le plus spectaculaire des sentiers du parc accessibles gratuitement. Il relie Grazalema et Benaocaz, via le Puerto del Boyar, en traversant le flanc ouest de la Sierra del Endrinal. Vous pouvez effectuer une randonnée, avec le village de Grazalema comme point de départ et d'arrivée, en empruntant le **Sendero Los Charcones** depuis le haut du village jusqu'au Puerto del Boyar (1,8 km). À partir de là, le Sendero del Cabrero, qui redescend dans une vallée offrant un magnifique panorama, est bien balisé et permet de voir de rares orchidées sauvages. Arrivé à Benaocaz, prenez quelques tapas au **Bar Las Vegas** (Plaza de Libertades 7) qui offre une vue imprenable sur la Sierra. Tous les jours à 15h40, un bus conduit à Grazalema depuis un arrêt sur la route principale de Benaocaz. Vous pouvez rallonger la marche en suivant une ancienne voie romaine (appartenant au sentier européen E4) qui descend de Benaocaz à Ubrique, d'où un bus vous reconduit à 15h30. Comptez 5 bonnes heures pour la randonnée de Grazalema à Benaocaz, ou 6 heures en poussant jusqu'à Ubrique.

nécessitent un permis, gratuit, que vous pourrez obtenir auprès du **Centro de Visitantes El Bosque** (☎956 72 70 29 ; Calle Federico García Lorca 1 ; ⏲10h-14h et 17h-19h lun-sam, 9h-14h dim). En haute saison (d'avril à juin et de septembre à octobre), il faut contacter le centre au moins 2 semaines avant la randonnée.

El Torreón (1 654 m) est le point culminant de la province de Cadix. La voie classique vers **El Torreón** commence à 100 m à l'est de la borne marquant le km 40 sur la route Grazalema-Benamahoma, à environ 8 km de Grazalema. De là, comptez environ 2 heures 30 de marche pour atteindre le sommet et 1 heure 30 pour redescendre. Par temps clair, vous apercevrez Gibraltar, la Sierra Nevada, et la chaîne du Rif, au Maroc.

Longue de 14 km, la randonnée de **Pinsapar** relie Grazalema à Benamahoma en quelque 6 heures. En plus du paysage, vous pourrez aussi y admirer le sapin espagnol vert foncé (*pinsapo* en espagnol), magnifique et très rare survivance des grandes forêts méditerranéennes de sapins de l'ère tertiaire. Aujourd'hui, on ne le rencontre en nombre significatif que dans des poches isolées au sud-ouest de l'Andalousie et au nord du Maroc. Le sentier est signalé près de la CA531 (la route vers Zahara de la Sierra), à 40 minutes au-dessus de Grazalema.

Le sentier qui mène à la **Garganta Verde** (la "gorge verte"), un ravin de plus de 100 m de profondeur à la végétation luxuriante, débute à 3,5 km de Zahara de la Sierra, sur la route de Grazalema. Il croise une colonie d'énormes vautours communs, avant de descendre sur 300 m au fond de la gorge. Comptez 3 à 4 heures de marche si vous allez au point de départ en voiture.

Les centres d'information d'El Bosque et de Grazalema disposent de cartes générales indiquant les principales possibilités. Encore mieux : procurez-vous un bon guide de randonnées. La meilleure carte est celle d'Editorial Alpina, *Sierra de Grazalema* (1/25 000), vendue avec une brochure explicative en anglais et en espagnol.

ℹ Depuis/vers le Parque Natural de la Sierra de Grazalema

Des bus **Los Amarillos** (☎902 21 03 17 ; www.losamarillos.es) et **Comes** (☎902 19 92 08 ; www.tgcomes.es) circulent quotidiennement de Jerez de la Frontera, via Arcos de la Frontera, jusqu'à Olvera (8 €, 2 heures 15, 3/j) et Setenil de las Bodegas (9 €, 2 heures 30, 3/j). Deux d'entre eux continuent jusqu'à Málaga (11 €, 2 heures 15).

Des bus Los Amarillos assurent la liaison 2 fois par jour, dans les 2 sens, entre Zahara de la Sierra et Ronda (3 €, 1 heure). Grazalema propose des bus depuis/vers Ronda (2,60 €, 45 min, 2/j) ; El Bosque (2,35 €, 30 min, 1/j), où vous pouvez changer pour Arcos ; et Ubrique/Benaocaz (2,20 €, 40 min, 2/j).

Arcos de la Frontera

31 500 HABITANTS

Tout ce que l'on imagine à propos des cités blanches se matérialise miraculeusement à Arcos de la Frontera : un emplacement spectaculaire au sommet d'une falaise, une vieille ville paisible, un *parador* chic, et une histoire frontalière mouvementée. Les bus touristiques et les constructions neuves se font rares, ce qui renforce le spectacle.

Brièvement, au cours du XIe siècle, Arcos fut un royaume berbère indépendant. En 1255, le chrétien Alphonse X le récupéra pour Séville et le village resta "de la Frontera" (à la frontière) pendant les 237 ans qui suivirent, jusqu'à la chute de Grenade en 1492.

À voir et à faire

La vieille ville reflète les évolutions architecturales suivant les mouvements de la frontière contestée qui séparait chrétiens et Maures. La Plaza del Cabildo est le point central de ce quartier. Oubliez le parking moderne et admirez plutôt les beaux édifices aux alentours, ainsi que le **mirador** vertigineux donnant sur le Río Guadalete. Le **Castillo de los Duques** (Plaza del Cabildo) datant du XIe siècle est fermé au public, mais ses murs extérieurs sont emblématiques d'Arcos. Dans la partie est, l'hôtel Parador Casa del Corregidor (p. 297) est une reconstruction d'un tribunal du XVIe siècle.

Basílica-Parroquia de Santa María ÉGLISE
(carte p. 130 ; Plaza del Cabildo). Au nord de la Plaza del Cabildo, voici l'une des plus éblouissantes petites églises d'Andalousie. Si elle est ouverte, vous aurez la chance d'admirer un retable (miniature de celui de la cathédrale de Séville) orné de feuilles d'or, sculpté entre 1580 et 1608, une saisissante peinture de Saint-Christophe, une peinture murale du XIVe siècle, découverte dans les années 1970, un chœur en bois sculpté et des chapelles latérales dorées.

Convento de las Mercedarías COUVENT
(Plaza Boticas ; 8h30-14h30, 17h-19h). On a rarement l'impression d'aller se confesser en achetant des biscuits, mais pénétrez dans le hall de ce vieux couvent, sonnez, et une religieuse dissimulée derrière une cloison de bois vous invitera à commander un sac de gourmandises. Placez votre monnaie dans le compartiment pivotant, sur lequel quelques minutes plus tard vous trouverez votre commande – à déguster sans repentir !

Iglesia de San Pedro ÉGLISE
(Calle Núñez de Prado ; 1 € ; 10h30-14h et 17h-19h lun-ven, 11h-14h sam). Cette autre construction gothique-baroque d'Arcos abrite l'un des plus beaux intérieurs (pas sombre du tout) d'Andalousie.

Circuits organisés

Visite guidée À PIED
Des visites guidées (4 €, 1 heure) des monuments de la vieille ville partent de l'office du tourisme d'Arcos, Calle Cuesta de Belén, à 11h du lundi au vendredi. Ce parcours vous permet d'entrevoir les jolis patios de la ville, inaccessibles le reste du temps. La brochure *Walking Tour*, disponible à la Casa Campana (p. 297), permet de visiter la ville par ses propres moyens.

Fêtes et festivals

Semana Santa SEMAINE SAINTE
Les processions de la Semana Santa d'Arcos sont parmi les plus spectaculaires de la région. La solennité du Vendredi saint est contrebalancée par le dimanche de Pâques, tout en exubérance, avec une impressionnante course de taureaux dans les rues.

Feria de San Miguel RELIGION
Arcos fête son saint patron avec une feria de quatre jours, aux alentours du 29 septembre.

Où se restaurer

L'offre en matière de restauration s'est améliorée à Arcos, les bars à l'ancienne partageant désormais les rues avec de nouveaux établissements marocains tendance fusion.

Bar La Cárcel TAPAS €€
(956 70 04 10 ; Calle Deán Espinosa 18 ; tapas et montaditos 2,50 €, raciones 8-12 € ; 8h-12h lun, plus tard mar-dim). Ce bar sert de simples tapas (*fajitas*, ou aubergine au fromage de chèvre et miel, par exemple) et des *cañas* de bière bien fraîches. Des tonneaux de ce breuvage font d'ailleurs office de tables. Chaleureux et authentique.

Restaurante-Café Babel MAROCAIN, FUSION €€
(Calle Corredera 11 ; plats 8-12 €). Nouvel établissement fusion au cadre élégant et aux plats savoureux : tajines et couscous, ou thé arabe servi dans une théière en argent, accompagné de pâtisseries.

Mesón Don Fernando ANDALOU €
(Calle Boticas 5 ; plats 9-11 € ; fermé lun). Certainement le meilleur des bars-restaurants de la Calle Boticas, dans la vieille ville. Atmosphère espagnole et animée avec flamenco en fond sonore. Bons *montaditos* (petits sandwichs) et *raciones* (grosses portions de tapas) servis dans le bar voûté ou en terrasse. Le petit restaurant sert essentiellement des plats de viande et des desserts appétissants.

Arcos de la Frontera

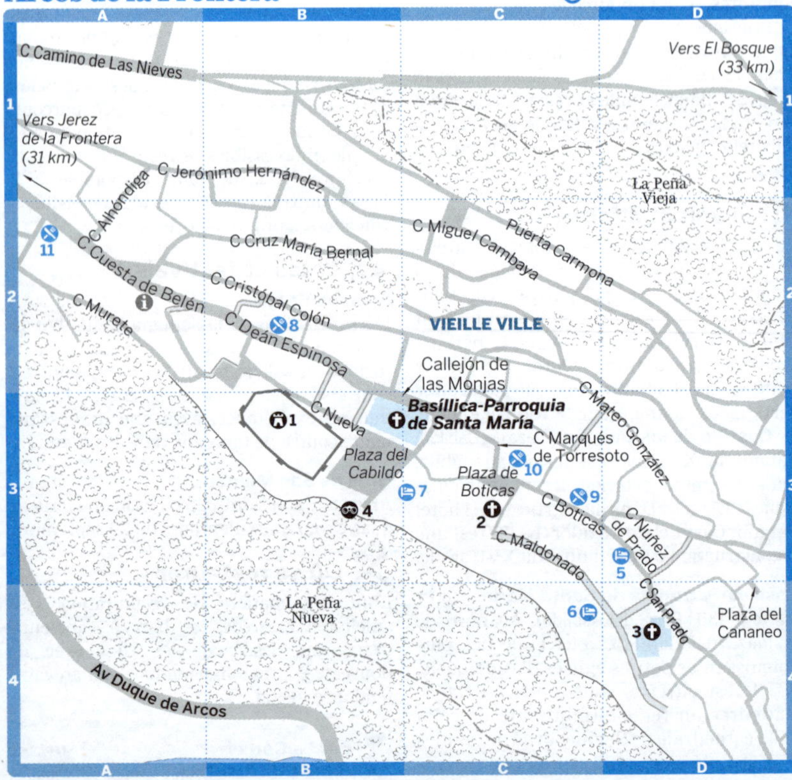

Las Doce Campanas CAFÉ, PETIT-DÉJEUNER € (Calle Boticas 11 ; petit-déjeuner 3-5 €). Parfait endroit (qui fait aussi *pastelería*) pour un petit-déjeuner à des tarifs plus abordables que le *parador*. Le panorama n'est pas aussi beau, mais l'atmosphère est plus détendue.

Renseignements

Le nouvel **office du tourisme** (☎956 70 22 64 ; Calle Cuesta de Belén 5 ; ⏲10h-14h30 et 17h30-20h lun-ven, 10h30-13h30 et 17h-19h sam, 10h30-13h30 dim) est aussi un centre d'interprétation présentant des maquettes à différentes échelles et d'intéressantes expositions sur la nature et l'histoire locales.

Depuis/vers Arcos de la Frontera

BUS Depuis la **gare routière** (☎956 70 49 77), des bus (moins nombreux le week-end) **Los Amarillos** (www.losamarillos.es) et/ou **Comes** (www.tgcomes.es) desservent quotidiennement Cadix (5 €, 1 heure, 8/j), Olvera (6 €, 1 heure 30, 3/j), Jerez de la Frontera (3 €, 45 min, 19/j), Málaga (17 €, 3 heure 30, 2/j) et Ronda (9 €, 2 heures, 2/j).

VOITURE Garez-vous dans le parking souterrain du Paseo de Andalucía, puis prenez le minibus local (0,95 €) qui part toutes les demi-heures de la Plaza de España, juste à côté, jusqu'au sommet de la vieille ville.

COSTA DE LA LUZ ET LE SUD-EST

Passer de la Costa del Sol à la Costa de la Luz, dépourvue de complexes hôteliers clinquants et de constructions anarchiques, revient à prendre un grand bol d'air frais. Cette côte est un retour en Espagne ; un monde de fermiers aux casquettes plates et de parties de dominos, de taureaux qui paissent et de messes dominicales suivies d'un petit xérès sec. Ne vous demandez pas pourquoi ces vastes plages de sable jaune et ces

Arcos de la Frontera

villages aux emplacements spectaculaires sont si peu fréquentés. Allez-y et profitez-en tant que c'est encore possible.

Vejer de la Frontera

12 800 HABITANTS

Les mots viennent à manquer à la vue de Vejer. Perché au sommet d'une colline rocheuse surplombant la N340, à 50 km au sud de Cadix, ce paisible village blanc est très particulier. On y trouve un agréable dédale de rues sinueuses, quelques panoramas exceptionnels et un château en ruine. Mais Vejer dégage autre chose – une émotion, un air mystérieux, un soupçon de *duende*, peut-être. À vous de juger.

À voir

Les remparts de Vejer, qui datent du XVe siècle, entourent la vieille ville et courent au-delà. L'une des parties les plus accessibles se situe entre l'Arco de la Puerta Cerrada et l'Arco de la Segur, deux des quatre portes d'origine encore existantes. Le quartier fortifié aux environs de l'Arco de la Segur était, au XVe siècle, la **Judería** (le quartier juif).

Iglesia del Divino Salvador — ÉGLISE

(Plaza Padre Ángel ; 11h-13h et 17h-19h lun, mer, ven et sam, 11h-13h mar, jeu et dim). Elle présente un intérieur mudéjar côté autel, et gothique à l'autre extrémité. En fin d'après-midi, le soleil brille à travers les vitraux, projetant une lumière multicolore juste au-dessus de l'autel.

Plaza de España — PLACE

La jolie Plaza de España, agrémentée de palmiers et d'une fontaine aux carreaux de céramique de Séville, donne au sud directement sur l'hôtel de ville. Un petit mirador surplombe le côté ouest de la place (accessible par la Calle de Sancho IV).

Casa del Mayorazgo — DEMEURE

(Callejón de La Villa ; entrée sur don). Lorsque la porte de cette demeure du XVe siècle est ouverte, on peut apercevoir son joli patio et l'une des trois anciennes tours de guet de la ville.

GRATUIT Castillo — CHÂTEAU

(10h-14h et 17h30-20h30 juil et août). Les remparts du château de Vejer, en grande partie restauré, offrent de superbes points de vue. Le petit musée aux horaires variables conserve une cape que portaient autrefois les femmes de Vejer.

Fêtes et festivals

Dimanche de Pâques — RELIGION

Un *toro embolado* (course de taureaux, aux cornes recouvertes de bandages) est organisé à 12h et à 16h.

Feria — MUSIQUE, DANSE

(10-24 août). On joue de la musique et on danse sur la Plaza de España, avec une soirée consacrée uniquement au flamenco.

Où se restaurer

El Jardín de la Califa — MAROCAIN, FUSION €€

(956 44 77 30 ; Plaza de España 16 ; entrées 6-9 €, plats 8,30-15 € ;). L'atmosphère s'accorde avec la cuisine dans ce restaurant à la beauté exotique (qui fait aussi hôtel et *tetería*), et aux airs de grotte.

Le menu est marocain – tajines et couscous –, et la très belle présentation accompagne à merveille les saveurs du Maghreb (safran, figues et amandes) et la succulence de la viande rôtie.

La Vera Cruz — ANDALOU CONTEMPORAIN €€

(956 45 16 83 ; www.restaurantelaveracruz.es ; Calle Shelly 1 ; plats 12-18 € ; déj mar-dim, dîner jeu-sam). Installée dans un ancien couvent aux horaires plutôt restreints, la "Vraie Croix" sert des tapas gastronomiques du genre lasagnes aux anchois froides et les côtelettes laquées avec purée de wasabi.

Pour certains, ce serait le meilleur restaurant de la ville.

La Posada ANDALOU €
(Avenida Los Remedios ; tapas 2-3,50 €, raciones 7-8 € ; fermé mar). Vieux bar servant des tapas simples sans aucune cérémonie, au milieu de *mucho ruido* ("beaucoup de bruit"). Allez-y !

Où sortir

Peña Cultural Flamenca "El Aguilar de Vejer" FLAMENCO
(Calle Rosario 29 ; entrée 3 €). L'authentique scène flamenca participe à la magie de Vejer. Découvrez-la dans ce charmant bar/salle de spectacle de la vieille ville. Cours de chant et de guitare le jeudi soir.

Renseignements

L'**office du tourisme** (956 45 17 36 ; Avenida Los Remedios 2 ; 10h-14h tlj, 18h-20h lun-sam mai-oct environ) se trouve à 500 m environ en contrebas du centre-ville. Grand parking gratuit sur place également.

Comment s'y rendre et circuler

Les bus **Comes** (902 19 92 08 ; www.tgcomes.es) partent de l'Avenida Los Remedios. Certains desservent Cadix (1 heure) et Barbate (15 min) 5 ou 6 fois par jour. Des bus pour Tarifa (45 min, 10/j), Algésiras (1 heure 15, 10/j), Jerez de la Frontera (1 heure 30, 2/j), Málaga (2 heures 45, 2/j) et Séville (2 heures 15, 4/j) s'arrêtent à La Barca de Vejer, sur la N340, au bas de la colline. Comptez 20 minutes pour grimper à pied la côte raide jusqu'à la ville, ou 6 € en taxi.

La côte de Vejer

Les villages qui s'égrènent le long de la côte proche de Vejer se caractérisent par leur simplicité. El Palmar, bourgade assoupie à 10 km au sud-ouest de Vejer, possède une grande plage de sable blanc qui s'étend sur 4,8 km et se prête bien au surf (d'octobre à mai). Ancienne destination hippie, Los Caños de Meca s'étire de manière un peu anarchique entre de magnifiques criques de sable, au pied d'une colline de pins, à 7 km au sud-est d'El Palmar. En descendant la côte vers le sud-est, après le port de pêche de Barbate, le village de Zahara de los Atunes est posé au milieu de nulle part, avec une vaste plage de sable de 12 km donnant vers l'ouest.

Depuis/vers la côte de Vejer

Des bus réguliers assurent la liaison entre la Plazuela à Vejer de la Frontera et Barbate (10 min). D'autres relient Los Caños de Meca à Séville 2 fois par jour.

BARBATE

23 000 HABITANTS

Barbate est une ville nouvelle installée sur une jolie plage courbée de la Costa de la Luz ; sa personnalité réside dans sa flotte de pêche et la technique pour attraper le thon rouge au filet (méthode *almadraba*) qui remonte à l'époque des Phéniciens. Bien que moderne, Barbate, située à seulement 15 minutes de bus de Vejer, mérite le détour pour ses produits de la mer et la randonnée vers le nord jusqu'à Los Caños de Meca.

Activités

Parque Natural de la Breña y Marismas de Barbate RANDONNÉE
Ce petit parc préserve d'importants marais côtiers et pinèdes des constructions présentes sur la Costa del Sol. Son principal point d'accès est le **Sendero del Acantilado**, un sentier de 7,2 km entre Barbate et Los Caños de Meca, longeant le sommet de falaises aussi impressionnantes que celles de Cabo de Gata.

La Torre de Tajo et son paisible mirador perché au-dessus de l'Atlantique est le point culminant de la randonnée. Le sentier débute juste à l'ouest du port de pêche de Barbate.

Où se restaurer

El Atun Rojo POISSON, FRUITS DE MER €€
(www.elatunrojo.com ; Avenida Atlántico 21 ; plats 11-15 €). Venir à Barbate sans goûter le thon est une forme d'hérésie. Évitez ce faux pas dans ce bar chic aux tables en terrasse pour la plupart, à une rue de la plage, servant aubergines farcies, boulettes de viande et – surtout – du thon préparé à toutes les sauces. L'*atún almadraba,* en croûte de poivre et aux olives noires, est une délicieuse merveille.

LOS CAÑOS DE MECA

300 HABITANTS

Los Caños de Meca est une sorte de haut lieu des plages, des bains de soleil isolés, du kitesurf, de la planche à voile et du surf. Après avoir vu la largeur et la qualité des plages de sable jaune, Marbella n'aura plus autant d'intérêt à vos yeux. Ancienne destination hippie, Caños attire désormais des visiteurs de tous styles et de toutes nationalités. Il n'y a qu'une seule condition : oubliez votre stress, ici, la tranquillité est reine !

À voir et à faire

Cabo de Trafalgar SITE CÉLÈBRE

À l'extrémité ouest de Los Caños de Meca, une petite route conduit à un phare qui se dresse sur le fameux cap de Trafalgar. En 1805, c'est au large de ce cap que les forces navales franco-espagnoles furent anéanties en quelques heures par la flotte britannique commandée par l'amiral Nelson. Une plaque commémorant la mort des hommes tombés pendant la bataille a été installée ici au moment du bicentenaire, en octobre 2005.

Playas PLAGES

Des plages splendides s'étirent de part et d'autre du cap de Trafalgar. Située juste en face du croisement entre l'Avenida Trafalgar et la route de Barbate, la plage principale est idéale pour observer les experts du kitesurf international (qui généralement s'élancent d'ici). Les amateurs de naturisme se rendent de l'autre côté de la petite pointe rocheuse située à son extrémité est, où les plages sont plus isolées, notamment la **Playa de las Cortinas**.

Où se restaurer et prendre un verre

El Pirata FRUITS DE MER €€

(Avenida Trafalgar 67 ; plats 9-13 € ; toute l'année). Bénéficiant d'un superbe emplacement donnant sur la plage, l'établissement semble résumer l'hédonisme de Caños. Le midi, on y sert d'excellents fruits de mer. Le soir, on écoute de la musique et on danse parfois jusque sur la plage.

Las Dunas CAFÉ, BAR

(Carretera del Faro de Trafalgar ;). Bienvenue dans ce lieu où la plus pure décontraction est de rigueur. Le jour, les kitesurfeurs viennent s'y détendre entre deux sorties chargées en adrénaline depuis la plage à l'extérieur. Wi-Fi gratuit, *tortas* (gâteaux) et ambiance de camp de surf.

Tarifa

17 900 HABITANTS

La situation de Tarifa, à la pointe de l'Espagne, lui confère une personnalité et un climat différents du reste de l'Andalousie. Les vents forts de l'Atlantique attirent surfeurs, véliplanchistes et kitesurfeurs qui, en retour, donnent à cette ville ancienne – moins petite qu'il n'y paraît – une image décontractée et internationale, contrastant fortement avec le mercantilisme de la Costa del Sol voisine. Dernière étape en Espagne avant le Maroc, la ville offre aussi un avant-goût de ce pays. Ici, la cuisine se pare de saveurs marocaines, et la vieille ville fortifiée aux étroites rues blanchies à la chaux, balayée par les vents incessants, pourrait presque passer pour Chefchaouen ou Essaouira.

Si Tarifa, aussi ancienne que la phénicienne Cadix, fut un village romain, elle doit son nom à Tarif ibn Malik, qui conduisit une attaque maure en 710, un an avant la grande invasion musulmane de la péninsule.

À voir et à faire

Tarifa possède une impressionnante et longue histoire. La minuscule vieille ville fortifiée offre peu de sites à visiter mais elle dégage un charme certain et une atmosphère nord-africaine.

Castillo de Guzmán CHÂTEAU

(Calle Guzmán El Bueno ; 2 € ; 11h-16h). Construite en 960 sur ordre du calife de Cordoue, Abd ar-Rahman III, cette forteresse porte le nom d'un héros de la Reconquête, Guzmán El Bueno. En 1294, lorsqu'on le menaça de tuer son fils s'il n'abandonnait pas le château face aux forces musulmanes assaillantes, El Bueno jeta son propre poignard pour que la menace soit mise à exécution.

Les descendants de Guzmán devinrent les ducs de Medina Sidonia, l'une des familles les plus puissantes d'Espagne. Les billets d'entrée pour la forteresse s'achètent à l'office du tourisme.

Mirador El Estrecho POSTE D'OBSERVATION

(Calle Aljaranda). Montez les marches au bout de la Calle Coronel Moscardó, puis tournez à gauche dans la Calle Aljaranda pour rejoindre le Mirador El Estrecho, qui domine une partie des fortifications du château. Vous serez récompensé par une vue spectaculaire qui s'étend jusqu'à l'Afrique et au Djebel Moussa, l'une des “colonnes d'Hercule” (Gibraltar étant la seconde), haute de 851 m.

Playas PLAGES

La **Playa Chica** est une petite plage située sur l'isthme qui mène à l'Isla de las Palomas. Totalement différente, la spectaculaire **Playa de los Lances** s'étire vers le nord-ouest sur 10 km, jusqu'à l'énorme dune de sable d'**Ensenada de Valdevaqueros**.

Les petites dunes situées derrière la Playa de los Lances font partie d'un parc naturel, que l'on peut parcourir à pied sur

Tarifa

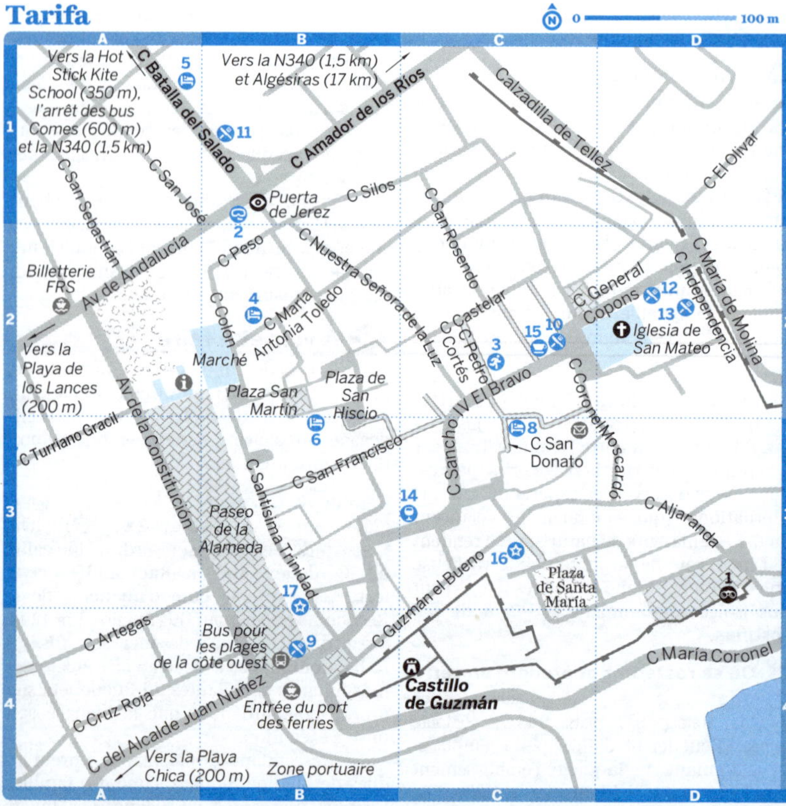

un passage surélevé partant de l'extrémité de la promenade bitumée de Tarifa.

Planche à voile et kitesurf

Les vents légendaires de Tarifa (dont le *poniente*, vent d'ouest venant de l'Atlantique), à la jonction entre l'Atlantique et la Méditerranée, ont fait de la ville l'une des premières destinations européennes de planche à voile et de kitesurf. La portion de la côte la plus populaire s'étend de Tarifa à Punta Paloma, à 10 km au nord-ouest, mais les kitesurfeurs fréquentent aussi la plage de Tarifa (pour le plus grand plaisir des spectateurs).

Plus de 30 prestataires proposent du matériel et des leçons (pour débutants et confirmés de tous âges). **Club Mistral** (www.club-mistral.com) et **Spin Out** (☎956 23 63 52 ; www.tarifaspinout.com ; El Porro Beach, N340 km 75), indiqués à partir de la N340, au nord-ouest de la ville, sont recommandés. En plus de la planche à voile, ces mêmes établissements proposent aussi cours et location d'équipement de kitesurf. **Hot Stick Kite School** (☎647 155516 ; www.hotsticktarifa.com ; Calle Batalla del Salado 41) est spécialiste de la discipline.

Pour le kitesurf, comptez 70 € pour un "baptême" de 3 heures, 135 € pour une "initiation" de 6 heures, 180 € pour un "cours complet" de 9 heures. L'équipement coûte 60 € par jour. Vous pouvez aussi suivre des cours de planche à voile, surf et planche à bras (50 €/2 heures).

Plongée

Tarifa se prête parfaitement à la plongée. Les sorties se font généralement en bateau aux environs de l'Isla de las Palomas, permettant d'admirer épaves, coraux, dauphins, pieuvres. Essayez **Aventura Marina** (☎956 05 46 26 ; www.aventuramarina.org ; Avenida de Andalucía 1), qui propose des cours d'initiation à la plongée (3 heures,

Tarifa

Les incontournables
Castillo de Guzmán C4

À voir
1 Mirador El Estrecho D3

Activités
2 Aventura Marina B1
3 FIRMM C2

Où se loger
4 Hostal Africa B2
5 Hotel Convento Tarifa A1
6 La Casa de la Favorita B3
7 Melting Pot A3
8 Posada La Sacristía C3

Où se restaurer
9 Bamboo B4
10 Bar-Restaurante Morilla C2
11 Café Azul Bar B1
12 La Oca da Sergio D2
13 Mandrágora D2

Où prendre un verre
14 Bear House C3
15 Café Central C2

Où sortir
16 Al Medina C3
17 La Ruina B3

75 €). Comptez 50 € pour une plongée, avec location de matériel et guide.

Observation des baleines

C'est dans les eaux au large de Tarifa que des dauphins et des baleines évoluent entre l'Atlantique et la Méditerranée, d'avril à octobre. À cette période, on peut voir des dauphins bleu et blanc et des grands dauphins, ainsi que des globicéphales noirs, des orques et des cachalots, et, parfois, des rorquals communs et des dauphins communs, deux espèces en danger. Les orques sont plus nombreuses en juillet et en août, tandis que les cachalots sont présents dans le détroit de Gibraltar d'avril à juillet. Quantité de sociétés organisent des sorties en mer, dont la **FIRMM** (☎956 62 70 08 ; www.firmm.org ; Calle Pedro Cortés 4 ; ⏲mars-oct). Cette fondation à but non lucratif, qui se consacre à l'étude des baleines et à l'enregistrement de données, propose des excursions éco-responsables.

Équitation

Les amateurs d'équitation ne manqueront pas l'occasion de découvrir le littoral venté de Tarifa ou les collines de l'arrière-pays, lors de promenades à cheval. Comptez 30 € pour 1 heure de promenade sur la Playa de los Lances, 50 € pour une balade de 2 heures combinant des itinéraires sur la plage et à l'intérieur des terres, et au moins 70/80 € pour une randonnée de 3 à 5 heures. L'écurie **Aventura Ecuestre** (☎956 23 66 32 ; www.aventuraecuestre.com ; Hotel Dos Mares, N340 km 79,5) dispose de guides francophones, et propose aussi des cours particuliers (30 €/heure), des poneys pour les enfants (15/30 € 30 min/1 heure) et des promenades de 5 heures dans le Parque Natural Los Alcornocales. À 5 km au nord-ouest de Tarifa, le **Molino El Mastral** (☎956 10 63 10 ; www.mastral.com ; Carretera Sanctuario de la Luz) a également bonne réputation.

Fêtes et festivals

Festival de reggae MUSIQUE
Au mois d'août, le temps d'une soirée, des concerts de groupes de reggae, internationaux et espagnols, font le bonheur d'un public nombreux dans les modestes arènes de Tarifa.

Feria de la Virgen de la Luz RELIGION
La première semaine de septembre, la feria de la ville, en l'honneur de sa sainte patronne, associe des processions religieuses, avec la participation de magnifiques chevaux de la région, aux habituels chants, danses et dégustations.

Où se restaurer

Les bons restaurants abondent à Tarifa. Beaucoup proposent une cuisine internationale (notamment italienne). C'est aussi l'un des meilleurs endroits en Andalousie pour prendre un petit-déjeuner et changer des habituels *tostada* (toast) et café. Vous trouverez en outre des smoothies, des hamburgers gastronomiques et de la cuisine fusion.

Mandrágora MAROCAIN, MOYEN-ORIENTAL **€€**
(☎956 68 12 91 ; Calle Independencia 3 ; plats 12-18 € ; ⏲à partir de 20h lun-sam). Derrière l'Iglesia de San Mateo, cet établissement à l'atmosphère intime sert une excellente cuisine arabo-andalouse. Difficile de faire

LE GR7, L'AUTRE CHEMIN ESPAGNOL

Après le Camino de Santiago, le *Gran Recorrido 7* (GR7) est probablement le sentier le plus emblématique d'Espagne. Traversant le pays de Tarifa à Andorre, il comprend un important segment du sentier européen E4 qui continue sur 10 000 km en Europe et se termine en Grèce, à Athènes.

La partie andalouse (1 000 km), qui emprunte d'anciens chemins de chasse et de commerce, traverse 6 parcs naturels et 1 parc national, de nombreuses chaînes de montagnes et de vastes terres cultivées ou non. Le trajet entier prendrait environ 40 jours, mais la plupart des marcheurs se concentrent sur de petites portions, notamment dans Las Alpujarras et les environs de Grazalema et de Ronda. Après avoir traversé les provinces de Cadix et de Málaga en direction de l'est depuis Tarifa, le GR7 se divise juste à l'est d'Antequera. La partie sud, plus populaire, conduit au sud de la Sierra Nevada par Las Alpujarras. La partie nord, plus isolée, mène dans les provinces de Cordoue et de Jaén, en passant par les montagnes de Cazorla. Les chemins se rejoignent à Puebla de Don Fadrique, qui marque la fin de la section andalouse du GR7.

Le balisage (balises rouge et blanc et panneaux indiquant la distance et/ou le temps restant jusqu'à la prochaine destination) du GR7 est parfois capricieux. Heureusement, Cicerone publie désormais un guide complet (en anglais) détaillant chaque section : *Walking the GR7 in Andalucía* (2007 ; Kirstie Shirra et Michelle Lowe).

son choix : agneau aux pruneaux et aux amandes, crevettes à la sauce de *ñora* (poivron andalou) ou lotte sauce aux champignons sauvages et aux oursins.

À l'écart des principaux restaurants de Tarifa, il attire une clientèle plus calme et souvent composée de connaisseurs.

Bamboo PETIT-DÉJEUNER, BAR €

(Paseo de la Alameda 2 ; en-cas à partir de 4 €). Situé dans l'Alameda, le Bamboo concocte de superbes petits-déjeuners, milk-shakes et smoothies le matin. Le soir, place aux cocktails, à la musique et aux DJ. Cadre éclectique, à l'image de Tarifa (canapés et poufs), et clientèle décontractée de surfeurs.

La Oca da Sergio ITALIEN €€

(www.la-oca-da-sergio.artesur.eu ; Calle General Copons 6 ; plats 10-16 €). Les Italiens règnent à Tarifa, du moins dans la restauration. L'aimable Sergio, qui circule entre les tables armé d'assiettes chargées et d'histoires drôles, prépare une cuisine authentique de son pays : pâtes maison, fines pizzas cuites au feu de bois, cappuccinos et *limoncello*.

Bar-Restaurante Morilla TAPAS, ANDALOU €€

(956 68 17 57 ; Calle Sancho IV El Bravo 2 ; plats à partir de 10 €). Des nombreux établissements de cette rue au cœur de la vieille ville, Morilla est celui qui attire le plus d'habitants avec des tapas et des plats d'agneau de qualité, ainsi qu'une remarquable *cazuela de pescados y mariscos* (ragoût de poisson et fruits de mer). Les serveurs pleins de repartie s'affairent entre les tables.

Café Azul Bar PETIT-DÉJEUNER €

(Calle Batalla del Salado 8 ; petit-déjeuner 3,50-8 € ; 9h-15h, fermé mer en hiver). Un endroit excentrique au cadre attrayant. Les propriétaires italiens préparent le meilleur petit-déjeuner de la ville. Ne manquez pas le gros bol de muesli, salade de fruits et yaourt. Bon café, milkshakes, jus, *bocadillos* (sandwichs), crêpes et gâteaux. Parfois ouvert jusqu'en début de soirée l'été, on y sert des plats légers aux accents thaïs ou italiens.

Où prendre un verre et sortir

En raison de la foule de surfeurs et kitesurfeurs sans cesse renouvelée, les bars à Tarifa ne manquent pas et sont principalement regroupés dans les étroites Calle Santísima Trinidad et Calle San Francisco, juste à l'est d'Alameda. Inutile de sortir avant 23h. On ne danse sérieusement qu'à partir de 2h30 environ et les plus endurants tiennent jusqu'à 8h. De nombreux établissements ferment le dimanche. Plusieurs bars bordent l'extrémité sud de l'Alameda.

Café Central CAFÉ

(Calle Sancho IV El Bravo 8). L'endroit de la ville pour voir et être vu. Les délicieux *churros con chocolate* (*churros* à tremper dans une tasse de chocolat chaud) font passer le temps.

Bear House BAR

(Calle Sancho IV El Bravo 26 ; 14h-2h). Ce nouvel établissement chic est une sorte de bar à vins pour surfeurs : canapés rembourrés, cocktails divers et foot sur grand écran.

Al Medina BAR, SALON DE THÉ
(☎669 639751 ; www.almedinacafe.net ; en retrait de la Plaza de Santa María ; ⏰22h30-2h mer, 21h-2h jeu, 22h30-3h ven et sam). Sur la volée de marches, non loin de la Plaza de Santa María, à l'extrémité sud de la vieille ville, ce lieu cosy est à peu près le seul en ville qui organise des concerts (gratuits) de flamenco, le jeudi soir.

La Ruina CLUB
(Calle Santísima Trinidad 2 ; ⏰1h-4h). Une vieille ruine au décor moderne et branché, voici le temple de la danse de Tarifa. Musique électro et house.

Renseignements

Office du tourisme (☎956 68 09 93 ; www.aytotarifa.com ; Paseo de la Alameda ; ⏰10h-14h tlj oct-mai, 18h-20h lun-ven juin-sept). Près de l'extrémité nord du Paseo de la Alameda, bordé de palmiers.

Comment s'y rendre et circuler

BATEAU FRS (☎956 68 18 30 ; www.frs.es ; Avenida Andalucía 16) propose un ferry rapide (35 min) entre Tarifa et Tanger, au Maroc (aller simple adulte/enfant/voiture/moto 37/20/93/31 €) jusqu'à 8 fois par jour. Passeport obligatoire. Il y a aussi une billetterie à l'Estación Marítima.

BUS Le départ des bus **Comes** (☎956 68 40 38 ; www.tgcomes.es ; Calle Batalla del Salado 13) se fait sur le petit terrain près de la station-service, à l'extrémité nord de la Calle Batalla del Salado. Ils desservent régulièrement Cadix, Jerez de la Frontera, La Línea de La Concepción (pour Gibraltar), Málaga, Séville et Zahara de los Atunes.

VOITURE Un parking gratuit (surveillé) se trouve à l'est de la vieille ville, près de la Calle El Olivar.

Environs de Tarifa

Baelo Claudia RUINES ROMAINES
(☎956 10 67 97 ; 1,50 € ; ⏰9h-19h mar-sam mars-mai et oct, 9h-20h mar-sam juin-sept, 9h-18h mar-sam nov-fév, 9h-14h dim toute l'année). C'est dans le minuscule village de Bolonia, indiqué depuis la N340, à 20 km au nord-ouest de Tarifa, que se trouvent les ruines de la cité romaine de Baelo Claudia. Là, vous découvrirez les vestiges imposants d'un théâtre, d'un forum pavé entouré de parties de temples ou d'autres édifices, ainsi que des ateliers où se fabriquait ce qui rendit Baelo Claudia célèbre dans tout le monde romain : le poisson salé et le *garum* (une sauce épicée à base de poisson).

La cité connut son apogée sous l'empereur Claude, de 41 à 54, mais entama son déclin au IIe siècle, à la suite d'un tremblement de terre. Musique live certains soirs en juillet et août. Les bus conduisant de Tarifa aux ruines ne circulent que l'été. Le reste du temps, il faut s'y rendre par ses propres moyens.

Parque Natural Los Alcornocales

Ce parc présente un intérêt majeur du point de vue archéologique et historique, mais reste peu visité en raison de son accès difficile. Outre les randonnées, il offre toutes

ALGÉSIRAS : PORTE D'ACCÈS AU MAROC

Le principal port reliant l'Espagne à l'Afrique est une ville industrielle sans attrait et un port de pêche. Il est surtout connu comme étant le lieu de naissance du plus grand guitariste flamenco des temps modernes, Paco de Lucía, né en 1947. Généralement, les visiteurs repartent rapidement en ferry pour le Maroc, ou en bus vers Tarifa ou Gibraltar.

Depuis la gare routière, dans la Calle San Bernardo, des bus **Comes** (☎956 65 34 56 ; www.tgcomes.es) se rendent à La Línea (30 min, toutes les demi-heures), Tarifa (30 min, 13/j), Cadix (2 heures 30, 13/j), et Séville (2 heures 30, 6/j).

La **gare ferroviaire** (☎956 63 10 05) adjacente propose des trains vers/depuis Madrid (70,90 €, 5 heures 30, 2/j) et Grenade (24,80 €, 4 heures 15, 3/j).

La traversée en ferry d'Algésiras à Tanger avec FRS revient moins cher qu'au départ de Tarifa, comptez 23/84 € l'aller simple par adulte/voiture. Cinq traversées quotidiennes, à 31/110 €, sont aussi proposées vers Ceuta, l'enclave espagnole du Maroc.

Pour rejoindre le port depuis la gare routière d'Algésiras, marchez environ 600 m vers l'est, le long de la Calle San Bernardo.

sortes d'activités, mais vous aurez besoin d'un véhicule pour l'explorer.

Cet immense parc naturel (1 700 km²) s'étend du détroit de Gibraltar vers le nord sur 75 km, jusqu'à la limite du Parque Natural Sierra de Grazalema. La succession de ses chaînes de montagnes de moyenne altitude, tantôt vallonnées, tantôt plus escarpées, est essentiellement couverte de forêts de chênes-lièges (*alcornocales*).

Renseignements

Centro de Visitantes Cortes de la Frontera (☎952 15 45 99 ; Avenida de la Democracia ; 10h-14h jeu toute l'année, 10h-14h et 18h-20h ven-dim avr-sept, 10h-14h et 16h-18h ven-dim oct-mars)

Centro de Visitantes Huerta Grande (☎956 67 91 61 ; N340 km 96 ; 10h-14h jeu toute l'année, 10h-14h et 18h-20h ven-dim avr-sept, 10h-14h et 16h-18h ven-dim oct-mars). Sur la route Tarifa-Algésiras.

Punto de Información Castillo de Castellar (☎956 23 66 24 ; Castellar de la Frontera ; 11h30-14h et 17h-19h30 mer-dim mai-sept, 10h-14h et 15h-17h mer-dim oct-avr)

Punto de Información Jimena de la Frontera (☎956 23 68 82 ; Calle Misericordia ; 10h-14h et 16h-20h lun-ven, 10h-14h sam-dim)

JIMENA DE LA FRONTERA

10 500 HABITANTS

Dans les collines, à la limite du Parque Natural Los Alcornocales, Jimena à la blancheur immaculée est installée dans une belle forêt de chênes-lièges. Son château de l'époque nasride, en ruine, est orienté vers Gibraltar et l'Afrique que l'on aperçoit distinctement. Des Britanniques à la recherche de propriétés s'installent dans la ville, mais celle-ci n'en conserve pas moins une atmosphère de village espagnol. Ses chemins de randonnée sont exceptionnels, notamment ceux du sentier européen E4 (GR7) qui divise la ville en deux et conduit aux peintures rupestres de Laja Alta, datant de l'âge de bronze.

À voir et à faire

Castillo de Jimena CHÂTEAU

Datant du XIIIe siècle, le château nasride en ruine fut construit sur des vestiges romains et faisait autrefois partie d'une ligne défensive qui s'étendait d'Olvera à Algésiras, en passant par Setenil, Zahara et Castellar. Le site renferme des réservoirs musulmans et les vestiges d'une ancienne église mozarabe taillée dans la roche, appelée **El Baño de Reina Mora**.

Sendero de Río Hozgarganta RANDONNÉE

La plus accessible des nombreuses randonnées de la région débute à l'extrémité nord-ouest de la ville. Un chemin en direction du Río Hozgarganta part sur la gauche de la route peu après la dernière maison. Comptez environ 2 heures.

Arrivé au fleuve, prenez à gauche et suivez un sentier plus caillouteux croisant de vieux moulins, des chênes-lièges et les vestiges des **Reales Fábricas de Artilleria**, une ancienne usine d'artillerie des années 1780, où furent fabriqués les boulets de canon tirés à Gibraltar au cours du célèbre Grand Siège. Le sentier suit le parcours d'un ancien canal pour vous reconduire au village.

Où se restaurer

Restaurante

El Anón INTERNATIONAL, FUSION €€

(www.hostalanon.com ; Consuelo 34 ; plats 10-15 €). En entrant, vous aurez la sensation d'avoir fait une "merveilleuse découverte" : une grande demeure aux nombreux recoins et aux vastes terrasses, dont la plus haute arbore une piscine et offre une vue sur l'Afrique. Menu très varié : hamburgers, tajines, poisson poché et salades aux noix – ne manquez pas le mémorable cheesecake maison. Loue également des chambres.

Depuis/vers Jimena de la Frontera

Des trains desservent quotidiennement Ronda (6 €, 1 heure, 3/j) et Algésiras (4 €, 40 min, 3/j) depuis la gare du village de Los Ángeles (à 1 km de Jimena). Des bus Comes ont les mêmes destinations. Les 2 modes de transport empruntent un itinéraire extrêmement pittoresque.

GIBRALTAR

29 000 HABITANTS

Boîtes aux lettres rouges, pubs servant du *fish and chips*, policiers anglais en patrouille et vieux hôtels de bord de mer au mobilier des années 1970, Gibraltar est en quelque sorte une portion de côte anglaise, découpée et envoyée à 500 miles au sud. Un caractère anglais un peu rétro que "le Rocher", comme on le surnomme, tend à cultiver, faisant la joie des amateurs de pubs et de thé, mais agaçant les Britanniques modernes qui pensaient que leur pays avait avancé depuis l'époque des gravures de batailles navales et des souvenirs de Lord Nelson. Située à la limite de l'Europe et de l'Afrique, Gibraltar offre en tout cas, avec son architecture palladienne et ses macaques de Barbarie sans queue, un saisissant contraste pour celui qui vient de quitter les villages blancs et les bars à tapas de la province de Cadix. Son histoire tumultueuse, britannique de longue date, ne manque pas non plus d'intérêt.

Les habitants de Gibraltar parlent l'anglais, l'espagnol, ainsi que le spanglish ou llanito, un curieux mélange des deux langues. Il leur arrive fréquemment de passer d'une langue à l'autre au beau milieu d'une phrase. Les panneaux sont en anglais.

Histoire

Si les Phéniciens et les Grecs y ont laissé des traces, Gibraltar n'entra véritablement dans l'histoire qu'en 711, lorsque Tariq ibn Ziyad, le gouverneur musulman de Tanger, en fit la première tête de pont de l'invasion islamique de la péninsule Ibérique, débarquant avec une armée de 10 000 hommes. Le nom de Gibraltar est une déformation de l'arabe "djebel al-Tariq", la montagne de Tariq.

Les Almohades fondèrent ici une cité en 1159, demeurée aux mains des musulmans jusqu'à sa conquête par la Castille, en 1462. Puis, en 1704, pendant la guerre de succession d'Espagne, une flotte anglo-hollandaise s'empara de Gibraltar. L'Espagne céda le Rocher à l'Angleterre par le traité d'Utrecht, en 1713, sans pour autant renoncer à le récupérer. L'échec du Grand Siège (1779-1783) mit un terme à ses tentatives.

En 1969, Franco ferma la frontière entre l'Espagne et Gibraltar, exaspéré par les résultats d'un référendum par lequel les habitants du Rocher choisirent, à 12 138 voix contre 44, de demeurer sous la souveraineté britannique. La même année, une nouvelle Constitution engagea la Grande-Bretagne à respecter les souhaits de la population locale en matière de souveraineté, et donna à Gibraltar une autonomie sur le plan intérieur, ainsi que son propre Parlement, la House of Assembly. En 1985, juste avant l'adhésion de l'Espagne à la CEE (aujourd'hui l'UE) en 1986, la frontière fut rouverte, après 16 longues années.

Gibraltar

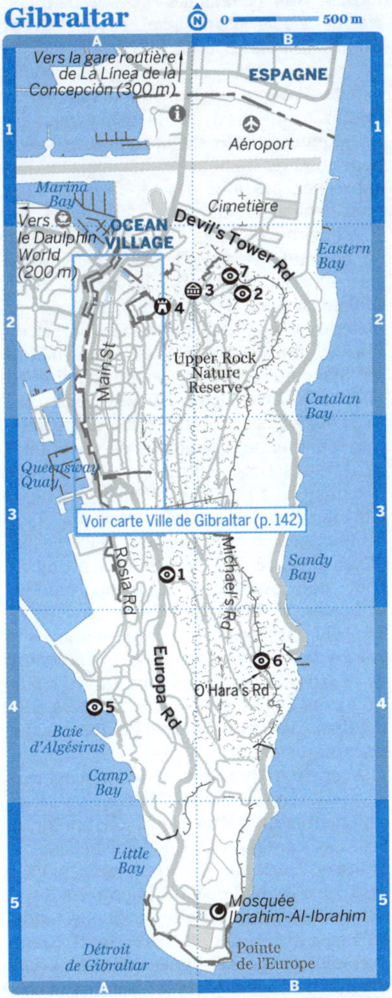

À voir et à faire

Observation des dauphins

La baie d'Algésiras compte à longueur d'année une population relativement importante de dauphins. Au moins trois tour-opérateurs organisent des sorties d'observation. D'avril à septembre, la plupart effectuent au moins deux excursions quotidiennes et, le reste de l'année, au moins une par jour. Les bateaux partent généralement du Watergardens Quay ou de la Marina Bay attenante. Les sorties durent entre 1 heure 30 et 2 heures 30. L'office du tourisme dispose d'une liste de tour-opérateurs, dont **Dolphin**

Gibraltar

À voir

1 Apes' Den A3
2 Great Siege Tunnels B2
3 Military Heritage Centre B2
4 Château maure A2
5 Nelson's Anchorage A4
6 St Michael's Cave B4
7 WWII Tunnels B2

World (☎54481000 ; Ferry Terminal, Waterport ; adulte/enfant 20/10 £) et **Dolphin Adventure** (☎20050650 ; www.dolphin.gi ; Marina Bay). Réservation indispensable.

Rocher de Gibraltar (Upper Rock)

Cet énorme pic de calcaire est une des formations géologiques les plus impressionnantes d'Europe méridionale. La meilleure façon d'explorer le Rocher est de prendre le **téléphérique** (Lower Cable-Car Station ; ☎20077826 ; Red Sands Rd ; adulte aller/retour 6,50/8 £, enfant aller/et retour 4/4,50 £ ; ⏲9h30-19h15 avr-oct, 9h30-17h15 nov-mars) jusqu'en haut, puis de descendre à pied, en reprenant éventuellement le téléphérique à la gare intermédiaire (si vous avez acheté un aller-retour).

Depuis la gare supérieure, la vue sur la baie d'Algésiras et le Maroc, de l'autre côté du détroit, est époustouflante, en particulier par temps clair. Vous pouvez aussi profiter de la vue plongeante sur les précipices situés sur le côté est.

♥ **Upper Rock Nature Reserve** RÉSERVE NATURELLE

(carte p. 142 ; adulte/enfant attractions comprises 10/5 £, véhicule 2 £, piéton sans attraction 0,50 £ ; ⏲9h-18h15, dernière entrée à 17h45). La plupart des parties supérieures du Rocher (excepté les principaux points d'observation) se trouvent dans l'Upper Rock Nature Reserve. Les billets comprennent l'entrée à la grotte St Michael, à l'Apes' Den, aux Great Siege Tunnels (tunnels du Grand Siège), au château maure, au Military Heritage Centre (centre du patrimoine militaire), au canon géant de 100 tonnes et à l'exposition "Gibraltar : A City Under Siege". Le Rocher réunit 600 espèces de plantes et est l'endroit idéal pour observer la migration des oiseaux entre l'Europe et l'Afrique.

Les habitants les plus célèbres du Rocher sont les macaques de Barbarie sans queue (environ 200 singes). Certains errent du côté de la gare supérieure du téléphérique, tandis que d'autres se concentrent aux abords de l'**Apes' Den** (le ravin des Singes ; carte p. 139 ; près de la gare intermédiaire) et des **Great Siege Tunnels**. D'après la légende, lorsque les singes (qui auraient été introduits depuis l'Afrique du Nord au XVIIIe siècle) disparaîtront, il en ira de même pour les Britanniques. L'été est la meilleure saison pour observer les nouveau-nés, mais ne vous approchez pas afin d'éviter de vous faire mordre ou agresser.

À environ 15 minutes à pied vers le sud, en descendant St Michael's Rd depuis la gare supérieure, O'Hara's Rd monte sur la gauche jusqu'à l'**O'Hara's Battery**, une batterie de canons installée au sommet du Rocher. En descendant quelques mètres de plus, on arrive à l'extraordinaire **St Michael's Cave** (carte p. 139 ; www.gibraltar.gov.gi ; St Michael's Rd ; ⏲9h30-19h15), une grotte-cathédrale naturelle remplie de stalagmites et de stalactites. Autrefois, les habitants pensaient que la grotte reliait le Rocher à l'Afrique. Aujourd'hui, elle attire une foule de touristes et accueille des concerts, des pièces de théâtre et des défilés de mode. Pour une exploration plus approfondie, le **Lower St Michael's Cave Tour** (billets 8 £ ; ⏲18h mer, 14h30 sam) propose une visite guidée de 3 heures dans la partie inférieure de la grotte. Les enfants doivent avoir plus de 10 ans et des chaussures adaptées sont requises. Contactez l'office du tourisme pour réserver un guide.

À environ 30 minutes de marche vers le nord (en descendant) depuis la gare supérieure du téléphérique, on rejoint la Princess Caroline's Battery, qui héberge le **Military Heritage Centre** (carte p. 139). De là, une route descend à la Princess Royal Battery, une autre batterie de canons, tandis qu'une autre monte vers les **Great Siege Tunnels** (carte p. 139 ; adulte/enfant 8/4 £, tarif correspondant à l'entrée par la route – moins cher

À NE PAS MANQUER

LE CHEMIN DE FER ENTRE RONDA ET ALGÉSIRAS

La **ligne Ronda-Algésiras** (billet 10,20 €) figure parmi les plus spectaculaires d'Espagne. Ouverte en 1892 pour permettre aux militaires britanniques, installés à Gibraltar, d'accéder aux merveilles (alors) secrètes du pays, la ligne fut construite et financée par deux riches sujets de Sa Majesté qui firent construire, dans les villes situées à chaque extrémité, deux magnifiques hôtels de style victorien : le Reina Victoria (Ronda) et le Reina Cristina (Algésiras). Toujours composée d'une voie unique, la ligne traverse certains des plus beaux paysages d'Andalousie, dont une forêt de chênes-lièges, des villages blancs maures, des montagnes rocheuses et de minuscules gares. Les trains circulent trois fois par jour dans chaque direction et le trajet dure 1 heure 45.

OISEAUX MIGRATEURS

L'un des plus beaux spectacles de Gibraltar est dans le ciel. Le détroit de Gibraltar est en effet un point de passage essentiel pour les oiseaux migrant entre l'Afrique et l'Europe. Les rapaces, les cigognes noir et blanc et les vautours s'élancent grâce aux courants thermiques ascendants. Il n'existe que deux endroits où la mer est assez étroite pour que les cigognes puissent gagner l'Europe de cette façon : le Bosphore (détroit entre la mer Noire et la mer de Marmara) et le détroit de Gibraltar. Les cigognes blanches se rassemblent parfois en nuées de 5 000 individus pour traverser le détroit. Les migrations vers le nord se produisent généralement entre mi-février et début juin, tandis que les vols vers le sud ont lieu entre fin juillet et début novembre. Lorsque le vent souffle vers l'ouest, Gibraltar est un bon poste d'observation. En revanche, lorsque le vent est calme ou qu'il souffle vers l'est, il est préférable de se rendre à Tarifa.

pour les piétons ; 9h30-19h), un système de défense complexe taillé dans le Rocher par les Britanniques durant le siège de 1779-1783 pour y loger des canons. On peut aussi visiter les **WWII tunnels** (carte p. 139 ; adulte/enfant 8 £/gratuit ; 10h-17h lun-ven) où fut planifié le débarquement des Alliés en Afrique du Nord, mais l'entrée n'est pas comprise dans le billet de la réserve naturelle. Au total, ces tunnels ne représentent qu'une infime partie des 70 km de tunnels et de galeries creusés dans le rocher (dont la plupart sont fermés au public). Dans Willis's Rd, en descendant vers la ville depuis la Princess Caroline's Battery, vous pourrez visiter l'exposition "Gibraltar : A City Under Siege" ("Gibraltar : ville assiégée"), dans le premier bâtiment britannique du Rocher, et la Tower of Homage, dernier vestige du **château maure** (carte p. 139) construit à Gibraltar en 1333.

La ville de Gibraltar

Les visites à Gibraltar commencent souvent par Grand Casemates Square, qui accueillait autrefois les exécutions publiques, accessible par le Landport Tunnel (jadis unique entrée terrestre dans les fortifications de Gibraltar). Elles se poursuivent dans Main Street, une grande rue britannique aux accents méditerranéens.

Gibraltar Museum MUSÉE
(carte p. 142 ; Bomb House Lane ; adulte/enfant 2/1 £ ; 10h-18h lun-ven, 10h-14h sam). Dans un dédale de petites et grandes salles, cet agréable musée dévoile l'histoire conflictuelle de Gibraltar, depuis l'homme de Neandertal jusqu'au siège du XVIIIe siècle en passant par l'époque médiévale. Ne manquez pas le bain arabe bien conservé et une momie égyptienne soigneusement peinte, du VIIe siècle av. J.-C., échouée ici à la fin du XIXe siècle.

Trafalgar Cemetery CIMETIÈRE
(carte p. 142 ; Prince Edward's Rd ; 8h30-coucher du soleil). Ce cimetière, abritant les tombes des marins britanniques morts à Gibraltar lors de la bataille de Trafalgar en 1805, offre une poignante leçon d'histoire.

Nelson's Anchorage MONUMENT
(carte p. 139 ; Rosia Rd ; 1 £ ; 9h-18h15). Au sud du Trafalgar Cemetery, le Nelson's Anchorage marque l'endroit où le corps de l'amiral Nelson – conservé, d'après la légende, dans un baril de rhum – aurait été ramené, à bord du *HMS Victory*, après la bataille de Trafalgar. On peut y voir aussi un énorme canon de l'époque victorienne pesant 100 tonnes, fabriqué en Grande-Bretagne en 1870.

Où se restaurer

Dites au revoir aux tapas et bonjour au *fish and chips*. La cuisine de Gibraltar est ouvertement britannique : plats de pub, bière, sandwichs, frites et copieux desserts. Grand Casemates Square regroupe de nombreux cafés européens modernes et branchés, mais les plus en pointe (notamment quelques bons restaurants ethniques) se trouvent dans le tout nouvel Ocean Village de Marina Bay.

Bistro Madeleine CAFÉ, BISTROT €
(carte p. 142 ; 256 Main St ; gâteaux à partir de 3 £ ; 9h-23h ;). Prenez votre dessert dans ce bistrot raffiné et non-fumeur où l'on sert du café Illy avec de grosses parts de gâteau d'inspiration anglaise. Excellent gâteau au toffee et aux dattes.

Clipper BRITANNIQUE €€
(carte p. 142 ; 78B Irish Town ; plats 3,50-9 £ ;). Vraie cuisine de pub dans un décor naval et une atmosphère authentique avec retransmissions de matchs de foot sur grand écran,

Ville de Gibraltar

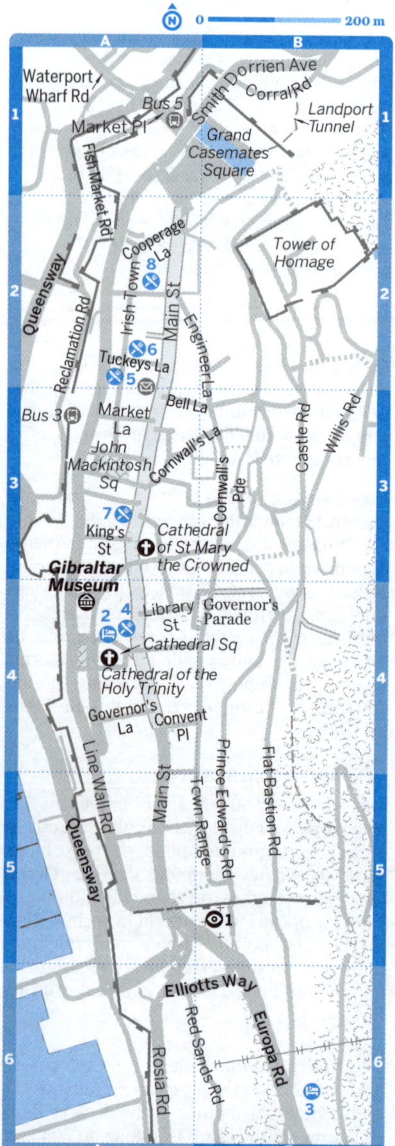

Ville de Gibraltar

Les incontournables

Gibraltar Museum A4

À voir

1 Trafalgar Cemetery B5
2 Upper Rock Nature Reserve B6

Où se loger

3 Hotel Bristol A4
4 Rock Hotel B6

Où se restaurer

5 Bistro Madeleine A4
6 Clipper A2
7 House of Sacarello A2
8 Royal Calpe A3
9 Star Bar A2

le Clipper est un bout d'Angleterre transposé sous d'autres cieux. Petit-déjeuner anglais complet (9h30-11h).

Royal Calpe PUB €€
(carte p. 142 ; 176 Main St ; plats 8-12 £). C'est l'établissement idéal pour se replonger dans ses années "séjours linguistiques" : *crusted meat pies* (tourtes à la viande), *fish and chips* et pinte de Caffrey's *sans* la fumée de cigarette (à Gibraltar, on peut fumer dans la plupart des pubs) ; à l'arrière, le jardin d'hiver non-fumeur est fréquenté notamment par des familles. La cuisine – de pub bien sûr – est plutôt bonne.

House of Sacarello INTERNATIONAL €€
(carte p. 142 ; 57 Irish Town ; plats du jour 7-11,50 £ ; 9h-19h30 lun-ven, 9h-15h sam, fermé dim ;). Dans un ancien entrepôt de café, bon choix de plats végétariens et de délicieuses soupes maison. Au menu : pâtes, salades, quelques recettes de pub typiques et plats du jour. Vous pouvez vous détendre devant un *afternoon tea* ("thé gourmand", 3,50 £), de 15h à 19h30. L'établissement accueille régulièrement des expositions artistiques.

Star Bar PUB €€
(carte p. 142 ; 12 Parliament Lane ; petit-déjeuner 3,50-5 £, plats 5-11 £ ; 24h/24). Ce bar, petit, enfumé et – d'après la décoration au mur – fréquenté par d'irréductibles supporters de l'équipe de foot britannique Tottenham Hotspur, serait le plus vieux de Gibraltar. Si tout cela ne vous effraie pas, glissez-vous à l'intérieur pour des côtelettes d'agneau, du filet irlandais ou du colin avec une sauce verte à l'espagnole.

Renseignements

Commissariat de police (20072500 ; Rosia Rd). Au sud de la ville, dans New Mole House.

Office du tourisme (Grand Casemates Sq ; 9h-17h30 lun-ven, 10h-15h sam, jusqu'à 13h dim et jours fériés)

GIBRALTAR, INFOS PRATIQUES

Visas et papiers

Pour entrer à Gibraltar, un passeport ou une carte d'identité suffit pour les ressortissants de l'UE. Les ressortissants du Canada munis de passeport n'ont pas besoin de visa. Pour plus de renseignements, contactez le département de l'immigration de Gibraltar.

Argent

Les devises en usage sont la livre de Gibraltar (£) et la livre sterling, interchangeables. Les euros sont acceptés (sauf dans les téléphones publics et les bureaux de poste) mais les taux de change ne sont pas avantageux. Changez vos livres avant de quitter Gibraltar. Les banques (plusieurs dans Main St) ouvrent généralement de 9h à 15h30 en semaine.

Téléphone

Pour téléphoner à Gibraltar depuis l'Espagne, faites le ☎00350 avant de composer le numéro local à 8 chiffres. Depuis les autres pays, composez le code d'accès international, puis le ☎350 (code de Gibraltar) et le numéro local. Depuis Gibraltar, pour appeler en Espagne, composez juste le numéro à 9 chiffres. Pour appeler dans un autre pays, composez le code d'accès international (☎00), puis l'indicatif du pays, de la région et enfin le numéro.

St Bernard's Hospital (☎20079700 ; Europort). Urgences médicales 24h/24.

Urgences (☎199). Police ou ambulance.

Comment s'y rendre et circuler

Avion

L'aéroport de Gibraltar est doté d'un tout nouveau terminal, ouvert depuis novembre 2011, juste à côté de la frontière.

Easyjet (www.easyjet.com) assure la liaison quotidienne entre Gibraltar et London Gatwick et 3 vols par semaine en provenance de Liverpool.

Monarch Airlines (www.flymonarch.com) relie quotidiennement Gibraltar à London Luton et Manchester.

British Airways (www.ba.com) effectue 7 vols par semaine depuis London Heathrow.

Bateau

Un **ferry** (www.frs.es) par semaine relie Gibraltar à Tanger, au Maroc (adulte/enfant aller simple 46/30 £, 70 min), le vendredi à 19h. Les départs depuis/vers Tanger sont plus fréquents à partir d'Algésiras.

Bus

Il n'existe pas de service transfrontalier. Le bus n°5 assure la navette entre la frontière et la ville toutes les 15 minutes en semaine, et toutes les 30 minutes le week-end. Le ticket coûte 1 £. Les bus n°1, 2, 3 et 4 couvrent le reste de Gibraltar et sont gratuits. Depuis la gare routière de La Línea de la Concepción, à 400 m du poste-frontière, **Comes** (☎956 17 00 93 ; www.tgcomes.es) propose des bus réguliers depuis/vers Algésiras, Cadix, Grenade, Séville et Tarifa.

Passage de la frontière

La frontière est ouverte 24h/24, tous les jours. La fouille des bagages à la **douane** espagnole (☎200 50762 ; Customs House ; ⌚9h-16h30 lun-ven, 10h-13h sam) est *généralement* assez sommaire.

Voiture et moto

Les rues de Gibraltar sont très encombrées et les files d'attente à la frontière interminables. Il vaut donc mieux se garer à La Línea de La Concepción (côté espagnol), puis traverser la frontière à pied (Grand Casemates Sq est à 1,5 km de la frontière). Contrairement à ce que certains essaieront de vous faire croire, vous n'aurez aucune taxe à payer pour pouvoir entrer dans Gibraltar avec votre véhicule. On conduit du côté droit, comme en Espagne.

Il y a des parkings dans Line Wall Rd et Reclamation Rd, ainsi que l'Airport Car Park (parking de l'aéroport) sur Winston Churchill Ave ; comptez 0,80 p pour une heure de stationnement. À La Línea, les parcmètres coûtent 1 €/heure ou 5 €/6 heures, et sont gratuits de 20h à 9h du lundi au vendredi, et de 14h le samedi à 9h le lundi.

Province de Málaga

1,6 MILLION D'HABITANTS

Dans ce chapitre »

Le top des restaurants

- » La Consula (p. 158)
- » Tapeo de Cervantes (p. 154)
- » Venta Garcia (p. 162)
- » Oliva (p. 180)
- » Vino Mio (p. 154)

Le top des hébergements

- » El Molino de los Abuelos (p. 175)
- » El Molino del Santo (p. 300)
- » Claude (p. 299)
- » Hostal Larios (p. 298)

Pourquoi y aller

Málaga est une ville charmante, intrinsèquement andalouse, où l'innovation a cependant de plus en plus le droit de cité. Elle est en train de s'établir comme capitale gastronomique et culturelle, avec un centre historique qui abrite plus de 400 restaurants et bars, ainsi que des musées de réputation internationale. Elle constitue en outre une base idéale pour explorer la province alentour, très diverse, des massifs montagneux à couper le souffle et des paysages ruraux de La Axarquía à la touristique et tape-à-l'œil Costa del Sol.

Dans l'arrière-pays, on admire les traditionnels villages blancs (*pueblos blancos*) et plus encore la célèbre ville de Ronda qui jouit d'un cadre spectaculaire. Il faut aussi visiter la vieille cité d'Antequera, qui, malgré son élégance, son site préhistorique et sa fameuse soupe à l'ail (*porra antequera*), demeure encore méconnue.

Essayez de faire coïncider votre visite avec l'une des fêtes annuelles qui apporte son ambiance animée de fiesta, où le *fino* (xérès) coule au son du flamenco.

Distances en voiture (km)

	Málaga	Antequera	Ronda	Mijas
Antequera	40			
Ronda	64	87		
Mijas	25	70	70	
Nerja	53	89	117	88

Comment circuler

Un train très pratique relie Málaga et son aéroport à plusieurs stations balnéaires de la Costa del Sol, dont Torremolinos et Fuengirola. Un bon réseau de bus, auquel s'ajoutent des trains, permet également de circuler entre la capitale de la Costa, les villes balnéaires et Ronda et Antequera. Les petites routes de La Axarquía et de la Serranía de Ronda sont parmi les plus pittoresques de la province et rien ne remplace donc une voiture dans ces zones où les transports publics sont rares et très lents.

TROIS JOURS IDYLLIQUES

Jour 1 : Culture et cuisine

Pablo Picasso est l'enfant le plus célèbre de Málaga. Une visite au **Museo Picasso** s'impose, suivie d'une flânerie sur la **Plaza Merced** qui abrite la **Casa Natal de Picasso**. Après vous être régalé de tapas à l'un des bars de la place, direction le **Museo del Vidrio y Cristal** (musée du Verre et du Cristal). Ensuite, promenez-vous dans la pittoresque vieille ville de Málaga, avant de déguster à nouveau des tapas à **La Moraga Antonio Martín**, restaurant de plage étoilé au Michelin.

Jour 2 : Ronda

Levez-vous tôt pour aller visiter la ville la plus spectaculaire de la province, **Ronda**. Perchée au bord d'une gorge vertigineuse, riche en musées, en bars à tapas et en sites historiques, dont le fameux Puente Nuevo, elle est passionnante à explorer. Passez la journée à flâner et glaner une moisson de souvenirs inoubliables. Et, si vous le pouvez, restez-y dormir afin de profiter de la campagne alentour et du parc national.

Jour 3 : Les villages de montagne

Les petites routes serpentent entre des paysages époustouflants et mènent aux villages de La Axarquía, dont **Comares** et **Cómpeta**, perchés au sommet de la montagne, le dernier célèbre pour ses vins. Si vous préférez l'architecture, **Antequera** vous enchantera avec son riche patrimoine et son site archéologique. De La Axarquía, vous pourrez revenir vers Málaga par la côte, en faisant halte dans la paisible station balnéaire de **Nerja** pour vous régaler d'une friture de poissons au bord de la plage.

Hébergement

Ces dernières années, la ville de Málaga a enrichi son parc hôtelier d'établissements allant des élégants hôtels d'affaires aux *hostales*, petits hôtels familiaux, douillets et bon marché. La Costa del Sol présente la plus grande concentration d'hébergements et un choix illimité, tandis que les régions rurales s'agrémentent de fabuleux hôtels campagnards. Découvrez toutes nos adresses dans le chapitre *Hébergement* (p. 288).

À NE PAS MANQUER

La grande majorité des touristes délaissent la ville de Málaga. Pourtant, la vieille ville blottie autour de la cathédrale évoque avec charme le passé et mérite absolument une visite.

Le top des plages

- La Carihuela (Torremolinos ; p. 157)
- Playa Burriana (Nerja ; p. 178)
- Playa el Palo (Málaga ; p. 153)

Le top des sorties en famille

- Biopark (p. 159)
- Tivoli World (p. 158)
- Selwo Aventura (parc safari ; p. 162)
- Mariposario de Benalmádena (butterfly park ; p. 157)

Sites Internet

- **Ville de Málaga** (www.malaga.com). Informations sur la ville de Málaga.
- **Turismo de Ronda** (www.turismoderonda.es). Site de l'office du tourisme de Ronda.
- **Costa del Sol** (www.visitcostadelsol.com). Renseignements touristiques sur les stations de la Costa del Sol.

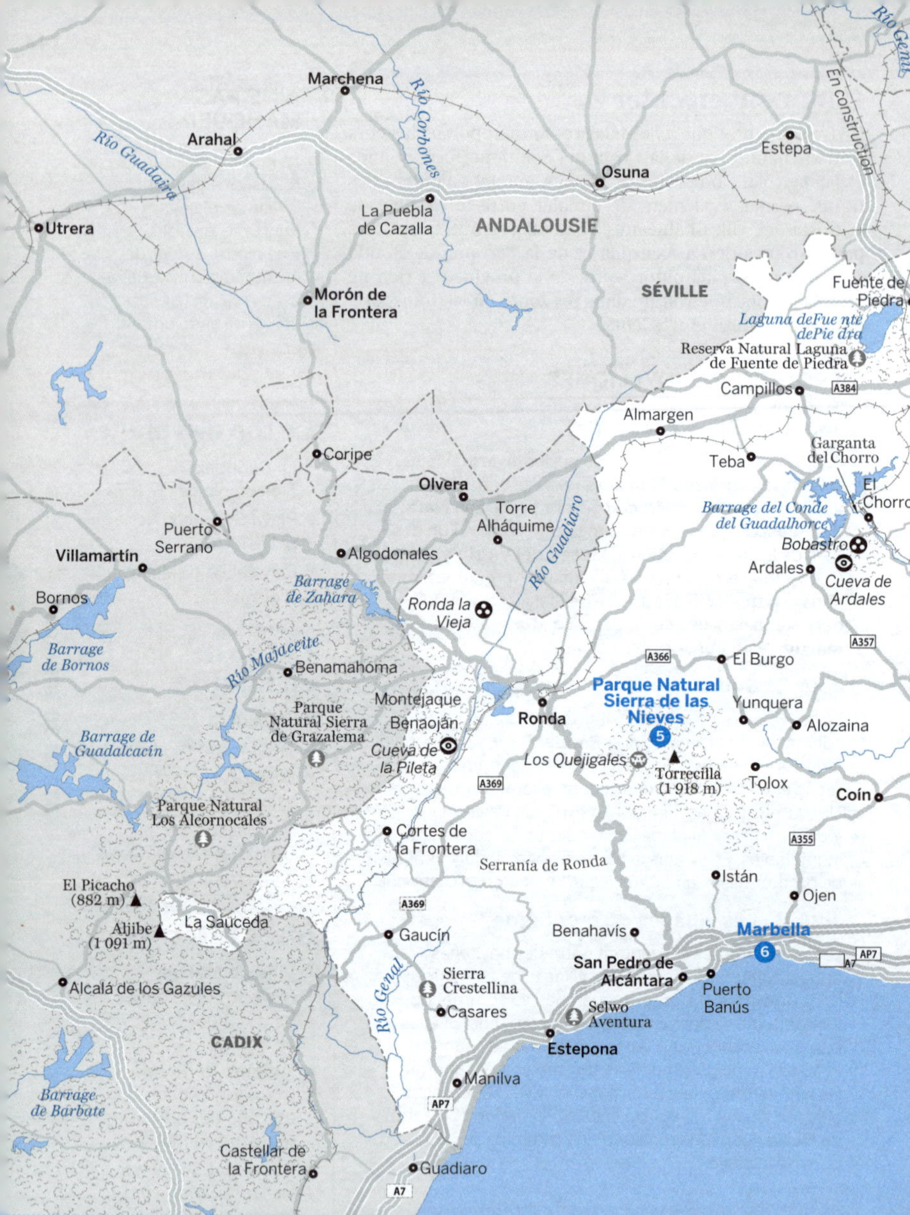

À ne pas manquer

1 L'animation trépidante des rues de **Málaga** (p. 148)

2 Les volants à pois qui virevoltent lors de la **Feria de Málaga** (p. 153), la plus grande fête de la province

3 Les merveilles architecturales de la vieille cité d'**Antequera** (p. 171)

4 Les vues époustouflantes sur la montagne depuis **Comares** (p. 175)

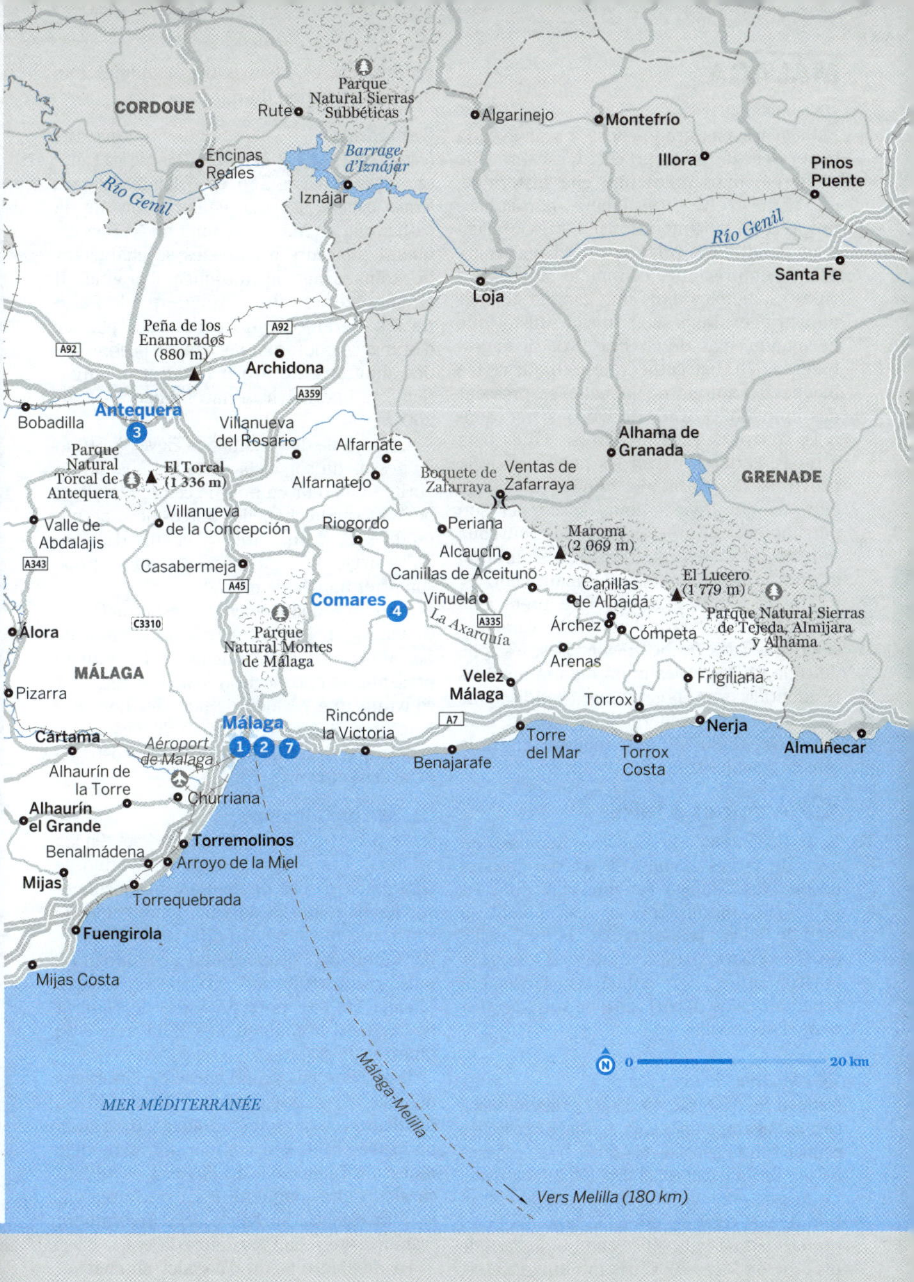

5 L'arrière-pays fascinant aux alentours du **Parque Natural Sierra de las Nieves** (p. 167), près de Ronda

6 L'ambiance paillettes et glamour d'un **club de Marbella** (p. 161)

7 Des sardines grillées dans un restaurant du bord de plage d'El Palo, comme **El Tintero** (p. 155)

MÁLAGA

568 507 HABITANTS

Málaga n'a pas grand-chose à voir avec la Costa del Sol, toute proche. C'est une ville moderne, mais aussi une cité historique, où règne cette atmosphère particulière propre à un port méridional. Certes, Málaga peut paraître au premier abord peu engageante, emprisonnée comme la plupart des villes espagnoles dans une gangue grise et industrielle. Mais son noyau historique ne manque pas de charme avec sa majestueuse et étrange cathédrale gothique restée inachevée, autour de laquelle se pressent des immeubles ornés de balcons traditionnels, d'étroites rues piétonnes et des bars à tapas, certains parmi les meilleurs de la province. Ces dernières années, la ville a énormément investi pour développer son patrimoine culturel, créant de nouveaux musées, de vastes chantiers de restauration et un complexe portuaire flambant neuf.

Málaga est une ville qui se prête à la flânerie et dont le ciel reflète le caractère éclectique : les flèches des églises, les toits de tuile rousse et les imposants immeubles résidentiels se bousculent, tandis que le Gibralfaro, vénérable forteresse du XIe siècle, s'élève en toute majesté offrant la plus belle vue sur la ville.

À voir et à faire

Essentiellement de style Renaissance, avec de larges boulevards et des façades décoratives, Málaga est une ville dont les principaux monuments se rassemblent au pied de l'Alcazaba (forteresse) et du Castillo de Gibralfaro. Dressée au-dessus des rues environnantes, la cathédrale facilement repérable est le départ idéal de votre promenade dans la ville.

Museo Picasso Málaga — MUSÉE

(carte p. 152 ; ☎902 44 33 77 ; www.museopicassomalaga.org ; Calle San Agustín 8 ; collection permanente/temporaire 6/4,50 €, billet combiné 8 € ; ⏲10h-20h mar-jeu et dim, 10h-21h ven-sam). Ce musée possède une remarquable collection de 204 œuvres, dont 155 données et 49 prêtées par sa belle-fille (épouse de Paul, le fils aîné de Picasso), Christine Ruiz-Picasso, et son petit-fils, Bernard Ruiz-Picasso. Les portraits de famille sont émouvants, en particulier celui de Paul avec un bonnet blanc (*Paulo con gorro blanco*), peint dans les années 1920.

Ne partez pas sans découvrir au sous-sol les vestiges des époques phénicienne, musulmane et Renaissance, exhumés lors de la construction du musée.

Cathédrale — CATHÉDRALE

(carte p. 152 ; ☎952 21 59 17 ; Calle Molina Lario ; cathédrale et musée 3,50 € ; ⏲10h-18h lun-sam, fermé jours fériés). La construction de la cathédrale de Málaga débuta au XVIe siècle quand plusieurs architectes se chargèrent de transformer la mosquée d'origine. Il ne subsiste de cette dernière que le **Patio de los Naranjos**, une petite cour plantée d'orangers odorants, où trônait la fontaine des ablutions. Le projet initial, trop ambitieux, se poursuivit de façon chaotique sur 200 ans.

La voûte de l'édifice s'élève à 40 m au-dessus du sol, et la vaste nef à colonnes abrite un chœur en bois de cèdre. Les allées ouvrent sur 15 chapelles dotées de superbes retables et de quantité d'œuvres d'art du XVIIe siècle. Le coût du projet était tel que son arrêt fut décidé en 1782.

L'un des deux clochers resta inachevé, ce qui valut à la cathédrale le surnom de *La Manquita* (la Manchote). Le **musée** présente une collection d'objets religieux couvrant une période de 500 ans, dont des peintures et des sculptures religieuses, des ornements liturgiques et des objets d'art en or, argent et ivoire.

Castillo de Gibralfaro — CHÂTEAU

(carte p. 150 ; 2,10 € ; ⏲9h-21h avr-sept, 9h-18h oct-mars). Les remparts à pic du Castillo de Gibralfaro, perché de manière spectaculaire sur les hauteurs de la ville, témoignent de son passé musulman. Édifié au VIIIe siècle par l'émir de Cordoue, Abd ar-Rahman Ier, puis reconstruit au XIVe siècle lorsque Málaga était le port principal de l'émirat de Grenade, le château servait à l'origine de phare et de caserne.

Il ne reste pas grand-chose de l'intérieur du château, mais le chemin de ronde offre la meilleure vue qui soit sur Málaga. Il y a aussi un **musée militaire**, comportant un modèle réduit de l'ensemble du château et de l'Alcazaba. Cette maquette montre clairement le mur-rideau du XIVe siècle, récemment restauré, qui reliait les deux édifices.

La meilleure façon d'accéder au château consiste à suivre à pied le joli Paseo Don Juan de Temboury, au sud de l'Alcazaba. De là, un chemin en pente raide serpente à travers des terrasses verdoyantes dominant la ville. Vous pouvez également monter en voiture le Camino de Gibralfaro ou prendre le bus 35 depuis l'Avenida de Cervantes.

À NE PAS MANQUER

MUSEO DEL VIDRIO Y CRISTAL

Si la collection du **Museo del Vidrio y Cristal** (musée du Verre et du Cristal ; carte p. 152 ; www.museovidrioycristalmalaga.com ; Plazuela Santísimo Cristo de la Sangre 2 ; 4 € ; 11h-19h mar-dim) n'est peut-être pas la plus passionnante du monde, elle est riche, variée et chargée d'histoire. Dans un charmant quartier délabré de la ville, le musée occupe un palais du XVIIIe siècle avec trois patios centraux, récemment restauré par son propriétaire, l'aristocrate et historien Gonzalo Fernández-Prieto. La collection privée se concentre sur le verre et le cristal mais réunit aussi des meubles anciens, des tapis inestimables, des vitraux préraphaélites et des portraits des ancêtres de la famille datant du XVIe siècle.

Situé sur le site du plus important quartier des potiers maures d'Espagne, le musée expose des objets en verre de l'époque romaine (Ier siècle après J.-C.) et byzantine (VIe-VIIe siècle), de superbes Lalique, des œuvres en verre vénitien de Murano, ainsi que des pièces datant de 1930 à 1980, certaines signées Whitefriars, Jobling et George Davidson.

Le prix d'entrée modique donne droit à une visite guidée (en anglais, français ou espagnol), souvent menée par le propriétaire. Le musée accueille aussi régulièrement des concerts de musique classique et de jazz.

Un funiculaire doit être construit jusqu'au sommet du Castillo sans que l'on sache encore quand.

Alcazaba CHÂTEAU

(carte p. 152 ; Calle Alcazabilla ; 2,10 €, Castillo de Gibralfaro compris 3,40 € ; 9h30-20h mar-dim avr-oct). Si vous n'avez pas le temps de visiter l'Alhambra de Grenade, l'Alcazaba de Málaga vous permettra de vous en faire une idée. L'entrée se trouve à côté de l'**amphithéâtre romain**, d'où un sentier grimpe en serpentant à travers une oasis de verdure : bougainvilliers écarlates, palmiers élancés, jasmins parfumés et rangées d'orangers. Massivement restauré, ce palais-forteresse de la période maure date du XIe siècle. Des arches en fer à cheval au décor califal, des cours, des fontaines roucoulantes, évoquent une période de l'histoire où Málaga jouissait d'une influence certaine.

Ne manquez pas le modeste **musée archéologique**, situé dans les anciens quartiers des serviteurs du palais Nazari, qui présente des céramiques musulmanes.

Museo Carmen Thyssen MUSÉE

(carte p. 152 ; www.carmenthyssenmalaga.org ; Calle Compañia 10 ; adulte/enfant 6 €/gratuit ; 10h-20h mar-dim). Inauguré en 2011, c'est le plus récent des musées. Il occupe un palais du XVIe siècle splendidement rénové dans le cœur historique de Málaga, l'ancien quartier maure. La vaste collection consacrée à l'art espagnol et andalou du XIXe siècle présente des tableaux d'artistes très célèbres comme Joaquín Sorolla y Bastida, Ignacio Zuloaga et Francisco de Zurbarán. Les expositions temporaires illustrent également cette période.

GRATUIT **Palacio Episcopal** PALAIS

(carte p. 152 ; Plaza del Obispo ; 10h-14h et 18h-21h mar-dim). Face à la cathédrale, la somptueuse Plaza del Obispo est dominée par la façade rouge sang du palais épiscopal, qui accueille désormais des expositions, principalement de sculpture et peinture. Avec ses fontaines centrales et ses édifices restaurés avec goût, la place est une des plus belles de la ville.

GRATUIT **Centro de Arte Contemporáneo** MUSÉE

(www.cacmalaga.org ; Calle Alemania ; 10h-20h mar-dim). Le musée d'Art contemporain est installé au bord de l'estuaire, dans un ancien marché de gros des années 1930 habilement reconverti. Le curieux plan triangulaire du bâtiment et ses formes cubistes se marient brillamment avec l'art moderne exposé. Entièrement peint en blanc, des fenêtres au plafond, le musée donne à voir des œuvres d'artistes contemporains renommés comme Tracey Emin et Gilbert & George.

Casa Natal de Picasso MUSÉE

(carte p. 152 ; Plaza de la Merced 15 ; 1 € ; 9h30-20h). Pour appréhender de manière plus intime l'enfance modeste de l'artiste, prenez le temps de visiter la maison natale de Picasso, où il naquit en 1881, désormais un centre de recherche. La maison possède une réplique de l'atelier de l'artiste du XIXe siècle, et renferme quelques objets personnels de Picasso et sa famille.

Málaga

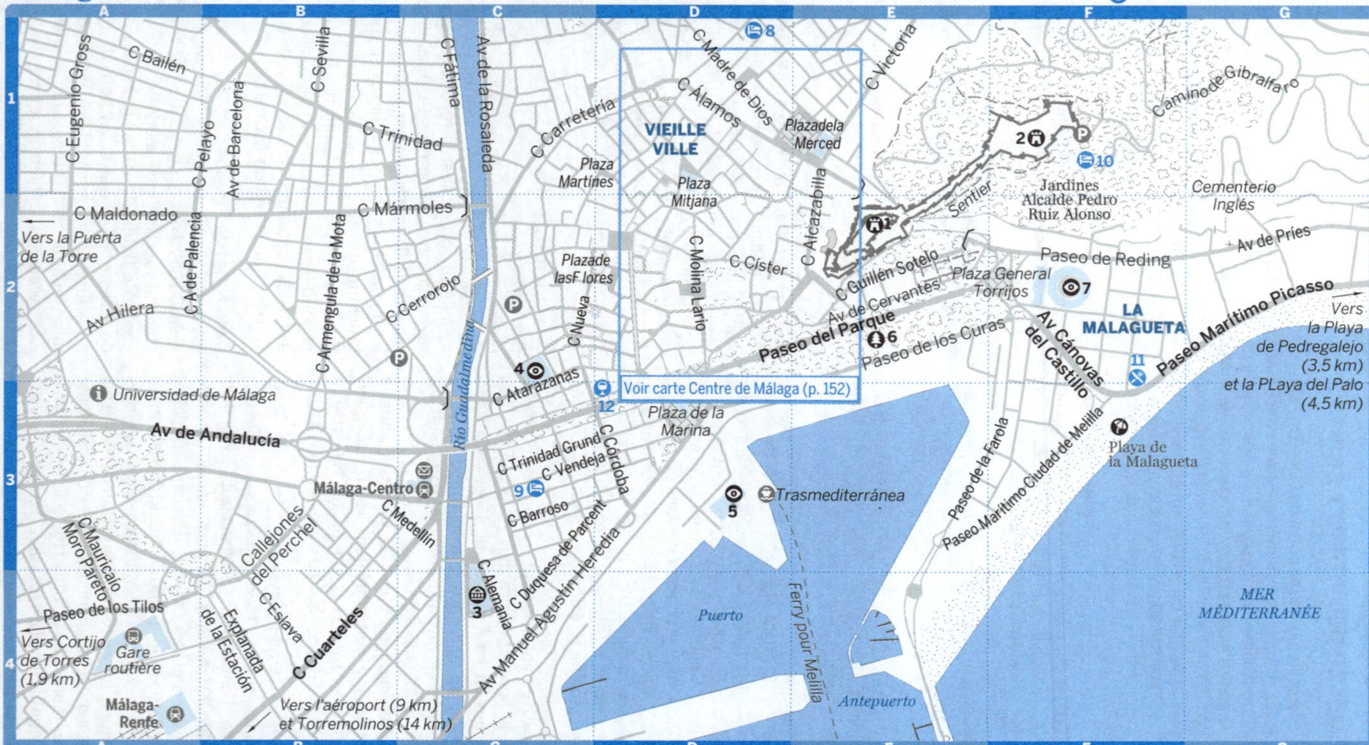

0
400 m
MER MÉDITERRANÉE
LA MALAGUETA
VIEILLE VILLE
Voir carte Centre de Málaga (p. 152)
Paseo Marítimo Picasso
Vers la Playa de Pedregalejo (3,5 km) et la PLaya del Palo (4,5 km)
Av de Príes
Cementerio Inglés
Camino de Gibralfaro
Jardines Alcalde Pedro Ruiz Alonso
Paseo de Reding
Av Cánovas del Castillo
Playa de la Malagueta
Paseo Marítimo Ciudad de Melilla
Paseo de la Farola
Plaza General Torrijos
Sentier
C Guillén Sotelo
Av de Cervantes
Paseo de los Curas
Paseo del Parque
Trasmediterránea
Ferry pour Melilla
Antepuerto
Puerto
C Victoria
C Alcazabilla
Plazadela Merced
C Madre de Dios
C Álamos
Plaza Mitjana
C Císter
C Molina Lario
Plaza de la Marina
Plaza Martínes
C Carretería
Plazade lasF lores
C Nueva
C Atarazanas
C Córdoba
C Trinidad Grund
C Vendeja
C Barroso
C Duquesa de Parcent
Av Manuel Agustín Heredia
C Alemania
Av de la Rosaleda
C Fátima
Río Guadalmedina
C Trinidad
C Mármoles
C Cerrorojo
C Armengula de la Mota
C Sevilla
Málaga-Centro
C Medellín
C Cuarteles
Vers l'aéroport (9 km) et Torremolinos (14 km)
Callejones del Perchel
C Eslava
Explanada de la Estación
Av de Barcelona
C Pelayo
C A de Palencia
C Bailén
C Maldonado
Av de Andalucía
Universidad de Málaga
Av Hilera
C Eugenio Gross
Vers la Puerta de la Torre
C Mauricaío Moro Pareto
Paseo de los Tilos
Vers Cortijo de Torres (1,9 km)
Gare routière
Málaga-Renfe

Málaga

À voir

Où se loger

Où se restaurer

Où prendre un verre

Jardín Botánico La Concepción — JARDINS

(http://laconcepcion.malaga.eu ; adulte/enfant 5,20/3,10 € ; 9h30-20h30 mar-dim). À 4 km au nord du centre-ville, ce vaste jardin botanique a été créé au milieu du XIXe siècle, par Amalia Heredia Livermore, d'origine britannique, et son mari Jorge Loring Oyarzabal, un couple d'aristocrates décidé à recréer l'environnement de la forêt tropicale sur les rivages de la Méditerranée.

En voiture, il faut prendre l'A45, la route d'Antequera, au nord de la rocade de Málaga (A7) jusqu'au km 166, puis suivre les panneaux "Jardín Botánico".

Plaza de Toros — ARÈNES

(Paseo de Reding ; 2 € ; 10h-13h et 17h-20h lun-ven). On peut visiter le musée de la **Plaza de Toros**, les arènes les plus actives de la côte. La collection d'objets liés à la tauromachie est convenable, mais le Museo Taurino de Ronda est bien plus complet.

El Hammam — HAMMAM

(carte p. 152 ; 952 21 23 27 ; www.elhammam.com ; Calle Tomás de Cózar 13 ; bain à partir de 20 €, massage 35-74 € ; 11h-21h dim-jeu, 11h-23h ven-sam). El Hammam constitue l'une des plus agréables activités à Málaga. C'est un endroit idéal pour vous délasser et transpirer dans la pénombre d'un bain de vapeur, au son d'une musique douce. Contrairement à certains bains maures en Andalousie, ceux-ci ne disposent pas de bassin où se baigner. Massage ayurvédique et aromathérapie sur rendez-vous uniquement.

ALAMEDA PRINCIPAL ET SES ALENTOURS

Artère aujourd'hui très fréquentée, l'Alameda Principal fut tracée au XVIIIe siècle le long de l'estuaire du Guadalmedina. Plantée de très vieux arbres originaires d'Amérique, la large Alameda aligne des bâtiments des XVIIIe et XIXe siècles.

Paseo de España — PARC

(Paseo del Parque). Durant les années 1890, ce parc, bordé de palmiers, fut ouvert dans le prolongement de l'Alameda, sur des terres conquises sur la mer. Le jardin qui le longe au sud, planté d'essences tropicales, est un refuge agréable, loin du tumulte de la ville. Les *Malagueños* de tous âges aiment se promener et se reposer à l'ombre des grands palmiers. Le dimanche, des musiciens et autres artistes viennent les distraire.

Sur le côté nord, le grand Palacio de la Aduana a été soigneusement restauré pour accueillir le **Museo de Málaga** (initialement installé dans le musée Picasso). La collection comprend des tableaux de peintres célèbres, dont Francisco de Zurbarán, Bartolomé Esteban Murillo, José de Ribera et Pedro de Mena. L'inauguration a eu lieu début 2013. Vérifiez auprès de l'office du tourisme.

Mercado Atarazanas — MARCHÉ

(carte p. 150 ; Calle Atarazanas). Au nord de l'Alameda, dans le quartier commerçant de la ville, on pénètre dans un bâtiment du XIXe siècle, dont l'étonnante architecture métallique intègre la porte de l'époque musulmane qui reliait la ville au port. Dans ces halles, récemment restaurées, vous admirerez de magnifiques vitraux représentant les sites célèbres de la ville.

Le marché quotidien qui y a lieu est joyeusement animé. Faites votre choix entre jambons, chapelets de saucisses, fromages, poissons et innombrables variétés d'olives. Les étals de fruits et légumes sont les plus colorés, proposant tous les produits de saison : énormes tomates biscornues, coupées en tranches et assaisonnées d'huile d'olive, d'ail et de gros sel, gros oignons rouges, doux et sucrés, etc.

Muelle Uno — PORT

En face de la Plaza de la Marina, une promenade vous attend au long de structures ombragées, agrémentées de palmiers et d'aires de jeux pour enfants. Créée pour offrir aux croisiéristes, de plus en plus nombreux, restaurants, bars et boutiques, cette extrémité commerciale du nouveau port, ouverte en novembre 2011, manque un peu d'âme et de verdure.

LA MALAGUETA ET LES PLAGES
L'élégant quartier résidentiel de La Malagueta se déploie à l'extrémité du Paseo del Parque, sur une langue de terre. Ses immeubles ont vue sur la mer et certains des meilleurs restaurants de Málaga se trouvent à côté, près de la **Playa de la Malagueta** (la plage la plus proche du centre-ville). Flânez le long de la plage avant de vous installer à La Moraga Antonio Martín (p. 154) pour de savoureuses tapas traditionnelles.

À l'est de la Playa de la Malagueta, des plages de sable bordent la majeure partie du front de mer sur plusieurs kilomètres.

Centre de Malaga

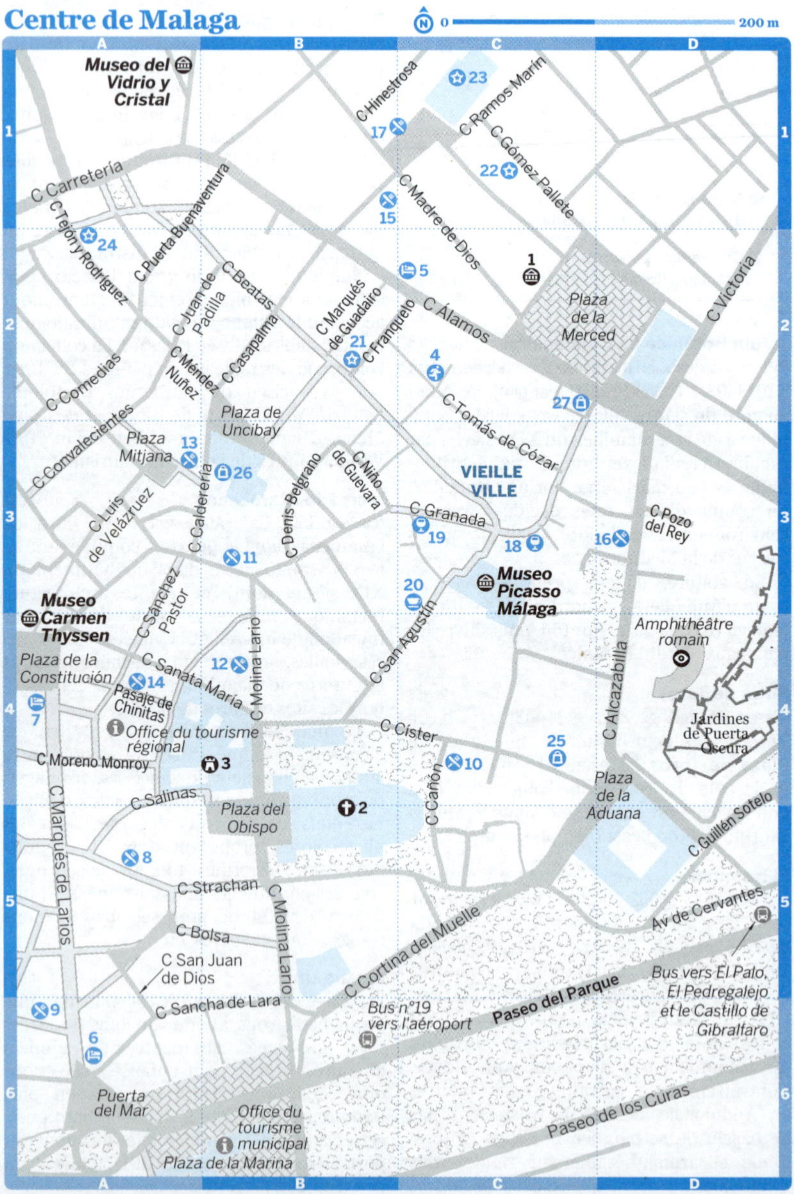

Les deux plus proches sont la **Playa de Pedregalejo** et la **Playa del Palo** – El Palo était à l'origine le quartier des pêcheurs de la ville. L'endroit est parfait pour prendre un rafraîchissement et une assiette de fruits de mer. Le bus 11 dessert ces plages depuis le Paseo del Parque.

Cours

Université de Málaga COURS DE LANGUE

(www.malaga-university.org ; à partir de 383 €). L'université propose un excellent programme de cours de langue espagnole pour les étudiants étrangers, dont des sessions intensives d'un mois, de juillet à septembre.

Fêtes et festivals

La province de Málaga accueille de nombreux festivals tout au long de l'année. La brochure *¿Qué Hacer?,* disponible à l'office du tourisme municipal, détaille le programme.

Semana Santa SEMAINE SAINTE

Chaque soir, du dimanche des Rameaux au Vendredi saint, six ou sept *cofradías* (confréries) transportent les statues de leurs saints à travers la ville. Une foule de spectateurs suit les processions.

Feria de Málaga FOIRE

La feria de Málaga, qui dure 9 jours, débute à la mi-août par un immense feu d'artifice le vendredi de l'ouverture. C'est la plus importante et la plus trépidante des ferias andalouses de l'été. Elle rappelle l'exubérance du carnaval de Rio, sauf qu'à Málaga on danse le flamenco et on boit du *fino* (xérès). Le cœur de la fête est au centre-ville. La nuit, l'animation se déplace sur un grand champ de foire, à Cortijo de Torres, à 3 km au sud-ouest du centre-ville, où des concerts de rock et des spectacles de flamenco sont donnés chaque soir. Des bus spéciaux desservent le champ de foire depuis tous les coins de la ville.

Fiesta Mayor de Verdiales MUSIQUE FOLKLORIQUE

Le 28 décembre, des milliers de personnes convergent vers Puerto de la Torre, à l'occasion d'un grand rassemblement de groupes de *verdiales,* des danseurs et chanteurs folkloriques de la région de Málaga. Les bus 20 et 21 au départ de l'Alameda Principal desservent Puerto de la Torre.

Où se restaurer

Málaga compte un nombre fabuleux de bars à tapas et de restaurants, en particulier du côté du centre historique (plus de 400 selon le dernier recensement). Trouver un endroit pour manger ne pose donc aucun problème, et le fait que la ville n'attire guère les voyageurs signifie que les attrape-touristes sont

Centre de Málaga

Les incontournables
- Museo Carmen Thyssen A4
- Museo del Vidrio y Cristal A1
- Museo Picasso Málaga C3

À voir
- 1 Casa Natal de Picasso C2
- 2 Cathédrale B5
- 3 Palacio Episcopal B4

Activités
- 4 El Hammam C2

Où se loger
- 5 El Hotel del Pintor C2
- 6 Hostal Larios A6
- 7 Room Mate Larios A4

Où se restaurer
- 8 Alumbre A5
- 9 Casa Aranda A6
- 10 El Jardín C4
- 11 El Pilayo B3
- 12 La Rebaná B4
- 13 Pepa y Pepe A3
- 14 Rincon Chinitas A4
- 15 Tapeo de Cervantes B1
- 16 Terra Sana D3
- 17 Vino Mio C1

Où prendre un verre
- 18 Bodegas El Pimpi C3
- 19 Casa Lola C3
- 20 La Tetería C3

Où sortir
- 21 Liceo B2
- 22 Onda Pasadena C1
- 23 Teatro Cervantes C1
- 24 ZZ Pub A2

Achats
- 25 Alfajar C4
- 26 Flamenka B3
- 27 Ultramarinos Zoilo C2

LE CHEMIN DES TAPAS

Les plaisirs de Málaga sont dans l'ensemble modérés, simples et bon marché. L'un des plus appréciables est la tournée des nombreux bars à tapas et des vieilles bodegas (bars à vins traditionnels).

El Piyayo (carte p. 152 ; Calle Granada 36 ; tapas 1,50-2 €). Bar-restaurant carrelé typique, réputé pour ses *pescaitos fritos* (poissons frits) et ses tapas locales. Une part du friable *manchego* (fromage au lait de brebis) est l'accompagnement idéal d'un bon verre de Rioja (un vin rouge).

Rincon Chinitas (carte p. 152 ; Pasaje de Chinitas ; tapas 2 €). Situé dans l'une des rues les plus évocatrices du passé de Málaga (où Lorca a séjourné), ce minuscule bar à tapas concocte les meilleures *berenjenas con miel* (aubergines frites nappées de miel) de la ville. L'assiette de gambas vous laissera également un souvenir inoubliable.

La Rebaná (carte p. 152 ; www.larebana.com ; Calle Molina Lario 5 ; tapas 4,20-8,50 €, raciones 7-11,50 €). Bar à tapas (bruyant) idéal pour boire un verre, avant ou après un dîner au restaurant attenant. Les boiseries sombres et une galerie en fer forgé créent une atmosphère particulière. Fromage de brebis aux cerises, foie gras et viandes séchées figurent au menu.

Pepa y Pepe (carte p. 152 ; Calle Calderería ; tapas 1,30-1,50 €, raciones 3,60-5,50 €). Dans un environnement cosy, les clients dévorent à belles dents des *calamares fritos* (calamars frits) et des poivrons grillés.

rares. On peut se réjouir qu'ici la carte ne soit pas accompagnée de photos !

L'une des spécialités est la *fritura malagueña* (divers poissons frits à l'huile d'olive, dont des anchois et du calamar).

♥ Vino Mio — INTERNATIONAL €€

(carte p. 152 ; www.restaurantevino.mio.com ; Plaza Jeronimo Cuervo 2 ; plats 10-15 €). Ce restaurant tenu par des Néerlandais propose une carte variée et intéressante : steaks de kangourou, sautés de légumes, magret de canard aux piments doux, pâtes, salades créatives... De savoureuses tapas d'inspiration internationale titillent aussi les papilles, telles les croquettes d'houmous au roquefort. Atmosphère contemporaine chic avec expositions d'art et concerts réguliers, dont du flamenco.

Casa Aranda — CAFÉ

(carte p. 152 ; www.casa-aranda.net ; Calle Herrería del Rey ; churro à partir de 1 € ; 👪). Nichée dans une ruelle près du marché, la Casa Aranda, datant de 1932, est une institution pour un chocolat et des *churros* (beignet allongé). Depuis, le café a investi toute la rue, et dans chaque enseigne officie une équipe de vénérables garçons en chemise blanche qui accueillent les clients comme de vieilles connaissances (la plupart le sont !).

Rejoignez les hommes en casquette, les patrons d'étals, les grand-mères volubiles, et les mères et bambins pour déguster sans vous sentir coupable un chocolat épais, riche et crémeux. Vous prendrez un peu moins de *churros* (1 € l'un) ! Le sympathique Juan en prépare à emporter dans un minuscule endroit enfumé de la même rue.

La Moraga Antonio Martín — ANDALOU CONTEMPORAIN €€€

(carte p. 150 ; ☎952 22 41 53 ; www.lamoraga.com ; Plaza Malagueta 4 ; tapas à partir de 5 €, plats à partir de 20 €). C'est le deuxième restaurant de Dani Garcia à Málaga (le premier est dans la Calle Fresca, au centre). Le célèbre chef étoilé au Michelin a transformé le concept des tapas en créations originales, comme le gaspacho à la cerise garni de fromage frais, anchois et basilic ; les gambas en feuilles de basilic ou les mini-burgers à la queue de bœuf.

Cadre agréable et contemporain avec vue sur la plage, belle sélection de vins et service excellent.

Tapeo de Cervantes — TAPAS €

(carte p. 152 ; www.eltapeodecervantes.com ; Calle Cárcer 8 ; tapas 4-6 € ; ⏱mar-dim). Cet établissement connaît un franc succès, ce qui, vu sa taille, signifie qu'il faut souvent attendre. Les tapas et *raciones* (portions plus grandes) se déclinent en version traditionnelle ou plus créative. Les combinaisons sont délicieuses et la présentation stylée. Imaginez de la polenta aux pleurotes, chorizo et fromage fondu ou la classique *tortilla de patatas* (omelette aux pommes de terre) agrémentée d'un ou deux légumes. Portions généreuses.

Terra Sana DIÉTÉTIQUE €

(carte p. 152 ; www.restaurantesterrasana.com ; Calle Alcazabilla ; plats 8-10 € ;). Une des petites chaînes locales, spécialisée dans une cuisine internationale saine et gourmande. Superbe choix de salades, wraps au tofu, poulet et *jamón serrano*, ainsi que coupes de glaces à base de yaourt, lassis indiens et *quesadillas* mexicaines. Menu spécialement pensé pour les enfants et vue splendide sur l'amphithéâtre romain et l'Alcazaba tout proche.

El Jardín ANDALOU €€

(carte p. 152 ; www.eljardinmalaga.com ; Calle Cañon 1 ; plats 12-17 €). À deux pas de la cathédrale, ce café-restaurant de style viennois ne manque pas de charme avec ses majestueuses colonnes, son mobilier orné et son vieux piano où trônent des chandeliers. Carte andalouse où la spécialité est la paella. Tango et flamenco le week-end.

El Tintero FRUITS DE MER €€

(Plaza del Dedo, El Palo ; plats 8-15 €). Vaste et bruyant, ce restaurant à l'extrémité ouest de la plage d'El Palo peut accueillir jusqu'à 1 000 personnes (ne prévoyez pas un dîner en amoureux !). Il n'y a pas de carte : les serveurs circulent chargés de différents plateaux de fruits de mer, à vous de choisir. Vous paierez selon le nombre et la taille des assiettes déposées sur votre table.

Alumbre ANDALOU CONTEMPORAIN €€

(carte p. 152 ; www.alumbrebar.com ; Calle Strachan 11 ; plats 11,50-17 €). Dans une rue piétonne bordée de bars et de restaurants chics, l'Alumbre propose des plats innovants inspirés de la cuisine andalouse traditionnelle du XVIe siècle. La carte réserve des surprises comme les croquettes d'escargots, auxquelles les palais plus classiques préféreront sans doute le steak de seiche.

Où prendre un verre

Les bars sont concentrés autour de la Plaza de la Merced, dans le nord-est, jusqu'à la Calle Carretería, au nord-ouest, ainsi que sur la Plaza de Uncibay et la Plaza Mitjana (officiellement Plaza del Marqués Vado Maestre) ; cette dernière s'anime après minuit le vendredi et le samedi.

Bodegas El Pimpi BAR

(carte p. 152 ; www.bodegabarelpimpi.com ; Calle Granada 62 ; 11h-2h). Véritable institution de la ville que ces caves, dédale de pièces autour d'une cour et d'une terrasse ouverte sur l'amphithéâtre romain récemment restauré. Les murs sont tapissés d'anciennes affiches de *feria* et de photos de célébrités. Les énormes tonneaux ne sont pas en reste arborant entre autres les signatures de Tony Blair et d'Antonio Banderas. Tapas et repas.

TINTO DE VERANO

Si vous visitez l'Andalousie en été, vous pourrez commander dans n'importe quel bar un *tinto de verano* (vin rouge de l'été). Il s'agit d'un mélange de vin rouge et de limonade locale (pas trop sucrée) servi dans un grand verre avec quelques glaçons et une tranche de citron. Cette boisson rafraîchissante ne devrait pas trop vous faire tourner la tête par un jour de grosse chaleur.

Antigua Casa de Guardia BAR

(carte p. 150 ; www.antiguacasadeguardia.net ; Alameda Principal 18 ; 11h-24h). La plus vieille taverne de Málaga, remontant à 1840, ne manque pas d'atmosphère. Les barmen vieillissants sont en accord parfait avec les murs jaune crème fanés et les photos en noir et blanc de Picasso, l'enfant de la ville. Essayez le vin de Málaga à la robe brune qui rappelle un xérès sec ou le doux et suave *lagrima tranañejo* (les "très vieilles larmes").

Casa Lola BAR

(carte p. 152 ; Calle Granada 46 ; 11h-16h et 19h-24h). Derrière sa façade traditionnelle en carreaux blanc et bleu, ce bar sophistiqué est spécialisé dans le vermouth à la pression, servi glacé, pour quelques euros. Perchez-vous sur l'un des hauts tabourets et laissez-vous distraire par le décor artistique et la clientèle. Endroit idéal pour le premier verre de la soirée.

La Tetería CAFÉ

(carte p. 152 ; www.la-teteria.com ; Calle San Agustín 9 ; thés 2,50 € ; 9h-24h lun-sam). Vous aurez le choix entre quantité de thés classiques ou aromatisés, d'infusions, de cafés et de jus de fruits. Les thés vont de la menthe poivrée au mélange "*antidepresivo*". Asseyez-vous en terrasse pour admirer la jolie église, en face, ou à l'intérieur pour profiter de la musique d'ambiance mêlée à l'encens.

Où sortir

Teatro Cervantes THÉÂTRE

(carte p. 152 ; www.teatrocervantes.com ; Calle Ramos Marín ; fermé mi-juil à août). Ce splendide théâtre Art déco propose un excellent programme de concerts donnés par de grands musiciens en tournée, ainsi que des pièces de théâtre et des spectacles de danse.

Liceo FLAMENCO
(carte p. 152 ; www.liceoflamenco.com ; Calle Beatas 21 ; ⌚19h-tard mer-dim). L'endroit est un peu difficile à trouver, mais il vaut la peine de persévérer. Installé dans un somptueux édifice historique aux carreaux d'origine, éclairé de lustres poussiéreux sous de hauts plafonds, le Liceo accueille des spectacles de flamenco la moitié de la semaine et se transforme du jeudi au samedi en discothèque endiablée.

Onda Pasadena MUSIQUE LIVE
(carte p. 152 ; Calle Gómez Pallete 5). Un public de tous âges vient assister dans une bonne ambiance aux concerts de jazz le mardi, et aux spectacles de flamenco le jeudi.

ZZ Pub MUSIQUE LIVE
(carte p. 152 ; www.zzpub.es ; Calle Tejón y Rodríguez ; ⌚22h-tard lun-sam). Tâchez de vous faufiler dans ce club du bout de la nuit, en particulier le lundi et le jeudi, particulièrement animés. Dansez jusqu'au matin sur la musique des différents groupes qui ont l'habitude d'animer les lieux.

Achats

Dans le centre, la Calle Marqués de Larios et les rues adjacentes comptent nombre de jolies boutiques et de magasins de chaussures chics dans des édifices anciens magnifiquement restaurés.

Ultramarinos Zoilo ALIMENTATION
(carte p. 152 ; Calle Granada 65). Une délicieuse épicerie fine tenue par la même famille depuis le début des années 1950. Faites vos provisions entre les grandes roues de manchego à la pâte friable, les différentes sortes de chorizo local et la spécialité : les jambons *serrano* qui continuent de sécher et de se bonifier suspendus au-dessus du comptoir principal.

Alfajar ARTISANAT
(carte p. 152 ; Calle Císter 3). On trouve ici un choix d'articles en céramique faits main par des artisans locaux. Nombreux motifs traditionnels et pièces plus modernes. Une bonne adresse pour les cadeaux.

Renseignements

Office du tourisme municipal (Plaza de la Marina ; ⌚9h-20h mars-sept, 9h-18h oct-fév). Ce bureau distribue des plans de la ville et divers dépliants. Il possède aussi des kiosques à l'entrée de l'Alcazaba (Calle Alcazabilla), à la gare ferroviaire principale (Explanada de la Estación), sur la Plaza de la Merced, en face de la poste principale (Alameda Principal) et sur les plages de l'est (El Palo et La Malagueta).

Office du tourisme régional (www.andalucia.org ; Pasaje de Chinitas 4 ; ⌚9h-19h30 lun-ven, 10h-19h sam, 10h-14h dim). Fournit diverses informations et des plans des villes de la région. Autre bureau à l'aéroport.

Depuis/vers Málaga

Depuis/vers l'aéroport

Considérablement agrandi en 2010, l'**aéroport Pablo Picasso** (www.aena.es) de Málaga, à 9 km au sud-ouest du centre-ville, est le principal point d'accès en Andalousie depuis l'étranger. Plaque tournante du trafic aérien en Espagne du Sud, il accueille les grandes compagnies comme les transporteurs à bas prix.

BUS Le bus 75 à destination du centre-ville (1,20 €, 20 min) part de l'arrêt devant le hall d'arrivée toutes les 20 minutes, de 7h à minuit. En direction de l'aéroport, le bus s'arrête à l'extrémité ouest du Paseo del Parque et devant les gares ferroviaire et routière, environ toutes les demi-heures, de 6h30 à 23h30.

TAXI Comptez environ 16 € pour aller de l'aéroport au centre-ville en taxi.

TRAIN De l'aéroport, des trains circulent toutes les 20 minutes, de 6h50 à 23h54, à destination de la **gare Maria Zambrano** (Málaga-Renfe ; www.renfe.es ; Explanada de la Estación) et de la gare Málaga-Centro, sur la rive du Río Guadalmedina. Les départs de la ville vers l'aéroport ont lieu toutes les 20 minutes, de 5h30 à 22h30.

VOITURE De nombreuses agences locales et internationales (dont Avis et Hertz) possèdent un comptoir à l'aéroport.

Bus

Depuis la **gare routière** (☎952 35 00 61 ; www.estabus.emtsam.es ; Paseo de los Tilos), à 1 km au sud-ouest du centre-ville, des bus desservent toutes les grandes villes espagnoles.

Parmi les destinations desservies :

DESTINATIONS	COÛT (€)	DURÉE (HEURES)	FRÉQUENCE (/JOUR)
Almería	17	4 h 45	8/j
Cadix	24,62	4 h	3/j
Cordoue	13,50	3 h 30	4/j
Grenade	10,50	2 h	18/j
Jaén	18,50	3 h 45	4/j
Aéroport de Madrid	36	10 h	5/j
Séville	30	2 h 45-4 h	6/j

Train

La **gare ferroviaire Maria Zambrano** (Málaga-Renfe ; www.renfe.es) se trouve près de la gare routière. Les trains desservent, entre autres, Cordoue (25,90 €, 2 heures 30, 18/j), Séville (18,35 €, 2 heures 45, 11/j) et Madrid (87 €, 2 heures 30, 10/j). Sachez que pour Cordoue et Séville, les trains rapides coûtent environ le double des trains ordinaires.

Comment circuler

BUS Parmi les bus sillonnant la ville (1,20 € pour les trajets dans le centre), citons le bus 11 vers El Palo, le bus 34 vers El Pedregalejo et El Palo, et le bus 35 vers le Castillo de Gibralfaro. Tous partent de l'Avenida de Cervantes. Dans la province, les destinations comprennent Antequera (6,50 €, 1 heure, 9/j) et Ronda (11,45 €, 2 heures 30, 9/j).

TAXI Un taxi coûte environ 5 € pour une course de 2-3 km. Une course dans le centre, gare routière, gare ferroviaire ou Castillo de Gibralfaro inclus, revient à quelque 7 €.

TRAIN Un train circule entre Málaga (centre) et Fuengirola toutes les 20 minutes, de 5h30 à 22h30, et dans le sens Fuengirola-Málaga, de 6h20 à 23h20.

VOITURE Il existe plusieurs parkings souterrains en ville, bien signalés. Les plus pratiques sont dans l'Avenida de Andalućia, la Plaza de la Marina et la Plaza de la Merced (24 heures 24,70 €).

COSTA DEL SOL

Il est facile d'afficher un certain dédain lorsqu'on en vient à évoquer la Costa del Sol. Si les ravages de la sur-urbanisation anarchique ne sont que trop évidents, il subsiste cependant quelques îlots au charme que l'on peut encore qualifier de traditionnel.

Torremolinos et Benalmádena

128 340 HABITANTS

Torremolinos a commencé à se développer dans les années 1950 et si, aujourd'hui, beaucoup des immeubles se sont démodés n'évoquant que de sinistres ensembles staliniens, il subsiste des quartiers attrayants, tel l'ancien port entouré de maisons basses de La Carihuela. La ville est depuis longtemps la capitale gay de la Costa del Sol. Le premier bar gay d'Espagne ouvrit ici en 1962 et, en octobre 2011, la station accueillait comme il se doit Expo Gays, le salon annuel de l'entreprenariat LGTB, qui a attiré plus de 15 000 visiteurs.

La station balnéaire adjacente de Benalmádena étire au fil de la côte des ensembles d'immeubles quelconques, les endroits attrayants étant le **Puerto Deportivo** (port de plaisance) et **Benalmádena Pueblo**, le village plus à l'intérieur, relativement préservé. Partie intégrante de Benalmádena, **Arroya de la Miel** est une autre station, surtout connue pour son parc à thème Tivoli World.

À voir et à faire

Les meilleures plages sont **Playamar** et **La Carihuela** à Torremolinos, d'où il est agréable de marcher, courir ou faire du skate jusqu'au port de Benalmádena, dont l'architecture indéfinissable (un mélange de Gaudí, d'Asie et de parc d'attractions…) abrite quantité de bars, restaurants et cafés ouverts sur la marina. Le centre de Torremolinos se concentre autour de l'avenue commerçante piétonnière de San Miguel.

À l'instar de Mijas, Benalmádena Pueblo a gardé son charme traditionnel, avec des rues pavées, des orangers et des maisons toutes simples ornées de fleurs. Depuis la petite église au sommet du village, la vue sur la côte est magnifique.

Mariposario de Benalmádena PARC AUX PAPILLONS
(www.mariposariodebenalmadena.com ; Benalmádena Pueblo ; adulte/enfant 8,50/5 € ;

STUPA BOUDDHIQUE

Le plus grand **stupa bouddhique** (Benalmádena Pueblo ; 10h-14h et 15h30-18h30 mer-sam, 10h-19h30 dim) d'Europe se trouve à Benalmádena Pueblo. Majestueux –et incongru – il s'élève entouré d'immeubles récents à la sortie du village, offrant une vue imprenable sur la côte.

Le stupa est ouvert aux visiteurs. Son intérieur, grandiose, est orné de remarquables peintures dévotionnelles. S'y tiennent régulièrement des expositions sur des thèmes bouddhiques, des conférences sur la philosophie et des séances de méditation ouvertes à tous. Dans la boutique, vous trouverez bijoux tibétains, rouleaux peints de l'Himalaya, carillons éoliens, encens… des souvenirs qui changent des ânes en paille.

VAUT LE DÉTOUR

LA CONSULA

À 6 km environ au nord-ouest de Torremolinos, Churriana héberge la meilleure école hôtelière de la côte : **La Consula** (952 436 026 ; www.laconsula.com ; Finca Consula Churriana ; menus 35-50 € ; déj lun-ven, fermé août). D'anciens jardins luxuriants composent un cadre ravissant et l'édifice principal a une histoire qui intéressera les amateurs de littérature. Des Américains, amis d'Ernest Hemingway, en furent les propriétaires et c'est au cours d'un séjour ici en 1959, juste deux ans avant sa mort, que le romancier écrivit *The Dangerous Summer* ("L'Été dangereux", non traduit en français).

Mais, foin de littérature ! Passons à la cuisine, sûre de vous laisser d'inoubliables souvenirs. Le menu du jour reflète le côté innovant apporté à des plats ibériques traditionnels. Une belle présentation dans une vaisselle sobre exhale les délicieuses saveurs. Un sans-faute ! Le service est de plus incomparable (les étudiants tiennent à se montrer à la hauteur) et l'ambiance élégante et formelle. Ne venez pas en tongs !

10h-18h ;). À côté du stupa bouddhique, ce royaume agrémenté de fleurs, de plantes et d'arbres impressionnants abrite quelque 1 500 créatures ailées, dont de splendides espèces subtropicales, des papillons de nuit et des chrysalides (en métamorphose). Un iguane et des oiseaux en sont également les hôtes. Dans la boutique de souvenirs, les papillons se déclinent aussi en boucles d'oreilles.

GRATUIT **Museo Benalmádena** MUSÉE
(www.benalmadena.com ; Benalmádena Pueblo ; 10h-18h lun-ven). Ce musée comprend deux parties, l'une consacrée aux trouvailles archéologiques de la région et l'autre, plus curieusement, à une fantastique collection d'objets du Mexique et de l'Amérique centrale.

Costasol Cruceros CROISIÈRES
(www.costasolcruceros.com ; port de Benalmádena ; adulte/enfant 9/5 €). Chaque jour, quatre bateaux quittent le port de Benalmádena pour Fuengirola. La croisière dure une heure. La même compagnie organise aussi des excursions pour observer les dauphins.

Tivoli World PARC D'ATTRACTIONS
(www.tivolicostadelsol.com ; Arroya de la Miel ; 6,95 € ; avr-sept ;). Le plus ancien et le plus vaste des parcs de loisirs offre différentes attractions et manèges, des animations pour les enfants, ainsi que des spectacles quotidiens de danse, dont du flamenco. Le billet "Supertivolino" à 14 € (entrée et accès illimité à 36 manèges) s'avère économique.

Où se restaurer et prendre un verre

La Alternativa TAPAS €
(Avenida de la Constitución, Arroyo de la Miel ; tapas à partir de 2,50 €). Il vaut la peine de dénicher cette petite adresse traditionnelle, carrelée. Toute l'année, il règne une ambiance de feria entre ses murs tapissés d'affiches de flamenco, de piques de matador et de quelques images de la Vierge. Elle fait toujours le plein et les tapas sont fabuleuses. On peut commander la queue de bœuf, le poulpe à la galicienne, etc., en *raciones* (plus grandes portions).

Casa Juan POISSON, FRUITS DE MER €€
(www.losmellizos.net ; Calle San Ginés 20, La Carihuela ; plats 13-20 €). La Casa Juan date des années 1950 mais le poisson est du jour, et c'est le plus fameux des restaurants du genre de La Carihuela. Les *Malagueños* sont si nombreux chaque dimanche qu'il s'est agrandi, jusqu'à 4 salles. Vous ne vous tromperez pas à condition de commander judicieusement : certains poissons sont vendus au poids et peuvent donc rapidement alourdir l'addition.

El Cordobes ANDALOU €€
(Playamar, Torremolinos ; plats 12-15 € ;). Le meilleur des *chiringuitos* (restaurants de plage) a sa fidèle clientèle espagnole. Parmi ses spécialités, un délicieux *salmorejo* (épais gaspacho aillé), des sardines grillées au barbecue et des *almejas* (palourdes) dans une sauce relevée au paprika. Terrasse sur le sable.

Kaleido BAR
(www.kaleido.es ; Darsena de Levante, Puerto Marina ; ⌚11h-tard). On ne peut mieux placé sur la marina, ce vaste bar-terrasse attire une foule bien décidée à faire la fête. Cocktails à tomber par terre, musique live (dont de la salsa), plus soirées DJ et à thème.

Renseignements

Office du tourisme (www.pmdt.es ; Plaza de la Independencia, Torremolinos ; ⌚9h30-13h30 lun-ven). Vous trouverez aussi des kiosques à Playamar et à La Carihuela.

Depuis/vers Torremolinos et Benalmádena

Les bus **Avanza** (www.avanzabus.com) partent régulièrement de Málaga (2,30 €, 25 min, 14/j) et de Marbella (4,50 €, 1 heure 15, 24/j).

Des **trains** (www.renfe.es) desservent toutes les 20 minutes Torremolinos et Arroyo de la Miel-Benalmádena au départ de Málaga (1,65 €, 20 min), de 5h30 à 22h30. Leur terminus est Fuengirola.

Fuengirola

71 783 HABITANTS

Véritable ville ouvrière, Fuengirola est aussi très présente sur le circuit touristique. Elle attire principalement les vacanciers d'Europe du Nord et possède une importante population de résidents étrangers, pour beaucoup arrivés dans les années 1960 et aujourd'hui retraités. La plage s'étire sur 7 km, englobant l'ancien port de pêche de Los Boliches.

À voir et à faire

Biopark ZOO
(www.bioparcfuengirola ; Avenida Camilo José Cela ; adulte/enfant 16,20/11,20 € ; ⌚10h-20h ; 👪). Ce zoo traite très bien ses animaux. Ni cages ni barreaux ici, mais des enclos spacieux, des programmes de conservation et reproduction, et des activités pédagogiques. Les éléphants et les girafes sont absents, mais pas les félins, les gorilles et quantité d'autres espèces. On découvre aussi une grotte aux chauves-souris, un enclos aux reptiles, des cafés où se rafraîchir et un grand magasin de souvenirs.

Où se restaurer

Charolais ANDALOU €€
(www.bodegacharolais.com ; Calle Larga 14 ; plats 12-20 €). Cet établissement se divise en trois : un bar à tapas moderne, une terrasse et un restaurant de style rustique. Ce dernier fait la part belle à la viande avec des préparations superbement cuisinées, mais on y déguste aussi du canard et des spécialités galiciennes comme le *txangurro* (crabe farci). L'ambiance est très traditionnelle (pas de bouteille de ketchup ici) et la carte des vins interminable. Le bar à tapas adjacent sert des plats plus légers, à partager.

Cafe Fresco INTERNATIONAL €
(Las Rampas ; wraps 4,20 €, salades 7 € ; ⌚déj lun-sam). Ceux qui font attention à leur ligne apprécient ce restaurant lumineux. Au menu, soupes maison, salades et wraps (certains au poulet à la thaïlandaise ou à la salade grecque). Terminez par un bon smoothie énergisant. Autre enseigne à Los Boliches.

La Picada INTERNATIONAL €
(Calle de la Pandereta 5 ; tapas 3 €, plats 10 € ; ⌚mar-sam). Faites-vous une place parmi les habitués pour savourer les tapas généreusement servies, dont des pommes de terre ou des brocolis sautés, gratinés au fromage. La carte principale décline des spécialités étrangères, comme le risotto aux pleurotes, et affiche plusieurs plats du jour.

Où prendre un verre et sortir

Quantité de disco-pubs, plutôt vulgaires, s'alignent sur le Paseo Marítimo et un îlot de bars à musique et de discothèques fait face au port.

Hipódromo Costa del Sol COURSES HIPPIQUES
(www.hipodromocostadelsol.es ; 8 € les jours de course ; ⌚22h-2h sam juil-sept). Ce champ de courses bien géré offre plusieurs restaurants et bars, une discothèque, des spectacles de flamenco et une belle ambiance. Pour vous rendre, prenez la sortie face au château à l'extrémité sud-ouest de la ville et suivez les panneaux. Courses en nocturne chaque samedi pendant l'été.

Colón BAR
(www.casacolon.es ; Plaza de los Chinorros). Derrière la poste principale, un bar traditionnel espagnol avec vaste terrasse, parmi d'autres qui lui ressemblent. Les vins sont bons et l'ambiance le week-end, agréablement espagnole, rappelle celle des grandes villes, bien qu'on ne soit qu'à deux pas des rangées de transats sur le sable.

Pogs MUSIQUE LIVE
(Calle de Lamo de Espinosa ; ⌚22h30-tard lun-sam). Ce joyeux pub irlandais est l'un des plus populaires de la ville pour ses concerts.

LA FERIA DES FERIAS

Fuengirola est la ville où se déroule chaque année, du 6 au 12 octobre, la plus importante feria de la Costa del Sol. Les festivités débutent par une *romería* (procession) jusqu'au *campo* où les habitants font la fête dans une ambiance flamenco autour d'étals de paella et de pichets de *cerveza* (bière). La messe du flamenco (6 octobre) qui a lieu dans l'église principale est également suivie de danses et de libations dans la rue. À cette occasion, presque toutes les femmes revêtent leurs robes traditionnelles à volants.

On peut faire confiance aux musiciens du cru pour toutes sortes de morceaux, du blues au jazz. Et pour accompagner la musique, de la Guinness à la pression !

Renseignements

Office du tourisme (www.visitfuengirola.com ; Paseo Jesús Santos Rein ; 9h30-13h30 lun-ven). Toutes les informations sur la ville.

Depuis/vers Fuengirola

BUS Les bus **Avanza** (www.avanzabus.com) circulent de Fuengirola à destination de Málaga (3,60 €, 40 min, 15/j) et d'Estepona (8 €, 1 heure 45, 11/j).

TRAIN Des **trains** (www.renfe.es) partent toutes les 20 minutes pour Málaga, de 6h20 à 23h20, s'arrêtant entre autres à l'aéroport et à Torremolinos.

VOITURE Une onéreuse route à péage (l'AP 7) relie Fuengirola à Estepona (11 €), plus fiable que la dangereuse N340 en bord de côte.

Marbella

136 322 HABITANTS

Marbella est la station balnéaire la plus chic de la Costa del Sol, et la plus chère aussi. Sa richesse scintille de tous ses feux sur le Golden Mile, où de prestigieux clubs, restaurants et hôtels s'égrènent jusqu'à Puerto Banús, la marina la plus tape-à-l'œil de la côte, où l'on rejoint son yatch de luxe en Mercedes aux vitres teintées. Abritée par les splendides montagnes de la Sierra Blanca, la station jouit d'un cadre magnifique. Sa vieille ville (*casco antiguo*) est également attrayante.

Marbella possède une longue histoire. Elle a vu défiler Phéniciens, Wisigoths et Romains, avant de devenir, à l'époque des Maures, la plus importante ville de la côte. Les souverains arabes, les riches et les célébrités (dont l'acteur Antonio Banderas, originaire de Málaga) y possèdent des propriétés.

À voir

Casco Antiguo VIEILLE VILLE

La vieille ville a le pittoresque d'une carte postale : maisons blanches étincelantes, rues étroites sans presque de voitures et géraniums aux balcons. Vous pourrez passer une agréable matinée ou une belle soirée à explorer les cafés, les restaurants, les bars et les boutiques de créateurs, d'antiquaires ou d'artisanat. En son cœur, la **Plaza de los Naranjos**, entourée de plantes tropicales, de palmiers, d'orangers et, bien sûr, de bars aux prix exorbitants, date de 1485.

GRATUIT **Museo Ralli** MUSÉE

(Urbanización Coral Beach ; 10h-14h mar-sam). Ce superbe musée d'art privé expose dans ses salles bien éclairées des artistes pour la plupart d'Amérique latine et d'Europe. La collection de cette organisation à but non lucratif comprend des sculptures d'Henry Moore et de Salvador Dalí, ainsi que des peintures de l'artiste argentine surréaliste Alicia Carletti et du Cubain Wilfredo Lam. Joan Miró, Chagall et Chirico sont également présents.

Museo del Grabado Español MUSÉE

(Calle Hospital Bazán ; 2,50 € ; 10h-14h et 17h30-20h30). Ce modeste musée de la vieille ville abrite des œuvres de grands maîtres comme Picasso, Joan Miró et Salvador Dalí, parmi d'autres tableaux, surtout espagnols.

Où se restaurer

Les restaurants du centre historique affichent généralement des prix pour touristes. La seule exception est la pittoresque Calle San Lázaro, près de la Plaza de los Naranjos, qui abrite plusieurs excellents bars à tapas fréquentés par les habitants.

Calima EUROPÉEN MODERNE €€€

(952 76 42 52 ; www.restaurantecalima.es ; Hotel Melia Don Pepé, Calle Jose Melia ; plats 22-28 € ; 19h-22h mar-ven, 13h30-15h et 19h30-22h sam). Dani Garcia, étoilé au Michelin, a fait ses classes au fameux Tragabuches de Ronda, mais c'est le Calima qui en a fait un chef célébrissime, sans oublier son élégant bar à tapas, La Moraga, devenu une chaîne. Les plats jouent sur le contraste avec des noms qui intriguent comme "œuf sans œuf",

"litchis et popcorn de roses". Salle ouverte toute de gris acier et de chrome. Fruits de mer à l'honneur.

El Estrecho TAPAS €€
(Calle San Lázaro ; tapas 1,50 €, raciones 5-8 €). Cette petite rue piétonne comprend plusieurs excellents bars à tapas, dont cette petite salle à l'arrière. Toujours pleine, vous n'aurez d'autre solution que de jouer des coudes ! À la carte, figurent d'innombrables tapas, dont le *salmorejo* (gaspacho aillé).

Santiago FRUITS DE MER €€€
(☎952 77 00 78 ; www.restaurantesantiago.com ; Paseo Marítimo 5 ; plats 22-28 € ; ⊙fermé nov). Faites les choses en grand et dînez dans cette institution élégante, réputée pour sa superbe cuisine aux fruits de mer. La paella est excellente ainsi que le homard thermidor. L'adresse est très prisée le week-end : installez-vous rapidement à la terrasse donnant sur la Playa de Venus, ornée de palmiers.

Où prendre un verre

Les bars les plus animés se trouvent à Puerto Banús, où la vie nocturne bat son plein, à 6 km à l'ouest de Marbella. En ville, les abords du petit Puerto Deportivo constituent le meilleur point de chute. En été, certains clubs de plage sont aussi très courus.

Buddha CLUB
(Avenida del Mar ; ⊙19h-tard). Des statues bouddhiques dominent les danseurs qui se démènent sur la piste. Les DJ passent aussi bien du funk à l'acid jazz que du hip-hop au rock. Tissus chatoyants, canapés confortables et éclairage d'ambiance participent au luxe des lieux. Soirées à thème régulières.

Nikki Beach CLUB
(www.nikkibeach.com ; Don Carlos Hotel ; ⊙12h-tard avr-sept). Relaxez-vous sur des sofas blancs au pied des vagues tout en grignotant des tapas raffinées, captivé par la musique live ou les morceaux d'un DJ. Le Nikki Beach est une institution parmi les clubs glamour de la ville : habillez-vous pour briller.

Renseignements

Office du tourisme (www.marbella.es ; Plaza de los Naranjos 1 ; ⊙9h30-21h lun-ven). Nombreux dépliants et bon plan de la ville.

Depuis/vers Marbella

BUS Des bus pour Fuengirola (3,20 €, 1 heure), Puerto Banús (1,50 €, 20 min) et Estepona (2,80 €, 1 heure) partent environ toutes les 30 minutes de l'Avenida Ricardo Soriano.

VOITURE Dans les rues embouteillées de Marbella, il est quasiment impossible de se garer. Le parking souterrain le plus central est celui de l'Avenida del Mar (1,75 €/heure).

Estepona

66 500 HABITANTS

Estepona fut l'une des premières stations de la côte à attirer les touristes et les résidents

INTERVIEW

MICHELLE CHAPLOW : PHOTOGRAPHE PROFESSIONNELLE

Michelle Chaplow (www.michellechaplow.com) photographie l'Andalousie pour des médias internationaux et des entreprises depuis plus de 20 ans.

Quelles sont vos scènes andalouses préférées ? Si vous préparez un voyage en Andalousie, les endroits intéressants à photographier sont légion, à commencer par les villages blancs de Gaucín, Frigiliana, Comares, sans oublier, naturellement, Ronda.

Votre plus belle photo ? Un matin, à 5h30, j'étais en route pour Séville, mais il y avait un tel brouillard que je n'y voyais rien. Je me suis donc arrêtée sur le parking d'un bar, d'où j'ai vu Ronda révéler lentement sa beauté tandis que l'épais manteau se déchirait autour des clochers et des tours historiques pour rouler au pied de la colline. La nature n'attend pas ! J'ai vite sorti mon trépied et pris au moins 50 photos.

Que faites-vous quand vous êtes en congé ? Cela fait 20 ans que je photographie l'Andalousie mais je suis toujours prête à marcher dans les collines ou rouler le long de la côte à la recherche de nouvelles images, surtout s'il y a une fête quelque part.

Votre endroit secret ? À chaque fois que je rentre à la maison après un voyage, j'aime me retrouver à La Escollera (p. 162), un restaurant sans chichis d'Estepona, qui sert juste au bord de la plage des calamars et du poisson, les meilleurs du monde selon moi.

étrangers, il y a de cela une quarantaine d'années. Malgré l'urbanisation alentour, le centre a gardé une ambiance agréable de ville ancienne. Il faut savoir que ses racines remontent au IVe siècle et que pendant l'époque musulmane elle était une cité importante et prospère, en raison de sa position stratégique à proximité du détroit de Gibraltar. Estepona jouit d'une large promenade longeant le ruban de sable de Playa de la Rada. Le Puerto Deportivo (port de plaisance), au cœur de la vie nocturne, offre des bars et des restaurants, ainsi que d'excellentes activités nautiques.

À voir et à faire

Selwo Aventura RÉSERVE NATURELLE
(www.selwo.es ; Carretera A7 km162,5 ; adulte/enfant 24,50/17 € ; 10h-18h). Ce parc safari très populaire, qui compte plus de 200 espèces d'animaux exotiques, est le seul à héberger un éléphant d'Asie né en Espagne. Vous pourrez le parcourir en 4x4 ou à pied et vous adonner à diverses activités à sensations. Un lodge permet de passer la nuit sur place, comme si vous étiez en Afrique.

GRATUIT **Aloe Vera Finca** FERME
(952 80 83 43 ; www.santaverde.es ; Camino Cala Bujeo ; 9h-14h et 16h-18h30). Si vous appréciez les vertus curatives de l'aloès ou voulez les connaître, visitez cette ferme qui lui est dédiée. On y apprend comment on cultive, récolte et conditionne cette ancienne plante médicinale. La boutique vend toutes sortes de produits et la plante elle-même ; pour une visite, appelez d'abord.

Buceo Estepona PLONGÉE
(645 61 03 74 ; www.buceoestepona.com ; Puerto Deportivo ; 10h-14h30 et 16h30-20h). Ce club de plongée fiable propose une large gamme de cours, de la séance d'initiation Discover Scuba (45 €) au stage Dive Master permettant d'obtenir la certification PADI (750 €).

Où se restaurer

Estepona n'est pas avare de bons restaurants, en particulier dans la vieille ville et le port.

Venta Garcia EUROPÉEN MODERNE €€
(952 89 41 91 ; Ma 8300, km7 ; plats 12-18 €). Sur la route de Casares, à environ 7 km d'Estepona, la Venta Garcia propose des plats raffinés, superbement présentés. Ce peut être un ragoût d'asperges sauvages ou du thon à la sicilienne. La vue sur la campagne est aussi sublime que la cuisine, mais l'endroit commence à être connu : réservez, surtout le week-end.

La Escollera POISSON, FRUITS DE MER €
(Puerto Pesquero ; plats 6-9 € ; fermé fév). Les habitants connaissent bien cette adresse du port et s'y pressent à l'heure du dîner. Vous pouvez leur faire confiance : poissons et fruits de mer sont les meilleurs de la ville. Qu'importe si l'endroit avec ses tables en plastique et nappes en papier ne paie pas de mine !

Tikitano EUROPÉEN MODERNE €€€
(952 79 84 49 ; www.tikitano.com ; Urbanización Guadalmansa, Ctra de Cádiz 340, km 164 ; plats 20-28 €). Grandes baies vitrées sur la plage et la mer, voici un des restaurants les plus chics pour un dîner raffiné. La carte variée est plutôt recherchée, proposant pâtes aux truffes, bisque de homard infusé à la menthe, etc. Les Britanniques qui ont le mal du pays sont nombreux à venir savourer le rôti du dimanche. Animations musicales régulières.

La Taberna del Puerto TAPAS €
(Puerto Deportivo, Edificio Puertosol ; tapas 1,80 € ; mer-lun). Ambiance authentique de village pour cette taverne : musique flamenca, bois sombre, jambons au-dessus du bar et tonneaux en guise de tables. Côté tapas, il y a un peu plus de recherche qu'ailleurs avec des bouchées à la reine ou des *tostas* (croque-monsieur) aux garnitures simples et délicieuses comme des poivrons rouges et du manchego séché.

Où prendre un verre

Le Puerto Deportivo, où les bars ouvrent tard, est le meilleur endroit. En été, on fait aussi la fête dans les clubs sur la plage, et ailleurs. Consultez les publicités distribuées en ville.

Puro Beach BAR
(www.purobeach.com ; Laguna Village ; 12h-tard avr-oct). Sur la plage, le Laguna Village est un complexe de bars, de restaurants et de boutiques d'inspiration asiatique. Au bord d'un bras de cette luxuriante lagune où murmurent des fontaines, le Puro Beach jouit d'un emplacement de choix et invite à la relaxation suprême dans ses tentes nomades privées et sa piscine, ou à la fête dans le cadre de son club glamour, animé par des DJ.

Renseignements

Office du tourisme (www.estepona.es ; Avenida San Lorenzo 1 ; 9h-20h lun-ven). Présentoir chargé de dépliants, et renseignements.

Depuis/vers Estepona

BUS Des bus réguliers rallient Marbella (2,80 €, 1 heure) et Málaga (7,20 €, 2 heures).

VOITURE Estepona dispose de plusieurs parkings bien signalés sur l'Avenida España (1,40 €/heure).

Mijas

76 362 HABITANTS / ALTITUDE 428 M

L'histoire de Mijas se confond avec celle de la Costa del Sol. Modeste village à l'origine, elle est à présent devenue la ville la plus riche de la province. Artistes et écrivains bohèmes vinrent s'y installer dans les années 1950 et 1960. Depuis, l'urbanisation a gagné les collines environnantes et la côte, mais l'endroit a su conserver une partie de son charme.

Au moins 40% de la population de Mijas est étrangère et la municipalité comprend Mijas-Costa, sur la côte, au sud-ouest de Fuengirola. Les terrains de golf sont légion, et Mijas est réputée pour l'escalade, avec une centaine de voies niveau V-7. La ville est également célèbre pour ses "ânes-taxis", qui ne sont cependant pas du goût des associations de protection animale.

À voir

Virgen de la Peña SITE HISTORIQUE

(Avenida Virgen de la Peña). Un peu après l'*ayuntamiento* (mairie), vous découvrirez une grotte où la Vierge serait apparue à deux enfants, conduits ici par une colombe, en 1586. Lors de la procession du 8 septembre, une statue de la Vierge est portée 2 km plus haut, jusqu'à l'**Ermita del Calvario**, une minuscule chapelle construite par les Carmes. Des croix de fer noir marquent le court sentier menant à l'ermitage.

GRATUIT **Casa Museo de Mijas** MUSÉE

(Plaza Libertad 2 ; 10h-14h et 17h-20h). Créée et dirigée par Carmen Escalona, la Casa Museo de Mijas est un intéressant musée d'art populaire. Il renferme des modèles réduits, accompagnés d'objets et d'explications, illustrant parfaitement le mode de vie de la région il y a une cinquantaine d'années.

Plaza de Toros ARÈNES

(corridas 50-90 €, musée 3 € ; 10h-20h). Cette arène, dont la forme carrée est assez inhabituelle, domine le village, entourée de jardins verdoyants. La vue sur la côte est splendide et un modeste musée est dédié à l'histoire locale de la corrida.

Où se restaurer

Mijas n'a rien d'une étape gastronomique, mais offre néanmoins deux bonnes tables.

El Padrastro EUROPÉEN MODERNE €€

(952 48 50 00 ; www.elpadrastro.com ; Paseo del Compás ; plats 12-27 €). Haute cuisine méditerranéenne sur une falaise surplombant la place principale, avec vue spectaculaire. Le restaurant est accessible aux personnes à mobilité réduite. Parmi les mets de choix que proposent ce restaurant, des amuse-bouche au crabe et au guacamole, du riz aux fruits de mer et un grand choix de poissons.

El Mirlo Blanco ESPAGNOL €€

(952 48 57 00 ; www.mirlo-blanco.es ; Paseo Marítimo 29 ; plats 16-35 € ; fermé mar sept-juin). Ce restaurant de style basque est l'un des meilleurs de Mijas. Le menu change au gré des saisons, mais l'agneau rôti et le colin à la sauce verte sont toujours de bons choix. Vous pourrez terminer par un soufflé au Grand Marnier.

Renseignements

Office du tourisme de Mijas

(958 58 90 34 ; www.mijas.es ; Plaza Virgen de la Peña ; 9h-19h lun-ven oct-mars, 9h-20h lun-ven avr-sept, 10h-15h sam toute l'année). Doté d'une section pour les résidents étrangers, il fournit d'abondantes informations sur les activités et les événements de la région.

Depuis/vers Mijas

Des bus fréquents partent de Fuengirola (1,50 €, 25 min).

L'ARRIÈRE-PAYS

La région qui s'étend à l'intérieur de la province de Málaga présente un paysage escarpé d'une beauté austère, parsemé de *pueblos blancos* Au-delà des montagnes, la campagne verdoyante débouche sur un échiquier de plaines marécageuses. Rien à voir avec l'effervescence touristique de la côte.

Ronda

37 000 HABITANTS / ALTITUDE 744 M

Encerclée par les somptueuses montagnes de la Serranía de Ronda, dont elle tire son nom, la ville de Ronda se dresse sur un site spectaculaire, de part et d'autre d'une gorge

Ronda

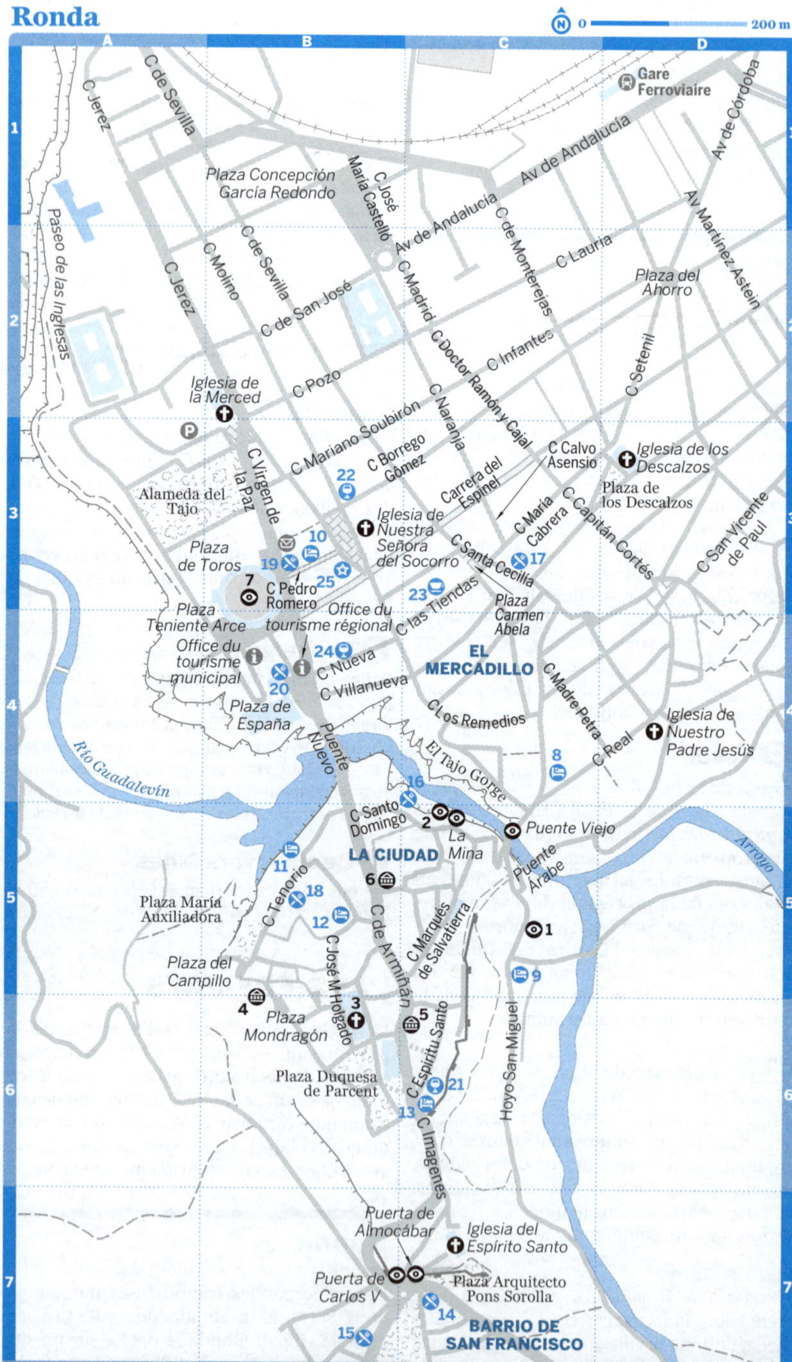
0
200 m
A
B
C
D
1
2
3
4
5
6
7
Gare Ferroviaire
C Jerez
C de Sevilla
Av de Córdoba
Av de Andalucía
Plaza Concepción García Redondo
C José María Castelló
Paseo de las Inglesas
C Molino
C de Sevilla
C Jerez
C de Monterejas
C Lauria
Av Martínez Astein
Plaza del Ahorro
C de San José
C Madrid
C Doctor Ramón y Cajal
C Infantes
C Setenil
Iglesia de la Merced
C Pozo
C Mariano Soubirón
C Naranja
C Borrego Gômez
C Calvo Asensio
Iglesia de los Descalzos
Plaza de los Descalzos
Alameda del Tajo
C Virgen de la Paz
22
Carrera del Espinel
Iglesia de Nuestra Señora del Socorro
C María Cabrera
C Capitán Cortés
C San Vicente de Paul
Plaza de Toros
10
19
25
C Santa Cecilia
17
7
C Pedro Romero
23
C las Tiendas
Plaza Carmen Abela
Plaza Teniente Arce
Office du tourisme régional
Office du tourisme municipal
24
C Nueva
EL MERCADILLO
20
C Villanueva
C Madre Petra
Plaza de España
C Los Remedios
Iglesia de Nuestro Padre Jesús
Puente Nuevo
El Tajo Gorge
8
C Real
Río Guadalevín
16
C Santo Domingo
2
La Mina
Puente Viejo
Arroyo
11
LA CIUDAD
Puente Árabe
6
C Tenorio
18
Plaza María Auxiliadora
12
C de Armiñán
C Marqués de Salvatierra
1
Plaza del Campillo
C José M Holgado
9
4
3
Plaza Mondragón
5
C Espíritu Santo
Hoyo San Miguel
Plaza Duquesa de Parcent
21
13
C Imagenes
Puerta de Almocábar
Iglesia del Espírito Santo
Puerta de Carlos V
Plaza Arquitecto Pons Sorolla
14
15
BARRIO DE SAN FRANCISCO

Ronda

À voir

1	Baños Arabes	C5
2	Casa del Rey Moro	C5
3	Iglesia de Santa María La Mayor	B6
4	Museo de Ronda	B6
5	Museo del Bandolero	C6
6	Museo Lara	B5
	Museo Taurino	(voir 7)
7	Plaza de Toros	B3

Où se loger

8	Enfrente Arte	C4
9	Hotel Alavera de los Baños	C5
10	Hotel Hermanos Macias	B3
11	Hotel Montelirio	B5
12	Hotel San Gabriel	B5
13	Jardín de la Muralla	C6

Où se restaurer

14	Bar Restaurant Almocábar	C7
15	Bodega San Francisco	B7
16	Casa Santa Pola	C4
17	Faustino	C3
18	La Casa del Dulce	B5
	Restaurante Albacara	(voir 11)
19	Restaurante Pedro Romero	B3
20	Restaurante Tragabuches	B4

Où prendre un verre

21	Los Canto	C6
22	New Baco	B3
23	Tetería Al Zahra	C3
24	Tragatapas	B4

Où sortir

25	Círculo de Artistas	B3

appelée El Tajo, profonde de 100 m. Fondée au IXe siècle av. J.-C., elle figure parmi les cités les plus anciennes d'Espagne. Sa vieille ville, La Ciudad, remonte en grande partie à la période musulmane, époque à laquelle cet important foyer culturel abritait de nombreux palais et mosquées. Sa richesse en tant que relais commercial suscitait la convoitise des bandits et des profiteurs de tout poil, d'où un passé romanesque et haut en couleur illustré par le folklore espagnol.
À partir de la fin du XIXe siècle, Ronda fut l'objet d'un engouement romantique, attirant nombre d'artistes et d'écrivains étrangers, dont Alexandre Dumas, Rainer Maria Rilke, Ernest Hemingway et Orson Welles.

À voir et à faire

La Ciudad, la vieille ville, s'étend du côté sud de la gorge appelée El Tajo. Chargée d'histoire et riche en musées, elle invite à une pittoresque promenade. Mais n'oubliez pas la ville nouvelle, qui a aussi son charme et abrite l'emblématique arène, quantité de bars à tapas et restaurants et les jardins verdoyants de l'Alameda del Tajo. Trois ponts enjambent la gorge.

La Ciudad QUARTIER

Enjambant l'impressionnante gorge et le Río Guadalevín ("rivière profonde"), l'imposant Puente Nuevo est le monument le plus emblématique de Ronda (c'est depuis le Camino de los Molinos, qui court au fond de la gorge, qu'on le voit le mieux). Ce pont sépare la ville nouvelle de la vieille ville, entourée de fortifications massives, percées de deux portes anciennes : la Puerta de Almocábar, construite au XIIIe siècle par les Arabes comme entrée principale de la forteresse, et la Puerta de Carlos V, datant du XVIe siècle. À l'intérieur des murailles, le tracé de l'ancienne médina demeure presque intact, formant un dédale de ruelles. Celles-ci doivent leur cachet aux demeures Renaissance des familles aristocratiques dont les ancêtres participèrent à la reconquête de la ville, en 1485, aux côtés de Ferdinand, le Roi Catholique.

Casa del Rey Moro JARDINS

(Maison du roi maure ; carte p. 164 ; Calle Santo Domingo 17). Ici, des jardins en terrasses donnent accès à La Mina, un escalier souterrain de l'époque musulmane taillé dans la roche, qui descend jusqu'à la rivière au fond de la gorge. Ces 300 marches permirent aux habitants de s'approvisionner en eau lorsque la ville était attaquée. C'est aussi par là que les soldats chrétiens forcèrent le passage pour pénétrer dans la ville, qu'ils investirent en 1485. Restez prudent car l'escalier est raide, mal éclairé et très humide en certains endroits.

On peut se réjouir que ces jardins historiques n'aient pas été revisités. L'ancien dallage ébréché et les plates-bandes envahies par la végétation ajoutent à son charme, bien qu'il soit dommage qu'on laisse l'édifice principal tomber en ruine.

Museo Lara MUSÉE

(www.museolara.org ; Calle de Armiñán 29 ; adulte/enfant 4/2 € ; 11h-20h ;). Ce musée privé est captivant. Auriez-vous, même à supposer que vous possédiez cette immense maison de famille, réuni auprès de vous, comme l'a fait Juan Antonio Lara Jurado, tous ces objets ?

Ce monsieur a commencé sa collection, désormais inestimable, à l'âge de 10 ans. Septuagénaire aujourd'hui, il vit toujours au-dessus du musée, son espace vital se rétrécissant au fur et à mesure de ses nouvelles acquisitions, caractérisées par un passionnant éclectisme : horloges, armes, radios, gramophones, machines à coudre, téléphones, jumelles d'opéra, éventails espagnols, balances, appareils photos...

Il ne faut pas oublier l'impressionnante section archéologique, l'exposition sur l'Inquisition, qui fait froid dans le dos avec ses différents instruments de torture, et la salle de la sorcellerie qui, elle, enchantera les enfants avec ses crapauds en bocaux et autres potions magiques.

Les philatélistes risquent de se sentir frustrés : Juan Antonio a collectionné à peu près toutes les choses possibles, à l'exception, il est vrai, des timbres.

Museo de Ronda MUSÉE

(Palacio de Mondragón, Plaza Mondragón ; 3 € ; ⌚10h-19h lun-ven, 10h-15h sam-dim). Le musée de la ville présente divers objets et des informations liés aux pratiques funéraires romaines et musulmanes. Certains, cependant, apprécieront avant tout l'architecture du palais qui l'abrite. Édifié en 1314 pour Abomelic, gouverneur de Ronda, il a conservé ses cours intérieures et ses fontaines, notamment l'impressionnant patio mudéjar – dont l'arc en fer à cheval conduit dans un jardin perché au sommet d'une falaise, d'où la vue est magnifique.

Iglesia de Santa María La Mayor ÉGLISE

(Calle José M Holgado ; adulte/enfant 4/1,50 € ; ⌚10h-20h). Cette élégante église a remplacé l'ancienne mosquée. À l'entrée de l'église, un arc couvert d'inscriptions arabes faisait partie du mihrab de la mosquée. Classé monument historique, l'édifice offre une débauche de styles et d'ornements. Au centre, les stalles en cèdre du chœur divisent la nef en deux parties, l'avant réservé à la noblesse, l'arrière aux roturiers.

Museo del Bandolero MUSÉE

(Calle de Armiñán 65 ; 3 € ; ⌚10h30-20h avr-sept, 10h30-18h oct-mars). Ce petit musée est consacré au banditisme, qui fit autrefois la renommée de l'Andalousie. On constate sur des gravures anciennes que, lorsque les jeunes *bandoleros* ne périssaient pas sous la main des autorités, fusillés, pendus ou garrottés, ils se poignardaient mutuellement dans le dos, au propre comme au figuré. À la boutique de souvenirs, vous pourrez choisir entre une réplique de pistolet ou de lance-pierre.

Baños Arabes SITE HISTORIQUE

(hammam ; Hoyo San Miguel ; 3 €, gratuit dim ; ⌚10h-19h lun-ven, 10h-15h sam-dim). La promenade du centre-ville jusqu'à ces bains, au bord de la rivière, est plaisante. Ornés d'arcs en fer à cheval et de colonnes, ils remontent aux XIIIe et XIVe siècles. Presque intacts (parties chaudes et froides bien visibles), ce sont les bains arabes les mieux préservés d'Andalousie.

El Mercadillo QUARTIER

Le Puente Nuevo mène à la place principale, la Plaza de España. Au chapitre 10 de *Pour qui sonne le glas*, Ernest Hemingway raconte comment, au début de la guerre civile, les "fascistes" d'une petite ville furent rassemblés dans l'*ayuntamiento* (hôtel de ville). Frappés avec des fléaux et livrés à la vindicte populaire, ils durent passer entre deux rangées d'habitants, avant d'être précipités du Puente Nuevo. Cet épisode a été inspiré par des événements qui se déroulèrent à Ronda. Le *parador* (hôtel de luxe appartenant à l'État) de Ronda occupe désormais l'hôtel de ville.

Terminez sur une note plus légère par une promenade dans le ravissant parc d'Alameda del Tajo, à l'ambiance très familiale le week-end.

Plaza de Toros ARÈNES

(Calle Virgen de la Paz ; 5 € ; ⌚10h-20h). La Plaza de Toros de la ville est le haut lieu des corridas. Construite il y a plus de 200 ans par Martín Aldehuela, cette arène figure parmi les plus anciennes et les plus réputées d'Espagne, et a accueilli quelques-unes des grandes manifestations de l'histoire de la tauromachie.

Elle est unanimement admirée pour la couleur tendre de son grès et ses galeries à arcades. Avec ses 66 m de diamètre, c'est aussi l'arène la plus vaste et la plus dangereuse qui, pourtant, ne peut contenir que 5 000 spectateurs (un chiffre dérisoire comparé aux 50 000 places de l'arène de Mexico). En juillet, elle accueille une série de concerts et des représentations d'opéra.

VAUT LE DÉTOUR

LE PARQUE NATURAL SIERRA DE LAS NIEVES

Au sud-est de Ronda, le Parque Natural Sierra de las Nieves, qui couvre 18 ha, est réputé pour ses sapins espagnols (*pinsapos*) très rares – survivance des grandes forêts méditerranéennes de sapins de l'ère tertiaire –, et pour sa faune, dont quelque 1 000 bouquetins et plusieurs espèces d'aigles. La *nieve* (neige), qui a donné son nom au site, tombe en général entre janvier et mars. **El Burgo**, un joli village isolé à 10 km au nord de Yunquera sur l'A366, constitue une bonne base pour visiter l'est et le nord-est du parc. Pour plus de renseignements, adressez-vous à **l'office du tourisme** (Calle del Pozo 17 ; 8h-15h mar-ven) de Yunquera, où à l'**ayuntamiento** (hôtel de ville ; 952 16 00 02) d'El Burgo.

La randonnée la plus intéressante de la Sierra de las Nieves est l'ascension du point culminant de l'Andalousie occidentale, le **Torrecilla** (1 918 m). Partez de l'Área Recreativa Los Quejigales, à laquelle on accède après 10 km de route non goudronnée depuis l'A376, la route Ronda-San Pedro de Alcántara. Le panneau "Parque Natural Sierra de la Nieves " marque la bifurcation, à 12 km de Ronda. Depuis Los Quejigales, le sentier monte sur 470 m par le **couloir de Cañada de los Cuernos** et ses paisibles forêts de sapins espagnols, avant d'atteindre le col supérieur de **Puerto de los Pilones**. Après une portion de plat, il faut gravir les derniers 230 m pour atteindre le sommet et sa vue magnifique. Comptez 5 à 6 heures aller-retour pour cette marche de niveau moyen à difficile. La carte IGN/Junta de Andalucía *Parque Natural Sierra de las Nieves* (au 1/50 000) indique le chemin à suivre, ainsi que d'autres itinéraires.

Sur place, le **Museo Taurino** (Musée taurin ; Calle Virgen de la Paz ; 6 € ; 10h-20h avr-sept, 10h-18h oct-mars) expose toutes sortes de souvenirs taurins – les habits de lumière maculés de sang du grand Pedro Romero et de la vedette des années 1990 Jesulín de Ubrique, ainsi que des photos de visiteurs célèbres, tels Orson Welles et Ernest Hemingway, dont le roman *Mort dans l'après-midi* illustre la tension et la peur régnant dans l'arène.

Derrière la Plaza de Toros, la vue est spectaculaire depuis le Paseo de Blas Infante et le parc d'Alameda del Tajo, voisin.

Barrio de San Francisco QUARTIER

À l'extérieur des remparts de La Ciudad, le Barrio de San Francisco est un quartier qui correspond à l'ancien cimetière musulman de la ville. Au XVe siècle, les marchands y établirent un petit marché, afin de ne pas avoir à payer le droit d'entrée excessif pour pénétrer dans Ronda. S'ensuivit la construction d'auberges et de tavernes, puis d'un nouveau quartier. Aujourd'hui, le Barrio est réputé pour ses bars à tapas.

Fêtes et festivals

Corpus Cristi RELIGION

Le premier jeudi après la Trinité (mai ou juin), lors de la Fête-Dieu, des corridas et autres festivités ont lieu à l'issue d'une procession au cours de laquelle une croix de 900 kg est transportée sur 6 km à travers la ville.

Feria de Pedro Romero CORRIDA

De grandes célébrations sont organisées les deux premières semaines de septembre, dont l'important Festival de Cante Grande, consacré au flamenco. Les Corridas Goyescas (en hommage au légendaire matador Pedro Romero) sont le temps fort de la feria.

Où se restaurer

La cuisine typique de Ronda se compose de copieux plats montagnards, notamment des ragoûts (appelés *cocido, estofado* ou *cazuela*), des spécialités à base de *trucha* (truite), de lapin (*conejo*), de perdrix (*perdiz*), de cailles (*codorniz*) et de queue de taureau (*rabo de toro*). Cependant, comme partout, des chefs inspirés tentent de nouvelles expériences.

Bodega San Francisco TAPAS €

(www.bodegasanfrancisco.com ; Calle Ruedo Alameda ; raciones 6-10 € ;). Avec trois salles et une terrasse sur l'étroite rue piétonnière, c'est peut-être le meilleur bar à tapas de Ronda. La carte bien garnie devrait convenir aux familles les plus exigeantes et même aux végétariens (une dizaine de salades). Goûtez le *revuelto de patatas* (œufs brouillés aux pommes de terre et aux poivrons). Bon vin de la maison.

LA DYNASTIE ROMERO

Ronda peut, à juste titre, s'enorgueillir d'être le berceau de la tauromachie. Elle possède une école d'équitation, la Real Maestranza de Ronda, fondée en 1572 afin que l'aristocratie espagnole apprenne à monter à cheval et à se battre, en affrontant des taureaux dans une arène. Ainsi naquit la corrida.

La légende veut que l'un de ces combats ayant mal tourné – le cavalier avait chuté et risquait de se faire encorner – Francisco Romero (vers 1698), le héros local, descendit sans hésiter dans l'arène et détourna l'attention du taureau en agitant son chapeau. À la génération suivante, son fils Juan introduisit la *cuadrilla* (l'équipe soutenant le matador), composée de deux ou trois banderilleros à pied et d'autant de picadors (cavaliers armés de piques). Il réalisa ainsi le mariage des pratiques de la noblesse (qui combattait à cheval) et des dangereuses corridas populaires qui se déroulaient lors des fêtes sur la grand-place de chaque ville.

C'est finalement le fils de Juan, Pedro Romero (1754-1839), qui tua 5 000 taureaux au cours de sa carrière, qui inventa les règles et les passes gracieuses, presque dansées, de la corrida moderne. Il introduisit en particulier l'usage de la *muleta* (variante du chapeau de son grand-père), la cape rouge utilisée pour capter l'attention de la bête.

En 1932, Ronda vit naître le plus grand matador ibère du XXe siècle, en la personne du charismatique Antonio Ordóñez, immortalisé par Hemingway dans *L'Été dangereux*. La famille Ordóñez fut à l'initiative des *corridas goyescas*, qui se tiennent chaque année, début septembre à Ronda, en hommage à Pedro Romero, et auxquelles participent les meilleurs matadors d'Espagne. Pendant l'affrontement, ces derniers portent l'habit de lumière guindé du XIXe siècle, que Goya a immortalisé dans ses portraits de Romero.

Restaurante Tragabuches ESPAGNOL CONTEMPORAIN €€€
(☎952 19 02 91 ; www.tragabuches.com ; Calle José Aparício 1 ; menus 59-87 € ; ⏲13h30-15h30 et 20h-22h30 mar-sam). Le plus célèbre des restaurants de Ronda a tourné le dos à ses nombreux concurrents attachés au concept rustique. Le Tragabuches, moderne et chic, étoilé par le guide Michelin en 1998, va de pair avec une carte innovante, qui propose trois menus fixes. Les gourmets parcourent des kilomètres pour goûter les créations de son chef créatif.

Restaurante Albacara INTERNATIONAL €€€
(☎952 16 11 84 ; www.hotelmontelirio.com ; Calle Tenorio 8 ; plats 14,50-22 €). L'une des meilleures tables de Ronda occupe les anciennes écuries du palais de Montelirio, juste au bord de la gorge. Parmi les plats succulents, citons le bœuf Stroganoff et le classique magret de canard. Carte des vins très complète. N'oubliez pas de réserver.

Faustino ANDALOU €
(Calle Santa Cecilía ; tapas 1,50 €, raciones 6-8 €). Belle ambiance typiquement andalouse pour ce bar à tapas dans un vaste atrium traditionnel mêlant plantes, notes religieuses et affiches de ferias et corridas. Généreuses tapas et *raciones*. Mention spéciale pour les *champingnones a la plancha* (champignons grillés relevés d'ail). Seul bémol : les chaises rustiques, joliment peintes, mais si dures !

Bar Restaurant Almocábar ANDALOU €
(Calle Ruedo Alameda 5 ; tapas 1,50 €, plats 10 € ; ⏲13h30-17h et 20h-1h mer-lun). Dans les hauteurs de la ville, l'Almocábar est plus ou moins préservé des touristes, mais ses tapas sont si réputées que vous aurez du mal à entrer. Vous pouvez néanmoins réserver une table dans la partie restaurant (*comedor*).

Casa Santa Pola ANDALOU €€
(Calle Santo Domingo 3 ; entrées 10-12 €, plats 17-22 €). Aménagé sur trois niveaux dans une vieille demeure aristocratique (ancien palais maure du VIIIe siècle), ce restaurant est plein de cachet et offre une belle vue sur la gorge d'El Tajo. Le soir, ses petites salles à manger intimes sont éclairées aux bougies. L'agneau rôti au miel et au romarin est fameux.

Restaurante Pedro Romero ANDALOU €€
(☎952 87 11 10 ; www.rpedroromero.com ; Calle Virgen de la Paz 18 ; menu 16 €, plats 15-18 €). En face des arènes, cette adresse réputée, consacrée à la tauromachie, sert des spécialités *rondeñas* (de Ronda), dont une excellente queue de bœuf (*rabo de toro*). Les végétariens apprécieront les beignets de fromage de chèvre en entrée, servis avec une compote de pommes.

La Casa del Dulce BOULANGERIE
(Calle Tenorio 11 ; 👪). Passez par La Casa del Dulce pour admirer les *mantecadas*, ces petits gâteaux aux amandes croustillants enneigés de sucre. Ils sont confectionnés par les nonnes, ce n'est donc pas un péché que de succomber à la tentation.

Où prendre un verre

Tragatapas BAR
(Calle Nueva 4 ; ⏲18h-24h lun-sam). Il est trop éclairé, comme la plupart des bars de Ronda, mais on apprécie son ambiance moderne. Poutres noires, jazz et *pinchos* (amuse-bouche) originaux comme celui au poulet et curry.

New Baco BAR
(⏲19h-4h). Si vous venez trop tôt, il n'y aura que du foot sur le grand écran. Venez tard, ou le week-end où il est sûr que DJ et danseurs se sont donné rendez-vous, mais pas avant minuit.

Los Canto BAR
(Espiritu Santo 9 ; ⏲12h-2h). Ce spacieux bar du Barrio de San Francisco jouit de jolies vues champêtres sur le parc naturel depuis sa terrasse à l'avant. À l'intérieur, décor fantaisiste (sol en mosaïque dans le style Miró) et musique douce. Billard.

Tetería Al Zahra SALON DE THÉ
(Calle las Tiendas 17 ; ⏲16h30-24h). Venez dans cette *tetería* boire une infusion ou un thé (marocain ou pakistanais, entre autres). Toutes ces boissons sont servies dans de jolis services à thé en céramique. On peut aussi y fumer un narguilé.

Où sortir

Círculo de Artistas FLAMENCO
(carte p. 164 ; Plaza del Socorro ; 23 € ; ⏲lun-mer mai-sept). Sur la place, un somptueux édifice historique accueille des spectacles de flamenco, à partir de 22h, ainsi que d'autres représentations de chant et de danse. La programmation en semaine est inhabituelle.

Renseignements

Office du tourisme municipal (www.turismoderonda.es ; Paseo de Blas Infante ; ⏲10h-19h30 lun-ven, 10h15-14h et 15h30-18h30 sam, dim et jours fériés). Le personnel, serviable, fournit une foule de renseignements sur la ville et la région.

Office du tourisme régional (www.andalucia.org ; Plaza de España 1 ; ⏲9h-19h30 lun-ven mai-sept, 9h-18h oct-avr, 10h-14h sam tte l'année)

Comment s'y rendre et circuler

Bus

La gare routière est située sur la Plaza Concepción García Redondo 2. Les bus **Comes** (www.tgcomes.es) desservent Arcos de la Frontera (8,75 €, 2 heures, 2/j), Jerez de la Frontera (11,50 €, 3 heures, 3/j) et Cadix (15 €, 2 heures, 3/j). **Los Amarillos** (www.losamarillos.es) assure la liaison en bus avec

AU VILLAGE BLEU DES SCHTROUMPFS

Comme nous, quand vous arriverez au village maure de Júzcar, vous enlèverez sans doute vos lunettes de soleil et clignerez des yeux, incrédule. Toutes les maisons, et même l'église, qui devraient composer un traditionnel village blanc (*pueblo blanco*) étincellent de bleu. Pas d'un bleu azur, mais de ce bleu fluo qui sied si bien aux Schtroumpfs... On distingue cependant une rebelle, encore blanche (nous avons frappé à la porte, curieux de savoir pourquoi, mais personne n'a répondu).

Tout s'explique quand on apprend que le village a servi à la promotion de *Los Pitufos*, première version en 3D des Schtroumpfs, qui a fait sensation au box-office en 2011. Sony a ensuite fourni, comme il s'y était consciencieusement engagé, la peinture blanche pour que les villageois retournent, disons, à l'anonymat de cette couleur. Or ils ont voté pour le bleu. Peut-être une sage décision, puisque lors de la rédaction de ce guide, il se disait qu'on allait venir filmer une séquence ici.

Júzcar s'est ainsi doté d'une nouvelle valeur. Pourtant, un seul habitant, un New-Yorkais avisé, propriétaire de l'hôtel-restaurant Bandolero à l'entrée du village, a profité de l'aubaine pour engranger des bénéfices avec les visiteurs espagnols avides de photos. Il a affublé son personnel de chapeaux de Schtroumpfs et vend des T-shirts des petites créatures bleues, ainsi que du *turron* (nougat), bleu lui aussi. Heureusement que ses tapas et ses menus sont plus comestibles ! Une délicieuse assiette d'agneau grillé et frites coûte 12 €.

Séville via Algodonales, Grazalema, et Málaga via Ardales.

Train

La **gare ferroviaire** (☎952 87 16 73 ; Avenida de Andalucía) est sur la ligne de chemin de fer entre Bobadilla et Algésiras. Des trains partent pour Algésiras via Gaucín et Jimena de la Frontera. L'itinéraire, magnifique, mérite le détour, ne serait-ce que pour le paysage. D'autres trains desservent Málaga, Cordoue, Madrid et Grenade via Antequera. Pour Séville, changez à Bobadilla ou Antequera. La plupart des hébergements se trouvent à moins de 1 km de la gare. Des minibus locaux sont censés circuler toutes les 30 minutes entre la Plaza de España et l'Avenida Martínez Astein (en face de la gare), mais ils ne sont pas très fiables. On peut facilement gagner le centre-ville à pied, mais prenez un taxi (5 €) si vous avez des bagages.

Voiture

Il existe plusieurs parkings souterrains et certains hôtels disposent de places de parking pour leurs clients. Comptez environ 10 €/h, ou 15-20 € pour 14 à 24 heures.

Environs de Ronda

SERRANÍA DE RONDA

Les montagnes de la Serranía de Ronda, qui entourent la ville au sud et au sud-est, ne sont peut-être pas les plus hautes ou les plus spectaculaires d'Andalousie, mais certainement parmi les plus belles. Toutes les routes reliant Ronda au sud de la province de Cadix, à Gibraltar ou à la Costa del Sol, offrent des paysages magnifiques. Cortés de la Frontera, qui surplombe la vallée du Guadiaro, et Gaucín, qui donne sur la vallée du Genal et la Sierra Crestellina, représentent les haltes les plus attrayantes sur ce trajet.

À l'ouest et au sud-ouest de Ronda s'étendent les parcs naturels sauvages de la Sierra de Grazalema et de Los Alcornocales. Les possibilités de pratiquer la randonnée et le cyclotourisme ne manquent pas. L'office du tourisme de Ronda vous fournira des détails à ce sujet, ainsi que des cartes.

À voir

GRATUIT **Ronda la Vieja** SITE ARCHÉOLOGIQUE
(☎630 429949 ; ⏲9h-15h mar-sam, 8h-14h dim). La cité romaine d'Acinipo, à Ronda la Vieja, se situe au nord de Ronda, en retrait de l'A374. Ces ruines relativement bien conservées, dont un théâtre partiellement reconstruit, s'inscrivent dans un cadre magnifique où la vue embrasse la campagne environnante. Vous pourrez vous promener pendant quelques heures sans vous lasser parmi les pierres, en tentant de localiser les thermes et les forums antiques.

Ardales et El Chorro

À 50 m au nord-ouest de Málaga, le Río Guadalhorce se faufile à travers l'impressionnante Garganta del Chorro (gorge d'El Chorro); également appelée le Desfiladero

À NE PAS MANQUER

CUEVA DE LA PILETA

À 20 km au sud-ouest de Ronda la Vieja, la **Cueva de la Pileta** (☎952 16 73 43 ; www.cuevadelapileta.org ; Benaoján ; adulte/enfant 8/4 € ; ⏲visite ttes les heures 10h-13h et 16h-18h) figure parmi les grottes les plus anciennes et les plus intéressantes d'Andalousie. La visite, guidée à la lumière des bougies, révèle, dans la pénombre, des peintures paléolithiques datant de 20 000 à 25 000 ans, représentant des chevaux, des chèvres et des poissons. De superbes stalactites et stalagmites complètent l'ensemble. La visite est assurée par des membres de la famille Bullón, dont l'aïeul découvrit les peintures en 1905.

Le fait que ces grottes soient restées sauvages est leur principal attrait. Leur entretien représente une lourde charge pour la famille Bullón qui, néanmoins, ne veut pas céder aux pressions des autorités locales, avides d'exploiter cette manne touristique.

Le village de **Benaoján** est le lieu le plus proche de la Cueva de la Pileta accessible en transports publics. La grotte se situe à 4 km plus au sud de Benaoján, à quelque 250 m de la route Benaoján-Cortés de la Frontera. Le bus n'allant pas plus loin que le village, vous devrez disposer de votre propre véhicule pour rejoindre le site ; la bifurcation est indiquée. Deux bus Los Amarillos (en semaine) et jusqu'à quatre trains quotidiens assurent la liaison Ronda-Benaoján. Des sentiers de randonnée permettent d'aller de Benaoján à Ronda et aux villages de la vallée du Guadiaro.

UNE BALADE DANS LE PASSÉ

Au IXe siècle, la région accidentée d'El Chorro était le repaire d'une sorte de Robin des Bois andalou, Omar ibn Hafsun, qui résista aux armées de Cordoue durant près de 40 ans, depuis sa forteresse perchée au sommet de la colline de **Bobastro**. À une époque, son territoire s'étendait de Carthagène au détroit de Gibraltar.

D'après la légende, l'homme se convertit au christianisme (devenant ainsi mozarabe) et construisit l'**Iglesia Mozárabe** de Bobastro, où il fut enterré en 917. Lorsque Cordoue parvint enfin à conquérir Bobastro en 927, sa dépouille fut exhumée pour être crucifiée devant la mosquée de Cordoue.

La petite église est désormais en ruine, mais le charmant itinéraire à pied ou en voiture pour s'y rendre mérite le déplacement. Au départ d'El Chorro, prenez la route qui remonte la vallée depuis le côté ouest du barrage et, au bout de 3 km, tournez à l'embranchement pour Bobastro. Environ 3 km plus haut, un panneau marqué "Iglesia Mozárabe" indique le sentier de 500 m qui aboutit aux vestiges de l'église, d'où la vue est magnifique.

de los Gaitanes. D'une longueur de 4 m, cette gorge descend à 400 m de profondeur et ne mesure par endroits que 10 m de large. Ses parois de grès abruptes et ses faces rocheuses en font un site majeur pour les amateurs d'escalade, avec des centaines de voies équipées.

La principale voie ferrée allant à Málaga (via 12 tunnels et 6 ponts) longe la gorge, tout comme le Camino (ou Caminito) del Rey (chemin du Roi), baptisé ainsi car Alphonse XIII l'emprunta pour l'inauguration du barrage hydroélectrique du Guadalhorce en 1921. Sur de longues portions, le sentier laisse la place à une passerelle en béton, à flanc de paroi, jusqu'à 100 m au-dessus de la rivière.

Ce périlleux sentier a été officiellement fermé en 1992, et laissé à l'abandon, ce qui n'empêche pas les intrépides de s'y mesurer. Finalement, début 2011, des travaux pour sa réfection ont débuté, qui dureront au moins trois ans et coûteront 8,3 milliards d'euros.

L'agréable et paisible bourgade d'Ardales (2 700 habitants), principal pôle de la région, constitue une bonne base pour l'explorer. Cependant, la plupart des visiteurs préfèrent se rendre dans le hameau d'El Chorro, haut lieu d'escalade planté au milieu d'un paysage spectaculaire de rochers calcaires.

Andalucia Aventura (www.andalucia-aventura.com) propose de l'escalade et des descentes en rappel de tous niveaux, ainsi que des randonnées. Consultez le site pour plus de détails.

ARDALES ET SES ENVIRONS

À l'entrée d'Ardales, le **Museo de Ardales** (Avenida de Málaga 1 ; adulte/enfant 1/0,50 € ; ⌚10h-14h et 16h-18h mar-sam, 10h-14h dim) est un musée ethnographique et archéologique, en grande partie consacré à la **Cueva de Ardales** (5 € ; ⌚mar, jeu, sam, dim), un réseau de grottes du paléolithique similaire à la Cueva de la Pileta. Pour une visite guidée de 2 heures de la Cueva de Ardales (à 4 km du musée), contactez le musée 2 à 3 semaines à l'avance. La grotte renferme 60 peintures et gravures d'animaux, réalisées au paléolithique, entre 18 000 av. J.-C. et 14 000 av. J.-C., ainsi que des traces de présence humaine et de sépultures postérieures (entre 8 000 et 3 000 av. J.-C.). Le musée conserve des copies des peintures rupestres, ainsi que des objets romains et musulmans.

L'**Embalse del Conde del Guadalhorce**, un immense réservoir à 6 km d'Ardales, réputé pour la pêche à la carpe, domine le paysage.

Antequera

45 234 HABITANTS / ALTITUDE 577 M

Fascinante de par son architecture et son histoire, Antequera n'en reste pas moins à l'écart des circuits touristiques en car, ce qui ne fait qu'ajouter à son charme.

Tour à tour cité romaine, puis ville musulmane, avant d'être reconquise par les chrétiens, elle est parsemée de vestiges architecturaux de ces trois périodes. Ce sont cependant ses opulents édifices baroques qui sont les plus significatifs et qui lui confèrent son caractère. Dans ce paysage architectural, que la municipalité s'efforce de restaurer et d'entretenir, les églises foisonnent – plus de trente, dont beaucoup dotées d'une ornementation intérieure merveilleuse.

Pour couronner le tout, certains des plus grands et des plus anciens dolmens d'Europe, datant de 2 500 à 1 800 av. J.-C., se dressent juste à l'extérieur d'Antequera.

Contrastant avec la vénérable vieille ville, le centre-ville dynamique, qui ne semble guère souffrir de la crise économique, offre certains des meilleurs bars à tapas de ce côté de Grenade.

À voir

Les impressionnants vestiges de l'Alcazaba, une forteresse musulmane au sommet de la colline, dominent la vieille ville d'Antequera, à une distance raisonnable à pied du centre-ville (mais il faut grimper).

GRATUIT Dolmens — SITE ARCHÉOLOGIQUE

(Cerro Romeral ; 9h-18h mar-sam, 9h30-14h30 dim). Le **Dolmen de Menga** et le **Dolmen de Viera**, datant tous deux d'environ 2 500 av. J.-C., se trouvent à 1 km du centre-ville, dans un petit parc boisé en bordure de la route qui part vers le nord-est pour rejoindre l'A45. De la Plaza de San Sebastián, descendez la Calle Encarnación et suivez les panneaux.

Les habitants de l'âge du cuivre ont transporté des dizaines d'énormes rochers depuis les collines environnantes afin de bâtir ces chambres funéraires. Les structures de pierre étaient ensuite recouvertes de tumulus de terre, ce qui supposait des travaux d'une ampleur impressionnante. Menga, le plus grand, mesure 25 m de long et 4 m de haut, et se compose de 32 rochers, dont le plus gros pèse 180 tonnes. Au cœur de l'été, lorsque le soleil se lève derrière la Peña de los Enamorados, ses rayons éclairent directement l'entrée du dolmen.

Une troisième sépulture située un peu plus loin de la ville, le **Dolmen del Romeral** (Cerro Romeral ; 9h-18h mar-sam, 9h30-14h30 dim), remonte à une époque postérieure (vers 1 800 av. J.-C.) et se compose de pierres plus petites. Pour vous y rendre, continuez sur 2,5 km après Menga et Viera en traversant une zone industrielle, puis tournez à gauche en suivant les panneaux "Córdoba, Sevilla". Après 500 m, prenez à gauche au rond-point et suivez l'indication "Dolmen del Romeral" sur 200 m.

Alcazaba — FORTERESSE

(adulte/enfant, Colegiata de Santa María la Mayor comprise 6/3 € ; 10h30-14h et 18h-20h30 mar-dim). Privilégiée par les émirs de Grenade à l'époque musulmane, Antequera est surmontée d'une forteresse qui couvre 62 000 m^2. L'accès principal, au sommet de la colline, se fait depuis la Plaza de San Sebastián, en grimpant les marches de la Cuesta de San Judas, avant de franchir une porte en arc impressionnante, l'**Arco de los Gigantes**, construite en 1585 et surmontée alors de gigantesques sculptures d'Hercule. Il ne subsiste aujourd'hui sur les pierres que des inscriptions romaines.

Aménagée en site touristique, l'Alcazaba a rouvert récemment. Le billet d'entrée comprend un audioguide (différentes langues) qui relate son histoire, donnant d'intéressantes explications au fil des sentiers, bordés de buissons et de vestiges archéologiques, dont ceux d'une église gothique et de maisons romaines.

Vous pourrez grimper les 50 marches jusqu'au sommet de la **Torre del Homenaje**, depuis laquelle s'offre une vue splendide, notamment vers le nord-est, et l'on peut voir la **Peña de los Enamorados** (rocher des amoureux), qui a inspiré de nombreuses légendes.

L'entrée dans la Colegiata de Santa María la Mayor est comprise dans le billet. Ne manquez pas les vestiges des **bains romains** (IIIe siècle), que l'on aperçoit de la Plaza Santa María, devant l'église. Le tracé (commenté sur une plaque), bien qu'un peu envahi de végétation, reste bien distinct.

Colegiata de Santa María la Mayor — ÉGLISE

(Plaza Santa María ; adulte/enfant Alcazaba comprise 6/3 € ; 10h-14h et 18h-20h30). Juste au-dessous de la forteresse, la Colegiata de Santa María la Mayor, vaste collégiale du XVIe siècle, joua un rôle important dans le développement du mouvement humaniste andalou. Elle arbore une superbe façade Renaissance, de belles colonnes de pierre cannelées à l'intérieur, et un plafond mudéjar *artesonado*. Des concerts et des expositions de qualité s'y déroulent à l'occasion.

Museo Municipal — MUSÉE

(Plaza del Coso Viejo ; visite guidée obligatoire 3 € ; 10h-13h30 et 16h30-18h30 mar-ven, 10h-13h30 sam, 11h-13h30 dim). En bas, dans la ville, la fierté du Musée municipal est une magnifique statue en bronze de 1,40 m, l'*Efebo*. Découverte dans une ferme de la région dans les années 1950, c'est probablement la plus belle sculpture romaine trouvée en Espagne.Le musée contient aussi des objets provenant d'une villa romaine d'Antequera, où fut exhumé, en 1998, un superbe ensemble de mosaïques. Il conserve aussi un trésor d'objets religieux, si précieux qu'on ne peut l'admirer qu'au cours d'une visite guidée, toutes les demi-heures.

Museo Conventual de las Descalzas MUSÉE
(Plaza de las Descalzas ; visite guidée obligatoire 3,30 € ; 10h30-13h30 et 17h-18h30 mar-ven, 10h-12h et 17h 18h30 sam, 10h-12h dim). Dans le centre-ville, le Museo Conventual de las Descalzas, installé dans le couvent des Carmelitas Descalzas (carmélites déchaussées), datant du XVIIe siècle, permet de découvrir les pièces maîtresses du riche patrimoine d'art religieux d'Antequera, dont un tableau de Lucas Giordano représentant sainte Thérèse d'Ávila (qui fonda, au XVIe siècle, l'ordre des carmélites déchaussées), un buste de la Dolorosa réalisé par Pedro de Mena et la *Virgen de Belén*, sculpture de La Roldana.

Iglesia del Carmen ÉGLISE
(Plaza del Carmen ; 2 € ; 10h30-13h30 et 16h30-18h mar-ven, 11h-13h30 sam-dim). Ceux que l'architecture et l'art religieux laissent indifférents seront malgré tout impressionnés par l'Iglesia del Carmen et son merveilleux retable churrigueresque (baroque exubérant) du XVIIIe siècle. Sculpté en pin rouge par Antonio Primo, originaire d'Antequera, il est orné de statues d'anges, œuvres de Diego Márquez y Vega, ainsi que de saints, papes et évêques signés José de Medina. La sobriété de l'autel central contraste avec le reste de l'espace éblouissant de motifs peints qui suggèrent les carreaux de faïence andalous.

Fêtes et festivals

Semana Santa SEMAINE SAINTE
L'une des fêtes les plus traditionnelles d'Andalousie qui se déroule entre le dimanche des Rameaux et le dimanche de Pâques. Des objets du trésor de la ville sont utilisés pendant les processions religieuses.

Real Feria de Agosto FERIA
Cette feria célèbre les moissons avec force corridas, danses et défilés.

Où se restaurer

Parmi les spécialités locales que vous retrouverez sur presque toutes les cartes d'Antequera figurent la *porra antequerana*, le *bienmesabe* (littéralement "que je trouve bon"), sorte de gâteau de Savoie, et l'*angelorum*, un dessert composé de meringue, de génoise et de jaune d'œuf. Antequera sert également de bons *molletes* (petits pains) au petit-déjeuner, que l'on garnit à sa guise.

Restaurante Coso San Francisco ANDALOU €
(www.cososanfrancisco.com ; Calle Calzada 27-29 ; plats 7-13 €, tapas 2,50 €). La sympathique propriétaire de cet hôtel-restaurant possède son propre potager et ses légumes lui servent d'ingrédients pour sa cuisine. Au menu : viande, poisson, spécialités d'Antequera, plats espagnols traditionnels à base d'œufs et salades. Le jeudi et le vendredi soir, des musiciens classiques se produisent. Le bar à tapas adjacent sert des bouchées originales comme le *sartén de pisto con huevo* (ratatouille couronnée d'un œuf au plat).

Restaurante La Espuela ANDALOU CONTEMPORAIN €€
(952 70 30 31 ; Calle San Agustín 1 ; plats 14-18 € ; 13h-16h et 20h-23h mar-dim). Située dans une charmante impasse bordée de restaurants près de la Calle Infante Don Fernando, La Espuela est aussi une école de cuisine. Elle propose un joli choix de spécialités locales (queue de bœuf au miel et romarin), ainsi que quelques plats internationaux, notamment des pâtes. Le cadre est élégant : le rouge foncé de la salle à manger, où officient des serveurs en nœud papillon, contrastant avec la blancheur des nappes.

Rincon de Lola TAPAS €
(www.rincondelola.net ; Calle Encarnación 7 ; tapas 2 €, raciones 7 € ; mar-dim). Une bonne adresse pour des tapas pas chères et variées qui vous donnent un aperçu de la cuisine locale – goûtez le *cochinillo* (cochon de lait). Mais il y a aussi des sushis, rares ici, des *tostas* généreusement garnies et des *raciones*, dont des tomates farcies au fromage, saumon, champignons sauvages et crevettes.

El Angelote ANDALOU €€
(Plaza del Carmen 10 ; tapas 1€, raciones 6 €). Cadre imbattable pour ce restaurant, sur une ravissante place bordée d'orangers. Au menu de qualité toujours constante, les nouveaux propriétaires ont ajouté de l'originalité avec de l'espadon dans une sauce au vermouth rouge. Côté tradition, steaks et queue de bœuf.

Renseignements

Office du tourisme municipal (952 70 25 05 ; www.antequera.es ; Plaza de San Sebastián 7 ; 11h-14h et 17h-20h lun-sam, 11h-14h dim)

Depuis/vers Antequera

Bus

La **gare routière** (Paseo Garcí de Olmo) est à 1 km au nord du centre. Les bus **Alsa** (www.alsa.es) desservent Séville (13 €, 2 heures 30, 5/j), Grenade (8 €, 1 heure 30, 5/j), Cordoue (10 €, 2 heures 40, 1/j), Almería (21 €, 6 heures, 1/j) et Málaga (4,30 €, 1 heure 30, 2/j).

Des bus relient aussi le village de Fuente de Piedra (2 €, 25 min, 3/j).

Taxis

Des taxis (5-6 € pour 2-3 km) attendent vers le milieu de la Calle Infante Don Fernando. Vous pouvez aussi appeler le ☎952 84 55 30.

Train

La **gare ferroviaire** (Avenida de la Estación) se situe à 1,5 km au nord du centre. Des trains circulent depuis/vers Grenade (9,15 €, 1 heure 30, 9/j) et d'autres rallient régulièrement Séville (31 €, 1 heure 30). Trois autres trains permettent de rejoindre Málaga ou Cordoue, mais il faut changer à Bobadilla.

Voiture

Une route à péage, ouverte en 2012 (l'AP 46), relie Torremolinos à Las Padrizas (3,05 €). On la rejoint à 21 km au sud-est d'Antequera. Il existe un parking souterrain dans la Calle Diego Ponce, au nord de la Plaza de San Sebastián (1,50 €/h, ou 18 € pour 12 à 24 heures).

Environs d'Antequera

PARAJE NATURAL TORCAL DE ANTEQUERA

Au sud d'Antequera se dressent les étranges et merveilleuses formations rocheuses du Paraje Natural Torcal de Antequera. Cette zone naturelle de 1 200 ha, hérissée de colonnes calcaires noueuses et dentelées, formant des fonds marins il y a 150 millions d'années, s'élève désormais à 1 336 m d'altitude (El Torcal). C'est un univers à part, coupé du monde, où l'air est pur et frais. Le **centre d'information** (⏲10h-17h) dispense des renseignements sur les randonnées, la faune et la flore.

Deux sentiers balisés commencent et se terminent à proximité du centre d'information : la "Ruta Verde" (route verte), longue de 1,5 km, et la "Ruta Amarilla" (route jaune), de 3 km. Pour une sortie plus spectaculaire, vous devrez opter pour la "Ruta Roja" (route rouge), dont l'accès n'est autorisé qu'accompagné d'un guide. Contactez l'office du tourisme d'Antequera pour plus de détails. Les sentiers étant rocailleux, portez de bonnes chaussures.

Pour atteindre El Torcal, vous aurez besoin d'un véhicule personnel ou d'un taxi. En voiture, quittez le centre d'Antequera par la Calle Picadero, qui débouche rapidement sur la route de Zalea. Au bout de 1 km environ, vous verrez des panneaux indiquant Villanueva de la Concepción sur la gauche. Empruntez cette route et, au bout de 11 km, prenez à droite la route qui monte et conduit, 4 km plus loin, au centre d'information. L'aller-retour en taxi, avec une heure d'arrêt à El Torcal, coûte 32 €. L'office du tourisme d'Antequera pourra vous réserver un taxi.

LAGUNA DE FUENTE DE PIEDRA

La Laguna de Fuente de Piedra s'étend à 20 km au nord-ouest d'Antequera, à la sortie de l'*autovía* (voie rapide) A92. Quand il n'est pas à sec, il s'agit du plus grand lac naturel d'Andalousie. C'est aussi l'une des deux principales zones de reproduction en Europe du flamant rose, l'autre étant la Camargue. Après un hiver humide, jusqu'à 20 000 couples de flamants roses viennent se reproduire ici.

Les oiseaux arrivent en janvier ou février, les petits naissent en avril et mai et ils restent ici jusque vers le mois d'août. À cette époque, le lac, rarement profond de plus d'un mètre, ne contient pas assez d'eau pour les abreuver tous, d'autant que les flamants partagent les lieux avec quelque 170 autres espèces d'oiseaux.

Le personnel du **Centro de Información Fuente de Piedra** (⏲10h-14h et 16h-8h), en bordure du lac, vous conseillera sur les meilleurs endroits pour observer les oiseaux. Vous pourrez y acheter de bonnes cartes et louer d'indispensables jumelles.

Près du lac, le réputé **Caserío de San Benito** (☎952 11 11 03 ; www.caseriodesanbenito.com ; km 108 Carretera Córdoba-Málaga ; menu 15 € ; ⏲12h-17h et 20h-minuit mar-dim) est une bonne adresse pour un déjeuner de qualité. Installé dans une ancienne ferme joliment aménagée et décorée d'antiquités, il propose de délicieux plats traditionnels.

EST DE MÁLAGA

La côte à l'est de Málaga, parfois appelée la Costa del Sol Oriental, est moins développée que celle qui s'étend vers l'ouest. Dans cette partie du littoral, la banlieue de Málaga se prolonge en une série de stations balnéaires sans véritable charme – Rincón de la

Victoria, Torre del Mar, Torrox Costa – qui succèdent à d'immenses serres recouvertes de plastique, avant de rejoindre la ville de Nerja, plus plaisante, investie par les Britanniques et les Scandinaves.

Toutefois, La Axarquía, cette région au nom impossible à prononcer, à peine connue, justifierait à elle seule votre venue dans les parages. D'un relief escarpé, elle est aussi époustouflante que Las Alpujarras dans la province de Grenade. En 1999, cette zone montagneuse de 40 600 ha a été déclarée Parque Natural Sierras de Tejeda, Almijara y Alhama. Elle compte de formidables itinéraires de randonnée, qui restent encore largement à découvrir.

La Axarquía

La région de La Axarquía est traversée de profondes vallées bordées de terrasses et de canaux d'irrigation qui remontent à l'époque musulmane. Presque tous les villages éparpillés sur les flancs des collines, plantées d'oliviers, d'amandiers et de vignes, datent de cette période. Les paysages sauvages et inaccessibles, surtout autour de la Sierra de Tejeda, servaient de bastions aux *bandoleros* (bandits) qui sévissaient dans les montagnes. Aujourd'hui, la splendeur de son cadre naturel, les villages blancs intacts, les belles randonnées à entreprendre au printemps et à l'automne, et le vin doux fortement alcoolisé (élaboré à partir de raisins séchés au soleil), constituent les principaux attraits de cette contrée.

La "capitale" de La Axarquía, **Vélez Málaga**, à 4 km au nord de Torre del Mar, est une ville animée mais sans grand intérêt, en dehors du château musulman restauré sur les hauteurs. De Vélez, l'A335 passe au nord, au-delà du réservoir turquoise de l'Embalse de la Viñuela, et monte à travers le **Boquete de Zafarraya**, une faille impressionnante au cœur de la montagne, en direction de Grenade. Chaque jour, un bus emprunte cette route entre Torre del Mar et Grenade (dans les deux sens).

Les plus hautes montagnes de la province de Málaga s'élèvent à l'est du Boquete de Zafarraya. Aux alentours de l'Embalse de la Viñuela, un lac de retenue, quantité de nouvelles maisons ont vu le jour. Habitées pour la plupart par des étrangers, essentiellement britanniques, elles ont été construites illégalement. Au moment de la rédaction de ce guide, un décret venait de paraître, qui légalisait la plupart de ces propriétés, toutefois comme dans certains cas elles ne peuvent être revendues ou servir de garantie pour un prêt, nombre de propriétaires se retrouvent dans une situation sans issue. Cependant, la présence d'un grand nombre d'expatriés a entraîné la création d'un bon **marché de producteurs**, où l'on peut acheter des produits bio et de l'artisanat. Ce marché a lieu à Puente de Don Manuel, sur la route Vélez-Boquete de Zafarraya.

L'un des paysages les plus grandioses de La Axarquía se déploie autour des plus hauts villages, **Alfarnate** (925 m) et **Alfarnatejo** (858 m), au sud desquels se dressent des rochers escarpés, tels le Tajo de Gomer et le Tajo de Doña Ana.

Vous pouvez obtenir des renseignements sur La Axarquía aux offices du tourisme de Málaga, Nerja, Torre del Mar et Cómpeta. Les marcheurs doivent demander la brochure sur les randonnées dans le Parque Natural Sierras de Tejeda, Almijara y Alhama. Les meilleures cartes de randonnées sont les suivantes : *Mapa Topográfico de Sierra Tejeda* et *Mapa Topográfico de Sierra Almijara* de Miguel Ángel Torres Delgado, toutes deux au 1/25 000.

COMARES

Comares ressemble à un capuchon de neige recouvrant le sommet d'une montagne. Y arriver est toute une aventure. Vous l'apercevrez, tel un jardin suspendu, pendant de nombreux kilomètres, virage après virage, avant d'arriver enfin au dernier tournant. Depuis un petit parking, un escalier abrupt et tortueux mène au village. Suivez les marques de pas en céramique disposées au sol, qui vous conduiront, par d'étroits chemins sinueux, devant l'**Iglesia de la Encarnación** et, plus loin, aux ruines du **château** et un remarquable **cimetière** en hauteur.

Comares, qui fut l'un des fiefs d'Omar ibn Hafsun, semble aujourd'hui plutôt fier de son isolement. On y découvre une vue saisissante sur La Axarquía.

Déjeunez à **El Molino de los Abuelos** (☎952 50 93 09 ; plats 7-16 €, menú 8 €), un moulin à olives reconverti, sur la place principale. En plus de servir une cuisine typique, il offre quelques charmantes chambres. Il existe également quelques bars accueillants au cœur du village.

En semaine, un seul bus quitte Málaga pour Comares à 18h et repart à 7h le lendemain (2,90 €, 1 heure 30).

CÓMPETA

Ce pittoresque village offrant de superbes panoramas, des ruelles sinueuses et

Balade en voiture

Villages de l'Axarquía

Prenez la MA-20 qui contourne Málaga, en direction de Motril. Sortez au km 277 et prenez la A706 en direction d'**Algarrobo** ①. Entrez dans le village et garez-vous près du joli parc ombragé. En juillet et août, une grande piscine municipale vous invite à vous rafraîchir. Ne manquez pas d'acheter les fameuses *tortas de algarroba*, gâteaux à la farine de caroube, amandes et zestes de citron, de la boulangerie a Carmen Lupiañez (Calle Blas Infante), non loin. Ensuite, explorez les petites rues tortueuses alentour, vous tomberez sur de jolis endroits comme l'*escalera al cielo* (escalier du ciel), le Río Algorrobo, un site archéologique phénicien et une exquise église du XVIe siècle.

L'A706 continue à sinuer dans la montagne, bordée de mimosas, d'oliviers et de bosquets d'avocats. Prochaine halte : **Sayalonga** ②, autre joli *pueblo* tout de blanc vêtu. Découvrez la Fuente el Cid, une fontaine datant de l'époque des Maures, la plus petite ruelle de La Axarquía (56 cm de large), un inhabituel *cementero redondo* (cimetière rond) et l'église du XVIe siècle (ancienne mosquée), avant de vous installer à la terrasse du Jocavi (sur la Plaza Rafael Alcobi). Un café accompagnera à merveille les gâteaux achetés plus tôt.

Quelque 6 km plus loin, suivez le panneau qui indique une route panoramique descendant en lacet vers le tranquille hameau en bord de rivière d'**Árchez** ③. En chemin, il est agréable de s'arrêter à la Bodega Lopez Martín pour acheter des vins du cru, et de traverser le petit pont au-dessus des roseaux, et des champs d'orangers et de citronniers en contrebas. Devant la rivière, le Bar La Peña propose un savoureux *menú del día* (plat du jour) à seulement 7 €.

Face à Árchez s'étend le village plus important de **Canillas de Albaida** ④, un labyrinthe de rues fleuries qui témoigne clairement de son passé musulman. Allez à la ravissante Plaza Mayor où la Posada La Plaza est un lieu irrésistible pour votre café d'après le déjeuner. Le propriétaire connaît les promenades alentour et vous donnera des cartes.

Ne restent que 3,5 km jusqu'à la dernière étape : **Cómpeta** ⑤, où vous terminerez agréablement la journée.

VAUT LE DÉTOUR

UNE BELLE RANDONNÉE EN MONTAGNE

La randonnée la plus intéressante de La Axarquía est probablement celle qui conduit au sommet d'**El Lucero** (1 779 m). Par temps clair, vous découvrirez des vues stupéfiantes jusqu'à Grenade d'un côté, et jusqu'au Maroc de l'autre. Cette ascension ardue, de 1 150 m, au départ de Cómpeta, demande une journée entière. Commencez par monter sur la gauche le sentier qui passe au-dessus du terrain de football de Cómpeta. Après 1 heure 30 de marche, vous passerez en contrebas d'une cabane de surveillance des incendies, perchée sur la colline de La Mina. Faites 400 m après le virage vers la cabane et tournez à droite par une brèche dans la roche (non indiquée mais l'endroit se repère aisément). Ce chemin mène en une heure à **Puerto Blanquillo** (1 200 m), d'où un sentier gravit les 200 m restant jusqu'à **Puerto de Cómpeta**. Un kilomètre plus bas, après une carrière, le chemin menant au sommet (1 heure 30) part sur la droite et traverse le lit d'un torrent ; il est signalé par un panneau et une carte. Au sommet d'El Lucero vous verrez les ruines d'un poste de la Guardia Civil, construit pour surveiller les rebelles anti-franquistes, après la guerre civile.

Il est possible de monter en voiture jusqu'à Puerto Blanquillo, par une piste de montagne accidentée qui débute à Canillas de Albaida, un village à 2 km au nord-ouest de Cómpeta.

raides, et une place centrale bordée de bars face à une église du XVIe siècle, attire depuis longtemps de nombreux étrangers, d'un peu partout. Cela a contribué à une scène culturelle active mais aussi à l'ouverture d'un ou deux restaurants qui se distinguent. Des boutiques de charité (rares en Espagne), ainsi qu'une librairie internationale ont également vu le jour. Le village est une bonne base pour partir en randonnée ou pratiquer des activités à sensation.

À voir et à faire

C'est ici qu'on produit l'un des meilleurs vins de la région, et lors de la **Noche del Vino** (nuit du vin), le 15 août, la jolie Plaza Almijara, centrale, accueille des spectacles de flamenco et de *sevillana*. Le vin coule alors à flots, gratuitement et à volonté.

Salamandra ACTIVITÉS DE PLEIN AIR
(www.Málaga-aventura.com ; Avenida de la Constitución 47). Les activités organisées par ce club sont nombreuses : randonnées guidées, spéléologie, canyoning, kayak, circuits à thème. Parmi ces derniers, vous pourrez découvrir les orchidées (au printemps), aller à la cueillette des champignons ou suivre à pied la route de 20 km qu'empruntaient les marchands de Cómpeta à Játar.

Los Caballos del Mosquin ÉQUITATION
(www.horseriding-andalucia.com ; Canillas del Albaida, Cómpeta ; randonnée demi-journée 65 €). Randonnées équestres guidées (d'une heure à 3 jours avec hébergement en pension complète), dans la campagne alentour.

Où se restaurer et prendre un verre

El Pilón INTERNATIONAL €€
(☎952 55 35 12 ; www.restauranteelpilon.com ; Calle Laberinto ; plats 11-18,50 € ; 19h-23h lun et mer-sam, 13h-15h30 dim ;). Cet ancien atelier de charpentier est un des restaurants les plus populaires du village. Autant que faire se peut, les plats sont concoctés avec des ingrédients locaux mais reflètent aussi bien les traditions espagnoles qu'étrangères (poulet tandoori, *bruschetta*, spécialités végétariennes). Le bar à cocktails façon lounge jouit d'un panorama splendide et offre des animations régulières, dont des dégustations de vin et des concerts.

Alberdini INTERNATIONAL €€
(www.alberdini.com ; Pago La Lomilla 85 ; plats 9-12 € ;). À 1 km du village, en direction de Torrox, choisissez la terrasse avec vue imprenable sur la montagne et la mer, ou la salle à manger tout aussi séduisante avec sa cheminée à foyer ouvert et son chaleureux décor de bois et de pierre. Bons plats de viande, poisson et pâtes.

Museo del Vino ANDALOU €€
(Avenida Constitución ; raciones 8-15 €). Les poutres et la brique apparentes créent une douillette ambiance rustique. On y déguste d'excellentes *raciones* (jambon, fromage, saucisses) accompagnées de vin tiré au tonneau. C'est aussi une véritable caverne d'Ali Baba de l'artisanat et des produits régionaux et marocains.

Renseignements

Office du tourisme (☎952 55 36 85 ; Avenida de la Constitución ; 10h-14h et 15h-18h mar-sam). Près de l'arrêt de bus, au pied du village.

Depuis/vers Cómpeta

BUS Trois bus quotidiens relient Málaga à Cómpeta (4 €, 1 heure 30), via Torre del Mar.

VOITURE Parking gratuit au sommet de la colline, juste au-dessus de l'office du tourisme.

FRIGILIANA

Frigiliana serait, dit-on assez généralement, le plus joli village de La Axarquía, situé à 7 km au nord de Nerja, et desservi par plusieurs bus quotidiens (sauf le dimanche). Les ruelles sont bordées de modestes maisons blanchies à la chaux décorées de pots de géraniums rouge sang. L'**office du tourisme** (Plaza del Ingenio ; 9h-20h lun-ven, 10h-13h30 et 16h-20h sam-dim) est utile.

El Fuerte, la colline qui surplombe le village, fut le théâtre de la défaite sanglante des Maures de La Axarquía, lors de leur rébellion de 1569. On peut atteindre le site en suivant les rues jusqu'en haut de Frigiliana, puis en empruntant une piste.

Frigiliana est fier de son vin doux, de son miel, de ses artistes et, bien sûr, de ses maisons.

Nerja

22 000 HABITANTS

À 56 km à l'est de Málaga, avec la Sierra Almijara en toile de fond, Nerja a réussi à repousser les promoteurs et a su préserver son charme de village, malgré la prolifération de boutiques de souvenirs et la présence massive d'excursionnistes à la journée. En son centre trône l'immuable et magnifique Balcón de Europa, une promenade bordée de palmiers, aménagée sur les fondations d'un ancien fort. La vue qui s'offre sur la mer entrecoupée de criques est merveilleuse.

La ville est de plus en plus prisée des vacanciers, ce qui a considérablement contribué à son expansion. Les banlieues se sont largement développées, surtout vers l'est. L'affluence touristique et la pollution de la mer peuvent atteindre un seuil critique entre juillet et septembre, mais l'endroit est plus tranquille (et l'eau plus propre) le reste de l'année. Elle conserve néanmoins un air de vacances et connaît un succès croissant auprès des visiteurs.

À voir et à faire

Le centre s'organise autour du splendide Balcón de Europa, qui s'avance dans les eaux bleues. C'est le *paseo* (promenade) où l'on vient savourer les agréables soirs d'été ; quelques bars-terrasses invitent à s'arrêter.

Un **marché** animé se tient le mardi (carte p. 179 ; Calle Almirante Ferrandíz) et un marché aux puces (*rastro*) le dimanche matin à Urbanización Flamingo, au nord de la ville.

♥ Cueva de Nerja GROTTE

(www.cuevadenerja.es ; adulte/enfant 8,50/4,50 €, Museo de Nerja compris 12,50/6,50 € ; 10h-14h et 16h-19h30). La principale curiosité touristique de la région est la Cueva de Nerja, à 3 km au nord de la ville, tout près de l'A7. Elle reçoit l'été un flot de visiteurs. Ce gigantesque ensemble de grottes de 4 km de long, creusé par l'eau il y a quelque 5 millions d'années, fut habité par des chasseurs de l'âge de la pierre. Hérissé de stalactites et de stalagmites, il forme un spectaculaire théâtre de formations rocheuses qui change subtilement de couleurs.

Ne manquez pas l'immense colonne centrale de la salle du Cataclysme. Tous les ans en juillet, des vedettes de la danse et de la musique se produisent ici, dans le cadre du **Festival Cueva de Nerja** (programme à l'office du tourisme de Nerja).

Museo de Nerja MUSÉE

(carte p. 179 ; Plaza de España ; adulte/enfant 6/3 €, Cueva de Nerja comprise 12,50/6,50 € ; 10h-14h et 16h18h30 mar-dim). Il retrace l'histoire de la ville de l'époque paléolithique au boom touristique des années 1960. On accordera facilement une heure, ou plus, aux objets trouvés dans la Cueva de Nerja qui sont ses principales curiosités.

Buceo Costa Nerja PLONGÉE

(☎952 52 86 10 ; www.nerjadiving.com ; Playa Burriana). Le courant atlantique fait qu'ici les fonds marins sont particulièrement riches. Ce prestataire fiable propose un cours d'initiation à la plongée de 2 heures 30 (100 €) et un stage PADI open-water (450 €). Sorties de snorkeling (30 €) également.

Plages

À l'est du Balcón de Europa se dessine la ravissante crique de **Playa Calahonda**, où on loue des transats et des parasols, très fréquentée au plus fort de l'été. À l'ouest du Balcón, une autre plage prisée est **Playa el Salón** tandis que, plus loin à l'est, **Playa Burriana** est la meilleure plage de Nerja, avec beaucoup de place sur le sable. On s'y

Nerja

rend par la jolie Calle Carabeo, d'où un escalier descend à la plage – qui continue jusqu'à Burriana.

À l'est de Nerja, la côte devient plus accidentée. Si vous êtes motorisé, vous y découvrirez quelques magnifiques plages auxquelles on accède en empruntant des pistes qui bifurquent de l'A7/N340. La **Playa de Cantarriján**, à la frontière de la province de Grenade, et la **Playa del Cañuelo**, juste avant, figurent parmi les meilleures, avec deux ou trois restaurants ouverts uniquement l'été.

Fêtes et festivals

Healing Arts Festival NEW AGE
(www.healingartsinternational.com). Ce festival d'art-thérapie réputé a lieu au début du mois de septembre.

Noche de San Juan SOLSTICE D'ÉTÉ
Le 23 juin de chaque année, les habitants de Nerja fêtent la Saint-Jean en organisant un barbecue de sardines, poissons et fruits de mer sur la plage, le tout arrosé de vin et de bière. Les réjouissances, dignes de la réputation de l'Espagne, se prolongent jusqu'au petit matin.

Virgen del Carmen RELIGION
La fête des Pêcheurs est célébrée par une procession, au cours de laquelle une statue de la Vierge est transportée dans des bateaux de pêche.

Nerja

À voir
1 Museo de Nerja B2
2 Marché du mardi B2

Où se loger
3 Hotel Carabeo C2

Où se restaurer
4 A Taste of India C2
5 Café Mandarina B2
6 El Desvan B2
7 El Papagayo B3
8 Oliva B2
Restaurante 34 .... (voir 3)

Où prendre un verre
9 Cochran's Irish Bar B3

Où sortir
10 Centro Cultural Villa de Nerja B2

Où se restaurer

Nerja abonde en restaurants et bars, la plupart destinés aux touristes peu regardants. Il vaut mieux éviter ceux affichant des photos de plats délavées par le soleil. Playa Burriana, la meilleure plage de Nerja, s'adosse à une rue bordée de restaurants et de bars.

Oliva EUROPÉEN MODERNE €€
(952 52 14 29 ; www.restauranteoliva.com ; Calle Pintada 7 ; plats 15-19 €). Cadre anthracite et olive et bande-son drum and bass... L'établissement a de la classe et sa carte est renouvelée au rythme des produits frais de saison. Citons les coquilles Saint-Jacques grillées sauce aux betteraves rouges et le bar au wasabi, sauce de soja et gingembre.

Café Mandarina INTERNATIONAL €
(Plaza Balcón de Europa ; plats 6-8 € ;). Dans un recoin, ce modeste café aux prix raisonnables prépare des petits-déjeuners, des sandwichs à la baguette, des tapas et de savoureuses salades, dont une composition à l'houmous, fromage de chèvre et orange. Carte surtout végétarienne. Expositions d'art régulières et quelques tables dehors.

A Taste of India INDIEN €€
(Calle Carabeo 51 ; plats 8-13 €). Bien loin de la gastronomie espagnole, on se régale ici de succulentes spécialités de Goa, dont un excellent curry au poisson, des *biryanis*, des tandooris et divers plats épicés que l'on prépare sous vos yeux. Les sympathiques propriétaires sont originaires d'une ancienne colonie portugaise du Gujarat.

El Papagayo POISSON, FRUITS DE MER €€
(Playa Calahonda ; plats 6-12 € ; 12h-17h et 10h-tard juin-sept). Un bar-restaurant de plage décontracté, qui a la faveur des habitants et des touristes. Commandez une boisson et laissez-vous bercer par les vagues... ce qui sera plus difficile lors de la Papagayo Noche de Verano, le festival annuel de l'été avec animation DJ toutes les nuits.

Vous pouvez aussi savourer de bonnes tapas, le plat du jour, des glaces ou un *tinto de verano* (vin rouge et limonade) bien frais.

Merendero Ayo POISSON, FRUITS DE MER €€
(Playa Burriana ; plats 9-13 €). Dans ce restaurant en extérieur, on peut déguster de la paella cuisinée devant les convives, dans une grande poêle posée sur le feu, et se faire resservir gratuitement. L'accueillant Ayo amuse ses hôtes en jetant de façon spectaculaire le riz dans la *paellera* (poêle à paella).

Restaurante 34 EUROPÉEN MODERNE €€
(952 52 54 44 ; www.hotelcarabeo.com ; Hotel Carabeo, Calle Carabeo 34 ; plats 15-25 €). Un cadre magnifique, à l'intérieur comme dans le jardin, qui conduit, après quelques marches, à un espace surplombant la mer. On sert ici des mets délicieux – les portions pourront toutefois paraître chiches à certains.

El Desvan TAPAS €
(Calle Pintada 23 ; tapas 1,50-2,30 €). Entre deux boutiques, cet étroit bar à tapas à l'intérieur intimiste, avec quelques tables dehors, concocte des tapas d'une belle créativité. Brie et oignon caramélisé, canard à la gelée de pétales de rose ! À ne pas manquer.

Où prendre un verre et sortir

Cochran's Irish Bar BAR
(Paseo Balcón de Europa 6). Un authentique bar irlandais, installé de longue date, où résonnent les joyeux concerts et danses du week-end. Le bar en plein air, où règne une atmosphère d'île tropicale, bénéficie d'une superbe vue sur la mer irrésistible pour un cocktail en amoureux, yeux dans les yeux.

Tropy Sol CAFÉ
(Playa Burriana ; 10h-22h). La meilleure adresse de Playa Burriana pour prendre un café et des glaces.

Centro Cultural Villa de Nerja CENTRE CULTUREL
(952 52 38 63 ; Calle Granada 45). Cet excellent centre culturel programme musique classique, théâtre, jazz et flamenco, et accueille des artistes du monde entier.

Renseignements

Office du tourisme (www.nerja.org ; Calle Carmen ; 10h-14h et 18h-22h). Nombreux dépliants utiles.

Depuis/vers Nerja

BUS Les bus **Alsa** (www.alsa.es) desservent Málaga (4,15 €, 1 heure 45, 23/j), Marbella (9,50 €, 1 heure 15, 1/j) et Antequera (8,30 €, 2 heures 15, 2/j). D'autres bus rallient Almería et Grenade.

VOITURE Suivez la signalisation jusqu'au **parking souterrain** (1h/24h 1,20/18 €) central, sous la Plaza de España.

Province de Cordoue

Dans ce chapitre »

Le top des restaurants

- Casa Mazal (p. 193)
- Bar Santos (p. 194)
- Bodegas Campos (p. 194)
- Las Camachas (p. 200)
- Restaurante Zahorí (p. 199)

Le top des hébergements

- Hotel Zuhayra (p. 302)
- Casa Baños de la Villa (p. 303)
- Hotel Caserío de Iznájar (p. 303)
- Hospedería Alma Andalusí (p. 301)
- Parador Nacional Arruzafa (p. 302)

Pourquoi y aller

Jadis joyau d'Al-Andalus, la ville de Cordoue arrive en tête des destinations touristiques de la province éponyme. Les glorieux vestiges du califat, comme la Mezquita (Grande Mosquée) et la cité-palais de la Medina Azahara, ont certes un immense intérêt historique et architectural, mais en dehors du chef-lieu de la province, quantité d'autres sites, moins fréquentés, attendent aussi le visiteur. Le Guadalquivir sépare Cordoue et sa province en deux. Au nord se dresse la Sierra Morena, un massif montagneux émaillé de zones forestières protégées et de châteaux en ruine. Au sud, le terrain vallonné est recouvert de précieux oliviers qui donnent une huile veloutée, tandis que les vins typiquement andalous coulent autour de Montilla et de Moriles. Plus au sud encore, grottes et canyons façonnent le relief calcaire des Sierras Subbéticas, ponctuées par l'animation inattendue de Priego de Cordoue et la splendeur isolée de Zuheros, camp de base idéal pour des balades en montagne et des dégustations de fromage.

Distances routières (km)

	Cordoue	Priego de Córdoba	Almodóvar del Río	Baena
Priego de Córdoba	103			
Almodóvar del Río	30	133		
Baena	60	34	90	
Montilla	46	58	76	37

À NE PAS MANQUER

La fraîcheur des *patios cordobeses* (p. 190) avec leurs fleurs, leurs fontaines et leurs pavements en mosaïques offre un délicieux refuge pour échapper à la canicule estivale de Cordoue. En mai, un festival met ces patios à l'honneur.

Châteaux de la province de Cordoue

- » Castillo de Almodóvar (p. 199)
- » Alcázar de los Reyes Cristianos (p. 189)
- » Castillo de Miramonte (p. 202)
- » Castillo de Zuheros (p. 196)

Le top des balades

- » Cañon de Bailón (p. 197)
- » Sendero Botánico (p. 201)
- » Cueva de los Murciélagos (p. 196)
- » Puente Romano (p. 189)

Sites Internet

- » **Córdoba 24** (www.cordoba24.info). L'actualité de Cordoue.
- » **Office du tourisme de Cordoue** (www.turismodecordoba.org). Portail officiel avec une sélection de promenades thématiques.
- » **Cordobapedia** (http://cordobapedia.wikianda.es). Site wikipédia sur la culture et l'histoire de la province de Cordoue.

Comment circuler

Important carrefour routier et ferroviaire, Cordoue est reliée aux principales métropoles espagnoles et, par bus, à la plupart des villes de la province. Les voyageurs motorisés optent souvent pour la touristique N 432 qui de l'Estrémadure traverse la Sierra Morena puis les Sierras Subbéticas en direction de Grenade, ou bien l'A 431 qui épouse le cours du Guadalquivir en direction de Séville à l'ouest.

TROIS JOURS IDYLLIQUES

Jour 1 : Cordoue, un creuset de cultures

Commencez votre découverte de Cordoue par la **Torre de la Calahorra**, une tour sur la rive sud du Guadalquivir qui abrite une exposition sur la fusion des civilisations arabe, juive et chrétienne. Traversez le pont romain pour aller flâner sous les arcades de la **Mezquita** et dans les rues de la **Judería**, avant de vous arrêter au restaurant séfarade **Casa Mazal**. Baladez-vous ensuite sous les palmiers de l'**Alcázar de los Reyes Cristianos**. Le soir, bars à tapas puis spectacles de flamenco à **La Pataita de Antonio**.

Jour 2 : Palais, forteresses et oliviers

Consacrez la matinée à la **Medina Azahara**, le palais-cité d'Abd ar-Rahman III, et à son nouveau musée sur l'héritage musulman en Andalousie. Contournez ensuite le Guadalquivir par l'ouest en direction du château. Les neuf tours du **Castillo de Almodóvar** veillent sur le fleuve. Poussez plus à l'ouest jusqu'à **Hornachuelos**, pour une ransonnée dans un parc naturel boisé. De retour à Cordoue, trinquez au *fino* (xérès) à la **Bodega Guzmán**.

Jour 3 : Plaisirs terrestres

Prenez le temps de découvrir les spécialités du sud de la province. Direction tout d'abord **Montilla** et son vignoble avec dégustation de vins dans les bodegas de la région puis **Baena** dont l'huile d'olive issue des moulins alentour a obtenu son appellation d'origine contrôlée. On peut en suivre la fabrication au moulin Núñez de Prado. Plus au sud, le village de **Zuheros** aux maisons chaulées se niche dans les falaises de La Subbética. De là, allez vous balader sur les hauteurs spectaculaires ou sous terre dans le réseau de galeries de la **Cueva de los Murciélagos.**

Hébergement

Dotée d'un large choix d'hébergements, Cordoue constitue une bonne base pour rayonner alentour. Les tarifs, compétitifs, augmentent cependant durant la saison des fiestas (avril-mai). Pensez à Zuheros, où se trouve l'Hotel Zuhayra (p. 302), idéalement situé pour visiter les Sierras Subbéticas, au sud. Le massif d'Hornachuelos, à l'ouest, compte quantité de *casas rurales* (gîtes ruraux). Toutes nos adresses d'hôtels figurent au chapitre *Hébergement* (p. 288).

CORDOUE (CÓRDOBA)

328 659 HABITANTS / ALTITUDE 110 M

Cordoue (*Córdoba* en espagnol) est une destination de prédilection pour les amateurs de bonne chère, de vieilles bodegas (caves à vins) et de merveilles architecturales. Mondialement connue, la Mezquita (Grande Mosquée), symbole d'une culture musulmane raffinée, domine le centre-ville et attire chaque jour sous ses arcades des milliers de touristes. Les rues de la Judería (quartier juif) forment un dense labyrinthe autour de la Mezquita débouchant comme par surprise sur des places paisibles, même si les ruelles les plus proches de la mosquée fourmillent de boutiques touristiques. Le centre-ville, compact et animé, compte d'excellents bars et restaurants, devenus parfois des monuments à part entière. À l'ouest de la ville, les splendides ruines maures de la Medina Azahara enchantent l'imagination.

Assoupie en hiver, la ville s'éveille de mi-avril à mi-juin, et organise alors la plupart de ses grandes festivités. À cette époque de l'année, le ciel est bleu et la chaleur supportable, les nombreux arbres et patios croulent sous le feuillage et les fleurs.

La cité médiévale, immédiatement au nord du Guadalquivir, forme un labyrinthe de rues étroites autour de la Mezquita. À l'intérieur de la vieille ville, la zone nord-ouest de la mosquée constituait la Judería, tandis que le quartier musulman s'étendait au nord et à l'est de l'édifice ; quant au quartier mozarabe (chrétien), il se trouvait plus loin, au nord-est. Depuis la Plaza de las Tendillas, la place principale de Cordoue, rayonnent, au nord et à l'ouest, les artères commerçantes majeures.

Histoire

Fondée en 152 av. J.-C. en tant que point de ravitaillement stratégique, la colonie romaine de Cordoue devint, après les guerres civiles entre Pompée et César, la capitale de la province de Bétique. Elle connut alors une période de prospérité et de rayonnement culturel, et vit naître les écrivains Sénèque et Lucain. C'est à cette époque que l'on construisit un pont sur le Guadalquivir et un temple dédié à l'empereur dont les vestiges subsistent à l'est de la Plaza de las Tendillas. Au IIIe siècle, le christianisme en expansion atteignit la cité romaine sur le déclin. Les Wisigoths en prirent le contrôle au Ve siècle mais ne parvinrent pas à rétablir la stabilité. En 711, après une période de rébellion continue, les musulmans s'emparèrent de Cordoue et en firent la capitale de la péninsule Ibérique.

C'est ici, en 756, qu'Abd al-Rahman Ier s'imposa comme l'émir indépendant d'Al-Andalus et fonda la dynastie omeyyade. Cependant, la ville et la région ne connurent leur âge d'or que sous Abd al-Rahman III (912 à 961), qui, en 929, se proclama calife (titre donné aux successeurs de Mahomet), inaugurant la longue indépendance *de facto* d'Al-Andalus vis-à-vis de Bagdad.

Cordoue était alors la plus grande ville d'Europe de l'Ouest, jouissant d'une économie florissante fondée sur l'agriculture et une production artisanale de qualité ; on estime qu'elle comptait entre 100 000 et 500 000 habitants. Mosquées, bains publics, patios, jardins et fontaines constellaient alors la ville. La cour d'Abd al-Rahman III était fréquentée par des érudits juifs, arabes et chrétiens, et l'université de Cordoue, sa bibliothèque et ses observatoires en firent un centre intellectuel qui conserva une influence sur l'Europe chrétienne encore bien des siècles plus tard. Cordoue devint également un lieu de pèlerinage pour les musulmans qui ne pouvaient se rendre à La Mecque ou à Jérusalem.

Vers la fin du Xe siècle, Al-Mansour (Almanzor pour les chrétiens), général impitoyable dont les raids vers le nord terrorisaient l'Espagne chrétienne, reprit le pouvoir aux califes. Cependant, après la mort de son fils Abd al-Malik en 1008, le califat sombra dans l'anarchie. Les divers prétendants au titre, les troupes berbères et les armées chrétiennes venues de Castille et de Catalogne s'affrontèrent pour le partage des restes. Les Berbères semèrent la terreur à Cordoue et pillèrent la ville. En 1031, le califat omeyyade s'effondra. Cordoue fut annexée en 1069 au *taifa* (petit royaume) de Séville, et ne devait plus jamais sortir de l'ombre de l'actuelle capitale andalouse.

Au XIIe siècle, la ville vit naître les deux plus grands savants d'Al-Andalus, le philosophe musulman Averroès (1126-1198) et le philosophe juif Moshe ben Maimon (Maïmonide ; 1135-1204). Leurs efforts pour concilier la foi avec la raison se heurtèrent à l'ignorance et à l'intolérance : les Almohades confièrent de hautes fonctions à Averroès et persécutèrent Maïmonide, qui s'enfuit en Égypte.

À ne pas manquer

1 **Cordoue** (p. 183), ville brillante au carrefour de trois grandes civilisations, classée au patrimoine mondial de l'humanité

2 Le dédale des arcades de la **Mezquita** (p. 186), prodigieux témoignage de la grandeur du califat

3 Une promenade au milieu des chênes-lièges du **Parque Natural Sierra de Hornachuelos** (p. 200)

4 Les vestiges de la **Medina Azahara** (p. 192), palais-cité du calife, et l'excellent nouveau musée

5 Les grottes souterraines du **Parque Natural Sierras Subbéticas** (p. 196)

6 L'architecture baroque de **Priego de Córdoba** (p. 198)

7 La monumentale forteresse d'**Almodóvar del Río** (p. 199) dominant toute la campagne

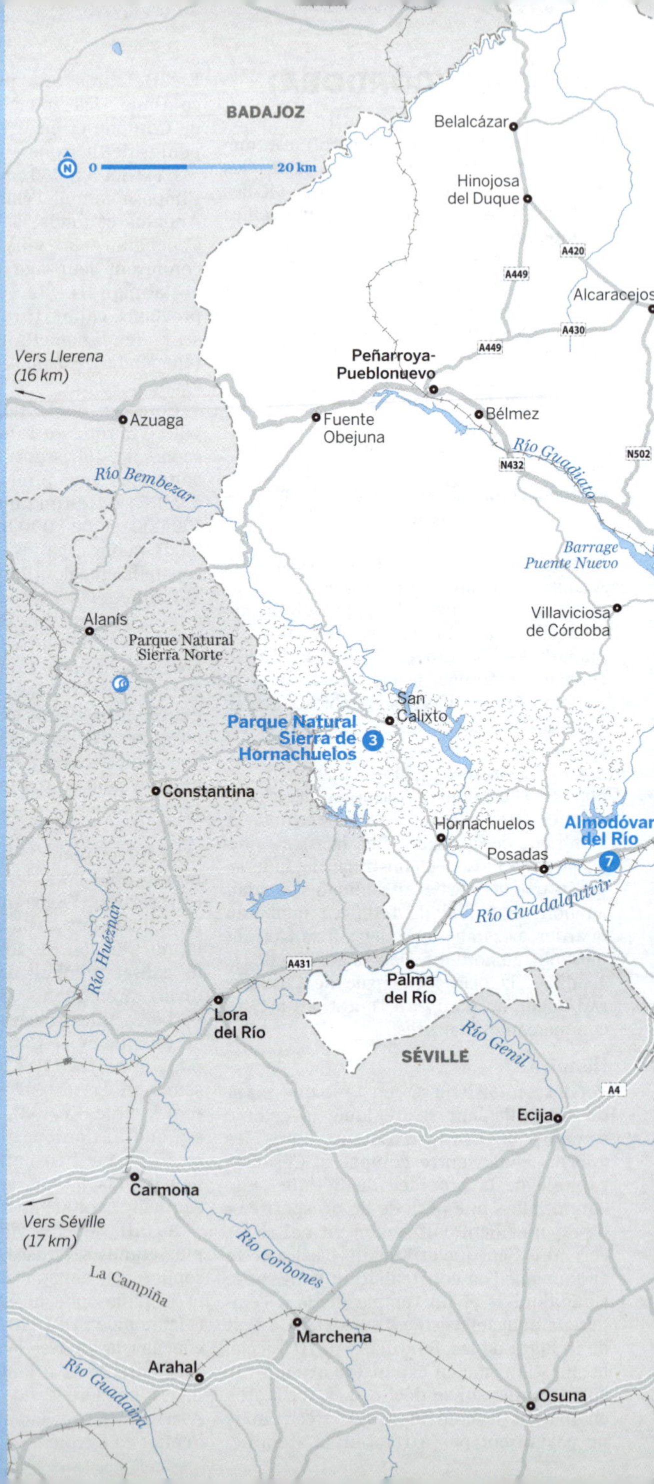

Santa Eufemia
N502
El Viso
CIUDAD REAL
Vers Ciudad Real (35 km)
Río Jándula
Los Pedroches
Pozoblanco
Fuencaliente
Villanueva de Córdoba
Sierra Morena
N420
Cardeña
Parque Natural Sierra de Andújar
Parque Natural Sierra de Cardeña y Montoro
Río Jándula
CORDOUE
N432
Adamuz
Montoro
Andújar
A4
Villa del Río
JAÉN
Medina Azahara
4
1
2
Cordoue
El Carpio
Bujalance
A431
A306
Porcuna
Jaén
N331
N432
A45
Castro del Río
Martos
La Carlota
Espejo
Montemayor
La Rambla
Baena
A316
ESPAGNE
Montilla
Doña Mencía
Santaella
Aguilar de la Frontera
Luque
Zuheros
A333
Lobatejo (1 380 m)
A45
Monturque
Cabra
5
Zagrilla
Parque Natural Sierras Subbéticas
6
Priego de Córdoba
Puente Genil
Moriles
Lucena
N331
La Tiñosa (1 570 m)
Bermejo (1 476 m)
Rute
Montefrío
Jauja
Encinas Reales
Benamejí
Iznájar
Barrage d'Iznájar
Río Genil
MÁLAGA
A333
GRENADE

Cordoue

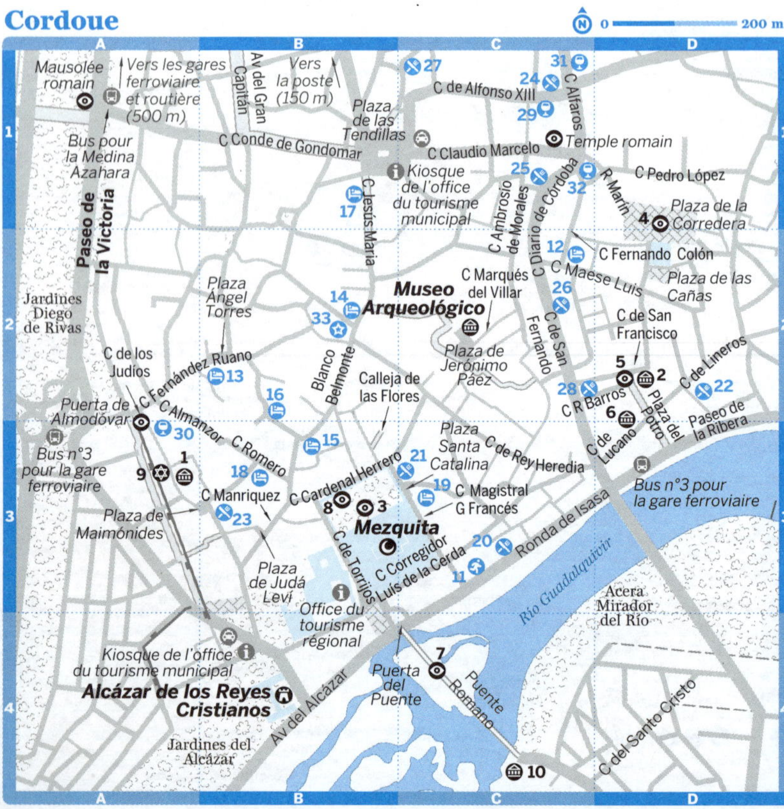

Lorsque la Castille de Ferdinand III s'empara de Cordoue en 1236, une grande partie de sa population prit la fuite. Reléguée au rang de cité provinciale, Cordoue ne sortit de sa torpeur qu'à la fin du XIXe siècle et ne dut son salut qu'à l'industrialisation. Toutefois, elle conserva toujours un peu de sa splendeur passée – un des plus grands poètes espagnols, Luis de Góngora (1561-1627), y vit le jour.

À voir

Mezquita GRANDE MOSQUÉE

(☎957 47 05 12 ; www.mezquitadecordoba.org ; Calle Cardenal Herrero ; adulte/enfant 8/4 €, 8h30-10h lun-sam gratuit ; ⏲10h-19h lun-sam, 8h30-10h et 14h-19h dim mars-oct, 8h30-18h lun-sam, 8h30-10h et 14h-18h dim nov-fév, plan p. 194). Difficile de ne pas s'extasier sur la beauté de la Grande Mosquée de Cordoue et de ses vastes et paisibles espaces intérieurs. Sa subtile décoration évoque l'opulence, le raffinement et la cohabitation pacifique entre musulmans, juifs et chrétiens, tous ayant contribué à enrichir leur cité et sa région de leur culture.

Le site était à l'origine occupé par l'église wisigothe Saint-Vincent. Selon les chroniques arabes, la moitié de l'édifice fut achetée par Abd al-Rahman Ier, afin d'être consacrée aux prières du vendredi de la communauté musulmane. Cependant, l'espace vint très vite à manquer, et en 784, l'émir acheta la seconde moitié pour bâtir une nouvelle mosquée. Al-Hakam II ajouta le mihrab (niche de prière) actuel, et, pour améliorer l'éclairage naturel, fit construire devant le mihrab plusieurs dômes percés de lucarnes.

Ce que l'on voit aujourd'hui correspond à la structure finale de l'édifice, avec toutefois une altération de taille : la construction, au XVIe siècle, d'une cathédrale en son centre, d'où l'appellation fréquente de "mosquée-cathédrale". Les extensions précédentes furent en partie détruites pour l'édification

Cordoue

Les incontournables

Alcázar de los Reyes Cristianos ... B4
Mezquita ... B3
Museo Arqueológico ... C2

À voir

1 Casa de Sefarad ... A3
2 Museo de Bellas Artes ... D2
3 Patio de los Naranjos et Minaret ... B3
4 Plaza de la Corredera ... D1
5 Plaza del Potro ... D2
6 Posada del Potro ... D2
7 Puente Romano ... C4
8 Puerta del Perdón ... B3
9 Sinagoga ... A3
10 Torre de la Calahorra ... C4

Activités

11 Solobici ... C3

Où se loger

12 Casa de los Azulejos ... C2
13 Hospedería Alma Andalusí ... B2
14 Hospedería Añil ... B2
15 Hostal Séneca ... B3
16 Hotel Albucasis ... B2
17 Hotel Córdoba Centro ... B1
18 Hotel Lola ... B3
19 Hotel Mezquita ... C3

Où se restaurer

20 Amaltea ... C3
21 Bar Santos ... C3
22 Bodegas Campos ... D2
23 Casa Mazal ... B3
24 Delorean Bar de Tapas ... C1
25 El Astronauta ... C1
26 La Boca ... C2
27 Taberna San Miguel El Pisto ... C1
28 Taberna Sociedad de Plateros ... C2

Où prendre un verre

Bar Correo ... (voir 17)
29 Bar-Cafetería Soul ... C1
30 Bodega Guzmán ... A3
31 Café Bar Automático ... C1
32 Jazz Café ... C1

Où sortir

33 La Pataita de Antonio ... B2

de la cathédrale, qui s'échelonna sur près de 250 ans (1523-1766). Le lieu de culte chrétien témoigne de ce fait de l'évolution des styles et goûts architecturaux, depuis les styles plateresque (style de transition entre l'art gothique et la Renaissance) et Renaissance tardif jusqu'à l'extravagance du baroque espagnol.

L'entrée principale dans la Mezquita s'effectue par la **Puerta del Perdón**, une porte mudéjare du XIVe siècle donnant sur la Calle Cardenal Herrero. Elle donne accès à la billetterie, dans le charmant **Patio de los Naranjos** (cour des Orangers ; p. 186), où une autre porte ouvre sur l'édifice lui-même. La messe a lieu à 11h, 12h et 13h en semaine. De 8h30 à 10h du lundi au samedi, l'entrée est gratuite et les groupes sont interdits : une aubaine pour visiter le monument en toute tranquillité. Le dimanche, la messe se déroule de 11h à 13h dans la cathédrale centrale.

La mosquée-cathédrale

Si l'architecture de la Mezquita est unique et d'une importance majeure, c'est aussi parce que sa conception était révolutionnaire pour l'époque. Le dôme du Rocher à Jérusalem et la Grande Mosquée de Damas présentaient tous deux un plan vertical, en forme de nef. La mosquée de Cordoue, en revanche, fut bâtie selon un plan horizontal, "démocratique", formant un espace immense et simple où l'esprit, libre de vagabonder, pouvait communiquer plus aisément avec Dieu. Le lieu de la prière musulmane (souvent la cour ouverte d'une maison déserte) fut ici représenté sous la forme d'une allégorie du désert lui-même s'étendant sur 14 400 m². Les hommes priaient côte à côte sur l'*argamasa* (sol fait d'un mortier rouge compact). Un toit plat, orné d'or et de motifs multicolores, les protégeait du soleil. Le Patio de los Naranjos, où gargouillaient autrefois les fontaines aux ablutions, représentait l'oasis. Les arches rayées d'ocre brun et de blanc et les 1 293 colonnes (dont seules 856 subsistent) qui soutenaient le toit furent pensées pour donner l'illusion d'une forêt de palmiers-dattiers.

La mosquée d'origine d'Abd al-Rahman Ier était un espace carré divisé en deux rectangles, la salle de prière couverte, et la cour ouverte pour les ablutions. La salle de prière se divisait en 11 "nefs" grâce à des alignements d'arcades doubles alternant brique rouge et pierre blanche. Les piliers provenaient en partie de matériaux récupérés de l'église wisigothe qui occupait auparavant le site et de bâtiments romains de Cordoue, mais aussi de divers lieux aussi lointains que Constantinople. D'où, naturellement, quelques questions : comment conserver une constante hauteur de plafond ou comment augmenter la verticalité afin de créer une impression d'ouverture ? Les constructeurs firent en sorte que les colonnes les plus hautes supportent les plus petites, placées au-dessus, de manière à créer des arcs au plafond. Par la suite, les divers agrandissements de la mosquée prolongèrent ces arcades, qui finirent par couvrir une surface de 120 m², créant l'une des plus grandes mosquées au monde. Les arcades sont le signe distinctif de l'architecture islamique. Leur nombre confère à l'espace de la Mezquita une sensation d'infini.

À l'origine, 19 portes laissaient entrer la lumière dans la mosquée. Aujourd'hui, une seule laisse percer le jour, et l'obscurcissement qui en résulte atténue l'effet esthétique des claveaux (pierres taillées en biseau) rouge et blanc ornant les arcades doubles. Les ajouts ultérieurs réalisés par les chrétiens ont assombri l'espace, en construisant la cathédrale au centre ou la cinquantaine de chapelles érigées sur les côtés.

À l'opposé de la porte d'entrée, sur le mur sud, les nefs latérales conduisent vers la *qibla* (la direction de La Mecque) et le plus grand trésor de la mosquée, le mihrab construit par Al-Hakam II.

Le mihrab et la maqsura

À l'instar d'Abd al-Rahman II un siècle plus tôt, Al-Hakam fit prolonger les nefs de la salle de prière et créa un nouveau mihrab au sud de la nef centrale. Les travées situées en face du mihrab et sur les côtés forment la *maqsura*, zone réservée à la prière des califes et de leur suite. Dans le mihrab se trouve un coquillage sculpté en un seul bloc de marbre blanc, symbole du Coran : il formait une coupole amplifiant la voix de l'imam dans toute la mosquée.

Les arcades de la maqsura et de ses abords, les plus délicates et raffinées de la mosquée, forment un entrecroisement d'arcs polylobés. Subtilement entrelacées pour former les éléments les plus solides de la structure, elles étaient censées guider le regard du fidèle vers le mihrab, porte symbolique du paradis. Tout aussi belles, les coupoles percées de lucarnes qui surmontent la maqsura présentent des voûtes ornées de motifs étoilés. Chacune est soutenue par quatre paires de nervures enchevêtrées, une technique de pointe pour l'Europe du Xe siècle.

Le point d'orgue de l'extension d'Al-Hakam II était le portail annonçant le mihrab : un arc en forme de croissant placé dans un *alfiz,* un encadrement rectangulaire, surmonté d'une arcature aveugle. Pour sa décoration, Al-Hakam demanda à l'empereur byzantin Nicéphore II Phokas de lui envoyer un artiste capable d'imiter les superbes mosaïques de la Grande Mosquée de Damas, l'un des chefs-d'œuvre de la Syrie omeyyade du VIIIe siècle. L'empereur chrétien envoya au calife musulman un mosaïste, mais lui offrit aussi 1 600 kg de tesselles d'or. Ces cubes scintillants, assemblés pour former des motifs floraux et des inscriptions tirées du Coran, ornementent toute la maqsura.

Le Patio de los Naranjos et le minaret

À l'extérieur de la mosquée, cette cour verdoyante entourée de murs, et sa fontaine, étaient le lieu des ablutions rituelles avant la prière. Couronnant de toute sa gloire l'ensemble du site, le minaret atteignit, à son apogée, 48 m (il n'en reste que 22 m). Aujourd'hui enfermé dans sa tour du XVIe siècle, le minaret d'origine devait probablement ressembler à la Giralda de Séville, qui en est pour ainsi dire une copie. Le minaret de Cordoue influença d'ailleurs tous ceux qui furent construits ultérieurement dans le monde musulman d'Occident.

La cathédrale

Durant les trois siècles qui suivirent la Reconquista (reconquête chrétienne) en 1236, la Mezquita ne subit que des altérations mineures, dont un ajout dans les années 1370 de céramiques mudéjares à la Capilla Real (chapelle royale, située à neuf travées au nord et une à l'est du mihrab, et aujourd'hui intégrée à la cathédrale), de styles mozarabe et almohade. Au XVIe siècle, Charles Quint autorisa – contre les vœux de la municipalité de Cordoue – la destruction du centre de la mosquée pour y ériger la Capilla Mayor (l'autel) et le *coro* (chœur). Cependant, le roi, insatisfait, déplora par la suite : "Ce que vous avez bâti aurait pu l'être n'importe où, par n'importe qui, mais vous avez détruit quelque chose d'unique au monde."

Parmi les ajouts ultérieurs, on retient un riche retable du XVIIe siècle en marbre rouge et en jaspe, dans la Capilla Mayor, et dans le chœur, de belles stalles en acajou, sculptées au XVIIIe siècle par Pedro Duque Cornejo.

AUTOUR DE LA MEZQUITA

Alcázar de los Reyes Cristianos FORTERESSE

(forteresse des Rois Catholiques ; Campo Santo de Los Mártires ; 4 €, gratuit le ven ; ⌚10h-14h et 17h30-19h30 mar-sam, 9h30-14h30 dim et jours fériés). Construite au XIVe siècle à l'initiative d'Alphonse XI sur des vestiges romains et arabes, la forteresse servit d'abord de palais pour Ferdinand et Isabelle qui y rencontrèrent Christophe Colomb pour la première fois en 1486. Il fait bon se promener dans les jardins en terrasses, agrémentés de bassins, de fontaines, d'orangers, de fleurs et de topiaires, ou encore les admirer du haut de la tour.

Une salle réunit de remarquables mosaïques romaines mises au jour sur la Plaza de la Corredera vers 1950, comme ce célèbre portrait de Polyphème et Galatée, couple mythique dont l'histoire fut racontée par le poète espagnol Luis de Góngora.

Puente Romano PONT

Les Cordouans aiment arpenter ce pont romain restauré enjambant le Guadalquivir. Il faisait partie de l'ancienne Vía Augusta reliant Cadix à Gérone. Une statue de l'archange Raphaël (nombreuses en ville) se dresse à mi-chemin sur le parapet.

Torre de la Calahorra MUSÉE

(☎957 29 39 29 ; Puente Romano ; adulte/enfant 4,50/3 € ; ⌚10h-18h oct-avr, 10h-14h et 16h30-20h30 mai-sept). À l'extrémité sud du pont romain, cette tour carrée érigée par les musulmans servait à contrôler l'accès au pont. Elle abrite désormais le Museo Vivo de Al-Andalus, un musée intéressant présentant les liens entre les trois grandes cultures religieuses qui façonnèrent Cordoue.

JUDERÍA

L'ancien quartier juif de Cordoue est un fascinant labyrinthe de ruelles étroites et de placettes bordées de maisons blanchies à la chaux, dont les portes en fer forgé laissent entrevoir de ravissants patios abondamment fleuris. La proximité de la Judería avec la Mezquita et les centres du pouvoir témoigne de l'importance de la communauté juive. Comme l'attestent des archives du IIe siècle, l'Espagne comptait jadis l'une des plus importantes communautés juives d'Europe. Persécutés par les Wisigoths, les juifs s'allièrent aux musulmans dans le sillage des conquêtes arabes. Dès le Xe siècle, ils faisaient partie des membres les plus dynamiques de la société, exerçant comme administrateurs, médecins, juristes, philosophes, poètes ou fonctionnaires. Maïmonide, l'un des plus grands théologiens juifs de l'histoire, était d'ailleurs de Cordoue : il fit la synthèse des enseignements du judaïsme et acheva son grand œuvre, la *Mishné Torah,* qui codifie toute la loi juive, avant de fuir les persécutions en ralliant Fès, au Maroc, puis l'Égypte.

Quoique moins vaste que par le passé, la Judería s'étend à l'ouest et au nord-ouest de la mosquée, pratiquement jusqu'au début de l'Avenida del Gran Capitán. La **Calleja de las Flores** (l'allée des Fleurs), la rue la plus célèbre du quartier, offre une belle perspective avec le clocher de la Mezquita qui se découpe au bout de l'étroite ruelle.

Sinagoga SYNAGOGUE

(Calle de los Judíos 20 ; 0,30 € ; ⌚9h30-14h et 15h30-17h30 mar-sam, 9h30-13h30 dim et jours fériés). Érigée en 1315, elle est l'un des rares monuments attestant aujourd'hui de la présence juive en Andalousie, même si on n'y pratique plus le culte depuis l'expulsion des juifs d'Espagne en 1492. On remarque d'extravagantes décorations en stuc, dont des inscriptions en hébreu et de délicats motifs mudéjars représentant des étoiles et des plantes.

Casa de Sefarad MUSÉE

(www.casadesefarad.es ; Calle Judíos ; 4 € ; ⌚10h-18h lun-sam, 11h-14h dim). Au cœur de la Judería et autrefois relié à la synagogue par des galeries souterraines, ce petit musée s'intéresse à la tradition séfarade en Espagne. Il met l'accent sur la musique, les coutumes et les intellectuelles (poétesses, chanteuses, penseuses) d'Al-Andalus. Des concerts et des spectacles de conteur s'y tiennent aussi dans l'année.

AUTRES QUARTIERS

Plaza del Potro PLACE

La célèbre place du Poulain doit son nom à la jolie fontaine du XVIe siècle qui se dresse en son centre, surmontée d'un poulain (*potro*). Du côté ouest, la légendaire **Posada del Potro** (Plaza del Potro 10 ; entrée libre ; ⌚17h-21h

LES PATIOS DE CORDOUE

Avec leurs géraniums, leurs allées pavées de mosaïques, leurs bougainvilliers habillant les murs et leur fontaine au centre, les célèbres patios de Cordoue sont, depuis des siècles, des havres de fraîcheur dans l'ardeur de l'été. Ces cours sophistiquées ont probablement pour origine le mégaron de la Grèce antique et l'atrium romain. Les Arabes perpétuèrent cette tradition des cours intérieures où les femmes menaient leur vie de famille et tenaient leur maison. L'ajout de fontaines centrales et de multiples plantes renforça la sensation de fraîcheur.

On peut voir de magnifiques patios dans la Judería, dans la Calle San Basilio (à environ 400 m au sud-ouest de la Mezquita), dans le quartier de Santa Marina et vers la Plaza de la Magdalena. Les cours rayonnent au printemps quand elles participent en nombre au concours annuel du Festival de los Patios Cordobeses (p. 193).

mar-ven, 10h-14h sam) est une auberge datant de 1435, décrite dans *Don Quichotte* comme un "repaire de brigands".

Museo de Bellas Artes MUSÉE
(Plaza del Potro 1 ; 1,50 € ; ⌚14h30-20h30 mar, 9h-20h30 mer-sam, 9h-14h30 dim). Installé dans un ancien hospice donnant sur la Plaza del Potro, le musée des Beaux-Arts fait la part belle aux grands artistes du cru. La plupart des œuvres proviennent de monastères de la région. Pendant la rénovation du Museo Julio Romero de Torres adjacent, les œuvres de cet artiste cordouan célèbre pour ses portraits de toreros jaloux et de courtisanes altières ont été déplacées ici.

Museo Arqueológico MUSÉE
(Plaza de Jerónimo Páez 7 ; 1,50 € ; ⌚14h30-20h30 mar, 9h-20h30 mer-sam, 9h-14h30 dim et jours fériés). Transféré depuis peu dans une nouvelle aile pendant les travaux du palais Renaissance qui l'abrite, ce musée d'Archéologie couvre brillamment l'illustre histoire de Cordoue en prenant soin d'établir des passerelles entre les cultures. Au sous-sol, on déambule entre les ruines du théâtre romain de Colonia Patricia sur lesquelles l'édifice a été construit.

Le niveau supérieur donne une vue d'ensemble, axée sur la Cordoue romaine et musulmane à travers quantité d'objets importants datant de ces périodes, ainsi qu'une belle collection de pièces de monnaie. Le rez-de-chaussée réunit de fascinants objets principalement en céramique, des bijoux féminins aux urnes funéraires.

Plaza de la Corredera PLACE
C'est sur cette grande place du XVIIe siècle que se tenait l'amphithéâtre romain de Cordoue, bien avant que l'Inquisition n'y dressât ses bûchers. Aujourd'hui, la place est bordée d'appartements avec balcon et de bars, cafés et boutiques animés.

Palacio de Viana MUSÉE
(www.palaciodeviana.com ; Plaza de Don Gome 2 ; maison et patios/patios 8/5 € ; ⌚10h-19h mar-ven, 10h-15h sam-dim sept-juin, 9h-15h mar-dim juil-août). Ce superbe palais Renaissance s'organise autour de 12 patios particulièrement beaux au printemps. Toujours occupé par les marquis de Viana, il y a quelques décennies encore, ce palais de 6 500 m^2 est richement décoré d'œuvres d'art et d'objets d'époque. Le billet d'entrée comprend une visite guidée de 1 heure et l'accès aux patios et au jardin. À environ 600 m à pied au nord-est de la Plaza de las Tendillas. On peut aussi prendre le bus n°6 direction Puerta de Sevilla, descendre à Plaza de Colón puis marcher 4 pâtés de maisons vers l'est.

Madinat al-Zahra VESTIGES
(Medina Azahara ; ☎957 32 91 30 ; Carretera Palma del Río ; 1,50 € ; ⌚10h-20h30 mar-sam mai à mi-sept, 10h-18h30 mar-sam mi-sept à avr, 10h-14h dim toute l'année). À l'ouest de Cordoue se dresse ce qu'il reste de la Medina Azahara, le somptueux palais-cité que le calife Abd al-Rahman III se fit construire au Xe siècle. Niché au pied de la Sierra Morena, le complexe se répartit sur trois terrasses, le palais du calife se trouvant sur la plus élevée, qui dominait autrefois la cour et la ville. Un nouveau musée très intéressant a vu le jour en contrebas du site.

Selon la légende, Abd al-Rahman III aurait fait construire ce palais-cité, la Medina Azahara, pour sa favorite, Az-Zahra. Désemparé par la nostalgie de sa belle pour la Syrie et ses montagnes enneigées, le calife se fit poète et entoura sa ville d'amandiers et de cerisiers dont les fleurs blanches duveteuses devaient évoquer les flocons. Il paraît plus réaliste de penser que sa rivalité avec la dynastie abbasside de Bagdad conduisit Abd al-Rahman à ériger un opulent ensemble royal à la périphérie de Cordoue. La construction commença en 936, et les chroniques rapportent des statistiques stupéfiantes : les 10 000 ouvriers montèrent 6 000 blocs de pierre par jour, les murs d'enceinte s'étendant sur 1 518 m d'ouest en est et sur 745 m du nord au sud.

On a peine à croire qu'une telle cité, construite en 40 ans, n'ait perduré que pendant 30 ans – avant que l'usurpateur Al-Mansour ne transférât le siège du gouvernement vers un nouvel ensemble palatial, en 981. Puis, entre 1010 et 1013, la Medina Azahara fut vandalisée par des soldats berbères. Au cours des siècles suivants, ses ruines furent pillées pour en récupérer les matériaux de construction. Moins d'un dixième de la cité a été mis au jour à l'heure actuelle.

L'itinéraire de visite emprunte la porte nord de la cité d'origine pour accéder au palais donnant sur plusieurs cours carrées puis aux bâtiments administratifs que domine la grande arche de l'Edificio Basilical Superior. On arrive ensuite au clou du site, le Salón de Abd al-Rahman III. L'intérieur de cette salle du trône (fermée au moment de nos recherches) a été considérablement restauré : les stucs finement sculptés représentent une profusion de végétaux ; ils ont été soigneusement réparés pour recouvrir à nouveau l'essentiel de la surface des murs. La salle ne donne qu'un aperçu du luxe de la cour.

Le nouveau musée, aménagé sur les fondations d'un des bâtiments dégagés, se fond avec le paysage. On y découvre l'histoire du palais-cité, ses origines, sa construction et sa configuration, ses habitants et sa chute à travers de beaux objets provenant du site et des présentations interactives réussies.

Deux bus (7 € aller-retour, 9h30 et 10h15 ; 30 min) relient chaque matin du mardi au dimanche le centre-ville de Cordoue à la Medina Azahara, avec retour 3 heures 30 plus tard. À Cordoue, ils marquent l'arrêt au Paseo de la Victoria près de l'hôpital Cruz Roja et au mausolée romain. Le terminus se trouve sur le parking devant le musée de la Medina Azahara. Un autre bus (2,10 € aller-retour) grimpe jusqu'au site.

Fêtes et festivals

Le printemps et le début de l'été sont la grande saison festive de Cordoue.

Semana Santa SEMAINE SAINTE

Chaque soir pendant la semaine précédant le dimanche de Pâques, des processions comprenant jusqu'à 12 *pasos* (chars décorés transportant des effigies religieuses) défilent dans la ville le long de la *carrera oficial* (itinéraire officiel) – Calle Claudio Marcelo, Plaza de las Tendillas, Calle José Cruz Conde –, de 20h environ à minuit. Les festivités culminent à la *madrugada* (aube) du Vendredi saint, avec un défilé de 6 *pasos* de 4h à 6h.

Cruces de Mayo RELIGION

De fin avril à début mai, lors de la Croix de mai, places et patios s'ornent de croix décorées de fleurs et de châles de Manille et accueillent des stands proposant vins et tapas, avec force musique et réjouissances.

Feria de Mayo FERIA

La feria de Mai (dernière semaine du mois) célèbre en grande pompe Nuestra Señora de la Salud dans le quartier de l'Arenal, près du fleuve. Au programme : concerts, flamenco et principale saison taurine aux arènes de Los Califas, dans la Gran Via Parque.

Festival de los Patios Cordobeses FESTIVAL

Ce festival des patios de Cordoue, organisé la première quinzaine de mai, est un concours du "plus beau patio". De nombreux particuliers ouvrent alors leur cour au public jusqu'à 22h tous les jours (minuit le vendredi et le samedi). Parallèlement, certains patios, jardins et places de la ville accueillent des concerts de flamenco. L'office du tourisme fournit la liste des patios ouverts à la visite et des événements culturels.

Festival Internacional de la Guitarra MUSIQUE

Pendant 2 semaines fin juin ou début juillet : concerts de musique classique, flamenco, rock, blues. De grands noms se produisent dans les salles de concert et sur les places.

Où se restaurer

Casa Mazal JUIF €€

(☎957 94 18 88 ; www.casamazal.com ; Calle Tomás Conde 3 ; plats 12-15 €). Ce restaurant de tradition séfarade complète à merveille une visite à la Casa de Sefarad. La cuisine séfarade se nourrit d'influences andalouses, turques, italiennes et nord-africaines avec des plats aussi variés que la salade de lentilles syrienne, des beignets d'aubergines au miel et des *minas* (lasagnes végétariennes au pain azyme) au menu.

Bar Santos TAPAS €

(Calle Magistral González Francés 3 ; tortilla 2,50 €). Une institution servant la meilleure *tortilla de patata* de Cordoue comme le savent si bien les habitants. Découpées dans des omelettes géantes, les parts épaisses peuvent se déguster dehors (avec assiettes en carton et fourchettes en plastique) en admirant la Mezquita. Incontournable.

Bodegas Campos ANDALOU €€

(☎957 49 75 00 ; www.bodegascampos.com ; Calle de Lineros 32 ; tapas 5 €, plats 13-21 €). Une des bodegas les plus typiques et les plus connues de Cordoue. Dans ce vaste espace d'une dizaine de salles et patios s'alignent des fûts de chêne dédicacés par des célébrités espagnoles ou étrangères. Cette bodega produit son propre vin de Montilla et son restaurant, fréquenté par des Cordouans endimanchés, propose un choix délicieux.

La Boca INTERNATIONAL, FUSION €€

(☎957 47 61 40 ; www.restaurantelaboca.com ; Calle San Fernando 39 ; plats 11-15 € ; fermé lun soir et mar). Ce restaurant à la pointe des tendances associe influences internationales et ingrédients traditionnels dans des présentations alléchantes : porc ibérique sur lit de nouilles thaïes, fromage de Zuheros aux tomates séchées... Prenez place dans les salons douillets ou dans la cour et pensez à réserver le week-end.

Delorean Bar de Tapas TAPAS €

(Calle de Alfonso XIII ; tapas 0,90 € ; fermé le dim). Les tapas les moins chères de Cordoue se dénichent dans le quartier des clubs alternatifs (les jeunes branchés aussi doivent manger). On s'y régale de hamburgers, mais aussi d'aubergines en sauce vinaigrette, de *flamenquín* (roulés de jambon au fromage) et de *quesadillas* aux champignons. La clientèle est jeune mais les traditions respectées : tapas gratuites avec chaque bière.

El Astronauta CUISINE DIÉTÉTIQUE €€

(☎957 49 11 23 ; www.elastronauta.es ; Calle Diario de Córdoba 18 ; menu 9,50 €, plats 12-15 €). Situé dans un quartier animé près du temple romain, l'Astronauta privilégie les ingrédients frais et diététiques. Dans un décor cosmique et une ambiance alternative, une clientèle d'habitués déguste des salades relevées, des sandwichs et des repas complets.

Taberna San Miguel El Pisto TAPAS €

(Plaza San Miguel 1 ; tapas 3 €, media raciones 5-10 € ; fermé dim et août). Cet établissement au cachet très local est l'une des meilleures *tabernas* (tavernes) de Cordoue, tant par son ambiance que par sa cuisine. Au menu, tapas classiques et *media raciones* (demi-portions) parfaites, vin de Moriles bon marché servi au pichet et le "Pisto", une sorte de ratatouille surmontée d'un œuf au plat à goûter absolument.

Taberna Sociedad de Plateros TAPAS €

(☎957 47 00 42 ; Calle de San Francisco 6 ; tapas 3 €, raciones 8-10 €). Tenu par la société des orfèvres, ce restaurant apprécié aménagé dans un ancien couvent comprend un patio lumineux sous une verrière. Sélection de copieuses *raciones* et de bons produits de la mer, tel le *bacalao rebozado* (morue panée) et le *salpicón de mariscos* (salade de fruits de mer).

Amaltea BIO €€

(☎957 49 19 68 ; Ronda de Isasa 10 ; plats 10-16 € ; fermé dim soir ;). Ce restaurant intimiste près du fleuve affiche une carte de plats et de vins bio inspirée du Moyen-Orient (taboulé libanais, couscous). Bon choix de spécialités végétariennes.

Où prendre un verre et sortir

Pour connaître l'agenda des sorties, consultez le quotidien *Diario Córdoba* ou adressez-vous à l'office du tourisme. Vous trouverez des flyers annonçant des concerts à El Astronauta et dans des bars musicaux comme le Café Bar Automático. Les groupes se produisent généralement à partir de 22h et il est rare que l'entrée soit payante.

Bodega Guzmán BAR

(Calle de los Judíos 7 ; 12h-16h et 20h-0h, fermé jeu). Cette bodega typique tapissée de souvenirs de tauromachie et fréquentée par les habitants comme par les touristes se situe près de la synagogue. Le vin de Montilla est tiré de trois tonneaux derrière le bar. Ne partez pas sans avoir goûté le vin *amargoso* (amer).

Bar Correo BAR

(Calle Jesús María 2 ; 10h-14h et 18h-22h). Pourquoi les amateurs de bière affluent-ils dans ce modeste bar proche de la Plaza de las Tendillas tous les après-midi ? Difficile à dire, mais cette tradition remonte à l'ouverture du bar, en 1931. Si vous parvenez à vous faufiler à l'intérieur, vous verrez la petite salle carrelée d'où cette *cerveza* coule à flots.

La Pataita de Antonio FLAMENCO
(☎957 49 15 44 ; www.sensesandcolours.com ; Calle Barros 3). Le célèbre danseur de flamenco Antonio Modéjar a créé cet espace culturel, où de jeunes artistes prometteurs éblouissent les aficionados. Spectacles tous les soirs et les vendredi et samedi matin.

Bar-Cafetería Soul BAR MUSICAL
(Calle de Alfonso XIII 3 ; ⏲9h-3h lun-ven, 10h-4h sam-dim, fermé août ; 📶). Ce bar à DJ, à la musique et à la déco déjantées, fait le plein d'ambiance et de clients à mesure que la soirée avance. Convivial et funky.

Café Bar Automático BAR MUSICAL
(Calle Alfaros 4 ; ⏲à partir de 17h). Ce bar discret s'est fait une spécialité de cocktails originaux et de milk-shakes aux fruits, sur fond de bonne sono tendance rock alternatif.

Jazz Café CONCERTS
(Calle Espartería ; ⏲8h-tard). Les concerts de jazz, mais aussi de blues électrique ou les spectacles de danse du ventre organisés par ce club ouvert de longue date attirent un public varié jusqu'au petit matin. Bœufs jazz le mardi soir.

Renseignements

Ambulance (☎957 43 38 78)

Kiosques de l'office du tourisme municipal (☎902 20 17 74 ; www.turismodecordoba.org). Campo Santo de los Mártires (infoalcazar@turismodecordoba.org ; ⏲9h-14h et 17h-19h30) ; Plaza de las Tendillas (infotendillas@turismodecordoba.org ; ⏲9h-14h et 17h30-20h) ; gare (infoave@turismodecordoba.org ; hall d'entrée ; ⏲9h-14h et 17h-19h30). Le kiosque du Campo Santo fait face à l'Alcázar de los Reyes Cristianos.

Office du tourisme régional (Calle de Torrijos 10 ; ⏲9h-19h30 lun-ven, 9h30-15h sam, dim et jours fériés). Une bonne source d'informations sur la province de Cordoue, dans le palais des Congrès.

Policía Nacional (☎091 ; Avenida Doctor Fleming 2). Le poste de police principal.

Depuis/vers Cordoue

Bus

La gare routière se trouve à 1 km au nord-ouest de la Plaza de las Tendillas, derrière la gare ferroviaire. Chaque compagnie possède son terminal.

Alsa (www.alsa.es). Dessert Séville (10,40 €, 1 heure 45, 6/j), Grenade (12,50 €, 2 heures 30, 7/j), Málaga (12,75 €, 2 heures 45, 5/j) et Baeza (10 €, 3 heures, 1/j).

Empresa Carrera (www.autocarescarrera.es). Liaisons vers le sud avec des bus quotidiens pour Priego de Córdoba (7,50 €, 2 heures 30), Cabra (5,75 €, 1 heure 30), Zuheros (5,75 €, 2 heures) et Iznájar (8,35 €, 1 heure 45 à 2 heures 15).

Socibus Secorbus (☎902 22 92 92 ; www.socibus.es). Bus à destination de Madrid (15,80 €, 4 heures 30, 6/j).

Train

La **gare** (Avenida de América) de Cordoue, moderne, se situe à 1 km au nord-ouest de la Plaza de las Tendillas.

Il y a des trains pour Séville (11-33 €, 45 à 80 min, toutes les demi-heures jusqu'à 23h20), Málaga (22-45 €, 45 min à 1 heure, 16/j), Madrid (53-68 €, 1 heure 45 à 2 heures 15, environ toutes les demi-heures jusqu'à 22h) et Barcelone (138 €, 4 heures 30, 4 AVE/j).

Comment circuler

Bus

Le bus n°3 (1,20 €) relie la Vía Augusta – la rue entre la gare ferroviaire et la gare routière – à la Plaza de las Tendillas et à la Calle de San Fernando, à l'est de la Mezquita. Au retour, vous pouvez le prendre sur le Paseo de la Ribera, à l'est de la Calle de San Fernando.

Taxi

Dans le centre-ville, les taxis se rassemblent à l'angle nord-est de la Plaza de las Tendillas. De la gare routière ou ferroviaire jusqu'à la Mezquita, comptez environ 7 €.

Vélo

Les pistes cyclables installées en ville ont encore peu d'adeptes. **Solobici** (☎957 48 57 66 ; www.solobici.net ; María Cristina 5 ; 15 €/j) loue des vélos et organise des balades à deux-roues dans la région.

Voiture

Le stationnement est payant autour de la Mezquita et sur les berges du fleuve (marquage bleu) de 9h à 21h en semaine et de 9h à 14h le samedi. On peut se garer

La Mezquita

CHRONOLOGIE

600 Fondation de la basilique chrétienne wisigothe Saint-Vincent à l'emplacement actuel de la Mezquita.

785 L'émir Abd al-Rahman Ier incorpore les ruines romaines et wisigothes au plan de la mosquée qu'il fait construire.

822-825 Agrandissement de la mosquée sous le règne d'Abd al-Rahman II.

912-961 Ajout d'un minaret par Abd al-Rahman III.

961-966 Extension de la mosquée par Al-Hakam II et embellissement du **mihrab** 1 .

987 Dernier agrandissement de la mosquée par Al-Mansour Ibn Abi Amir. Avec l'ajout du **Patio de los Naranjos** 2 , l'édifice atteint ses dimensions actuelles.

1236 La mosquée devient un lieu de culte chrétien après la reconquête de Cordoue par Ferdinand III de Castille.

1271 Plutôt que de détruire l'imposante mosquée, les chrétiens se contentent de la modifier. Alphonse X fait ériger la **Capilla de Villaviciosa** 3 et la **Capilla Real** 4 .

Vers 1300 Remplacement du minaret d'origine par la **Torre del Alminar** 5 , de facture baroque.

Vers 1520 Ajout d'une nef de cathédrale de style Renaissance par Charles Quint qui, à la vue des travaux terminés, regrettera d'avoir détruit quelque chose d'unique au monde.

2004 Les musulmans d'Espagne lancent une pétition pour avoir à nouveau le droit de prier au sein de la Mezquita. Le Vatican s'y oppose.

BON À SAVOIR

» **Sous les orangers** L'entrée au Patio de los Naranjos est libre et gratuite.

» **Visite matinale** La Mezquita est accessible gratuitement tous les matins sauf le dimanche entre 8h30 et 10h.

» **Sans la foule** L'interdiction des groupes avant 10h rend la visite le matin plus calme et pittoresque.

SAMI SARKIS TRAVEL/ALAMY ©

Capilla de Villaviciosa

Passez en revue les nombreuses chapelles de la mosquée-cathédrale jusqu'à ce petit bijou, mélange d'architecture maure et d'arcades et de colonnes gothiques ajoutées par les chrétiens en 1277. Elle servit de maître-autel jusque vers 1520.

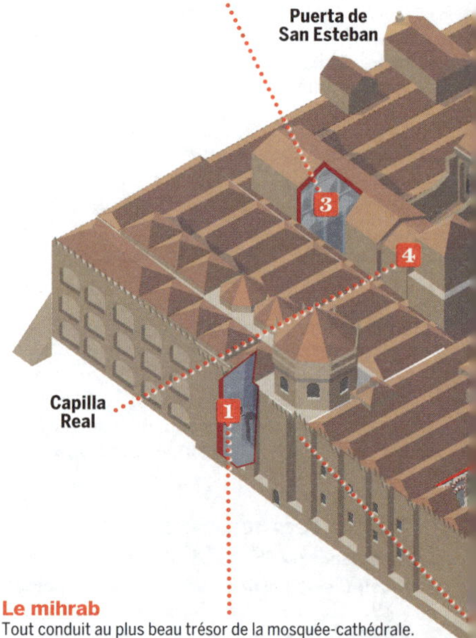

Le mihrab

Tout conduit au plus beau trésor de la mosquée-cathédrale. Cette niche de prière en forme d'arc de cercle orientée vers La Mecque date du Xe siècle. Prêtez attention aux tesselles de mosaïques dorées sculptées par des artisans byzantins.

B.O'KANE/ALAMY ©

B.O'KANE/ALAMY ©

Le chœur de la cathédrale

Comment ignorer l'époustouflant *coro* ajouté tardivement par les chrétiens vers 1750 ? Après avoir admiré les stalles en acajou aux scènes bibliques minutieusement sculptées, levez les yeux vers l'imposant plafond baroque.

RUTH TOMLINSON / GETTY IMAGES ©

Torre del Alminar

Visible de presque partout en ville, cette tour baroque haute de 93 m est accessible gratuitement.
Le clocher entoure le minaret d'origine.

KARL BLACKWELL / GETTY IMAGES ©

Les arches de la Mezquita

Trait le plus caractéristique de la Mezquita, ses arches bicolores en brique rouge et en pierre blanche qui soutiennent 856 colonnes provenant des édifices romain et wisigoth. La lumière tamisée leur confère une allure à la fois inquiétante et saisissante.

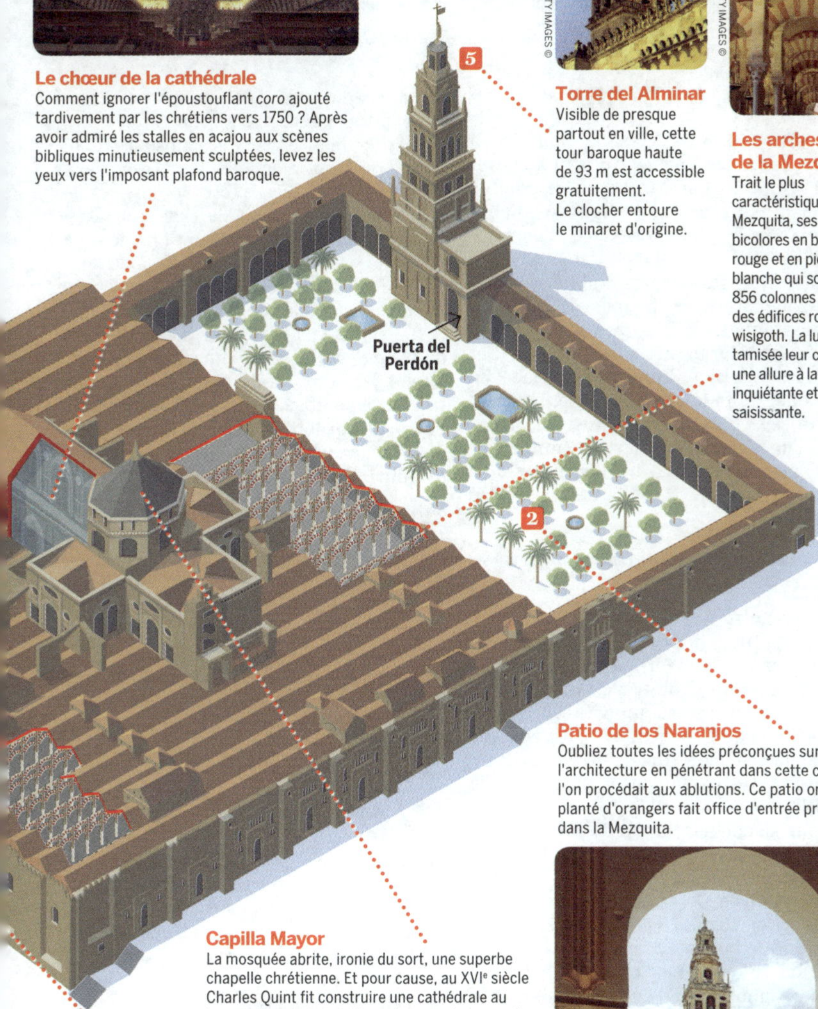

Patio de los Naranjos

Oubliez toutes les idées préconçues sur l'architecture en pénétrant dans cette cour où l'on procédait aux ablutions. Ce patio ombragé planté d'orangers fait office d'entrée principale dans la Mezquita.

DWB/IMAGEBROKER ©

Capilla Mayor

La mosquée abrite, ironie du sort, une superbe chapelle chrétienne. Et pour cause, au XVIe siècle Charles Quint fit construire une cathédrale au beau milieu de la troisième plus grande mosquée au monde.

PAUL KINGSLEY/ALAMY ©

La maqsura

Conduisant au mihrab, la maqsura était une salle réservée à la prière des califes et de leur suite. Ses magnifiques arcades sophistiquées devaient faire tourner les yeux des fidèles vers le mihrab et La Mecque.

gratuitement à toute heure dans le secteur à l'ouest de l'Avenida de la República Argentina, juste à l'ouest de la Judería. Le long du Paseo de la Victoria ou de l'Avenida de la República Argentina, il vous faudra laisser une pièce au "placeur". Pour un parking d'hôtel, comptez entre 12 et 15 €.

SUD DE CORDOUE

Du XIIIe au XVe siècle, le sud de la province de Cordoue se trouvait à cheval sur la frontière entre les zones chrétienne et musulmane, ce qui explique le nombre important de châteaux forts surplombant les villes et villages. Au sud-est, le Parque Natural Sierras Subbéticas est une zone protégée de plus de 300 km² de montagnes, de canyons et de vallées boisées comprenant aussi un certain nombre de villes. Zuheros et Priego de Córdoba, dans le nord du parc, figurent parmi les plus charmantes. La frontière sud de la région est délimitée par l'Embalse de Iznájar, un lac de retenue long et irrégulier que domine le village d'Iznájar.

Baena

21 028 HABITANTS

Cette petite bourgade entourée de rangs serrés d'oliviers, à perte de vue, produit une huile de très grande qualité et possède même sa propre DO (Denominación de Origen, équivalent de l'Appellation d'origine contrôlée). D'immenses cuves parsèment la périphérie de la ville.

Pour découvrir la meilleure huilerie de la province de Cordoue, visitez le moulin de **Núñez de Prado** (☎957 67 01 41 ; Avenida Cervantes 15 ; entrée libre ; ⊙9h-14h et 16h-18h lun-ven, 9h-13h sam). La famille possède en tout quelque 100 000 oliviers. Les olives, cueillies à la main pour éviter de les abîmer, sont broyées au moyen d'anciennes meules en pierre. Il faut environ 11 kg d'olives pour obtenir 1 litre d'huile. Le moulin est réputé pour sa *flor de aceite*, l'huile qui suinte naturellement des olives concassées.

Des visites guidées ont lieu pendant les horaires d'ouverture (uniquement le matin de juin à août). Il est préférable d'appeler. Après la présentation vidéo du processus de fabrication de l'huile, on fait le tour du moulin pour voir les pressoirs traditionnels et les techniques de mise en bouteille modernes. On découvre aussi l'ancienne bodega (cave).

Parque Natural Sierras Subbéticas

Ce parc naturel, riche en sources et en cours d'eau, est merveilleux pour randonner entre chênes, érables, oliviers et lentisques. Côté faune, on peut y apercevoir aigles royaux et impériaux, faucons et vautours, et le parc est aussi l'habitat de chats sauvages, de sangliers et de rares musaraignes de Cabrera. D'une superficie de 320 km², le parc englobe notamment les villes de Zuheros, Carcabuey et Iznájar.

Il est plus facile d'explorer le parc muni du *Guía de Senderismo,* un guide pratique, publié par la Mancomunidad de la Subbética et disponible à l'office du tourisme de Priego de Córdoba. Il propose 15 itinéraires de promenade. Le centre d'accueil du parc se trouve à 10 km à l'est de Cabra.

ZUHEROS ET SES ENVIRONS

746 HABITANTS / ALTITUDE 625 M

Se dressant au-dessus de la campagne (*campiña*) au sud de la C0241, Zuheros occupe un site spectaculaire sur le flanc d'une montagne escarpée où se dressent les remparts d'un château médiéval. On y accède par une route très raide et une série de virages en épingle à cheveux. La bourgade est un point de départ idéal pour explorer le secteur nord du parc naturel.

À voir

Zuheros VILLAGE

Zuheros jouit d'une atmosphère délicieusement décontractée. Tout le long de l'escarpement ouest sur lequel il s'étend, des *miradores* (belvédères) offrent une vue sublime sur les à-pics calcaires qui dominent le village, formant une superbe toile de fond au château, en ruine, hérité de l'époque musulmane.

Zuheros est par ailleurs réputé pour ses fromages et accueille une bonne fromagerie bio, la **Fábrica de Queso Los Balanchares** (☎957 69 47 14 ; www.losbalanchares.com ; Carretera A 318 km 68) au bord de la route pour Baena.

Cueva de los Murciélagos GROTTE

(grotte aux Chauves-Souris ; ☎957 69 45 45 ; www.cuevadelosmurcielagos.com ; adulte/enfant

5/4 € ; ⏲visites guidées 11h, 12h30 et 14h toute l'année, 17h et 18h30 avr-sept, 16h et 17h30 oct-mars). Cette grotte se niche dans le relief calcaire à 4 km en amont du village. Au départ d'un vaste hall, on parcourt sur 500 m une série de galeries aux incroyables formations rocheuses, où subsistent des traces de peintures pariétales du néolithique figurant des représentations abstraites de chèvres.

Les visites guidées (obligatoires) se réservent par téléphone ou via Internet. Zigzaguant au cœur de la montagne, la route montant à la grotte est superbe. Des belvédères ménagent une vue plongeante sur Zuheros.

Activités

Plusieurs belles randonnées s'offrent à vous dans les parages. Derrière le village de Zuheros se trouve l'étonnant **Cañon de Bailón**, une gorge que traverse un agréable itinéraire en boucle d'un peu plus de 4 km (soit environ 2-3 heures). Pour emprunter ce sentier, rendez-vous au Mirador de Bailón, juste en contrebas de Zuheros côté sud-ouest, à l'endroit où la route d'accès qui vient de la bifurcation Doña Mencía dessine un virage brutal. Vous apercevrez un petit parking, et la gorge est juste en face du mirador. Depuis l'entrée du parking – en tournant le dos à la gorge –, empruntez le large sentier rocailleux qui monte vers la gauche. Suivez ce chemin sinueux jusqu'au sommet de la colline, puis tournez à gauche le long du versant qui surplombe la gorge. Le sentier redescend 500 m plus loin et la vallée s'ouvre entre des murs de pierre. Le chemin traverse le lit caillouteux de la rivière puis, à 1 km de là, apparaît une chaussée en pierre qui traverse à nouveau la rivière. Quelques mètres avant d'atteindre ce point de passage, prenez sur la gauche un chemin peu visible au début. Sinueux, il se fait beaucoup plus net après avoir passé un grand arbre et un pic rocheux en surplomb sur la droite.

Continuez de grimper puis, quand le chemin redevient plat, prenez à gauche à travers les arbres pour atteindre un superbe point de vue. Poursuivez sur un sentier très net qui passe devant quelques pancartes du Parque Natural de Sierras Subbéticas et rejoint la route qui monte à la Cueva de los Murciélagos. Tournez à gauche et suivez la route pour redescendre à Zuheros.

Où se restaurer

Mesón Atalaya ANDALOU €
(☎957 69 46 97 ; Calle Santo 58). Une affaire de famille proposant de bonnes spécialités locales et un *menú del día* (menu entrée-plat-dessert) le midi. Pour le soir, mieux vaut passer commander dans la journée. Du château, dirigez-vous vers l'est jusqu'au fond de la Calle Mirador puis tournez à droite et ensuite à gauche dans la Calle Pozo. Le restaurant se trouve au bout de cette rue.

Restaurante Zuhayra ANDALOU €€
(www.zercahoteles.com ; Calle Mirador 10 ; plats 9-14 € ; ✎). Le restaurant de l'hôtel Zuhayra est l'un des rares alentour à proposer des plats végétariens en plus de bons classiques *cordobés* comme le *salmorejo* (soupe froide) et le *rabo de toro* (queue de taureau). Goûtez le Plato Zuhereño, un assortiment de spécialités régionales dont les célèbres fromages de brebis de Zuheros.

Renseignements

Turismo Zuheros (☎957 69 45 45 ; www.zuheros.es/zuheros ; Plaza de la Paz No 2 ; ⏲10h-14h et 17h-19h lun-ven avr-sept, 10h-14h et 16h-18h lun-ven oct-mars). Devant le petit musée d'Archéologie.

Depuis/vers Zuheros

Les bus partent en face du Museo de Costumbres y Artes Populares, dans le nord-est du village.

Le meilleur endroit pour se garer se trouve en bas de la route pour la grotte, à l'extrémité orientale de Zuheros.

Empresa Carrera (☎957 50 03 02). Deux à 4 bus quotidiens pour Cordoue (5,75 €, 2 heures).

Linesur (☎Séville 954 98 82 22 ; www.linesur.com). Liaisons avec Séville.

PRIEGO DE CÓRDOBA

23 528 HABITANTS / ALTITUDE 650 M

Perchée sur un affleurement rocheux comme une pièce montée toute blanche, la ville commerçante animée de Priego de Córdoba occupe une poche fertile des Sierras Subbéticas, surplombée au sud-ouest par deux des plus hauts sommets de la province, la Tiñosa (1 570 m) et le Bermejo (1 476 m). Peuplée depuis l'Antiquité romaine, la ville servit d'important avant-poste stratégique au califat jusqu'à sa conquête définitive par Alphonse IX en 1340. Sa profusion d'églises baroques exubérantes, de beaux édifices publics et de demeures témoigne de plusieurs siècles de prospérité avec pour point d'orgue le boom de l'industrie de la soie et du velours au XVIIIe siècle. La ville reste aussi un important centre agricole, où l'huile d'olive veloutée afflue des moulins de la région.

À voir

L'élégante architecture de la ville lui vaut la réputation de capitale du baroque cordouan. Au nord-est de la Plaza de la Constitución centrale, les rues étroites du Barrio de la Villa (l'ancien quartier arabe) convergent toutes vers le charmant Balcón de Aldarve, avec sa promenade surélevée et sa vue splendide sur le Río Salado.

Parroquia de la Asunción — ÉGLISE

(Plaza Santa Ana 1 ; 3 € ; 10h30-13h30 mar-dim). Emblématiques du baroque andalou, la chapelle et le délicat retable de cette église au cœur du Barrio de la Villa font aujourd'hui figure de monuments nationaux. Ne manquez donc pas **El Sagrario** (sacristie), où un tourbillon d'ornements en stuc blanc s'élève vers une coupole magnifique.

Carnicerías Reales — MONUMENT

(Calle Santiago ; avec entrée au château 1 € ; 11h-13h30 tlj et 16h30-18h30 mar-sam). Très bien préservés, ces abattoirs royaux du XVIe siècle présentent un patio et un bel escalier en pierre. Des expositions de peinture s'y tiennent souvent.

Castillo de Priego de Córdoba — CHÂTEAU

(Plaza de Abad Palomino ; avec entrée aux Carnicerías Reales 1 € ; 11h-13h30 tlj et 16h30-18h30 mar-sam). Les tours rectilignes du château de Priego trônent du côté nord de la Plaza de Abad Palomino. Cette forteresse musulmane a été minutieusement remodelée par les chrétiens entre le XIIIe et le XVe siècle. Des dizaines de projectiles de catapulte en pierre datant de ces périodes de conflit jonchent la cour.

Du haut de la tour, on bénéficie d'une vue d'ensemble sur la ville blanche.

Barrio de la Villa — QUARTIER

Des géraniums en pots égayent les murs blanchis à la chaux de ce quartier labyrinthique, notamment dans les Calles Real, Santiago, Bajondillo et Jazmines. Toutes mènent au Paseo de Adarve, qui ménage une jolie vue sur la campagne vallonnée et les montagnes. L'extrémité sud du quartier est délimitée par le Paseo de Colombia, propice à la promenade au gré de fontaines, de parterres fleuris et d'une belle pergola.

Fuente del Rey — FONTAINE

(Calle del Río). À l'ouest du centre, la splendide fontaine du Roi (XIXe siècle) occupe toute une place. L'eau jaillit de 139 bouches et s'écoule successivement dans trois bassins. Quand le niveau de l'eau monte jusqu'à recouvrir la nudité de Neptune, la population dit que la récolte sera bonne. Derrière se dresse une autre fontaine moins ostentatoire, la Fuente de la Virgen de la Salud.

En prenant l'escalier à gauche de cette seconde fontaine, on rejoint à pied l'Ermita del Calvario (chapelle du Calvaire) offrant une vue panoramique sur la ville et la campagne environnante.

GRATUIT Museo Histórico Municipal — MUSÉE

(957 54 09 47 ; Carrera de las Monjas 16 ; 10h-13h30 mar-dim et 18h-20h30 mar-ven,

VAUT LE DÉTOUR

IZNÁJAR

Au sud de Priego de Córdoba, perché sur un spectaculaire promontoire au-dessus d'un vaste lac de retenue, le village isolé d'Iznájar est dominé par un château musulman. C'est un lieu d'une beauté et d'une tranquillité exceptionnelles, où vous pourrez admirer un paysage merveilleux et vous livrer à toutes sortes d'activités de plein air, comme la pêche, l'observation des oiseaux, le cyclotourisme et la randonnée.

Le sentier PR A 234 longe la rive sud du lac sur 15 km vers l'ouest jusqu'au barrage de retenue du Río Genil. Le chemin débute à l'extrémité sud du Puente Fernández, le pont reliant Iznájar à la rive sud. Une montée de 2,5 km offre une vue imprenable sur le lac et le village. Contournez ensuite l'Arroyo de Gata avant de reprendre l'ascension jusqu'à un belvédère, à 7 km du point de départ. Vous apercevrez peut-être des griffons, des faucons pèlerins et d'autres rapaces se détachant sur les pics des Sierras Subbéticas. Comptez environ 5 heures de marche l'aller, sans grosses difficultés mais avec un peu de montée.

17h-19h30 sam). À l'ouest de la Plaza de la Constitución, le musée municipal d'Histoire comprend trois sections. La première porte sur l'archéologie, la deuxième est consacrée au peintre Adolfo Lozano Sidro, qui vécut à Priego jusqu'à sa mort en 1935, et dont les tableaux réalistes brossent le portrait de la vie sociale de l'époque. La troisième section aborde différents styles de peinture de paysages.

Jardín Micológico 'La Trufa' JARDIN
(près de la Carretera CP 030 ; entrée libre ; ⏲10h-18h mar-dim sept-mai, 10h-14h mar-dim juin-août). Ce jardin botanique-musée situé dans le village de Zagrilla Alta, à 7 km au nord-ouest de Priego de Córdoba, est le jardin le plus complet d'Europe dédié aux champignons et aux truffes. En se baladant, on découvre que chacun des huit écosystèmes d'Andalousie possède son propre champignon vénéneux.

Où se restaurer et prendre un verre

Restaurante Zahorí ANDALOU €€
(www.hotelzahori.es ; Calle Real 2 ; plats 10-12 €). Don Custodio gère ce restaurant de cuisine traditionnelle de la sierra avec la même rigueur que la pension attenante. Les salles aux murs en pierre apparente invitent à de longs repas, accompagnés d'huiles d'olive typiques et vins de Montilla Moriles. En face de la Plaza Santa Ana, à l'est du château dans le quartier de Barrio de la Villa.

Balcón del Adarve ANDALOU €€
(☎957 54 70 75 ; www.balcondeladarve.com ; Paseo de Colombia 36 ; plats 10-20 €). La terrasse de cet excellent restaurant tire pleinement partie de son cadre privilégié en surplomb de la vallée. On y revisite avec une touche d'élégance les classiques régionaux (queue de taureau, joues de porc...). Tout au bout du Paseo de Colombia, à 10 minutes à pied à l'est de la très centrale Plaza de la Constitución.

Cafetería El Águila CAFÉ
(Plaza de Andalucía, angle Calle Solana ; ⏲8h-22h). La foule s'y presse presque tous les matins pour discuter devant un généreux *café con leche* (café au lait) et des tartines grillées à l'huile d'olive. Les barmen expérimentés font siffler les percolateurs derrière un long comptoir en bois poli. Un classique !

Renseignements

L'**office du tourisme** (www.turismodepriego.es ; Plaza de la Constitución 3 ; ⏲10h-14h tlj et 16h30-18h30 sauf dim) au personnel compétent a ses bureaux à l'hôtel de ville, Plaza de la Constitución.

Comment s'y rendre et circuler

BUS

La gare routière de Priego est à environ 1 km à l'ouest du centre, dans la Calle Nuestra Señora de los Remedios. Des bus municipaux jaunes la desservent depuis la Plaza de la Constitución, toutes les demi-heures jusqu'à 14h15. **Empresa Carrera** (☎957 40 44 14) relie la gare routière à Cordoue (7,50 €, 2 heures 30, parfois via Baena), Grenade (6,50 €, 1 heure 30, jusqu'à 4/j), Cabra (2 €, 30 min, 3-4/j) et d'autres destinations.

VOITURE

Vous trouverez un petit parking (1 €) ouvert de 8h à 20h près de la Plaza Palenque, le long de la Carrera de las Monjas, une rue sur la gauche de la Plaza de la Constitución. Sinon, vous pouvez stationner gratuitement dans la Calle San Luis, à 100 m en contrebas des Carnicerías Reales.

OUEST DE CORDOUE

En direction de Séville, la province de Cordoue offre des paysages spectaculaires peu peuplés, entrecoupés par le large lit du Guadalquivir et ponctués de quelques villages et châteaux. La plus remarquable de ces forteresses domine le lacis de maisons chaulées d'Almodóvar del Río. Plus à l'ouest, les orangeraies embaument l'air vers Palma del Río, à la confluence du Guadalquivir et du Genil. Au nord, le charmant village d'Hornachuelos marque l'entrée d'une série de collines boisées reculées et de pâturages, territoires des cerfs, des sangliers et des mangoustes.

Almodóvar del Río

Almodóvar est visible à des kilomètres à la ronde grâce à la silhouette massive de son **château** (☎957 63 51 16 ; www.castillodealmodovar.com ; Calle del Castillo; adulte/enfant 5/3 € ; ⏲11h-14h30 et 16h-20h, fermeture 19h oct-mars). Érigé en 740, il doit toutefois l'essentiel de son apparence actuelle à sa reconstruction après la Reconquête. Pierre Ier ("le Cruel") s'en servit pour entreposer ses richesses, car la forteresse semblait inexpugnable. La plus étonnante des neuf tours, la Torre del Homenaje (tour de l'Hommage), est ainsi nommée car les vassaux y rendaient

VAUT LE DÉTOUR

MONTILLA

Pour vous familiariser avec la fabrication du vin doux local et vous livrer à une dégustation en règle, Montilla est l'endroit idéal. Vous trouverez des renseignements sur les vins et les bodegas de la région à l'**office du tourisme** (☎957 652 462 ; Calle Capitán Alonso de Vergas 3 ; ⊙10h-14h lun-ven, 11h-14h sam-dim) et sur le site de la **Ruta del Vino** (www.rutadelvinomontillamoriles.com). La **Fiesta de la Vendimia Montilla-Moriles** célèbre le premier week-end de septembre le début des vendanges du montilla-moriles.

Les exploitations vinicoles de Montilla et alentour totalisent quelque 70 000 fûts de vin. Les suivantes organisent des visites guidées avec possibilité de déguster le prestigieux cépage pedro ximénez.

Bodegas Alvear (☎957 65 01 00 ; www.alvear.es ; María Auxiliadora 1 ; ⊙visites guidées 12h30 lun-ven). Le producteur le plus réputé de Montilla et l'un des plus anciens d'Espagne propose une gamme de millésimes PX. En lisière sud du centre historique de Montilla.

Bodegas Cruz Conde (☎957 65 12 50 ; www.bodegascruzconde.com ; Ronda del Canillo 4 ; 9h-14h sept-avr, 8h-15h mai-août). Une bodega centenaire dotée de la seule cave souterraine du coin. À quelques rues au sud du centre historique de Montilla.

Bodegas Pérez Barquero (☎957 65 05 00 ; www.perezbarquero.com ; Avenida de Andalucía 27 ; ⊙visite guidée 11h tlj). Des fûts en chêne contenant des vins très prisés s'entassent dans les vastes entrepôts de cette bodega. Les dégustations ont lieu dans le cadre pittoresque d'une ancienne chapelle. Près de la route principale qui mène à Montilla depuis la N 331.

Bodegas Cabriñana (☎957 33 53 86 ; www.cabrinana.es ; Vereda Cerro Macho, Sierra de Montilla). Les salles rustiques de cette propriété rurale se prêtent à merveille à la dégustation d'un *fino* (xérès) parfumé ou d'un pedro ximénez au goût de raisin sec. Dans la Sierra de Montilla, au sud-est de la ville, à mi-chemin sur la route pour Cabra.

Côté gastronomie, le restaurant **Las Camachas** (☎957 65 00 04 ; www.restaurantelascamachas.com ; Avenida de Europa 3 ; plats 12-20 €) à Montilla a été distingué pour ses délicieuses spécialités locales, souvent préparées avec les vins de la région, à déguster dans six belles salles.

hommage au roi, comme le montre une reconstitution avec des mannequins. Le toit-terrasse ménage une vue panoramique sur la ville blanche et la campagne jusqu'au Guadalquivir. D'autres tours accueillent des expositions : sur les costumes médiévaux dans la Torre Redonda ou sur la reconstruction du château dans la Torre Escuela, par exemple. Un parking se trouve en contrebas du château.

Hornachuelos et le Parque Natural Sierra de Hornachuelos

Le Parque Natural Sierra de Hornachuelos est un territoire vallonné de 600 km² dans la Sierra Morena, au nord-ouest d'Almodóvar del Río. Couvert de forêts de chênes verts, de chênes-lièges et de frênes, ce parc naturel est entrecoupé de plusieurs vallées fluviales bordées de saules. Réputé pour ses aigles et autres rapaces, il abrite notamment la deuxième colonie de vautours moines d'Andalousie.

Hornachuelos constitue un point de chute idéal pour profiter de la quiétude du parc. Cet agréable village surplombe une petite retenue d'eau dont les rives accueillent une plaisante aire de pique-nique. De la Plaza de la Constitución, une ruelle appelée La Palmera – du fait de son joli pavement en mosaïques représentant un palmier – conduit à l'**Iglesia de Santa María de las Flores** et à un **point de vue** sur les collines couvertes d'oliviers.

Par la route de San Calixto, à 1,5 km au nord-ouest d'Hornachuelos, le **Centro de Visitantes Huerta del Rey** (☎957 64 11 40 ;

LE PLUS DOUX DES NECTARS

Le montilla, issu des cépages de pedro ximénez, est un vrai délice après le repas. Sa saveur enivrera longtemps vos papilles. Sur des kilomètres à la ronde à travers la *campiña* (campagne) vallonnée s'étendent les vignobles de pedro ximénez, parfois appelé PX (*Pé Équis*, en espagnol). Dans un sol détrempé par la pluie, sous un soleil de plomb, le raisin pousse dans des conditions qui seraient fatales à tout autre vignoble. Mais c'est un cépage spécial et très résistant : il ne craint aucunement les conditions climatiques extrêmes. Et ce sont justement ces conditions particulières qui donnent au montilla ses saveurs inhabituelles, allant d'un liquide clair et sec au goût d'olive jusqu'à un épais breuvage sombre et sucré.

Considéré à l'origine comme un type de riesling, la légende veut que le cépage ximénez ait été importé dans la région au XVIe siècle par un Allemand nommé Peter Siemens (que les Espagnols ont adapté en Pedro Ximénez). Il donne un vin extrêmement doux que l'on compare toujours au xérès, ce qui irrite les négociants en vin. En effet, la différence fondamentale entre le xérès et le montilla est la façon d'obtenir le titrage. Si l'on ajoute de l'alcool au xérès, les raisins du montilla tirent leur niveau d'alcool (15%) et leur quantité de sucre des fortes températures estivales auxquelles ils sont soumis lorsqu'ils sont mis à sécher. Assombris au soleil, les raisins produisent un moût épais et doré quand ils sont écrasés. Le liquide qui en résulte vieillissait jadis dans d'immenses *tinajas* (tonneaux) en terre cuite, aujourd'hui remplacées par des cuves en acier. Le vin clair et bien formé devient le *fino*, couleur de paille ; les vins sombres et ambrés au goût de noisette sont à l'origine de l'*amontillado* ; et les vins qui ont du corps s'appellent *oloroso*. Les vins sont vieillis ensuite selon le système de la *solera*, dans lequel les crus les plus récents sont mélangés aux plus anciens pour vinifier le vin nouveau.

⌚10h-14h et 16h-19h lun-ven, 10h-19h sam) présente des expositions sur la région et sa faune, informe les visiteurs du parc et vend des produits locaux. Une demi-douzaine de sentiers de randonnée part du centre. Le **Sendero Botánico** effectue une boucle de 1,2 km dans un paysage varié. On grimpe la colline à travers une forêt moussue de chênes-lièges avant de redescendre après une section plate en serpentant sur un chemin étroit à la vue dégagée sur la campagne. Le **Sendero de la Rabilarga**, d'accès facile, longe un ruisseau bordé d'ormes, de peupliers et de ronces. Bar-restaurant près du parking du centre. Solution d'hébergement la plus pratique à Hornachuelo, le motel Hostal El Álamo (p. 302) se trouve sur la route principale entre le parc et l'autoroute pour Cordoue. Plus loin sur cette même route, le **Bar Casa Alejandro** (Avenida Guadalquivir 4 ; raciones 5-10 €) a la faveur des chasseurs du coin, comme l'attestent les murs tapissés de trophées. On s'y régale sur le pouce de tapas de gibier avec un verre de *fino*.

L'**office du tourisme** (www.hornachuelosrural.com ; Carretera de San Calixto ; ⌚8h-15h lun-ven, 10h-14h sam-dim) se situe dans le complexe sportif, à l'ouest du centre.

AT San Sebastián assure une liaison par bus avec Cordoue (3,60 €, 1 heure, 4/j tlj lun-ven, 1/j sam) au départ de la Carretera San Calixto, à côté du poste de police.

NORD DE CORDOUE

Les paysages sauvages au nord de Cordoue, avec leurs vallons vert sombre et leurs minuscules villages, où les gens travaillent dur, sont encore préservés de la fièvre touristique. La Sierra Morena se dresse brusquement au nord de la ville de Cordoue, puis ondule à travers le nord de la province.

Los Pedroches et ses environs

La N432 file vers le nord-ouest et l'Estrémadure, mais au bout de 50 km, vous pouvez bifurquer sur la N502, qui vous conduira à travers de fabuleux paysages jusqu'à l'extrême nord, dans la région de **Los Pedroches**. Le secteur, célèbre pour ses forêts de chênes verts, était connu, à l'époque d'Al-Andalus, sous le nom de "terre des glands". Grâce à ces glands (*bellotas*), cette région produit un excellent *jamón ibérico de bellota* – jambon issu de porcs noirs qui se nourrissent de glands donnant à la viande son goût de noisette. Salé et séché pendant une période de six à douze mois, ce jambon rose-brun est généralement servi en tranches très fines, accompagné de pain et d'un verre de montilla. Vous pourrez y goûter dans presque tous les villages de la région.

Si vous aimez sortir des sentiers battus, ne manquez pas les châteaux de **Belalcázar** et de **Santa Eufemia**. Le **Castillo de los Sotomayor**, château du XVe siècle qui surplombe le village isolé de Belalcázar, compte parmi les ouvrages fortifiés les plus étranges d'Andalousie. Étant une propriété privée, il n'est pas accessible aux visiteurs, mais il offre une image saisissante, dressé au-dessus des vallons environnants. En contrebas du château, l'**Albergue Camino de Santiago** (☎957 14 61 16 ; caminosantiagobelalcazar@hotmail.com), bien géré, accueille les pèlerins sur le chemin de Saint-Jacques-de-Compostelle mais est ouvert à tous. À 26 km à l'est de Belalcázar, à travers des paysages déserts, Santa Eufemia est le village le plus septentrional d'Andalousie. Édifice d'origine musulmane, son **Castillo de Miramonte**, perché sur une éminence rocheuse au nord du village, n'est guère plus qu'une ruine mais il jouit d'un époustouflant panorama à 360 degrés. Pour vous y rendre, tournez vers l'ouest depuis la N502 au niveau de l'Hostal La Paloma dans le village puis, au bout de 1 km, prenez à droite à la pancarte "Camino Servicio RTVE". De là, il ne vous restera plus que 1,5 km à grimper jusqu'au château.

Province de Jaén

670 761 HABITANTS

Dans ce chapitre »

Le top des restaurants

- » Casa Vicente (p. 208)
- » Restaurante Antique (p. 220)
- » Parador Condestable Dávalos (p. 219)
- » Zeitúm (p. 219)

Le top des hébergements

- » Parador Castillo de Santa Catalina (p. 303)
- » Palacio de la Rambla (p. 303)
- » Hotel Postigo (p. 303)
- » La Casona del Arco (p. 303)

Pourquoi y aller

Vastes plaines crayeuses et oliviers scintillant à l'infini sur un sol couleur rouille... les paysages les plus emblématiques de cette province sont inoubliables. Dans les villes, où châteaux médiévaux et demeures Renaissance dominent, la parenté avec la région voisine de Castille-La Manche est plus palpable que dans le sud de l'Andalousie. Les flamboyantes façades plateresques (style architectural de transition entre l'art gothique et la Renaissance) rivalisent de richesse et de grandeur, notamment à Baeza et Úbeda, deux villes inscrites au patrimoine mondial de l'Unesco depuis 2003. Jaén, la capitale de la province, plus terne, séduit néanmoins par son charme historique et ses excellents bars à tapas.

Les voyageurs les plus curieux viennent également profiter du Parque Natural Sierras de Cazorla, Segura y Las Villas, sans doute le plus beau des parcs montagneux d'Andalousie. Dans ce paysage époustouflant de montagnes et vallées couvertes de pins, beaucoup pratiquent diverses activités de plein air et notamment la randonnée, sur des sentiers bien balisés.

Distances en voiture (km)

	Úbeda	Jaén	Baeza	Cazorla
Jaén	60			
Baeza	16	50		
Cazorla	44	102	58	
Santa Elena	72	79	65	116

À NE PAS MANQUER

Une balade en voiture s'impose à travers les paysages époustouflants du Parque Natural Sierras de Cazorla, Segura y Las Villas, émaillés de paisibles lacs, de villages et de châteaux d'antan.

Le top des achats

- Huile d'olive : La Casa del Aceite (p. 215)
- Céramiques : Alfarería Tito (p. 220)
- Tapenade noire ou verte : Paniaceite (p. 221)

Le top des édifices Renaissance

- Cathédrale de Jaén (p. 205)
- Sacra Capilla del Salvador (p. 216)
- Palacio de Jabalquinto (p. 213)
- Hospital de Santiago (p. 219)

Sites Internet

- **Ayuntamiento de Jaén** (www.aytojaen.es). Site de la municipalité.
- **Diputación de Jaén** (www.dipujaen.es). Site du conseil provincial, bien documenté.
- **Jaén Online** (www.jaenonline.com). Informations générales et pratiques.

Comment circuler

Si les transports publics permettent de rallier les grandes villes de la province de Jaén, assez proches les unes des autres, avoir son propre véhicule est indispensable pour atteindre les zones montagneuses plus isolées, en particulier si vous envisagez des randonnées exigeantes. La région du Parque Natural Sierras de Cazorla, Segura y Las Villas se prête à une découverte en voiture, au fil d'excellentes routes panoramiques. Jaén, la capitale, relativement modeste, peut être explorée presque entièrement à pied.

TROIS JOURS IDYLLIQUES

Jour 1 : Úbeda – joyau de la Renaissance

Passez la journée à explorer l'une des villes les plus flamboyantes d'Espagne. Son **architecture** Renaissance est l'œuvre de Vandelvira, le grand architecte de la province de Jaén. Imprégnez-vous de la magnificence de ses palais aristocratiques, de la simplicité et de l'élégance de ses places, et de tous les trésors que réservent ses étroites rues pavées. Des restaurants superbes vous attendent pour un festin, ainsi que des **ateliers de potiers** qui fabriquent de très belles pièces (qu'on peut vous expédier).

Jour 2 : Villages de la sierra

Ne manquez pas une balade en voiture, à l'ouest de Jaén, dans les pittoresques villages de la splendide **Sierra Almadén Mágina**. On peut aussi se limiter aux deux *pueblos* les plus impressionnants, haut perchés dans le parc naturel au nord-ouest d'Úbeda : **Segura de la Sierra** et **Hornos**. Ils possèdent tous les deux un château, des églises, une vue époustouflante et un bon choix de bars et de restaurants douillets. Des chambres y sont à louer si vous voulez explorer les alentours.

Jour 3 : Environs de Cazorla

La province de Jaén est le paradis andalou des amoureux de la nature. Vous avez le choix entre des **marches de la journée** (faciles) autour de Cazorla ou de longues balades en voiture, exaltantes, dans les hauteurs. On peut se contenter d'admirer le paysage en passant ou pénétrer dans le **Parque Natural Sierra de Andújar** pour une randonnée plus exigeante. La faune et la flore, les pics escarpés et les richesses du patrimoine culturel ne manqueront pas de vous pousser à enfiler vos chaussures de randonnée.

Hébergement

Dans la province de Jaén, vous pourrez vous loger à prix doux, souvent dans de somptueux palais, ou dans de beaux hôtels de campagne proches des sites de randonnée. Les hôtels de la province affichent rarement complet, mais ce n'est pas le cas à Cazorla, très prisée des citadins le week-end. Découvrez nos hôtels dans le chapitre *Hébergement* (p. 288).

JAÉN

116 790 HABITANTS / ALTITUDE 575 M

Entourée d'une mer d'oliviers, dont dépend sa fragile économie, Jaén est éclipsée par la beauté d'Úbeda et de Baeza, très proches. Les visiteurs souvent l'ignorent, pourtant, une fois franchie sa ceinture industrielle, une charmante vieille ville, un peu délabrée, recèle des quartiers insolites, d'excellents bars à tapas et une grandiose cathédrale.

Jaén fut la première capitale du royaume de Grenade. Après l'expulsion des musulmans, la ville entama un long déclin qui dura des siècles. Les *Jiennenses* (comme on appelle les habitants) émigrèrent dans les colonies espagnoles, d'où l'existence au Pérou et aux Philippines de villes portant le nom de Jaén.

À voir et à faire

L'ancien quartier musulman et ses ruelles sinueuses se nichent au pied du Cerro de Santa Catalina, une colline boisée couronnée d'un château qui domine le flanc ouest de la ville. La cathédrale de Jaén est proche de la lisière sud du centre historique. Au nord-ouest se trouvent les musées les plus caractéristiques de la ville.

GRATUIT **Cathédrale** ÉDIFICE RELIGIEUX
(Plaza de Santa María ; visites adulte/enfant 5/1,50 € ; 8h30-13h et 17h-20h lun-sam, 9h-13h et 17h-19h dim). L'adage selon lequel on peut en tout lieu faire ses dévotions s'applique bien à Jaén. Pendant plus d'un siècle après la Reconquête, les chrétiens utilisèrent l'ancienne mosquée pour la pratique de leur culte. Il fallut attendre le XVIe siècle pour que les ambitieux projets de construction d'une immense cathédrale prennent forme, sous la direction de l'architecte Andrés de Vandelvira (qui réalisa également nombre d'édifices superbes à Úbeda et Baeza).

Aujourd'hui encore, les dimensions et l'opulence de la cathédrale en imposent à la ville entière, et l'on peut s'en rendre compte depuis le château haut perché de Santa Catalina. Sur la Plaza de Santa María, la **façade sud-ouest**, achevée seulement au XVIIIe siècle, doit plus au baroque tardif qu'au style Renaissance – en témoigne son abondante statuaire due au Sévillan Pedro Roldán. L'esthétique Renaissance prévaut toutefois sur l'ensemble, en particulier dans la taille et la solidité globales des structures interne et externe, avec d'immenses voûtes arrondies et des groupes de colonnes corinthiennes.

Juste derrière le maître-autel, la **Capilla del Santo Rostro** abrite la Reliquia del Santo Rostro de Cristo, étoffe que sainte Véronique aurait utilisée pour essuyer le visage du Christ lors de sa montée au Calvaire. De longues files d'attente de fidèles souhaitant embrasser la relique se forment le vendredi à 11h30 et 17h.

GRATUIT **Palacio de Villardompardo** PALAIS
(Plaza de Santa Luisa de Marillac ; 9h-20h mar-ven, 9h30-14h30 sam-dim). En restauration lors de notre visite (réouverture prévue début 2013), ce palais Renaissance abrite trois sites remarquables : les splendides **Baños Árabes** (bains arabes) du XIe siècle, qu'on admire depuis une passerelle vitrée ; le **Museo de Artes y Costumbres Populares** (musée des Arts et Traditions populaires) dont la collection illustre la rude vie paysanne dans la province avant l'industrialisation et le **Museo Internacional de Arte Naïf** (musée international d'Art naïf) rassemblant un grand nombre d'œuvres naïves du monde entier, que l'on peut passer des heures à observer, fasciné par les détails pleins d'humour.

Castillo de Santa Catalina CHÂTEAU
(Cerro de Santa Catalina ; 3 € ; 10h-14h et 17h-19h mar-dim). Du haut du Cerro de Santa Catalina bordé de falaises, le Castillo de Santa Catalina, ancienne forteresse musulmane, veille sur la ville. En cours de rénovation lors de notre visite, le Centro de Interpretacíon et ses présentations audiovisuelles devraient avoir repris du service quand vous lirez ces lignes. Derrière le château, à l'extrémité de la crête, se dresse une imposante **croix** : de là, la vue sur la ville et les oliveraies est exceptionnelle.

Pour la montée de 4 km depuis le centre-ville, vous pouvez prendre un taxi (7 €) si vous n'êtes pas motorisé. Autre option, grimpez à pied (environ 40 min depuis le centre-ville) en partant de la cathédrale pour rejoindre la Calle de Buenavista. Suivez cette rue par son embranchement sur la droite jusqu'au croisement avec la Carretera de Circunvalación. Prenez

À ne pas manquer

1 Les magnifiques villes Renaissance d'**Úbeda** (p. 216) et de **Baeza** (p. 212)

2 Les savoureux bars à tapas des ruelles de **Jaén** (p. 208)

3 Un verre ou une nuit dans le fabuleux **Parador Castillo de Santa Catalina** (p. 303), à Jaén

4 Les poteries au sublime vernis vert du **Barrio San Millán** (p. 220), splendides souvenirs d'Úbeda

5 Une randonnée dans les montagnes escarpées du **Parque Natural Sierras de Cazorla, Segura y Las Villas** (p. 222)

6 L'ascension jusqu'au château perché de **Segura de la Sierra** (p. 225)

7 L'ancienne **Sinagoga del Agua** (p. 218) à Úbeda, fascinante synagogue et maison de rabbin

Jaén

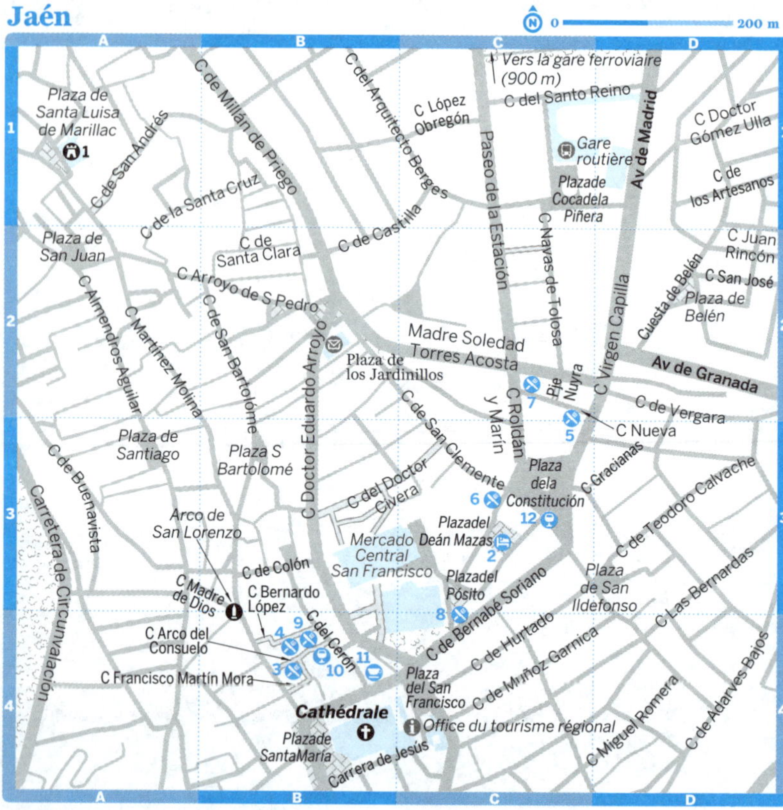

cette dernière sur la droite et, peu après, empruntez le chemin qui part en pente raide sur la gauche.

Même si vous ne logez pas dans le *parador* sur place, venez y prendre un verre pour admirer les merveilleuses voûtes et les plafonds décorés du salon principal et de la salle à manger.

Fêtes et festivals

Semana Santa SEMAINE SAINTE

La semaine précédant le dimanche de Pâques est célébrée en grande pompe, avec défilés des membres de 13 *cofradías* (confréries) dans la vieille ville.

Feria y Fiestas de San Lucas RELIGION

La plus grande fête de Jaén, avec concerts, fêtes foraines, corridas et autres réjouissances pendant les huit jours précédant la San Lucas, saint patron de la ville, le 18 octobre.

Où se restaurer

Si les adresses chics font défaut, Jaén ne manque pas en revanche de bars à tapas, parmi les plus insolites d'Andalousie, particulièrement chers au cœur des *Jiennenses*. C'est dans l'entrelacs de rues piétonnières au nord-ouest de la cathédrale qu'ils sont le plus nombreux.

El Gorrión ANDALOU €

(Calle Arco del Consuelo 7 ; tapas à partir de 1,50 €). Vieilles coupures de journaux aux murs, tableaux de paysages accrochés à côté de fûts de chêne et jazz en fond sonore pour ce bar plus que centenaire. Les tapas, simples et traditionnelles, s'accompagnent d'un verre de xérès ou de vin.

Casa Vicente ESPAGNOL CONTEMPORAIN €€€

(953 23 28 16 ; www.restaurantecasavicente.com ; Calle Francisco Martín Mora ; menu 32 €, plats 16-22 € ; fermé août). Parmi les meilleures

Jaén

Les incontournables

Cathédrale B4

À voir

1 Palacio de Villardompardo A1

Où se loger

2 Hotel Xauen C3

Où se restaurer

3 Casa Vicente B4
4 El Gorrión B4
5 La Gamba de Oro C2
6 Mazas C3
7 Mesón Rio Chico C2
8 Panaceite C4
9 Taberna La Manchega B4

Où prendre un verre

10 Café del Consuelo B4
11 Columbia 50 .... B4
12 Deán C3

tables de Jaén, dans une ancienne demeure. Vous pourrez prendre un apéritif accompagné de tapas dans l'excellent bar, ou vous mettre à table dans le patio ou la salle, pour vous régaler de spécialités comme le *cordero mozárabe* (agneau au miel et aux épices).

Mazas ESPAGNOL CONTEMPORAIN €€
(Calle de la Pescadería 15 ; plats 10-12 €). Les jeunes aiment ce bar-restaurant à la mode, dont l'intérieur anthracite est orné de surprenantes œuvres contemporaines. Risottos, viandes, poissons figurent au menu qui se termine en apothéose par un soufflé au *turron* (nougat), aussi savoureux que calorique.

Mesón Rio Chico ANDALOU €€
(www.mesonriochico.com ; Calle Nueva 12 ; plats 10-18 € ; mar-sam, déj dim). L'étroite rue piétonne Calle Nueva est bordée de bars et de restaurants. Celui-ci a l'avantage d'être les deux. Au bar, d'excellentes *raciones* (tapas en grandes rations) à partager comme du pâté de perdrix ou des pleurotes grillées (*setas*), et dans l'élégant restaurant, un vrai dîner sur des nappes blanches (queue de bœuf, canard...).

Taberna La Manchega ANDALOU €
(www.tabernalamanchegadejaen.com ; Calle Bernardo López 12 ; platos combinados 4-10 € ; 10h-17h et 20h-1h mer-lun). Une taverne en activité depuis 1880, où vous pourrez déguster des tapas simples et délicieuses, boire un verre de vin et observer des personnages hauts en couleur. La Manchega a une entrée sur Calle Arco del Consuelo et une autre Calle Bernardo López.

La Gamba de Oro POISSON, FRUITS DE MER €
(Calle Nueva 5 ; raciones 6-8 €). Cet établissement, plus qu'ostensiblement éclairé, offre, malgré la distance, des produits de la mer d'une exceptionnelle fraîcheur. On peut jeter les coquilles vides dans un panier sous la table, et, près du bar, un aquarium met en valeur toutes sortes de créatures. Sélection de poisson frit : 6-10 €.

Panaceite ESPAGNOL CONTEMPORAIN €
(www.panaceite.com ; Calle de Bernabé Soriano 1 ; tapas à partir de 1,50 €). Un bar d'angle, toujours plein, disposant d'une vaste terrasse, juste à côté du marché central. Ses tapas et *raciones*, dont un riz noir à l'*ali oli* (mayonnaise à l'ail), sont succulentes. Également salades et vins bio au verre.

Où prendre un verre

Deán BAR
(Plaza del Deán Mazas ; 11h-tard). Le soir, la salle au décor industriel (tuyaux métalliques) est trop petite, mais qu'à cela ne tienne, on sort sur la place ombragée. Ambiance festive et musique entraînante jusqu'au bout de la nuit, mais paisible café la journée. À ses nombreuses tables sur la place, on peut grignoter des plats légers comme de l'houmous et des *tostas* (croque-monsieur).

Café del Consuelo BAR À COCKTAILS
(Calle Arco del Consuelo 6 ; 15h-tard mer-dim). Carreaux noirs brillants, murs framboise, éclairage d'ambiance et bande-son drum and bass... parfaits pour un moment romantique.

Columbia 50 CAFÉ
(Calle del Cerón 6 ; 10h-21h). Boiseries, mobilier en osier, énormes ventilateurs au plafond et serveurs en blanc plantent le décor d'un établissement qui répond à toutes les envies de café et chocolat, à agrémenter de whisky irlandais, de miel, de crème... Brownies et crêpes.

Renseignements

Office du tourisme (www.andalucia.org ; Calle de Valparaiso ; 10h-20h lun-ven, 10h-13h

DÉPART PEGALAJAR
ARRIVÉE ÚBEDA
DISTANCE 70 KM
DURÉE 3-4 HEURES

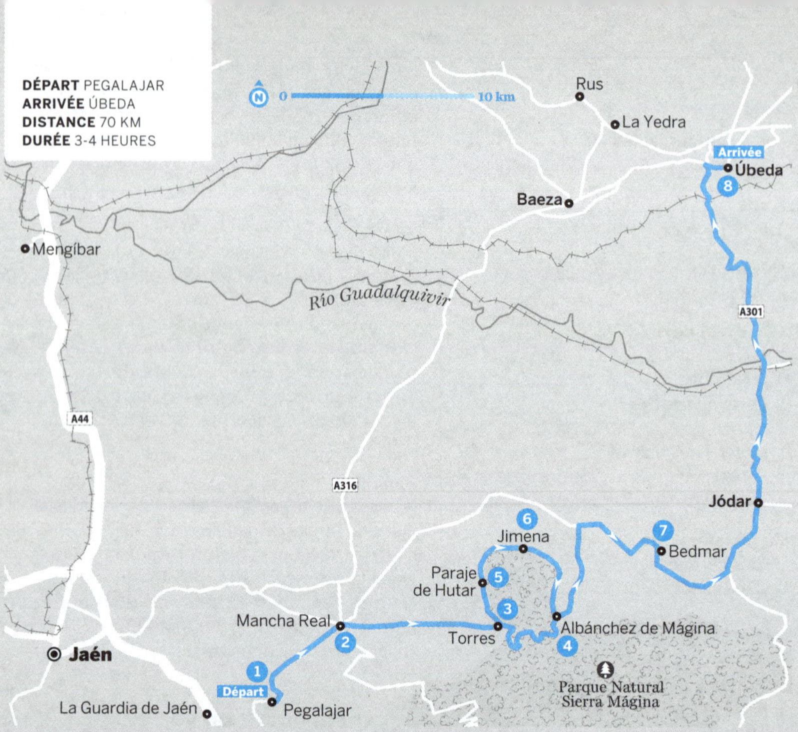

Balade en voiture

Dans la Sierra Almadén Mágina

Cette balade vous mène de Jaén à Úbeda par un chemin détourné mais splendide.

Prenez la A44 en direction de Grenade et bifurquez à la sortie 50 pour **Pegalajar** 1 sur une route tranquille entre oliviers et montagnes. Arrêtez-vous au village, passez sous la belle porte médiévale (XIVe siècle), puis suivez le panneau indiquant La Chaca, un vaste réservoir qui joue le rôle de la plaza traditionnelle au cœur de l'agglomération. Si vous avez un petit creux, la Mesón El Caribe (Calle Baja Fuente) au bord de l'eau vous invite à savourer des tapas accompagnées d'une *cerveza* (bière). Poursuivez ensuite vers Mancha Real sur une jolie route grimpant à travers les collines couvertes d'oliviers et d'amandiers. Vous passerez le restaurant-grotte la Cueva Los Majeulos, ouvert seulement le week-end.

Si vous vous intéressez à l'architecture religieuse, faites halte dans l'attrayante ville de marchés de **Mancha Real** 2 pour admirer le portail du XVIe de l'Iglesia de San Juan. Neuf kilomètres plus loin, **Torres** 3, niché dans les plis de la montagne et entouré de cerisiers, est un charmant village. On s'extasie sur le panorama qui cascade au-delà des jardins en terrasses.

Reprenez la route en direction d'Albánchez de Mágina et, avant d'arriver, déjeunez à la terrasse de l'Hotel Rural Almoratin, si joliment situé dans la campagne. À **Albánchez de Mágina** 4, si vous n'avez pas le courage de grimper les 365 marches jusqu'au spectaculaire château perché qui domine le village aux maisons blanches, jouez au photographe.

À 2 km au nord d'Albánchez, repérez le panneau pour **Paraje de Hutar** 5, paradis champêtre agrémenté d'une cascade, où l'on trouve des tables de pique-nique, un restaurant et un hôtel rural. La curiosité principale de la ville suivante, **Jimena** 6, est la Cueva la Granja, indiquée à son entrée. Il subsiste dans cette grotte des peintures de la période néolithique. Votre prochaine étape est **Bedmar** 7 dont les puissants remparts couronnés d'une forteresse, ainsi que l'Iglesia de la Virgen de la Cabeza (XVIIe siècle), ne font qu'un avec la montagne. Continuez vers le nord sur l'A401 jusqu'à la destination finale : **Úbeda** 8.

VAUT LE DÉTOUR

PARQUE NATURAL SIERRA DE ANDÚJAR

À 31 km au nord d'Andújar sur la J 5010, le Santuario de la Virgen de la Cabeza (XIIIe siècle), caché dans le Parque Natural Sierra de Andújar, accueille l'une des plus grandes célébrations religieuses du pays, la **Romería de la Virgen de la Cabeza**. Le sanctuaire d'origine fut détruit pendant la guerre d'Espagne, lorsque 200 franquistes prirent possession du lieu. Il ne fut "libéré" qu'en mai 1937, après huit mois de bombardements républicains acharnés.

Le dernier dimanche d'avril, près d'un demi-million de personnes se rassemblent vers 11h pour assister au transport d'une petite statue de la Vierge Marie – appelée La Morenita (la Brunette) – à travers le Cerro del Cabezo pendant 4 heures. Il s'agit d'une fête animée et passionnée : des enfants sont portés au-dessus de la foule pour arriver jusqu'aux prêtres qui leur font toucher le manteau de la Vierge.

Le parc renfermerait la plus grande étendue de végétation naturelle de la Sierra Morena. Boisé de chênes verts et autres essences à feuillage persistant, il accueille des élevages de taureaux, ainsi qu'une importante faune, dont quelques loups, des lynx, des sangliers, des cerfs, des mouflons et différents oiseaux de proie. Pour plus de renseignements, contactez le **Centro de Visitantes** (centre d'information des visiteurs ; ☎953 54 90 30), au km 12 sur la route allant d'Andújar au Santuario de la Virgen de la Cabeza, et à Andújar, l'**office du tourisme** (☎953 50 49 59 ; Plaza de Santa María ; ⊙8h-14h mar-sam juil-sept, 10h-14h et 17h-20h mar-sam oct-juin).

Des bus quotidiens relient Úbeda à Andújar (6 €, 1 heure 30, 3/j) ; d'autres partent d'Andújar pour le sanctuaire le samedi et le dimanche.

sam-dim). Une mine d'informations sur la ville et la province, avec un personnel bien renseigné et polyglotte.

Depuis/vers Jaén

BUS De la **gare routière** (☎953 25 01 06 ; Plaza de Coca de la Piñera), les bus **Alsa** (www.alsa.es) desservent Grenade (8 €, 1 heure 15, 12/j), Baeza (4 €, 45 min, 11/j), Úbeda (5 €, 1 heure, 12/j) et Cazorla (8,50 €, 3 heures 30, 3/j). La ligne d'**Ureña** (www.urena-sa.com) rejoint Cordoue et Séville. D'autres bus desservent Málaga et Almería.

TRAIN La **gare ferroviaire** (☎953 27 02 02 ; www.renfe.com ; Paseo de la Estación) de Jaén se trouve au bout d'une ligne secondaire. Un train part à 8h pour Cordoue (12 €, 1 heure 45, 4/j) et à 7h15 pour Séville (29 €, 2 heures 30, 3/j). Des trains rallient aussi Madrid (31,50 €, 4 heures, 3/j).

VOITURE Conduire dans Jaén peut être une épreuve, en raison des nombreux sens uniques et d'une circulation dense. Il est difficile de se garer dans le centre, mais vous trouverez sur la Plaza de la Constitución un parking souterrain, ainsi que le parking San Francisco, sur la Calle de Bernabé Soriano, près de la cathédrale.

NORD DE JAÉN

L'A4 traverse une campagne sans grand intérêt au nord de Jaén, jusqu'à ce que les collines de la Sierra Morena se profilent à l'horizon. Plus loin se dresse le Desfiladero de Despeñaperros (défilé de la "chute des chiens "), ainsi baptisé parce que les chrétiens, vainqueurs de la bataille de Las Navas de Tolosa (1212), auraient précipité nombre de leurs ennemis musulmans depuis ses falaises.

L'aspect grandiose du défilé n'apparaît vraiment qu'à la dernière minute, lorsque la route venant du sud descend brutalement entre d'impressionnants rochers et des pentes boisées pour couper à travers des tunnels et des gorges.

Parque Natural de Despeñaperros et Santa Elena

Avec ses splendides collines couvertes de denses forêts, le **Desfiladero de Despeñaperros** compte parmi les plus beaux paysages sauvages d'Espagne. Si l'arrivée de la route et du rail a plus ou moins mis un terme à son splendide isolement, ce défilé, taillé entre des falaises abruptes et des pics de roche striée, n'en reste pas moins spectaculaire. La région est désormais un parc naturel, hébergeant des cerfs et des sangliers, ainsi que des loups et des lynx. Aucun bus ne dessert

LES MÉTAMORPHOSES DE L'OLIVE

Dans la province de Jaén, l'*aceituna* (olive) est reine. Omniprésent, le parfum astringent de l'*aceite de oliva* (huile d'olive) vous évoquera immanquablement par la suite votre séjour dans ce terroir. Les chiffres sont éloquents : plus de 40 millions d'oliviers sont plantés sur un tiers du territoire provincial, soit plus de 4 500 km². Chaque année, les arbres produisent en moyenne 900 000 tonnes d'olives, dont la plupart servent à la fabrication de 200 000 tonnes d'huile d'olive. Jaén fournit ainsi la moitié de l'huile d'olive d'Andalousie, soit un tiers de la production espagnole et 10% du volume mondial.

Les olives sont récoltées de fin novembre à janvier. Malgré la mécanisation, la cueillette demeure traditionnelle : on tend des filets sous les arbres avant de secouer les branches à coups de bâton. La plupart des oliveraies de Jaén (et d'Andalousie) sont détenues par quelques grands propriétaires. Le poids du secteur dans l'économie est tel que le taux de chômage dans la province passe de 10% pendant la récolte à près de 45% en été. Un cueilleur d'olives gagne environ 30 €/jour.

Une fois récoltées, les olives sont transportées jusqu'au pressoir, où elles sont réduites en une purée, d'abord pressée puis filtrée. L'huile jugée d'assez bonne qualité pour être consommée tout de suite est vendue sous l'appellation *aceite de oliva virgen* (huile d'olive vierge) – il s'agit du premier choix, la meilleure étant la *virgen extra*. L'*aceite de oliva refinado* (huile d'olive raffinée) est fabriquée à partir d'une huile de moindre qualité, et la simple *aceite de oliva* est un mélange d'huile vierge et d'huile raffinée. Des boutiques spécialisées vendent de l'huile de qualité à Jaén, Baeza et Úbeda.

le parc : vous devez être motorisé pour en profiter.

Principal centre d'information, le **Centro de Visitantes Puerta de Andalucía** (☎953 66 43 07 ; Carretera Santa Elena a Miranda del Rey ; ⏰10h-14h et 16h-20h), à la lisière de la petite ville de Santa Elena, au sud du col, fournit cartes et renseignements sur les randonnées alentour. **Santa Elena** possède des magasins, des bars et des cafés. On ne se trompe pas en mangeant à **El Mesón de Despeñaperros** (Avenida Andalucía 91), qui propose un menu simple avec plats régionaux et *raciones* (champignons sautés à l'ail, aubergines façon beignets nappées de miel).

EST DE JAÉN

C'est généralement dans cette partie de la province que s'attardent les visiteurs, séduits par l'élégance de Baeza et d'Úbeda, mais aussi par les collines verdoyantes et les sentiers de randonnée de Cazorla.

Baeza

16 360 HABITANTS / ALTITUDE 790 M

La région de Jaén est surtout connue pour ses deux joyaux Renaissance, les cités "jumelles" de Baeza et d'Úbeda, distantes de 9 km. La première, plus petite, peut faire l'objet d'une excursion d'une journée au départ d'Úbeda. La richesse de son patrimoine est un démenti cinglant adressé à ceux qui sont convaincus que l'architecture andalouse ne présente guère d'intérêt, sinon pour sa période musulmane. Ici en effet, de puissantes familles rivales, enrichies par la production de laine, ont laissé une collection d'églises Renaissance et d'édifices publics parfaitement conservés.

Baeza fut l'une des premières villes d'Andalousie à tomber aux mains des chrétiens, en 1227 : de longs siècles d'influence castillane ne lui ont pas laissé grand-chose de son histoire arabe.

À voir

Tous les sites majeurs de Baeza se concentrent autour de la Plaza de España, centrale, et du large Paseo de la Constitución s'étendant vers le sud-ouest. Les horaires d'ouverture de certains édifices sont aléatoires : renseignez-vous à l'office du tourisme.

Plaza del Pópulo SITE HISTORIQUE

Sur la Plaza del Pópulo se trouve l'ancienne entrée de la ville, la **Puerta de Jaén** (porte de Jaén), reliée à l'immense

Arco de Villalar (arc de Villalar). Il fut érigé par Charles Quint en 1526 pour commémorer la répression d'une grave insurrection en Castille qui avait menacé de le renverser.

La Plaza del Pópulo, aussi appelée Plaza de los Leones en référence à la **Fuente de los Leones** (fontaine aux lions) en son centre. La fontaine, constituée de sculptures du village ibérique et romain de Cástulo, est couronnée d'une statue censée représenter Imilce, princesse ibérique et épouse du Carthaginois Hannibal.

Sur le côté sud de la place, la **Casa del Pópulo**, charmant édifice du XVIe siècle et ancien tribunal, abrite désormais l'office du tourisme. Elle a été bâtie dans le style plateresque, style architectural du début de la Renaissance qui se distingue par la richesse d'ornementation de ses façades.

Du côté est de la place se trouve l'**Antigua Carnicería** (ancien abattoir), qui doit compter parmi les plus beaux lieux d'équarrissage au monde.

Si vous franchissez la Puerta de Jaén et longez ensuite le Paseo de las Murallas, un chemin suit les remparts de la vieille ville, presque jusqu'à la cathédrale. De là, vous apprécierez pleinement la position idéale de Baeza, perchée sur son escarpement.

GRATUIT Cathédrale ÉDIFICE RELIGIEUX

(Plaza de Santa María ; dons appréciés ; ⏲10h30-13h et 14h-18h oct-mars, 10h30-13h et 17h-19h avr-sept). Comme souvent en Andalousie, la mosquée de Baeza fut détruite après la Reconquête et à son emplacement fut érigée la cathédrale, qui ouvrit la voie à la transformation de la cité en joyau castillan.

La cathédrale est un patchwork architectural, même si le style Renaissance du XVIe siècle l'emporte sur l'ensemble, comme en atteste la **façade principale**, sur la Plaza Santa María. L'élément le plus ancien de l'édifice est, à son extrémité ouest, la **Puerta de la Luna** (porte de la Lune), réalisée au XIIIe dans un style mudéjar gothique et surmontée d'une rosace du XIVe siècle.

La cathédrale se trouve sur la Plaza de Santa María, la plus pittoresque des places de Baeza, conçue pour être le centre de la vie religieuse et civile. Elle est entourée de demeures anciennes et d'églises, ainsi que du **Seminario Conciliar de San Felipe Neri**, sur son flanc nord, ancien séminaire qui abrite désormais l'Universidad Internacional de Andalucía.

GRATUIT Palacio de Jabalquinto PALAIS

(Plaza de Santa Cruz ; ⏲9h-14h lun-ven). Demeure la plus fascinante de Baeza, le Palacio de Jabalquinto aurait été construit au début du XVIe siècle pour l'un des membres de la famille Benavides. Il possède une magnifique façade typique du style isabélin flamboyant, décorée de pointes pyramidales, ainsi qu'un patio aux colonnes de marbre Renaissance pourvu d'arcs à deux niveaux et d'une élégante fontaine. Sur le côté, ne manquez pas l'escalier baroque somptueusement sculpté.

GRATUIT Antigua Universidad ÉDIFICE HISTORIQUE

(ancienne université ; Calle del Beato Juan de Ávila ; ⏲10h-14h et 16h-19h mer-dim). L'université de la ville fut fondée en 1538. Elle devint un foyer d'idées progressistes souvent contraires aux intérêts des grandes familles conservatrices de Baeza, d'où de fréquentes échauffourées entre les intellectuels et les représentants de la classe dominante. Fermée en 1824, elle accueille, depuis 1875, un lycée. Son patio principal, avec ses arcs Renaissance, est ouvert au public, de même que la salle de classe dans laquelle le poète Antonio Machado enseigna le français, de 1912 à 1919.

Ayuntamiento ÉDIFICE HISTORIQUE

(hôtel de ville ; Pasaje del Cardenal Benavides 9). À un pâté de maisons au nord du Paseo de la Constitución, l'*ayuntamiento* s'orne d'une merveilleuse façade plateresque. Les quatre baies finement sculptées à l'étage sont séparées par les armoiries de la ville, celles de Philippe II (au milieu) et celles du magistrat Juan de Borja. Ce dernier est à l'origine de la construction de l'édifice, qui servait initialement de tribunal et de prison.

GRATUIT Torre de los Aliatares TOUR

(tour des Aliatares ; carte p. 214 ; Plaza de España). La Torre de los Aliatares est l'un des rares vestiges de la Bayyasa musulmane (ancien nom de Baeza), qui réchappa miraculeusement à la démolition des remparts de la cité, ordonnée par Isabelle la Catholique en 1476, pour mettre fin aux querelles entre les familles nobles Benavides et Carvajal.

La tour se dresse sur la Plaza de España, au centre de la ville, qui rejoint l'interminable Paseo de la Constitución (autrefois

Baeza

place du marché et des arènes de Baeza), bordé de cafés.

Convento de San Francisco MONASTÈRE
(Calle de San Francisco). Ce chef-d'œuvre d'Andrés de Vandelvira, en partie disparu, fut conçu pour servir de chapelle funéraire à la famille Benavides. Dévasté par un séisme, puis mis à sac par les troupes françaises au début du XIXe siècle, il a fait l'objet d'une restauration, aujourd'hui terminée mais controversée, l'édifice original étant d'une tout autre qualité.

Côté est, des poutrelles à ciel ouvert séparées par des reliefs Renaissance dessinent les contours du dôme disparu. Jusqu'à début 2012, le monastère abritait le Restaurante Vandelvira et on pouvait donc le voir. Au moment de la rédaction de ce guide, son avenir n'était pas décidé.

Fêtes et festivals

Semana Santa SEMAINE SAINTE
Grande fête traditionnelle, pendant laquelle ont lieu des processions religieuses, dans la semaine précédant Pâques.

Feria FOIRE
À la mi-août, joyeux défilé castillan de *gigantones* (géants de papier mâché), feux d'artifice et immense fête foraine.

Où se restaurer

Baeza a visiblement souffert du ralentissement économique. Nombre de restaurants (et hôtels) ont définitivement fermé. Les *económicos* (restaurants pas chers) s'en sont mieux tirés en offrant menus du jour et tapas à prix réduit.

Mesón Restaurante La Góndola ANDALOU €€
(www.asadorlagondola.com ; Portales Carbonería 13, Paseo de la Constitución ; plats 8-16 €). Une table très couleur locale, réputée pour

Baeza

À voir
1 Antigua Universidad B3
2 Ayuntamiento A2
3 Cathédrale B4
4 Convento de San Francisco A2
5 Palacio de Jabalquinto B3
6 Plaza del Pópulo A3
7 Torre de los Aliatares B2

Où se loger
8 La Casona del Arco C3
9 Palacio de los Salcedo B2

Où se restaurer
10 La Almazara A2
11 Mesón Restaurante La Góndola A3
12 Restaurante Palacio Sánchez Valenzuela B2

Où prendre un verre
13 Café da Vinci A2
14 Café Teatro Central B2

Achats
15 La Casa del Aceite A3

son service enjoué et sa bonne cuisine. Essayez les *patatas baezanas*, délice végétarien de pommes de terre sautées et de champignons.

La Campana ANDALOU €€€
(☎953 76 51 42 ; Hacienda La Laguna, Puente del Obispo ; plats 13-17 € ; 👪). Une vaste hacienda (10 min en voiture de Baeza, direction Jaén) héberge cet excellent restaurant, ainsi qu'une école de cuisine, un hôtel et un musée de l'huile d'olive. La carte *jiennense* met à l'honneur le gibier (du chevreuil par exemple) préparé de façon délicieuse. L'huile d'olive est naturellement utilisée sans modération, jusque dans les desserts et les glaces (oserez-vous celle à la confiture de tulipe et tomate ?).

Après le déjeuner, une jolie promenade de 2 km conduit jusqu'à la *laguna verde* (indiquée), paradis des oiseaux, entre caroubiers et roseaux.

La Almazara ANDALOU €€
(Pasaje del Cardenal Benavides 15 ; plats 10-17 € ; ⏲mar-dim). C'est la plus belle terrasse, face à l'imposant hôtel de ville (*ayuntamiento*). Un bon choix de poissons frais, un crémeux *salmorejo* (gaspacho épais et aillé) et une *parillada de verduras* (légumes grillés) mettront les végétariens, las des *revueltos* (œufs brouillés), en appétit.

Restaurante Palacio Sánchez Valenzuela ANDALOU €€€
(Calle San Pablo 24 ; menu 12 €, plats 10 €). Appelé aussi Nueva Casino, ce restaurant vous invite à déjeuner dans la cour d'un palais du XVIe siècle. Fabuleux, direz-vous ? Pas vraiment, le cadre en vaut certes la peine mais les chaises métalliques sont dures et l'ombre absente. Cuisine locale simple et menu du jour à prix raisonnable.

Où prendre un verre

♥ **Café Teatro Central** BAR
(www.cafeteatrocentral.com ; Calle Obispo Narváez 19 ; ⏲16h-3h). Ce club mérite absolument une visite, mais épargnez-vous la soirée karaoké du mercredi. Vous entrez ici dans le musée idéal que Rafael, le propriétaire, s'est constitué en y mettant tout son amour. On découvre d'anciens objets de famille, des ornements allant d'énormes bouddhas en pierre à ses propres peintures abstraites, ainsi qu'une cage d'ascenseur qui clignote (Rafael vit au-dessus). Concerts chaque jeudi de tous genres de musique (sauf du heavy metal). La terrasse avec ses déesses languissantes auprès d'une fontaine est charmante.

Café da Vinci CAFÉ
(Pasaje del Cardenal Benavides 7 ; ⏲10h-22h). Installez-vous à la terrasse au bord de la vaste esplanade donnant sur la somptueuse façade de l'*ayuntamiento* pour déguster une glace, un cocktail ou une *cerveza* (bière). Le matin, venez pour les *churros* (beignets tubulaires).

Achats

La Casa del Aceite ALIMENTATION
(www.casadelaceite.com ; Paseo de la Constitución 9). Si vous recherchez de l'huile d'olive de qualité, vous êtes à la bonne adresse. Outre le vaste choix d'huiles, savons, poteries et saladiers en bois d'olivier sont proposés.

Renseignements

L'office du tourisme (☎953 77 99 82, 953 77 99 83 ; www.andalucia.org ; Plaza del Pópulo ; ⏲9h-19h30 lun-ven, 9h30-15h sam, dim et jours fériés avr-sept). Juste au sud-ouest du Paseo de la Constitución, dans la Casa del Pópulo, ancien tribunal de style plateresque du XVIe siècle.

Comment s'y rendre et circuler

Bus

Les bus **Alsa** (www.alsa.es) relient Jaén (4 €, 1 heure, 14/j), Úbeda (1,05 €, 15 min, 19/j) et Grenade (11,75 €, 2 heures, 10/j). Des bus desservent aussi Cazorla (4,40 €, 1 heure 45, 3/j), Cordoue (10,50 €, 2 heures 30, 2/j) et Séville (39,75 €, 4 heures 30, 2/j).

Voiture

Le stationnement à Baeza est plutôt limité, mais vous trouverez des places autour du Paseo de la Constitución et sur le Pasaje del Cardenal Benavides.

Taxi

Des taxis stationnent sur le Paseo de la Constitución. Comptez 15 € la course pour la gare ferroviaire.

Train

La gare ferroviaire la plus proche est celle de **Linares-Baeza** (☎953 65 02 02 ; www.renfe.es), à 13 km au nord-ouest. Des trains partent quotidiennement vers Grenade, Cordoue, Séville, Málaga, Cadix, Almería, Madrid et Barcelone. Les bus assurent la correspondance avec la plupart des trains depuis Linares, du lundi au samedi.

Úbeda

36 026 HABITANTS / ALTITUDE 760 M

Malgré des airs de famille, Úbeda diffère sensiblement de sa petite sœur Baeza. Hormis sa splendide architecture, ce sont les bons bars à tapas et autres restaurants qui attirent les visiteurs, sans oublier les boutiques d'antiquaires et les ateliers de potiers produisant des céramiques parmi les plus belles d'Espagne.

Úbeda fut un bastion castillan lors de l'inexorable progression des chrétiens vers le sud. Après la Reconquête, les familles aristocratiques d'Úbeda s'empressèrent d'aller manœuvrer à la cour de Castille pour accroître leur pouvoir. Au XVIe siècle, Francisco de los Cobos y Molina devint ainsi le secrétaire privé du roi Charles Quint, poste qu'il transmit ensuite à son neveu Juan Vázquez de Molina.

Influencés par la Renaissance italienne et utilisant leurs privilèges, les membres de la famille Molina entreprirent la construction d'édifices qui figurent aujourd'hui parmi les plus beaux exemples de l'architecture Renaissance en Espagne. Ainsi, Úbeda (avec sa voisine Baeza) est l'une des rares villes d'Andalousie où l'on admire une architecture somptueuse qui *n'est pas* d'origine musulmane.

À voir

La plupart des richesses architecturales sont concentrées au sud-est de la ville, dans le dédale de ruelles sinueuses et de vastes places du *casco antiguo* (vieille ville). L'ensemble est particulièrement imposant à la tombée du jour, quand les façades plateresques illuminées se détachent sur un ciel d'encre.

La Plaza Vázquez de Molina est le départ idéal d'une promenade à la découverte des joyaux architecturaux d'Úbeda. À l'est de la place, à 150 m par la Baja de El Salvador, un mirador (belvédère) offre de beaux panoramas sur les oliveraies et, au loin, les sommets enneigés de la Sierra de Cazorla. La Plaza de Andalucía marque la frontière entre les deux parties de la ville.

Sacra Capilla del Salvador CHAPELLE
(Plaza Vázquez de Molina ; adulte/enfant 3/1,50 € ; ⏲10h-14h et 16h-19h30 lun-sam, 11h15-14h et 17h-20h dim). La pureté du style Renaissance s'exprime à la perfection avec cette fameuse chapelle, première des nombreuses réalisations du célèbre architecte Andrés de Vandelvira à Úbeda. Exemple remarquable du style plateresque, la façade principale s'inspire de la Puerta del Perdón de la cathédrale de Grenade, réalisée par Diego de Siloé.

Le portail, classique, est surmonté d'un relief représentant la transfiguration du Christ, flanquée des statues de saint Pierre et saint Paul. Sous l'arcade se dévoile une profusion de sculptures classiques de divinités grecques, œuvres du Français Étienne Jamet (Esteban Jamete) – une touche Renaissance encore inconcevable quelques décennies plus tôt.

L'église demeure la propriété privée des ducs de Medinaceli (descendants des de los Cobos), de Séville, l'une des principales familles de propriétaires en Andalousie.

Juste à côté de la *capilla* (chapelle), le **Palacio del Condestable Dávalos**, partiellement restauré au XVIIe siècle, est aujourd'hui le parador le plus luxueux d'Úbeda (voir p. 304).

♥ **Casa Museo Arte Andalusí** MUSÉE
(☎953 75 40 14 ; Calle Narvaez 11 ; 2 € ; ⏲11h-14h et 17h-20h). La Casa Museo Arte Andalusí est un fascinant musée privé

Úbeda

Úbeda

Les incontournables

- Sacra Capilla del Salvador C3
- Sinagoga del Agua B2

À voir

1 Casa Museo Arte Andalusí B3
2 Museo de Alfarería D1
3 Palacio de los Condes de Guadiana B2
4 Palacio de Vázquez de Molina B3
5 Palacio de Vela de los Cobo B3
6 Plaza del 1° de Mayo C3

Où se loger

7 Hotel Maria de Molina B3
8 Hotel Postigo B3
9 Hotel Rosaleda de Don Pedro B2
10 Palacio de la Rambla A3
11 Parador Condestable Dávalos C3

Où se restaurer

12 La Taberna B2
13 Lope A2
14 Mesón Restaurante Navarro B3
Parador Condestable Dávalos .... (voir 11)
15 Restaurante Antique B2
16 Taberna La Imprenta B2
17 Zeitúm C3

Où prendre un verre

18 Beltraneja B3

Achats

19 Alfarería Tito D1
20 Artesur A3
21 Paniaceite B2

LE "BONO TURÍSTICO"

Si vous envisagez de visiter les monuments de Baeza et d'Úbeda, il est avantageux d'investir dans un **billet** (www.bonoturistico.com) à 19,90 €, qui couvre plus de 9 sites et donne droit en outre à une visite guidée des deux villes, ainsi qu'à une réduction sur leurs petits trains touristiques. Le seul inconvénient est que les visites guidées n'ont lieu que 2 fois par jour, à 11h et 17h. Le *bono turístico* s'achète sur les sites ou dans les offices du tourisme.

qui accueille souvent des spectacles de flamenco. L'énorme porte en bois sculptée du XVIe siècle (d'origine) donne déjà un avant-goût des lieux. Si elle est fermée, sonnez.

Le propriétaire Paco Castro a soigneusement restauré cet ancien palais sans porter atteinte à son charme vétuste (en d'autres termes, il ne l'a pas transformé en un de ces hôtels pseudo-historiques). Demandez-lui de vous montrer l'étoile de David gravée dans les colonnes du patio central, au-dessus duquel s'avancent des galeries aux plafonds peints dans le style mudéjar. Cette grandeur fanée sied à la collection d'antiquités qu'il a réunies en Espagne et au Maroc, dont des céramiques du XIXe, un puits du XIVe, des vitraux, des meules, des carreaux peints, des tapisseries, des coffres et autres articles en bois finement ciselé.

Au sous-sol, la cave aux voûtes en berceau est tapissée de photos du propriétaire et de ses amis les artistes de flamenco, dont le fameux maestro Paco de Lucia, qui s'est produit ici dans le passé. On ne peut rien promettre mais le spectacle hebdomadaire de flamenco, à 21h30 le samedi, est en général de bonne qualité (18 €, avec une boisson). Pensez à réserver.

Palacio de Vázquez de Molina PALAIS

(Plaza Vázquez de Molina ; ⏲10h-14h et 17h-21h). À l'ouest de la Plaza Vázquez de Molina s'élève cet immense palais, actuel *ayuntamiento* d'Úbeda. Il fut construit par Vandelvira pour Juan (neveu et successeur de Francisco au poste de secrétaire privé du roi), dont on peut voir les armoiries au-dessus de l'entrée. Face au Palacio de Vázquez de Molina, le site de l'ancienne mosquée d'Úbeda accueille aujourd'hui l'**Iglesia Santa María de los Reales Alcázares**.

Sinagoga del Agua SITE HISTORIQUE

(Calle Roqas 2 ; 4 € ; ⏲10h-20h30). Des éléments attestaient de la présence à Úbeda, dès le Xe siècle, d'une forte communauté juive, qui cohabitait en paix avec les musulmans, beaucoup plus nombreux. Cependant, ce n'est qu'en 2006 que toutes les pièces du puzzle se mirent en place grâce à un agent immobilier respectueux de l'histoire. Sous les pioches qui attaquaient un site acheté pour construire des appartements surgirent d'alléchantes trouvailles archéologiques.

Aujourd'hui, un musée, le plus récent de la ville, fait revivre avec émotion l'ancienne synagogue et la maison du rabbin, deux édifices vieux de plusieurs siècles. Dans la mesure du possible, on s'est efforcé de conserver les éléments d'origine. Mis au jour lors des fouilles, des murs gravés de symboles juifs, des chapiteaux, des arches à la décoration califale, la galerie des femmes, la cave et d'immenses urnes sont restés à leur place. Des visites guidées d'une demi-heure sont organisées, en espagnol seulement pour l'instant.

Palacio de Vela de los Cobos PALAIS

(Plaza del Ayuntamiento ; 4 €). Au nord de la place principale d'Úbeda, un labyrinthe de ruelles donne sur plusieurs places élégantes. La première est la large Plaza del Ayuntamiento, dominée à son angle nord-ouest par le Palacio de Vela de los Cobos du XVIe siècle. Ce magnifique palais, qui a conservé ses peintures et ses meubles, peut être visité sur réservation auprès de l'office du tourisme.

Palacio de los Condes de Guadiana PALAIS

(Calle Real). Parmi les plus belles demeures de la ville figure ce palais du XVIIe siècle, situé dans la Calle Real (autrefois principale rue commerçante d'Úbeda) aux fenêtres et balcons élégamment ornés. Au moment de la rédaction de ce guide, ce palais était en train d'être converti en un 5-étoiles (ouverture prévue début 2013). Consultez l'office du tourisme pour plus d'informations.

Plaza del 1 (Primer) de Mayo SITE HISTORIQUE

Cette place imposante accueillait autrefois la place du marché et les arènes. Ici se dressèrent les bûchers de l'Inquisition, que les notables contemplaient depuis la galerie de l'**Antiguo Ayuntamiento** (ancien hôtel de ville), à l'angle sud-ouest.

Il y a quelques années, les habitants ont préféré rebaptiser cette place qui portait du temps de Franco le nom de Plaza del Generalissimo.

Museo de Alfarería MUSÉE
(Calle Valencia 22 ; 10h30-14h et 17h-19h lun-ven). Paco Tito et son fils Pablo (les Tito sont potiers depuis des générations) ont fait de leur atelier du Barrio San Millán, dans le quartier des céramistes, un musée. Le vaste espace explique avec des panneaux et des photos tous les aspects de cet art (matériaux, motifs traditionnels, techniques), ainsi que les liens historiques de la famille avec Úbeda. Demandez à voir le four du XIVe siècle, datant de l'époque où ce *barrio* était un florissant quartier juif.

GRATUIT **Hospital de Santiago** CENTRE CULTUREL
(Calle Obispo Cobos ; 8h-15h et 16h-22h lun-ven, 11h-15h et 16h-22h sam-dim). Dernier projet architectural de Vandelvira, l'Hospital de Santiago fut achevé en 1575. L'"Escorial de l'Andalousie" – comme on l'appelle souvent, en référence au célèbre monastère près de Madrid – annonçait le style Renaissance que développa Vandelvira. L'édifice abrite aujourd'hui le centre culturel d'Úbeda, qui compte une bibliothèque, une école municipale de danse et une salle d'exposition. Tournez à gauche dans la Calle Mesones depuis l'angle nord-ouest de la Plaza de Andalucía : l'hôpital est à quelques rues sur le côté droit.

Fêtes et festivals

Semana Santa SEMAINE SAINTE
Confréries solennelles, processions religieuses et autres manifestations pittoresques tout au long de la semaine précédant le dimanche de Pâques.

Festival Internacional de Música y Danza Ciudad de Úbeda FESTIVAL DE MUSIQUE
(www.festivaldeubeda.com). Consacré essentiellement à la musique classique, ce festival programme aussi pendant tout le mois de mai du jazz, du flamenco et des concerts de musique ethnique, dans divers endroits de la ville.

Fiesta de San Miguel FÊTE
Célébrations commémorant la prise de la ville en 1233 par Ferdinand III, avec feux d'artifice, défilés, concerts, festival de flamenco, corridas, etc. Du 27 septembre au 4 octobre.

LE MAÎTRE ARCHITECTE

La plupart des édifices que l'on peut admirer à Úbeda, Baeza et Jaén sont l'œuvre d'un seul homme : Andrés de Vandelvira. Né en 1509 à Alcaraz (Castille-La Manche), à 150 km au nord-est d'Úbeda, Vandelvira fut le grand initiateur de la Renaissance dans la province de Jaén. Influencé par l'architecte pionnier Diego de Siloé, il conçut de nombreuses merveilles et son œuvre s'articule autour des trois grandes phases de l'architecture Renaissance espagnole : les débuts très ornementaux que constitue le style plateresque, illustré par la Capilla del Salvador del Mundo ; la ligne plus pure et les proportions classiques que l'on voit sur le Palacio de Vázquez de Molina, construit ultérieurement ; et enfin, l'austérité de la Renaissance tardive qu'incarne le style dit "herreresque", dont témoigne son dernier ouvrage, l'Hospital de Santiago.

Où se restaurer

On mange très bien à Úbeda. La Calle Real, dans la vieille ville, est le meilleur endroit pour les bars à tapas.

Zeitúm EUROPÉEN €€
(www.zeitum.com ; Calle San Juán de la Cruz 10 ; plats 14-20 € ; mar-sam, déj dim). Installé dans un édifice du XIVe siècle de l'ancien quartier juif, ce restaurant est doté d'une belle atmosphère. Demandez au propriétaire de vous montrer le puits, les pierres et les poutres portant des symboles juifs. L'endroit est à des années-lumières des chaînes de restauration sans âme. Dégustation d'huiles d'olive et plats superbement préparés, parmi lesquels figurent du steak tartare et la spécialité de la province, la salade à la perdrix.

Parador Condestable Dávalos ANDALOU €€€
(953 75 03 45 ; Plaza Vázquez de Molina ; plats 13-18 €, menu 27 €). Un restaurant réputé à juste titre pour sa cuisine raffinée et délicieuse. Un peu plus cher qu'ailleurs, c'est une adresse *incontournable* d'Úbeda. Le soir, la salle à manger est très animée, même hors

saison. Essayez ses spécialités : le *carruécano* (poivrons verts farcis à la perdrix) ou le *cabrito guisado con piñones* (ragoût de chevreau aux pignons de pin).

Restaurante Antique ANDALOU CONTEMPORAIN €€€
(☎953 75 76 18 ; www.restauranteantique.com ; Calle Real 25 ; plats 12-26 € ; ⏲lun-sam). Cette adresse associe recettes traditionnelles et gastronomie moderne de haute volée : découvrez le pâté de perdrix avec quinoa et marmelade d'huile d'olive, ou le saumon sauvage à la crème de poireaux. L'endroit est chic, et la décoration, simple et stylée.

Taberna La Imprenta ANDALOU CONTEMPORAIN €€
(Plaza del Doctor Quesada 1 ; plats 10-13 € ; ⏲mer-lun). Une ancienne imprimerie, décorée avec goût, fréquentée par une clientèle huppée, où d'excellentes tapas sont offertes avec les boissons. À table, vous pourrez aussi déguster une salade de langouste, d'excellentes viandes et de petits desserts divins comme le sorbet à la pomme verte et au gin sur glace pilée.

Mesón Restaurante Navarro ANDALOU €€
(Plaza del Ayuntamiento 2 ; menu 15 €, raciones 4 12 €). Toujours bondé et bruyant, le Navarro est l'une des fameuses tables de la ville. On vient y déguster des tapas au bar ou profiter, sur la place, des bienfaits du soleil. Au menu du jour peut figurer du chevreuil au romarin. L'enseigne n'indique que "Mesón Restaurante".

La Taberna ANDALOU €
(Calle Real 7 ; plats 6-10 € ; 👪). Bar à tapas très populaire où les enfants courent et crient, laissant les parents à leurs tapas et les serveurs aux joies de l'esquive. Commandez les boissons, les tapas servies avec. Bonne adresse aussi pour le petit-déjeuner.

Lope CAFÉ €
(Calle Real 1 ; gâteaux à partir de 1,20 € ; ⏲9h30-20h lun-ven, 10h-18h sam-dim ; 👪). Un café-pâtisserie à l'ancienne, idéal pour le petit-déjeuner ou le goûter. Laissez-vous tenter par les *yemas* (gâteaux mous et friables), les *bollos* fourrés de crème et autres pâtisseries, avec un bon *café con leche* (café au lait).

LES POTIERS D'ÚBEDA

Le vernis vert typique des jolies poteries d'Úbeda date de l'époque musulmane. Le quartier des potiers compte encore trois fours d'époque (il n'en reste que six dans toute l'Espagne).

Il y a plusieurs ateliers dans le Barrio San Millán, dans le nord-est de la vieille ville, et les potiers sont souvent heureux d'expliquer leurs techniques ancestrales, tel l'ajout de noyaux d'olives au feu, qui augmente la chaleur et donne aux céramiques un vernis plus brillant.

Où prendre un verre

Les bars à tapas constituent l'essentiel des établissements où l'on vient prendre un verre. Certains, du côté de la ville nouvelle, sont les adresses de prédilection des jeunes.

Beltraneja BAR
(Calle Alcolea 6 ; cocktails 4,50 € ; ⏲16h-3h dim-jeu, 16h-4h ven-sam). Un bar caché au cœur des ruelles du centre historique. On s'y enfonce dans une grotte, avec pierre apparente, mur rose intense, fresques dans le style graffitis et cheminée, ou on s'installe à la vaste terrasse où se produisent parfois des musiciens, des conteurs ou d'autres artistes originaux.

Achats

Les principales rues commerçantes sont la Calle Mesones et la Calle Obispo Cobos, entre la Plaza de Andalucía et l'Hospital de Santiago, où se concentrent enseignes internationales et petites boutiques. Si vous voulez acheter de la poterie, passez sous l'impressionnante Puerta de Losal et descendez jusqu'au Barrio San Millán, le fameux quartier des potiers d'Úbeda. Ses ateliers sont situés dans la Calle Valencia, à côté du Museo de Alfarería.

Alfarería Tito CÉRAMIQUES
(Calle Valencia 32). Juan Tito, récompensé de plusieurs prix nationaux, a un style bien à lui qui s'éloigne de la poterie traditionnelle ciselée d'arabesques et vernie d'un vert éclatant. Ses pièces sont un peu plus chères qu'ailleurs (25 € un pichet), mais à peine si l'on considère l'originalité, les motifs éblouissants et la maîtrise de l'artiste.

Artesur ART ET ARTISANAT
(Plaza del Marqués de la Rambla 2). Cet immense magasin offre un vaste choix de céramiques, de lampes style Tiffany en vitrail, d'articles de vannerie, de cuivre et

de fer forgé. Tout est artisanal. Demandez au propriétaire, Victor, de vous montrer la cave à laquelle on accède par des marches abruptes depuis la salle d'exposition principale. C'était une cachette à l'époque des Maures, puis un cellier, d'où les immenses urnes.

Paniaceite ALIMENTATION
(Calle Real 19). Une bonne adresse pour des biscuits artisanaux joliment rangés en couches dans des boîtes, des gressins relevés au paprika, des pâtés (à la perdrix, etc.) et des olives vertes et noires.

Renseignements

Office du tourisme régional (953 75 08 97 ; otubeda@andalucia.org ; Calle Baja del Marqués 4 ; 9h-14h45 et 16h-19h lun-ven, 10h-14h sam). Dans le Palacio Marqués de Contadero, du XVIIIe siècle.

Comment s'y rendre et circuler

BUS La **gare routière** (953 75 21 57 ; Calle San José 6) est à 1,5 km au nord-ouest de la partie récente de la ville. Les bus **Alsa** (www.alsa.es) relient Baeza (1,05 €, 15 min, 19/j), Jaén (5 €, 1 heure, 15/j), Cazorla (3,85 €, 1 heure, 5/j), Grenade (11,85 €, 3 heures, 10/j) et Cordoue (11 €, 2 heures 30, 5/j).

TRAIN La gare la plus proche est celle de Linares-Baeza (voir www.renfe.es), à 21 km au nord-ouest de la ville, que vous rejoindrez avec un bus direction Linares. Des trains en partent tous les jours pour Grenade, Cordoue, Séville, Málaga, Cadix, Almería, Madrid et Barcelone.

VOITURE Il y a un parking souterrain sur la Plaza de Andalucía (1,20 € l'heure, 14 €/12 heures ; ouvert de 7h30 à 23h30).

Cazorla

8 104 HABITANTS / ALTITUDE 836 M

Gravir les rues escarpées de cette séduisante bourgade rurale constitue un excellent entraînement pour qui souhaite s'aventurer dans le Parque Natural Sierras de Cazorla, Segura y Las Villas. Ce dernier débute avec les spectaculaires paysages des falaises de la Peña de los Halcones (rocher des Faucons), qui surplombent la ville. De Cazorla, la vue est imprenable sur les plaines désertes et le relief tourmenté des montagnes et des vallées qui se déploient vers le nord et l'est.

FAUNE ANDALOUSE

Si vous êtes passionné par la faune, Cazorla est incontournable. Hormis les superbes randonnées, c'est l'endroit où l'on a le plus de chances en Andalousie d'apercevoir une grande variété d'animaux. Cerfs, chevreuils, sangliers, mouflons et bouquetins vivent ici en bon nombre, ainsi que quelque 140 espèces d'oiseaux parmi lesquelles aigles, vautours et faucons. On s'efforce aussi de réintroduire le majestueux gypaète barbu. N'oubliez pas vos jumelles et en route !

À voir

Ici comme dans le reste de la province de Jaén, les riches propriétaires terriens ont marqué l'histoire locale de leur empreinte, et les *palacios* de Cazorla appartenaient ou appartiennent encore à une poignée de familles fortunées. Centrale, la Plaza de la Corredera, dominée par l'élégant *ayuntamiento* et sa tour de l'horloge, constitue le cœur administratif de la ville.

De petites rues serpentent vers le sud jusqu'au Balcón de Zabaleta. Ce belvédère offre une vue superbe sur Cazorla et le Castillo de la Yedra.

Pour rejoindre le château, le chemin part de la jolie Plaza de Santa María, en longeant à droite les ruines de l'**Iglesia de Santa María**. Cette église fut construite par Vandelvira, puis dévastée par les troupes napoléoniennes, en représailles à la résistance tenace des habitants. Elle accueille des concerts en plein air.

Castillo de la Yedra CHÂTEAU
(château du Lierre ; 14h30-20h mar, 9h-20h mer-sam, 9h-14h dim). Cet édifice spectaculaire, d'origine romaine, doit l'essentiel de sa construction aux musulmans et fut restauré au XVe siècle, après la Reconquête. Récemment rénové à grands frais, le château héberge un musée. Superbe panorama.

Museo del Alto Guadalquivir MUSÉE
(Castillo de la Yedra ; 1,50 € ; 14h30-20h mar, 9h-20h mer-sam, 9h-14h dim). Dans le château de la Yedra, ce musée est un intéressant méli-mélo d'art et d'artisanat locaux, d'où émergent des tapisseries baroques du XVIIe siècle, des céramiques et, dans une chapelle, une sculpture de la crucifixion grandeur nature de style romano-byzantin.

Fêtes et festivals

La Caracolá RELIGION

Le 14 mai, l'image du saint patron de la ville, San Isicio (apôtre chrétien lapidé à Cazorla par les Romains), est transportée de l'Ermita de San Isicio à l'Iglesia de San José.

Fiesta de Cristo del Consuelo FÊTE

Feux d'artifice et foires animent la fête annuelle de Cazorla, du 17 au 21 septembre.

Où se restaurer

Les trois grandes places de Cazorla sont bordées de bons bars à tapas.

La Cueva de Juan Pedro ANDALOU €€

(Plaza de Santa María ; raciones 9 €, menú 10-12 €). Dans ce restaurant ancien, avec poutres et tresses d'ail, on se régale de plats typiques de la région : *conejo* (lapin), *trucha* (truite), *rin-rán* (assortiment de morue salée, de pommes de terre et de poivrons rouges séchés), *jabalí* (sanglier), *venado* (gibier) et même de mouflon. La Cueva possède deux enseignes sur cette place. Si l'une est pleine, allez à l'autre en face.

Mesón Don Chema ANDALOU €€

(Calle Escaleras ; plats 10-17 €). Sous des bois de cerf, dînez de gibier, de porc et d'autres viandes. On sert aussi encore grésillant dans leur plat des *huevos cazorleña* (ragoût d'œufs en rondelles avec chorizo et légumes).

Bar Las Vegas TAPAS €

(Plaza de la Corredera 17 ; raciones 6 €). Avec ses tonneaux en guise de table à l'extérieur, c'est le meilleur bar de la ville pour le petit-déjeuner. L'intérieur est en revanche quelconque. Essayez son *revuelto* (œufs brouillés) aux crevettes et poivrons, et ses *tostadas* (tartines de pain grillé) à garnir de la traditionnelle purée de tomates à l'ail et à l'huile d'olive ou d'autres ingrédients.

Renseignements

Office du tourisme (Paseo del Santo Cristo 17 ; ⌚10h-13h et 17h30-20h). À 200 m au nord de la Plaza de la Constitución, renseignements utiles sur le parc et la ville, et balades dans les environs.

Comment s'y rendre et circuler

BUS Les bus **Alsa** (www.alsa.es) assurent la liaison avec Úbeda (3,85 €, 1 heure, 5/j), Jaén (4,40 €, 1 heure 45, 3/j) et Grenade (16 €, 3 heures 45, 3/j). L'arrêt principal à Cazorla est sur la Plaza de la Constitución. Quelques bus relient Cazorla à Coto Ríos, dans le parc, avec des arrêts à Arroyo Frío et Torre del Vinagre.

VOITURE Il y a un parking pratique sur la Plaza del Mercado, en contrebas de la Plaza de la Constitución.

Parque Natural Sierras de Cazorla, Segura y Las Villas

Comptant parmi les meilleurs atouts de la province, ce parc naturel très boisé, qui s'étend sur 2 143 km^2, est la plus vaste zone protégée d'Espagne. Ses chaînes de montagne escarpées sont splendides, tout comme l'immense lac artificiel de 20 km.

C'est là que le Guadalquivir, le plus long fleuve d'Andalousie, prend sa source, entre la Sierra de Cazorla et la Sierra del Pozo, au sud du parc, se déroulant vers le nord jusqu'au lac, d'où il coule vers l'ouest pour rejoindre l'Atlantique.

Les meilleures saisons pour visiter le parc sont le printemps et l'automne, lorsque la végétation se pare de ses plus belles couleurs et que les températures sont clémentes.

Il est plus facile de visiter le parc si vous êtes motorisé, mais il existe aussi des services de bus, et nombre de lieux d'hébergement dans le parc. Pour les zones les plus reculées, vous pouvez vous joindre à des excursions organisées. L'office du tourisme de Cazorla peut vous fournir une liste de tour-opérateurs.

Très fréquenté par les touristes espagnols, le parc attire près de 600 000 visiteurs par an, dont 50 000 pendant la seule Semana Santa. Les autres périodes d'affluence se situent en juillet et en août, ainsi que durant les week-ends d'avril à octobre.

Renseignements

Le principal centre d'information du parc, le **Centro de Interpretación Torre del Vinagre**

ÉQUIPEMENT

Si vous partez en randonnée, équipez-vous correctement, prévoyez suffisamment d'eau et des vêtements adaptés. En altitude, les températures sont inférieures de plusieurs degrés à celles des vallées, et le vent peut être cinglant. L'hiver, le parc est souvent couvert de neige.

Sierra de Cazorla

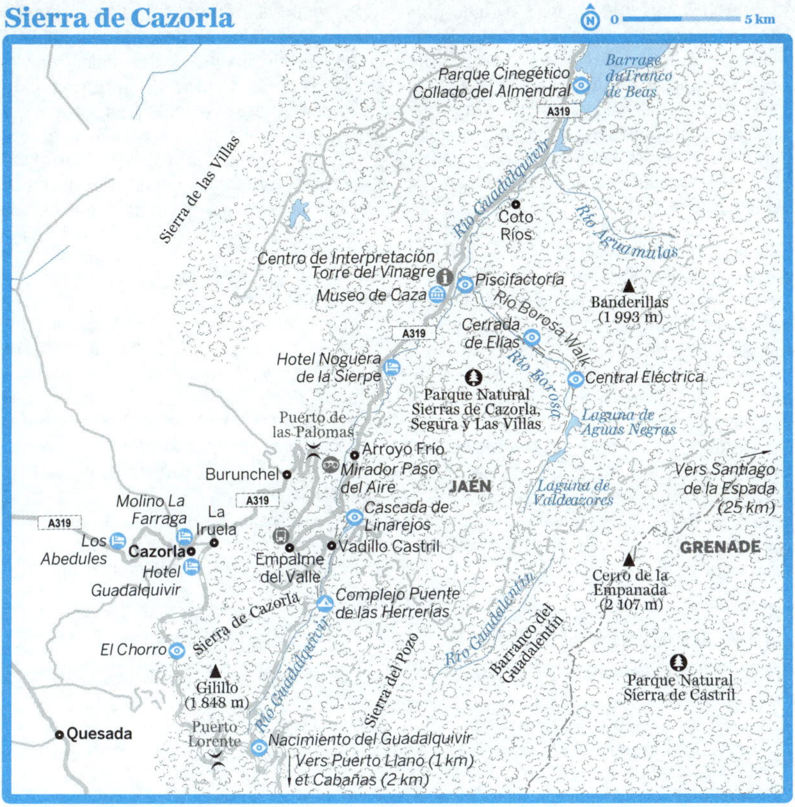

(⏲10h-14h et 16h-19h), à Torre del Vinagre, présente une exposition un peu limitée sur l'écologie du parc.

Depuis/vers le Parque Natural de Cazorla, Segura et Las Villas

BUS

Carcesa (☎953 72 11 42) propose 2 bus quotidiens (sauf dim) au départ de la Plaza de la Constitución de Cazorla pour l'Empalme del Valle, Arroyo Frío, Torre del Vinagre et Coto Ríos (horaires à l'office du tourisme). Aucun bus ne relie la partie nord du parc au centre ni au sud, et aucun ne dessert Segura de la Sierra ou Hornos.

Un bus **Alsa** (www.alsa.es) part de Jaén, Baeza ou Úbeda pour La Puerta de Segura (12 €, 3 heures, 3/j).

VOITURE

Vous pouvez atteindre le parc notamment par l'A319 depuis Cazorla, par des routes partant vers le nord depuis Villanueva del Arzobispo et Puente de Génave sur l'A32, ainsi que par l'A317 vers Santiago de la Espada depuis Puebla de Don Fadrique, dans le nord de la province de Grenade. Le parc compte au moins 7 stations-service.

SUD DU PARC

Le parc commence à quelques centaines de mètres à l'est de Cazorla, en haut de la colline. Les sentiers et les routes non goudronnées traversent les forêts de pins, les prairies, les rochers escarpés et les vallées de montagne, offrant de belles balades, à pied ou en voiture. Les changements d'altitude très rapides, du sommet du **Cerro de la Empanada** à 2 107 m, pour redescendre ensuite à 460 m, révèlent des paysages spectaculaires très variés.

Route principale en provenance de l'est de Cazorla, l'A319 pénètre dans le parc au niveau de Burunchel, à 7 km de Cazorla. Elle remonte ensuite sur 5 km pour atteindre le Puerto de las Palomas (col des

Tourterelles), à 1 200 m, avec, un peu plus loin, le **Mirador Paso del Aire** (belvédère).

En descendant, après 5 km d'une route sinueuse, apparaît l'Empalme del Valle (le croisement de la Vallée), où l'A319 bifurque vers le nord pour rejoindre la première bourgade d'importance dans le parc, **Arroyo Frío**. La route suit ensuite le Guadalquivir vers le nord.

Une autre route au niveau de l'Empalme del Valle conduit à la source du fleuve (Nacimento del Guadalquivir). De là, vous pouvez continuer sur 8 km jusqu'au **Cabañas** (2 028 m), l'un des plus hauts sommets du parc. D'autres randonnées vous attendent dans la partie sud du parc, dans la **Sierra del Pozo**, surplombant la rive orientale de la vallée du haut Guadalquivir, et dans le **Barranco del Guadalentín**, une profonde vallée plus à l'est, où la faune est abondante. Un véhicule – ou un guide en possédant un – est indispensable pour se rendre dans ces deux zones.

Si vous continuez sur l'A319 depuis Arroyo Frío, la route descend la vallée du Guadalquivir jusqu'à Torre del Vinagre, où se situe le Centro de Interpretación Torre del Vinagre (p. 222). Après Torre del Vinagre se trouvent Coto Ríos et l'une des extrémités d'un lac de barrage, l'**Embalse del Tranco de Beas**. Le bus en provenance de Cazorla ne va pas plus loin : vous devrez être motorisé pour explorer le parc plus avant.

NORD DU PARC

Depuis Coto Ríos, la route longe la rive ouest de l'immense lac de barrage, offrant une vue sur les eaux à travers les arbres. À 7 km au nord de Coto Ríos, sur une langue de terre entre l'A319 et le lac, s'étend le **Parque Cinegético Collado del Almendral**, vaste réserve naturelle abritant bouquetins, mouflons et cerfs.

Du parking, un sentier de 1 km rejoint trois **belvédères** d'où vous verrez peut-être des animaux – surtout au crépuscule ou à

UNE SUPERBE RANDONNÉE

La randonnée la plus célèbre du Parque Natural Sierras de Cazorla, Segura y Las Villas remonte le Río Borosa et traverse des paysages somptueux. Elle passe par une gorge et deux tunnels (pensez à emporter une lampe torche), avant d'arriver à deux superbes lacs de montagne. Avec un dénivelé de 500 m, cette randonnée de 24 km aller-retour dure environ 7 heures, sans compter les haltes.

Une route signalée "Central Eléctrica", à l'est de l'A319 en face du Centro de Interpretacion Torre del Vinagre (p. 222), traverse le Guadalquivir au bout de 500 m environ. Longeant le fleuve sur 1 km, elle atteint une **piscifactoría** (ferme piscicole), avec un parking à proximité. Le départ de la randonnée est balisé sur votre droite, juste après la ferme piscicole.

La randonnée commence sur une route non goudronnée qui traverse à plusieurs reprises la rivière, où les truites abondent. Après 4 km, lorsque la route commence à monter sur la gauche, prenez un chemin vers la droite. Suivez ce superbe sentier sur 1,5 km à travers la vallée, qui se rétrécit peu à peu pour devenir une gorge, la **Cerrada de Elías**. Le chemin se prolonge alors par une passerelle en bois, avant de déboucher à nouveau sur la piste qui, 3 km plus loin, atteint la petite **Central Eléctrica**.

Le sentier passe entre la centrale électrique et la rivière et traverse une passerelle, où un panneau "Nacimiento de Aguas Negras, Laguna de Valdeazores" vous montre la voie. À environ 1,5 km de la centrale, le chemin s'oriente vers la gauche et grimpe en zigzag jusqu'à un **tunnel** percé dans la falaise, qui permet à l'eau de dévaler jusqu'à la centrale électrique. Traversez le tunnel jusqu'à un étroit passage séparé du lit du torrent par une barrière (5 min). Vous marcherez un peu à l'air libre avant d'entrer dans un **deuxième tunnel** (1 min) pour ressortir en contrebas du barrage de la **Laguna de Aguas Negras**, charmant petit réservoir entouré d'arbres et de collines. Traversez le barrage pour rejoindre l'autre rive du lac, puis marchez durant environ 1 km au sud, et vous atteindrez un lac naturel de taille similaire, la **Laguna de Valdeazores**.

Vous pouvez partir pour la journée depuis Cazorla en prenant le bus jusqu'à Torre del Vinagre. Emportez de l'eau en quantité.

VAUT LE DÉTOUR

HORNOS

À l'instar du village plus connu de Segura de la Sierra, Hornos jouit d'un emplacement fabuleux, au sommet d'un piton rocheux se détachant sur les montagnes, mais la vue en contrebas sur le bleu miroitant des eaux du réservoir de l'Embalse del Tranco est encore plus époustouflante. Le paysage alentour verdoie, mêlant oliviers, amandiers et pins, ponctué de temps à autre par les bâtiments carrés d'une ferme.

Hornos était déjà habité à l'époque du bronze, et son château caractéristique à quatre tours date du début du XIIIe siècle. Au moment de notre visite, il était en restauration et devait accueillir un observatoire.

N'imaginez pas une belle harmonie de géraniums, des boutiques de souvenirs ou même un office du tourisme. Les charmes d'Hornos sont à découvrir dans ses ruelles sinueuses et au sommet de ses remparts offrant des vues extraordinaires depuis plusieurs miradors placés de façon stratégique.

Dénichez l'Iglesia de Nuestra Señora de la Asunción, datant du début XVIe. Cette église possède le plus ancien portail de style plateresque de la province, délabré mais superbement orné. À l'intérieur, un éblouissant *retablo* (retable), de 1589, comportant six panneaux, représente des saints. Le village compte quelques bons restaurants et des gîtes. Si vous voulez explorer les alentours, étudiez le grand panneau à l'entrée, où des cartes indiquent 5 sentiers de différentes longueurs et difficultés.

l'aube. Vers le nord, 15 km plus loin, l'A319 traverse le barrage près du petit village de Tranco.

À 12 km au nord du barrage de Tranco, l'A319 arrive à un carrefour en T : de là, l'A317 serpente sur 4 km jusqu'au village de Hornos. Environ 10 km au nord-est de Hornos par l'A317, se trouve le carrefour de **Puerto de Horno de Peguera**.

En montant 1 km au nord vers Siles, un chemin part à gauche au niveau de maisons en ruine et conduit au sommet d'**El Yelmo** (1 809 m), l'une des montagnes les plus remarquables de la partie nord du parc. Pour gagner le sommet, comptez 5 km et 360 m de dénivelé. À la fourche 1,75 km plus loin, laissez la voie de gauche qui descend vers El Robledo et Cortijos Nuevos, pour prendre à droite.

L'ascension est l'occasion d'admirer de superbes paysages, à perte de vue, ainsi que des vautours fauves planant dans le ciel. Bien qu'étroite, la route est accessible aux voitures, mais aussi aux randonneurs (comptez 6-7 heures aller-retour).

SEGURA DE LA SIERRA

Segura de la Sierra est perché sur une colline haute de 1 000 m, dominée par un château maure. Le village se situe à 20 km au nord de Hornos en prenant à l'est depuis l'A317, 4 km après Cortijos Nuevos.

Caractérisé par son héritage musulman, le village, qui remonte à l'époque phénicienne, devint l'un des fronts de défense chrétiens après avoir été repris aux musulmans en 1214.

Dans la partie haute du village, la plus ancienne, l'**office du tourisme** (Calle Cortijos Nuevos ; ⏲10h30-14h et 18h30-20h30) est installé à côté de la Puerta Nueva, l'une des quatre portes de la Saqura musulmane.

À voir et à faire

La principale curiosité de ce *pueblo* – sans compter tous les détails pittoresques à chaque coin de ses ruelles pavées – est le magnifique château perché à son sommet. On peut y grimper à pied ou en voiture. Pour rejoindre le château, à pied, prenez l'étroite Calle de las Ordenanzas del Común, sur la droite après l'**Iglesia de Nuestra Señora del Collado**, l'église paroissiale.

Après quelques minutes de marche, vous atteindrez les minuscules **arènes de Segura** (qui accueillent de célèbres toreros, tel Enrique Ponce, au cours des fêtes taurines d'octobre) ; le chemin du château part sur la droite.

Non loin du Baño Moro bien indiqué, la **Puerta Catena** est la mieux préservée des quatre portes musulmanes de Segura ; de là, un sentier, le GR 147, mène au village isolé de **Río Madera** (15 km de descente).

Château de Segura
(adulte/enfant 4/2 € ; 10h30-14h mer-dim ;). Largement restauré dans les années 1960, cet imposant château à 3 étages remonte à l'époque des Maures. Pendant la reconquête chrétienne au XVe siècle, il fut rasé avant d'être reconstruit, complété d'une chapelle.

Le Centro de Interpretación projette des présentations audiovisuelles en 3D sur l'histoire et l'environnement. On peut voir la chapelle, les bains arabes, et grimper au sommet du donjon pour admirer la vue qui s'étend jusqu'à El Yelmo, à environ 5 km au sud-sud-ouest.

GRATUIT **Baño Moro** BAINS
(Calle Baños Moro 1 ; 10h30-14h mer-dim). Construit vers 1150, probablement pour le souverain local Ibn ben Hamusk, le Baño Moro comprend trois belles salles (froide, tempérée et chaude) dotées d'arcs outrepassés et de voûtes en berceau percées de lucarnes.

Où se restaurer

Mirador de Peñalta ANDALOU €
(Calle San Vicente 29 ; plats 8-10 € ;). À droite à l'entrée du village, c'est le restaurant des randonneurs affamés. Au menu, surtout de la viande (steaks, côtelettes d'agneau et de porc) et des spécialités revigorantes de la sierra comme l'*ajo atao* (pommes de terre sautées à l'ail avec des œufs).

Province de Grenade

918 072 HABITANTS

Dans ce chapitre »

Le top des restaurants

» Oliver (p. 246)
» Ruta del Azafrán (p. 243)
» Bodegas Castañeda (p. 247)
» Baraka (p. 257)

Le top des hébergements

» Hotel Posada del Toro (p. 305)
» Santa Isabel la Real (p. 305)
» Apartamentos Turisticos San Matías (p. 305)

Pourquoi y aller

Grenade possède tous les attraits : la beauté, les joyaux historiques, le sens de la fête, une ambiance décontractée, et bien d'autres charmes encore. Si le sublime Alhambra est un trésor que l'on se doit de visiter – il s'agit là d'un pèlerinage fondamental –, il faut aussi se perdre dans le dédale de ruelles de l'Albaicín, l'ancien quartier musulman dont les maisons blanchies à la chaux escaladent la colline. Au gré de la ville, vous découvrirez une architecture fascinante, des bars et des restaurants traditionnels (ou innovants), le tout pimenté d'une belle énergie insufflée par les étudiants de l'université de Grenade, et d'une vie nocturne trépidante.

D'autres surprises vous attendent dans la province de Grenade, notamment les pics enneigés de la Sierra Nevada, propices au ski ou à l'escalade, ainsi que les paysages magnifiques des Alpujarras à apprécier lors de randonnées entre les villages. Ne manquez pas non plus les habitations troglodytiques de l'Altiplano (haute plaine) et les plaisirs balnéaires qu'offre la Costa Tropical.

Distances en voiture (km)

	Grenade	Guadix	Almuñécar	Trevélez
Guadix	52			
Almuñécar	80	132		
Trevélez	74	76	65	
Pampaneira	58	92	49	16

À NE PAS MANQUER

Les Palacios Nazaríes, résidence des souverains de Grenade, joyau du mythique Alhambra.

Les meilleurs spectacles de flamenco

» Le Chien Andalou (p. 249)

» Eshavira (p. 249)

» Al Sur de Granada (p. 248)

Les meilleures boutiques de souvenirs

» Tienda Librería de la Alhambra (p. 249)

» Artesanías González (p. 249)

» Taller del Telar (p. 259)

Sites Internet

» **Turismo de Granada** (www.turismodegranada.org). Office du tourisme de la province de Grenade.

» **Ayuntamiento de Granada** (www.granada.org). Site Internet de la municipalité de Grenade, proposant de bonnes cartes.

» **Granada Information** (www.granadainfo.com). Informations générales sur Grenade.

Comment circuler

Si les bus relient les plus petits villages à Grenade, être motorisé offre plus de flexibilité et permet de traverser des paysages spectaculaires. Pourtant, en ville, avoir une voiture peut s'avérer gênant, car les rues sont tortueuses, sans signalisation, et beaucoup ne sont autorisées qu'aux taxis et aux bus. Dans l'idéal, mieux vaut venir à Grenade sans véhicule ou le laisser dans un parking souterrain (onéreux) durant votre séjour. Les trains ne desservent que Grenade et Guadix.

TROIS JOURS IDYLLIQUES

Jour 1 : Le patrimoine musulman de Grenade

En début de matinée, partez visiter les palais mauresques de l'Alhambra. À midi, goûtez à la cuisine arabo-hispanique au **Ruta del Azafrán**, puis accordez-vous une sieste méritée. En fin d'après-midi, remontez la colline pour explorer les rues sinueuses de l'Albaicín et admirer le coucher du soleil depuis le **Mirador San Nicolás**. Terminez la soirée par des tapas au **El Ají** et dans les autres bars de la place.

Jour 2 : Petits bonheurs citadins

Après avoir rendu hommage à Ferdinand et Isabelle dans la **Capilla Real**, offrez-vous une glace à **Los Italianos** – ou une paire de chaussures près de la Plaza Bib-Rambla. Frayez-vous un chemin jusqu'au bar de l'**Oliver** ou de **Los Diamantes** pour un déjeuner de fruits de mer. Après la sieste, une seconde glace vous fera patienter jusqu'à l'heure des tapas dans les bars emblématiques de la ville, comme le **Bodegas Castañeda**. Puis rendez-vous au **Eshavira** pour un spectacle de flamenco.

Jour 3 : Séjour mémorable dans les Alpujarras

Dans les montagnes s'étirant au sud de Grenade, adoptez le rythme rural à Pitres, puis marchez jusqu'aux villages en contrebas et au pont pluriséculaire qui enjambe une rivière tumultueuse. La remontée aiguisera votre appétit, que vous pourrez satisfaire avec un délicieux repas à **L'Atelier**. Le soir, depuis votre lit, profitez du silence qu'interrompra parfois le tintement des clochettes des chèvres.

Hébergement

Sans surprise, Grenade ne manque pas d'hôtels, avec un bon choix dans toutes les catégories, petits budgets compris. Ailleurs, notamment dans les Alpujarras, vous trouverez quantité de petits hôtels rustiques ou de charme, qui affichent vite complet en période de vacances, surtout à Pâques. Retrouvez nos adresses dans le chapitre *Hébergement* (p. 288).

GRENADE

258 000 HABITANTS / ALTITUDE 738 M

Si Séville incarne la passion et Cordoue le charme médiéval, Grenade (*Granada* en espagnol) conjugue les deux. Nombre de visiteurs, fascinés par l'aspect grandiose de l'Alhambra, en oublient que Grenade est la ville la plus jeune et la plus branchée d'Andalousie. Ici, une assiette de tapas gratuites accompagne toujours un verre et l'on trouve aussi bien des bars originaux que de minuscules "bistrots" à flamenco.

L'héritage mauresque de la ville est ici bien vivant. La population nord-africaine constitue environ 10% de la population et une mosquée moderne s'est installée dans le quartier médiéval de l'Albaicín. Si Grenade semble plutôt montagnarde tant les sommets enneigés de la Sierra Nevada sont proches, il est facile de rejoindre les plages de la côte pour la journée et de rentrer à temps pour profiter de la vie nocturne de la ville.

Histoire

Le véritable développement de Grenade commença en 711, lorsque les forces arabes prirent la ville aux Wisigoths avec l'aide de la communauté juive qui vivait dans une cité au pied de l'Alhambra appelée Garnata al-Jahud, d'où vient le nom de Grenade (*granada* signifiant aussi "grenade", fruit qui figure sur les armes de la ville). Au XIIIe siècle, au moment de l'effondrement de l'État almohade, un potentat, Mohammed ibn Yousouf ibn Nasr, établit un émirat indépendant, avec Grenade pour capitale. Peu après, de nombreux réfugiés musulmans arrivèrent, fuyant Cordoue et Séville tombées aux mains de la Castille chrétienne. L'émirat nasride devint le dernier bastion d'Al-Andalus.

Malgré son isolement, Ibn Nasr fit de l'Alhambra une cour royale, une forteresse et un palais fastueux d'où les Nasrides dirigèrent l'émirat pendant plus de 250 ans. Durant cette période, Grenade devint l'une des plus riches villes d'Europe, avec plus de 350 000 habitants. Elle devait sa prospérité aux talents de ses innombrables marchands et artisans, en particulier sous les émirs Yousouf Ier et Mohammed V au XIVe siècle.

Vers la fin du XVe siècle, la corruption, l'ambition dévorante et de violentes rivalités surgirent entre les prétendants à la succession. L'une des factions soutenait l'émir Abu al-Hasan et sa concubine chrétienne Zoraya, tandis que les autres prenaient le parti de Boabdil (Abu Abdullah) – fils d'Abu al-Hasan et de son épouse Aixa – qui n'était pourtant qu'un enfant. En 1482, Boabdil déclencha une guerre civile puis, à la suite du décès d'Abu al-Hasan en 1485, prit le contrôle de la ville. Affaibli par ces querelles intestines, l'émirat subit les attaques des catholiques. En 1491, ils firent le siège de la ville durant 8 mois. Boabdil finit par accepter de livrer la cité en contrepartie des vallées des Alpujarras, de 30 000 pièces d'or et de la reconnaissance de la liberté religieuse et politique de ses sujets. Le 2 janvier 1492, vêtus à la mode musulmane, Isabelle et Ferdinand entrèrent dans la ville et installèrent leur cour à l'Alhambra. Toutefois, ils ne tinrent pas parole et affichèrent une intolérance féroce. Ils firent expulser les juifs d'Espagne et persécutèrent les musulmans, qui furent chassés à leur tour au début du XVIIe siècle. Grenade, ancien joyau de la couronne espagnole, entama un déclin long de deux siècles.

En 1828, l'écrivain américain Washington Irving visita le palais en ruine et décida de s'y installer. Ses *Contes de l'Alhambra*, publiés en 1832, incitèrent les touristes du monde entier à venir admirer l'héritage musulman de la ville, lui donnant un second souffle.

Aujourd'hui, Grenade a tout d'une cité cosmopolite, mêlant cultures espagnole, marocaine, gitane, estudiantine… et internationale, en raison des voyageurs.

À voir

La plupart des sites importants sont accessibles à pied depuis le centre, et des bus permettent de soulager les voyageurs fatigués par les ascensions.

Alhambra — ENSEMBLE PALATIAL

(carte p. 232 ; ☎902 44 12 21 ; www.alhambra-tickets.es ; adulte/senior UE/étudiant UE/-8 ans 13/9/9 €/gratuit, Generalife seul 6 € ; 8h30-20h 16 mars-31 oct, 8h30-18h 1er nov-14 mars, visites nocturnes 22h-23h30 mar-sam mars-oct, 20h-21h30 ven-sam nov-fév). S'élevant au-dessus des cyprès et des ormes, les imposants murs rouges de l'Alhambra abritent l'un des plus splendides sites d'Europe, inscrit au patrimoine mondial de l'Unesco. Cet ensemble de palais, somptueusement décorés, et de jardins irrigués a inspiré de multiples légendes.

Malheureusement, le flot ininterrompu des touristes (6 000/jour en moyenne) durant la période estivale ne permet pas de prendre le temps de regarder un détail ou de s'imaginer au XIVe siècle. Préférez les

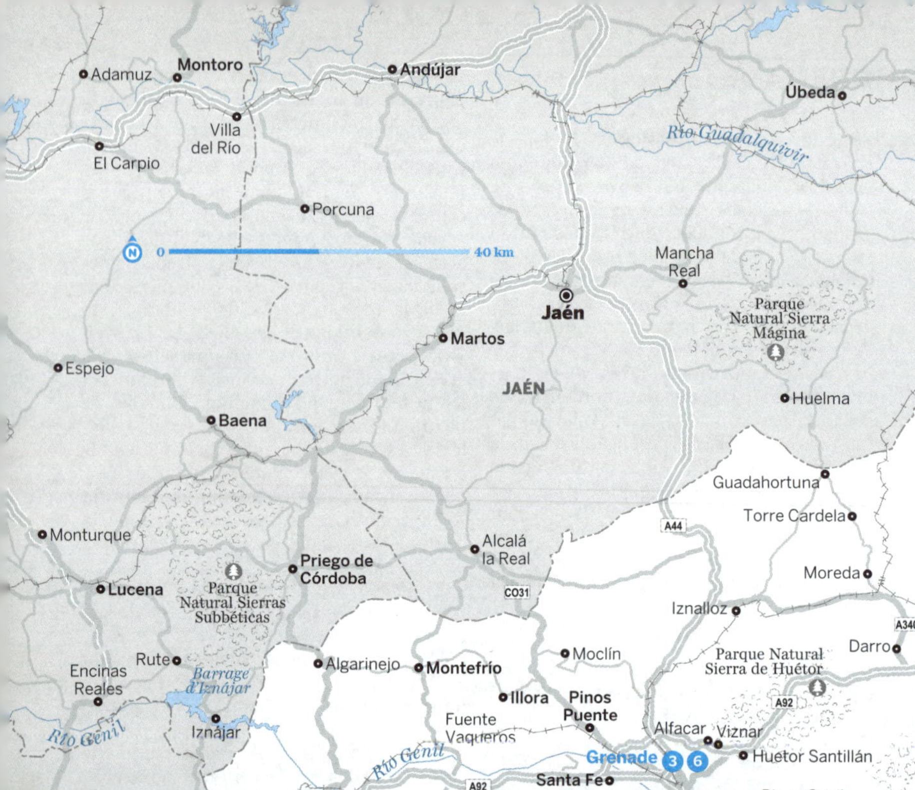

À ne pas manquer

1 Une dégustation du meilleur jambon du sud de l'Espagne, à **Trevélez** (p. 260)

2 Une escapade en voiture dans les vastes plaines que les dinosaures ont autrefois foulées, à **Orce** (p. 253)

3 Une soirée dans les **clubs de flamenco** (p. 248) de Grenade

4 Une randonnée dans les paysages époustouflants des **Alpujarras** (p. 256)

5 La marche ou le ski dans la **Sierra Nevada** (p. 255) enneigée

6 La pétillante ambiance estudiantine des **nuits** de Grenade (p. 248)

7 Un festin de fruits de mer dans un *chiringuito* (paillote de plage) à **La Herradura** (p. 263)

Alhambra

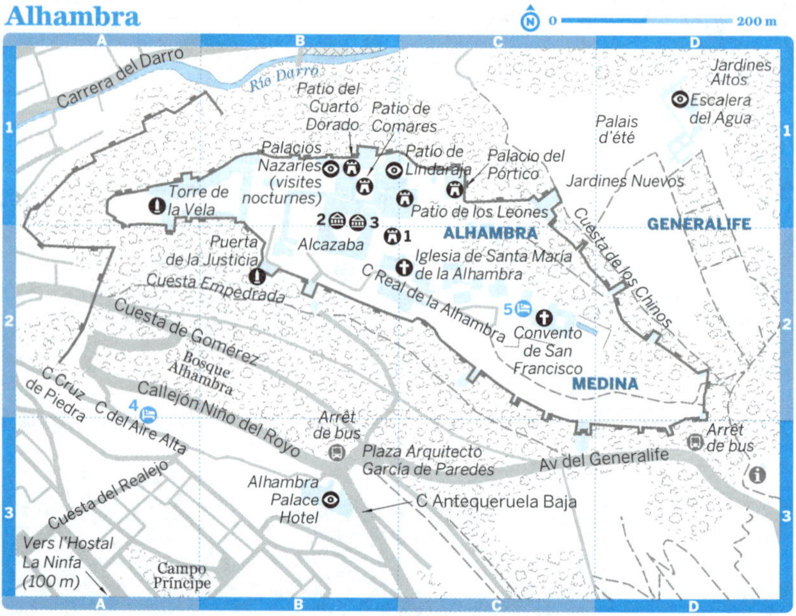

Alhambra

À voir

1	Alhambra	B2
2	Museo de Bellas Artes	B1
3	Museo de la Alhambra	B1

Où se loger

4	Carmen de la Alcubilla	A2
5	Parador de Granada	C2

Où se restaurer

Parador de Granada	(voir 5)

mois plus calmes pour votre visite ; si cela n'est pas possible, réservez à l'avance pour la première ou la dernière tranche horaire.

L'Alhambra tire son nom de l'arabe *al-qala'at al-hamra* (citadelle rouge). Le premier palais fut construit par Samuel Ha-Nagid, grand vizir juif de l'un des sultans zirides du XIe siècle. Aux XIIIe et XIVe siècles, les émirs nasrides transformèrent l'endroit en un palais-forteresse jouxtant une petite cité dont il ne reste que des ruines. Après la Reconquista (reconquête chrétienne), la mosquée de l'Alhambra fut remplacée par une église, et le Convento de San Francisco (aujourd'hui Parador de Granada) fut construit. Charles Quint, petit-fils des Rois Catholiques, fit détruire une aile des palais pour édifier un immense palais Renaissance, le Palacio de Carlos V. Sous l'occupation napoléonienne, l'Alhambra servit de caserne et échappa de peu à la destruction. Le site actuel a été considérablement restauré.

Palacios Nazaríes

Le palais central est le plus bel édifice de l'Alhambra. Bien qu'érigé à une période tardive de l'ère musulmane, alors que le déclin de l'empire était bien avancé (et que les architectes avaient remplacé la pierre par de la brique, moins onéreuse), ce palais est l'une des plus impressionnantes constructions mauresques d'Europe et l'exemple le plus raffiné qui nous soit parvenu de l'art et de l'architecture nasrides. Ses pièces et ses patios aux proportions parfaites mêlent harmonieusement espace, lumière, eau et verdure. Les mosaïques, les voûtes en *muqarnas* (alvéoles) et les boiseries ont survécu, mais ce sont surtout les stucs subtilement ouvragés qui émerveillent. L'inscription arabe "*Wa la ghaliba illa Allah*" ("Il n'y a d'autre vainqueur que Dieu") couvre presque toutes les parois en variant les styles calligraphiques, qui transforment les louanges divines en motifs géométriques. Toutefois, rares sont les traces confirmant les fonctions des palais, construits en deux phases principales ; l'une des seules certitudes est que les niches ménagées dans les murs servaient sans doute à poser des cruches à eau.

L'entrée se fait par le **Mexuar** du XIVe siècle, qui était peut-être une antichambre pour les personnes sollicitant une audience. Deux siècles plus tard, il fut transformé en chapelle. Appréciez çà et là les plafonds en bois sculptés de motifs géométriques. Vous accédez ensuite au **Patio del Cuarto Dorado**, qui aurait été une avant-cour du palais principal. Les portes symétriques sur la droite, encadrées de carreaux vernissés et de stuc, dissimulent un piège : la porte de droite conduit à l'extérieur tandis que celle de gauche ouvre sur un couloir en angle (un subterfuge pour préserver l'intimité des chambres) menant au **Patio de Comares**, centre d'un palais construit au milieu du XIVe siècle pour servir de résidence à l'émir Yousouf Ier.

Les pièces donnent sur un bassin rectangulaire bordé de myrte. On peut y distinguer des traces de peinture bleu cobalt sur les voûtes en *muqarnas*, dans les niches latérales du côté nord. À l'origine, tous les murs étaient polychromes ; sur le stuc des murs de la **Sala de la Barca**, juste à côté, l'effet devait être étonnant. Les visiteurs de Yousouf Ier passaient dans cette annexe avant de le rejoindre au **Salón de Comares**, dont la merveilleuse coupole en marqueterie se compose de plus de 8 000 morceaux de cèdre dessinant des étoiles, représentation des sept paradis de l'islam.

À côté, le **Patio de los Leones** (cour des lions), récemment restauré, fut construit durant la seconde moitié du XIVe siècle, sous Mohammed V, lors de l'apogée politique et artistique de l'émirat. La fontaine au centre, avec ses 12 lions de marbre de la bouche desquels jaillit l'eau, date du XIe siècle. Suivant la proportion du nombre d'or, l'architecture de la cour montre la complexité de la géométrie arabe – les 124 colonnes sont placées de telle manière qu'elles sont symétriques selon plusieurs axes.

En faisant le tour du patio dans le sens inverse des aiguilles d'une montre, vous verrez d'abord la **Sala de los Abencerrajes** qui fut le théâtre de l'assassinat des membres de la famille Abencérages qui soutint le jeune Boabdil lors d'une lutte de pouvoir au sein du palais, et dont le chef aurait osé courtiser Zoraya, la favorite d'Abu al-Hasan.

L'ALHAMBRA PRATIQUE

Les billets donnent accès au site pour la matinée (à partir de 8h30) ou l'après-midi (après 14h). Plus important, l'entrée aux Palacios Nazaríes doit se faire dans la demi-heure qui vous a été impartie (mais vous pouvez ensuite y rester le temps que vous voulez). Comptez un minimum de 3 heures pour visiter l'ensemble et au moins 10 minutes de marche entre le Generalife et les Palacios Nazaríes. Aucun retard n'est toléré ; en haute saison, soyez dans la file pour les palais dès le début du créneau horaire fixé.

Les entrées pour le jour même étant vite épuisées, mieux vaut acheter ses billets à l'avance (jusqu'à 3 mois). Vous pourrez retirer les commandes effectuées par téléphone ou Internet aux machines jaunes à droite de la **billetterie** en utilisant la même carte de crédit que celle ayant servi à l'achat. S'il n'y a plus de places disponibles, vous pourrez toujours acheter des entrées pour le Generalife et les jardins (7 €). Les Palacios Nazaríes ouvrent aussi en **nocturne** (⌚22h-23h30 mar-sam mars-oct, 20h-21h30 ven-sam nov-fév) : à essayer pour l'ambiance plus que pour profiter des détails.

Il n'y a aucun panneau explicatif sur place, mais un audioguide modérément intéressant est proposé à 4 €. Il est interdit d'apporter de la nourriture de l'extérieur, mais vous trouverez une cafétéria un rien chic (et onéreuse) au Parador de Granada (p. 246), ainsi que des distributeurs près de la billetterie et de l'Alcazaba. S'il n'y a aucun restaurant notable à l'extérieur du site, le bar de l'**Alhambra Palace Hotel** (☎958 22 14 68 ; Plaza Arquitecto García de Paredes 1 ; boissons 4-6 €) bénéficie d'une belle vue.

Trois chemins mènent à l'Alhambra : la Cuesta de Goméres, qui passe à travers bois jusqu'à la **Puerta de Justicia** (par laquelle vous pouvez entrer si vous avez déjà votre billet) ou la billetterie un peu plus loin, la Cuesta de los Chinos jusqu'à l'extrémité est du site, et la Cuesta de Realejo, qui passe par l'Alhambra Palace Hotel.

Les bus n°30, 32 et (moins direct) 34 partent à proximité de la Plaza Nueva de 7h à 23h. Ils s'arrêtent à la billetterie et en face de l'Alhambra. En voiture, suivez les panneaux "Alhambra" depuis l'autoroute jusqu'au parking, au-dessus de la billetterie.

Alhambra

CHRONOLOGIE

900 Le premier palais, l'*al-qala'at al-hamra* (citadelle rouge), est construit au sommet de la Sakiba, colline qui surplombe Grenade.

1237 Le fondateur de la dynastie nasride, Mohammed Ier, installe sa cour à Grenade. Menacé par les belligérants chrétiens, il construit un nouveau fort à vocation défensive, l'**Alcazaba** 1.

1302-1309 Mohammed III surveille la construction du **Generalife** 2, un palais d'été au charme bucolique et d'un raffinement précieux.

1333-1354 Yousouf 1er commande les **Palacios Nazaríes** 3, considérés comme l'exemple le plus raffiné de l'art et de l'architecture musulmane en Europe.

1350-1360 Le **Palacio de Comares** 4, résidence officielle des émirs, reflète le luxe de l'époque nasride.

1362-1391 Le retour de Mohammed V contribue à une splendeur architecturale encore plus brillante, incarnée dans le **Patio de los Leones** (cour des lions) 5.

1527 Les chrétiens élèvent le **Palacio de Carlos V** 6, exemple original de palais Renaissance ou incongruité dans l'ensemble musulman – à vous de décider.

1828 Voyageant en Espagne, l'écrivain américain Washington Irving séjourne à Grenade et loge à l'Alhambra, à moitié abandonné. C'est lui qui le fera "redécouvrir" grâce à ses *Contes de l'Alhambra*.

1954 Les jardins du Generalife sont prolongés vers le sud pour accueillir un théâtre en plein air.

BON À SAVOIR

» **Éviter l'attente** Réservez votre billet en ligne sur www.alhambra-tickets.es.

» **L'Alhambra gratuit** En entrant par la Puerta de Justicia, vous aurez accès gratuitement, en journée, aux secteurs publics de l'Alhambra.

» **Passer la nuit sur place** Deux agréables hôtels se trouvent sur place : le Parador de Granada (onéreux) et l'Hotel América (plus abordable).

MICHAEL TAYLOR / GETTY IMAGES ©

Sala de la Barca (salle de la barque)

Dans cette antichambre donnant accès au palais de Comares, admirez le plafond à caisson doré, en forme de coque de bateau renversée. Détruit par un incendie vers 1890, il fut laborieusement restauré.

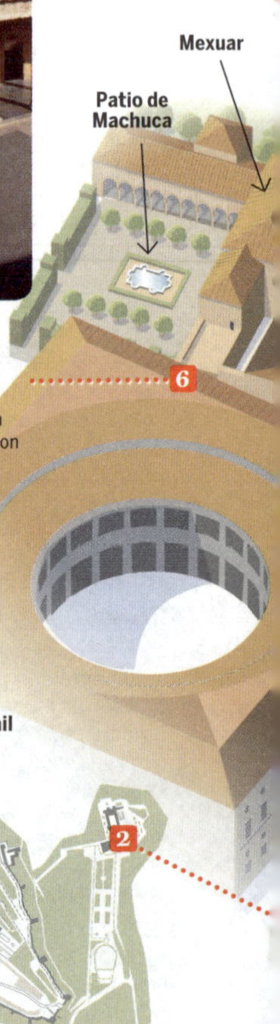

Palacio de Carlos V

On oublie souvent les mérites stylistiques de ce palais Renaissance, ajout de 1527. Au rez-de-chaussée, le Museo de la Alhambra renferme une collection d'objets issus de l'Alhambra.

Alcazaba

Prenez le temps d'explorer les tours de la citadelle originelle. Dans la plus imposante, la Torre de la Vela, un escalier en colimaçon mène au plus beau panorama sur l'Alhambra.

DAVID TOMLINSON / GETTY IMAGES ©

JOHN ELK III / GETTY IMAGES ©

Patio de Arrayanes (cour des myrtes)

On aimerait pouvoir s'attarder le long des haies de myrtes (arrayanes) qui soulignent le paisible bassin rectangulaire, puis méditer sous les arcs gracieux des portiques ombragés.

DAVID TOMLINSON / GETTY IMAGES ©

JOHN ELK III / GETTY IMAGES ©

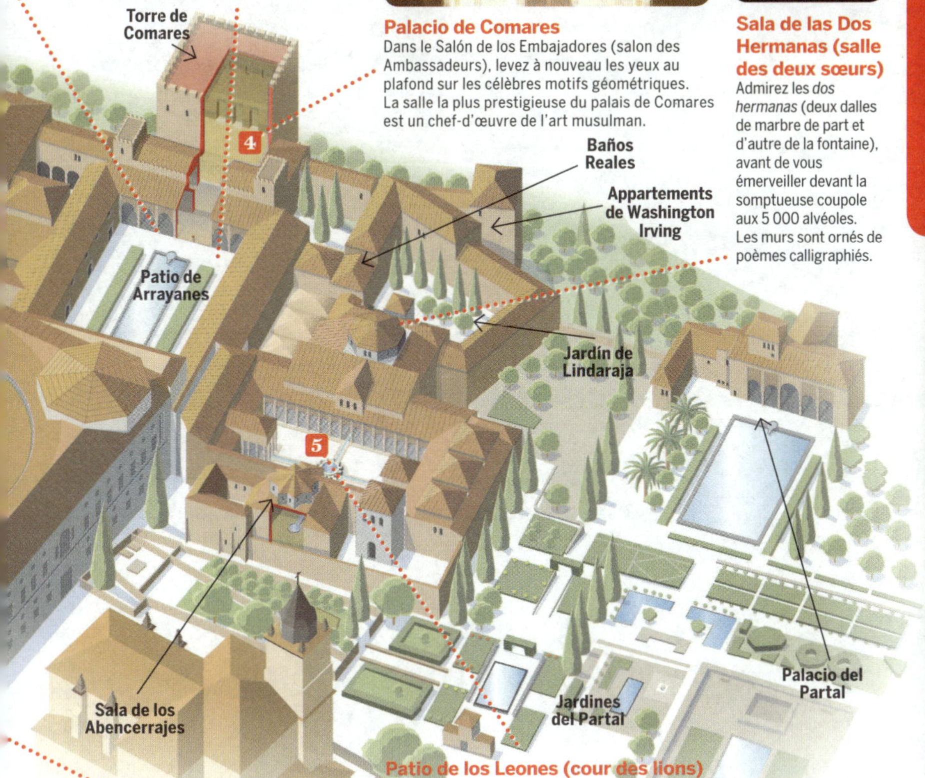

Palacio de Comares

Dans le Salón de los Embajadores (salon des Ambassadeurs), levez à nouveau les yeux au plafond sur les célèbres motifs géométriques. La salle la plus prestigieuse du palais de Comares est un chef-d'œuvre de l'art musulman.

Sala de las Dos Hermanas (salle des deux sœurs)

Admirez les *dos hermanas* (deux dalles de marbre de part et d'autre de la fontaine), avant de vous émerveiller devant la somptueuse coupole aux 5 000 alvéoles. Les murs sont ornés de poèmes calligraphiés.

Patio de los Leones (cour des lions)

Les 12 lions de marbre qui soutiennent la vasque de la fontaine aimantent le regard. Mais revenez à l'architecture exquise des colonnes et des arcs, qui représentent le paradis islamique.

Generalife

Il faut absolument visiter le "jardin de l'architecte". Si le palais d'été est d'origine nasride, le jardin est relativement récent : les bassins et les arcades ne datent que du début du XXe siècle.

SAMUEL MAGAL / GETTY IMAGES ©

JOHN ELK III / GETTY IMAGES ©

Grenade

La haute coupole à huit branches est entièrement sculptée de *muqarnas*. Dans la **Sala de los Reyes** (salle des rois), à l'extrémité est du patio, le plafond aux caissons tapissés de cuir est orné de peintures, représentant les dix émirs nasrides, attribuées à des artistes chrétiens du XIVe siècle, probablement originaires de Gênes.

Du côté nord du patio, des portes dissimulaient jadis l'entrée de la **Sala de las Dos Hermanas** (salle des deux sœurs) – les trous de chaque côté étaient sans doute

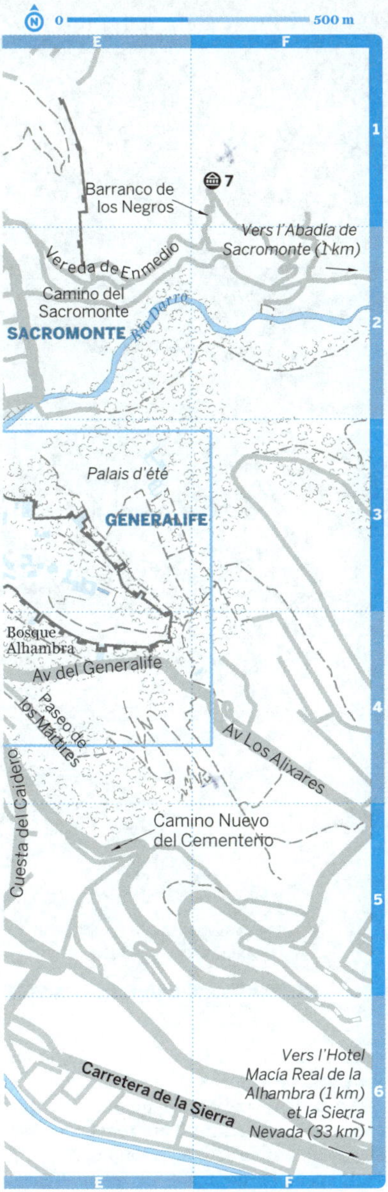

Grenade

À voir

- **1** Colegiata del Salvador D2
- **2** Iglesia de San Juan de Díos A2
- **3** Mezquita Mayor de Granada D2
- **4** Mirador San Nicolás D2
- **5** Monasterio de San Jerónimo A2
- **6** Museo Arqueológico D2
- **7** Museo Cuevas del Sacromonte F1
- **8** Palacio de Dar-al-Horra C2

Activités

- **9** Aljibe San Miguel Baños Árabes A4
- Baños de Elvira .... (voir 12)

Où se loger

- **10** AC Palacio de Santa Paula B2
- **11** Casa Morisca Hotel D2
- **12** Hostal Arteaga B2
- **13** Hostal La Ninfa D4
- **14** Santa Isabel La Real C2

Où se restaurer

- **15** El Ají C2
- **16** Paprika B2
- **17** Ruta del Azafrán D2

Où prendre un verre

- **18** Al Sur de Granada B2

Où sortir

- **19** Boogaclub A1
- **20** Eshavira B2
- **21** Peña de la Platería D2

leurs points d'ancrage. Les murs sont ornés de motifs représentant la flore locale, et la bande calligraphiée au niveau du regard est un poème glorifiant Mohammed V pour sa victoire à Algésiras en 1369. La magnifique coupole à *muqarnas* compte quelque 5 000 alvéoles. Les jalousies sculptées à l'étage supérieur permettaient aux femmes de voir dans la salle sans être vues. Tout au bout, le **Mirador de Lindaraja** était un endroit ravissant pour admirer le jardin. Il reste des traces de peinture sur l'encadrement des fenêtres et les panneaux de verre coloré du plafond en bois diffusent une lumière chaleureuse.

De la Sala de las Dos Hermanas, un couloir passant par les dômes des bains de l'étage inférieur mène aux salles construites pour Charles Quint dans les années 1520. De là, on descend ensuite dans le joli **Patio de Lindaraja**. Dans le coin sud-ouest se trouvent les bains – vous ne pourrez pas y entrer, mais seulement voir les pièces, éclairées par des lucarnes en forme d'étoile.

Vous arriverez ensuite aux jardins en terrasses, créés au début du XXe siècle, et au bassin en face du petit **Palacio del Pórtico** (palais du portique), le plus ancien palais de l'Alhambra, puisqu'il date du

Centre de Grenade

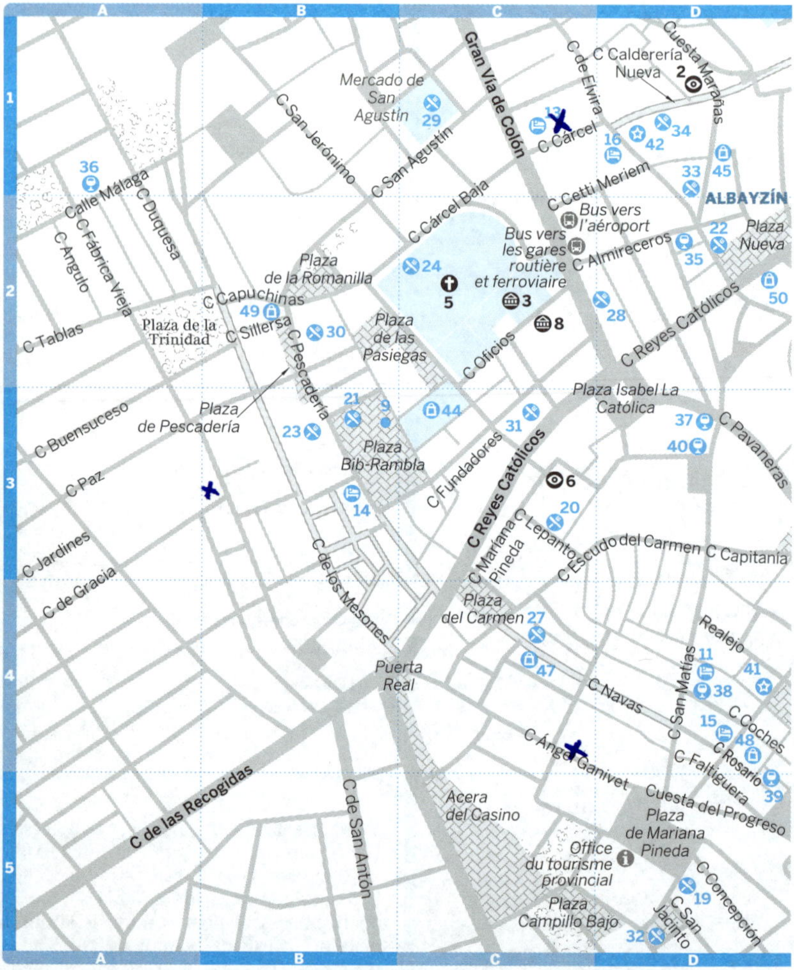

règne de Mohammed III (1302-1309). Vous pouvez quitter le jardin par la porte en face du Palacio de Carlos V ou continuer sur le chemin menant au Generalife.

Alcazaba, bâtiments chrétiens et musées

À l'extrémité ouest de l'Alhambra se trouvent les vestiges de l'**Alcazaba**, partie la plus ancienne du site dont il ne reste que les remparts et plusieurs tours. C'est au sommet de la **Torre de la Vela** (tour de guet), où un escalier étroit mène à la terrasse supérieure, que la croix et les bannières de la Reconquista furent hissées en 1492.

Près des Palacios Nazaríes, l'imposant **Palacio de Carlos V** détonne dans le cadre de l'Alhambra. Ce monument carré cache une étonnante cour ronde de deux étages entourée de 32 colonnes. C'est le seul exemple espagnol de plan Renaissance symbolisant l'unité de la Terre et du Ciel. Initié en 1527 par Pedro Machuca, un architecte de Tolède, ancien élève de Michel-Ange, il fut financé grâce aux taxes levées sur les *Moriscos* (musulmans convertis) de Grenade. Les fonds se raréfièrent après la rébellion des *Moriscos* et l'édifice ne put être achevé.

À l'intérieur, le **Museo de la Alhambra** (carte p. 232 ; entrée libre ; 9h-14h30 mar-sam) renferme une collection d'objets issus de l'Alhambra, dont les portes de la Sala de las Dos Hermanas, tandis que le **Museo de Bellas Artes** (musée des Beaux-Arts ; carte p. 232 ; 1,50 €, ressortissant UE gratuit ; 9h-14h lun-ven) abrite des peintures et des sculptures de l'histoire chrétienne de Grenade.

Plus loin, l'**Iglesia de Santa María de la Alhambra**, du XVIe siècle, occupe l'emplacement de l'ancienne mosquée du palais. Sur la crête de la colline, le **Convento de San Francisco**, aujourd'hui devenu l'hôtel Parador de Granada, est l'endroit où les dépouilles d'Isabelle et Ferdinand reposèrent avant d'être transférées à la Capilla Real, alors en chantier.

Generalife

De l'arabe *yannat-al-arif* ou "jardin de l'architecte", le Generalife est un agréable ensemble d'allées, de patios, de bassins, d'arbres vénérables et, en saison, de fleurs multicolores. Pour s'y rendre, il faut entrer dans l'Alhambra du côté est, puis revenir vers le nord-ouest. On traverse un jardin de haies minutieusement taillées, au sud, qui servait jadis de pâturages aux troupeaux royaux. À l'extrémité nord se trouve le **palais d'été** de l'émir, édifice blanc installé sur le coteau faisant face à l'Alhambra. Les cours sont particulièrement belles ; dans la deuxième, le tronc d'un cyprès vieux de 700 ans laisse imaginer l'ombre qu'il pouvait offrir jadis. Grimpez l'escalier sortant de la cour pour rejoindre l'**Escalera del Agua**, une volée de marches le long de laquelle l'eau s'écoule.

Capilla Real ÉDIFICE HISTORIQUE

(carte p. 238 ; www.capillareal.granada.com ; Calle Oficios ; 3,50 € ; 10h30-13h30 et 16h-19h30 lun-sam, 11h-13h30 et 16h-19h dim avr-oct). Attenante à la cathédrale, la **chapelle royale** fait partie des édifices représentant l'autorité catholique de Grenade. Dernière demeure de Ferdinand et d'Isabelle, commanditée par la reine elle-même, elle illustre la vanité des monarques : on retrouve leurs initiales jusque sur le toit. L'édifice, de style isabélin (la dernière forme du gothique espagnol), n'ayant été achevé qu'en 1521, plusieurs années après leur mort, ils furent inhumés au Convento de San Francisco dans l'intervalle.

Les monarques reposent dans de simples cercueils de plomb couronnés de gisants de marbre, dans la crypte située sous le chœur, ceint d'une grille en fer forgé ornementée, œuvre de Bartolomé de Jaén (1520). Leur infortunée fille, Jeanne la Folle (Juana la Loca), et son époux, Philippe Ier (Philippe de Habsbourg), sont inhumés à leurs côtés. Jeanne, dont on peut mettre en doute la folie, fut la mère de Charles Quint et l'héritière légitime du trône d'Espagne. Quand Charles Quint revint de Flandres en 1517, elle fut obligée d'abdiquer et on l'enferma pour le restant de sa vie (40 ans). Le film de Vincente Aranda, *Juana la Loca* (2001), relate de façon extraordinaire le drame de Jeanne. Dans la sacristie, un petit **musée** abrite

Centre de Grenade

À voir

1 Baños Árabes El Bañuelo F1
2 Calle Caldereria Nueva D1
3 Capilla Real C2
4 Casa de los Pisa E1
5 Cathédrale C2
6 Corral del Carbón C3
7 Iglesia de Santa Ana E1
8 La Madraza C2

Activités

9 Cicerone Cultura y Ocio B3
10 Hammams de Al Andalus E1

Où se loger

11 Apartamentos Turisticos San Matías D4
12 Hostal Venecia E2
13 Hotel Fontecruz C1
14 Hotel Los Tilos B3
15 Hotel Palacio de Los Navas D4
16 Hotel Posada del Toro D1
17 Hotel Puerta de las Granadas E2
18 Hotel Zaguán del Darro F1

Où se restaurer

19 Café Futbol D5
20 Cisco y Tierra C3
21 Gran Café Bib-Rambla B3
22 Greens & Berries D2
23 Heladería Tiggiani B3
24 Marché des herbes et épices C2
25 Hicuri E3
26 La Candela E3
27 Los Diamantes C4
28 Los Italianos D2
29 Mercado de San Agustín C1
30 Oliver B2
31 Pastelería López-Mezquita C3
32 Restaurante Chikito D5
33 Samarkanda D1
34 Tetería As-Sirat D1

Où prendre un verre

35 Bodegas Castañeda D2
36 Botánico A1
37 Cafe Bar Manila D3
38 La Budinka D4
39 La Tana D5
40 Mundra D3

Où sortir

41 Café Picaro D4
42 Granada 10 ..... D1
43 Le Chien Andalou E1

Achats

44 Alcaicería C3
45 Alquímía Pervane D1
Artesanías González ..... (voir 12)
46 Daniel Gil de Avalle E4
47 Granada Vinos C4
48 La Oliva D4
49 Marie B2
50 Tienda Librería de la Alhambra D2

une remarquable collection. Outre l'épée de Ferdinand, le sceptre et la couronne d'Isabelle, elle comprend les tableaux réunis par la souveraine. Si les maîtres flamands dominent, on admire aussi *La prière aux jardins des oliviers*, de Sandro Botticelli. Deux belles statues du début du XVIe siècle, par Felipe de Vigarni, représentent les Rois Catholiques en prière.

La Madraza ÉDIFICE HISTORIQUE

(carte p. 238 ; Calle Oficios ; entrée libre ; 8h-22h). La Madraza, ancienne école et université coranique, fut fondée en 1349 par le sultan Yousouf Ier. À l'intérieur, une merveilleuse lumière baigne la salle de prière, au *mihrab* très ouvragé. Le bâtiment, qui fait partie de l'université actuelle, était fermé pour restauration lors de notre visite.

Cathédrale CATHÉDRALE

(carte p. 238 ; 958 22 29 59 ; 3,50 € ; 10h45-13h30 et 16h-20h lun-sam, 16h-20h dim, jusqu'à 19h tlj nov-mars). L'immense cathédrale était une autre commande d'Isabelle, mais sa construction ne débuta qu'après sa mort et ne s'acheva pas avant 1704. L'extérieur, baroque, fut dessiné par Alonso Cano au XVIIe siècle, tandis que l'intérieur, de style Renaissance, le fut par l'Espagnol Diego de Siloé. Il réalisa la Capilla Mayor, avec sa coupole, ses ors et ses peintures, ainsi que les statues de la somptueuse Puerta del Perdón, sur la façade nord-ouest.

Casa de los Pisa ÉDIFICE HISTORIQUE

(Archivo Museo San Juan de Díos ; carte p. 238 ; Calle de la Convalencia 1 ; don apprécié 2,50 €, visite guidée uniquement, en espagnol ; 10h-13h30 lun-sam). Le saint le plus connu de Grenade,

San Juan Robles (San Juan de Díos), a consacré sa vie à soigner les nécessiteux, fondant une fraternité médicale. Il est mort en 1550, à 55 ans, dans la Casa de los Pisa.

La demeure de la riche famille Pisa, qui hébergea le saint lorsqu'il tomba malade, renferme aujourd'hui une collection d'art liturgique, ainsi que diverses curiosités comme des mues de boa et même une tête réduite. La visite (45 min) se termine dans la pièce où s'est éteint le saint.

GRATUIT Iglesia de San Juan de Díos — ÉGLISE

(carte p. 236 ; Calle San Juan de Díos ; ⏲10h-13h et 16h-19h). C'est dans cette église baroque, qui lui est dédiée, que repose la dépouille de San Juan Robles, conservée dans une niche richement décorée.

Monasterio de San Jerónimo — MONASTÈRE

(carte p. 236 ; Calle Rector López Argüeta 9 ; 3,50 € ; ⏲10h-14h30 et 16h-19h30). Le Monasterio de San Jerónimo, du XVIe siècle, est l'un des édifices catholiques les plus spectaculaires de Grenade. On peut notamment admirer l'intérieur de son église, dont l'intégralité a été peinte. Gonzalo Fernández de Córdoba, chef militaire des Rois Catholiques surnommé El Gran Capitán (le grand capitaine), est inhumé ici, au pied des marches, et des statues le représentant avec son épouse encadrent l'immense retable doré, qui s'élève sur huit niveaux. Le monastère est un peu excentré.

Monasterio de la Cartuja — MONASTÈRE

(Paseo de la Cartuja ; 3,50 € ; ⏲10h-13h et 16h-20h lun-sam, 10h-12h dim). Ce monastère (monastère de la Chartreuse) fut édifié entre le XVIe et le XVIIIe siècle par les moines chartreux eux-mêmes. Le contraste est grand entre son imposant extérieur en pierre ocre, presque austère, et le fastueux intérieur baroque de son église. Le sanctuaire (*sagrario*), derrière le maître-autel, allie différents marbres de couleur – rouge, noir, blanc et gris bleuté –, des colonnes à chapiteau doré, une profusion de sculptures et une coupole peinte de superbes fresques.

À gauche du maître-autel, la sacristie, ultime expression du baroque espagnol tardif, présente un décor surchargé de stuc et de marbre brun et blanc de Lanjarón. Plaqués et incrustés d'acajou, d'ébène, d'ivoire, de nacre et d'argent, les meubles de la sacristie, réalisés au XVIIIe siècle par un chartreux, Fray (frère) José Manuel Vásquez, sont un chef-d'œuvre de la marqueterie grenadine.

Le monastère abrite plusieurs représentations de saint Bruno, fondateur de l'ordre des chartreux, le visage blême et contemplant un crâne. Quelques-uns de ses os sont conservés dans l'autel recouvert d'ors et de miroirs.

Du centre, prenez le bus n°8, ou C ou U partant vers le nord depuis Gran Vía de Colón. En semaine, descendez à Paseo de la Cartuja I. Le week-end, le bus s'arrête devant le monastère.

Corral del Carbón — SITE HISTORIQUE

(carte p. 238 ; Calle Mariana Pineda). En face de la Calle Reyes Católicos s'élève l'arc en fer à cheval élaboré du Corral del Carbón, ancien caravansérail du XIVe siècle. Le bâtiment a par la suite servi d'auberge pour charbonniers (d'où son nom de "cour du charbon"), puis de théâtre. Il abrite aujourd'hui des bureaux administratifs et accueille occasionnellement des concerts.

ALBAICÍN

Rien ne vaut une promenade au crépuscule dans l'Albaicín, sorte de village à l'intérieur de la ville, afin de profiter d'un coucher de soleil illuminant l'Alhambra, qui se teinte de rose et d'or. Rejoignez le Mirador San Nicolás, d'où la vue est magique sur le palais se détachant sur la Sierra Nevada.

Le meilleur itinéraire, à travers le dédale de ruelles, sera le vôtre. Toutefois, il est assez simple de suivre le Río Darro.

Iglesia de Santa Ana — ÉGLISE

(carte p. 238 ; Plaza Santa Ana). La Plaza Nueva se prolonge au nord-est par la Plaza Santa Ana, où s'élève l'église du même nom, dont le clocher intègre le minaret d'une ancienne mosquée (comme plusieurs autres églises de l'Albaicín).

Baños Árabes El Bañuelo — HAMMAM

(carte p. 238). Situés dans l'étroite Carrera del Darro, ces bains arabes du XIe siècle sont plus vastes qu'il n'y paraît de l'extérieur.

Museo Arqueológico — MUSÉE

(carte p. 236 ; ☎58 57 54 08 ; Carrera del Darro 43 ; 1,50 €, ressortissant UE gratuit ; ⏲14h30-20h30 mar, 9h-20h30 mer-sam, 9h-14h30 dim). Occupant une demeure Renaissance, ce musée présente des objets provenant de toute la province : outils anciens, molaires de mammouth, astrolabes, etc.

Colegiata del Salvador — ÉGLISE

(carte p. 236). La Plaza del Salvador, presque au sommet de la colline, est dominée par cette église du XVIe siècle, située à l'emplacement de la grande mosquée de l'Albaicín. Le patio de la mosquée a été préservé, à l'extrémité ouest de l'église.

Palacio de Dar-al-Horra PALAIS
(carte p. 236). Au bas d'une petite ruelle s'élève ce palais du XVe siècle, Alhambra miniature au charme fané, qui fut la demeure de la mère de Boabdil, le dernier roi de Grenade.

Mirador San Nicolás POINT DE VUE
(carte p. 236 ; Callejón de San Cecilio). La Callejón de San Cecilio mène au Mirador San Nicolás. De là, on jouit d'une vue spectaculaire sur l'Alhambra et la Sierra Nevada, notamment au coucher de soleil (attention, les pickpockets sont très actifs dans le secteur). Artistes de rue et étudiants se mêlent aux touristes tout à leurs photos.

Mezquita Mayor de Granada MOSQUÉE
(carte p. 236). En retrait de la Cuesta de las Cabras, la première mosquée de l'Albaicín, construite depuis 500 ans, fut inaugurée en 2003. Les jardins sont ouverts au public, mais seuls les musulmans peuvent pénétrer dans l'édifice.

Calle Caldereria Nueva RUE
(carte p. 238). Centre de vie de la communauté musulmane actuelle, cette rue est bordée de quantité de boutiques vendant narguilés et babouches, ainsi que de salons de thé à l'orientale, comme la **Tetería As-Sirat** (Calle Caldereria Nueva 4), prisés des jeunes musulmans.

Activités

Grenade possède trois *baños árabes* mais aucun n'est ancien ni ne ressemble aux hammams moyen-orientaux. Les bains relaxants attirent plus la clientèle que les gommages nettoyants, et les salles carrelées à l'éclairage tamisé se prêtent bien à la détente après une longue journée de visites. Tous offrent un accès au bassin pour des séances de 2 heures, avec, en option (et en supplément), un massage de 15 ou 30 minutes. Réservation indispensable et port du maillot de bain obligatoire (possibilité d'en louer un sur place). Les serviettes sont fournies et les bains sont mixtes.

Hammam de Al-Andalus HAMMAM
(carte p. 238 ; ☎902 33 33 34 ; www.granada.hammamspain.com ; Calle Santa Ana 16 ; bain/bain et massage 22/32 €). Le meilleur des hammams, doté de trois bassins à différentes températures et d'un sauna. Possibilité de massage-gommage (*masaje tradicional*, 39 €).

Baños de Elvira HAMMAM
(carte p. 236 ; ☎958 20 26 53 ; www.banosdeelvira.com ; Calle Arteaga 3 ; bain/bain et massage 18/25 €). Plus petit, le Baños de Elvira organise, le 1er et le 3e mardi du mois, une journée naturiste.

Aljibe San Miguel Baños Árabes HAMMAM
(carte p. 236 ; ☎958 52 28 67 ; www.aljibesanmigue.es ; Calle San Miguel Alta 41 ; bain/bain et massage 21/30 €). C'est le plus grand des hammams de la ville, avec sept bassins, mais il n'a pas de sauna ni de gommage proposé. Les massages, certains à la crème de cerise ou au chocolat, compensent...

Circuits organisés

Cicerone Cultura y Ocio CIRCUITS PÉDESTRES
(carte p. 238 ; ☎650 541669 ; www.ciceronegranada.com ; circuit 15 €). Des promenades à pied instructives du centre de Grenade et de l'Albaicín partent tous les jours de la Plaza Bib-Rambla, à 10h30 (11h en hiver).

Visite nocturne de l'Alhambra CIRCUIT CULTUREL
(☎902 44 12 21 ; www.alhambra-patronato.es ; adulte/-12 ans 13 €/gratuit ; ⏲22h-23h30 mar-sam). Les Palacios Nazaríes, illuminés en soirée, sont le cadre d'une visite romantique (et il y a moins de monde qu'en journée).

Grenade secrète CIRCUIT PÉDESTRE
(☎958 20 19 39 ; www.granadaunderground.blogspot.com.es ; circuits 15-30 € ; ⏲9h30-12h et 16h-18h30). Explorez le réseau de tunnels et de donjons sous la ville (et l'Alhambra). Creusés par des prisonniers maures ou chrétiens (on ne sait pas très bien), ils n'ont été découverts que fort récemment. Beaucoup relient diverses résidences, permettant sans doute aux puissants de l'époque de vivre à l'abri des regards. Réservez sur le site.

City Sightseeing Tour CIRCUIT EN BUS
(☎902 10 10 81 ; www.city-sightseeing.com ; adulte/enfant 18/9 € ; 👪). Les bus à impériale de Grenade, où vous pouvez monter et descendre à votre guise, desservent 20 arrêts, dont les principaux sites, telles la cathédrale et l'Alhambra. Le billet est valable pendant 24 heures.

Fêtes et festivals

Semana Santa SEMAINE SAINTE
Les deux manifestations les plus impressionnantes de la Semaine sainte à Grenade sont Los Gitanos (mercredi), durant laquelle la *fraternidad* (confrérie) monte jusqu'à l'Abadía de Sacromonte, illuminée par des

feux de joie, et El Silencio (jeudi), procession silencieuse éclairée à la bougie.

Feria del Corpus Cristi FÊTE RELIGIEUSE
(Corpus Christi Fair). Grande foire annuelle de Grenade, qui débute 60 jours après le dimanche de Pâques. Corridas, danse et marionnettes des rues sont au programme de cette semaine de festivités. La plupart des manifestations ont lieu près de la gare routière.

Día de la Cruz FÊTE RELIGIEUSE
Le 3 mai, jour de la Croix, places, patios et balcons sont ornés de croix couvertes de fleurs, annonçant trois jours de festivités.

Festival Internacional de Música y Danza FESTIVAL DE MUSIQUE
(www.granadafestival.org). Pendant trois semaines en juin et juillet, concerts et représentations classiques et modernes de grande qualité se déroulent à l'Alhambra et dans d'autres sites historiques.

Où se restaurer

La gastronomie proposée à Grenade reste assez simple et rustique – les portions généreuses de spécialités andalouses compensent l'absence d'*alta cocina* (haute cuisine). La ville compte aussi beaucoup d'adresses servant de bonnes tapas et *raciones*.

Ruta del Azafrán FUSION €€
(carte p. 236 ; www.rutadelazafran.es ; Paseo del Padre Manjón 1 ; plats 13-20 €). L'un des rares restaurants contemporains de Grenade, au décor chic (beaucoup d'acier). Carte éclectique : tempuras asiatiques, pesto aux brocolis, couscous d'agneau, porc rôti, etc. La terrasse sur le Río Darro est agréable pour un en-cas, mais le service est meilleur à l'intérieur.

Paprika VÉGÉTARIEN €€
(carte p. 236 ; www.paprika-granada.com ; Cuesta de Abarqueros 3 ; plats 10-12 €, menu 12 € ;). Vin bio, cuisine végétarienne et végétalienne s'associent au décor mexicain coloré pour créer une adresse qui sort de l'ordinaire. Le chef américain concocte des plats sains, d'inspiration plutôt asiatique, les curries thaïlandais, le tofu et le seitan étant ses spécialités.

El Ají ESPAGNOL CONTEMPORAIN €€
(carte p. 236 ; Plaza San Miguel Bajo 9 ; plats 12-20 € ;). Ce minuscule restaurant de l'Albaicín, raffiné et douillet, sert le petit-déjeuner jusque dans l'après-midi. Les serveurs vous indiqueront les meilleurs plats de la carte, créative (comme les crevettes à la tequila et au miel). Même les mets les plus simples, comme la tortilla, sont préparés avec soin. L'endroit parfait pour se cacher du soleil et se reposer après la grimpette depuis la Plaza Nueva.

Café Futbol CAFÉ €
(carte p. 238 ; www.cafefutbol.com ; Plaza de Mariana Pineda 6 ; churros 2 € ;). Un café sur trois niveaux, aux murs beurre frais et aux lustres clinquants, ouvert en 1903, et fréquenté par la gent féminine, les étudiants étrangers et les familles. Des garçons en chemise blanche servent aux nombreux clients matinaux, chocolat chaud, *churros* (beignets) et gâteaux, comme la *tarta san cecilio* à la crème à la vanille et au chocolat. Installez-vous aux tables à l'étage pour observer la place. Également, en-cas salés.

Restaurante Chikito ANDALOU €€
(carte p. 238 ; 958 22 33 64 ; www.restaurantechikito.com ; Plaza Campillo Bajo 9 ; plats 17-20 € ; jeu-mar). L'un des restaurants les plus anciens de la ville, qui avait la faveur de Lorca (sa table était dans l'angle), toujours aussi populaire auprès des notables du coin. Ses murs sont tapissés de photos de célébrités locales, et le bar à tapas a pour spécialité les escargots (5 €). Le restaurant attenant propose des plats revigorants, comme un ragoût de queue de bœuf ou des médaillons de porc, cuisinés à la perfection, expérience oblige ! Réservations recommandées.

Los Diamantes POISSON ET FRUITS DE MER €
(carte p. 238 ; Calle Navas 26 ; raciones 8-10 €). Ce bar-restaurant d'angle, proche de la Plaza del Carmen, est un paradis pour les amateurs de poisson et de fruits de mer. Les assiettes croulent sous un incroyable assortiment de *pescado frito* (poisson frit) et de délicieuses crevettes. Elles s'accompagnent bien d'une *caña* (petit verre de bière). Essayez d'arriver tôt, les lieux sont pris d'assaut par des clients enthousiastes dès midi.

Los Italianos GLACES €€
(carte p. 238 ; Gran Vía de Colón 4 ; glace 1,10-4 € ; 9h-13h avr-oct ;). Derrière le long bar en zinc attend un bataillon de femmes en veste blanche prêtes à remplir le *barquillo* (cornet) ou la *terrana* (barquette) avec la glace de votre choix. La pistache et la framboise sont délicieuses, tout comme l'orange. S'il y a trop de monde, tentez l'entrée arrière, Calle Abenamar. Malheureusement, ce fantastique glacier est fermé en hiver.

Teterías et hammams

Les coutumes raffinées des anciens souverains d'Al-Andalus perdurent dans nombre de cités andalouses, à travers les *teterías* (salons de thé) typiques et les hammams (Baños Árabes) au cadre souvent historique. Goûtez la pénombre de ces lieux de délassement rehaussés de lanternes à la lumière vacillante.

Tetería Almedina

1 Un établissement d'Almería (p. 273) parfait pour une pause thé – le choix est incroyable. Sirotez un thé à la menthe marocain ou un thé indien, accompagné de délicates pâtisseries arabes.

Hammam Andalusi

2 Très sous-estimée, Jerez de la Frontera offre pourtant quantité de plaisirs exotiques, dont le Hammam Andalusi (p. 119), où céder à la tentation d'un bain de chocolat.

Tetería Nazarí

3 Ce salon de thé de Grenade a la faveur d'une population estudiantine et bohème, qui apprécie ses recoins tranquilles où discuter autour d'un narguilé.

La Tetería

4 Beaucoup ignorent que Málaga fut maure presque aussi longtemps que Grenade. Ses *teterías* peuvent donc revendiquer la même authenticité. À La Tetería (p. 155), près du Museo Picasso Málaga, vous attendent de délicieux thés et gâteaux.

Hammam de Al-Andalus

5 Il règne au magnifique Hammam de Al-Andalus (p. 242) un calme délicieux. Après un bain dans trois bassins à différentes températures, vous pourrez vous rafraîchir avec un thé à la menthe.

1

JERÓNIMO ALBA/ALAMY ©

2

ANDREAS VON EINSIEDEL/HAMMAMANDALUSI.COM ©

Droite

1. Un verre de thé à la menthe dans une *tetería*
2. Le Hammam Andalusi (p. 119)

Parcs nationaux et naturels

Les parcs nationaux et naturels d'Andalousie offrent un "espace de respiration" bienvenu, entre deux doses d'art, de culture et d'histoire. Ce sont également des remparts face à l'urbanisation qui frappe une grande partie de la côte méditerranéenne espagnole.

Parque Nacional Sierra Nevada

1 Les férus d'alpinisme s'attaqueront au Veleta ou au Mulhacén (p. 256), point culminant de l'Espagne continentale. Les autres s'adonneront au ski, aux balades à cheval ou à la randonnée, depuis Pradollano (p. 253) et Capileira (p. 259).

Parque Natural de Cabo de Gata-Níjar

2 Cette portion du littoral sauvage du Cabo de Gata, dans la province d'Almería (p. 280), est ponctuée de plages désertes et de villages de pêcheurs.

Parque Nacional de Doñana

3 Zone humide rare inscrite, le Parque Nacional de Doñana (p. 82), d'une superficie de 542 km^2, abrite de nombreuses espèces d'oiseaux, de vastes dunes de sable côtières et des écosystèmes essentiels.

Parque Natural Sierra de Grazalema

4 Partez à l'assaut des montagnes escarpées et des splendides sentiers de randonnée de ce superbe parc (p. 126).

Parque Natural Sierra de Aracena y Picos de Aroche

5 Dans les *dehesa* (pâturages en sous-bois) de ce parc (p. 90), paissent les porcs noirs qui produisent les meilleurs jambons fumés de la région.

Gauche
1. Sierra Nevada (p. 255) **2.** Cabo de Gata-Níjar (p. 280)

LA MONTAGNE SACRÉE DE GRENADE

Quartier essentiellement gitan situé au nord-est de l'Albaicín, Sacromonte est réputé pour sa tradition du flamenco, qui attire les touristes dans les clubs et les amateurs dans les écoles de musique, et ses habitations troglodytiques. Toutefois, ce quartier périphérique est encore marginalisé, et si certaines des maisons creusées dans la colline sont un peu tape-à-l'œil, d'autres, sommaires, existent pour certaines depuis le XIVe siècle.

L'endroit est agréable pour se promener et admirer la vue (notamment d'un café de Vereda de Enmedio). Pour en apprendre davantage sur le quartier, le **Museo Cuevas del Sacromonte** (carte p. 236 ; www.sacromontegranada.com ; Barranco de los Negros ; 5 € ; 10h-14h et 17h-21h mar-dim) donne un excellent aperçu de l'artisanat local. Installé dans un vaste jardin d'herbes aromatiques, ce musée dédié à l'ethnographie, l'environnement et les arts, accueille des expositions artistiques, des spectacles de flamenco et programme aussi des films (22h, les mercredi et vendredi de juin à septembre). Dans le Camino del Sacromonte, l'artère principale de Sacromonte, et alentour, certaines grottes ont été transformées en clubs, où sont donnés des spectacles de flamenco (assez onéreux) pour touristes. À vous d'exercer un œil averti.

Les plus curieux iront jusqu'à l'**Abadía de Sacromonte** (3 € ; 11h-13h et 16h-18h, fermé mar), au sommet de la colline, où ils pourront se faufiler dans des chapelles troglodytiques.

Montez à pied depuis l'Albaicín ou prenez le bus n°34 jusqu'à l'école de flamenco Venta El Gallo, à 250 m de la discothèque troglodytique El Camborio, puis suivez les panneaux dans le Barranco de los Negros jusqu'au musée. Pour vous rendre à l'abbaye, descendez deux arrêts plus loin et passez sous l'arche. Plusieurs fois dans la journée, le bus va jusqu'à l'abbaye. Si vous trouvez le chemin long et ardu, imaginez-vous dans une procession de la Semaine sainte, en plein après-midi.

Mercado de San Agustín MARCHÉ €
(carte p. 238 ; Calle San Agustín ; fermé dim). À une rue à l'ouest de la cathédrale, ce grand marché couvert est un vrai régal pour les yeux, avec ses stands remplis de fruits et légumes. Profitez aussi des étals d'**herbes aromatiques et d'épices** installés dans la Calle Cárcel Baja, le long de la cathédrale.

Oliver POISSON ET FRUITS DE MER €€
(carte p. 238 ; www.restauranteoliver.com ; Calle Pescadería 12 ; plats 12-18 € ; fermé dim). Les bars dédiés aux produits de la mer de cette place sont une véritable institution à Grenade, et Oliver est l'un des meilleurs, tant pour la cuisine que pour le service. Hommes d'affaires et balayeurs se pressent au bar, au pied duquel s'amoncellent serviettes sales et épluchures de crevettes, pour dévorer des *raciones* de poissons frits à l'ail. Pour un repas au calme, optez pour la salle du fond ou les tables en terrasse, vite prises d'assaut.

Greens & Berries INTERNATIONAL €
(carte p. 238 ; Plaza Nueva 1 ; en-cas à partir de 2,50 € ;). Idéalement située près des bancs de la place, voici une excellente adresse pour quelque chose de sain, rapide et nourrissant. Parmi les sandwichs, celui au saumon, avocat et citron, et celui au fromage de chèvre et oignons caramélisés sont fameux. Également : soupes du jour, smoothies aux fruits frais et un divin cheesecake.

Parador de Granada INTERNATIONAL €€
(carte p. 232 ; 958 22 14 40 ; Calle Real de la Alhambra ; plats 19-22 € ; 8h-23h). D'un côté, le Parador de Granada offre un cadre huppé et serein, avec des plats aux saveurs espagnoles, marocaines et françaises, incluant également de la chèvre et de la venaison. De l'autre, c'est une petite cantine élégante pour touristes, où même le *bocadillo de jamón* a un goût particulier (il coûte quand même 12 € !). Une expérience un peu surfaite, mais agréable étant donné son emplacement, au sein de l'Alhambra.

Pastelería López-Mezquita PÂTISSERIE-TRAITEUR €
(carte p. 238 ; www.pasteleriallopezmezquita.com ; Calle Reyes Católicos 39 ; pâtisseries 2-6 € ; 9h-18h30 lun-sam ;). Cette vénérable pâtisserie vend d'excellents en-cas à emporter, comme les *empanadillas* (feuilletés, garnis au bacon et aux dattes), ou des parts de *pastela moruna* (pastilla au poulet parfumée à la cannelle). Prenez un numéro pour commander au comptoir, ou asseyez-vous dans la salle à l'arrière.

Samarkanda LIBANAIS €€
(carte p. 238 ; Calle Calderería Vieja 3 ; plats 8-12 € ;). En dépit de son décor vieillot, cette table libanaise est très réputée, de longue date, pour sa cuisine, notamment végétarienne. À la carte : une soupe de lentilles relevée de citron et de cumin, ainsi que les mets habituels, comme l'houmous, le moutabal (purée d'aubergine à la crème de sésame) et les falafels. En dessert, rien ne vaut la crème à la cannelle, aux noix et à la fleur d'oranger.

Hicuri VÉGÉTARIEN €€
(carte p. 238 ; Plaza de los Girones 3 ; plats 7-12 € ;). Fresques murales colorées de style latino pour ce spacieux restaurant qui met l'accent sur les plats végétariens, à côté de quelques mets carnés, dont du filet du porc et de la salade de poulet. Tofu et seitan utilisés sans modération, et pâtisseries espagnoles confectionnées avec des œufs bio et du lait de soja.

Bodegas Castañeda BAR
(carte p. 238 ; Calle Almireceros ; tapas 2-3 €, raciones 6-8 €). Vénérable institution, ce bar animé sert de copieuses tapas (essayez la *tabla* ; une commande à 6 € suffit amplement pour deux). Les boissons sont tirées à de grands tonneaux encastrés dans les murs. Notre coup de cœur : le *vermut* (vermouth) allongé de soda. À ne pas confondre avec l'Antigua Bodega Castañeda, au coin de la rue, qui n'est pas aussi bonne.

Cisco y Tierra TAPAS €
(carte p. 238 ; Calle Lepanto 3 ; tapas 1,50-3,50 €). Toutes les tapas servies ont été préparées avec des ingrédients en conserve, ce qui n'empêche pas qu'elles soient bonnes. Essayez celles au *manchego* affiné. Le plafond est décoré de chapeaux de gendarme et de siphons, tandis que des airs romantiques s'échappent de la radio derrière le bar.

Gran Café Bib-Rambla CAFÉ €
(carte p. 238 ; Plaza Bib-Rambla 3 ; chocolat et churros 4 € ;). Dans ce café, parmi les plus vieux cafés de Grenade (1907), on torréfiait les grains sur la place et le lait était livré chaque jour des fermes alentour. Aujourd'hui, on vient y déguster un chocolat chaud et des *churros*.

La Candela ANDALOU €
(carte p. 238 ; Calle Santa Escolástica 9 ; montaditos 1,10-2,50 €). Pour découvrir le quartier du Realejo, assez branché, un arrêt s'impose dans ce bar spécialisé dans les *montaditos* (canapés élaborés), à base de viande, de légumes et de fromage. Choisissez-en un ou deux (la liste est longue) pour compléter votre assiette de tapas. Ils sont préparés avec un soin extrême (très lentement), mais vous pourrez toujours passer le temps en regardant les affiches de concerts et les tatouages des autres clients.

Où prendre un verre

Grenade – comme toute la province – est un bastion de la tradition des tapas gratuites qui accompagnent les boissons commandées, et se font de plus en plus savoureuses au fur et à mesure que l'on consomme. Toutefois, ce sont rarement les meilleurs plats, ce qui pousse à commander autre chose à la carte. La plupart des bars sont ouverts à l'heure du déjeuner. Essayez aussi les établissements autour de la Plaza de Toros, à 15 minutes à pied vers le nord-ouest depuis la Gran Vía, réputés pour leur cuisine.

La Budinka BAR À VINS
(carte p. 238 ; Calle San Matías 14 ; 18h-tard lun-sam). Une adresse très chic – seaux de glace carbonique, murs de bouteilles couleur pastel, meubles en métal brillant et murs noirs et bordeaux. Les vins, excellents, sont servis au verre et il est inutile de réserver pour la dégustation du mercredi à

LES PLACES DE GRENADE

Construite sur l'emplacement d'une ancienne porte de la ville, la vaste **Plaza Bib-Rambla** accueille des cafés, des étals de fleurs et des glaciers. Proche des principaux sites touristiques, elle est très fréquentée. Le chocolat avec *churros* (beignets) de l'historique Gran Café Bib-Rambla (p. 247) y est excellent, tout comme la glace de la **Heladería Tiggiani** (carte p. 238 ; Plaza Bib-Rambla 11).

Au nord-ouest de la place, la **Calle Pescadería**, zone piétonne encadrée de restaurants de poisson, relie presque directement à la **Plaza de la Romanilla** et ses bars élégants. Dans l'autre direction, la Calle Pescadería mène à la ravissante **Plaza de la Trinidad**, ombragée et bordée de boutiques traditionnelles. Les petites rues alentour abritent aussi de bons bars, très abordables.

VOTRE CHEF PERSONNEL

Francisco Lillo, propriétaire de La Oliva (p. 250), est aussi un chef talentueux, passionné par les produits et ingrédients régionaux. Si vous avez envie d'un bon dîner, téléphonez-lui (un jour ou deux à l'avance) et il vous concoctera un festin d'une dizaine de plats de dégustation, accompagné des vins adéquats. Hôte attentif, il vous présentera également les ingrédients andalous, et, si vous optez pour un déjeuner au lieu d'un dîner, il vous invitera à l'accompagner au marché pour choisir les produits de saison.

Ne vous attendez pas à des mets sophistiqués, mais à une bonne cuisine simple, comme du pâté de perdrix, du merlu à la sauce au safran, de la salade de Grenade avec agrumes, morue, pommes de terre et chorizo, ou des asperges grillées. Francisco Lillo ne peut recevoir que 14 convives (35 €/pers). Pour plus d'informations, consultez le site www.laolivagourmet.com.

15h30 (5 €/4 vins). Tapas classiques, dont du fromage de chèvre rôti avec confiture de figue, et rouleaux de printemps à la mangue et menthe, ainsi qu'assiettes à partager.

Cafe Bar Manila BAR
(carte p. 238 ; www.mundomanila.org ; Placeta de las Descalzas 3 ; 8h-1h ;). Le Cafe Bar Manila est le premier de Grenade à émissions polluantes nulles, grâce au programme de reforestation (certifié UE) auquel il participe au Costa Rica et à Madagascar. Il recycle également quasiment tout et sert, dans la mesure du possible, des produits bio, dont des vins et des bières.

Programmation régulière d'expositions d'art, de présentations audiovisuelles et de conférences, sans oublier une excellente cuisine. Plats végétaliens, crêpes salées et sucrées, et *tostadas* (toasts) au petit-déjeuner – à garnir de crème de marrons, de l'habituelle purée de tomates à l'huile d'olive, etc. Sofas, œuvres d'art aux murs et musique du monde participent au confort des lieux. L'accès Wi-Fi gratuit retient les clients.

La Tana BAR À VINS
(carte p. 238 ; Calle Rosario ; 11h-tard lun-sam). La carte est très fournie dans ce bar à vins du Realejo. En cas d'hésitation, choisissez l'un des "vins du mois" ou renseignez le barman sur vos goûts : il vous orientera vers un rouge *suave* (doux) ou quelque chose de plus *fuerte* (fort). Les tapas (surtout carnées) sont copieuses, et l'endroit a un côté intimiste et rétro.

Al Sur de Granada BAR-ÉPICERIE FINE
(carte p. 236 ; 958 27 02 45 ; Calle de Elvira 150 ; 10h30-15h30 et 18h30-23h30). Cette épicerie fine, spécialisée dans les meilleurs produits et vins de la province de Grenade, fait aussi office de bar. On y donne souvent des concerts de flamenco et il y a des dégustations de vin tous les jeudis à 19h (10 €). Essayez l'assiette dégustation, à arroser d'une liqueur des montagnes. Pour ceux qui désireraient "remonter à la source", les sympathiques propriétaires peuvent même vous trouver un hébergement sur place.

Botánico BAR-CLUB
(carte p. 238 ; www.botanicocafe.es ; Calle Málaga 3 ; 13h-1h). Un établissement écologique chic qui sert une cuisine diététique méditerranéenne pendant la journée et se transforme la nuit en bar et club, avec des DJ ou des concerts – surtout de jazz et de blues. Son nom lui vient du paisible jardin botanique, situé juste en face, qui invite à une promenade durant la journée.

Mundra BAR
(carte p. 238 ; Plaza de la Trinidad ; assiettes 10 € ; 8h30-14h lun-jeu, 8h30-15h ven-sam). Dominant la place ombragée, une adresse à l'élégance cosmopolite, avec des tonneaux noirs en guise de table, des bouddhas et une bonne musique d'ambiance. En cas de petit creux, il y a des assiettes à partager, dont des crevettes provenant de Motril et du *provolone*, fromage bien sûr italien.

☆ Où sortir

Les étudiants se rassemblent autour de la Calle de Elvira, tandis que le Realejo (en commençant par la Calle Navas), l'ancien quartier juif, attire une population plus branchée. Le centre, près de la Plaza Nueva, compte plusieurs excellents bars authentiques. Les caves/clubs de Sacromonte sont célèbres pour leurs spectacles de flamenco, mais ils sont souvent réservés aux voyages organisés. Vu le nombre d'étudiants en musique que compte la ville, il n'est pas difficile de voir de beaux spectacles dans des établissements plus discrets, ainsi que des concerts. Vous pouvez commencer par les adresses citées ci-dessous et guetter les affiches et prospectus.

Boogaclub CLUB AVEC DJ

(carte p. 236 ; www.boogaclub.com ; Calle Santa Barbara 3 ; ⌚14h-18h lun-jeu, 23h-7h ven-dim). Musique relaxante, soulful house, funk, électro et Chicago house... avant que des DJ internationaux se mettent aux platines, mixant funk, soul, reggae et session hommage (à Amy Winehouse, etc.). Place alors à la danse. Également, soirées karaoké, jam sessions et concerts. Consultez le site Internet pour le programme.

Le Chien Andalou FLAMENCO

(carte p. 238 ; www.lechienandalou.com ; Carrera del Darro 7 ; 8 € ; ⌚spectacles 21h). Une des meilleures adresses pour apprécier le flamenco rythmé par les castagnettes, où se produisent, tout au long de la semaine, des musiciens et des danseurs professionnels de différentes écoles. Un *aljibe* (puits) restauré, évoquant une grotte, confère au lieu une ambiance beaucoup plus authentique que dans la plupart des attrape-touristes de Sacromonte. Réservez via le site Internet.

Eshavira MUSIQUE LIVE

(carte p. 236 ; Postigo de la Cuna 2 ; ⌚à partir de 22h). Tout près de la Calle Azacayas, en bas d'une ruelle lugubre, ce club figure parmi les plus réputés de la ville en matière de jazz et de flamenco. La fête bat son plein jusqu'à au moins 1h... en semaine ! Pour les couche-tôt, un bon spectacle est proposé plus tôt le dimanche soir.

Peña La Platería FLAMENCO

(carte p. 236 ; Placeta de Toqueros 7). Au cœur de l'Albaicín, la Peña La Platería serait le plus ancien club d'amateurs de flamenco du pays. L'endroit est privé et pas toujours accessible aux non-membres. Les représentations ont généralement lieu le jeudi et le samedi à 22h30. Mieux vaut être bien habillé et parler un peu espagnol.

Café Picaro MUSIQUE LIVE

(carte p. 238 ; www.picarojazz.com ; Calle Varela 10 ; ⌚jazz live 22h jeu). Un café niché dans une petite rue en retrait de la Calle San Matías, dans le quartier du Realejo, haut lieu de la vie nocturne. Le côté bohème du lieu sied à ravir aux concerts de jazz. Pas beaucoup de place mais une belle ambiance. Meilleure nuit le jeudi.

Granada 10 DISCOTHÈQUE

(carte p. 238 ; www.granada10.com ; Calle Calderería Nueva 11 ; 10 € ; ⌚à partir de 24h). Un magnifique théâtre reconverti en discothèque scintillant sous les paillettes, adresse favorite d'une clientèle chic et glamour. Sofas dorés pour se relaxer et pop espagnole pour se déhancher.

Achats

En matière d'artisanat, Grenade est notamment réputée pour sa *taracea* (marqueterie). Vous trouverez boîtes, tables ou échiquiers incrustés, pour les plus belles pièces, de coquillages, d'argent ou encore de nacre.

Artesanías González ART ET ARTISANAT

(carte p. 238 ; Cuesta de Gomérez 2). Tous les articles sont d'une extrême finesse, des petits coffrets faciles à transporter aux échiquiers.

Daniel Gil de Avalle MUSIQUE

(carte p. 238 ; Plaza del Realejo 15 ; ⌚fermé sam après-midi). Un magasin d'instruments de musique établi de longue date, où vous pourrez vous offrir une magnifique guitare réalisée par le maître des lieux, et le voir à l'œuvre. Partitions, surtout de flamenco.

Marie FLAMENCO

(carte p. 238 ; Calle Pescadería 15). Vend des tenues de flamenco et tous les accessoires qui vont avec (bracelets, créoles, châles, éventails...).

Tienda Librería de la Alhambra SOUVENIRS

(carte p. 238 ; Calle Reyes Católicos 40). Un trésor de boutique, où trouver tout un choix de cadeaux : beaux livres sur l'Alhambra, livres d'art pour enfants, éventails peints à la main, jolis articles de papeterie, etc. Également : tirages photo à sélectionner dans la vaste bibliothèque numérique (à partir de 14 € pour un format A4).

Alquímía Pervane PARFUMS

(carte p. 238 ; Calderería Nueva). En haut d'une rue à l'atmosphère orientale, bordée de salons de thé et de cafés où l'on fume le narguilé, une minuscule boutique présentant un grand choix d'huiles parfumées dans de jolies bouteilles, d'eau de rose, etc.

Granada Vinos VINS

(carte p. 238 ; Calle Navas 29). Un caviste réputé pour sa sélection de crus de la région et de toute l'Andalousie. On y trouve aussi des vins du reste de l'Espagne et de bien au-delà, comme d'Argentine et du Chili. Le propriétaire organise des cours d'œnologie et des dégustations régulières.

BONO TURÍSTICO GRANADA

Valable 5 jours, le **Bono Turístico Granada** (32 €) est une carte donnant accès aux principaux sites de la ville, ainsi qu'à 10 trajets dans les bus de la ville, d'un billet d'une journée du City Sightseeing Bus, de réductions sur le circuit pédestre de Cicerone Cultura y Ocio et d'un audioguide de la ville. Toutefois, les économies ne sont vraiment intéressantes que si vous visitez la quasi-totalité des sites.

Le Bono est en vente à **this.is: granada**, un kiosque orange installé en face de la Plaza Nueva, où s'arrête le bus pour l'Albaicín. Moyennant un supplément de 2,50 €, vous pouvez le précommander par téléphone auprès de la **ligne d'information Bono** (☎902 10 00 95) ou sur Internet (www.caja-granada.es), puis aller le retirer à la banque **CajaGranada** (Plaza Isabel La Católica 6 ; ⏲8h30-14h15 lun-ven).

Alcaicería SOUVENIRS

(carte p. 238 ; Calle Alcaicería). L'ancien marché maure de la soie (produite dans la région) est aujourd'hui un ensemble de boutiques pour touristes. Il reste charmant à visiter dans la lumière et le calme du petit matin. À l'entrée, on découvre l'emplacement des anciennes portes, refermées chaque nuit pour se protéger des pillards. À l'intérieur, des gardes patrouillaient aussi dans les étroites venelles.

La Oliva ALIMENTATION

(carte p. 238 ; Calle Rosario 9). Une épicerie fine au superbe choix de vins et d'huiles d'olive de qualité (voir p. 248).

Renseignements

Office du tourisme provincial (www.turismodegranada.org ; Plaza de Mariana Pineda 10 ; ⏲9h-22h lun-ven, 10h-19h sam)

Office du tourisme régional (☎958 22 10 22 ; Calle Santa Ana 1 ; ⏲9h-19h lun-sam, 10h-14h dim et jours fériés). Sur la Plaza Santa Ana.

Depuis/vers Grenade

AVION L'**Aeropuerto Federico García Lorca** (www.aena.es) est à 17 km à l'ouest de la ville, près de l'A92. Les **Autocares J González** (www.autocaresjosegonzalez.com) rallient la Gran Vía de Colón (aller 3 €), en face de la cathédrale. Les départs de l'aéroport correspondent à l'arrivée des avions. Du centre, ils partent presque toutes les heures entre 5h20 et 20h. En taxi, comptez 22 € environ.

BUS La **gare routière** (Carretera de Jaén) se trouve à 3 km au nord-ouest du centre-ville. Prenez le bus n°3 jusqu'au centre, ou un taxi (6 €). **Alsa** (www.alsa.es) dessert la province et la région, et propose un bus de nuit pour l'aéroport Barajas de Madrid (24,50 €, 6 heures).

DESTINATION	TARIF (€)	DURÉE (HEURES)	FRÉQUENCE (/JOUR)
Almería	13,50	2 h 15-4 h	9/ j
Cordoue	13,50	2 h 45	8/ j
Guadix	9	1 h	9/ j
Jaén	8	1 h 15	12/ j
Málaga	10,50	2 h	18/ j
Mojácar	19	4 h	2/ j
Séville	20,50	3-4 h	10/ j

BUS LOCAUX Les billets à l'unité coûtent 1,20 € ; le pass rechargeable coûte 2 € auxquels s'ajoutent au moins 5 € (le trajet revient alors à 0,80 €). Ils s'achètent en espèces aux chauffeurs de bus. La plupart des lignes s'arrêtent dans la Gran Vía de Colón. L'office du tourisme fournit cartes et horaires.

TAXI Prenez un taxi sur la Plaza Nueva ou appelez **Teleradio taxi** (☎958 28 06 54).

TRAIN La **gare ferroviaire** (☎958 24 02 02 ; Avenida de Andaluces) se situe à 1,5 km au nord-ouest du centre, près de l'Avenida de la Constitución. Pour rejoindre le centre, marchez tout droit jusqu'à l'Avenida de la Constitución et tournez à droite pour prendre le bus n°1, 3, 5, 7 ou 33 jusqu'à la Gran Vía de Colón. En taxi, comptez quelque 5 €.

DESTINATION	TARIF (€)	DURÉE (HEURES)	FRÉQUENCE (/JOUR)
Algésiras	25	4 h 15	3/j
Almería	16,50	2 h 30	4/j
Barcelone	58	11 h 15	1/j
Cordoue	35,50	2 h 30	2/j
Linares-Baeza	15	2 h 30	2/j
Madrid	68	4 h 45	2/j
Séville	25	3 h	4/j

VOITURE Grenade est située à l'intersection de l'A44 et de l'A92. L'Alhambra est facile d'accès depuis l'A395. Parkings :

Alhambra Parking (Avenida Los Alixares ; 2,50/16,75 € par heure/jour)

Parking San Agustín (Calle San Agustín ; 1,75/20 € par heure/jour)

Parking Plaza Puerta Real (Acera del Darro ; 1,45/17 € par heure/jour)

LA VEGA ET L'ALTIPLANO

Autour de Grenade se déploie une plaine fertile, La Vega, où alternent peupleraies et cultures variées. Ralliant le nord-est, l'A92 traverse le Parque Natural Sierra de Huétor, vallonné, avant de parcourir un paysage de plus en plus aride. Les sommets blancs de la Sierra Nevada, qui surgissent au sud, le rendent d'autant plus spectaculaire. Les environs de la ville de Guadix, qui comptent la plus grande concentration d'habitations troglodytiques d'Espagne, et sans doute d'Europe, sont tout aussi fascinants.

Après Guadix, l'A92 se dirige au sud-est vers Almería et passe par le Marquesado de Zenete, au pied du flanc nord de la Sierra Nevada. Quant à l'A92N, elle part vers le nord-est à travers l'Altiplano, ces "hautes plaines" de Grenade d'où émergent des montagnes, et qui dévoilent de superbes panoramas sur le nord de la province d'Almería.

Guadix

20 400 HABITANTS

À 55 km de Grenade, près des contreforts de la Sierra Nevada, Guadix est connue pour ses habitations troglodytiques. Il ne s'agit pas de grottes préhistoriques, mais de logements modernes creusés dans l'argile, où vivent quelque 3 000 personnes. Les hôtels troglodytiques, frais en été et douillets l'hiver, font découvrir ce mode de vie. Les *Accitanos* (du nom arabe de la ville, Wadi Acci) bénéficient d'excellents bars à tapas, peu fréquentés des touristes. L'**office du tourisme** (958 66 26 65 ; Avenida Mariana Pineda ; 9h-13h30 et 16h-18h lun-ven) se trouve sur la route de Grenade en quittant le centre-ville.

À voir

La plupart des visiteurs se rendent directement dans le quartier troglodytique, négligeant le centre historique, qui s'enorgueillit de bâtiments en grès à l'architecture caractéristique. La **cathédrale** (Calle Santa María del Buen Aire ; 3 € ; 10h30-13h et 14h-19h lun-sam, 9h30-13h dim) fut construite entre le XVIe et le XVIIIe siècle sur le site de l'ancienne mosquée principale, dans un mélange de styles gothique, Renaissance et baroque.

Non loin de la cathédrale, la **Plaza de la Constitución** semble presque fortifiée, entourée d'arcades et d'escaliers en brique patinés par le temps. Un peu plus haut, remarquez la jolie tour mudéjare de l'**Iglesia y Monasterio de Santiago** (Placeta de Santiago ; heures des messes), du XVIe siècle, dotée d'une façade plateresque (style d'ornementation architecturale de la première Renaissance espagnole) recherchée de Diego Siloé.

À l'ouest de l'église, vous verrez le château arabe des Xe et XIe siècles, l'**Alcazaba** (Calle Barradas 3 ; 1,20 € ; 11h-14h et 16h-18h30 mar-sam, 10h-14h dim), d'où la vue sur la ville s'étend jusqu'à la Barriada de las Cuevas (le principal quartier troglodytique), à 700 m au sud.

L'HÉRITAGE DE LORCA

Le grand poète et dramaturge Federico García Lorca est né à Fuente Vaqueros, juste à côté de Grenade, et y est mort, abattu par des franquistes au début de la guerre civile. Sa maison d'été, la **Huerta de San Vicente** (958 25 84 66 ; Calle Virgen Blanca ; 3 €, mer gratuit, entrée uniquement avec visite guidée en espagnol ; 10h-12h30 et 17h-10h30 mar-dim) est un musée dans un joli parc, à 15 minutes de marche de la Puerta Real : descendez la Calle de las Recogidas sur 700 m, tournez à droite dans la Calle del Arabial ; l'entrée du parc est un peu plus loin sur la gauche.

À Fuente Vaqueros, village natal de Lorca à 17 km à l'ouest de Grenade, le **Museo Casa Natal Federico García Lorca** (958 51 64 53 ; www.museogarcialorca.org ; Calle Poeta Federico García Lorca 4 ; 2 € ; visites guidées ttes les heures 10h-13h et 17h-19h mar-dim avr-juin, 10h-14h mar-dim juil-août, 10h-14h et 17h-19h mar-dim) donne à voir photos, affiches et costumes des pièces de l'auteur. Des bus (2 €, 20 min) gérés par **Ureña** (958 45 41 54) partent de l'Avenida de Andaluces en face de la gare ferroviaire de Grenade, environ toutes les heures entre 9h et 20h en semaine et toutes les 2 heures jusqu'à 17h le week-end. La dépouille de Lorca se trouve dans l'un des charniers entre Víznar et Alfacar, au nord-est de la ville par l'A92. Le lieu est désormais un parc mémorial.

Barriada de las Cuevas HABITATIONS TROGLODYTIQUES

La Barriada, au sud de la ville, est le plus grand quartier troglodytique de Guadix. Nichées dans les collines, ces habitations blanchies à la chaux ont une cheminée, une parabole, ainsi que l'électricité et l'eau courante. Vous découvrirez, à pied ou en voiture, des maisons superbes et d'autres plus délabrées (il y en aurait près de 2 000).

Cueva Museo MUSÉE

(Plaza de Padre Poveda ; 2,50 € ; 10h-14h et 17h-19h lun-ven, 10h-14h sam). Cet excellent musée-grotte recrée l'habitat troglodytique traditionnel. On peut notamment y voir des présentations audiovisuelles, ainsi que du mobilier (meubles en bois peints) et des objets du quotidien (jougs de bœufs, poteries en terre pour l'eau, sandales en fibres d'alfa, etc.). Il était fermé pour réaménagement lors de la rédaction de ce guide, mais devrait avoir rouvert quand vous lirez ces lignes.

Pour un aperçu plus direct, rendez-vous à l'**Ermita Nueva**, de l'autre côté de la place, et à la **Mesón Virgen de Gracia** (Plaza Ermita Nueva), un bar installé dans le quartier troglodytique (tournez le dos au musée et prenez à droite), à fréquenter en famille.

Où se restaurer et prendre un verre

Guadix est l'endroit idéal pour se restaurer sans chichis et rencontrer la population locale dans ses bars, épatants. Chacun d'eux sert des bières à moins de 1,50 € et des *raciones* à 5 € environ.

La Bodeguilla TAPAS €

(Calle Doctor Pulido 4 ; boisson et tapas 1,70 €, ración 6 €). Entre l'Avenida Medina Olmos et la rivière, La Bodeguilla est l'un des meilleurs bars à tapas de la ville, et le plus ancien (1904). Les habitués se retrouvent autour du bar pour déguster de délicieuses tapas, comme les *habas y jamon* (fèves et jambon), accompagnées de vin, de vermouth, de muscatel ou de *fino* (xérès) tirés directement des tonneaux qui s'alignent le long des murs.

Bodega Calatrava TAPAS €

(Calle La Tribuna ; boisson et tapas 1,70 €, raciones 6 €). Un bar traditionnel plein de caractère, niché dans une petite rue du centre-ville, qui propose de bonnes tapas simples, tels les crevettes poêlées ou du fromage manchego vieilli à point, ainsi que de généreuses *raciones*.

Cafetería Versalles CAFÉ €

(Calle Medina Olmos 1 ; churros et chocolat 3,50 € ;). En face du parc municipal, ce vieux café est une institution pour le petit-déjeuner, et ses *churros con chocolate* (longs beignets accompagnés d'un épais chocolat chaud) sont parmi les meilleurs de la ville.

Café Jazz BAR

(958 66 05 00 ; Hotel Comercio, Calle Mira de Amezcua). Dans un hôtel réaménagé avec goût, cet élégant petit bar à l'atmosphère intime et sophistiquée accueille parfois des musiciens de jazz.

Depuis/vers Guadix

BUS Des bus desservent Grenade (5 €, 1 heure, 12/jour), Almería (8,50 €, 2 heures, 3/jour), Málaga (6 €, 2 heures 45, 4/jour) et Mojácar (14,30 €, 3 heures 30, 2/jour). La **gare routière** (958 66 06 57 ; Calle Concepción Arenal) se trouve près de l'Avenida Medina Olmos, à 700 m au sud-est du centre-ville.

TRAIN Quatre trains quotidiens desservent Grenade (8 €, 1 heure) ou Almería (9 €, 1 heure 15). La gare est proche de la route de Murcia, à 2 km environ au nord-est du centre. En taxi, comptez 5 € jusqu'au centre et 9 € environ jusqu'au quartier troglodytique.

La Calahorra

Castillo de La Calahorra CHÂTEAU

(958 67 70 98 ; 3 € ; 10h-12h30 et 16h-17h30 mer). Pendant la Reconquista, les plaines s'étirant entre Guadix et la montagne tombèrent sous le commandement de Rodrigo de Mendoza, un marquis espagnol à la vie agitée qui vécut un temps en Italie, où il courtisa – sans succès – Lucrèce Borgia. Situé à 20 km au sud-est de Guadix, son austère château, perché sur une colline, garde un col de la Sierra Nevada.

Construit entre 1509 et 1512, le Castillo de La Calahorra possède deux tours d'angle surmontées d'un dôme. Ses murs dépouillés encerclent une jolie cour Renaissance dotée d'un escalier en marbre de Carrare. Les visites guidées (en espagnol) durent 30 minutes environ et, si vous ratez le début, vous devrez attendre qu'on rouvre les portes.

Si vous souhaitez effectuer une visite guidée en dehors des horaires, prenez rendez-vous auprès du gardien, Antonio Trivaldo, en téléphonant au château. Pour vous rendre au château en voiture, empruntez la piste en face de La Hospedería del Zenete, à La Calahorra, et suivez la route qui monte. Sinon, garez-vous sur la place et engagez-vous sur le sentier pavé.

Baza

22 581 HABITANTS

La cité marchande de Baza, à 44 km au nord-est de Guadix, remonte à l'époque des Ibères. Elle possède un ravissant centre historique et un petit quartier troglodytique. Si elle ne mérite pas une longue escale, c'est un endroit agréable où passer quelques heures en chemin vers une autre destination. L'**office du tourisme** (958 86 13 25 ; Plaza Mayor 2 ; 10h-14h et 16h-18h30, fermé jours fériés) se trouve sur la place, au sud de la route principale traversant la ville.

À voir

Iglesia Concatedral de la Encarnación CATHÉDRALE
(Plaza Mayor). La Plaza Mayor, à quelques rues au sud de l'artère principale, est dominée par l'Iglesia Concatedral de la Encarnación (XVIe siècle), dont la façade en pierre porte les outrages du temps. À l'intérieur, on peut voir une chaire finement sculptée.

Museo Municipal MUSÉE
(Plaza Mayor 1 ; 1,20 € ; 9h30-13h30 mar, 9h30-13h30 et 17h-18h30 mer-ven, 11h-14h sam-dim). À côté de la cathédrale sur la Plaza Mayor, l'excellent musée municipal occupe une belle demeure Renaissance du XVIe siècle. Sa collection est surtout consacrée aux objets trouvés sur les sites archéologiques de la région, dont une copie de la remarquable *Dama de Baza,* statue grandeur nature d'une déesse ibère découverte en 1971 (l'original, datant du IVe siècle av. J.-C., est conservé au Museo Arqueológico Nacional de Madrid).

Où se restaurer

La Curva ANDALOU €€
(Carretera de Granada ; menu 10 €, plats 12-18 €). Postée près d'un virage serré de l'artère principale, La Curva est une adresse prisée pour ses vins locaux et ses bons plats – malgré une devanture assez terne. Au programme : plateaux d'huîtres ou de palourdes, poissons entiers (frits ou à l'escabèche) très frais, servis par un personnel en chemise blanche. Attention, la plupart des poissons sont facturés au kilo.

Depuis/vers Baza

BUS De la **gare routière** (958 70 21 03 ; Calle Reyes Católicos), à 200 m au nord de la Plaza Mayor, 6-8 bus par jour circulent depuis/vers Guadix (4,50 €, 1 heure) et Grenade (9 €, 1 heure 45). Trois desservent Vélez Rubio (5,50 €, 1 heure), dans la province d'Almería.

SIERRA NEVADA ET LES ALPUJARRAS

S'étirant sur 75 km d'ouest en est jusque dans la province d'Almería, le massif de la Sierra Nevada offre un spectaculaire

VAUT LE DÉTOUR

LES SITES PRÉHISTORIQUES D'ORCE

Bourgade poussiéreuse de l'Altiplano, **Orce** est au centre d'un débat sur l'histoire de l'humanité. La localité et les plaines nues et vallonnées alentour, émaillées de fermes délabrées, constituent une agréable escapade lors de votre trajet entre Grenade et la région de Los Vélez, dans la province d'Almería.

En 1982, près d'Orce, l'archéologue Josep Gilbert découvre un fragment d'os fossilisé provenant, pense-t-il, du crâne d'un *Homo erectus* vieux de quelque 1,7 million d'années ; ce qui en fait le plus ancien reste humain en Europe. Certains sceptiques avancent toutefois qu'il s'agirait plutôt d'un os de cheval bien moins vieux. Quoi qu'il en soit, Orce peut s'enorgueillir de posséder les traces de présence humaine les plus anciennes d'Espagne sous la forme d'outils de pierre vieux de 1,3 million d'années. D'autres fouilles ont mis au jour des os de mammouths, de tigres à dents de sabre et autres animaux qui périrent près du lac qui remplissait autrefois ce bassin.

Les pièces exhumées sont exposées au **Museo de Prehistoria y de Paleontología** (958 74 61 01 ; 1,50 € ; 10h-14h et 17h-21h mar-dim juin-sept), aménagé dans un château proche de la place centrale.

Pour rejoindre Orce depuis l'A92N, prenez l'A330, à 18 km à l'est de Baza, vers Huéscar, au nord. Au bout de 23 km, suivez vers l'est le GR9104 qui mène à Orce, 6 km plus loin. María, premier village de Los Vélez, vous attend 30 km à l'est d'Orce.

Sierra Nevada et Las Alpujarras

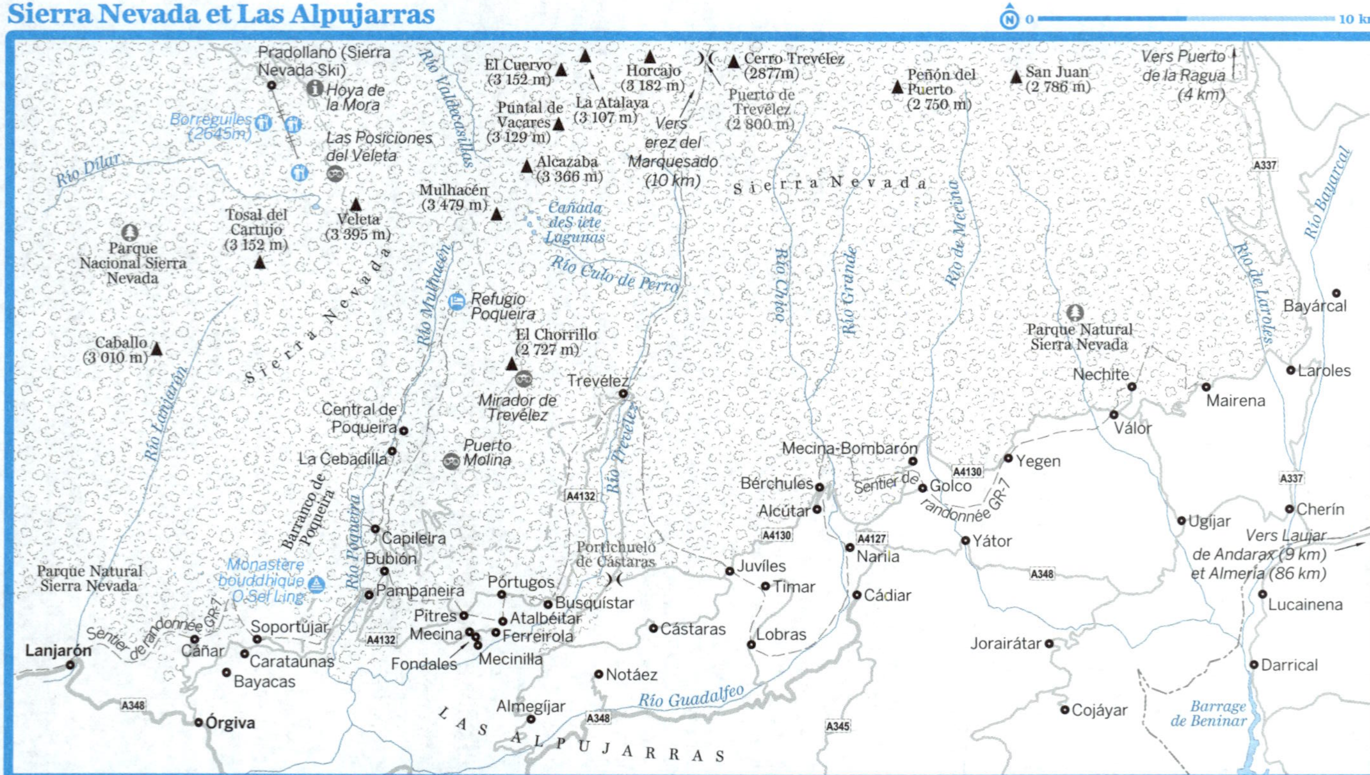

arrière-plan à Grenade. Parmi ses sommets enneigés se trouve le point culminant de l'Espagne, tandis que la partie la moins élevée, appelée Las Alpujarras (parfois La Alpujarra), est émaillée de petites localités et pittoresques. De juillet à début septembre, les hautes montagnes sont idéales pour les randonnées. En dehors de cette période, le temps risque d'être moins clément. Préférez alors les Alpujarras, qui s'y substituent agréablement, sauf peut-être en mai à cause de la fonte des neiges.

Couvrant 862 km², le Parque Nacional Sierra Nevada, le plus vaste d'Espagne, abrite 2 100 des 7 000 espèces végétales recensées dans le pays, en particulier des variétés endémiques de crocus, de narcisse, de chardon, de trèfle, de pavot et de gentiane. C'est là aussi que se concentre la principale population de bouquetins d'Andalousie (5 000 têtes), qui vit au-dessus de 2 800 m. Entourant le parc national à une altitude inférieure, le Parque Natural Sierra Nevada couvre une zone moins protégée.

Le long du versant sud de la Sierra Nevada et du parc national, les Alpujarras se composent d'une succession de vallées et de crêtes s'étirant sur 70 km. Soit un territoire superbe, bien qu'un peu étrange, de flancs arides entaillés de profonds ravins et parsemés de villages blancs qui semblent arrivés là par hasard. Les localités situées au pied des montagnes sont peuplées de voyageurs et de marginaux de toutes sortes, alors que les villages d'altitude paraissent posés là depuis des temps immémoriaux.

Même les localités les plus visitées des Alpujarras restent attrayantes, avec leurs allées sinueuses et leurs maisons à toit plat de style berbère, qui donnent sur des collines aménagées en terrasses, irriguées depuis l'époque maure. C'est une région particulièrement agréable à découvrir à pied, en empruntant les sentiers bien marqués qui relient les différentes petites localités.

ℹ Renseignements

Office du tourisme d'Órgiva (⏲9h-14h et 17h-19h lun-ven, 10h-14h sam)

Office du tourisme de Pampaneira (Punto de Información Parque Nacional de Sierra Nevada ; Plaza de la Libertad ; ⏲10h-14h et 17h-19h mar-sam)

Office du tourisme de la Sierra Nevada (Centro de Visitantes El Dornajo ; ⏲10h-14h et 16h30-19h30h oct-mars). Centre d'information sur la Sierra Nevada, à 10 km de la station de ski. Fournit cartes et guides.

Site Internet des Alpujarras (www.turismoalpuj arras.es)

Site Internet de la Sierra Nevada (www.sierranevada.es)

ℹ Depuis/vers la Sierra Nevada et les Alpujarras

BUS **Alsa** (www.alsa.es) gère des bus locaux. De Grenade, ils suivent deux itinéraires : le premier, 2 fois par jour, emprunte la route basse via Cádiar et Válor, et le second, 3 fois par jour, conduit aux bourgades d'altitude avec pour terminus Trevélez ou Bérchules. Au retour, les bus partent avant 6h et en milieu d'après-midi. Il existe aussi un bus Málaga-Órgiva (11 €, 3 heures 45, 1/jour sauf dim) et un bus reliant Almería à Cádiar (8,30 €, 3 heures, tlj).

VOITURE Pour atteindre la haute montagne et le domaine skiable, prenez l'A395 depuis la périphérie est de Grenade. La route principale pour rejoindre les Alpujarras depuis l'ouest est l'A348, qui quitte l'A44 à 34 km au sud de Grenade pour traverser la zone de moyenne altitude. Juste à l'ouest d'Órgiva, l'A4132 bifurque vers le nord, serpente le long des versants nord de la montagne et passe par de nombreux villages d'altitude. Elle fusionne avec l'A4130 puis rejoint l'A348 quelques kilomètres au nord de Cádiar, via l'A4127. La plupart des bourgades ont un parking municipal à l'entrée de l'agglomération.

Sierra Nevada

LOS CAHORROS

À quelques kilomètres au sud-est de Grenade, non loin du village de Monachil, le secteur appelé Los Cahorros est propice aux courtes randonnées, avec des sentiers longeant les spectaculaires gorges du Río Monachil. Le plus prisé, le **Cahorros Altos**, remonte la vallée, emprunte un pont suspendu et longe des cascades. Le point de départ de cette marche de 5 km se trouve à l'est de Monachil.

Des bus relient le Paseo del Salón, à Grenade, et Monachil (3 €, 30 min) ; ils circulent presque toutes les heures de 8h10 à 23h10, sauf le samedi après-midi et le dimanche.

PRADOLLANO

La station **Sierra Nevada Ski** (☎902 70 80 90 ; www.sierranevadaski.com) de Pradollano, à 33 km de Grenade sur l'A395, offre des conditions climatiques et d'enneigement souvent meilleures que celles des stations espagnoles plus septentrionales. Elle est très fréquentée le week-end et pendant les vacances, en saison. Certaines des 85 pistes partent presque du sommet du Veleta (3 395 m). Il existe aussi des pistes de ski de fond et une aire de snowboard, ainsi qu'une multitude d'activités destinées à ceux qui ne skient pas. L'été, vous pourrez notamment faire du VTT et de l'équitation.

En hiver, **Tocina** (☎958 46 50 22) propose 3 bus quotidiens (4 le week-end) entre la station et la gare routière de Grenade (5/8 € aller/aller-retour, 1 heure). Hors saison, un seul bus circule (départ à 9h de Grenade, à 17h de la station). En taxi depuis Grenade, comptez 50 € environ.

MULHACÉN ET VELETA

Les deux plus hauts sommets de la Sierra Nevada sont le Mulhacén (3 479 m) et le Veleta (3 395 m). Situés à l'extrémité ouest du massif, près de Grenade, ils sont surnommés (avec un troisième) Los Tresmiles, car ils s'élèvent au-dessus de 3 000 m. Depuis la station de ski, sur le versant nord, une route monte jusqu'à Capileira, le village le plus élevé du Barranco de Poqueira, dans la partie sud des Alpujarras. La section la plus haute est toutefois fermée aux véhicules à moteur. De fin juin à fin octobre (selon l'enneigement), le parc national met en service deux navettes permettant aux marcheurs d'accéder aux sommets de la chaîne (ou de faire un circuit guidé). L'une part, 3 km au-dessus de la station, du bureau d'information du parc national à **Hoya de la Mora** (⏲vers 8h30-14h30 et 15h30-19h30 en saison), l'autre part de la ville de Capileira, dans les Alpujarras. Les billets coûtent 5/9 € l'aller/l'aller-retour.

Depuis le terminus du bus, côté nord, il reste 4 km pour atteindre le **Veleta**, une ascension de 370 m de dénivelé (1 heure 30 de marche sans les arrêts), 14 km jusqu'au sommet du **Mulhacén** (4-5 heures de marche) et environ 15 km (5-6 heures de marche) jusqu'au **Mirador de Trevélez** (en évitant les sommets). Du Mirador de Trevélez (côté Capileira), comptez 3 heures pour arriver au Mulhacén (6 km, 800 m de dénivelé).

Si vous voulez effectuer une randonnée de deux jours, vous pouvez passer la nuit au **Refugio Poqueira** (☎958 34 33 49, 659 55 42 24 ; refugiopoqueira@hotmail.com), situé à 2 500 m, plus bas sur le versant sud-ouest du Mulhacén. Bien qu'il soit spacieux, avec 87 places, il est conseillé de réserver.

Les Alpujarras

Les Alpujarras, où alternent crêtes et vallées, sont sillonnées de nombreux sentiers muletiers, de canaux d'irrigation et de sentiers de randonnée, créant une kyrielle d'itinéraires de marche entre les villages ou dans la campagne. Les meilleures périodes pour marcher dans les Alpujarras vont d'avril à mi-juin et de mi-septembre à début novembre, quand les températures deviennent agréables et que la végétation se colore.

Les villages du magnifique Barranco de Poqueira sont les points de départ les plus prisés et vous rencontrerez rarement d'autres randonneurs. Les sentiers de 4 à 23 km (2 à 8 heures de marche), balisés de différentes couleurs, sillonnent la gorge, et peuvent même rejoindre le Mulhacén. Demandez cartes et conseils au Punto de Información Parque Nacional de Sierra

SPÉCIALITÉS DES ALPUJARRAS

Outre l'omniprésent et copieux *plato alpujarreño* (assiette d'œufs frits à l'huile d'olive, avec pommes de terre, saucisses épicées et *morcilla* – sorte de boudin noir à l'oignon), essayez ces spécialités locales :

- **Patatas a lo pobre** Pommes de terre sautées à l'huile d'olive avec du poivron vert, de l'oignon et de l'ail.
- **Perdiz en escabeche** Perdrix dans une marinade vinaigrée à l'oignon, selon une tradition ancestrale transmise par les Maures.
- **Garbanzos et lentejas** Pois chiches et lentilles, cuisinés en un copieux ragoût, généralement plat du jour dans les restaurants.
- **Migas** Autre plat hérité de l'époque musulmane, souvent appelé couscous, mais qui consiste en de fines tranches de pain frites, agrémentées de lardons, d'oignons et, parfois, de fruits, comme le melon.
- **Solplillos** Les "petits souffles" sont de croustillantes meringues à base d'amandes.
- **Vino de costa** Rosé local, âpre et très rafraîchissant les jours de grosse chaleur.

BUS DE GRENADE AUX ALPUJARRAS

DESTINATION	TARIF (€)	DURÉE (HEURES)	FRÉQUENCE (/JOUR)
Bérchules	9	3 h	2/j
Bubión	6,50	2 h 15	3/j
Cádiar	8	3 h	2/j
Capileira	6,50	2 h 30	3/j
Lanjarón	4,50	1 h	6-9/j
Órgiva	5	1 h 45	6-9/j
Pampaneira	6	2 h	3/j
Pitres	6,50	2 h 45	3/j
Trevélez	7	3 h15	3/j
Válor	9,50	3 h 45	2/j
Yegen	9	3 h 30	2/j

Nevada, situé sur la Plaza de la Libertad, au centre de Pampaneira. Vous pouvez aussi utiliser la carte publiée par Editorial Alpina, qui indique la plupart des sentiers.

Des longs sentiers qui traversent les Alpujarras, le **GR7** (qui va jusqu'en Grèce) est le plus beau. Vous pouvez le suivre de Lanjarón à Laroles en une semaine. Depuis Bubión, vous pouvez l'emprunter jusqu'à Pitres, dans la vallée suivante, et prendre un bus pour revenir en fin d'après-midi (à 16h30 ou 18h).

Ceux qui souhaitent se dégourdir les jambes pourront faire de l'exercice sur le sentier **La Atalaya**, à Pampaneira, balisé de poteaux avec drapeau vert, qui descend jusqu'à une rivière tumultueuse puis remonte, sur le versant opposé, jusqu'à un bâtiment en ruine. Comptez 2 heures environ pour le circuit.

LANJARÓN

Lanjarón, petite localité verdoyante des Alpujarras la plus proche de Grenade, est prisée des touristes. Deuxième productrice de jambon après Trevélez, elle compte de nombreuses boutiques où en acheter. L'eau en bouteille que l'on y boit provient également du cru. Ces eaux aux vertus thérapeutiques sont exploitées au grand **Balneario de Lanjarón** (☎958 77 01 37 ; www.balneariodelanjaron.com ; Avenida de la Constitución ; bain 30 €/1h), des thermes situés à la périphérie ouest de la bourgade face à l'office du tourisme.

Si vous voulez vous restaurer, descendez l'artère principale jusqu'au centre et arrêtez-vous à l'**Arco de Noé** (Jamones Gustavo Rubio ; Avenida de Andalucía 38), l'une des meilleures charcuteries, où vous pourrez faire le plein de jambon ou commander un plateau dégustation et un verre de xérès. Un peu plus loin, deux boulangeries vous permettront de compléter votre panier gourmand.

ÓRGIVA

Principale agglomération de l'ouest des Alpujarras, Órgiva n'est pas très coquette mais est particulièrement animée, et constitue une bonne base pour explorer la région. Reconnaissable à ses deux tours, l'église date du XVIe siècle et son esplanade est le point de rendez-vous favori de la bourgade.

Où se restaurer et prendre un verre

Baraka INTERNATIONAL €

(Calle Estación 12 ; fermé ven). Restaurant à l'ambiance décontractée et à la carte éclectique : spécialités marocaines, burgers au tofu, *chawarmas,* délicieux brownies et jus de fruits naturels. On peut aussi s'y procurer des conserves, des épices, du thé, ainsi que des sandwichs à emporter. Près du parking municipal, dans la partie haute de la bourgade.

Mesón Casa Santiago ANDALOU €

(Plaza García Moreno ; plats 6-12 € ; fermé dim). Le meilleur des bars d'Órgiva, avec des tables dehors et une salle rustique (brique et poutres). Au programme : des mets traditionnels qui nourrissent son homme, comme les *migas* (fines tranches de pain frites avec du jambon, de l'ail et des oignons), la *sopa de ajo* (soupe à l'ail agrémentée d'un œuf poché) et la tortilla.

VAUT LE DÉTOUR

LE SOUPIR DU MAURE

La **Carretera del Suspiro del Moro** (route du soupir du Maure) est une alternative spectaculaire à l'A44 qui relie Grenade à la côte. Le trajet direct dure 2 heures environ, mais vous pouvez vous arrêter pour une randonnée. Depuis la N340, à Almuñécar, tournez vers le nord-ouest pour sortir du rond-point principal (le McDonald's se trouve côté sud). Vous verrez un petit panneau indiquant Otívar.

À partir d'Otívar, gardez un œil sur le kilométrage. De là, la route grimpe en pente raide, avec des vues saisissantes. Lorsque l'itinéraire s'aplanit enfin, après 13 km, le paysage de calcaire devient aride, parfois émaillé de pins. À 16 km d'Otívar, le **Sendero Río Verde** débute du côté ouest de la route. Ce sentier descend de près de 400 m dans la profonde vallée du Río Verde, offrant de bonnes chances d'apercevoir des bouquetins. Le circuit complet fait 7,4 km (environ 3 heures 30), mais la fin du parcours se faisant sur la route, vous préférerez peut-être revenir sur vos pas arrivé à la Fuente de las Cabrerizas, une pompe à eau proche du bas de la gorge.

De nouveau sur la route en descendant sur l'autre versant de la montagne, à 43,5 km d'Otívar, suivez une route marquée "Suspiro del Moro" partant vers la gauche. Vous déboucherez 5 minutes plus tard devant le restaurant du même nom, au niveau du col où, selon la légende, Boabdil se serait retourné et aurait jeté un dernier regard plein de tristesse sur Grenade alors qu'il l'abandonnait, en 1492. Des panneaux indiquent le chemin du retour vers Grenade, 12 km plus loin.

Achats

Le marché qui se tient le jeudi matin au centre de la bourgade rassemble une faune d'adeptes du New Age et des dreadlocks, qui viennent acheter ou vendre de tout, des légumes au fromage, en passant par des colliers de perles colorées.

Angel Vera CÉRAMIQUES
(www.http://members.chello.nl/rhvarnhe/angel-vera ; Órgiva-Pampaneira). À 4 km d'Órgiva, Angel Vera expose dans son atelier ses superbes céramiques et objets en bois, à côté de vases, tables, lampes et assiettes décoratives. L'artiste organise aussi des cours de poterie.

Nara ARTISANAT ETHNIQUE
(Mercado Municipal, Calle Ramon y Cajal 4). Yourte mongole, drapeaux de prière tibétains, encens thérapeutique, pierres, bijoux, vêtements ethniques (neufs ou d'occasion), vous trouverez tout cela ici.

PAMPANEIRA

Accrochées à flanc de montagne au-dessus du **Barranco de Poqueira** (une gorge profonde), les petites localités de Pampaneira, Bubión et Capileira, situées entre 14 km et 20 km au nord-est d'Órgiva, ressemblent à des taches de peinture blanche que l'on aurait jetées sur le gris anthracite du paysage. Ce sont les plus beaux villages (et les plus touristiques) des Alpujarras. On peut parfaitement parcourir les sentiers qui les relient en une journée.

L'office du tourisme le mieux fourni est celui de Pampaneira, village à l'altitude la plus basse, qui possède une place animée et des lieux de séchage de jambon dans les petites rues adjacentes. On y trouve aussi les fameux tapis rustiques des Alpujarras, tissés de couleurs vives, au gré de ses ruelles, dans lesquelles déambulent nombre de visiteurs.

À voir

O Sel Ling MONASTÈRE
(958 34 31 34 ; www.oseling.com ; 15h30-18h). Face au village, à 2 km du fond de la gorge sur le versant ouest, se tient le stupa de ce petit monastère bouddhique en pierre, établi en 1982 par un moine tibétain. C'est un bon but de randonnée.

Où se restaurer et prendre un verre

Restaurante Casa Diego ANDALOU €
(Plaza de la Libertad 3 ; menú 9 €, plats 6,50-13,50 €). Installez-vous sur la terrasse supérieure, face à l'église du XVIe siècle, pour un repas traditionnel avec du *conejo a lo cortijero* (ragoût de lapin à l'ail) et des *papas a lo pobre* (pommes de terre, poivrons verts et oignons sautés).

Bodega El Lagar ANDALOU €
(Calle Silencio ; raciones 6-8 €). Situé dans l'une des plus jolies ruelles sinueuses du village, ce petit établissement vend des produits locaux, dont des conserves et des vêtements originaux. Il cache aussi une ravissante terrasse, où il fait bon savourer des *raciones*, tel le poulet à l'ail. Il y a aussi une cave :

demandez à déguster le vin (moins de 3 € le litre), agréablement fruité et gouleyant.

Achats

El Chocolate de la Alpujarra CHOCOLAT
(www.abuelailichocolate.com ; Plaza Romanilla 13). Vous pourrez goûter de nombreux échantillons d'un excellent chocolat, aux parfums inhabituels, de la mangue à la moutarde !

BUBIÓN

Bubión est un charmant village, dont les ruelles surmontées d'arches, les placettes et les toits plats montrent leurs racines maures.

À voir

Casa Alpujarreña MUSÉE
(Calle Real ; 2 € ; 11h-14h dim-jeu, 11h-14h et 17h-19h sam et jours fériés). Installé dans une maison villageoise située près de l'église, ce musée ethnographique donne un aperçu de la vie d'autrefois dans les Alpujarras au gré d'objets de la vie quotidienne, tel ce battoir à linge utilisé jadis par les femmes du village.

Où se restaurer

Teide ANDALOU €
(Carretera de Sierra Nevada ; menu 8,50 € ; plats 7-9 € ; fermé mar). Une bonne table, sur la route principale, fréquentée par une clientèle locale friande de *jamón* et de vin. Plats typiques de la région, plus quelques spécialités d'emprunt, comme la soupe à l'oignon et les spaghettis au pesto.

Estación 4 INTERNATIONAL €
(Calle Estación 4 ; plats 7-12 € ; fermé lun ;). Un peu plus bas sur la route principale, l'Estación est un élégant restaurant à la salle paisible, au décor minimaliste. Aux quelques plats internationaux (houmous, croquettes végétariennes), on peut préférer les salades, inventives, et quelques spécialités régionales.

Poco Picante ASIATIQUE €€
(669 090582 ; Calle Alcalde Juan Peréz ; plats 7-10 € ; fermé lun ;). Qui s'attendrait à trouver de la cuisine thaïlandaise et indienne dans un petit *pueblo* de montagne ! Mais nous sommes dans les Alpujarras et c'est un Écossais qui en a eu l'idée. Curries, plats végétariens, et buffet le dimanche avec musiciens. Réservez.

Achats

Taller del Telar CHÂLES ET COUVERTURES
(www.tallerdeltelar.com ; Calle Trinidad 11 ; 11h-14h30 et 17h-20h30). Découvrez l'art du tissage à l'ancienne dans cet atelier, dont la propriétaire est française, où trônent d'anciens métiers à tisser provenant du quartier de l'Albaicín à Grenade. Nade Favreau, maître artisan, n'utilise que des fibres naturelles, tels la laine, l'alpaga, la soie et le mohair. Ses châles, d'une superbe qualité, méritent l'investissement (à partir de 65 € environ), à côté de tapisseries, plaids, jetés de canapé, couvertures, etc.

CAPILEIRA

La plupart des visiteurs de ce village arrivent chaussures de marche aux pieds, prêts à partir en randonnée. Plusieurs itinéraires balisés sillonnent les alentours, dont le sentier circulaire Sulayr, bien indiqué, qui relie Capileira à Trevélez.

Où se restaurer

Bar El Tilo ANDALOU €
(Plaza Calvario ; raciones 8 €). La taverne de Capileira est installée sur une jolie place blanche. On peut y déguster, en terrasse, de copieuses *raciones*, comme les *albóndigas* (boulettes de viande en sauce tomate) et terminer par un gâteau ou une tarte maison.

El Corral del Castaño INTERNATIONAL €€
(Plaza del Calvario 16 ; menu 10 €, plats 8,50-14 €). Pour se régaler de mets locaux – champignons farcis au jambon ibérique et à la mangue, ou *bacalao* (morue) sauté au riz sauvage –, à moins d'opter pour le menu italien, qui inclut risottos, pâtes et pizzas, en plus d'un *tiramisú* divin.

Achats

J Brown ACCESSOIRES
(Calle Doctor Castilla). Une maroquinerie de qualité, où sacs, ceintures, chapeaux, faits main, sont à des prix raisonnables. J Brown n'est pas un Britannique, mais un Espagnol, qui a ainsi traduit son nom (José Manuel

LES MEILLEURES CARTES

Les meilleures cartes de la Sierra Nevada et des Alpujarras sont *Sierra Nevada, La Alpujarra* (1/40 000) d'Editorial Alpina et *Sierra Nevada* (1/40 000) publiée par Editorial Penibética. Toutes deux sont accompagnées d'une brochure décrivant les sentiers pédestres, cyclables et skiables. Elles peuvent être achetées au Centro de Visitantes El Dornajo, près de la station de ski, et à l'office du tourisme de Pampaneira.

Moreno, *moreno* signifiant "brun"). Vous le verrez travailler dans l'atelier à l'arrière.

LA TAHÁ

La vallée située à l'est de celle de Poqueira ne voit quasiment aucun touriste. Appelée La Tahá, du nom des divisions administratives qui constituaient les Alpujarras durant le califat, cette commune se compose de la localité de **Pitres** et d'un ensemble de jolis petits villages – **Mecina**, **Mecinilla**, **Fondales**, **Ferreirola** et **Atalbéitar** – dans la vallée en contrebas. Les excursionnistes sont peu nombreux et les expatriés se sont presque fondus dans le paysage.

Entre ces hameaux, d'anciens chemins (indiqués par des panneaux "Sendero Local Pitres-Ferreirola") sinuent à travers des bois et des vergers luxuriants, bercés par le clapotis des cours d'eau. À 15 minutes environ de marche en aval de Fondales, un pont de l'époque musulmane franchit la profonde gorge du Río Trevélez. Garez-vous en haut de la bourgade et suivez les panneaux indiquant "Camino de Órgiva" et "Camino del Campuzano".

Comme le reste des Alpujarras, cette vallée attire les artistes et les artisans. Si vous aimez les carreaux de céramique, **Alizares Fatima** (☎958 76 61 07 ; Calle Paseo Marítimo 19), à la périphérie de Pitres, en produit de superbes.

À NE PAS MANQUER

L'ATELIER

Restaurant douillet, éclairé aux chandelles, **L'Atelier** (☎958 85 75 01 ; www.ivu.org/atelier ; Calle Alberca 21, Mecina ; s/d avec petit-déj 35/50 € ⏲mars-nov) est une halte obligée pour les végétariens, les végétaliens et les amateurs de produits bio ou du terroir. Ses plats, qui font le tour du monde (curry birman, soupe marocaine), sont exceptionnels. Quelques chambres sont aussi à louer. Le propriétaire français, Jean-Claude Juston, est un pro de la cuisine végétarienne, dont les restaurants à Londres ont remporté des prix, tel le City Limits Award décerné au meilleur restaurant végétarien de la ville (en l'occurrence le Milwards Vegetarian Restaurant). En 1994, Jean-Claude est venu s'installer dans cette maison vieille de 350 ans, pleine de caractère, où il donne des cours de cuisine végétarienne/végétalienne ; consultez son site pour plus de détails.

TREVÉLEZ

Niché dans une faille de la montagne presque aussi impressionnante que la gorge de Poqueira, Trevélez se targue, à 1 476 m, d'être le village le plus haut d'Espagne. Il sert de point de départ aux randonnées dans la Sierra Nevada et on y produit l'un des meilleurs *jamónes serranos* du pays. C'est pourquoi les jambons produits à des kilomètres de là sont apportés pour sécher à l'air de la montagne. Quantité d'échoppes de souvenirs et de jambon bordent l'artère principale, mais vous découvrirez, sur les hauteurs, un village animé typique des Alpujarras, où il est plus probable d'entendre le claquement des sabots d'un âne que le vrombissement d'une moto. Un petit kiosque d'information, près de l'arrêt de bus, fournit des conseils sur les sentiers, en plus de provisions, de matériel et de cartes.

Si vous séjournez au *barrio alto* (partie haute du village) ou au *barrio medio* (quartier à mi-hauteur), vous pouvez emprunter le difficile virage à droite. Un petit parking se trouve à côté du Café Bar Los Rosales mais, s'il est plein, vous devrez sans doute faire demi-tour pour vous garer au parking, juste à côté du virage.

Où se restaurer

Restaurante La Fragua ANDALOU €€
(Barrio Alto ; plats 8-13 € ;). Malgré son emplacement dissuasif (à moins de loger dans l'hôtel du même nom, p. 307), tout en haut du village, ce restaurant mérite une visite ne serait-ce que pour sa perdrix à la sauce aux noix, son choix de salades et sa glace à la figue. On jouit d'une vue splendide depuis la terrasse supérieure vitrée.

Café Bar Los Rosales TAPAS €
(Plaza Rosales ; tapas 1,50 €). Offre un bel assortiment de tapas, sans jambon ou presque ; les crevettes à l'ail sont succulentes. Il y a quelques tables dehors sur la place haute.

Mesón Joaquín ANDALOU €
(Carretera Laujar, Órgiva km22 ; plats 8-12 €). L'un des meilleurs restaurants du cru, à l'ouest du carrefour principal. Les charcutiers en tablier blanc coupent des tranches très fines de *jamón*, et la truite vient du poissonnier situé juste derrière. Demandez quel est le ragoût du jour.

ITINÉRAIRES DANS LES ALPUJARRAS

Bien que les villages soient rarement distants de plus de 30 minutes en voiture, évitez de vous disperser, faute de quoi vous risqueriez de ne plus les apprécier. Mieux vaut séjourner dans un ou deux d'entre eux, pour profiter du calme et des spécialités locales.

» **Un jour** Faites vos provisions pour un pique-nique dans une boutique de jambons de Lanjarón, puis allez à Yegen pour une courte marche. Dînez à Válor.

» **Deux jours** Séjournez à Capileira pour effectuer deux randonnées : le premier jour, faites l'aller-retour jusqu'à Pampaneira, et le jour suivant, allez jusqu'à Pitres et prenez le bus pour le retour.

» **Quatre jours** – Passez deux nuits à Mairena pour visiter dans la journée (à pied ou en voiture) les villages voisins. Traversez le col de Puerto de la Ragua pour passer une nuit à Guadix puis faites demi-tour pour retourner à Grenade le lendemain matin.

Achats

Jamones González ALIMENTATION
(Calle Nueva). La boutique *ad hoc* si vous voulez rapporter un des fameux jambons séchés à Trevélez. Autres produits gourmets de la région.

L'EST DES ALPUJARRAS

À 7 km au sud de Trevélez, l'A4132 traverse le col de Portichuelo de Cástaras et bifurque vers l'est dans un paysage plus dénudé. Seules quelques oasis de verdure entourent les villages. Les rares touristes qui s'éloignent autant de Grenade effectuent le plus souvent de longues randonnées solitaires. L'alimentation constitue l'un des grands attraits de la région : restaurants décontractés et auberges proposent des repas à base de produits frais locaux.

BÉRCHULES

Niché dans une verte vallée creusée entre des collines, ce village est un paradis pour les marcheurs. L'**Hotel Los Bérchules** (958 85 25 30 ; plats 10-14 €), à l'entrée du village, se double d'un restaurant de spécialités locales, comme le lapin en sauce aux amandes. **Cuatro Vientos** (958 76 90 39 ; Calle Carretera 4 ; tapas à partir de 1,50 € ; fermé lun), modeste bar au pied de la colline, sert des tapas à la viande tout aussi savoureuses.

CÁDIAR

Dans la basse vallée du Río Guadalfeo, à 8 km au sud de Bérchules, Cádiar est l'un des plus gros bourgs des Alpujarras. Il accueille un marché le 28 de chaque mois. Non loin, l'Alquería de Morayma (p. 307) est une bonne auberge rurale.

YEGEN

Village de 400 habitants, Yegen est situé à 12 km à l'est de Bérchules. Une plaque désigne la **maison de Brenan**, écrivain britannique (auteur notamment du *Labyrinthe espagnol*, une histoire de la guerre civile espagnole), qui y vécut dans les années 1920, près de la place du village, en contrebas de la route principale. Les marcheurs pourront explorer le spectaculaire paysage rouge le long du **Sendero Gerald Brenan**, un circuit de 1,9 km (1 heure). Une carte de l'itinéraire se trouve sur la place principale. À la lisière est du village, laissez-vous tenter par les poires au Contraviesa (un vin des Alpujarras) nappées de chocolat chaud de l'**El Rincón de Yegen** (958 85 12 70 ; plats 14-20 € ; fermé mar), une table réputée.

À mi-chemin entre Yegen et Mecina-Bombarón se trouve une piscine publique (juin-sept) bénéficiant d'une vue saisissante sur la vallée.

VÁLOR

Válor, à 5 km au nord-est de Yegen, est le village de naissance d'Aben Humeya, *Morisco* (musulman converti) qui mena la révolte de 1568 contre la décision de Philippe II d'interdire la langue, les vêtements et les noms arabes. Cette rébellion, qui se déroula dans les montagnes et dura deux ans, ne se termina qu'après l'intervention de don Juan d'Autriche, demi-frère de Philippe, et l'assassinat d'Aben Humeya par son cousin Aben Abou. Les 14 et 15 septembre, Válor organise les principales fêtes des **Moros y Cristianos** (Maures et Chrétiens), reconstitution historique de cette rébellion des Morisques, avec des combattants costumés rejouant les affrontements.

Le village est réputé pour son huile d'olive, ses fromages de chèvre et ses perdrix, que vous pouvez déguster au **Restaurante Aben Humeya** (☎958 85 18 10 ; Calle Los Bolos ; plats 8-12 €), en contrebas de la route principale. La carte intègre des délices de saison, comme les champignons, ainsi que des plats plus typiques, comme le lapin sauce à l'ail et de savoureuses *croquetas* (croquettes). Au dessert, goûtez le *tocino del cielo* (flan) ou le fromage au miel, accompagné d'un *vino rosado* d'Albuñol.

MAIRENA

À 6 km de Válor par une route sinueuse, Mairena semble bien plus isolé encore et jouit de vues fantastiques depuis son site élevé. Le restaurant de **Las Chimeneas** (☎958 76 00 89 ; Calle Amargura 6 ; menu 20 €), bon hôtel rural (p. 307) tenu par des Britanniques, sert des dîners savoureux préparés avec les produits bio de leur *finca* (ferme) de 5 ha.

À l'est de Mairena, la Sierra Nevada est facile d'accès par l'A337 et le col de Puerto de la Ragua (2 000 m). La route redescend ensuite vers La Calahorra.

COSTA TROPICAL

Le littoral de Grenade est en fait un paysage typiquement méditerranéen, avec ses collines arides parsemées de grenadiers. Si on l'a baptisé "côte tropicale", c'est en raison de son climat chaud qui permet la culture de fruits comme la pomme cannelle (anone), l'avocat, la mangue et la canne à sucre. Motril abrite même une distillerie de rhum. Bien que cette partie de la côte soit presque aussi urbanisée que la Costa del Sol, à l'ouest de Málaga, elle n'en reste pas moins plus authentique. De fréquents bus au départ de Grenade facilitent les escapades à la plage.

Salobreña

12 000 HABITANTS

La cité de Salobreña surgit entre la N340 et la mer, avec ses maisons blanches éparpillées sur une colline couronnée d'un imposant château de l'époque musulmane. Sa longue et large plage de sable gris s'étend à ses pieds. L'endroit, tranquille presque toute l'année, est assailli en août. L'**office du tourisme** (☎958 61 03 14 ; Plaza de Goya ; ⏲9h-15h lun-jeu et sam, 9h-15h et 16h30-18h30 ven) se trouve à côté du rond-point, près de la sortie est de la N340.

À voir et à faire

Castillo Árabe CHÂTEAU

(château arabe ; 3 € Museo Histórico compris ; ⏲10h-14h et 18h-21h). Visible à des kilomètres à la ronde, le Castillo Árabe, au sommet de la colline, date du XIIe siècle, mais occupe un site fortifié dès le Xe siècle. Ce château servait de résidence d'été aux émirs de Grenade. La légende raconte que Mohammed IX y enferma ses trois filles, Zaida, Zoraida et Zorahaida, comme le rapporte Washington Irving dans les *Contes de l'Alhambra*. À l'intérieur, l'Alcazaba, qui a en grande partie conservé sa structure nasride, accueille des manifestations culturelles. Il est possible de visiter certaines parties du chemin de ronde, en admirant la vue sur la mer et les champs de canne à sucre.

Museo Histórico MUSÉE

(Plaza del Ayuntamiento ; 3 € Castillo Árabe compris ; ⏲10h-14h et 18h-21h). Non loin du Castillo Árabe, en contrebas de l'Iglesia de Nuestra Señora del Rosario, on passe sous une arche impressionnante du XVIe siècle pour entrer dans ce musée. Il comprend deux parties, l'une consacrée aux vestiges archéologiques depuis la période néolithique et l'âge du bronze, l'autre à la photographie et l'art contemporains. On peut aussi y voir une maquette du château.

Plages

À 1 km du centre par l'Avenida del Mediterráneo, la longue plage de Salobreña est divisée par un affleurement rocheux, El Peñón. Du sable gris recouvre sa partie est, la **Playa de la Charca**, tandis que la **Playa de la Guardia**, à l'ouest, comporte plus de galets. Vous y trouverez restaurants, *chiringuitos* (paillotes) en bordure de plage, bars et établissements nocturnes. Le **Restaurante El Peñón** (Paseo Marítimo ; plats 6-12€ ; ⏲fermé lun) vaut sans doute plus pour son emplacement, presque au-dessus des vagues, que pour ses fruits de mer, corrects. Le cadre est spectaculaire la nuit.

Où se restaurer

La Bodega ANDALOU €€

(Plaza de Goya ; menu 9 €, plats 17-24 €). Si le poisson est à l'honneur un peu partout, il y a aussi à Salobreña deux bonnes tables qui s'inspirent de la gastronomie de l'arrière-pays. La Bodega, à côté de l'office du tourisme, évoque la vie rurale avec des outils agricoles accrochés aux murs et des viandes pendues au plafond. Vous pourrez y savourer des produits de la mer (excellents clams), puis un steak accompagné d'un verre de xérès tiré au tonneau.

Mesón de la Villa ANDALOU €€

(Plaza Francisco Ramírez de Madrid ; plats 11-16 € ; fermé mer ;). Une autre table typique, sur une place tranquille plantée de palmiers. La population locale se retrouve dans sa salle chaleureuse, éclairée à la bougie, autour de plats traditionnels, comme les haricots au jambon. Parfait si vous visitez la ville avant le début des grosses chaleurs. À la carte : belle variété de mets végétariens, dont une dizaine de salades.

Depuis/vers la Costa Tropical

BUS Les bus **Alsa** (958 61 25 21 ; www.alsa.es) assurent la liaison avec Almuñécar (1,17 €, 15 min, 17/jour), Grenade (6 €, 1 heure, 9/jour), Nerja (3,50 €, 1 heure, 11/jour) et Málaga (7 €, 2 heures 15, 5/jour). Il y a également deux bus quotidiens pour Almería (9 €, 3 heures) et un pour Órgiva (2,80 €, 1 heure), à 16h45 (sauf dim).

BUS LOCAUX Le bus n°1 (1,10 €) suit un itinéraire circulaire à travers la ville et monte au Castillo Árabe à peu près toutes les heures (9h-13h35 et 16h-18h45 lun-ven, 9h-13h35 sam). Pour les plages, prenez le bus n°2 depuis le centre-ville, près de l'office du tourisme (1,10 €, 1/heure).

STATIONNEMENT À cause des rues escarpées, se garer est difficile. Demandez à l'office du tourisme où se trouvent les parkings municipaux dans les hauteurs.

Almuñécar et La Herradura

27 754 HABITANTS

Dédiée aux plaisirs de la plage, Almuñécar est une cité balnéaire un peu rustique, assez abordable et très décontractée (oubliez les quelques tours aux abords de la ville). Ses plages de galets attirent principalement des touristes espagnols. Son centre historique se compose d'un joli dédale de ruelles sinuant au pied d'un château du XVIe siècle. La petite localité voisine de La Herradura également appréciée accueille surtout de jeunes véliplanchistes. La N340 traverse la partie nord des deux stations balnéaires.

À voir et à faire

Castillo de San Miguel CHÂTEAU

(Santa Adela Explanada, Almuñécar ; adulte/enfant 2,35/1,60 € ; 10h30-13h30 et 16h-18h30 mar-sam, 10h30-14h dim). Sur la colline, surplombant la mer, le Castillo de San Miguel a été érigé par les conquérants chrétiens sur des fortifications romaines et arabes. La montée tortueuse jusqu'à l'entrée du château est rude, mais la superbe vue et l'intéressant petit musée vous récompenseront de vos efforts.

GRATUIT **Museo Arqueológico** MUSÉE

(Calle San Joaquín, Almuñécar). Le Museo Arqueológico est aménagé dans des galeries souterraines romaines du Ier siècle (lorsque le port s'appelait Sexi) baptisées Cueva de Siete Palacios (grotte des sept palais). Sa collection comprend notamment des vestiges archéologiques phéniciens, romains et arabes, ainsi qu'une amphore égyptienne vieille de 3 500 ans.

ALMUÑÉCAR VUE PAR...

L'écrivain anglais Laurie Lee adorait l'Espagne, et en particulier Almuñécar, où il passa beaucoup de temps, avant la guerre civile, en 1935, puis à nouveau dans les années 1950. Dans son livre *Un beau matin d'été* (Phébus, 2004), il appelle la ville El Castillo, et certains passages la replaçant dans son passé sont fascinants :

"Almuñécar en elle-même, construite sur des degrés de pierre au-dessus du delta, était grise, d'une tristesse presque galloise. Les rues étaient abruptes, grossièrement pavées, et enjambées de petites arches brutes, tandis que la place ressemblait à une cour de ferme empierrée. Une partie du château était un cimetière, une partie de l'hôtel de ville une prison, mais le glorieux passé s'érodait rapidement."

Quelque 30 ans plus tard, de retour, le romancier écrivit ces lignes à propos de la station balnéaire : "[C'est] une falaise de classeurs de bureau en béton pour les touristes. Excepté la guerre nucléaire, c'est la pire chose qui pouvait arriver...!"

Plages

Un rocher, le Peñón del Santo, sépare le bord de mer d'Almuñécar en deux : à l'ouest s'étire la **Playa de San Cristóbal**, la plus belle (sable gris et petits galets), tandis qu'à l'est, la **Playa Puerta del Mar** s'agrémente d'une succession de cafés sympathiques.

Pour une plage plus isolée ou pour rejoindre les véliplanchistes et adeptes du parapente, il faut aller jusqu'à la petite baie de **La Herradura**, à 7 km à l'ouest. **Windsurf La Herradura** (☎958 64 01 43 ; www.windsurflaherradura.com ; Paseo Andrés Segovia 34) est un bon prestataire pour ces sports, ainsi que pour des activités moins extrêmes. Les *chiringuitos* ont une bonne réputation.

Parcs

Juste derrière le Peñón del Santo, le **Parque Ornitológico Loro-Sexi** (adulte/enfant 4/2 € ; 11h-14h et 18h-21h ;) est une réserve d'oiseaux tropicaux. Plus loin, l'immense **Parque Botánico El Majuelo** (entrée libre ; 9h-22h) a été construit autour des vestiges d'une conserverie de poisson carthaginoise et romaine, où la sauce appelée *garum* était produite avant d'être envoyée aux quatre coins de l'Empire. Le parc accueille le festival international **Jazz en la Costa** (www.jazzgranada.es), qui a lieu mi-juillet.

Où se restaurer

La Plaza Kelibia, à Almuñécar, est idéale pour une soirée tapas.

El Arbol Blanco ANDALOU €€

(Urbanización Costa Banana ; www.elarbolblanco.es ; Avenida de la Costa del Sol, Almuñécar ; plats 8-19 € ; fermé mer ;). Tenu par deux frères, Jorge et Nacho Rodriguez, ce restaurant associe des plats créatifs à une cuisine andalouse généreuse, comme la *paletilla de cordero asado* (épaule d'agneau rôtie). Salle à manger lumineuse et sobre, terrasse.

La Yerbabuena ANDALOU €€

(Calle Puerta del Mar 4-6, Almuñécar ; plats 9-18 € ; fermé mar). Traversez le bar jusqu'à la salle, où chaque table s'agrémente de coussins, de bougies et de petits pots de menthe *(yerba buena)*. La carte de spécialités espagnoles témoigne elle aussi de l'attention portée aux détails : les plats, comme l'agneau grillé au gratin d'asperges et crevettes, sont préparés avec des ingrédients d'excellente qualité. Service efficace, conseil dans le choix des vins.

El Barco POISSON ET FRUITS DE MER €€

(Puerto Deportivo, Marina del Este, La Herradura ; plats 8-12 €). Le meilleur parmi le chapelet de restaurants dominant le petit port et ses bateaux. Venez pour un verre au coucher du soleil, ou un régal de fruits de mer ou de poisson (souvent le plat du jour), frais pêchés du matin.

La Jardina POISSON ET FRUITS DE MER €€

(Paseo Andrés Segovia, La Herradura ; plats 8-12 €). Un *chiringuito* où se régaler de fruits de mer, assis, les pieds dans le sable. À moins de préférer la paella, à accompagner d'un verre de *tinto de verano* (vin rouge mélangé à de la limonade et des glaçons) bien frais. Retournez ensuite vous baigner et vous dorer au soleil.

Renseignements

Kiosque d'information (Avenida Fenicia, Almuñécar ; 10h-14h et 17h-20h). Au nord de la gare routière, près du rond-point de la N340.

Kiosque d'information (Paseo Andrés Segovia, La Herradura ; 10h-19h juin-sept). Sur la route côtière.

Office du tourisme principal (www.almunecar.info ; Avenida Europa ; 10h-14h et 18h-21h). À quelques rues de la Playa de San Cristóbal, à l'est, dans une demeure néo-mauresque rose.

Depuis/vers Almuñécar et La Herradura

Bus

La **gare routière d'Almuñécar** (☎958 63 01 40 ; Avenida Juan Carlos I 1) se trouve au sud de la N340. Au moins 6 bus par jour rallient Almería (10 €, 2 heures) et Málaga (6,50 €, 1 heure 45), 8 desservent Grenade (7,50 €, 1 heure 30), 11 La Herradura (1,10 €, 10 min) et 13 vont à Nerja (2,50 €, 30 min) et à Salobreña (1,50 €, 15 min). Un bus assure la liaison avec Órgiva (4€, 1 heure 15) à 16h30 du lundi au samedi.

L'arrêt de bus de La Herradura est situé en haut de la Calle Acera del Pilar, près de la N340. Les bus partant d'ici sont plus rares.

Stationnement

Garez-vous où vous pouvez, ou suivez les panneaux indiquant le parking souterrain de la plage ou celui près du marché, au nord-ouest.

Voiture

Sur la N340, trois intersections permettent d'accéder à la ville. Les rues en sens unique forment un circuit dans la ville et les plages centrales.

Province d'Almería

695 560 HABITANTS

Dans ce chapitre »

Le top des restaurants

» Casa Joaquín (p. 271)
» Casa Puga (p. 273)
» Restaurante La Villa (p. 282)
» La Cantina (p. 284)
» Mesón El Molino (p. 287)

Le top des hébergements

» Plaza Vieja Alejandro (p. 308)
» Hotel Nuevo Torrelux (p. 308)
» MiKasa (p. 309)
» Hotel Velad Al-Abyadh (p. 310)

Pourquoi y aller

La première qualité de la province d'Almería est son climat, synonyme de 3 000 heures d'ensoleillement par an. Elle est aussi réputée pour être le jardin de l'Europe, une région de premier plan pour la production de fruits et légumes, vendus dans toute l'UE. Les serres en plastique disgracieuses constituent le revers de cette prospérité agricole, dans une province qui souffre déjà d'une forte rivalité avec Grenade et Séville. Toutefois, pour les initiés, Almería ne manque pas d'atouts : ses étonnants paysages désertiques se parent d'une subtile palette de couleurs et de spectaculaires formations rocheuses. Les plages immaculées et les bassins volcaniques du Parque Natural de Cabo de Gata-Níjar constituent d'autres destinations de choix, de même que les grottes de Sorbas et la région reculée de Los Vélez. Pour autant, ne manquez pas la ville d'Almería, un port méditerranéen bien vivant, qui mérite le détour pour ses sites monumentaux, tels que la cathédrale et l'Alcazaba, ses délicieux bars à tapas et ses fabuleux hammams.

Distances routières (km)

	Almería	Mojácar	Vélez Rubio	Níjar
Mojácar	81			
Vélez Rubio	138	74		
Níjar	33	54	108	
San José	38	77	131	26

À NE PAS MANQUER

Les bars à tapas d'Almería, parmi les meilleurs de la province, servent de généreuses portions dans d'exquises petites assiettes. Deux de ces assiettes équivalent aisément à un déjeuner. Au dîner, commandez-en une troisième.

Le top des plages

» Playa del Playazo (p. 280)
» Playa de los Genoveses (p. 280)
» Playa San Pedro (p. 280)
» Cala de Enmedio (p. 280)

Le top des sites historiques

» Alcazaba (p. 267), Almería
» Ancienne médina (p. 274), Almería
» Refugios de la Guerra Civil (p. 267)
» Los Millares (p. 278)

Sites Internet

» **Andalucia.com** (www.andalucia.com). Plusieurs pages dédiées à Almería.
» **Turismo de Almería** (www.turismodealmeria.org). Office du tourisme municipal.
» **Los Vélez** (www.losvelezturismo.org). Office du tourisme local.
» **Editorial Alpina** (www.editorialalpina.com). La meilleure carte du Cabo de Gata.

Comment circuler

Difficile d'explorer cette province de fond en comble sans voiture. Exception à la règle, la ville d'Almería se visite aisément à pied ou au moyen de brefs trajets en taxi. En outre, des lignes de bus directes relient la capitale à diverses villes et stations balnéaires, comme Níjar, Sorbas, Vera, Vélez Blanco et Mojácar. Se rendre dans les villages ruraux plus modestes exige au moins un changement. La voiture reste le meilleur moyen de visiter la région désertique aux environs de Tabernas, permettant de sortir des sentiers battus et de jouir pleinement du paysage spectaculaire.

TROIS JOURS IDYLLIQUES

Jour 1 : Balade en ville

Prenez le petit-déjeuner à l'**Habana Cristal**, un café animé d'Almería, admirez les couleurs du **Mercado Central**, puis faites des emplettes dans la Calle de las Tiendas, une rue piétonne. Déjeunez de tapas à l'historique **Casa Puga** avant de rejoindre l'**Alcazaba**. En chemin, arrêtez-vous à la **Tetería Almedina** pour un thé à la menthe. Terminez par un hammam, suivi d'un repas de fruits de mer à la **Casa Joaquín.**

Jour 2 : Désert et montagnes

Le matin, découvrez un décor de western installé dans les canyons du **Desierto de Tabernas**, puis déjeunez à **Los Albardinales**, restaurant aménagé dans un moulin à huile d'olive. L'après-midi, rendez-vous sur les hauteurs des **Alpujarras**, un peu plus fraîches, pour déguster du vin, partir en randonnée dans les montagnes, ou prendre le soleil près des cascades d'**El Nacimiento** – où se trouvent des barbecues fort pratiques pour griller la viande que l'on a pris soin d'emporter.

Jour 3 : Petit tour sur la côte

Remontez la côte vers **San José** et découvrez des criques reculées au sud-ouest de la ville. Déjeunez de fruits de mer au **Casa Miguel**, puis prenez la direction du nord. Faites une halte au **Mirador de la Amatista** pour la vue. Une autre à **Rodalquilar** pour visiter le jardin botanique et les vestiges des mines d'or. Baignez-vous à la **Playa del Playazo** voisine puis, selon vos envies, allez dîner à **Mojácar** ou retournez à Almería pour une soirée tapas.

Hébergement

La province d'Almería compte un bon nombre d'hôtels, bien qu'ils soient plus rares dans la catégorie haut de gamme. Vous peinerez rarement à trouver une chambre dans la capitale. En revanche, les hôtels des principales stations balnéaires, comme Mojácar et San José, ont tendance à suivre une logique plus saisonnière. Pour choisir un hôtel, reportez-vous à notre chapitre *Hébergement* (p. 288).

ALMERÍA

190 349 HABITANTS

Almería est la vitrine d'une Andalousie en plein essor et ressemble un peu à Marseille. Cette ville surtout connue pour la province qui l'entoure, a bien du mal à rivaliser avec Grenade et Séville, et rares sont les touristes qui lui consacrent une journée. Ses immeubles arborent pour la plupart un style caractéristique des années 1960. Des palmiers poussiéreux bordent ses boulevards, et ses vestiges industriels rouillent dans l'atmosphère salée de la ville. Capitale d'une province qui, depuis les années 1980, a été complètement remodelée par l'agriculture intensive, Almería connaît aujourd'hui un regain d'énergie et d'optimisme.

Le nom "Almería" viendrait de l'arabe *al-mariyya* (le mirador), en référence au gigantesque Alcazaba, dernier vestige du passé mauresque de la ville. Durant l'âge d'or du califat andalou, les rues fourmillaient de marchands venus d'Orient, de France et d'Italie, son port, point d'attache de la flotte des Omeyyades, étant le plus grand et le plus riche de l'Espagne mauresque. Après la Reconquête, la ville entama un long et douloureux déclin, les ports de l'Atlantique et des Amériques lui volant la vedette. Un séisme et d'incessantes incursions de pirates barbaresques expliquent qu'on n'y dénombrait plus, en 1658, que 500 habitants. Almería s'est relevée récemment, avec l'apparition de la florissante et controversée *plasticultura* (culture sous serres plastiques) qui s'étend à la périphérie de la ville.

À voir

Les deux sites principaux d'Almería sont l'Alcazaba et la cathédrale, que l'on peut visiter dans la même matinée. Néanmoins, les rues sinueuses de la ville offrent quantité d'autres sites intéressants, notamment dans la partie haute de la ville, qui a conservé une atmosphère mauresque.

Alcazaba FORTERESSE

(Calle Almanzor ; adulte/ressortissant UE 1,50 €/gratuit ; ⏲9h-20h30 mar-dim avr-oct, 9h-18h30 mar-dim nov-mars). L'Alcazaba fut construite au Xe siècle par Abd ar-Rahman III, le calife le plus puissant d'Al-Andalus. Cette impressionnante forteresse maure, dont les murailles plantées sur les falaises ont des allures de palissade, était la plus puissante d'Espagne. Son ornementation est plus sobre que celle de l'Alhambra de Grenade, mais c'est un monument imposant. Comptez 2 heures pour une visite complète.

Au-delà d'une arche en fer à cheval, on découvre trois enceintes. Dans la plus basse, le **Primer Recinto** (première enceinte), étaient concentrés des demeures, des bains et autres installations, aujourd'hui remplacés par des jardins luxuriants parcourus par des canaux. Depuis les remparts, on aperçoit la **Muralla de Jayrán**, une muraille du XIe siècle offrant une vue stupéfiante sur la ville et la côte.

Le **Segundo Recinto** (seconde enceinte) abrite les vestiges du palais des souverains musulmans, bâti par Almotacín (1051-1091), sous le règne duquel la ville médiévale connut son apogée. Un miroir d'eau, construit au XXe siècle, laisse imaginer sa splendeur passée. L'enceinte abrite aussi l'**Ermita de San Juan**, une ancienne mosquée. La partie la plus haute, le **Tercer Recinto** (troisième enceinte), est une forteresse ajoutée par les Rois Catholiques. Son donjon, transformé en **galerie**, accueille notamment des expositions de peinture et de photographie.

Cathédrale d'Almería CATHÉDRALE

(Plaza de la Catedral ; 3 € ; ⏲10h-14h et 16h-17h lun-ven, 10h-14h sam). La cathédrale d'Almería, à l'allure de forteresse, fut bâtie sur le site d'une ancienne mosquée, détruite par un séisme. Fortifiée pour résister aux attaques des pirates, à l'ombre de hauts palmiers, elle donne sur une place tranquille. Le vaste intérieur, tout de jaspe, marbre et noyer sculpté, est impressionnant. Sur le mur est, on distingue à peine l'*indalo*, le symbole de la province d'Almería, qui fut découvert dans une grotte en 1868 et date de 2 500 av. J-C.

L'élément le plus remarquable, le superbe **Sol de Portocarrero**, un soleil du XVIe siècle gravé dans la pierre (aujourd'hui symbole de la ville), se trouve à l'extérieur, sur le côté est de l'édifice (Calle del Cubo).

Des visites guidées en espagnol sont proposées.

Refugios de la Guerra Civil SITE HISTORIQUE

(☎réservations 950 280 207 ; Plaza de Manuel Pérez García ; entrée 2 € ; ⏲visite guidée 9h-15h mar-jeu, 9h-15h et 17h-19h ven, 10h-14h et 17h-19h sam, 10h-14h dim). Durant la guerre civile, la province d'Almería abrita le dernier bastion des républicains d'Andalousie. Elle fut bombardée à plusieurs reprises et, lors d'une

À ne pas manquer

1 Les plages sablonneuses et accidentées le long du **Parque Natural de Cabo de Gata-Níjar** (p. 280)

2 Les plateaux de tournage des westerns du **Desierto de Tabernas** (p. 275)

3 Le plus grand édifice musulman d'Almería, l'**Alcazaba** (p. 267)

4 La détente dans les luxueux **hammams** (p. 275) d'Almería

5 La spéléologie dans les **Cuevas de Sorbas** (p. 277), un ensemble de grottes fascinant

6 La vue majestueuse depuis **Mojácar Pueblo** (p. 282)

7 Les fabuleuses tapas de la célèbre **Casa Puga** (p. 273) à Almería

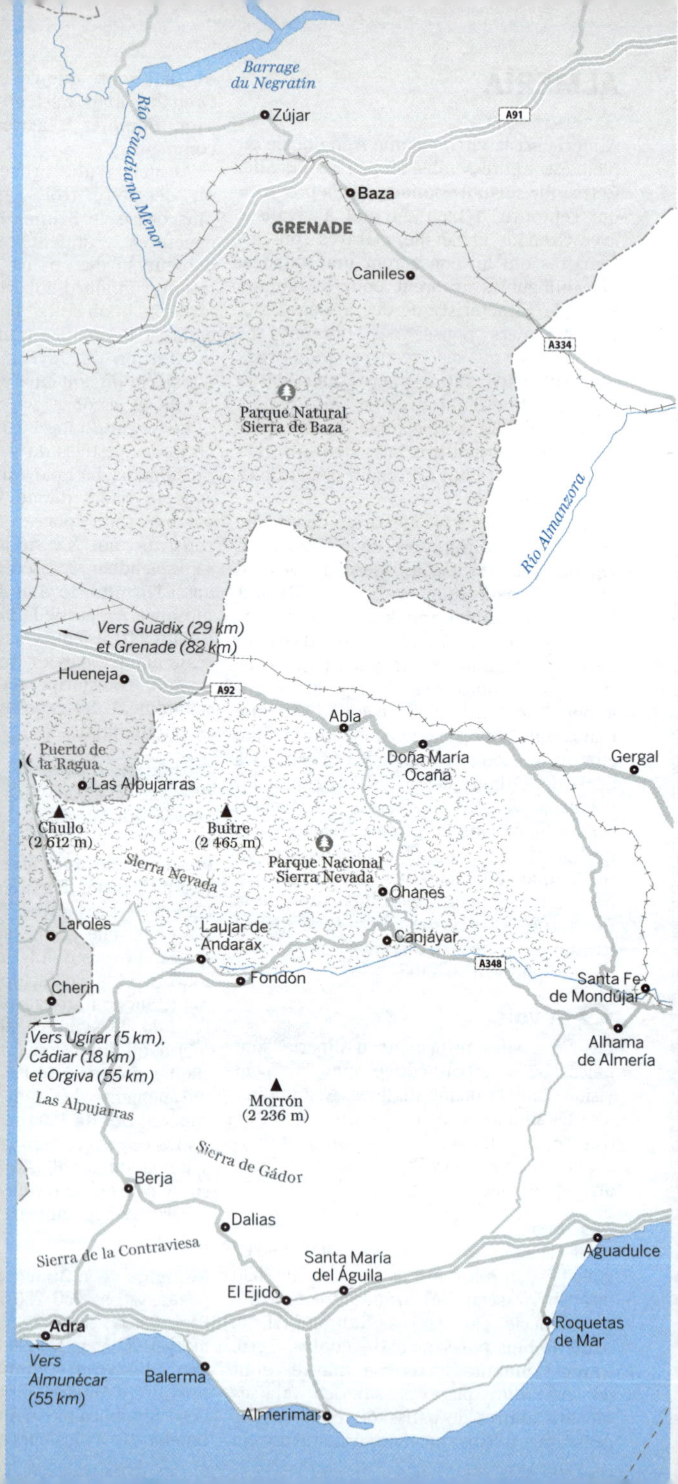

Sierra de las Estancias
A327
Puerto Lumbreras
Vers Murcie (90 km)
A7
Albox
Huercal-Overa
Macael
A7
Cuevas del Almanzora
A349
Cóbdar
Antas
Vera
Sierra de los Filabres
Garrucha
ALMERÍA
Paraje Natural de Karst en Yesos
Turre
6 Mojácar
Cuevas de Sorbas 5
N340a
Sorbas
Los Albardinales
Lucainena de las Torres
2 Desierto de Tabernas
Sierra Alhamilla
A7
A92
Los Millares
Carboneras
Níjar
Gádor
Rioja
Campohermoso
Agua Amarga
Benahadux
Parque Natural de Cabo de Gata-Níjar 1
Huercal de Almería
A7
MER MÉDITERRANÉE
Aéroport d'Almería
Rodalquilar
Almería 3 4 7
Retamar
Golfe d'Almería
Cabo de Gata
San Miguel de Cabo de Gata
San Jose
Vers Mellila (148 km)
Vers Nador (160 km)
0
20 km

Almería

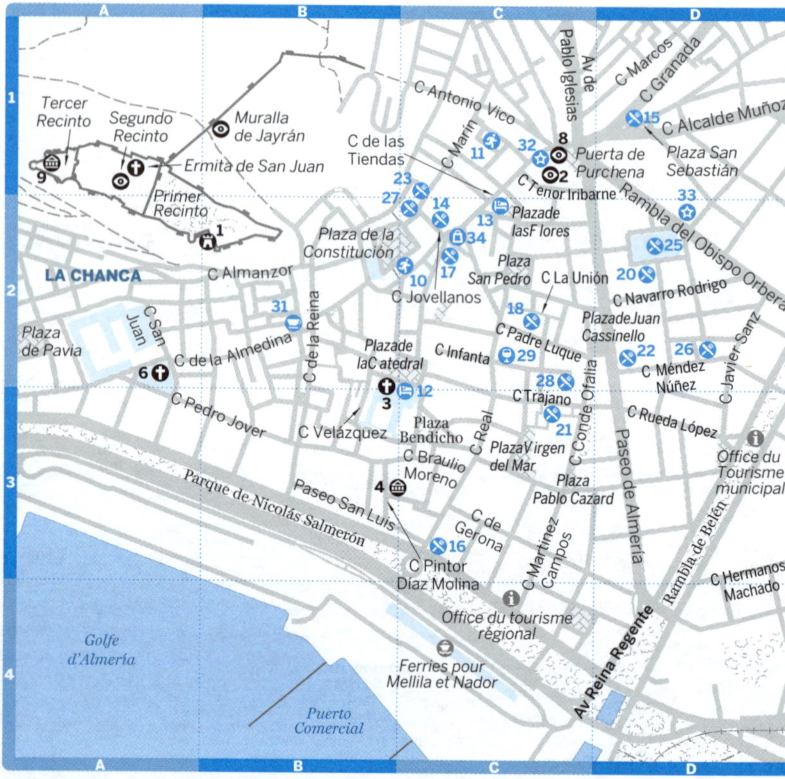

attaque, les Allemands tuèrent 40 civils. Un groupe d'ingénieurs créa alors les Refugios, réseau d'abris en béton de 4,5 km de long situé sous la ville, comprenant des réserves et un théâtre.

Les circuits (en espagnol uniquement) parcourent plus d'un kilomètre de tunnels. Il faut réserver.

Museo Arqueológico MUSÉE

(Carretera de Ronda 91 ; non ressortissant UE/ressortissant UE 1,50€/gratuit ; ⏲14h30-20h30 mar, 9h-20h30 mer-sam, 9h-14h30 dim). Le Museo Arqueológico est un espace interactif qui expose des objets mis au jour à Los Millares et d'autres villages anciens de la région, ainsi que des vestiges romains et musulmans.

GRATUIT **Centro Andaluz de la Fotografía** GALERIE

(www.centroandaluzdelafotografia.es ; Calle Pintor Díaz Molina 9 ; ⏲11h-14h et 17h30-21h30). Cet excellent centre culturel consacré à la photographie internationale mérite absolument une visite. Inauguré en 2007 et doté d'installations importantes incluant un espace de projection, une bibliothèque et une boutique, il propose des expositions temporaires extrêmement variées.

On a notamment pu y admirer une exposition intitulée la “Poésie du quotidien”, du photographe français Édouard Boubat.

GRATUIT **Centro de Arte – Museo de Almería** MUSÉE

(www.almeriacultura.com ; Plaza de la Estación ; ⏲18h-21h lun 11h-14h et 18h-21h mar-sam, 11h-14h dim). Logé dans un stupéfiant édifice néo-mudéjar datant des années 1920, doté de vastes galeries baignées de lumière, le musée d'Art de la ville offre généralement d'excellentes expositions d'artistes espagnols modernes (comme Juan Miró) et contemporains.

GRATUIT **Iglesia de San Juan** ÉGLISE
(Calle San Juan ; 18h). Des vestiges témoignent du passé musulman d'Almería, comme cette église, ancienne mosquée de la ville, qui arbore toujours un mihrab du XIe siècle indiquant la direction de La Mecque. L'église ouvre seulement durant la messe quotidienne.

GRATUIT **Aljibes de Jayrán** SITE HISTORIQUE
(950 27 30 39 ; Calle Tenor Iribarne ; 10h-14h lun-ven). Au nord de la Plaza de las Flores, les Aljibes de Jayrán furent construits au début du XIe siècle pour approvisionner la ville en eau. Bien préservé, l'historique réseau de citernes souterraines accueille des expositions régulières, ainsi que la **Peña El Taranto** (www.eltaranto.net), meilleur club de la ville (hélas privé) pour les amateurs de flamenco. Des concerts sont occasionnellement ouverts au public.

Fêtes et festivals

Ciclo Municipal de Divulgaci'on de Flamenco FLAMENCO
(www.flamencoenalmeria.blogspot.com). Inauguré en grande pompe en 2003, ce festival annuel de flamenco, qui se déroule en février-mars au Teatro Apolo, offre un programme de danse et de chant flamenco pendant un mois. Consultez le site Internet pour plus de renseignements.

Noche de San Juan SOLSTICE D'ÉTÉ
Festivités et feux de joie sur la plage, à Almería et dans chaque petite ville de la côte (le 23 juin).

Feria de Almería FERIA
Fin août, 10 jours et 10 nuits de fêtes, concerts, corridas, manèges et expositions.

Où se restaurer

Pour trouver en nombre les fameux bars à tapas de la ville, rendez-vous dans le secteur autour de la Calle de las Tiendas et à l'est de la cathédrale.

Casa Joaquín FRUITS DE MER €€
(950 264 359 ; Calle Real 111 ; plats 14-21 € ; fermé sam soir, dim et sept). Réservez une table à l'heure du déjeuner si vous aimez déguster les fruits de mer confortablement assis. Si vous acceptez de rester debout, vous pourrez vous serrer au bar. Pas de menu.

Aljaima MAROCAIN €€
(www.restauranteajaima.es ; Calle Jovellanos 12 ; tapas 2,10 €, tajines 14-18 €). L'intérieur de cet établissement de la médina ressemble à un *riad* avec son carrelage traditionnel (même au plafond), ses tissus riches en motifs, ainsi que ses œuvres et ses photographies d'inspiration marocaine. La cuisine est tout à fait traditionnelle. Optez pour l'un des tajines, par exemple au poulet et au citron.

Mesa España ANDALOU €
(Calle Mendez Nuñez 19 ; menu 10 €, fondue 6-18 €). Antonio, le propriétaire, vous accueille à bras ouverts dans ce bar-restaurant animé, où règne une atmosphère agréablement désuète. Menu du jour d'un bon rapport qualité/prix et plats intéressants, notamment les fondues à la viande, au fromage et (pourquoi pas) au chocolat.

El Mesón de Altamira POISSON €€
(Calle Altamira 35 ; plats 11-17 €). Modeste restaurant de poisson, prisé des familles, à l'est de l'Avenida Lorca. En soirée, les tables installées dans la rue croulent sous les assiettes

Almería

À voir

1 Alcazaba ... B2
2 Aljibes de Jayrán ... C1
3 Cathédrale d'Almería ... B2
4 Centro Andaluz de la Fotografía ... B3
5 Centro de Arte – Museo de Almería ... F3
6 Iglesia de San Juan ... A2
7 Museo Arqueológico ... F2
8 Refugios de la Guerra Civil ... C1
9 Tercer Recinto Gallery ... A1

Activités

10 Hammam Aíre de Almería ... C2
11 Hammam Almeraya ... C1

Où se loger

12 Hotel Catedral ... C3
13 Hotel Nuevo Torreluz ... C2
Plaza Vieja Alejandro ... (voir 10)

Où se restaurer

14 Aljaima ... C2
15 Café Barea ... D1
16 Casa Joaquín ... C3
17 Casa Puga ... C2
18 El Candil ... C2
19 El Mesón de Altamira ... E2
20 El Quinto Toro ... D2
21 La Charka ... C3
22 La Coquette ... D2
23 La Encina ... C1
24 Lamarca ... E2
25 Mercado Central ... D2
26 Mesa España ... D2
27 Plaza de Cañas ... C2
28 Taberna Postigo ... C2

Où prendre un verre

Alejandro ... (voir 10)
C Bar ... (voir 12)
29 Galeon ... C2
30 Habana Cristal ... E3
31 Tetería Almedina ... B2
Tetería Almeraya ... (voir 11)

Où sortir

32 Peña El Taranto ... C1
33 Teatro Apolo ... D2

Achats

34 Mercado La Llonja ... C2

de poisson croustillant et de fines tranches d'aubergine frite. Venez tôt pour décrocher une table en terrasse.

Lamarca ANDALOU €€
(Calle Doctor Gregorio Marañón 33 ; raciones 6-12 € ; ⌚8h-0h lun-sam, 10h-17h dim). Gagnez l'arrière-salle pour déguster vins, saucisses et fromages de toute l'Espagne, en version tapas ou *raciones*, sous les rangées de jambons accrochés au plafond. Concerts de jazz tous les mercredis à partir de 21h30.

Café Barea CAFÉ €
(Calle Granada 2 ; tostadas 2,25-3 € ; ⌚8h-23h lun-ven, 8h-0h sam-dim ; 👪). Première qualité de cette populaire *cafetería* à l'ancienne, elle possède une grande terrasse qui donne sur la très vivante Plaza San Sebastián. Deuxième point fort, tous les plats standards, notamment les *tostadas*, sont plus frais et savoureux que sur les terrasses du Paseo de Almería – plus grand choix de garnitures également : anchois, mélange de tomates et de thon, ou *tortilla* (omelette de pommes de terre).

La Coquette FRANÇAIS €
(Paseo de Almería 34 ; café et pâtisserie à partir de 4 €, glace à partir de 1,80 € ; ⌚8h30-1h ; 👪). Tesni, le propriétaire, a créé une pâtisserie française typique à Almería, avec un choix de gâteaux, de quiches, de pain français traditionnel, de viennoiseries appétissantes et de tartes aux fruits. On y trouve également d'authentiques glaces à l'italienne. Pour ceux qui souhaitent s'arrêter, l'endroit compte quelques tables à l'intérieur, dans un cadre rose bonbon et jaune pimpant.

Mercado Central MARCHÉ
(Circunvalación Ulpiano Díaz ; ⌚8h-14h lun-sam). Le marché central d'Almería, installé dans un superbe bâtiment ancien, près de la partie haute du Paseo de Almería, a été rénové en 2012. Allez-y tôt le matin pour voir les calamars si frais qu'ils changent encore de couleur, et une profusion de légumes provenant des serres environnantes, notamment plusieurs étranges variétés de tomates.

Où prendre un verre

Si vous êtes en quête de vie nocturne animée, rendez-vous dans la Calle Antonio Gonález

Egea, une courte mais fougueuse enfilade de clubs et de discothèques comprenant le **Galeon** (www.galeonlatino.com ; Calle Antonio Gonález Egea), de style latino, le **Pub Guarapo** (avec terrasse extérieure), et, un tantinet plus sophistiqués, **La Chica de Ayer**, le **Ginger** et le **De Bianco**, tous situés à un jet de pierre les uns des autres. Ces clubs sont généralement ouverts de 22h environ jusque très tard dans la nuit, du lundi au samedi.

♥ **Tetería Almedina** SALON DE THÉ
(www.restauranteteteriaalmedina.com ; Calle Paz 2, en retrait de la Calle de la Almedina ; thés 3 €, plats 7-12 € ; ⌚11h-23h mar-dim). Ce joli café propose un incroyable choix de thés et de succulents desserts, ainsi qu'un bon couscous. Il est géré par une association qui se consacre à la restauration et à l'animation de la vieille ville, et fait office de centre culturel musulman. Accueille généralement des concerts ou des spectacles le dimanche.

Tetería Almeraya SALON DE THÉ
(Calle Perea 9 ; cocktails 5,50 € ; ⌚mer-lun). Tout en teintes bordeaux et vert olive, cette séduisante *tetería* offre une ambiance intime et idéalement douce pour séduire les amoureux. Outre une infinité de thés, notamment avec du Baileys, on y sert des cocktails.

C Bar BAR
(www.hotelcatedral.net ; Plaza de la Catedral 8 ; ⌚12h-0h). Dans l'enceinte de l'Hotel Catedral, ce bar élégant distille une atmosphère jeune et branchée avec ses énormes tableaux noirs, son mobilier minimaliste et ses tapas inventives, tel ce sorbet à base de framboise, gin et basilic.

SOIRÉE TAPAS

Comme Grenade, Almería respecte la tradition des tapas gratuites (il suffit de commander un verre), à la différence qu'elles sont *al elegir* (les clients choisissent ce qu'ils veulent sur une carte). Les portions sont si généreuses que vous pouvez facilement faire un repas en prenant quelques verres. La plupart des établissements sont ouverts le midi également. Les soirs de la semaine, nombre d'entre eux n'ouvrent pas avant 20h30 ou 21h pour fermer vers 23h (le jeudi soir, ils ferment à minuit et à 1h le week-end).

Casa Puga (www.barcasapuga.es ; Calle Jovellanos 7 ; boisson et tapas 2,20 €). Commencez la soirée par le champion incontesté des bars à tapas (depuis son ouverture en 1870), qui se remplit vite. Les étagères couvertes de vieilles bouteilles de vin et les murs tapissés de toutes sortes de choses, des vieux billets de loterie aux cartes anciennes, constituent le décor de ce minuscule endroit qui concocte des petits ragoûts, des champignons grillés et des *huevas de maruca* (œufs de poisson fumé).

Plaza de Cañas (www.plazadecanas.com ; Calle Martín 20 ; boisson et tapas 2,20 €). Propose d'élégantes associations traditionnelles, comme le *remojón* (morue, orange et pommes de terre).

La Encina (www.restaurantelaencina.es ; Calle Marín 16 ; boisson et tapas 1,70 €). Sur les murs du légendaire Encina, des photos attestent de tous les prix gastronomiques remportés par l'établissement. Choisissez les *patatas a lo pobre* avec poivrons et œuf au plat, ou l'un des quelques délices plus coûteux, comme les beignets à la crevette.

La Charka (Calle Trajano 8 ; boisson et tapas 2,15 €). Plus près du Paseo de Almería, La Charka est au centre de la plus grande concentration de bars à tapas, accueillant surtout une clientèle jeune. Les serveurs hurlent les commandes d'œufs frits au chorizo ou de pommes de terre farcies au four.

Taberna Postigo (Calle Guzman ; boisson et tapa 2,20 €). La qualité première de cette *taberna* est sa terrasse ombragée, installée sous des rangées d'arbres feuillus. Les habitants sont très friands du bacon aux *pimientos* (piments) et de la *morcilla* (boudin noir).

El Candil (Calle La Unión 7). Détendez-vous dans ce vieux bar à tapas très prisé, avec sa terrasse sur la place et sa longue liste de tapas, dont le gratin d'aubergine. Par ailleurs : tartines grillées aux garnitures savoureuses et belle carte des vins au verre.

El Quinto Toro (Calle de los Reyes Católicos ; boisson et tapas 2 €). Une bonne adresse pour terminer la soirée. Le "cinquième taureau" rivalise avec le Casa Puga en matière de charme suranné, avec son inévitable tête de taureau trônant au-dessus du comptoir. Au menu : *pulpo en alioli* (poulpe à l'aïoli) et *albóndigas* (boulettes de viande) dans une sauce au vin.

Habana Cristal CAFÉ
(Calle Altamira 6 ; cocktails 3,80 € ; 7h-22h). L'un des cafés les plus emblématiques et réputés d'Almería, avec un large choix de cafés, dont le Habana Negra, à base de chocolat suisse, Tia Maria et cointreau, parfait pour se réchauffer en hiver. Grande terrasse extérieure.

Alejandro BAR
(Plaza de la Constitución ; 7h-22h). Attenant au somptueux Hammam Aíre de Almería, ce bar (et restaurant) sophistiqué propose une remarquable carte des vins au verre, dans un décor mêlant noir satiné, jaune pimpant et tuyauteries en acier apparentes. En-cas raffinés, comme les huîtres fraîches, et terrasse extérieure donnant sur la plus belle place historique de la ville.

Où sortir

Teatro Apolo THÉÂTRE
(950 26 92 68 ; www.almeriacultura.com ; Rambla del Obispo Orbera 25). Relativement récent, ce théâtre injecte une dose de culture dans le dynamique paysage nocturne d'Almería, dominé par les bars. Les concerts mettent notamment le flamenco à l'honneur, surtout en février-mars à l'occasion du festival annuel.

Achats

Le large Paseo de Almería constitue l'artère commerçante principale en matière de franchises nationales et internationales. Pour trouver des magasins plus modestes, dont certains établissements au charme suranné, rendez-vous dans la Calle de las Tiendas, avec sa séduisante combinaison d'échoppes : merceries spécialisées en boutons et rubans, chapeliers experts en casquettes plates en tweed, magasins de robes de mariée, boutiques de nourriture, magasins de vêtements pour bébé à l'ancienne, ainsi qu'un petit marché fort pratique, le **Mercado La Llonja** (Calle Jovellanos ; 10h-14h et 17h-19h30 lun-sam), qui vend tout le nécessaire pour un pique-nique réussi.

Renseignements

Office du tourisme municipal (Ayuntamiento, Plaza de la Constitución 1 ; 10h-13h et 17h30-19h30 lun-ven, 10h-12h sam)

Office du tourisme régional (Parque de Nicolás Salmerón ; 9h-19h lun-ven, 10h-14h sam-dim). Fournit dépliants et brochures gratuits.

Depuis/vers Almería

AVION L'**aéroport** (950 21 37 00) se trouve à 10 km à l'est d'Almería. Le bus 20 (www.surbus.com ; 1 €, 30 min) dessert le centre, près de l'Avenida de Federico García Lorca, toutes les 50 minutes environ de 7h33 à 22h33 en semaine, et toutes les 90 minutes de 7h25 à 22h25 le week-end. En taxi, comptez autour de 22 €.

BATEAU Pour le Maroc, **Acciona Trasmediterránea** (www.trasmediterranea.es), **Ferrimaroc** (950 27 48 00 ; www.ferrimaroc.com) et **Comarit** (950 23 61 55 ; www.comarit.es) relient le port des passagers à Melilla et/ou Nador (8 heures). Les prix commencent à 55 € pour un aller adulte.

BUS La gare routière et ferroviaire se trouve à l'est du centre. Au **bureau d'information** (6h45-22h45), demandez à quel guichet vous adresser. **Alsa** (902 42 22 42 ; www.alsa.es) est la principale compagnie de la région.

DESTINATION	TARIF (€)	DURÉE (HEURES)	FRÉQUENCE (/JOUR)
Cordoue	26	5 h	1/j
Grenade	13	2 h	8/j
Guadix	15	2 h	2/j
Jaén	18	4 h	1/j
Madrid	44	10	3/j
Málaga	17	4 h 45	8/j
Murcie	18	3 h	7/j
Séville	33	5 h 45	3/j

L'ANCIENNE MÉDINA

Après avoir visité l'Alcazaba, descendez dans le dédale de rues de l'ancienne médina, où vous pouvez faire une pause à la **Tetería Almedina** (p. 273). Le week-end, explorez le marché animé (9h-14h) de la **Plaza de Pavia** où sont vendus divers produits, chaussures bon marché et *churros*. Au nord et à l'ouest s'étire le quartier de **La Chanca**, dont les maisons ont été creusées dans la colline de l'Alcazaba et peintes de couleurs vives.

Cette zone évocatrice fait l'objet d'une restauration progressive du point de vue esthétique ; les propriétaires de la Tetería Almedina sont activement impliqués dans la collecte de fonds et l'organisation de programmes culturels pour les immigrés marocains, en particulier les enfants.

DIVINS HAMMAMS

Almería compte deux splendides *baños árabes* (bains arabes). Le somptueux **Hammam Aíre de Almería** (www.airedealmeria.com ; Plaza de la Constitución 5 ; entrée massage 15 min compris 35 € ; ⏲10h-22h), qui a ouvert ses portes en 2011, jouit d'un très bel emplacement sur la Plaza de la Constitución (ou Plaza Vieja). Cette place du XVIIe siècle, dotée d'arcades, d'élégantes colonnades et de pins sculptés, abritait autrefois le principal souk (marché) de la ville. Logé comme il se doit dans un bâtiment historique, ce spacieux hammam dégage un parfum de tranquillité au fil de son intérieur composé de marbre et de briques. Il offre trois bains – le *frigidarium* (16 °C), le *tepidarium* (36 °C) et le *caldarium* (40 °C) – ainsi qu'une gamme de massages d'aromathérapie. Le hammam comprend également un hôtel, le Plaza Vieja Alejandro (p. 308), et un bar séduisant.

Plus petit, le **Hammam Almeraya** (www.almeraya.info ; Calle Perea 9 ; entrée massage 15 min compris 24 € ; ⏲16h-22h) offre des bains chauds et froids, ainsi qu'un splendide décor de marbre et de carrelage. Il propose également des massages, ainsi qu'une reposante *tetería* (p. 273).

TRAIN Des trains directs partent pour/de Grenade (16,50 €, 2 heures 15, 4/j), Séville (40 €, 5 heures 30, 4/j) et Madrid (45,50 €, 6 heures 15, 1/j). Les trains partent de la gare, à la fois routière et ferroviaire.

ℹ Comment circuler

VOITURE L'A7/E15 forme une rocade autour d'Almería. Pour accéder au centre, le plus simple est de suivre le front de mer, par la Carretera de Málaga depuis l'ouest et par l'AL12 (Autovía del Aeropuerto) depuis l'est.

STATIONNEMENT Les stationnements sont rares dans les rues. Les grands parkings souterrains sous la Rambla de Belén facturent 16 €/jour.

TAXI Les taxis attendent aux stations du Paseo de Almería. Sinon, appelez le ☎950 22 61 61 ou ☎950 25 11 11.

NORD D'ALMERÍA

Desierto de Tabernas

Au nord-est d'Almería s'étire une portion de terre si aride qu'elle semble tout droit sortie du désert des Mojaves. Si cette terre a eu la chance d'échapper aux serres, elle n'en a pas moins connu la prospérité. Peter O'Toole, Clint Eastwood et Charles Bronson ont autrefois foulé ce sol, qui a servi de décor à des films historiques comme *Lawrence d'Arabie* (1962) et à des westerns comme *Le Bon, la Brute et le Truand* (1966) ou *Il était une fois dans l'Ouest* (1968). Plus récemment, le réalisateur espagnol Alex de la Iglesia y a tourné son film *800 balles*. En mars 2012, la région a également accueilli le tournage d'un épisode de la populaire série britannique *Doctor Who*, dans laquelle une créature mi-humaine mi-robot affronte des cow-boys (lesquels, entre deux scènes de fusillade, servent habituellement la paella aux touristes).

👁 À voir

Oasys/Mini Hollywood PARC D'ATTRACTIONS
(www.oasysparquetematico.com ; adulte/enfant 20/10 € ; ⏲10h-21h, le week-end uniquement oct-avr). Ce parc axé sur le thème du Far West – célèbre et onéreux – offre un bon divertissement familial. Si le décor de cinéma est un peu défraîchi, le zoo s'est en revanche développé considérablement, avec quelque 800 animaux recensés, dont des lions, des panthères, des tigres et des hippopotames.

L'endroit compte également deux modestes musées, avec diligences et consorts, plus une piscine et un restaurant (servant des burgers et des frites à un prix exagéré). On est bien loin d'Hollywood, mais cela convient pour une sortie en famille de quelques heures. Sur la N340, au sud-ouest de Tabernas. Prévoyez chapeau et crème solaire car l'ombre est rare.

Cinema Studios Fort Bravo PARC D'ATTRACTIONS
(www.fort-bravo.com ; adulte/enfant 12/6,50 € ; ⏲10h-22h, le week-end uniquement oct-avr). Situé sur la N340, le Fort Bravo possède un certain charme poussiéreux. Il propose un spectacle du Far West et un saloon dans lequel David Beckham a récemment tourné une publicité pour une marque de soda.

DEUX FAÇONS DE CULTIVER UNE TOMATE

Dans les plaines non protégées de la province d'Almería, les *invernaderos* (serres) se sont beaucoup développées. Les tomates produites ici ont sauvé économiquement ces terres autrefois misérables. Malheureusement, l'emploi abusif de pesticides nuit à la qualité de l'eau et l'exploitation de la main-d'œuvre immigrée est un problème récurrent.

Se plaignant que les vues sur la vallée ont été dégradées par les cultures industrielles, les habitants des montagnes s'en tiennent pour leur part à leur système complexe de *huertas* (terrasses) et d'*acequias* (canaux), mis en place par les Arabes il y a plus d'un millénaire.

Existe-t-il une différence de goût entre les deux productions ? En été, les tomates des montagnes, gorgées de soleil, sont succulentes. Mais, étonnamment, la tomate RAF, variété verte issue des tomates traditionnelles, donne également de très bons résultats en serre et mûrit, en hiver, jusqu'en mars ou avril. C'est la fierté de la province, promise à sa propre *denominación original* ; guettez son nom sur les menus d'Almería ou sur les marchés. Comptez au moins 6 € le kilo – s'il vous en coûte moins, cela signifie qu'il ne s'agit pas de l'authentique RAF andalouse.

Balades en diligence, randonnées équestres et possibilité de passer la nuit dans une cabane.

Níjar

29 284 HABITANTS

Cette petite bourgade au pied de la Sierra Alhamilla, au nord-est d'Almería, source d'inspiration de Federico García Lorca pour sa pièce *Noces de sang*, est réputée pour ses poteries vernissées, parmi les plus belles d'Andalousie. Au sommet de l'Avenida Lorca, la route s'incurve et conduit jusqu'au cœur de la vieille ville de Níjar, où la délicieuse **Plaza La Glorieta**, bordée d'arbres, est dominée par l'église de **Santa María de la Anunciación**. Plus loin, on trouve la paisible **Plaza del Mercado**. Continuez votre marche en suivant les panneaux pour arriver à l'**Atalaya**, une tour de guet en ruine qui domine le village et toute la vallée. Un petit **office du tourisme** (Plaza Ayuntamiento ; ⏲10h-21h) vend aussi des souvenirs.

Où se restaurer et prendre un verre

La Glorieta ESPAGNOL €

(Plaza La Glorieta ; tapas 1,50 €, menu 9 €). Profitez de la terrasse qui offre une vue paisible sur cette délicieuse place arborée. Vaste choix de tapas, menu du jour abordable et quelques plats inhabituels pour ces contrées, comme la *moussaka* grecque. L'endroit est très fréquenté par les habitants, ce qui est toujours bon signe.

Cafetería Pastelería Virgen de Fátima CAFÉ €

(Avenida Federico García Lorca 14 ; pâtisseries 1-2 € ; 👪). Facile à trouver quand on arrive en ville, cet établissement devrait satisfaire votre penchant pour les délicieux gâteaux et pâtisseries du cru, dont ces beignets acidulés parsemés de zestes de citron. À accompagner d'un *granizado* au citron.

Achats

Níjar a bien fait fructifier sa réputation de village potier. L'Avenida Federico García Lorca, la rue principale qui grimpe vers les hauteurs, est bordée de boutiques vendant des poteries, des tapis tissés et le *higo chumbo*, l'alcool local produit à partir du cactus. Plus à l'ouest, le charmant Barrio Alfarero (quartier des potiers) vend des céramiques plus originales.

♥ **La Tienda de los Milagros** POTERIES

(www.latiendadelosmilagros.com ; Callejón de los Artesanos). Tenu par le céramiste britannique Matthew Weir et son épouse espagnole Isabel Hernandez, cet atelier produit des *jarapas* (tapis) de qualité. Outre les céramiques, Matthew fabrique des estampes et travaille le grès et la porcelaine. L'atelier, que l'on reconnaît à ses peintures murales espiègles, est situé à mi-chemin de la montée, avant le centre d'artisanat qui jure en revanche par sa modernité.

Depuis/vers Níjar

BUS D'Almería, Níjar est desservie par deux bus par jour du lundi au samedi et un bus le dimanche (2,75 €, 45 min à 1 heure 15)

VOITURE Níjar est à 4 km au nord de l'A7, à 31 km au nord-est d'Almería. Des places de stationnement longent l'Avenida Federico García Lorca.

Sorbas

2 905 HABITANTS

Autre village de potiers prospère, Sorbas, à quelque 34 km de Níjar, est accessible par une jolie route qui traverse les montagnes de la Sierra de Alhamilla, en passant par la ville minière de Lucainena de las Torres. Son emplacement est spectaculaire, au bord d'une gorge calcaire dans la zone naturelle du Paraje Natural de Karst en Yesos, où l'érosion a créé, en plusieurs millions d'années, un fascinant réseau de grottes.

À voir et à faire

Cette séduisante petite ville mérite bien une balade. Si possible, programmez votre visite un jeudi : un marché animé s'empare alors de la Plaza de la Constitución, au cœur de la ville, et des rues avoisinantes.

Cuevas de Sorbas GROTTES

(www.cuevasdesorbas.com ; adulte/enfant 13/9 € ; visite guidée 10h-20h ;). Ces grottes constituent un site géologique de karst gypseux peu commun, dû à l'érosion de certaines roches par les eaux de rivière. En raison de la rapidité du processus de dissolution, la dégradation est vite complète, ce qui explique pourquoi les sites de karst gypseux sont si rares dans le monde. La faiblesse des précipitations à Almería a considérablement ralenti ce processus, aboutissant à ces tunnels spectaculaires qui s'étendent sur quelque 50 km sous la surface de la roche.

Plusieurs visites et itinéraires sont possibles, permettant d'admirer de scintillants cristaux de gypse, des lacs paisibles et de sombres tunnels surnaturels. Pour les visites, il convient de réserver au moins un jour à l'avance.

Juan Simón Ceramics POTERIES

(Alfarerías 25 ; 9h30-20h). Depuis la Plaza de la Constitución, suivez les panneaux *alfarería* jusqu'à ce vaste atelier de poterie au pied de la colline (juste à droite de l'Iglesia San Roque, du XVIIe siècle), où vous pourrez voir les potiers et les peintres à l'œuvre. L'endroit appartient à la même famille depuis des générations ; à l'arrière, jetez un œil au four du XIVe siècle, datant de l'époque maure.

Sendero de Los Molinos de Río Aguas RANDONNÉE

Ce charmant sentier de 7 km longe une rivière à travers une gorge tachetée de gypse. Pour rallier le départ, situé après l'entrée des Cuevas de Sorbas, prenez l'A1102 sur 5 km. Vous pouvez vous adjoindre les services d'un guide au Centro de Visitantes Los Yesares, à l'entrée du village. Comptez 2 heures environ ; la randonnée est relativement facile et des panneaux descriptifs jalonnent le parcours.

Où se restaurer

Cafetería Caymar TAPAS €

(Plaza de la Constitución ; tapas 1,80 € ;). Une adresse abordable, située sur la place centrale. Bien qu'assez sommaire, l'endroit sert de bons tapas et *bocadillos* (sandwichs). L'été, une terrasse est installée sur la place.

Renseignements

Centro de Visitantes Los Yesares (950 36 45 63 ; Calle Terraplén ; 11h-14h et 16h-18h mar-dim oct-juin, tlj juil-sept). Situé à l'entrée de Sorbas, il présente des expositions instructives sur les grottes, ainsi que sur la flore et la faune des environs.

VAUT LE DÉTOUR

OHANES

En sortant de l'A348, une route sinueuse mène à Ohanes, petit village spécialisé dans le *vino rosado* (rosé). Toutefois, c'est avant tout la route qui y conduit qui mérite le détour. Longue de 9 km, elle serpente entre de belles roches rouges sur le versant sud de la vallée. Lorsqu'on passe finalement la crête pour rejoindre l'ubac, le paysage change complètement, avec des vignobles et des cultures en terrasses verdoyantes. Le mieux pour visiter le village est de se garer en haut et de redescendre à pied. En repartant, continuez vers le sommet, puis restez sur la gauche (vers le bas) lorsque la route se scinde. Cette route qui descend dans la vallée est plus courte que celle de l'aller, mais plus délicate, passant à une seule voie en serpentant à travers les cultures. Elle aboutit à l'ouest de Canjáyar.

Depuis/vers Sorbas

BUS Des bus relient Almería à Sorbas (4,75 €, 1 heure, 4/j lun-ven, 3/j sam et 2/j dim). Ils sont plus fréquents dans le sens inverse (4/j lun-sam, 3/j dim).

LAS ALPUJARRAS DE ALMERÍA

Las Alpujarras (nom donné aux étendues les moins élevées de la Sierra Nevada) d'Almería, moins visitées que celles de la province de Grenade, sont nettement plus désertiques. Le paysage, d'abord aride, avec des lignes de crête à perte de vue, devient plus verdoyant, parsemé de citronneraies et d'orangeraies, à mesure que l'on approche de Fondón. La plupart des villes longeant le Río Andarax sont spécialisées dans la viticulture.

Los Millares SITE ARCHÉOLOGIQUE
(10h-14h mer-dim). Ce site archéologique se trouve au pied de la montagne, près du Río Andarax. Il fut probablement occupé entre 2700 et 1800 av. J.-C. (durant l'âge du bronze). Sa population construisit plusieurs murs défensifs successifs. Il n'en subsiste que les tracés, des vestiges de maisons de pierre et quelques tombes à galeries restaurées.

Un petit centre d'interprétation, comprenant une maquette du site, apporte un éclairage sur le contexte, de même que le Museo Arqueológico (p. 270) d'Almería, qui présente les objets mis au jour sur le site, notamment des poteries ornées d'un motif caractéristique figurant de grands yeux. Des panneaux indiquent l'embranchement pour Los Millares depuis l'A348, peu avant Alhama de Almería.

Laujar de Andarax

1 819 HABITANTS

L'agréable "capitale" des Alpujarras almériennes accueillit brièvement Boabdil, le dernier émir de Grenade, lorsqu'il perdit sa ville. Elle fut aussi le quartier général d'Aben Humeya, le premier chef de la rébellion morisque de 1568-1570. Aujourd'hui, la cité produit une grande partie du vin de la province. Si les sites sont rares, la ville compte néanmoins un bel **hôtel de ville** à trois niveaux couronné d'un beffroi caractéristique, sur la Plaza Mayor centrale, ainsi que l'**Iglesia de la Encarnación**, une église en brique du XVIIe siècle qui arbore un clocher aux allures de minaret et un somptueux autel doré.

> VAUT LE DÉTOUR
>
> **LOS ALBARDINALES**
>
> À l'est de Tabernas, le paysage devient un peu plus verdoyant, grâce aux oliviers de **Los Albardinales** (950 61 17 07 ; www.losarbardinales.com ; N340, Tabernas ; plats 8-10 € ; 9h-19h ven-mer), producteur d'huile biologique installé à 2 ou 3 km de la ville. Les visiteurs peuvent voir de quelle façon l'huile est pressée et embouteillée avant de passer à la dégustation. Le restaurant met en valeur les produits artisanaux locaux, notamment des vins bio. La boutique vend bien sûr l'huile produite sur place, ainsi que des vins bio, des savons, des vinaigres et autres produits locaux.

À voir et à faire

Cascades d'El Nacimiento CHUTES D'EAU
À l'est de la place principale de Laujar de Andarax, une route indiquée mène, 1 km au nord, à El Nacimiento. Cette succession de cascades nichées dans une vallée profonde, avec quelques restaurants à proximité, est prise d'assaut le week-end par des familles venues faire un barbecue.

Sendero del Aguadero RANDONNÉE
En continuant la route sur moins de 2 km depuis El Nacimiento, vous atteindrez le départ du Sendero del Aguadero (appelée PR 37), une belle randonnée de 8 km (3 heures 30) à travers les pins odorants. Essayez d'apercevoir un sanglier ou une huppe (*abubilla*), au plumage noir et avec une crête orange.

GRATUIT **Bodega Valle de Laujar** ENTREPRISE VITICOLE
(www.bodegasvallelaujar.es ; 8h30-14h et 15h30-19h lun-sam). Installée sur la route qui mène à la commune depuis l'A348, cette bodega bien connue est parfaite pour déguster des vins et des digestifs locaux tout en assistant à la mise en bouteille.

Cortijo El Cura ENTREPRISE VITICOLE
(www.cortijoelcura.com ; 8h-20h). Ce remarquable vignoble bio, une petite

entreprise familiale, produit d'excellents vins qui acquièrent progressivement une renommée nationale : en 2010, le Sierra de Gádor, un vin rouge jeune, et l'Oroel Llano, un vin blanc, ont tous deux remporté la médaille d'or de l'Eco Racimos, un concours national réservé au vin bio.

La bodega se situe dans une superbe ferme ancienne. Cherchez les panneaux indiquant le sud depuis l'A348, à l'ouest de Laujar.

Où se restaurer et prendre un verre

Almirez ANDALOU €

(Calle Almirez 14 ; plats 8-10 €, menu 13 €). Logé dans l'hôtel du même nom, ce bar-restaurant sert un copieux *menu del día* axé sur les spécialités des Alpujarras, notamment les *potajes* (soupes et ragoûts) et les *migas* (miettes de pain frit avec oignons, ail et jambon).

Fonda Nuevo Andarax ANDALOU €

(Calle General Mola 4 ; plats 6-10 €). Restaurant-bar populaire, juste en retrait de la Plaza Mayor de la Alpujarra, la jolie place principale. Vous pouvez déjeuner rapidement de tapas au comptoir, ou vous asseoir dans la salle à manger et commander un bon plat roboratif des Alpujarras.

Renseignements

Pour des informations sur les sentiers de randonnée des environs, voyez le **Centro de Visitantes Laujar de Andarax** (10h-14h et 18h-20h mer-dim, 10h-14h sam), sur la route à l'ouest de Laujar de Andarax.

Depuis/vers Laujar de Andarax

BUS Le bus d'Almería à Laujar (6 €, 2 heures) part tous les jours à 9h et repart à 15h50. Pour rejoindre les Alpujarras de la province de Grenade depuis Laujar, prenez un bus jusqu'à

Parque Natural de Cabo de Gata-Níjar

RANDONNÉES LE LONG DE LA CÔTE

Routes et sentiers longent le cap sur environ 60 km, de la ville de Cabo de Gata jusqu'à **Agua Amarga**, station balnéaire bobo-chic appréciée de la jet-set madrilène. La randonnée prend 3 jours complets à un rythme tranquille et n'est à tenter qu'au printemps ou, mieux, en automne, lorsque la mer est chaude. L'été, la température est écrasante et il n'y a pas d'ombre. Vous pouvez ne faire qu'une journée, ou un après-midi de randonnée, et profiter des plages qui ne sont pas accessibles autrement.

De San José à Los Escullos, au nord-est, le terrain est assez plat ; comptez 2 heures 30 en empruntant partiellement d'anciennes routes minières. Au nord de Los Escullos, vous pouvez poursuivre jusqu'à de paisibles criques rocheuses. En marchant encore 45 minutes, vous arriverez à La Isleta del Moro.

Un autre itinéraire agréable va de Rodalquilar à la **Playa del Playazo**, de l'autre côté de la vallée, avant de remonter sur une falaise pittoresque jusqu'à la ville de **Las Negras** (à environ 2 heures de Rodalquilar). Marchez encore 1 heure 30 jusqu'à la véritable merveille, **Playa San Pedro**, un village abandonné qui abrite une petite communauté de hippies chic. La plage offre le sable le plus fin de la côte, une eau claire et des vagues juste ce qu'il faut. Vous pouvez aussi aller en voiture à Las Negras, puis marcher jusqu'à Playa San Pedro.

La **Cala del Plomo**, accessible par la route au nord de Playa San Pedro, est une plage de sable gris peu attirante, mais la **Cala de Enmedio**, plus haut sur la côte, est plus jolie et très intime. À 5 minutes à pied du parking de la Cala del Plomo en allant vers les terres, un sentier part vers la droite. Il suffit de l'emprunter une vingtaine de minutes, puis de rester sur la droite en suivant un ruisseau asséché pour arriver à la Cala de Enmedio.

Berja (2,75 €, 30 min-1 heure, 2/j lun-ven, 1/j sam-dim), puis un autre vers Ugíjar et au-delà.

COSTA DE ALMERÍA

Parque Natural de Cabo de Gata-Níjar

Certaines des plages les plus belles et les moins fréquentées d'Espagne jalonnent le littoral entre les falaises du Parque Natural de Cabo de Gata-Níjar. Le paysage désolé, résultant de l'activité volcanique, est parsemé d'agaves et de plantes grasses, et ponctué de quelques villages aux maisons blanchies à la chaux.

Avec seulement 100 mm de pluie par an, le Cabo de Gata est la région la plus sèche d'Europe. Il compte toutefois plus d'un millier d'espèces animales et végétales, et concentre nombre de formations rocheuses étranges. La ville la plus grande du parc est San José, sorte de résidence secondaire pour tous les citadins d'Almería.

À voir et à faire

Plages

Certaines des plus belles *playas* (plages) se trouvent à proximité de **San José**, notamment au sud-ouest de la ville. Un chemin de terre longe plusieurs plages ; pour l'emprunter, suivez les panneaux "Playas" indiquant le sud-ouest à la lisière intérieure de San José. La première que vous atteindrez, la **Playa de los Genoveses**, est une étendue de sable longue de 1 km où la flotte génoise débarqua en 1147 pour participer à l'attaque d'Almería. Depuis le parking, vous devrez marcher un peu avant d'en profiter.

Un peu plus loin depuis la plage naturiste **Playa del Barronal** (invisible depuis la route), vous pouvez gravir les rochers longeant la côte jusqu'à une succession de petites criques (*calas* en espagnol), les **Calas del Barronal**. Plus près de la route s'étendent la **Playa de Mónsul** (reconnaîtrez-vous le rocher que l'on aperçoit dans *Indiana Jones et la Dernière Croisade* ?), plus fréquentée que les autres car le parking est proche de la mer, et la **Cala de la Media Luna** et la **Cala Carbón** plus paisibles. De la mi-juillet à la mi-septembre, la route de la plage est fermée à la circulation après 10h : vous devez vous garer sur le parking près du rond-point, à l'entrée de la ville, puis prendre un bus qui s'arrête à chaque parking.

Il existe d'autres belles plages, dont la grande **Playa del Playazo**, la plus proche de Rodalquilar, nichée entre deux caps ; **Los Escullos**, petit point sur la carte avec quelques maisons et deux hôtels à proximité ; et la plage de sable gris du village de pêcheurs de **La Isleta del Moro**, calme en semaine. Les deux dernières sont pratiques si vous ne souhaitez pas vous retrouver en pleine nature : des restaurants et des bars se trouvent non loin.

Cabo de Gata

Les gens qui parlent du Cabo de Gata font généralement référence au parc naturel plutôt qu'au village. En juillet et août, la plage de sable est envahie de visiteurs venus d'Almería pour la journée. Hors saison, elle est balayée par les vents et désertée.

En passant devant le phare en voiture, vous verrez plusieurs sentiers menant à de petites plages isolées, facilement accessibles. Après environ 3 km, au niveau de la Torre de Vigía Vela Blanca, une tour de guet du XVIIIe siècle, la route côtière est fermée aux voitures. Le chemin, prisé des marcheurs et cyclistes, continue sur 5 km jusqu'à San José.

Salinas de Cabo de Gata MARAIS SALANTS

Au sud-est du village, ces marais salants, parmi les derniers du pays, attirent quantité de flamants roses dès le printemps et en automne. Un sentier de 11 km fait le tour des marais, ponctué de postes d'observation. À l'extrémité des lagunes, le sel ramassé forme de gros tas près du village désolé de La Almadraba de Monteleva. L'**Iglesia de las Salinas**, à moitié en ruine, domine le paysage à des kilomètres à la ronde.

Faro de Cabo de Gata PHARE

À l'extrémité sud du cap se dresse le Faro de Cabo de Gata, un phare surplombant les reliefs volcaniques de l'**Arrecife de las Sirenas** (récif des Sirènes), qui doivent leur nom aux phoques moines qui avaient pris l'habitude de s'y prélasser. Il offre une vue sur des eaux cristallines.

El Cabo a Fondo VISITE EN BATEAU

(☎637 449170 ; www.elcaboafondo.es ; visite 1 heure 20€). Vous pouvez admirer le phare et la côte splendide lors d'une croisière avec ce prestataire. Les bateaux partent du kiosque de La Fabriquilla, minuscule bourg à l'ouest du parc, près des marais salants. Réservation indispensable.

Caboteando NAVIGATION

(☎615 396225 ; info@caboteando.com). Si vous préférez jouer vous-même au capitaine, contactez Caboteando, qui loue des bateaux de 3,70 m et plus à partir de 140 € pour 4 heures, depuis le port voisin de San José.

Rodalquilar

Au nord-est de La Isleta del Moro, la route grimpe jusqu'au Mirador de la Amatista, avant de redescendre vers le Valle del Rodalquilar, une grande caldeira. Au milieu de la lave pétrifiée, la flore du Cabo de Gata apparaît dans toute sa complexité, notamment après les pluies printanières sporadiques, lorsque fleurissent des plantes fragiles et éphémères.

Au cœur de la vallée, Rodalquilar est longtemps resté un village fantôme, avec seulement quelques habitants vivant parmi les vestiges d'une industrie minière abandonnée dans les années 1970. Malgré les maisons en ruine couvertes de graffitis en périphérie, c'est aujourd'hui un lieu de retraite prisé, avec un ensemble de maisons de vacances immaculées et quelques adresses assez bobo.

Les amateurs de littérature souhaiteront peut-être s'offrir un détour par **El Cortijo de los Frailes**, qui servit de cadre à la tragique histoire contée par Federico García Lorca dans sa pièce la plus célèbre, *Noces de sang*. Les ruines de la ferme sont en pleine nature, à mi-chemin entre Rodalquilar et Los Albaricoques. L'endroit peut s'avérer difficile à trouver ; demandez des indications dans n'importe quel office du tourisme local.

Jardín Botánico El Albardinal JARDIN

(Calle Fundición ; ⏲10h-13h et 18h-21h mar-dim). Dans ce vaste jardin botanique bien aménagé, à la lisière de la ville, chaque plante, arbre ou buisson est identifié. On y trouve aussi une *huerta* (potager), avec un épouvantail, ainsi que des expositions pédagogiques.

Mines d'or RUINES

Les vestiges de ces mines d'or, fascinantes ruines industrielles dans un paysage désolé, ont quelque chose de puissamment évocateur. Vous pouvez suivre une route accidentée qui monte derrière les principales structures. À l'entrée des mines, **La Casa de los Volcanes** (☎950 38 97 42 ; ⏲11h-14h mar-ven, 10h-14h et 16h-18h30 sam) propose une exposition intéressante sur l'histoire géologique de la région.

Où se restaurer

San José, la principale station balnéaire, dispose du plus grand choix de restaurants dans le secteur. Ici, sur la marina, les établissements de poisson (à l'extrémité nord de la plage) restent ouverts tout l'après-midi. Pour le reste, on trouve quelques excellents restaurants dans les villages et stations proches, notamment dans l'élégant village d'Agua Amarga et dans ses environs.

Casa Café de la Loma VÉGÉTARIEN €
(☎950 38 98 31 ; www.degata.com/laloma ; La Isleta del Moro ; plats 7-16 € ; ⏲19h-1h juil-août ;). Paradis méditerranéen avec une vue magnifique sur la mer, cet ancien *cortijo* (propriété de campagne) abrite un restaurant en été. La carte fait la part belle aux plats végétariens, aux crêpes et aux salades. Des concerts de jazz et de flamenco ont lieu plusieurs fois par semaine dans le jardin éclairé aux chandelles. Le croisement avec la route principale est juste au nord de La Isleta del Moro.

Restaurante La Villa ANDALOU €€
(☎950 13 80 73 ; Agua Amarga ; plats 10-18 € ; ⏲fermé nov-mars). Parfaitement placé à côté du meilleur hôtel de la ville, ce restaurant éprouvé et sophistiqué offre une salle à manger romantique et peu éclairée, ainsi qu'une jolie terrasse extérieure. Les plats montrent une touche d'originalité, mais sans exagération. Réservation indispensable.

La Gallineta EUROPÉEN MODERNE €€
(☎950 38 05 01 ; Pozo de los Frailes ; plats 14-24 € ; ⏲mar-dim, fermé mi-oct-mars). Petit restaurant élégant à 4 km au nord de San José, où les citadins en week-end viennent déguster une cuisine inventive aux accents internationaux, servie dans une salle chaleureuse au carrelage d'origine – le bâtiment abritait autrefois un magasin. Testez les raviolis à la sauce aux noix et à la truffe noire, ou préférez un plat à base de riz, la spécialité du lieu.

Casa Miguel POISSON, FRUITS DE MER €€
(☎950 38 03 29 ; www.restaurantecasamiguel.es ; Avenida de San José 43-45, San José ; plats 18-22 €). Le meilleur restaurant de fruits de mer de San José offre une terrasse sympathique et un bon service. Oubliez cependant la triste paella et préférez-lui l'*arroz negro* (riz noir aux fruits de mer ; la couleur provient de l'encre de seiche). Vous pouvez aussi choisir l'un des poissons du jour. Le bar à l'intérieur propose de bonnes tapas. Réservation conseillée le week-end.

Acá Charles INTERNATIONAL €€
(Avenida de San José 51, San José ; plats 14-19 €). Inauguré en 2012, cet établissement a conquis tous les habitants avec son menu sophistiqué où les fruits de mer n'ont pas forcément le monopole. Parmi les plats, citons les truffes, le croustillant jambon Serrano, ou encore les fraîches asperges vertes accompagnées de polenta. La carte affiche seulement deux desserts maison.

Costamarga POISSON, FRUITS DE MER €€€
(Playa de Aguamarga, Agua Amarga ; plats 11-16 € ;). Comptant parmi les quelques restaurants qui bordent la plage d'Agua Amarga, cette adresse propose (bien sûr) du poisson, mais consacre aussi une grande partie de sa carte aux légumes de saison, comme les cœurs d'artichauts au jambon croustillant. Les amateurs de friture choisiront les *chipirones* (petits calamars) et les *croquetas* (croquettes).

Renseignements

Centre d'information de San José Avenida San José 27 ; ⏲10h-14h et 17h-20h). Sur la gauche de la rue principale, au milieu de la ville.

Centro de Visitantes Las Amoladeras (km 7 Carretera Cabo de Gata-Almería ; ⏲10h-14h et 18h-21h). Principal centre d'information, situé sur la route d'Almería, à 1,1 km avant (à l'ouest) l'embranchement vers Cabo de Gata.

Depuis/vers le Parque Natural de Cabo de Gata-Níjar

Bus

Aucun service de bus ne relie les villes à l'intérieur du parc.

Alsa (☎902 42 22 42 ; www.alsa.es) relie Almería à El Cabo de Gata (3 €, 1 heure, 6/j) et Las Negras (5 €, 1 heure 15, 1/j lun-sam).

Autocares Bernardo (www.autocaresbernardo.com). Bus d'Almería à San José (2,65 €, 1 heure 15, 4/j lun-sam, 2/j dim). La compagnie propose aussi un bus vers La Isleta del Moro (2,65 €, 1 heure 15, lun et sam).

Les **Autocares Frahermar** (www.frahermar.com), à Almería, circulent depuis/vers Agua Amarga (5,50 €, 1 heure 15, 1/j les lun, mer, ven, sam, dim) ; service quotidien en juillet-août.

Taxi

Taxi de Gata (☎669 071442 ; www.taxidegata.com). À Níjar.

Taxi Ramón Ruíz López (☎950 13 00 08, 606 414724). À Carboneras.

Mojácar

7 745 HABITANTS

Mojácar regroupe deux agglomérations : Mojácar Pueblo, la vieille ville, dédale

Mojácar Pueblo

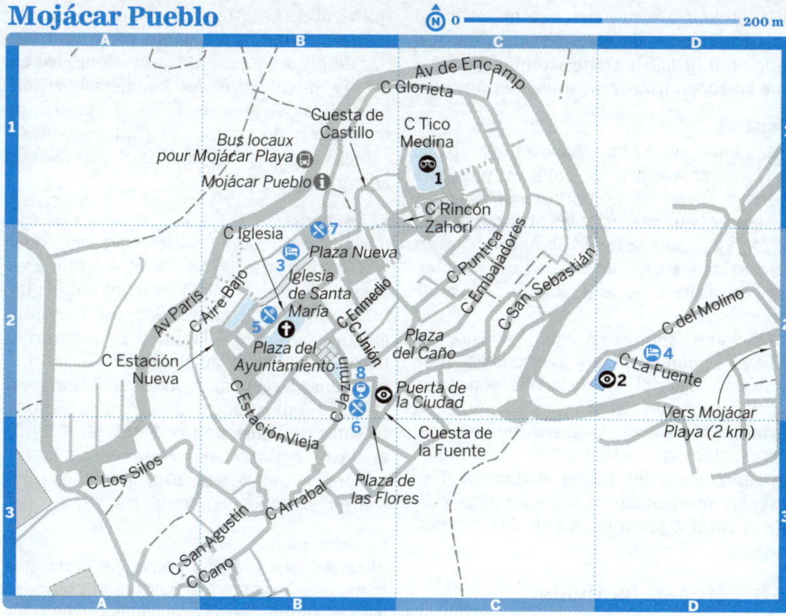

de maisons blanches perchées sur une colline escarpée, à 2 km dans les terres, et Mojácar Playa, une station balnéaire moderne. Presque à l'abandon dans les années 1960, le *pueblo* fut sauvé par son maire, qui attira notamment des artistes en proposant des habitations bon marché, conférant à la localité une atmosphère bohème qu'elle conserve aujourd'hui, malgré le développement d'un tourisme plus "classique". Dans les rues sinueuses du *pueblo*, bars, galeries et curieuses petites boutiques abondent.

À voir et à faire

L'attraction principale est le *pueblo* en lui-même. Pour le rejoindre depuis la plage (2 km), tournez vers l'intérieur des terres au rond-point du Parque Comercial, un grand centre commercial. Des bus relient régulièrement les deux.

El Mirador del Castillo POINT DE VUE

(11h-23h ou plus tard). Preuve de la renaissance de Mojácar, le centre artistique El Mirador del Castillo est surtout un magnifique *mirador* (point de vue) avec de superbes panoramas sur le relief environnant : d'un côté la mer, de l'autre le continent parsemé de cônes volcaniques comme celui occupé par Mojácar.

Mojácar Pueblo

À voir

1	El Mirador del Castillo	C1
2	Fuente Mora	D2

Où se loger

	El Mirador del Castillo	(voir 1)
3	Hostal Arco Plaza	B2
4	Hotel Simon	D2

Où se restaurer

5	El Reclamo	B2
6	La Taberna	B2
7	Pulcinella	B2

Où prendre un verre

8	La Tahona	B2

Le café-bar permet de se remettre de l'ascension en écoutant du jazz devant un verre et des tapas.

Fuente Mora FONTAINE

Au pied du village, se trouve la rectangulaire Fuente Mora. Elle porte une plaque relatant les paroles adressées, en 1488, par le dernier gouverneur musulman Alabez au capitaine Garcilaso de la Vega, émissaire des souverains catholiques qui lui ordonnaient de partir. Alabez lui fit comprendre qu'il était aussi attaché à cette terre que lui, et qu'au lieu d'agir et de le considérer comme un ennemi, il devait le traiter comme un frère et le laisser continuer à cultiver ses terres.

Plages

S'étendant sur 7 km environ, la plage de Mojácar change de nom à plusieurs reprises. Parmi les nombreux *chiringuitos* (restaurants de plage), le **Neptuno** (Playa del Descargador ; plats 12-16 €) est apprécié pour ses sardines au feu de bois. Il est situé au nord du croisement de la plage et de la route du *pueblo*.

Quelques kilomètres plus au sud, les plages deviennent moins fréquentées et, en arrivant à la périphérie de la ville, vous trouverez nombre de petits coins abrités, dont certains, au-delà de la Torre de Macenas, fortification du XVIIIe siècle au milieu du sable, sont des plages naturistes. Une agréable promenade en front de mer court sur environ 3 km au nord de l'Hotel Best Indalo.

Fêtes et festivals

Moros y Cristianos HISTORIQUE

Les habitants se costument pour rejouer la Reconquête. Danses, processions et festivités le week-end le plus proche du 10 juin.

Noche de San Juan SOLSTICE D'ÉTÉ

Cette fête échevelée se déroule sur les plages du littoral espagnol le 23 juin, pour célébrer le solstice d'été. Au programme, feux de joie, danses et boissons fortes du crépuscule au petit matin.

Où se restaurer

La Cantina MEXICAIN €

(www.lacantinamojacar.com ; Complejo Tito's, Playa Las Ventanicas ; P ❄ ✎). La Cantina est un authentique restaurant mexicain – Tito, qui vient de Los Angeles, n'ignore rien de la cuisine tex-mex. En plus du restaurant, un bar de plage propose de la musique live en été. Le menu inclut les familiers burritos, quesadillas et guacamole, sans oublier un beau choix de tequilas et de bières mexicaines pour se mettre dans l'ambiance adéquate.

El Reclamo ANDALOU €

(Calle Alcalde Jacinto, Mojácar Pueblo ; plats 7-10 €). Immense écran TV et ses lumières fluorescentes… on ne vient ici ni pour l'ambiance ni pour le cadre. Cela dit, la bonne cuisine familiale – lapin à la moutarde, pâté au poulet et autres plats du genre – compense largement le manque d'élégance. Hélas, l'établissement souffre des grands travaux de construction à ses portes (un nouveau parking souterrain), dont la fin est programmée pour 2013. Espérons qu'il saura résister jusque-là.

La Taberna TAPAS €

(Plaza del Caño 1, Mojácar Pueblo ; tapas et platos combinados à partir de 4 €). Les bonnes tapas et les savoureux plats végétariens attirent les foules dans ce labyrinthe de petites salles intimistes où résonnent les conversations de clients repus. Il est situé à côté d'une charmante arche maure du XIe siècle ; pour vous y rendre, prenez vers le bas de la ville et passez la porte de la vieille ville – vous verrez la petite *plancha* (gril) à tapas juste sur la droite.

Pulcinella ITALIEN €

(www.pulcinellamojacar.com ; Plaza Nueva, Mojácar Pueblo ; mar-dim ; ✎ 👪). Bonne cuisine italienne et vue spectaculaire depuis la terrasse. Grande variété de pizzas, dont la Green Peace végétarienne avec force légumes, plus des plats de pâtes et de viande, comme le poulet grillé.

L'HÉRITAGE MAURESQUE DE MOJÁCAR

Au XVIe siècle, la population andalouse (alors principalement composée de *Moriscos*, musulmans convertis sous la pression de l'Inquisition) fut de nouveau l'objet de campagnes agressives, avant d'être définitivement expulsée en 1609. Les réfugiés gagnèrent les cités portuaires avec les rares biens qu'ils avaient pu emporter, laissant souvent derrière eux leurs enfants les plus jeunes, qui furent placés dans des orphelinats catholiques.

Toutefois, une partie de la population musulmane resta sur place. Les clichés du photographe polonais Kurt Hielscher, qui visita Mojácar au début du XXe siècle, montrent des femmes vêtues de noir et voilées. À l'entrée du village, un panneau indique encore "Mojácar, Royaume de Grenade", comme si rien n'avait changé au cours des 500 dernières années.

INTERVIEW

TITO DEL AMO

Tito del Amo est arrivé à Mojácar de Los Angeles en 1964. Il a récemment coproduit un documentaire à propos de Walt Disney, dont il est convaincu (comme d'autres habitants) qu'il est né dans ce village avant d'être adopté aux États-Unis. Il gère également le **Tito's** (☎950 61 50 30 ; www.elbeachbar.com ; Playa de las Ventanicas ; ⏲avr-oct), un restaurant-bar de plage à Mojácar Playa.

Pourquoi avez-vous choisi Mojácar ? Quand je suis arrivé ici dans les années 1960, il n'y avait que trois voitures dans le village (rappelez-vous que j'arrivais de Los Angeles !). Pour le reste, il y avait la colline, la lumière et ce cadre côtier. Je n'ai pas pu résister.

Quel est votre endroit favori ? Mis à part La Coquette (p. 272), qui vend tout simplement les meilleures pâtisseries françaises et glaces italiennes de toute la province, j'aime aussi Agua Amarga et le magnifique parc naturel de Cabo de Gata.

Où aimez-vous aller quand vous ne travaillez pas ? J'aime le rude paysage et les longues marches dans la campagne environnante, particulièrement dans les collines près de la côte.

Si vous n'habitiez pas à Mojácar, dans quel autre endroit d'Andalousie choisiriez-vous de vous installer et pourquoi ? Je pourrais m'installer à Grenade, pour plusieurs raisons, mais ne serait-ce que pour vivre à proximité de l'Alhambra !

Où prendre un verre

En été, le *pueblo* jouit d'une vraie vie nocturne grâce à ses bars sympathiques nichés dans de petites maisons.

La Tahona BAR

(Plaza de las Flores, Mojácar Pueblo ; ⏲sam-dim uniquement oct-avr). L'adresse en ville indispensable pour passer un bon moment. Ambiance animée, excellents mojitos et bonne musique. Situé juste en contrebas du populaire bar à tapas La Taberna, en passant sous l'ancienne arche maure.

Teatro Bar BAR

(Paseo del Mediterráneo 8, Mojácar Playa ; ⏲12h-tard). L'un des rares bars musicaux (et restaurant) géré par des Espagnols dans cette rue animée où fleurissent les pubs à l'anglaise. Ouvert toute l'année, avec des concerts allant du rock 'n' roll à la musique cubaine. Le lieu envisage même d'organiser des sessions musicales le dimanche après-midi pour ceux qui souhaiteraient se déhancher entre deux bols de soleil à la plage.

Renseignements

Mojácar Playa (www.turismomojacar.com ; Avenida del Mediterráneo ; ⏲9h-16h lun-ven, 9h30-14h sam). Kiosque en face du Parque Comercial.

Mojácar Pueblo (www.mojacar.es ; Calle Glorieta ; ⏲10h-14h et 17h-19h lun-ven, 10h30-13h30 sam)

Depuis/vers Mojácar

Bus

Il y a un arrêt de bus au pied de Mojácar Pueblo (p. 285) et un autre au Parque Comercial de Mojácar Playa.

Enatcar/Alsa (www.alsa.es) gère les bus depuis/vers Almería (7 €, 1 heure 15, 4/j lun-ven, 2/j sam-dim), Grenade (19 €, 4 heures, 2/j), Madrid (38 €, 8 heures, 2/j), Madrid Barajas (38 €, 8 heures 30, 1/j à 20h55) et Málaga (25 €, 7 heures 30, 1/j).

Les bus pour Alicante, Valence et Barcelone partent de Vera, à 16 km au nord, qui est desservie par plusieurs bus quotidiens depuis Mojácar (1,50 €, 50 min, 9/j).

Un bus local (1 €) fait un circuit partant de Mojácar Pueblo puis descendant toute la plage, environ toutes les 30 min de 9h à 23h30, d'avril à septembre, et jusqu'à 19h30 d'octobre à mars.

Taxi

Les taxis attendent sur la Plaza Nueva, mais vous pouvez en appeler un au ☎950 47 81 84.

Voiture

Suivez la principale route qui traverse la ville pour rejoindre deux grands parkings situés de l'autre côté. Ne laissez pas votre voiture de nuit le mardi dans celui du haut, car le marché s'y installe le mercredi matin.

LOS VÉLEZ

Les superbes paysages désolés de la région de Los Vélez, dans la partie la plus

PARQUE NATURAL SIERRA DE MARÍA-LOS VÉLEZ

Les voyageurs qui s'aventurent dans les montagnes arides de ce parc naturel, refuge de nombreux oiseaux de proie, de renards et de chamois, sont le plus souvent seuls sur les sentiers. Mieux vaut parcourir le parc au printemps ou en automne car certaines pistes ne sont pas du tout ombragées. Vélez Blanco est un bon point de chute, tout comme la petite ville de **María**, joliment située, avec la Sierra de María en toile de fond. Vous trouverez des informations sur les pistes au centre d'information des visiteurs des deux communes.

À l'ouest de María par l'A317, le **Jardín Botánico Umbría de la Virgen** (⌚10h-14h et 18h-20h mar-dim) est intéressant pour les randonneurs, car il met en valeur la flore unique des montagnes.

À 6 km environ à l'ouest de María, l'A317 rejoint un haut plateau au nord, vers le village isolé de **La Cañada de Cañepla** d'où elle continue, en offrant de superbes panoramas, vers le Parque Natural Sierras de Cazorla, Segura et Las Villas.

septentrionale de la province d'Almería, se trouvent à 55 km de Mojácar. Assez verdoyante et boisée par opposition au reste du territoire, elle a pour principales villes **Vélez Rubio**, **Vélez Blanco** et **María**, petites localités nichées à l'ombre de la Sierra de María. Ce sont des peintures rupestres préhistoriques locales qui sont à la base du symbole qui fait office de logo pour la province.

La plus grande commune est Vélez Rubio, qui possède une immense église baroque du XVIIIe siècle, mais Vélez Blanco a sans doute plus de charme avec son dédale de maisons au toit rouge, surplombé par un spectaculaire château. Perché à 1 070 m, il domine souvent les nuages ; de ses hauteurs, vous pourrez voir le brouillard tomber dans la vallée et, l'après-midi, les rues se couvrir de brume. Si possible, programmez votre visite un mercredi matin : un marché animé a lieu dans la Calle Corredera, la rue principale.

À voir et à faire

Cuevas del Almanzora VILLE

En arrivant de la côte, dans les contreforts à 6 km au nord de Vera, vous passerez à côté des Cuevas del Almanzora, ville agricole active. Dominant la ville depuis les hauteurs, le joli **Castillo Marqués de Los Vélez** renferme un musée archéologique sommaire et une galerie de lithographies de Goya (avec une thématique tauromachique), ainsi que le **Museo Antonio Manuel Campoy** (☎950 45 80 63 ; Plaza de la Libertad ; 2 € ; ⌚10h-13h et 17h-20h mar-sam, 10h-13h dim).

Ce dernier présente une superbe sélection d'œuvres principalement espagnoles, dont certaines de Picasso et Miró, provenant de la collection privée d'Antonio Manuel Campoy, un des plus grands critiques d'art espagnols du XXe siècle. Entre autres œuvres remarquables, on trouve les délicats dessins au crayon du peintre malagueño Revello de Toro.

Museo Cueva MUSÉE

(1 € ; ⌚10h-13h et 17h-20h mar-sam). Si l'on peut apercevoir depuis la route les grottes (suivez les panneaux *cuevas*) qui donnent son nom à la ville de Cuevas del Almanzora, elles ne sont plus ouvertes au public ; deux d'entre elles sont encore habitées. Pour découvrir un habitat troglodytique typique, offrez-vous une courte balade depuis l'ouest du château jusqu'au Museo Cueva. Cette grotte abritait une famille de huit enfants jusque dans les années 1960 et la charmante dame de l'accueil, qui a également grandi dans une grotte, répondra, en espagnol, à toutes vos questions sur le sujet.

Castillo de Vélez Blanco CHÂTEAU

(Vélez Blanco ; adulte/enfant 1/0,50 € ; ⌚10h-14h et 18h-20h ven-lun). Au sommet du village, ce château du XVIe siècle, qui semble jaillir de la roche, fait face à une petite montagne surnommée **La Muela** (la Dent), de l'autre côté du village.

De l'extérieur, la structure est une forteresse féodale classique, bâtie au début du XVIe siècle pour établir le pouvoir catholique dans cette région encore peuplée de musulmans, et de *Moriscos* réfugiés. L'intérieur est en revanche purement Renaissance – il l'était du moins jusqu'en 1904, année où les marbres furent tous retirés, à l'exception d'une gargouille, pour être revendus par des propriétaires ruinés au millionnaire George Blumenthal. Il acheta tout le patio en marbre et le légua ensuite au Metropolitan Museum of Art de New York, où il fait partie de l'exposition permanente. On envisage de faire une copie du patio pour le réinstaller sur place.

Ne manquez pas de vous promener dans le ravissant dédale de rues de Vélez Blanco pour admirer ses belles maisons au toit de tuiles, aux fenêtres avec un encadrement en bois et aux balcons en fer forgé.

Cueva de los Letreros SITE HISTORIQUE

(☎950 61 48 00 ; A317 ;; accès libre ; ⏲12h-18h). Au sud de Vélez Blanco, des panneaux indiquent la Cueva de los Letreros, du côté ouest de la route, en face du camping Pinar del Rey. C'est la grotte qui abrite les plus beaux exemples de peinture rupestre de la région, réalisés entre 6 000 et 3 500 av. J.-C.

On y voit notamment des figures anthropomorphiques, dont une, surnommée l'*indalo,* personnage schématisé dont les mains sont reliées par un arc. On peut le voir dans toute la province, sur les murs, en porte-bonheur ou en en-tête des courriers administratifs.

Depuis l'A317, empruntez sur 600 m la route goudronnée indiquée, puis prenez à droite la route escarpée. Elle redevient ensuite un chemin de terre qui monte jusqu'à un parking. Des marches mènent à la grotte, qui ressemble plus à un creux dans la roche. L'endroit est à 700 m de l'intersection, soit environ 25 minutes de marche relativement facile. Les grottes sont ouvertes aux visiteurs, mais uniquement sur rendez-vous. Gagnez le bureau d'information du Centro de Visitantes Almacén del Trigo à Vélez Blanco, à l'extrémité nord de la ville, où l'on vous remettra la clé en échange du dépôt de votre passeport.

Où se restaurer

Mesón El Molino ANDALOU €€

(☎950 41 50 70 ; Calle Curtidores 1, Vélez Blanco ; plats 17-22 € ; ⏲fermé le soir mar-jeu). Niché dans une allée étroite près du centre de Vélez Blanco, c'est un établissement chic et rétro. Il met l'accent sur la qualité des produits venant de toute l'Espagne, fièrement exposés à l'entrée : bœuf séché, superbes tomates, fromages en tous genres et, bien sûr, délicieux jambons. Le menu inclut aussi du gibier à plume, comme de la perdrix et du canard. Par temps chaud, vous pourrez dîner dans le patio avec sa fontaine et son petit ruisseau.

La Gatera ANDALOU €

(Calle Corredera 12, Vélez Blanco ; plats 5-7 € ; ⏲fermé lun soir). Ce petit restaurant bon marché, avec force pin et lumières généreuses, ne propose que deux plats au menu quotidien (outre les tapas), généralement concocté à partir de gibier, de viande ou de volaille du cru - le *conejo al ajillo* (lapin à l'ail) est un plat typique. Cuisine bien préparée et roborative ; endroit parfait pour les randonneurs au budget limité.

Renseignements

Centro de Visitantes Almacén del Trigo (Avenida del Marqués de Los Vélez ; ⏲10h-14h mar, jeu et dim, 10h-14h et 16h-18h ven et sam). Situé à l'extrémité nord de Vélez Blanco, avec une petite exposition qui comprend notamment des maquettes de la Cueva de los Letreros et du château de Vélez Blanco.

Centro de Visitantes Mirador Umbría de María (⏲10h-14h mar, jeu et dim, 10h-14h et 16h-18h ven et sam). À 2 km à l'ouest de María par l'A317.

Depuis/vers Los Vélez

BUS **Alsa** (www.alsa.es) propose des bus entre Vélez Rubio et Grenade (13 €, 2 heures 15, 5/j), Guadix (8,50 €, 1 heure 45, 3/j), Murcie (8 €, 1 heure 30-2 heures 15, 5/j) et Almería (13 €, 3 heures 3, tlj sauf dim). L'arrêt de bus de Vélez Rubio se trouve sur l'Avenida de Andalucía, au croisement proche de l'Hostal Zurich.

VOITURE Une route contourne Vélez Blanco par le sommet. En venant de Vélez Rubio, la première route allant en ville débouche sur une rue où il est possible de se garer pour poursuivre à pied. La deuxième mène directement au château (où il y a un parking). La troisième vous conduit du côté opposé au village, près du bureau d'information.

Hébergement

Dans ce chapitre »

Le top des hébergements

- » V... (p. 297)
- » Parador Castillo de Santa Catalina (p. 303)
- » Hotel Posada del Toro (p. 305)
- » Hotel Casa 1800 (p. 290)
- » Casa de Carmona (p. 294)
- » Hotel Zuhayra (p. 302)

Choisir son hébergement

L'Espagne offre un large panel d'hébergements, du monastère ou du palais chargé d'histoire et restauré avec goût à l'auberge de jeunesse bon marché et néanmoins confortable. Entre les deux, il y en a pour tous les prix entre la petite affaire familiale à tarif serré et l'hôtel de charme sophistiqué. L'État gère sur tout le territoire un réseau de *paradores*, luxueux hôtels occupant souvent des bâtiments historiques. Les hôtels de charme, qui ont le vent en poupe en Andalousie, combinent souvent avec brio éléments anciens et touches contemporaines design. Séville et Grenade disposent de nombreuses possibilités d'hébergement, mais certains *pueblos blancos* (villages blancs) comptent aussi des adresses d'exception.

Les chambres d'hôtes, parfois tenues par des étrangers, sont plus courantes à la campagne où elles prennent souvent le nom de *casas rurales*. Dans les plus petites villes, on trouve majoritairement des *hostales* (petits hôtels) d'un excellent rapport qualité/prix. Les *pensiones* (pensions) et les *posadas* (auberges) affichent des tarifs et des prestations semblables aux *hostales*. Beaucoup proposent aussi des appartements et/ou des chambres familiales.

Certains hôtels ne font pas payer de supplément pour les jeunes enfants s'ils dorment avec leurs parents. Comptez 15-30 € pour un lit supplémentaire, à spécifier au moment de la réservation.

Tarifs

Voici le barème des prix utilisés dans ce guide. Sauf mention contraire, les tarifs s'entendent pour une chambre double avec salle de bains.

CATÉGORIE	PRIX
€	Moins de 65 €
€€	65-140 €
€€€	Plus de 140 €

Auberges de jeunesse et hostales

En Espagne, il convient de faire la distinction entre les auberges de jeunesse et les *hostales*. Les premières sont des établissements équipés de dortoirs, cuisine, salon et salles de bains, le tout en commun, où les voyageurs profitent toujours d'une multitude d'informations sur les activités pour les petits budgets. Leurs tarifs varient selon la taille de la chambre, et, dans une moindre mesure, la saison. Il faut compter un minimum de 16 € la nuit en dortoir, plus au nord. Outre des dortoirs à 4, 6, 8 ou 10 couchages, beaucoup d'auberges de jeunesse disposent de chambres doubles et/ou familiales avec salle de bains commune. Les *hostales* sont de petits hôtels familiaux offrant des prestations basiques, en chambres simple, double ou triple, rarement facturées plus de 60 €. On y bénéficie généralement de salles de bains privatives et d'un service plus personnalisé.

En Andalousie, les auberges de jeunesse se concentrent dans les grandes villes, comme Séville, Grenade et Málaga. Il existe toutefois des établissements affiliés au réseau Hostelling International (HI) dans des communes plus modestes, à l'instar d'El Bosque (dans le Parque Natural Sierra de Grazalema), de Cortes de la Frontera et de Cazorla. La chaîne privée **Oasis Hostels** (www.hosteloasis.com) constitue une excellente alternative aux auberges HI. Elle gère des établissements à Grenade, à Málaga, ainsi que deux adresses à Séville (dont une dans un palais d'époque). Tous se situent en centre-ville et réservent à leurs clients une foule d'avantages : tournée des bars à tapas, coupons pour des boissons, location de vélo, crêpes au petit-déjeuner. Autre établissement privé convivial : la **Casa Caracol** (☎956 26 11 66 ; www.hostel-casacaracol.com ; Calle Suárez de Salazar 4 ; hamac/dort petit-déj inclus 10/16 € ; @📶), à Cadix, située dans le quartier ancien de Santa María. Le **Melting Pot** (☎956 68 29 06 ; www.meltingpothostels.com ; Calle Turriano Gracil 5 ; dort/d petit-déj inclus à partir de 13/35 € ; P@📶), à Tarifa, est une immense auberge à l'ambiance décontractée de qualité équivalente.

Pour plus de détails sur les auberges de jeunesse ou pour réserver en ligne, consultez les sites www.hostelworld.com et www.hostelbookers.com.

Campings

L'Andalousie compte quelque 150 terrains de camping pour tentes et caravanes. La province de Cadix arrive en tête avec 33 établissements, contre seulement 5 dans la province de Séville. Les plus beaux terrains

PARADORS : HÔTELS DE LUXE

Fondés par le roi Alphonse XIII vers 1920, les *paradores* sont au nombre de 16 en Andalousie. Ces hôtels de luxe trois ou quatre étoiles, gérés par l'État, pratiquent des tarifs entre 100 € et 370 € la nuit, selon la saison et l'emplacement. Installés dans des lieux d'exception, il s'agit souvent de la meilleure solution d'hébergement haut de gamme. Les adresses suivantes se trouvent toutes dans des bâtiments historiques.

» **Parador Casa del Corregidor** (p. 297 ; Arcos de la Frontera). Perché sur la falaise, le plus petit *parador* d'Andalousie occupe un ancien palais, la Casa del Corregidor, sur la place principale d'Arcos, et ménage une vue remarquable.

» **Parador de Granada** (p. 306 ; Grenade). Le *parador* le plus connu (et le plus cher) d'Andalousie et d'Espagne. Dans un couvent du XVe siècle à l'intérieur de l'Alhambra.

» **Parador Castillo de Santa Catalina** (p. 303 ; Jaén). Situé dans un château maure du XIIIe siècle au sommet d'une colline surplombant la ville de Jaén et la Sierra Morena.

» **Parador Málaga Gibralfaro** (p. 299 ; Málaga). Sur une colline, près du Castillo de Gibralfaro (XIVe siècle) et de l'Alcazaba, ce *parador* domine tout le centre-ville.

» **Parador de Antequera** (p. 301 ; Antequera). Dans l'ancien hôtel de ville près des spectaculaires gorges de Ronda, sur le site d'un massacre perpétré durant la guerre civile et raconté par Hemingway dans *Pour qui sonne le glas*.

» **Parador Condestable Dávalos** (p. 304 ; Úbeda). Un luxueux *parador* installé dans un palais Renaissance (XVIe siècle) typique d'Úbeda.

se trouvent en zone rurale. Citons la Costa de la Luz (plus de 20 campings), les alentours des marais du Parque Nacional de Doñana, les vallées encaissées des Alpujarras dans la Sierra Nevada, les montagnes de Cazorla et le littoral du Cabo de Gata. En Espagne, les terrains, généralement dotés de bons équipements, se répartissent en trois catégories : 1re classe, 2e classe et 3e classe. Vous pourrez compter sur des douches chaudes, un raccordement électrique et la présence d'un café, même dans un camping de 3e classe. Les établissements de catégorie supérieure possèdent souvent des supérettes et des piscines.

Les tarifs se calculent par adulte/enfant/véhicule et dépassent rarement respectivement 7,50/6/5 € par jour. Beaucoup de campings louent aussi des chalets ou des bungalows autour de 50 € la nuit en fonction de leur dimension et de la saison.

L'excellent portail Internet de la **Federación Española de Clubes Campistas** (fédération espagnole des campings ; www.guiacampingfecc.com) donne accès aux sites de chaque camping sur lesquels on peut souvent réserver en ligne et obtenir plus d'informations. La fédération publie aussi un guide annuel, la *Guía Camping*, disponible dans les librairies à travers le pays.

Appartements et gîtes ruraux

On peut facilement louer une maison ou un appartement en Andalousie, particulièrement dans les stations balnéaires. Les tarifs pour un appartement basique d'une chambre débutent à 30 € la nuit environ et peuvent atteindre 400 € la nuit pour 4 personnes dans une location luxueuse avec piscine à Marbella.

Installées principalement dans d'anciennes fermes rénovées en zone rurale (villages ou petites villes), les *casas rurales* offrent une formule d'hébergement en chambres d'hôtes ou en gîtes pour plus de liberté. Les tarifs pour une chambre double oscillent entre 50 € et 100 € mais nombre de touristes privilégient les locations à la semaine, plus intéressantes financièrement.

Les agences citées ci-dessous prennent les réservations en ligne. En haute saison (juin à août) et pendant les fêtes (Semaine sainte, Pâques), il est préférable de réserver au moins un mois à l'avance.

Acento Rural (www.acentorural.com). Un bon site sur les hébergements (chambres d'hôtes, location de villas) à la campagne.

Atlas Rural (www.atlasrural.com). Tourisme rural en Espagne, de la petite *casa rurale* au *parador*.

Rural Andalus (www.ruralandalus.es). Plus de 400 propriétés rurales dans la plupart des régions andalouses, et plus particulièrement dans la région de Málaga.

Rustic Blue (www.rusticblue.com). Maisons de campagne, fermes et maisons de village, surtout à l'intérieur des terres, dans les provinces de Grenade et de Málaga.

Top Rural (www.toprural.com). Répertorie de nombreux gîtes ruraux et maisons d'hôtes en Andalousie.

SÉVILLE

Barrio de Santa Cruz

♥ Hotel Casa 1800 HÔTEL DE LUXE €€€
(carte p. 50 ; ☎954 56 18 00 ; www.hotelcasa-1800sevilla.com ; Calle Rodrigo Caro 6 ; d 145-198 € ; ❄@🛜). Ce petit bijou du quartier de Santa Cruz, récemment modernisé, est notre hôtel favori à Séville. Dans cette luxueuse *casa* (maison), on se sent comme chez soi, avec un personnel aux petits soins. Autres atouts : le buffet gourmand à l'heure du thé et un quatuor de suites au dernier étage avec jardin donnant sur la Giralda.

C'est aussi l'un des rares hôtels en ville à ne pas pratiquer des prix stratosphériques pendant la Semaine sainte.

Hotel Amadeus HÔTEL €€
(carte p. 60 ; ☎954 50 14 43 ; www.hotelama-deussevilla.com ; Calle Farnesio 6 ; s/d 85/95 € ; P❄🛜). Une charmante famille de musiciens gère cet hôtel situé dans l'ancien quartier juif (*judería*). Plusieurs des pièces, décorées avec goût, ont été insonorisées pour qui souhaite jouer du piano.

La présence de CD de musique classique dans les chambres, de violons aux murs et d'un toit-terrasse agrémenté d'un jacuzzi fait partie des autres avantages. Le lieu idéal pour les compositeurs et les amateurs de Mozart.

Hotel Puerta de Sevilla HÔTEL €€
(carte p. 50 ; ☎954 98 72 70 ; www.hotelpuertadese-villa.com ; Calle Puerta de la Carne 2 ; s/d 66/86 € ; P❄@🛜). Cet hôtel fort sympathique, et

très bien situé, combine brillamment style et tradition. Tissus à fleurs, lits en fer forgé et papier peint pastel dans les chambres ; fontaine habillée de beaux azulejos de Séville dans le lobby et toit-terrasse à la vue imbattable.

Pensión San Pancracio PENSION €
(carte p. 50 ; ☎954 41 31 04 ; Plaza de las Cruces 9 ; d 50 €, s/d avec sdb commune 25/35 €). Solution idéale à Santa Cruz pour les petits budgets, cette vieille maison de famille abrite différents types de chambres (toutes bon marché), en plus d'un agréable patio fleuri. La gentillesse du personnel compense l'absence de luxe.

Hotel Palacio Alcázar HÔTEL DE CHARME €€
(carte p. 50 ; ☎954 50 21 90 ; www.hotelpalacioalcazar.com ; Plaza de Alianza 12 ; s 65 €, d 76-108 €). Un tout nouvel hôtel pimpant, d'un blanc épuré, dans le verdoyant *barrio* de Santa Cruz, doté de 12 jolies chambres. Au bar à tapas sur le toit, tout aussi plaisant, on appelle le serveur en faisant tinter une cloche sur la table.

Un Patio en Santa Cruz HÔTEL €€
(carte p. 50 ; ☎954 53 94 13 ; www.patiosantacruz.com ; Calle Doncellas 15 ; s 65-85 €, d 65-125 €). Avec ses murs blancs recouverts d'œuvres d'art, ses sculptures insolites et ses plantes en pot, le Patio ressemble plus à une galerie d'art qu'à un hôtel. Les chambres très confortables, le personnel attentif et l'agréable toit-terrasse, ponctué de tables marocaines en mosaïques, en font l'un des hôtels les plus tendance et les plus avantageux de Séville.

El Arenal et Triana

Hotel Simón HÔTEL €€
(carte p. 50 ; ☎954 22 66 60 ; www.hotelsimonsevilla.com ; Calle García de Vinuesa 19 ; s 60-70 €, d 95-110 €). Une superbe demeure du XVIIIe siècle typiquement sévillane du quartier d'El Arenal, qui vaut mieux que son classement en deux étoiles. Elle comprend un patio décoré et des chambres très confortables, parfois richement ornées d'azulejos.

Hotel Puerta de Triana HÔTEL €€
(carte p. 60 ; ☎954 21 54 04 ; www.confortelhoteles.com ; Calle Reyes Católicos 5 ; s/d 71/85 €). Derrière la façade de style andalou se cache un intérieur complètement réaménagé de façon contemporaine. Les petites chambres à la décoration dépouillée, aux couleurs coordonnées, sont truffées d'équipements high-tech.

El Centro

EME Catedral Hotel HÔTEL DE LUXE €€€
(carte p. 50 ; ☎954 56 00 00 ; www.emecatedralhotel.com ; Calle de los Alemanes 27 ; d 187-348 €). Réunissez 14 belles vieilles demeures sévillanes. Faites appel à un architecte de renom et au chef le plus "étoilé" d'Espagne (Martín Berasategui). Aménagez un hammam, une piscine sur le toit, 4 restaurants (dont le Santo Restaurante) et d'étonnantes chambres épurées dans les tons rouges – le tout juste en face de la plus grande cathédrale gothique du monde –, et vous obtenez le nouvel hôtel dont on parle en ville. L'ancienne Séville y a fusionné avec quelque chose d'un peu plus avant-gardiste. À vous de juger si le pari est réussi.

Hotel Almínar HÔTEL €€
(carte p. 60 ; ☎954 29 39 13 ; www.hotelalminar.com ; Calle Álvarez Quintero 52 ; s/d 95/125 €). Installé dans une belle maison de ville traditionnelle à la façade ocre jaune, l'Almínar, moderne et raffiné, est toujours un des hôtels les plus prisés de Séville. Ses vastes chambres lumineuses, où le blanc domine, sont dotées d'équipements high-tech, et les salles de bains ont tous les accessoires chics (lavabo en verre, immense douche).

Patio al Sur HÔTEL €€
(carte p. 60 ; ☎954 22 10 35 ; www.patioalsur.es ; Calle de Fernán Caballero 7 ; s/d 58/68 €). Cet hôtel marie agréablement couleurs éclatantes, abondance de plantes vertes et antiques inscriptions gravées dans la pierre. La belle sobriété des chambres souligne l'atmosphère raffinée et bohème des lieux. Le rose vif des bougainvilliers dans l'entrée semble vouloir concurrencer le rose de la façade.

Hotel San Francisco HÔTEL €€
(carte p. 60 ; ☎954 50 15 41 ; www.sanfranciscoh.com ; Calle Álvarez Quintero 38 ; s/d 55/68 € ; fermé août). Bien situé, dans une rue piétonne, un hôtel conforme à sa catégorie une étoile : service variable, chambres propres un peu sombres et Wi-Fi uniquement dans le hall.

Alameda de Hércules, Macarena et Isla de la Cartuja

Hotel Sacristía de Santa Ana HÔTEL DE CHARME €€
(carte p. 62 ; ☎954 91 57 22 ; www.hotelsacristia.com ; Alameda de Hércules 22 ; d à partir de 79 € ; ❄📶). Cet ancien édifice ecclésiastique du XVIIIe siècle, converti en hôtel de charme, est l'une des adresses les plus intéressantes de Séville. Ce lieu divin du quartier de l'Alameda, à deux pas des bars et des restaurants, dispose d'un ravissant patio où il fait bon se détendre. Magnifiques chambres, dotées de superbes têtes de lit, et salles de bains du même acabit. Excellent service.

Hotel San Gil HÔTEL €€
(carte p. 62 ; ☎954 90 68 11 ; www.hotelsangil.com ; Calle Parras 28 ; ch à partir de 88 € ; ❄📶🏊). À l'extrémité nord du quartier de la Macarena, le San Gil compense son emplacement un peu excentré par sa proximité avec la vie nocturne de l'Alameda de Hércules. Profitez des pistes cyclables toutes proches pour tester le système de vélos en libre-service Sevici. Le hall décoré d'azulejos précède des chambres modernes, aux beaux volumes, pourvues de grands lits.

Hostal Doña Feli PENSION €
(carte p. 62 ; ☎954 90 10 48 ; www.hostaldonafeli.com ; Calle Jesús del Gran Poder 130 ; s/d 35/45 € ; ❄). Si vous recherchez un endroit élégant, au cachet typiquement andalou, proche de l'animation du quartier de l'Alameda, rien ne vaut ce petit hôtel impeccablement tenu. Certaines des chambres, organisées autour d'un patio verdoyant, ont une baignoire et une douche.

PROVINCES DE HUELVA ET DE SÉVILLE

Huelva

Albergue Juvenil de Huelva AUBERGE DE JEUNESSE €
(☎959 65 00 10 ; www.inturjoven.com ; Avenida Marchena Colombo 14 ; adulte/enfant petit-déj inclus 27/16 € ; ❄@📶 🚌6). Bonne auberge de jeunesse, moderne, de 53 chambres (2-6 lits, avec sdb) organisées autour d'une agréable cour lumineuse. Possibilité de louer des vélos. À 2 km au nord de la gare routière, d'où le bus municipal n°6 dessert la Calle JS Elcano, au coin de la rue.

Hotel Familia Conde HÔTEL D'AFFAIRES €€
(carte p. 79 ; ☎959 28 24 00 ; www.hotelfamiliaconde.com ; Alameda Sundheim 14 ; s/d petit-déj inclus 50/65 € ; P❄@📶). Cet hôtel installé dans un immeuble quelconque est néanmoins bien géré, avec le sourire, bénéficie d'un emplacement pratique, à quelques pas des cafés de la Gran Vía. Chambres spacieuses et propres, aux salles de bains étincelantes.

Hotel Costa de la Luz HÔTEL €
(carte p. 79 ; ☎959 25 64 22 ; www.hotelcostaluzhuelva.com ; Calle José María Amo 8-10 ; s/d 31/47 € ; ❄📶). Un bon petit hôtel, en centre-ville, dans une rue piétonne calme proche du principal quartier commerçant. Vastes chambres bien tenues – grandes baignoires, joli carrelage et des centaines de chaînes de télévision. Déclinez le petit-déjeuner gratuit pour le prendre dans un des vieux cafés près du parking public et de la place. Petite réduction les vendredi et samedi soir.

Environs de Huelva

Il faut réserver au moins un an à l'avance pour loger à El Rocío durant la Romería, sous peine de devoir dormir sur le sable.

Hotel Plaza Escribano HÔTEL €
(☎959 37 30 63 ; www.hotelplazaescribano.com ; Plaza Escribano 5, Moguer ; s/d/ste 41/56/71 € ; P❄📶). Installé au cœur du centre historique, le Plaza Escribano offre une bonne raison de séjourner à Moguer. Chambres spacieuses aux couleurs pastel contrastant avec les dessus-de-lit colorés. Petite bibliothèque pour les hôtes, patio ensoleillé et quantité d'azulejos.

Casa Miguel HÔTEL €
(☎959 44 84 72 ; www.casamiguel.biz ; Parque Dunar, Matalascañas ; s/d 40/50 € ; P❄). Un bon petit hôtel tout simple, idéalement situé en lisière des dunes protégées du Parque Dunar, propices à des balades matinales. Chambres d'*hostal* classique, au carrelage en terre cuite et mobilier simili-ancien. Restaurant de poisson remarquable. À quelques pas de l'arrêt de bus.

Hotel Doñana Blues HÔTEL €€

(☎959 44 98 17 ; www.donanablues.com ; Sector I, Parcela 129, Matalascañas ; s/d à partir de 92/105 € ; ❄@≈). Dans la partie suburbaine du centre de Matalascañas, assez anarchique, cette maison jaune moutarde, posée dans un domaine clos, doit son nom à une chanson composée par le propriétaire. Chaque chambre (décoration de style andalou campagnard) possède sa propre terrasse/ou balcon donnant sur le jardin ponctué de pétunias, de bougainvilliers, de glycines et de dahlias. Belle piscine à l'arrière et café à l'intérieur.

♥ **Hotel Sol y Mar** HÔTEL €€

(☎959 33 20 99 ; www.hotelsolymar.org ; Playa Central, Isla Cristina ; s/d 70/114 € ; P❄wifi). La meilleure affaire de la côte. Sans être luxueux, cet hôtel aux beaux balcons donnant sur une plage vierge ne manque pas de cachet – carrelage cuivré dans l'escalier, petits touches raffinées, telles les douches à effet pluie. Restaurant pourvu d'une magnifique terrasse, face au large ; personnel serviable et sociable.

Hotel La Malvasia HÔTEL €€

(☎959 44 38 70 ; www.lamalvasiahotel.com ; Calle Sanlúcar 38, El Rocío ; s/d petit-déj inclus 75/90 € ; P❄wifi). Un hôtel de rêve, qui occupe un bâtiment majestueux dominant les marais. Spacieuses chambres de caractère : sols au carrelage patiné, photos en noir et blanc de la ville et têtes de lit originales, en fer forgé. De celles du dernier étage, on peut observer les oiseaux. Le propriétaire partage volontiers ses vastes connaissances sur le Parque Nacional de Doñana.

Hotel Toruño HÔTEL €€

(☎959 44 23 23 ; www.toruno.es ; Plaza Acebuchal 22, El Rocío ; s/d petit-déj inclus 59/80 € ; P❄wifi). Cette jolie villa blanche fait face aux *marismas* (marais), où voir les flamants roses se livrer à leur ballet matinal. La "thématique ornithologique" se poursuit à l'intérieur, avec des mosaïques murales et des estampes représentant des espèces endémiques. Dommage que seules quelques chambres, par ailleurs douillettes, donnent sur les marais. Possibilité de balades en calèche dans le parc national.

Pensión Cristina PENSIÓN €

(☎959 44 24 13 ; Calle El Real 58, El Rocío ; s/d 40/60 € ; P❄wifi). À l'est de l'Ermita, le Cristina loue des chambres assez confortables (sans vue sur les marais), organisées autour d'un patio verdoyant. Restaurant réputé, notamment pour ses paellas, ses spécialités de gibier et ses fruits de mer (plats 10-12 €).

Molino Río Alájar GÎTE RURAL €€

(☎959 50 12 82 ; www.molinorioalajar.com ; Finca Cabezo del Molino, Alájar ; gîte pour 2 à partir de 225 €/week-end ; Pwifi≈). Situés dans un cadre superbe, près d'un cours d'eau au fond d'une vallée cachée, ces gîtes en pierre ressemblent à de vieilles fermes. Ils sont entourés d'un vaste jardin – piscine et courts de tennis. Les enfants adoreront les animaux de la ferme. Séjour minimum de 2 nuitées. À 1 km au sud d'Alájar à vol d'oiseau. D'Alájar, prenez la HU 8105 en direction de Santa Ana la Real à l'ouest, puis bifurquer à gauche entre le km 20 et le km 19. Traversez la rivière, prenez la première à droite et suivez les panneaux.

Casa García HÔTEL €

(☎959 14 31 09 ; Avenida San Martín 2, Almonaster la Real ; s/d 39/54 € ; ❄wifi). Le seul hôtel du centre d'Almonaster la Real manque de cachet et s'avère très proche de la route principale. Cela dit, depuis ses balcons, vous verrez la *mezquita* (mosquée) et pourrez cueillir des oranges dans les arbres. Il comprend aussi un restaurant gastronomique régional, à l'agréable terrasse couverte.

Posada El Camino HÔTEL €

(☎959 50 32 40 ; www.posadaelcamino.es ; Carretera Cortegana-Aracena km 6,8, Almonaster la Real ; s/d 36/50 € ; P❄wifi). Apprécié des familles, cet établissement de type motel se dresse au pied d'une colline recouverte de chênes-lièges d'où partent des sentiers. On y sert de bonnes spécialités régionales (champignons sauvages, blettes au jambon), dans une salle champêtre réchauffée par une cheminée, ou sur la terrasse. À 500 m à l'est d'Almonaster sur la route d'Alájar.

Posada del Castaño MAISON D'HÔTES €

(☎959 46 55 02 ; www.posadadelcastano.com ; Calle José Sánchez Calvo 33, Castaño del Robledo ; s/d petit-déj inclus 40/50 €). Cette vieille maison villageoise a été aménagée pour accueillir les randonneurs, sous son toit incliné aux poutres apparentes. Les jeunes propriétaires britanniques (voyageurs et marcheurs chevronnés) dispensent conseils et informations et proposent des formules randonnée à pied ou à cheval. Par beau temps, le petit-déjeuner se prend sur la terrasse ensoleillée donnant sur l'arrière-cour et le jardin.

La Casa Noble HÔTEL DE CHARME €€€

(carte p. 88 ; ☎959 12 77 78 ; www.lacasanoble.net ; Calle Campito 35, Aracena ; s/d petit-déj inclus à partir de 165/185 € ; ❄📶). Bien plus qu'un hôtel de charme, ce palais divin et luxueux se caractérise par des objets et du mobilier d'époque, de superbes mosaïques et des lits généreux dignes de la Princesse au petit pois. Quant à la salle à manger, elle est éblouissante. Pas d'enfants de moins de 16 ans.

Molino del Bombo HÔTEL DE CHARME €

(carte p. 88 ; ☎959 12 84 78 ; www.molinodelbombo.com ; Calle Ancha 4, Aracena ; s/d 36/60 € ; ❄📶). Le style rustique de cet hôtel, perché sur les hauteurs de la ville, se marie bien à l'architecture ancienne d'Aracena. Ses chambres lumineuses, aux murs en pierre et brique apparentes, décorées de fresques, s'accompagnent de salles de bains conçues comme de pittoresques grottes. Salon et cour ornée d'une fontaine parfaits pour paresser.

Hospedería Reina de los Ángeles HÔTEL €

(carte p. 88 ; ☎959 12 83 67 ; www.hospederiareinadelosangeles.com ; Avenida Reina de los Ángeles, Aracena ; s/d petit-déj inclus 24/42 € ; P📶). À la lisière ouest de la ville, cet hôtel aménagé dans un imposant bâtiment sans charme a conservé de son passé de résidence étudiante un côté sérieux. Les 90 chambres fonctionnelles (TV et téléphone), entourant une cour paisible, n'en demeurent pas moins impeccables. L'hôtel possède aussi un café-bar convivial et sa propre chapelle. Personnel très serviable.

Hostal Atalaya HÔTEL €

(☎959 59 28 54 ; www.hostalrestauranteatalaya.es ; Avenida de la Esquila, Minas de Ríotinto ; s/d 38/48 € ; P@). Une bonne option d'hébergement, assez récente, proche de l'excellent musée de la Mine. Au programme : carrelage aux teintes minérales, dessus-de-lit bleu ciel et vue sur la ville et la forêt. Le restaurant, très fréquenté, possède une terrasse ensoleillée (formule déjeuner à 9 €). Réception à l'étage supérieur et parking en contrebas.

Province de Séville

♥ **Casa de Carmona** HÔTEL D'ÉPOQUE €€€

(☎954 14 41 51 ; www.casadecarmona.com ; Plaza de Lasso 1, Carmona ; s/d/tr petit-déj inclus 120/150/210 € ; P❄📶🏊). Ce palais du XVIe siècle, jadis propriété d'une famille d'aristocrates, a été rénové avec créativité par un descendant éloigné. La décoration rappelle celle d'un manoir rural (oreillers en dentelle blanche, détails rétro dans les salles de bains) et tout concourt à procurer une sensation de confort. Copieux petit-déjeuner servi dans la loggia jouxtant la piscine.

♥ **Las Navezuelas** MAISON RURALE €€

(☎954 88 47 64 ; www.lasnavezuelas.com ; Cazalla de la Sierra ; s/d/ste petit-déj inclus 54/67/85 €, app 4 pers à partir de 130 € ; ⊘fermé jan-fév ; P🏊). Qui n'a pas rêvé de séjourner dans une vieille ferme méridionale au soleil ? Ce *cortijo* (métairie) du XVIe siècle, où la vigne grimpe aux balcons, est un havre de paix idéal à la campagne, au bout d'un chemin bordé d'oliviers, à 3 km au sud de Cazalla sur la route de Séville (suivez les panneaux).

Luca, le propriétaire italien, et sa famille concoctent de délicieux repas à base d'ingrédients bio du jardin et chauffent la maison au bois. Les chambres claires, meublées simplement, occupent un ancien corps de ferme et de petites maisons autour. On pourrait rester des semaines ici, à se prélasser dans la piscine et à explorer les collines brûlées par le soleil sans se lasser.

Posada San Fernando HÔTEL DE CHARME €€

(carte p. 94 ; ☎954 14 14 08 ; www.posadasanfernando.com ; Plaza de San Fernando 6, Carmona ; s/d/tr 55/65/100 € ; ❄📶). Très bon rapport qualité/prix pour cet hôtel niché dans un bâtiment du XVIe siècle, sur la place la plus animée de Carmona. Le mobilier, les équipements et le papier peint minutieusement choisis personnalisent chaque chambre, jusqu'aux azulejos peints à la main des salles de bains (certaines pourvues de baignoires sur pieds). Toutes s'agrémentent de touches d'art moderne, de TV à écran plat et d'un petit balcon face aux palmiers de la place.

Hostal Comercio HÔTEL €

(carte p. 94 ; ☎954 14 00 18 ; hostalcomercio@hotmail.com ; Calle Torre del Oro 56, Carmona ; s/d 35/50 €). Juste après la Puerta de Sevilla, un établissement à l'ancienne, dont les 14 agréables chambres, sans chichis, s'organisent autour d'un patio verdoyant rythmé d'arches mudéjares. La modestie de la décoration va de pair avec le service cordial, perpétué de génération en génération.

Five Gates Hostal HÔTEL €
(☎626 620717 ; www.fivegates.es ; Calle Carrera 79, Osuna ; s/d petit-déj inclus 35/55 € ; ❄📶). Une belle simplicité, avec quelques touches colorées et du goût, caractérise ce petit hôtel. Il y a 14 chambres de dimension modeste joliment décorées (dessus-de-lit gais, abat-jour rétro et douches balnéo). La même attention prévaut dans les parties communes, entre le grand salon (jeux et DVD), la cuisine pimpante et le toit-terrasse. Le personnel peut organiser des circuits ornithologiques.

À 350 m au nord de la place principale d'Osuna, sur l'axe principal.

Hotel Palacio Marqués de la Gomera HÔTEL D'ÉPOQUE €€
(☎954 81 22 23 ; www.hotelpalaciodelmarques.es ; Calle San Pedro 20, Osuna ; ch/ste 89/139 € ; P❄@📶). Aménagé dans l'un des plus beaux édifices baroques d'Osuna, ce splendide hôtel au luxe feutré comprend des chambres de bonne dimension, et sa propre chapelle, richement décorée, en retrait d'une somptueuse cour à arcades.

De la place principale, remontez sur 300 m la Calle Carrera puis tournez à gauche dans la Calle San Pedro. Le Palacio Marqués se trouve à un pâté de maisons vers l'ouest, devant la Plaza del Marqués.

Hotel Palacio de los Granados HÔTEL D'ÉPOQUE €€
(☎955 90 53 44 ; www.palaciogranados.com ; Calle Emilio Castelar 42, Écija ; s/d/ste 81/108/165 € ; P❄📶🏊). Ce modeste palais a été soigneusement restauré par son propriétaire, architecte. Les chambres richement meublées, selon des styles différents, entourent un petit patio. Tarifs dégressifs en dehors de la haute saison.

De la Plaza de España en centre-ville, prenez l'Avenida Miguel de Cervantes au sud puis la Calle de Emilio Castelar à gauche sur 450 m.

La Plazuela HÔTEL RURAL €
(☎954 42 14 96 ; www.casarural-laplazuela.es ; Calle Caridad 2, Cazalla de la Sierra ; s/d 45/60 € ; ❄📶). Une maison ancienne, superbement remaniée, dans une rue piétonne du centre historique de Cazalla. Elle comporte 9 chambres personnalisées – dessus-de-lit de couleurs vives et mobilier plus ou moins moderne. Conçue pour attirer les Sévillans le week-end, La Plazuela s'agrémente d'un jacuzzi sur le toit. Le café au rez-de-chaussée est un lieu de rendez-vous prisé.

PROVINCE DE CADIX

Cadix

Hotel Argantonio HÔTEL €€
(carte p. 106 ; ☎956 21 16 40 ; www.hotelargantonio.com ; Calle Argantonio 3 ; s/d petit-déj inclus 90/107 € ; ❄@📶). Ce beau petit hôtel de la vieille ville a du cachet à revendre : portes peintes à la main, superbe sol carrelé et arcade maure finement sculptée dans le hall. Trois thèmes sont déclinés au gré des étages : une décoration mudéjare au premier, coloniale au deuxième et mixte au troisième.

Hospedería Las Cortes de Cádiz HÔTEL €€€
(carte p. 106 ; ☎956 21 26 68 ; www.hotellascortes.com ; Calle San Francisco 9 ; s/d petit-déj inclus 107/148 € ; P❄@📶). Excellent hôtel de 36 chambres, dans une demeure des années 1850 remaniée. Chaque chambre (mobilier classique et confort moderne) a pour thème un personnage, un lieu ou un événement associé aux Cortes de Cádiz. Toit-terrasse, jacuzzi et petite salle de sport.

Hotel Patagonia Sur HÔTEL €€
(carte p. 106 ; ☎856 17 46 47 ; www.hotelpatagoniasur.es ; Calle Cobos 11 ; d 80-130 € ; ❄@📶). Ce petit bijou de modernité épuré, à deux pas de la cathédrale du XVIIIe siècle, a ouvert ses portes dans la vieille ville en 2009. On aime les chambres mansardées baignées de soleil du 5e étage avec vue sur la cathédrale, et la cafétéria vitrée minimaliste au rez-de-chaussée.

Hostal Fantoni HÔTEL €€
(carte p. 106 ; ☎956 28 27 04 ; www.hostalfantoni.es ; Calle Flamenco 5 ; s/d 45/65 € ; ❄@). L'agréable cour, et surtout l'emplacement en plein centre, compensent l'aspect basique des chambres, parfois sans fenêtres. Vous y passerez de toute façon peu de temps, occupé par la visite de Cadix.

Le triangle du xérès

♥ **Palacio San Bartolomé** HÔTEL DE LUXE €€€
(carte p. 114 ; ☎956 85 09 46 ; www.palaciosanbartolome.com ; Calle San Bartolomé 21, El Puerto de Santa María ; ch 80-175 € ; ❄@📶🏊). Il arrive qu'un nouvel hôtel surprenne le plus blasé des critiques. Envie d'une chambre avec mini-piscine, sauna, jacuzzi, peignoir et

chaise longue ? Rêve exaucé pour 175 € dans cet hôtel inauguré, en 2010, dans un ancien palais judicieusement repensé.

Les chambres, même sans piscine, s'avèrent toutes luxueuses. Lits à baldaquin, douches XXL et petite salle de sport-spa pour tous.

Hotel Posada de Palacio
HÔTEL HISTORIQUE €€

(956 36 48 40 ; www.posadadepalacio.com ; Calle Caballeros 11, Sanlúcar de Barrameda ; s/d à partir de 88/109 € ;). Les patios verdoyants, le charme de l'ancien et le luxe très XVIIIe siècle font de cet hôtel l'un des meilleurs de ce coin d'Andalousie. La décoration et le mobilier ancien n'ont rien d'ostentatoire ni de chargé, grâce aussi à de belles hauteurs sous plafond et une grande luminosité.

De la Plaza Cabildo, en centre-ville, il faut traverser la Calle Ancha to Plaza San Roque et remonter la Calle Bretones, qui devient la Calle Cuesta de Belén. L'hôtel est en haut de la colline.

Hotel Casa Grande
HÔTEL €€

(carte p. 120 ; 956 34 50 70 ; www.casagrande.com.es ; Plaza de las Angustias 3, Jerez de la Frontera ; ch 85-105 €, ste 115-125 € ;). Ce bel hôtel occupe une demeure des années 1920 soigneusement restaurée. Les chambres, réparties sur trois étages, donnent sur un patio ou une terrasse, avec vue sur les toits de Jerez. Aux commandes, la sympathique Monika Schroeder est une mine d'informations sur Jerez.

El Baobab Hostel
AUBERGE DE JEUNESSE €

(carte p. 114 ; 956 54 21 23 ; www.casabaobab.es ; Calle Pagador 37, El Puerto de Santa María ; dort 22,50 €, s/d petit-déj inclus 28/55 € ;). Ce petit établissement de 6 chambres, installé dans un immeuble du XIXe siècle en face de la Plaza de Toros, est la meilleure adresse en ville pour les budgets serrés. Tout y est pimpant et chaleureux, et les salles de bains communes s'avèrent impeccables.

Hospedería Duques de Medina Sidonia
HÔTEL D'ÉPOQUE €€

(956 36 01 61 ; www.hotelpalaciosanlucar.com ; Plaza Condes de Niebla 1, Sanlúcar de Barrameda ; d petit-déj inclus 70-120 € ;). Luxe aristocratique et vue panoramique caractérisent ce palais, situé dans la partie haute de la vieille ville. L'Espagne d'antan a ses quartiers dans ce lieu au mobilier et au décor cossus riche de huit siècles d'histoire. À côté de l'Iglesia de Nuestra Señora de la O.

Hotel Barrameda
HÔTEL €

(956 38 58 78 ; www.hotelbarrameda.com ; Calle Ancha 10, Sanlúcar de Barrameda ; d petit-déj inclus 45-65 € ;). Un hôtel central, qui surplombe l'animation des bars à tapas de la Plaza Cabildo. Les chambres (il y en a 30) à l'élégance moderne de la nouvelle aile n'ont pas fait s'envoler les prix, pas plus que le patio, les sols en marbre, les touches artistiques et la terrasse sur le toit. Une bonne affaire.

Hotel Chancilleria
HÔTEL €€

(carte p. 120 ; 956 30 10 38 ; www.hotelchancilleria.com ; Calle Chancilleria 21, Jerez de la Frontera ; s 55-140 €, d 80-180 € ;). Ouvert en janvier 2008, dans deux maisons du XVIIe siècle admirablement restaurées, le Chancilleria cultive avec discrétion le bon goût. Parmi ses points forts : des œuvres d'art africaines, un mur d'origine, un ravissant jardin, de vastes chambres stylées, une terrasse sur le toit, et l'un des meilleurs restaurants de Jerez, le Sabores (p. 122).

Hostal Fenix
HÔTEL €

(carte p. 120 ; 956 34 52 91 ; www.hostalfenix.com ; Calle Cazón 7, Jerez de la Frontera ; d petit-déj inclus à partir de 30 € ;). Le Fenix tient en partie son charme de la simplicité de ses chambres bien tenues. Les propriétaires, adorables, apportent le petit-déjeuner en chambre sur un plateau. Beaux tableaux aux murs signés de la *dueña* (maîtresse des lieux) et de sa cousine.

Nuevo Hotel
HÔTEL €

(carte p. 120 ; 956 33 16 00 ; www.nuevohotel.com ; Calle Caballeros 23, Jerez de la Frontera ; s/d petit-déj inclus 27/42 € ;). Un petit hôtel familial, l'un des plus charmants et agréables d'Andalousie, qui abrite de confortables chambres. La spectaculaire chambre n°208, parée de moulures mauresques et d'azulejos, donne l'impression de se réveiller à l'Alhambra.

Hotel Bellas Artes
HÔTEL €€

(carte p. 120 ; 956 34 84 30 ; www.hotelbellasartes.com ; Plaza del Arroyo 45, Jerez de la Frontera ; d 69-99 € ;). De la terrasse principale et des suites de ce superbe palais reconverti en hôtel, vous aurez vue sur la cathédrale de San Salvador. De ravissantes colonnes sculptées dans la pierre embellissent la façade néoclassique. Les couleurs vives des chambres, au confort moderne, contrastent avec le sol en marbre blanc. Les baignoires sur pieds contribuent au cachet rétro.

Les villages blancs/pueblos blancos

Parador Casa del Corregidor HÔTEL D'ÉPOQUE €€€
(carte p. 130 ; ☎956 70 05 00 ; www.parador.es ; Plaza del Cabildo, Arcos de la Frontera ; ch à partir de 155 € ;). Cette ancienne demeure de magistrat (*corregidor*), du XVIe siècle, associe le luxe des *paradores* à un emplacement magnifique, en haut d'une falaise. Huit des 24 chambres ont un balcon avec vue plongeante. Les autres ouvrent sur la ravissante Plaza del Cabildo.

Hotel Arco de la Villa HÔTEL €
(☎956 12 32 30 ; www.tugasa.com ; Paseo Nazarí, Zahara de la Sierra ; s/d 36/60 € ;). Un hôtel moderne à la propreté impeccable, au pied du château de Zahara de la Sierra, à flanc de falaise. Les 17 chambres et le restaurant offrent une vue à couper le souffle.

Hotel Sierra y Cal HÔTEL €
(☎956 13 03 03 ; www.tugasa.com ; Olvera ; s/d 36/60 € ;). Dans la cité blanche d'Olvera, peu touristique, cet hôtel modeste, très fonctionnel, a tous les attraits : des chambres au charme provincial, une piscine, et un café-restaurant honorable fréquenté par les habitants, surtout les soirs de matchs de football.

Casa Campana PENSION €€
(carte p. 130 ; ☎956 70 47 87 ; www.casacampana.com ; Calle Nuñez de Prado 4, Arcos de la Frontera ; d/app 50/65 € ;). Au cœur de la vieille ville d'Arcos, les sympathiques Emma et Jim, incollables sur la région, louent deux chambres toutes simples et un grand appartement plein de cachet. Agréable terrasse sur le toit pour se détendre au calme, en profitant du panorama. Un café-glacier a récemment ouvert au rez-de-chaussée.

La Casa Grande HÔTEL D'ÉPOQUE €€
(carte p. 130 ; ☎956 70 39 30 ; www.lacasagrande.net ; Calle Maldonado 10, Arcos de la Frontera ; s 59-84 €, d 70-110 €, ste 91-140 € ; fermé 7 jan-6 fév ;). Perchée sur la falaise, cette superbe demeure de 1729, faite de coins et de recoins, a appartenu au célèbre danseur de flamenco Antonio Ruiz Soler. Chacune des 7 chambres, décorées avec goût dans un style différent, confère à l'ensemble une allure de maison d'artiste plutôt que d'hôtel. Autres atouts : de délicieux petits-déjeuners, une bonne bibliothèque, un fantastique toit-terrasse, ainsi que des cours de yoga et des massages.

Casa de las Piedras HÔTEL €
(☎956 13 20 14 ; www.casadelaspiedras.net ; Calle de las Piedras 32, Grazalema ; s/d/app 42/48/65 € ;). L'air de la montagne et le sens de l'accueil sont ici aussi indissociables que l'étaient Ferdinand et Isabelle, les Rois Catholiques. Cet hôtel rustique possède un salon douillet et une quinzaine de chambres au confort simple (jolies couvertures fabriquées dans le village). Sans oublier une foule d'informations sur les activités proposées dans le parc. À 200 m à l'ouest de la Plaza de España, la place principale de Grazalema.

Costa de la Luz et Sud-Est

V... HÔTEL DE CHARME €€€
(☎956 45 17 57 ; www.hotelv-vejer.com ; Calle Rosario 11-13, Vejer de la Frontera ; d 139-199 € ;). Le V... (comme Vejer) est l'un des hôtels les plus exquis d'Andalousie. Cette vénérable adresse associe design tendance (luxueuses salles de bains ouvertes dotées d'immenses baignoires) et décoration ancienne (portes antérieures à Christophe Colomb). Le tout avec 12 chambres somptueuses et, entre autres parties communes, des coins canapés confortables et une cascade voisinant avec un jacuzzi sur le toit-terrasse – vue imprenable.

La Casa de la Favorita HÔTEL, APPARTEMENTS €€
(carte p. 134 ; ☎690 180253 ; www.lacasadelafavorita.com ; Plaza de San Hiscio 4, Tarifa ; d 60-125 € ;). Une recherche rapide sur Internet permet de se rendre compte de la popularité de cet hôtel. La décoration couleur crème, la propreté des lieux, les kitchenettes dans chaque appartement, la petite bibliothèque, le toit-terrasse et les œuvres d'art colorées y contribuent probablement.

Hotel La Casa del Califa HÔTEL €€
(☎956 44 77 30 ; www.lacasadelcalifa.com ; Plaza de España 16, Vejer de la Frontera ; s/d petit-déj inclus 73/86 € ;). Quel bel hôtel, au cachet indéniable, que cette "maison du calife", qui s'étend sur plusieurs étages. Ambiance

sereine et confort de premier ordre pour les chambres, aux touches décoratives mauresques. Formule "émir" (43 €) avec bouquets de fleurs, chocolat et champagne. Superbe restaurant de cuisine moyen-orientale, **El Jardín del Califa** (plats 8-16 € ;) au rez-de-chaussée.

Hostal El Mirador HÔTEL €
(956 45 17 13 ; www.elmiradordevejer.com ; Cañada de San Lázaro 39, Vejer de la Frontera ; d à partir de 40 € ;). Du *mirador* de cette petite affaire, on profite à moindre coût d'un point de vue sur la campagne environnante, surtout depuis les chambres de devant. Tout près de l'arrêt de bus.

Hostal Mini-Golf HÔTEL €€
(956 43 70 83 ; www.hostalminigolf.com ; Avenida Trafalgar 251, Los Caños de Meca ; s 35-60 €, d 45-70 € ;). En dépit d'un nom trompeur (pas de golf ni de mini-golf en vue), cet hôtel bien situé, à hauteur de l'embranchement pour Cabo Trafalgar, est sans doute le meilleur établissement moyen de gamme de Los Caños. Restaurant sur place et site de kitesurf 400 m plus loin.

Posada La Sacristía HÔTEL DE CHARME €€
(carte p. 134 ; 956 68 17 59 ; www.lasacristia.net ; Calle San Donato 8, Tarifa ; ch petit-déj inclus 115-135 € ;). L'hôtel de charme le plus élégant de Tarifa, installé dans une demeure du XVIIe siècle joliment rénovée, a le souci du détail. Ses 10 belles chambres aux jolies tonalités, disposées sur plusieurs niveaux autour d'un patio central, comprennent de grands lits confortables. Cerise sur le gâteau : l'hôtel pratique les mêmes tarifs toute l'année et se double d'un excellent restaurant.

Hotel Convento Tarifa HÔTEL €€
(carte p. 134 ; 956 68 33 75 ; www.hotelconventotarifa.es ; Calle de la Batalla del Salado, Tarifa ; d 75-125 € ;). Blanc et éclatant, tels sont les thèmes de cet hôtel flambant neuf, construit autour des vestiges d'un ancien couvent. Douches à hydromassage, TV à écran plat, vases de fleurs dans les chambres, et jardin à l'arrière pour des rafraîchissements (parfois en musique) font partie des prestations. Restaurant prometteur.

Hostal Africa HÔTEL €€
(carte p. 134 ; 956 68 02 20 ; www.hostalafrica.com ; Calle María Antonia Toledo 12, Tarifa ; s/d 50/65 €, avec sdb commune 35/50 € ; fermé déc-jan ;). Près de la Puerta de Jerez, une maison du XIXe siècle rénovée abrite l'un des meilleurs *hostales* de la Costa de la Luz. Les propriétaires ont le sens de l'accueil et les chambres aux couleurs vives ne manquent pas d'espace. De la spacieuse et ravissante terrasse, sur le toit, avec sa cabane exotique, on aperçoit l'Afrique.

Posada La Casa Grande APPARTEMENTS, CHAMBRES D'HÔTES €
(956 64 11 20 ; www.posadalacasagrande.es ; Calle Fuente Nueva 42, Jimena de la Frontera ; d avec/sans sdb 40/30 €, app 70 € ;). Tous les ingrédients pour passer un bon séjour à Jimena sont ici réunis : agréables chambres rustiques, personnel courtois, renseignements sur les randonnées et une salle de lecture-peinture ménageant une vue circulaire.

Gibraltar

Hotel Bristol HÔTEL €€
(carte p. 142 ; 20076800 ; www.bristolhotel.gi ; 10 Cathedral Sq ; s/d/tr 68/87/99 £ ;). Les habitués des vacances à la mer outre-Manche pourront se laisser aller à la nostalgie dans cet hôtel figé dans les années 1970, avec parquet grinçant, tapis rouge et accueil *so british*. Les autres apprécieront le jardin clos, la piscine et l'emplacement de choix, près de Main St.

Rock Hotel HÔTEL €€€
(carte p. 142 ; 20073000 ; www.rockhotelgibraltar.com ; 3 Europa Rd ; d/ste 160/195 £ ;). Aussi emblématique de Gibraltar que les singes de Barbarie, le Rock Hotel, qui tient plus d'une grande dame que du nouveau venu chic, n'a pas à rougir de ses équipements : chambres avec vue sur la mer, cocktail de bienvenue, peignoirs – et cet indispensable presse-pantalon que vous n'utiliserez jamais. Ravivez l'esprit de l'empire au milieu des participants à des conférences et des capitaines de navire à la retraite.

PROVINCE DE MÁLAGA

Málaga

Hostal Larios HÔTEL €
(carte p. 152 ; 952 22 54 90 ; www.hostallarios.com ; Calle Marqués de Larios 9 ; s/d 50/60 €,

avec sdb commune 41/51 € ; ❄). Ce petit hôtel d'une seule étoile jouit d'un emplacement qui en vaut cinq, dans la principale rue commerçante, sophistiquée, de Málaga. Les 11 chambres, aux tons ocre, possèdent des doubles portes d'époque, de hauts plafonds, des dessus-de-lit colorés et des TV à écran plat. Certaines se partagent de petites salles de bains propres, bien équipées. Cartes et brochures à disposition.

El Hotel del Pintor HÔTEL €€

(carte p. 152 ; ☎952 06 09 81 ; www.hoteldelpintor.com ; Calle Álamos 27 ; ch à partir de 75 € ; ❄@📶). La thématique rouge, noir et blanc de ce sympathique petit hôtel fait écho aux œuvres abstraites de l'artiste *malagueño* (de Málaga) Pepe Bornov, exposées dans les parties communes et les chambres. Une adresse pratique pour la plupart des principaux sites touristiques. Les chambres sur rue peuvent être bruyantes, surtout le samedi soir.

El Riad Andaluz MAISON D'HÔTES €€

(carte p. 150 ; ☎952 21 36 40 ; www.elriadandaluz.com ; Calle Hinestrosa 24 ; s/d 70/86 € ; ❄@📶). Les 8 chambres de ce riad tenu par des Français, au cœur de la vieille ville, encadrent un patio pittoresque. La décoration marocaine personnalisée, dans chaque chambre, inclut des salles de bains carrelées hautes en couleur. Service petit-déjeuner.

Room Mate Larios HÔTEL €€

(carte p. 152 ; ☎952 22 22 00 ; www.roommatehotels.com ; Calle Marqués de Larios 2 ; s/d 80/100 € ; ❄@📶). En centre-ville, sur la Plaza de la Constitución, dans un bâtiment du XIXe siècle restauré avec goût. Chambres moquettées à l'aménagement luxueux (et lits king-size), dont certaines dotées de balcons donnant sur les boutiques chics de la Calle Marqués de Larios. Le bar sur le toit-terrasse, avec vue imprenable sur la cathédrale, n'appartient pas à l'hôtel mais on y accède facilement.

Feel Málaga Hostel AUBERGE DE JEUNESSE €

(carte p. 150 ; ☎952 22 28 32 ; www.feelmalagahostel.com ; Calle Vendeja 25 ; dort à partir de 16 €/pers, d avec/sans sdb 45/35 € ; @📶). Un établissement récent (ouvert en octobre 2011), bienvenu à Málaga dans la catégorie d'entrée de gamme. À proximité immédiate de la gare ferroviaire centrale, dans des locaux propres, bien équipés. Salles de bains au carrelage en mosaïque traditionnel ; cuisine au dernier étage, parfaitement aménagée pour préparer un repas digne de ce nom.

Parador Málaga Gibralfaro HÔTEL D'ÉPOQUE €€€

(carte p. 150 ; ☎952 22 19 02 ; www.parador.es ; Castillo de Gibralfaro ; ch 160-171 € ; P❄📶🏊). Ce *parador* à la façade en pierre, et à l'emplacement imprenable sur les hauteurs boisées de Gibralfaro, remporte un franc succès. La plupart des chambres, quoique standards, ménagent une vue exceptionnelle depuis leur terrasse. À défaut d'y loger, rabattez-vous sur le bon restaurant en terrasse, ouvert à tous.

Costa del Sol

Les hôtels internationaux avec personnel bilingue, dont de grandes chaînes hôtelières, ne manquent pas dans les stations balnéaires de la Costa del Sol. Torremolinos totalise à elle seule plus de 80 établissements.

♥ **Claude** HÔTEL DE CHARME €€€

(☎952 90 08 40 ; www.hotelclaudemarbella.com ; Calle San Francisco 5, Marbella ; s/d 225/250 € ; ❄📶). Situé dans la partie haute, plus calme, de Marbella, cet hôtel somptueux a été aménagé dans un édifice historique du XVIIe siècle. Des éléments de décoration contemporains s'y marient à l'architecture d'origine. Les baignoires sur pieds et les lustres en cristal renforcent le cachet traditionnel. Magnifique vue du haut du toit-terrasse.

Hotel Tropicana HÔTEL €€

(☎952 38 66 00 ; www.hoteltropicana.es ; Calle Tropico 6, La Carihuela ; s/d 95/120 € ; P❄📶🏊). À deux pas de la plage, un agréable bâtiment, sur 5 niveaux, doté de chambres chaleureuses (couleurs chaudes, tissus blancs), d'un jardin planté de palmiers et d'un restaurant honorable. Près de la promenade reliant le port de Benalmádena à Torremolinos.

Riu Marina Hotel HÔTEL €€

(☎952 96 16 96 ; www.riu.es ; Avenida del Puerto Deportivo, Benalmádena Port ; ch 100 € ; P❄📶🏊). Derrière une façade d'un blanc éclatant, cet hôtel moderne, au style épuré, abrite de spacieuses chambres tout confort, où les tissus de couleurs vives tranchent avec les images arty et les tableaux aux teintes pastel. La plupart des terrasses ouvrent sur la mer, et le petit-déjeuner buffet est plus généreux que la moyenne.

Casa El Escudo de Mijas CHAMBRES D'HÔTES €€
(☎952 59 11 00 ; www.el-escudo.com ; Calle Trocha de los Pescadores 7, Mijas ; s/d 70/80 € ; ❄). Un coquet établissement de catégorie intermédiaire, doté de chambres aux belles couleurs, de meubles en fer forgé et de salles de bains carrelées. Bonne situation en centre-bourg, à proximité à pied de nombreux bars et restaurants.

TRH Mijas HÔTEL €€
(☎952 48 58 00 ; www.trhhoteles.com ; Plaza de la Constitución, Mijas ; s/d 102/125 € ; P❄📶🏊). Un hôtel de style andalou à la décoration soignée et aux excellentes prestations (équitation, tennis, hydromassage). Du ravissant jardin paysager, la vue porte jusqu'à la côte, en revanche la plage n'est pas toute proche.

Hotel Lima HÔTEL €€
(☎952 77 05 00 ; www.hotellimamarbella.com ; Avenida Antonio Belón, Marbella ; s/d 60/75 € ; ❄📶). En dépit de son manque de cachet, le Lima a l'avantage d'occuper un emplacement central, près de la plage. Les chambres (mobilier de bois sombre, dessus-de-lit fleuris) disposent parfois d'un balcon au-dessus d'une rue arborée.

Hostal El Pilar HÔTEL €
(☎952 80 00 18 ; www.hostalelpilar.es ; Plaza de las Flores 10, Estepona ; s/d 35/50 € ; ❄). Dans ce charmant petit hôtel à l'ancienne, avec carrelage d'origine et patio, les photos de mariage, les plantes et les meubles d'époque contribuent à l'atmosphère familiale. Idéalement situé sur une place chargée d'histoire.

Arrière-pays

Ronda s'enorgueillit des hôtels de charme parmi les plus abordables de la province de Málaga. Pendant la première quinzaine de mai, et de juillet à septembre, la réservation s'impose. Les hôtels d'Antequera pratiquent aussi des tarifs modérés.

♥ **El Molino del Santo** HÔTEL RURAL €€
(☎952 16 71 51 ; www.molinodelsanto.com ; Estación de Benaoján, Benaoján, Ronda ; s/d petit-déj inclus 72/110 € ; ⏱fermé mi-déc à mi-fév P❄🏊). Un hôtel à la direction britannique, installé dans le cadre exceptionnel d'un ancien moulin à huile, près d'un cours d'eau. Les chambres, prolongées par une terrasse ou un balcon, donnent sur le jardin. Le restaurant, très fréquenté localement, sert une cuisine internationale actuelle. Mise à disposition de cartes topographiques de randonnée ; pas de TV. À proximité de la gare ferroviaire (bien indiquée) de Benaoján, à 15 km au sud-ouest de Ronda.

Hotel Alavera de los Baños HÔTEL €€
(carte p. 164 ; ☎952 87 91 43 ; www.alaveradelosbanos.com ; Hoyo San Miguel, Ronda ; s/d petit-déj inclus 70/95 € ; ❄🏊). Reprenant le thème des bains arabes voisins, l'Alavera se caractérise par un cadre hispano-mauresque et une décoration orientale, en plus d'une savoureuse cuisine d'inspiration nord-africaine, à base d'ingrédients bio. Privilégiez les chambres côté terrasse, ouvrant sur un petit jardin luxuriant.

Enfrente Arte HÔTEL €€
(carte p. 164 ; ☎952 87 90 88 ; www.enfrentearte.com ; Calle Real 40, Ronda ; ch petit-déj inclus 80-90 € ; ❄@🏊). Situé dans une vieille rue pavée, cet hôtel de gestion belge affiche toute une gamme de prestations (bar, piscine, sauna, salle de jeux, salle de cinéma) et un décor moderne oriental pétillant. Un bambou noir trône dans le patio fleuri, et la vue sur la Sierra de las Nieves est époustouflante. Boissons (en self-service) et merveilleux petit-déjeuner buffet, inclus dans le prix des chambres.

Hotel Montelirio HÔTEL €€€
(carte p. 164 ; ☎952 87 38 55 ; www.hotelmontelirio.com ; Calle Tenorio 8, Ronda ; s/d 100/150 € ; ❄🏊). Jouissant d'une vue magique sur la gorge d'El Tajo, ce palais a été transformé en hôtel aux suites somptueuses. Le salon, au splendide plafond mudéjar, ouvre sur une terrasse avec piscine. Excellent restaurant.

Hotel San Gabriel HÔTEL €€
(carte p. 164 ; ☎952 19 03 92 ; www.hotelsangabriel.com ; Calle José M Holgado 19, Ronda ; s/d petit-déj inclus 66/82 € ; ❄📶). Le San Gabriel, charmant, est empli d'objets et de photos d'époque retraçant l'histoire de Ronda (corrida, personnages célèbres). Il compte un grand escalier en acajou habillé de plantes grimpantes, une salle de billard, un salon-bibliothèque douillet et une salle DVD, dont les 10 fauteuils de velours rouge proviennent de l'ancien théâtre de Ronda. Repérez les photos dédicacées par des acteurs, comme Bob Hoskins et Isabella Rossellini, qui tournèrent en ville le film *Don Quichotte* en 2000.

Jardín de la Muralla HÔTEL D'ÉPOQUE €€
(carte p. 164 ; ☎952 87 27 64 ; www.jardindelamuralla.com ; Calle Espiritu Santo 13, Ronda ; s/d petit-déj inclus 80/91 € ;). José María a veillé à ce que la vénérable maison de famille conserve tout son cachet (antiquités, lustres, portraits anciens et belles baignoires sur pieds). Le jardin en terrasses donne sur l'enceinte du XVe siècle de Ronda. Animaux bienvenus.

Hotel Coso Viejo HÔTEL €€
(☎952 70 50 45 ; www.hotelcosoviejo.es ; Calle Encarnación 9, Antequera ; s/d petit-déj inclus 62/78 € ;). Le Coso Viejo occupe un palais néoclassique du XVIIe siècle en plein cœur d'Antequera, face à la Plaza Coso Viejo et au musée municipal. Les chambres douillettes, à l'ameublement simple, encadrent un patio où coule une fontaine. Bons bar à tapas et restaurant.

Parador de Antequera HÔTEL D'ÉPOQUE €€€
(☎952 84 02 61 ; www.parador.es ; Paseo García del Olmo, Antequera ; s/d 120/145 € ;). Ce *parador* tout confort est posé au milieu d'un grand jardin offrant une jolie vue, surtout au coucher du soleil. Dans un quartier calme et verdoyant, au nord des arènes d'Antequera, non loin de la gare routière.

Hotel Hermanos Macias HÔTEL €
(carte p. 164 ; ☎952 87 42 38 ; www.hermanosmacias.com ; Calle Pedro Romero 3 ; s/d 35/48 € ;). Au-dessus d'un bar-restaurant prisé, voici des chambres d'un bon rapport qualité/prix, modestement meublées dans un style rustique. Plusieurs donnent sur l'animation de la rue piétonne.

Est de Málaga

Nerja possède un large éventail d'hébergements, mais en été, les meilleurs hôtels affichent souvent complet au moins deux mois à l'avance.

Torrox Townhouse APPARTEMENTS €€
(☎952 53 95 05 ; www.thetorroxtownhouse.co.uk ; Calle Baja 38, Torrox ; app 4 pers à partir de 275 €/sem ;). Niché dans un lacis de ruelles, ce bel édifice du XVIe siècle aurait été la demeure de Luis de Torres, un juif converti au christianisme qui servit d'interprète à Christophe Colomb lors de son premier voyage en Amérique. Autour d'un patio traditionnel, deux appartements spacieux, confortables et accueillants (meubles anciens, livres, Scrabble), possèdent chacun leur propre terrasse avec vue panoramique. Tous les lundi, mercredi et vendredi matin, les propriétaires donnent des livres en différentes langues en échange d'un don à une association.

Hotel Carabeo HÔTEL €€
(carte p. 179 ; ☎952 52 54 44 ; www.hotelcarabeo.com ; Calle Carabeo 34, Nerja ; d/ste petit-déj inclus 85/180 € ; fermé nov-mars). Petit hôtel familial du front de mer à la belle décoration d'époque, le Carabeo surplombe un jardin en terrasses impeccable. Aménagé dans une ancienne école donnant sur l'une des plus belles rues piétonnes de la ville, égayée de bougainvilliers, il se double d'un bon restaurant et d'une piscine, posée sur une terrasse au-dessus des flots.

PROVINCE DE CORDOUE

Cordoue

Les nombreux hébergements du centre-ville s'adressent à tous les budgets. On y trouve même des établissements d'entrée de gamme aux chambres spacieuses, simples et élégantes, et d'autres chargées d'histoire et d'objets anciens. Lors des grandes festivités, il est indispensable de réserver.

Casa de los Azulejos HÔTEL €€
(carte p. 186 ; ☎957 47 00 00 ; www.casadelosazulejos.com ; Calle Fernando Colón 5 ; s/d petit-déj inclus à partir de 85/107 € ;). Un élégant hôtel mêlant les influences mexicaines et andalouses. Portes hautes anciennes, lits massifs et murs colorés habillent les chambres de style colonial, au sol carrelé de beaux azulejos anciens qui donnent leur nom à cette Casa. Patio ensoleillé agrémenté de bananiers, de fougères et de palmiers en pots.

Hospedería Alma Andalusí HÔTEL DE CHARME €€
(carte p. 186 ; ☎957 76 08 88 ; www.almaandalusi.com ; Calle Fernández Ruano 5 ; s/d 45/100 € ;). Les propriétaires de cet établissement, situé dans une rue calme de la Judería (quartier juif), ont réussi à moderniser avec goût un lieu ancien, sans faire grimper les prix. Le mobilier minutieusement choisi, le parquet et les couleurs franches rendent le lieu très agréable. Profitez du Wi-Fi en sirotant un expresso dans la cour carrelée.

Hostal Séneca HÔTEL €

(carte p. 186 ; ☎/fax 957 47 32 34 ; www.cordobahostalseneca.com ; Calle Conde y Luque 7 ; dort/s/d petit-déj inclus à partir de 15/30/50 € ;). Version améliorée d'une adresse pour routards, une vaste maison aux touches mauresques typiques. Les hôtes ont à disposition une cuisine et un patio verdoyant pavé de galets, où un modeste café-bar assure le petit-déjeuner et le service de boissons. Visitez plusieurs chambres (parfois avec sdb commune) avant de vous décider, car leur qualité varie. Fermeture une semaine en août et à Noël.

Hotel Albucasis HÔTEL €€

(carte p. 186 ; ☎/fax 957 47 86 25 ; Calle Buen Pastor 11 ; s/d 50/70 € ; P). Dans un cadre à l'austérité reposante vous attendent des chambres modestes à la décoration blanc et vert pâle. Le patio strié de lierre s'avère agréable pour le petit-déjeuner. À 200 m au nord de la Mezquita, dans une rue paisible de la Judería.

Hotel Hesperia Córdoba HÔTEL €€

(☎957 42 10 42 ; www.hesperia.com ; Avenida Fray Albino 1 ; ch 89-109 € ; P). Situé sur l'autre rive près du Puente Romano, ce luxueux hôtel franchisé a pour principal atout une vue imprenable depuis certaines des chambres. Celles de la nouvelle aile compensent cette lacune par plus d'espace et de modernité.

Hospedería Añil AUBERGE DE JEUNESSE €

(carte p. 186 ; ☎957 49 15 44 ; www.sensesandcolours.com ; Calle Barroso 4 ; dort/s/d à partir de 12/30/42 € ;). Une auberge de jeunesse pleine de peps (couleurs vives, fresques murales originales) et de bonne humeur qui ne rogne pas sur le style et le confort. À quelques pas de la Mezquita et de la Plaza de las Tendillas, juste en face d'un bon club de flamenco.

Hotel Córdoba Centro HÔTEL D'AFFAIRES €€

(carte p. 186 ; ☎957 49 78 50 ; www.hotel-cordobacentro.es ; Jesús y María 8 ; s/d 97/108 € ; P). Cet hôtel d'affaires sans grand charme mise tout sur le confort. Sa situation, dans l'une des principales rues piétonnes de la ville, au sud de la Plaza de las Tendillas, permet de découvrir davantage la Cordoue d'aujourd'hui qu'en logeant dans les quartiers touristiques.

Hotel Lola HÔTEL €€

(carte p. 186 ; ☎957 20 03 05 ; www.hotellola.es ; Calle Romero 3 ; ch petit-déj inclus 129 € ;). Intimité et originalité sont les maîtres mots de cet hôtel. Chaque chambre porte le nom d'une princesse arabe et comprend un grand lit rétro et des objets de décoration que l'on rapporterait bien chez soi. Possibilité de petit-déjeuner sur le toit-terrasse, avec vue sur le clocher de la Mezquita.

Hotel Mezquita HÔTEL €€

(carte p. 186 ; ☎957 47 55 85 ; www.hotelmezquita.com ; Plaza Santa Catalina 1 ; s/d 42/74 € ;). En plein quartier touristique, cet hôtel aménagé dans une maison du XVIe siècle fait face, comme son nom l'indique, à la Mezquita. Soit l'une des meilleures affaires de la ville, avec ses belles chambres au sol en marbre, ses grandes portes et ses balcons tournés, pour certains, vers la Grande Mosquée.

Parador Nacional Arruzafa HÔTEL D'ÉPOQUE €€€

(☎957 27 59 00 ; www.parador.es ; Avenida de la Arruzafa ; ch 161 € ; P). À 3 km au nord du centre-ville, sur le site merveilleux de l'ancien palais d'été d'Abd ar-Rahman Ier. Ce *parador* au style moderne est posé dans un jardin luxuriant, où ont été plantés les premiers palmiers d'Europe.

Ouest de Cordoue

Hostal El Álamo HÔTEL €

(☎957 64 04 76 ; www.elalamohostal.com ; Carretera Comaracal 141 km7,5, Hornachuelos ; s/d 48/60 € ;). Un établissement de type motel au pseudo style *cortijo* (toit en tuiles, roues de chariot), sur la route principale d'Hornachuelos. Enrique, le propriétaire très sociable, propose des randonnées à pied ou à cheval, ou des parties de chasse. Le café est un lieu de rendez-vous prisé, surtout pour suivre les matchs de football.

Sud de Cordoue

Hotel Zuhayra HÔTEL €€

(☎957 69 46 93 ; www.zercahoteles.com ; Calle Mirador 10, Zuheros ; s/d 55/70 € ;). Un hôtel perché en hauteur, à l'ombre du château de Zuheros, où toutes les chambres bénéficient d'un panorama privilégié sur la campagne. Avec son bon restaurant, l'endroit fait un point de chute appréciable pour découvrir les falaises et les grottes de la région. Les chaleureux propriétaires, les frères Ábalos, vous renseigneront sur les itinéraires de randonnée et les guides locaux.

Hotel Casería de Iznájar

HÔTEL RURAL €€

(☎957 50 80 11 ; www.zercahoteles.com ; Calle El Remolino, Iznájar ; s/d 53/66 € ; P❄📶🏊). Cadre magnifique pour ce *casería* (ferme) situé sur un promontoire s'avançant sur un lac artificiel, en contrebas du pont qui mène à la cité haut perchée d'Iznájar. Les 20 chambres, à la décoration pimpante, disposent de balcons d'où apprécier cette vue, magique. Toutefois, la piscine, lovée près du lac, leur vole la vedette.

Casa Baños de la Villa

HÔTEL DE CHARME €€

(☎957 54 72 74 ; www.casabanosdelavilla.com ; Calle Real 63, Priego de Córdoba ; s/d/ste 71/93/175 € ; ❄📶🏊). Une adresse de choix, au cœur du Barrio de la Villa, qui possède son propre hammam, petit bijou de bassins et d'arcades maures (massages et aromathérapie en option). Une décoration chaleureuse, de bric et de broc, personnalise chaque chambre. Vastes parties communes ; magnifique terrasse sur le toit.

Hospedería Zahorí

HÔTEL €

(☎957 54 72 92 ; www.hotelzahori.es ; Calle Real 2, Priego de Córdoba ; s/d 38/55 € ; ❄). Sur une placette en face de l'Iglesia de la Asunción, un petit hôtel bourré de charme. Ses chambres ont été restaurées avec amour par l'aimable propriétaire, Custodio Aguilera, en conservant nombre des éléments d'origine. Le bon petit restaurant de cuisine régionale, à l'ambiance festive, bénéficie de la même attention.

PROVINCE DE JAÉN

Jaén

Parador Castillo de Santa Catalina

HÔTEL D'ÉPOQUE €€€

(☎953 23 00 00 ; www.parador.es ; Cerro de Santa Catalina ; ch petit-déj inclus 142 € ; P❄@📶🏊). Sis à côté du château, au sommet du Cerro de Santa Catalina, ce *parador* jouit d'un cadre exceptionnel, aussi bien à l'intérieur qu'à l'extérieur. Les salles voûtées, la hauteur des plafonds et les chambres à la décoration et au mobilier luxueux (lits à baldaquin pour certaines) lui confèrent une atmosphère théâtrale. À quoi s'ajoutent un excellent restaurant, et un bar sur la terrasse, à la vue panoramique.

Hotel Xauen

HÔTEL €

(carte p. 208 ; ☎953 24 07 89 ; www.hotelxauenjaen.com ; Plaza del Deán Mazas ; s/d petit-déj inclus 50/60 € ; P❄📶). Un hôtel très bien situé, en plein quartier historique. De grandes photos de scènes de la vie locale décorent les parties communes, tandis que le beige se décline dans les chambres, de bonne taille. Le bar et le solarium sur le toit ménagent une vue imprenable sur la cathédrale.

Est de Jaén

La plupart des voyageurs séjournent dans cette partie de la province, attirés par la beauté et l'architecture Renaissance de Baeza et d'Úbeda, ainsi que par les collines boisées et les chemins de randonnée de Cazorla.

Palacio de la Rambla

HÔTEL D'ÉPOQUE €€

(carte p. 217 ; ☎953 75 01 96 ; www.palaciodelarambla.com ; Plaza del Marqués de la Rambla 1, Úbeda ; d/ste petit-déj inclus 96/120 € ; ❄📶). L'ancienne demeure de la Marquesa de la Rambla est, sans conteste, le plus bel exemple de reconversion de palais à Úbeda. Chaque chambre (décoration d'époque, raffinement extrême) possède son salon, donnant l'impression de loger chez des amis aristocrates. Le patio orné de vignes, réservé aux hôtes, est de romantique. Service petit-déjeuner dans l'ancienne bodega ou en chambre. L'hôtel ferme une partie de juillet et en août.

Hotel Postigo

HÔTEL €

(carte p. 217 ; ☎953 75 00 00 ; www.hotelelpostigo.com ; Calle Postigo 5, Úbeda ; s/d 40/50 € ; 📶🏊). Une petite adresse de charme, dotée d'une agréable terrasse et d'un vaste salon réchauffé par une cheminée l'hiver. Chambres parquetées spacieuses et modernes, au mobilier d'un noir éclatant. Dans une jolie ruelle pavée offrant de nombreuses possibilités de stationnement.

La Casona del Arco

HÔTEL DE CHARME €€

(carte p. 214 ; ☎953 74 72 08 ; www.lacasonadelarco.com ; Calle Sacramento 3, Baeza ; ch 70 € ; ❄📶🏊). Un palais du XVIe siècle du centre historique, restauré avec goût, bénéficiant de tout le confort moderne : spa, petite piscine, grand jardin et de charmantes chambres aux murs en pierres claires apparentes ou aux tons ocre, sous un plafond en pente (et des poutres). Il y règne une atmosphère des plus raffinées, à un tarif très démocratique.

Parador Condestable Dávalos HÔTEL D'ÉPOQUE €€€
(carte p. 217 ; ☎953 75 03 45 ; www.parador.es ; Plaza Vázquez de Molina, Úbeda ; ch 160 € ; P❄📶). Les *paradores* ont pour cadre les plus beaux édifices et emplacements. Celui-ci, installé dans le vénérable Palacio del Deán Ortega, sur la belle Plaza Vázquez de Molina d'Úbeda, ne faillit pas à la règle. Il s'est, bien sûr, doté du confort moderne et du luxe qu'il sied à ces établissements. On y trouve aussi la meilleure table (p. 219) de la ville.

Palacio de los Salcedo HÔTEL €
(carte p. 214 ; ☎953 74 72 00 ; www.palaciodelos-salcedo.com ; Calle San Pablo 8, Baeza ; ch 60 € ; ❄📶). Hormis la façade d'origine, tout dans ce palais du XVIe siècle a été recréé pour donner l'illusion de l'époque, des plafonds à caissons sophistiqués aux fresques, des colonnes aux arcades. Même si les peintures réalisées au chiffon paraissent un peu datées années 1980 et si certaines dorures ont un côté kitsch, dans l'ensemble, le cachet historique opère.

Finca Amoratín HÔTEL RURAL €
(☎953 33 31 00 ; www.almoratin.com ; Carretera Torres-Albanchez de Mágina ; s/d 45/55 € ; P❄@🏊). Sis au milieu des oliviers, cet hôtel ravira les amateurs de tranquillité et les randonneurs. Les chambres standards (meubles en pin, peinture jaune pâle), agréables, entourent un patio circulaire. Superbe vue, spa et mise à disposition de cartes topographiques des alentours. À 28 km au sud-ouest de Jódar par l'A320 (circuit en voiture p. 210 pour des indications plus détaillées).

Hotel Hacienda La Laguna HÔTEL RURAL €€
(☎953 76 51 42 ; www.ehlaguna.com/hotel ; Puente del Obispo, Baeza ; s/d 53/79 € ; P❄@📶🏊). Cette immense hacienda (à 10 min en voiture de Baeza) abrite le **Museo de la Cultura del Olivo** (musée de l'Huile d'olive ; ☎953 76 51 42 ; Puente del Obispo, Complejo Hacienda la Laguna ; adulte/enfant 2,50/1,50 € ; ⏲10h30-13h30 et 16h30-19h mar-dim), en plus de 18 chambres élégamment meublées, autour d'un patio et d'une fontaine. Manège à chevaux et spa attenants.

Hotel Maria de Molina HÔTEL D'ÉPOQUE €€
(carte p. 217 ; ☎953 79 53 56 ; Plaza del Ayuntamiento, Úbeda ; s/d 50/70 € ; 📶🏊). Bel hôtel, dans un palais du XVIe siècle, sur la pittoresque Plaza del Ayuntamiento. Les chambres, bien agencées, donnent sur un patio à la végétation luxuriante orné de tapisseries anciennes.

Hotel Rosaleda de Don Pedro HÔTEL €€
(carte p. 217 ; ☎953 79 61 11 ; www.hotelrosa-ledaubeda.es ; Calle Obispo Toral 2, Úbeda ; s/d 60/70 € ; P📶🏊). Les lits king-size, les meubles de bois sombre et les murs bleu clair et jaune pâle créent un cadre reposant en centre-ville. Parmi les équipements figurent une grande terrasse bordée d'une modeste piscine, ainsi qu'un spa (massages à la demande) avec hammam, sauna et jacuzzi.

Molino La Farraga HÔTEL RURAL €€
(carte p. 223 ; ☎953 72 12 49 ; www.molinolafar-raga.com ; Calle Camino de la Hoz, Cazorla ; s/d 50/70 € ; 🏊). En amont de la Plaza de Santa María, un ancien moulin, au cœur d'un jardin paradisiaque, sur un versant boisé bucolique sillonné de cours d'eau. À l'intérieur, la décoration, dans les tons acajou, évoque un confort discret.

Hotel Noguera de la Sierpe HÔTEL RURAL €€
(carte p. 223 ; ☎953 71 30 21 ; www.hotelnogue-radelasierpe.com ; Carretera del Tranco km 44,5, Parque Natural de las Sierras de Cazorla, Segura y Las Villas ; s/d 60/90 €, gîte 4 pers 120 € ; P❄🏊). Réservé aux amateurs de chasse, cet hôtel, tenu par un passionné, est décoré de trophées d'animaux et de photos de ses exploits. Le Noguera occupe un ancien *cortijo* et donne sur un lac magnifique. Possibilité de faire de l'équitation.

Los Abedules APPARTEMENTS €
(carte p. 223 ; ☎953 12 43 08 ; www.losabedules-cazorla.com ; Los Peralejos, Aptdo 44, Parque Natural de las Sierras de Cazorla, Segura y Las Villas ; app 2/4 pers 50/70 € ; P🏊). Gérés par un couple anglais, de confortables appartements tout équipés, entourés d'oliviers. Soit un point de chute idéal pour les randonneurs, qui pourront se remettre de longues journées de marche dans la piscine d'eau douce. Diane est une thérapeute qualifiée en médecines douces, comme la réflexologie et le reiki. Animaux bienvenus.

Hotel Guadalquivir HÔTEL €
(carte p. 223 ; ☎953 72 02 68 ; www.hguadalquivir.com ; Calle Nueva 6, Cazorla ; s/d 40/50 € ; ❄). Une adresse joviale et bon marché, aux chambres douillettes – tons bleus, meubles en pin, TV et chauffage. La vue n'a rien d'exceptionnel et les chambres simples manquent un peu d'espace, mais l'hôtel se

trouve en centre-ville et affiche un bon rapport qualité/prix.

PROVINCE DE GRENADE

Grenade

Le centre de Grenade, qui s'étend du Realejo à la Plaza de la Trinidad, étant très compact, l'emplacement de votre hébergement n'aura pas grande importance. C'est toutefois dans les maisons sur cour du quartier de l'Albaicín que se cachent les plus belles adresses – souvent peu accessibles en voiture (ou en taxi), il faut y monter à pied. Les quelques hôtels sur les hauteurs de l'Alhambra ont une jolie vue mais s'avèrent peu pratiques pour rejoindre les autres sites touristiques. Côté tarifs, ils sont plus élevés au printemps et en automne, avec un pic à Pâques. Les places de stationnement, quand elles existent, coûtent 15-20 € par jour et se trouvent souvent dans des parkings municipaux et non dans l'enceinte de l'hôtel.

Apartamentos Turisticos San Matías APPARTEMENTS €€
(carte p. 238 ; ☎958 21 50 29 ; www.apartamentossanmatias.com ; Calle San Matías 17 ; app 2 pers 70 € ;) . Dans le quartier animé du Realejo, des appartements au tarif étudié, généralement spacieux et bien équipés : tableaux chaleureux, canapés confortables et meubles en pin dans le séjour, et lave-linge (un plus pour les familles) dans la cuisine. Lit bébé sur demande.

Hotel Posada del Toro HÔTEL DE CHARME €€
(carte p. 238 ; ☎958 22 73 33 ; www.posadadeltoro.com ; Calle de Elvira 25 ; d/ste 70/108 € ;). Un petit hôtel coquet, aux jolis murs couleur pistache, pêche et crème. Les chambres, organisées autour d'un paisible patio, sont tout aussi séduisantes : parquet, moulures rappelant l'Alhambra et mobilier rustique. Salles de bains de petite dimension, très bien équipées (double lavabo, douche à hydromassage). Restaurant de spécialités espagnoles, comme le poulpe à la galicienne, ainsi que des plats de pâtes et des pizzas.

Hotel Palacio de Los Navas HÔTEL D'ÉPOQUE €€
(carte p. 238 ; ☎958 21 57 60 ; www.palaciodelosnavas.com ; Calle Navas 1 ; d/ste 86/135 € ;). Un magnifique édifice du XVIe siècle, rythmé de tons crème et blanc, de sols en terre cuite, ainsi que de colonnes et de portes d'origine. Les chambres, toutes décorées différemment, encadrent un patio traditionnel à arcades. À proximité des bars à tapas, et à 10 minutes à pied de la cathédrale.

Hostal Venecia HÔTEL €
(carte p. 238 ; ☎958 22 39 87 ; www.veneciahostal.es ; Cuesta de Gomérez 2 ; d avec/sans sdb 42/34 € ;). Les hôtes de cet *hostal* sont charmants et le cadre est tout aussi agréable. Les 9 chambres, différentes, ont énormément de cachet (sdb privative pour certaines, petit balcon pour la plupart). L'hiver, l'endroit est bien chauffé et on vous prêtera des couvertures ; l'été, les ventilateurs de plafond font de l'air dans les pièces.

Hotel Fontecruz HÔTEL €€
(carte p. 238 ; ☎958 21 78 10 ; www.fontecruz.com ; Gran Vía de Colón 20 ; d/ste 120/370 € ; @). Les vastes chambres du Fontecruz affichent une élégance épurée : moquette blanc et noir, secrétaires en bois sombre à l'allure rétro et bonne literie. Toutes disposent au moins d'un petit balcon et du double vitrage. Privilégiez si possible celles donnant sur la rue latérale, plus calme que la Gran Vía. Bar panoramique sur le toit.

Hotel Los Tilos HÔTEL €€
(carte p. 238 ; ☎958 26 67 12 ; www.hotellostilos.com ; Plaza Bib-Rambla 4 ; s/d 55/80 € ;). Les chambres du Los Tilos, spacieuses et propres, surplombent la Plaza Bib-Rambla. Rénovées récemment, elles sont équipées du double vitrage, pour des nuits sereines. De la petite terrasse sur le toit, on profite d'une vue panoramique (pour ceux qui ne voient pas l'Alhambra de leur chambre).

Hotel Puerta de las Granadas HÔTEL €€
(carte p. 238 ; ☎958 21 62 30 ; www.hotelpuertadelasgranadas.com ; Cuesta de Gomérez 14 ; ch 130 € ; @). Ce petit hôtel jouit d'un emplacement privilégié, près de la Plaza Nueva, à mi-hauteur sur la colline menant à l'Alhambra. Tons rouges et bois sombre pour les chambres, qui donnent sur le jardin à l'arrière (plus calmes) ou sur la rue (plus spacieuses). Deux d'entre elles, au dernier étage, offrent une vue dégagée. Mention spéciale pour l'ascenseur – rare pour un hôtel de cette taille – et le personnel très serviable.

Santa Isabel La Real HÔTEL DE CHARME €€
(carte p. 236 ; ☎958 29 46 58 ; www.hotelsantaisabellareal.com ; Calle de Santa Isabel La Real 19 ; ch 105 € ; @). Idéalement situé entre la

Plaza San Miguel Bajo et le Mirador San Nicolas (Plaza de San Nicolás), ce bel édifice du XVIe siècle a été aménagé en un délicieux petit hôtel, et nombre des éléments architecturaux d'origine, telles les colonnes en marbre, ont été conservés. Chambres réparties autour d'un patio, toutes décorées différemment (dessus-de-lit en dentelle, broderies, tapisseries tissées main, etc.). Si possible, optez pour la n°11, à la vue imprenable sur l'Alhambra.

Casa Morisca Hotel HÔTEL D'ÉPOQUE €€€
(carte p. 236 ; ☎958 22 11 00 ; www.hotelcasamorisca.com ; Cuesta de la Victoria 9 ; d 118-148 € ; ❄@📶). Cachée derrière une lourde porte en bois protégeant du bruit de la ville, cette belle demeure de la fin du XVe siècle reflète l'âme de l'Albaicín. Avec leurs hauts plafonds, leurs lits moelleux et leurs tapis recouvrant des tommettes, les chambres sont aussi belles qu'apaisantes. Les moins chères, face au patio central et sa fontaine, sont charmantes et douillettes, mais très exiguës pour certaines. Accessible en taxi.

AC Palacio de Santa Paula HÔTEL DE LUXE €€€
(carte p. 236 ; ☎902 29 22 93 ; www.ac-hotels.com ; Gran Vía de Colón ; ch à partir de 170 € ; P❄@♨). Hôtel le plus luxueux du secteur, entre le centre-ville et l'Albaicín, ce 5-étoiles occupe un ancien couvent du XVIe siècle, quelques maisons du XIVe siècle agrémentées de patios et de balcons en bois, ainsi qu'une demeure aristocratique du XIXe. L'ensemble a été agencé dans un style contemporain. Les chambres sont splendides, et les hôtes profitent d'un centre de remise en forme, d'un sauna et d'un hammam.

Hotel Zaguán del Darro HÔTEL D'ÉPOQUE €€
(carte p. 238 ; ☎958 21 57 30 ; www.hotelzaguan.com ; Carrera del Darro 23 ; s/d 55/70 € ; ❄@). Un bon rapport qualité/prix pour l'Albaicín que cette maison du XVIe siècle restaurée avec goût, décorée de quelques antiquités. Certaines des 13 chambres, personnalisées, donnent sur le Darro. Bon bar-restaurant au rez-de-chaussée. Situé dans une grande rue, le Zaguán est facile d'accès en taxi, mais un peu bruyant le soir.

Hostal Arteaga HÔTEL €
(carte p. 236 ; ☎958 20 88 41 ; www.hostalarteaga.com ; Calle Arteaga 3 ; s/d 40/49 € ; ❄@📶). Une adresse de caractère, et bon marché, à proximité de la Gran Vía de Colón menant à l'Albaicín. Les murs lavande, les dessus-de-lit à rayures et les salles de bains carrelées de bleu confèrent une sensation de netteté et de modernité aux chambres. Un séjour de 3 nuitées donne droit à une entrée gratuite aux Baños de Elvira (hammam, sauna, Jacuzzi) voisins.

Hotel Macía Real de la Alhambra HÔTEL €€
(☎958 21 66 93 ; www.maciahoteles.com ; Mirador del Genil 2 ; ch 100 € ; P❄@📶♨). Un confortable hôtel à la périphérie de Grenade, idéal pour les voyageurs venus uniquement visiter l'Alhambra (10 minutes en voiture ; ou bus n°33 direct). Chambres chics dans un dégradé de gris, et hammam (en supplément) en bas.

Hostal La Ninfa HOSTAL €
(carte p. 236 ; ☎958 22 79 85 ; www.hostallaninfa.net ; Plaza Campo Príncipe ; s/d 45/50 € ; ❄📶). La jolie façade tapissée de plaques en céramique plante le décor de cet hôtel au charme artistique foisonnant. Couleurs vives (poutres peintes en turquoise), têtes de lit en azulejos et salles de bains carrelées caractérisent les chambres. Pour rejoindre l'Alhambra, comptez 30 minutes de marche en montée, ou prenez le bus n°30 devant l'hôtel.

Carmen de la Alcubilla HÔTEL D'ÉPOQUE €€
(carte p. 232 ; ☎958 21 55 51 ; www.alcubilladelcaracol.com ; Calle del Aire Alta 12 ; s/d 100/120 € ; ❄@📶). Sur les pentes de l'Alhambra, un hôtel à la décoration exquise et à la vue magnifique, qui se double d'un ravissant jardin en terrasses. Dans les chambres, meubles anciens et tonalités blanches se détachent sur les murs couleur pastel. La chambre dans la tour fait tourner les têtes.

Parador de Granada HÔTEL D'ÉPOQUE €€€
(carte p. 232 ; ☎958 22 14 40 ; www.parador.es ; Calle Real de la Alhambra ; ch 315 € ; P❄@📶). Sans conteste le plus luxueux (et le plus cher) des *paradores* d'Espagne, aménagé dans un couvent du XVe siècle, au cœur de l'Alhambra. Une adresse romantique et chargée d'histoire très appréciée. Réservez bien à l'avance.

El Altiplano/L'Altiplano

Hotel Comercio HÔTEL €€
(☎958 66 05 00 ; www.hotelcomercio.com ; Calle Mira de Amezcua, Guadix ; s/d 50/65 € ; ❄📶). L'élégante façade ocre, aux balcons en fer forgé, reflète la restauration réussie de cet hôtel du début du siècle dernier. Même raffinement dans les parties communes

– carrelage traditionnel, briques apparentes et une multitude de plantes vertes –, ainsi que dans les chambres, spacieuses et confortables. Spa (avec hammam, solarium, jacuzzi, sauna et salle de massage) pour se faire chouchouter. En un mot, une affaire.

Sierra Nevada et les Alpujarras

Concernant les hôtels fréquentés par les randonneurs, il est particulièrement recommandé de réserver à l'avance, du printemps (et de la Semaine sainte) à l'automne.

Refugio Poqueira REFUGE €
(958 34 33 49 ; Mulhacén, Sierra Nevada ; 15 €/pers). Un refuge moderne, de 87 couchages, doté d'un restaurant (petit-déjeuner 5 €, dîner 14 €) et de douches chaudes – bienvenus après une journée de marche dans la Sierra Nevada. Accessible à pied, à 4 km du Mirador de Trevélez (environ 1 heure), ou en suivant le Río Mulhacén sur 2,3 km depuis la route au bas du versant ouest du Mulhacén, puis en prenant un sentier vers le sud-est, sur 750 m, jusqu'au refuge. Si possible, prévenez de votre arrivée. Ouvert toute l'année.

Casa Rural Jazmín CHAMBRES D'HÔTES €
(958 78 47 95 ; www.casaruraljazmin.com ; Calle Ladera de la Ermita, Órgiva ; ch 48-65 € ;). Un havre de paix, à Órgiva, dans la ville haute, tenu par des Français. Il y a 4 chambres, ayant chacune leur style (asiatique et des Alpujarras pour les plus petites ; français et africain pour les plus grandes), une terrasse commune et une piscine, dans le jardin luxuriant. L'établissement, situé dans une impasse, possède un parking, encore faut-il réussir à remonter la rue sinueuse.

Sierra y Mar HÔTEL RURAL €
(958 76 61 71 ; www.sierraymar.com ; Calle Albaicín, Ferreirola ; s/d petit-déj inclus 42/62 € ; fermé jan-fév P). Un couple italo-danois accueille les voyageurs dans cet ensemble de petites maisons depuis 1985. Dans les chambres rustiques, un petit secrétaire permet de faire sa correspondance tout en contemplant la montagne par la fenêtre, à moins de préférer la vue depuis la terrasse ou le jardin verdoyant. Séjours de plus d'une nuit privilégiés.

Hotel La Fragua HÔTEL €
(958 85 86 26 ; www.hotellafragua.com ; Calle San Antonio 4, Trevélez ; s/d 33/45 € ; fermé début jan-début février). Des chambres simples, au mobilier en pin, typiques d'un village de montagne. Certaines ont un balcon et il y a une grande terrasse sur le toit. Un bémol : les groupes de randonneurs matinaux font parfois du bruit. L'hôtel est au sommet de la ville, à 200 m à pied (indiqué) de la place la plus haute de Trevélez. Seconde adresse plus moderne (doubles 55 €) à proximité, avec piscine et joli panorama.

Hotel Los Bérchules HÔTEL RURAL €
(958 85 25 30 ; www.hotelberchules.com ; Carretera de Granada 20, Bérchules ; s/d 47/52 € ; P). Près de la route principale avant d'arriver à Bérchules, des chambres confortables (baignoire), de petite taille pour les simples, dotées d'un balcon pour les doubles. Très serviables, les propriétaires pourront vous suggérer toutes sortes d'activités ; ils organisent régulièrement des stages de peinture et des séjours de randonnée. Grande piscine, bon restaurant et salon douillet où dénicher des livres sur l'Espagne.

Alquería de Morayma HÔTEL RURAL €
(958 34 32 21 ; www.alqueriamorayma.com ; Carretera A348, km 50, Cádiar ; d 62 €, app 4 pers 95 € ; P). L'une des meilleures adresses des Alpujarras pour un séjour typiquement espagnol, tendance un peu New Age. Cette ancienne ferme, joliment rénovée, a été agrandie pour abriter 20 chambres et appartements tout confort. Le restaurant propose une cuisine savoureuse, à base d'ingrédients locaux. Belle promenade à faire le long du Guadalfeo.

L'Alquería de Moreyma se trouve à 3 km du village de Cádiar, sur la A348 en direction du sud. Si vous n'êtes par trop chargé, vous pouvez aussi longer le cours d'eau à pied sur 2 km en aval. Dans les deux cas, suivez les panneaux.

Las Chimeneas HÔTEL RURAL €€
(958 76 03 52 ; www.alpujarra-tours.com ; Calle Amargura 6, Mairena ; d petit-déj inclus 85 € ; @). Bien connue des randonneurs, cette collection de maisons villageoises est gérée par un couple britannique, bien informé sur l'histoire, la nature et les traditions locales. Vos hôtes peuvent organiser des randonnées, des "excursions peinture", des cours de cuisine et des activités pour les enfants. Côté gîte, vous serez logé dans de vastes chambres au style traditionnel épuré, et côté

couvert, vous vous régalerez d'une cuisine utilisant des produits bio de la *finca* (ferme) des propriétaires.

Estrella de las Nieves HÔTEL RURAL €€
(☎958 76 39 81 ; www.estrelladelasnieves.com ; Calle Huerto 21, Pampaneira ; s/d 60/70 € ; P). Ouvert en 2010, cet établissement à la façade blanche est perché sur les hauteurs de Pampaneira. Ses chambres claires, spacieuses et modernes, ouvrent sur des terrasses donnant sur les toits et les montagnes. En bonus : un beau jardin, un parking et une piscine. À la sortie du village, sur l'A 4132 en direction de Lanjarón.

Costa Tropical

Les tarifs augmentent d'environ 10 € en août.

Hostal San Juan HÔTEL €
(☎958 61 17 29 ; www.hostalsanjuan.com ; Calle Jardines 1, Salobreña ; s/d 36/45 €, app 3 pers 54 € ; fermé nov-fév ; @). Dans une rue calme, un *hostal* établi de longue date, où le ravissant patio-salon verdoyant donne le ton. Les chambres – lits en fer forgé, salles de bains au carrelage rouge et blanc – peuvent pour la plupart loger des familles, tout comme les deux appartements, équipés de kitchenettes. Grande terrasse sur le toit, parfaite pour admirer le coucher du soleil. À 400 m au sud-ouest de l'office du tourisme de Salobreña.

Hotel Al Najarra HÔTEL €
(☎958 63 08 73 ; www.hotelnajarra.com ; Calle Guadix 12, Almuñécar ; d/tr 58/81 € ; @). Cet hôtel moderne, sans grand cachet, affiche néanmoins un bon rapport qualité/prix pour Almuñécar, où l'on trouve beaucoup d'adresses assez vieillottes. Les vastes chambres sont prolongées d'une terrasse ou d'un balcon dominant le jardin et la piscine (ouverte uniquement l'été) à l'arrière. À quelques rues de la plage.

PROVINCE D'ALMERÍA

Almería

Plaza Vieja Alejandro HÔTEL €€
(carte p. 270 ; ☎950 28 20 96 ; www.plazaviejahl.com ; Plaza de la Constitución 5 ; ch 80-110 € ; P). L'adresse la plus élégante d'Almería bénéficie d'un emplacement de choix, sur la charmante Plaza de la Constitución, à quelques pas des meilleurs bars à tapas de la ville. Attenantes au somptueux Hammam Aire de Almería, les chambres, contemporaines et spacieuses – belle hauteur sous plafond, décor de verre, de bois et de couleurs douces naturelles –, s'ornent d'immenses photos de sites régionaux, comme le Cabo de Gata.

Hotel Nuevo Torreluz HÔTEL €
(carte p. 270 ; ☎950 23 43 99 ; www.torreluz.es ; Plaza de las Flores 10 ; ch 54 € ; P). Idéalement situé sur une petite place au cœur du centre historique, ce 4-étoiles a fait peau neuve en 2012. Les chambres parquetées, aux tons chauds, compensent leur petite taille par de bons équipements (mini-bar, coffre-fort, sèche-cheveux, douche à haute pression) et un confort certain. La statue de John Lennon, au centre de la place, vient rappeler que l'artiste séjourna plusieurs mois à Almería, dans les années 1960. Parking 11 € la journée.

Hotel Catedral HÔTEL €€
(carte p. 270 ; ☎950 27 81 78 ; www.hotelcatedral.net ; Plaza de la Catedral 8 ; ch 70 € ; @). Jouxtant la cathédrale d'Almería, et construit avec la même pierre couleur miel, cet édifice de 1850 a été judicieusement restauré. Grandes chambres aux détails luxueux, et terrasse ensoleillée avec vue, magique, sur la cathédrale.

Nord d'Almería

Cortijo El Saltador HÔTEL RURAL €
(☎676 437128 ; www.elsaltador.com ; Rambla Honda, Lucainena de las Torres ; s/d 40/60 € ; P). En dehors du gazouillis des oiseaux, rien ne vient troubler le calme dans cette belle ferme isolée. Ici, les chambres aux murs blancs cultivent le dépouillement (pas de TV). Les hôtes ont accès à une vaste cuisine dans la maison principale. En option : excellents dîners, cours de yoga, massages et autres activités. Des sentiers de randonnée partent dans toutes les directions, dont un mène, au sommet d'une montagne, au seul endroit à la ronde où les téléphones mobiles captent.

Pour vous y rendre, suivez la direction de Lucainena de las Torres (12 km au sud-ouest de Sorbas). L'hôtel est situé à environ 1 km au sud-ouest du centre-bourg.

Hostal Montelés HÔTEL €
(☎950 36 46 35 ; Calle Calvo Sotelo 4, Sorbas ; ch 60 € ; ❄@). Une excellente base, en centre-ville, pour rayonner autour de Sorbas. Cette vieille demeure – sols carrelés, hauts plafonds et escalier majestueux – abrite 12 chambres meublées dans un style simple et moderne. Cuisine, salon et jardin (avec jacuzzi) à disposition des hôtes, accueillis par un gentil matou.

Les Alpujarras de Almería

Hotel Almirez HÔTEL RURAL €
(☎950 51 35 14 ; www.hotelalmirez.es ; Laujar de Andarax ; s/d 36/47 € ; P❄@). Où, hormis dans les Alpujarras, peut-on se voir offrir une bouteille de vin avec une chambre bon marché ? Et quoi de mieux qu'une terrasse face à la montagne pour le déguster ? Les chambres carrelées sont égayées par des dessus-de-lit bariolés, et le restaurant au rez-de-chaussée régale les convives. Sur la route Laujar-Órgiva, à l'ouest de la ville.

Costa de Almería

MiKasa HÔTEL €€
(☎950 13 80 73 ; www.mikasasuites.com ; Carretera Carboneras, Agua Amarga ; ch petit-déj inclus 55-85 € ; ❄). Que vous souhaitiez séjourner dans une villa, un appartement ou une chambre d'hôtel luxueuse, le MiKasa a ce qu'il vous faut. Seul l'hôtel, dans le centre d'Agua Amarga, est ouvert toute l'année. Il tient notamment son cachet du beau marbre rose galicien à l'allure italienne et de ses séduisantes chambres, toutes différentes : baignoire ronde pour l'une, vue sur la mer pour l'autre ou encore grande terrasse privative… Deux piscines et un bon spa, ainsi qu'un restaurant – bien que la plupart des clients optent pour le Restaurante La Villa voisin, étoilé au Michelin.

Hostal Aloha HÔTEL €
(☎950 38 04 61 ; www.hostalaloha.com ; Calle Cala Higuera, San José ; ch 55 € ; ❄). Les murs blancs, la bonne literie et les salles de bains impeccables font de l'Hostal Aloha une adresse intéressante pour les petits budgets. Ajoutez à cela une immense piscine en terrasse, à l'arrière, et vous obtenez l'une des meilleures affaires de San José. À quelques encablures de la plage ; sur la gauche de la rue principale au niveau de l'office du tourisme.

Près de l'autoroute, en face de Rodalquilar, repérez cette grande ferme entourée de jardins et d'arbres fruitiers, dont les fruits seront parfois servis au petit-déj. Les chambres se distinguent par leur élégance : combinaison des couleurs, art abstrait et détails esthétiques. Les suites sont dotées de terrasses donnant sur la vallée et de jolies salles de bains avec lucarne valent leur supplément.

El Jardín de los Sueños HÔTEL RURAL €€
(☎669 184118, 950 38 98 43 ; www.eljardindelossuenos.es ; Calle de los Riscos de las Águilas, Rodalquilar ; d/ste petit-déj inclus 96/116 € ; P❄). Près de l'autoroute, en face de Rodalquilar, une grande ferme dissimulée au cœur d'un domaine verdoyant d'environ 80 ares, agrémenté d'arbres fruitiers (dont les fruits entrent dans la composition des savoureux petits-déjeuners). Couleurs vives, art abstrait et quelques lustres s'invitent dans les chambres. Les suites s'agrémentent de terrasses donnant sur la vallée aride et les jolies salles de bains avec lucarne valent le supplément. Animaux bienvenus.

Atalaya Hotel HÔTEL €€
(☎950 38 00 85 ; www.atalayahotel.net ; Avenida de San José, San José ; ch petit-déj inclus 75 € ; ❄). En centre-ville, au-dessus d'un restaurant-bar animé, les chambres de cet hôtel donnent sur de petites terrasses. Lors de notre passage, les propriétaires s'apprêtaient à les rafraîchir dans un style marocain à coup de murs bordeaux, de lits bas et de salles de bains dans les tons gris ardoise.

MC San José HÔTEL €€
(☎950 61 11 11 ; www.hotelesmcsanjose.com ; Carretera El Faro, San José ; d petit-déj inclus 139 € ; ❄@). Au MC San José (32 chambres), vous profiterez du raffinement d'un hôtel de charme design, associé à la belle hospitalité d'une famille de la région. Restaurant chinois correct au rez-de-chaussée. En centre-ville et ouvert toute l'année.

El Mirador del Castillo HÔTEL €€
(carte p. 283 ; ☎950 47 30 22 ; www.elcastillo-mojacar.com ; El Mirador del Castillo, Mojácar ; d avec/sans sdb 80/60 € ; ❄). Ce charmant petit hôtel coiffe la colline de Mojácar. Des œuvres d'artistes de la région décorent les chambres colorées – poutres apparentes et mobilier rustique foncé. Les terrasses

privatives permettent d'accéder au jardin et à la piscine. Organisation régulière de cours de cuisine.

Hostal Arco Plaza HÔTEL €
(carte p. 283 ; ☎950 47 27 77 ; www.hostalarcoplaza.es ; Calle Aire Bajo 1, Mojácar ; s/d 40/60 € ; ❄📶). Dans le centre de Mojácar, un *hostal* aux chambres sans prétention (spacieuses salles de bains), la plupart profitant d'une belle vue sur la Plaza Nueva (parfois bruyantes en soirée) et la vallée en contrebas. Gérants sympathiques et efficaces.

Hotel Simon HÔTEL €
(carte p. 283 ; ☎950 47 87 69 ; www.hotelsimon.es ; Calle La Fuente 28, Mojácar ; s/d petit-déj inclus 35/45 € ; ❄). Le point négatif : on est ici à 10 minutes de marche, en montée, du centre du village. Pour le reste, ce petit hôtel impeccable est une bonne affaire, avec ses modestes chambres soignées (mobilier en pin, baignoire et douche) agrémentées de petites terrasses.

Hotel Río Abajo HÔTEL €
(☎950 47 89 28 ; www.rioabajomojacar.com ; Calle Río Abajo, Mojácar ; d 60 € ; P📶🏊). Niché au milieu des arbres dans une petite zone résidentielle à la lisière des Lagunas del Río Aguas, voilà l'hôtel le plus calme de Mojácar Playa. Ses 19 bungalows bleu et blanc, répartis dans le jardin luxuriant, ont un accès direct à une large plage de sable. Parfait pour les enfants.

Los Vélez

Hotel Velad Al-Abyadh HÔTEL €€
(☎950 41 51 09 ; www.hotelvelad.com ; Calle Balsa Parra 28, Vélez Blanco ; s/d petit-déj inclus 45/70 € ; P❄). Façade blanche et briques apparentes pour cet hôtel de campagne de caractère où l'artisanat traditionnel est à l'honneur, notamment dans les chambres au petit air rustique médiéval. Ambiance intimiste, magnifique vue sur la vallée. Bon restaurant sur place. À l'entrée de Vélez Blanco en arrivant de Vélez Rubio.

Comprendre l'Andalousie

Population au km²

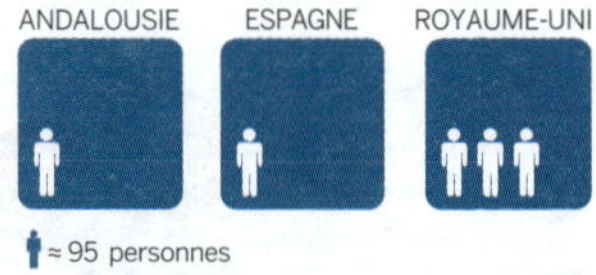

L'Andalousie aujourd'hui

Le plein essor

En 2007, l'Andalousie ne s'était jamais si bien portée. Pendant une décennie, l'essor de la construction et des prix de l'immobilier, d'importantes subventions de l'UE pour l'agriculture, et une croissance constante du tourisme avaient fait chuter le taux de chômage à 13% (35% en 1994). Les Andalous ne partaient plus ailleurs pour chercher un emploi, comme souvent dans le passé, et des milliers de migrants venaient travailler dans la région.

L'Andalousie du début du XXIe siècle était un monde différent de celui de la génération précédente. Elle avait des autoroutes, de belles galeries marchandes, Internet, des téléphones portables, des distributeurs automatiques de billets (DAB), une architecture moderne un rien tape-à-l'œil et des discothèques. Un plus grand nombre d'Andalous allaient à l'université, et ils étaient plus rares à fréquenter l'église. Les femmes avaient moins d'enfants et travaillaient davantage. Le mariage homosexuel était légal, le divorce simplifié, et la religion avait été supprimée du programme scolaire obligatoire.

» Population : 8,4 millions d'habitants (Espagne : 47,2 millions)

» Superficie : 87 268 km²

» Taux de chômage (2011): 31%

» Point culminant : le Mulhacén (3 479 m)

» Nombre d'oliviers : 80 millions

» Nombre de lynx ibériques : 200-300

La chute

En 2008, la bulle immobilière éclata, la récession mondiale frappa, le tourisme s'effondra et les constructions s'arrêtèrent. Dépendante des secteurs du tourisme et du bâtiment, et dépourvue d'industrie de pointe, l'Andalousie fut particulièrement touchée.

En 2012, le chômage est remonté à 33%, le taux le plus élevé du pays, et 58% des 16-24 ans sont sans emploi. On commence à parler d'une "génération perdue", et les Andalous quittent à nouveau la région.

Aucune embellie rapide ni facile n'est en vue. Le nouveau gouvernement national du Partido Popular (PP ; Parti populaire) conservateur, élu en novembre 2011, après 7 ans de pouvoir du Partido Socialista Obrero

À lire

» **L'Andalousie arabe, une culture de la tolérance** (Maria Rosa Menocal ; Autrement, 2003). Analyse la tolérance et le raffinement de l'Andalousie maure.

Ma ferme andalouse (Chris Stewart ; JC Lattès, 2000). Best-seller plein d'anecdotes sur la vie quotidienne dans une petite ferme des Alpujarras.

Le meilleur du flamenco

» **Gold** Sélection du grand guitariste Paco de Lucía.

» **Lágrimas Negras** Flamenco et rythmes cubains, de Diego El Cigala et Bebo Valdés.

» **Camarón 1969-1992** Chansons passionnées du légendaire El Camarón de la Isla.

Religions

(% de la population)

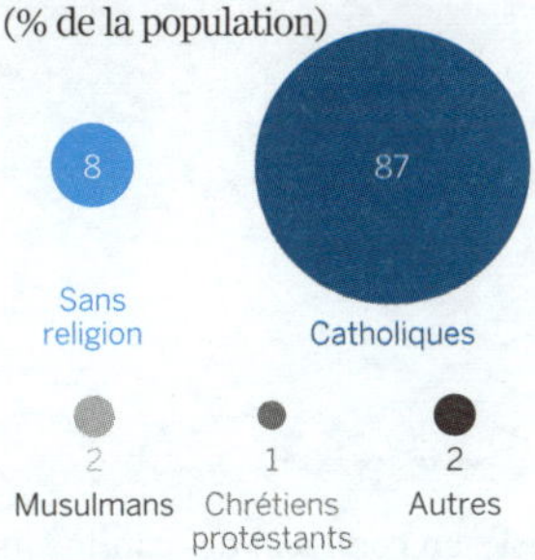

Sur 100 personnes en Andalousie

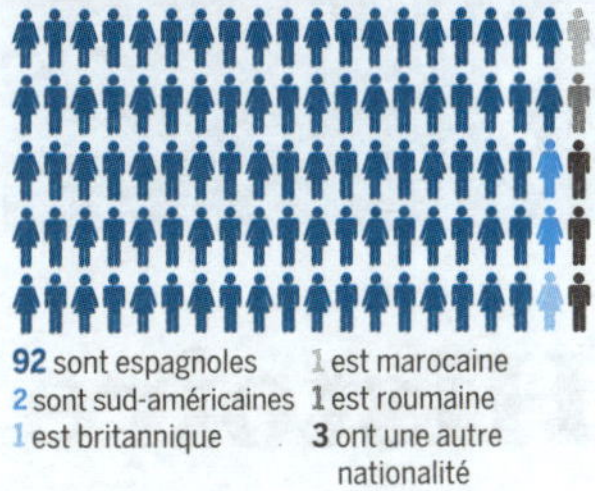

Español (PSOE ; Parti socialiste ouvrier espagnol), de centre gauche, réduit les dépenses publiques de manière drastique, afin de contenir le déficit du budget espagnol, et des secteurs aussi fondamentaux que la santé ou l'éducation ressentent la pression.

L'Alhambra de Grenade est le monument le plus visité d'Espagne, avec un record de 2,3 millions de visiteurs en 2011. Le mois de mai comptabilise le plus d'entrées (250 000), et janvier est le plus calme (100 000).

Quelques notes positives

Après une mauvaise passe en 2009 et en 2010, le tourisme montre des signes de reprise. En 2011, on a recensé 8,5 millions de touristes étrangers, plus que les deux années précédentes qui avaient enregistré à peine plus de 8 millions (mais bien loin du record des 9,8 millions de 2008). Les Andalous sont plus que jamais soucieux de satisfaire leurs visiteurs, et l'Andalousie tâche de demeurer une destination attrayante. En effet, la situation s'est améliorée ces dix dernières années : hébergements plus confortables et élégants, restaurants plus variés et créatifs, et personnel du secteur touristique et des services d'information de plus en plus professionnel. Partout, monuments, musées et quartiers historiques sont mis en valeur. Et le principal aéroport d'Andalousie, à Málaga, a été agrandi et modernisé pour gérer un trafic toujours croissant.

Enfin, les richesses naturelles de la région sont entretenues de manière efficace au sein de 90 parcs nationaux, régionaux et autres zones protégées, représentant 1/5 du territoire andalou. Les infrastructures (centres d'accueil, points d'information, cartes détaillées, sentiers balisés, gîtes ruraux et agences touristiques dynamiques) se sont considérablement améliorées. Par ailleurs, grâce à des programmes de reboisement, les paysages sont réaménagés, et même l'emblématique lynx ibérique, félin en danger d'extinction, montre des signes de retour grâce à un efficace programme d'élevage en captivité. En 2011, on estimait à quelque 200 le nombre de lynx sauvages en Espagne – soit le double par rapport à 2001 –, dont l'écrasante majorité est en Andalousie.

Traditions andalouses

» **Fiestas** Il y en a des milliers, de la fête religieuse d'une journée à la semaine entière en été. Et dans les villes, les quartiers des bars font aussi la fête le week-end.

» **Siestes** La plupart des boutiques et bureaux ferment entre 14h et 16h, voire 17h, moment pendant lequel les Andalous déjeunent. S'ils dorment ? Tout dépend de leur soirée de la veille.

Classiques romantiques

» **Contes de l'Alhambra** En 1832, ce livre de Washington Irving fit de Grenade une ville romantique.

» **Carmen** En 1874, l'opéra de Bizet prêtait aux femmes andalouses un caractère fougueux et passionné, en plus d'une beauté éclatante.

Histoire

La situation géographique de l'Andalousie, au confluent des continents et des océans, a toujours joué un rôle crucial dans sa destinée. Il y a quatre mille ans, l'Andalousie permit aux âges du cuivre et du bronze d'atteindre la péninsule Ibérique. Il y a de deux à trois mille ans de cela, ses ressources attirèrent les commerçants phéniciens et grecs, puis les empires carthaginois et romain. Plusieurs siècles durant, l'Andalousie fut l'une des régions les plus riches de l'Empire romain.

En l'an 711, les armées musulmanes d'Afrique du nord envahirent rapidement la péninsule ibérique. Au cours des quatre siècles suivants, les musulmans (ou Maures) imposèrent leur domination sur la région, conservant une forte influence durant quatre siècles encore. L'Andalousie demeura leur fief attitré, avec d'abord Cordoue (756-1031), puis Séville (env 1040-1248) et enfin Grenade (1249-1492) pour capitale politique et culturelle. Entre guerres et révoltes, l'Espagne maure, et l'Andalousie notamment, bâtit la société la plus raffinée de l'Europe médiévale.

Les royaumes chrétiens du nord de l'Espagne regagnèrent peu à peu du terrain, au fil des 800 ans que dura la Reconquista ("reconquête chrétienne" ou Reconquête). En 1492, Grenade, le dernier royaume maure, tomba aux mains des Reyes Católicos (Rois Catholiques) Isabelle de Castille et Ferdinand d'Aragon. La même année, Christophe Colomb découvrit plusieurs îles des Caraïbes lors d'une expédition financée par ces mêmes monarques, permettant à l'Espagne de conquérir de vastes portions du Nouveau Monde et d'importer d'énormes cargaisons d'argent. La ville andalouse de Séville, centre du négoce avec les Amériques, se mit à prospérer. Toutefois, les importations d'argent chutèrent brutalement au XVIIe siècle, marquant le début de trois cents ans de déclin, durant lesquels l'Andalousie et une grande partie de l'Espagne connurent une période de stagnation et de pauvreté généralisée.

CHRONOLOGIE

18000-14000 av. J.-C.

Les chasseurs-cueilleurs du paléolithique réalisent des peintures sur les parois de la Cueva de la Pileta (près de Ronda), de la Cueva de Ardales et de la Cueva de Nerja.

Vers 1000-800 av. J.-C.

Olives, vignes et ânes arrivent en Andalousie avec les commerçants phéniciens, qui établissent sur le littoral des comptoirs comme Gadir (province de Cadix) et Onuba (province de Huelva).

206 av. J.-C.

Les légions romaines infligent une défaite à l'armée carthaginoise à Ilipa, près de Séville. Itálica, première ville romaine d'Espagne, est alors fondée.

Résultat du fossé économique abyssal entre la minorité riche et la majorité pauvre, l'agitation sociale et la radicalisation politique gagnèrent le pays à la fin du XIXe et au début du XXe siècle, aboutissant finalement à la guerre civile espagnole (1936-1939), qui vit les nationalistes du général Franco l'emporter sur les républicains. Franco régna ensuite en dictateur jusqu'à sa mort en 1975, après quoi le roi Juan Carlos Ier orchestra un retour à la démocratie. S'ensuivirent trois décennies de progrès économiques. Bénéficiant de l'explosion du tourisme et des subventions de l'UE, l'Andalousie sortit enfin la tête de l'eau après trois siècles de marasme.

Les premiers temps

Le paléolithique, que l'on fait commencer il y a 2 millions d'années et qui s'achève à la fin de l'époque glaciaire, en 9000 ou 8000 av. J.-C., fut moins froid en Andalousie que dans les régions plus septentrionales. Cela permit à une population humaine relativement importante d'y vivre. L'art rupestre des grottes de la Cueva de Ardales, de la Cueva de la Pileta et de la Cueva de Nerja, entre autres, atteste de cette présence. Des fouilles récentes menées dans la grotte de Gorham à Gibraltar montrent également que les néandertaliens étaient aussi implantés dans la région.

La civilisation néolithique (ou nouvel âge de pierre), qui gagna l'Espagne vers 6000 av. J.-C., après s'être épanouie en Égypte et en Mésopotamie, apporta une foule d'innovations telles que la charrue, l'agriculture, l'élevage, la poterie, le tissage et la sédentarisation. Entre 3000 et 2000 av. J.-C., apparurent à Los Millares, près d'Almería, les premières civilisations espagnoles qui furent à l'origine des techniques de fonte et de martelage du cuivre (période chalcolithique). C'est également durant cette période, qui précède l'âge du bronze, que vit le jour la première civilisation mégalithique, avec la construction de dolmens, monuments funéraires en blocs de pierre. Les plus imposants dolmens d'Espagne se situent près d'Antequera, dans la province de Málaga.

L'autre grande avancée technologique fut la découverte du bronze, alliage de cuivre et d'étain, beaucoup plus robuste que le cuivre. Le village d'El Argar (province d'Almería) fut sans doute le premier de la péninsule à connaître l'âge du bronze, vers 1900 av. J.-C.

Andalousie préhistorique

- » Cueva de la Pileta
- » Dolmen de Menga et Dolmen de Viera
- » Los Millares
- » Orce
- » Cueva de Ardales

Commerce et invasions

L'Andalousie et ses ressources finirent par attiser la convoitise de négociants issus des sociétés plus sophistiquées installées sur le pourtour méditerranéen. Par la suite, avec l'émergence d'États impérialistes, les marchands cédèrent le pas aux envahisseurs qui souhaitaient à la fois

100 av. J.-C.-300

L'Andalousie devient l'une des régions les plus riches et les plus sophistiquées de l'Empire romain, avec Corduba (Cordoue) comme ville principale. Le christianisme est introduit au IIIe siècle.

98-138

L'Andalousie donne à Rome les empereurs Trajan (98-117) et Hadrien (117-138), originaires d'Itálica.

552

Byzance conquiert l'Andalousie. Les Wisigoths, peuple germanique chrétien qui contrôle la péninsule Ibérique, chassent les Byzantins en 622.

711

Les envahisseurs musulmans venus d'Afrique du Nord déciment l'armée wisigothe près du Río Guadalete dans la province de Cadix et dominent presque toute la péninsule Ibérique.

s'emparer des richesses locales et asseoir leur contrôle politique. Ces différentes civilisations – Phéniciens, Grecs, Carthaginois, Romains et Wisigoths – ont toutes marqué la culture et l'identité andalouses d'une empreinte indélébile.

Un fragment d'os, vieux de peut-être 1 à 2 millions d'années, découvert en 1982 près d'Orce dans la province de Grenade, pourrait bien être le plus ancien fossile humain connu en Europe. Il proviendrait du crâne d'un ancêtre de l'Homo sapiens.

Les Phéniciens, les Grecs et la civilisation de Tartessos

Aux environs de 1000 av. J.-C., une brillante civilisation s'épanouit dans l'ouest de l'Andalousie, région propice à l'agriculture et à l'élevage, et riche en métaux précieux. Celle-ci attira les marchands phéniciens qui vinrent de l'actuel Liban pour troquer parfums, ivoire, bijoux, huile, vin et étoffes contre de l'argent et du bronze. Pour pratiquer leur commerce, ils fondèrent des comptoirs notamment à Almuñécar, à Cadix et à Huelva. Au VIIe siècle av. J.-C., les Grecs vinrent également exercer un commerce de biens similaires.

Phéniciens et Grecs influencèrent la culture de l'Andalousie occidentale des VIIIe et VIIe siècles av. J.-C., connue sous le nom de civilisation de Tartessos. À la même époque, le fer supplanta le bronze. Des siècles plus tard, les auteurs grecs, romains et bibliques évoquent la richesse inouïe de Tartessos, dont personne ne sait s'il s'agissait d'une ville ou d'une région. Selon certains, c'était un comptoir proche de Huelva ; pour d'autres, Tartessos se situerait dans les marais proches de l'embouchure du Guadalquivir.

Les Phéniciens, les Grecs et la civilisation de Tartessos

- » Museo Arqueológico, Séville
- » Museo de Huelva, Huelva
- » Museo de la Ciudad, Carmona
- » Museo de Cádiz, Cadix
- » Museo Arqueológico, Almuñécar

L'Andalousie carthaginoise et romaine

Dès le VIe siècle av. J.-C., le commerce de l'ouest de la Méditerranée fut dominé par une ancienne colonie phénicienne de l'actuelle Tunisie, Carthage. Les Carthaginois durent affronter la nouvelle puissance méditerranéenne, Rome. Après avoir perdu la première guerre punique (264-241 av. J.-C.), qui avait pour enjeu le contrôle de la Sicile, Carthage conquit le sud de l'Espagne. La deuxième guerre punique (218-201 av. J.-C.) vit non seulement le général carthaginois Hannibal tenter de franchir les Alpes avec ses éléphants pour marcher sur Rome, mais aussi des légions romaines ouvrir un second front et débarquer en Espagne pour combattre Carthage. La victoire de Rome à Ilipa, près de Séville, en 206 av. J.-C., lui assura le contrôle de la péninsule Ibérique. La première cité romaine établie en Espagne, Itálica, fut peu après fondée.

L'Andalousie devint bientôt l'une des régions les plus civilisées et les plus riches de l'Empire. Rome importait des produits agricoles, des métaux, des poissons et du *garum* (condiment à base de poisson, issu de fabriques dont on peut voir les ruines à Bolonia et à Almuñécar). La

756-929

Sous la dynastie omeyyade fondée par Abd ar-Rahman Ier, l'émirat musulman de Cordoue gouverne la majeure partie de la péninsule Ibérique. Le territoire prend le nom d'Al-Andalus.

785

La Mezquita (Grande Mosquée) de Cordoue, l'une des merveilles de l'architecture musulmane, ouvre ses portes.

929-1031

Califat de Cordoue : Abd ar-Rahman III s'autoproclame calife en 929 ; Al-Andalus atteint son apogée et Cordoue devient la plus grande ville d'Europe occidentale.

1091-années 1140

Les austères souverains du Maroc, les Almoravides, s'emparent d'Al-Andalus et en font une colonie. Leur pouvoir s'effondre dans les années 1140.

péninsule Ibérique doit à Rome ses aqueducs, ses temples, ses théâtres, ses amphithéâtres, ses thermes, ainsi que ses langues principales (le castillan, le portugais, le catalan et le galicien dérivent directement du latin vulgaire parlé par les colons et les soldats romains). De nombreux juifs s'y installèrent durant l'ère romaine, comme sur tout le pourtour méditerranéen de l'Empire. Quant au christianisme, il fut introduit au IIIe siècle.

Les Wisigoths

La pression des Huns, venus d'Asie à la fin du IVe siècle, fit déplacer des populations germaniques vers l'ouest d'un Empire romain alors affaibli. L'une d'elles, les Wisigoths, qui prit Rome en 410, finit par s'emparer de la péninsule Ibérique au VIe siècle, et fit de Tolède, dans le centre de l'Espagne, sa capitale. Les Wisigoths, au nombre de 200 000, n'avaient pas de modèle culturel propre. Leur domination précaire sur les Hispano-Romains, plutôt sophistiqués, fut en outre minée par des querelles intestines. Bastion de l'Empire byzantin de 552 à 622, l'Andalousie passa ensuite sous le contrôle des Wisigoths.

Le fief de l'Espagne maure

Après la mort du prophète Mahomet en 632, les Arabes répandirent l'islam dans tout le Moyen-Orient et l'Afrique du Nord. Selon la légende, ils envahirent la péninsule Ibérique suite aux frasques du dernier roi wisigoth, Rodéric (Rodrigue). Les chroniques relatent comment Rodéric séduisit Florinda, fille de Julien, gouverneur wisigoth de Ceuta en Afrique du Nord ; et comment Julien, avide de vengeance, livra aux musulmans un plan d'invasion de l'Espagne. En réalité, les rivaux de Rodéric ne recherchaient sans doute que des alliés dans leur volonté de s'emparer du trône wisigoth.

En 711, le gouverneur musulman de Tanger, Tariq ibn Ziyad, arriva à Gibraltar avec environ 10 000 hommes, essentiellement berbères (natifs d'Afrique du Nord). L'armée de Rodéric fut décimée, sans doute près du Río Guadalete dans la province de Cadix, et lui-même se noya probablement au cours de sa fuite. Quelques années suffirent aux musulmans pour conquérir le reste de la péninsule Ibérique, hormis de petites zones montagneuses des Asturies. Ils allaient devenir la puissance dominante de la péninsule Ibérique quatre siècles durant, et rester très influents pendant encore quatre autres siècles. Entre les guerres et les rébellions, les régions mauresques de la péninsule virent se développer la société la plus raffinée de l'Europe médiévale. Le nom donné à ces territoires, Al-Andalus, survit dans le nom moderne de celle qui demeura de tous temps la terre de prédilection de la culture musulmane, l'Andalousie.

Andalousie romaine

- » Itálica
- » Baelo Claudia, Bolonia
- » Necrópolis Romana, Carmona
- » Museo Municipal, Antequera
- » Ronda la Vieja
- » Museo Minero, Minas de Riotinto
- » Museo Histórico Municipal, Écija

1160-1173

Successeurs des Almoravides au Maroc, les Almohades conquièrent Al-Andalus et font de Séville la capitale de leur royaume. Ils encouragent les arts et l'érudition.

JOERI DE ROCKER / ALAMY ©

» Torre del Oro (p. 58)

1212

Les armées des trois royaumes chrétiens du Nord – Castille, Aragon-Catalogne et Navarre – défont les Almohades lors de la bataille de Las Navas de Tolosa ; la fin pour Al-Andalus est proche.

1227-1248

Ferdinand III de Castille (El Santo, le Saint) conquiert l'ouest et le nord de l'Andalousie, et prend Séville en 1248.

L'EMPREINTE MAURE

L'époque musulmane a laissé une profonde empreinte en Andalousie, qui ne se résume pas à la seule architecture. La prédilection de cette région pour les fontaines, l'eau vive et les plantes décoratives remonte à cette période. Même s'il fut importé sous sa forme moderne par les Gitans bien après la fin de la domination musulmane, le chant flamenco comporte des éléments maures incontestables. En outre, les spécialités andalouses comptent aujourd'hui de nombreux ingrédients – ainsi que leurs noms : *arroz* (riz), *naranja* (orange) et *azúcar* (sucre) – qui furent introduits par les musulmans. D'ailleurs, certains des systèmes d'irrigation, et de cultures en terrasses, créés à cette époque demeurent encore en usage.

Les frontières du royaume d'Al-Andalus se déplacèrent continuellement, au rythme de l'avancée des chrétiens. Jusqu'au milieu du XIe siècle, les petits États chrétiens du nord de l'Espagne restèrent toutefois trop faibles pour représenter une menace sérieuse contre les musulmans.

Dans les grandes cités, les musulmans édifièrent de magnifiques palais, mosquées et jardins, créèrent des *zocos* (marchés) ainsi que des bains publics, et ouvrirent des universités. Les maîtres d'Al-Andalus accordaient cependant la liberté de culte aux juifs et aux chrétiens qui vivaient sous leurs lois. Les juifs, dans l'ensemble, prospérèrent, mais les chrétiens établis en territoire musulman devaient payer un impôt spécifique, si bien que la plupart d'entre eux se convertirent à l'islam ou se réfugièrent dans le Nord chrétien. On appelait mozarabes (*mozárabes* en espagnol) les chrétiens établis en territoire maure et *muwallads (muladíes)* ceux qui se convertirent à l'islam.

La classe dirigeante musulmane était composée de diverses factions arabes enclines aux conflits, imposait sa domination à une communauté plus importante de Berbères qui se rebellaient fréquemment. Rapidement, des mariages rapprochèrent les communautés, si bien qu'aujourd'hui, la plupart des Espagnols comptent une ascendance musulmane.

L'émirat et le califat de Cordoue

En 750, la dynastie omeyyade des califes de Damas, qui régnait sans partage sur le monde musulman, fut renversée par un groupe de révolutionnaires, les Abbassides, qui transférèrent le califat à Bagdad. Cependant, Abd ar-Rahman, un Omeyyade qui avait échappé au massacre, gagna le Maroc, puis Cordoue, où, en 756, il réussit à s'imposer en tant qu'émir indépendant. La dynastie omeyyade d'Abd

1249-1492

L'émirat de Grenade, gouverné depuis le somptueux palais de l'Alhambra par la dynastie des Nasrides, reste le dernier État musulman de la péninsule Ibérique.

Années 1250 -années 1280

Alphonse X (El Sabio, le Sage) fait de Séville l'une des capitales de Castille et lance un grand renouveau culturel.

1350-1369

Le roi Pierre 1er de Castille, dit "le Cruel", fait bâtir la plus belle section du palais sévillan de l'Alcázar. Il aurait fait assassiner une dizaine de parents et d'amis pour conserver son trône.

Janvier 1492

Après 10 ans de guerre, Grenade tombe aux mains de la Castille et de l'Aragon désormais réunifiés grâce au mariage d'Isabelle et Ferdinand, les Rois Catholiques.

ar-Rahman Ier (Abdérame Ier ; r 756-788) parvint à unifier Al-Andalus pendant deux siècles et demi.

En 929, Abd ar-Rahman III (r 912-961) s'attribua le titre de calife pour asseoir son autorité face aux Fatimides, autre dynastie musulmane qui gagnait en puissance en Afrique du Nord. Il inaugura ainsi le califat de Cordoue qui, à son apogée, couvrait les trois quarts de la péninsule Ibérique ainsi qu'une partie de l'Afrique du Nord. Cordoue devint la plus grande et la plus éblouissante cité d'Europe occidentale. L'astronomie, la médecine, les mathématiques, la philosophie, l'histoire et la botanique prospérèrent à la cour d'Abd ar-Rahman III que fréquentaient des érudits juifs, arabes et chrétiens.

Par la suite, au cours du Xe siècle, le général cordouan Al-Mansour terrorisa le Nord chrétien en lançant 50 razzias en 20 ans. En 997, il détruisit la cathédrale de Saint-Jacques-de-Compostelle, au nord-ouest de l'Espagne, où l'on célébrait le culte de Santiago Matamoros (littéralement, le tueur de Maures) – un repère sacré pour les guerriers du monde chrétien. Mais après la mort d'Al-Mansour, le califat éclata en une multitude de *taifas* (petits royaumes), à la merci de potentats locaux, souvent des généraux berbères.

Les Almoravides et les Almohades

Dans les années 1040, Séville, dans la basse vallée du Guadalquivir, devint le plus puissant *taifa* d'Andalousie. Vers 1078, sa dynastie régnante, celle des Abbassides, contrôlait la région s'étendant du sud du Portugal jusqu'en Murcie (sud-est de l'Espagne), ce qui ramena en partie paix et prospérité dans le Sud.

Entre-temps, les États chrétiens du Nord commençaient à prendre forme, devenant plus menaçants. Lorsque l'un d'eux, la Castille, s'empara de Tolède en 1085, Séville appela à la rescousse les Almoravides, une secte musulmane rigoriste de Berbères qui avait conquis le Maroc. Les Almoravides arrivèrent, vainquirent le roi de Castille, Alphonse VI, et se rendirent maîtres d'Al-Andalus, qu'ils gouvernèrent depuis Marrakech comme une colonie en persécutant juifs et chrétiens. Toutefois, les charmes d'Al-Andalus eurent raison de leur austérité : à partir de 1143, une nouvelle vague de révoltes déferla. En quelques années, la région se retrouva à nouveau morcelée en *taifas*.

Au Maroc, une nouvelle minorité musulmane stricte, les Almohades, supplanta les Almoravides, et conquit à son tour Al-Andalus, qu'elle contrôla entièrement dès 1173. Mais le territoire sur lequel régnaient les Almohades était considérablement réduit par rapport à l'Al-Andalus de la grande époque, au Xe siècle : sa frontière allait approximativement du sud de Lisbonne au nord de Valence. Les Almohades firent de Séville la capitale de leur royaume et encouragèrent les arts et l'enseignement.

Andalousie maure

- » Alhambra, Grenade
- » Mezquita, Cordoue
- » Albayzín, Grenade
- » Madinat al-Zahra, Cordoue
- » Giralda, Séville
- » Castillo de Gibralfaro, Málaga
- » Alcazaba, Almería
- » Mezquita, Almonaster la Real
- » Bobastro

Avril 1492
Les Rois Catholiques expulsent tous les juifs qui refusent le baptême chrétien. Environ 200 000 juifs sont contraints de partir vers diverses destinations méditerranéennes.

Août 1492
Financé par les Rois Catholiques, Christophe Colomb appareille de Palos de la Frontera vers les Amériques et découvre les Bahamas, après une traversée de 70 jours.

1500
Persécution des musulmans dans l'ancien émirat de Grenade. Environ 300 000 d'entre eux reçoivent le baptême.

1503
Le monopole des échanges entre l'Espagne et les Amériques revient à Séville, qui devient le centre cosmopolite du négoce mondial, sa population passant de 40 000 à 150 000 habitants en 1600.

LA ROUTE DE LA CONNAISSANCE

Al-Andalus se révéla un pourvoyeur essentiel de la culture classique grecque et romaine pour l'Europe chrétienne – préludant ainsi à son profond impact sur la Renaissance. Au cours de leurs conquêtes en Méditerranée orientale et au Moyen-Orient, les Arabes intégrèrent la philosophie d'Aristote, les mathématiques de Pythagore, l'astronomie de Ptolémée et la médecine d'Hippocrate. Al-Andalus, l'un des rares points de rencontre entre les cultures musulmane et chrétienne, permit à ce savoir de gagner l'Europe du Nord.

En 1195, le roi almohade Yousouf Yacoub Al-Mansour écrasa l'armée de Castille à Alarcos, au sud de Tolède. Ce succès eut pour effet de renforcer l'unité des royaumes chrétiens du Nord contre lui. En 1212, les armées de Castille, d'Aragon et de Navarre mirent en déroute une importante force almohade à Las Navas de Tolosa, au nord de Jaén. Quand, après 1224, un conflit successoral divisa l'État almohade, les royaumes chrétiens de Castille, du Portugal, de León et d'Aragon s'étendirent sur la péninsule Ibérique. Ferdinand III de Castille s'empara de la ville stratégique de Baeza (près de Jaén) en 1227, de Cordoue en 1236 et de Séville, après deux ans de siège, en 1248.

Les Rois Catholiques, la pieuse Isabelle et le machiavélique Ferdinand, parvinrent à unifier l'Espagne pour la première fois depuis l'époque romaine – une tâche achevée lorsque Ferdinand annexa la Navarre en 1512, huit ans après la mort d'Isabelle.

L'émirat nasride de Grenade

L'émirat de Grenade était une partie de territoire taillée dans le royaume almohade en voie de désintégration par Mohammed ibn Yousouf ibn Nasr d'où son nom d'émirat nasride. Il englobait à l'origine les provinces actuelles de Grenade, de Málaga et d'Almería. Avec une population de 300 000 âmes, il subsista 250 ans durant comme dernier État musulman de la péninsule Ibérique.

Les Nasrides, qui régnaient depuis le somptueux palais de l'Alhambra, virent les derniers flamboiements de la culture musulmane en Espagne. L'émirat atteignit son apogée au XIVe siècle, sous les règnes de Yousouf 1er et de Mohammed V, durant lesquels l'Alhambra se para de ses plus beaux atours. Deux incidents précipitèrent la chute de Grenade. L'un fut le refus qu'opposa, en 1476, l'émir Abu al-Hasan de continuer à payer un tribut à la Castille. Le second fut l'unification en 1479 de la Castille et de l'Aragon, les deux plus grands États chrétiens de la péninsule, grâce au mariage de leurs monarques, Isabelle de Castille et Ferdinand d'Aragon. Connus sous le nom de Rois Catholiques, ils lancèrent la croisade finale de la Reconquête contre Grenade en 1482.

1568-1570

La persécution des Morisques aboutit à deux années de révolte dans les Alpujarras, au sud de Grenade. Les Morisques sont finalement chassés d'Espagne par le roi Philippe III entre 1609 et 1614.

DAVID C TOMLINSON / GETTY IMAGES ©

» Statue de Philippe III

Vers 1590-1680

Séville joue un rôle majeur dans le Siglo de Oro (Siècle d'or) espagnol, avec des peintres comme Velázquez, Zurbarán et Murillo, et des sculpteurs comme Martínez Montañés.

XVIIe siècle

La richesse engendrée par le commerce avec les Amériques se tarit tandis que les cargaisons d'argent déclinent. Quelque 300 000 Andalous sont décimés par les épidémies et les famines.

À cette époque, les souverains de Grenade étaient minés par des rivalités. La situation dégénéra en guerre civile et les chrétiens en profitèrent pour attaquer l'émirat, dévastant les campagnes. Ils s'emparèrent de Málaga en 1487 et entrèrent dans Grenade le 2 janvier 1492, après 8 mois de siège.

Les termes de la capitulation s'avérèrent assez généreux pour le dernier émir, Boabdil, qui obtint les vallées des Alpujarras, au sud de Grenade, comme fief personnel. On promit aux musulmans de respecter leur religion, leur culture et leurs propriétés, mais ce serment ne fit pas long feu.

Les souverains chrétiens

À mesure que les chrétiens reconquéraient l'Andalousie au XIIIe siècle, les musulmans étaient nombreux à s'enfuir pour se réfugier à Grenade ou en Afrique du Nord. Ceux qui restaient furent appelés les Mudéjars. Les nouveaux souverains chrétiens attribuèrent de vastes terres aux nobles et aux chevaliers qui avaient joué un rôle majeur dans la Reconquête. Ces propriétaires terriens se contentèrent pour l'essentiel d'y faire paître des moutons, laissant en friche des terres autrefois productives. En 1300, la campagne de l'Andalousie chrétienne était presque vide.

La noblesse castillane, suffisamment enrichie par la production de laine sur ses immenses domaines, laissait aux juifs et aux étrangers, surtout Génois, le quasi-monopole du commerce et de la finance en Castille.

Le fils de Ferdinand III, Alphonse X (r 1252-1284), fit de Séville l'une des capitales de Castille et encouragea sa renaissance culturelle en s'entourant d'érudits, en particulier des juifs, connaissant l'arabe et le latin, capables de traduire les textes anciens en castillan.

La persécution des juifs

Au XIVe siècle, la peste noire et une série de mauvaises récoltes décimèrent la population de l'Andalousie chrétienne. Le mécontentement trouva son exutoire en la personne des juifs qui, dans les années 1390, furent victimes de pogroms un peu partout dans la péninsule. En conséquence, certains se convertirent au christianisme (on les appelait les *conversos*) ; d'autres se réfugièrent dans la Grenade musulmane. Dans les années 1480, les *conversos*, accusés de continuer à pratiquer la religion juive en secret, devinrent la cible principale de l'Inquisition créée par les Rois Catholiques.

En 1492, Isabelle et Ferdinand ordonnèrent l'expulsion de leur territoire de tous les juifs réfractaires au baptême. Environ 50 000 à 100 000 d'entre eux se convertirent, mais quelque 200 000 autres, les

Reconquête et Andalousie chrétienne

- » Alcázar, Séville
- » Capilla Real, Grenade
- » Cathédrale, Séville
- » Úbeda
- » Castillo de Guzmán, Tarifa
- » Château, Zahara de la Sierra
- » Fuente Mora, Mojácar

L'Inquisition espagnole fut créée par les Rois Catholiques en 1478. Durant ses trois siècles d'existence, ce tribunal d'exception fut sans doute responsable de près de 12 000 morts, dont 2 000 dans les années 1480.

XIXe siècle
L'Andalousie sombre dans la crise économique. Les paysans sans terre et leurs familles composent les trois quarts de la population.

1805
Bataille de Trafalgar ; la flotte franco-espagnole est battue par la flotte britannique de l'amiral Nelson.

1810-1812
Cadix résiste au siège des Français, qui occupent presque toute l'Espagne. En 1812, le Parlement de Cadix adopte la première constitution espagnole, "La Pepa".

Années 1850
Originaire d'Almería, le luthier Antonio Torres invente la guitare acoustique moderne en agrandissant les deux parties bombées de l'instrument et en plaçant le chevalet au centre de la partie inférieure.

premiers séfarades (juifs d'origine espagnole), quittèrent l'Espagne pour d'autres régions méditerranéennes. Cette classe moyenne urbaine pleine d'atouts fut ainsi littéralement écartée.

L'aventure américaine

- Lugares Colombinos, près de Huelva
- Tombeau de Christophe Colomb, cathédrale de Séville
- Archivo de Indias, Séville
- Patio de la Montería, Alcázar, Séville

Les révoltes et l'expulsion des Morisques

La tâche de convertir les musulmans de Grenade revint au cardinal Cisneros, alors maître de l'Inquisition. Il imposa des baptêmes de masse, fit brûler les ouvrages islamiques et interdit l'usage de l'arabe. S'ajoutant à des expropriations, ces mesures déclenchèrent, en 1500, une révolte dans les Alpujarras, qui se propagea à travers tout l'ancien émirat de Grenade. Après cela, les musulmans se virent obligés de se convertir au christianisme ou de quitter le pays. La plupart d'entre eux se firent baptiser. On les surnomma *Moriscos* (Morisques ou musulmans convertis). Lorsque le roi Philippe II (r 1556-1598), fervent catholique, interdit en 1567 aux Morisques d'utiliser la langue, les vêtements ou les noms arabes, une nouvelle révolte, née dans les Alpujarras, s'étendit à tout le sud de l'Andalousie durant deux ans avant d'être écrasée. Les Morisques furent ensuite déportés vers l'ouest de l'Andalousie et vers des régions espagnoles plus septentrionales. Ils furent finalement expulsés d'Espagne par Philippe III entre 1609 et 1614.

Séville et les Amériques : prospérité et déclin

En avril 1492, les Rois Catholiques accordèrent au navigateur génois Christophe Colomb (Cristóbal Colón) les fonds nécessaires pour entreprendre le voyage qui consistait à traverser l'Atlantique afin de découvrir une nouvelle route commerciale vers l'Orient. Au lieu de quoi, Colomb découvrit les Amériques, ce qui ouvrit de nouvelles perspectives à l'Espagne et plus particulièrement au port fluvial de Séville.

Sous le règne de Charles Quint (1516-1556), premier représentant de la dynastie des Habsbourg en Espagne, les impitoyables mais brillants conquistadors Hernán Cortés et Francisco Pizarro soumirent les empires aztèque et inca avec l'aide d'une petite bande d'aventuriers, tandis que d'autres conquérants et colonisateurs espagnols occupèrent de vastes étendues du continent américain. Les nouvelles colonies envoyèrent d'énormes cargaisons d'argent, d'or et d'autres trésors vers l'Espagne, dont la Couronne prélevait un cinquième (le *quinto real*, ou cinquième royal).

L'épique bataille navale de Trafalgar (1805) tire son nom d'un petit promontoire situé dans la ville de Los Caños de Meca. Une plaque commémorant la mort des victimes de cette bataille y fut apposée à l'occasion du bicentenaire, en 2005.

Séville devint le grand centre du commerce mondial et un creuset cosmopolite. Elle resta la principale cité d'Espagne jusqu'à la fin du XVIIe siècle, même si Madrid, ville encore modeste, fut érigée au rang de capitale en 1561. Les retombées de la prospérité se firent sentir à Cadix et, dans une moindre mesure, dans des villes telles que Jaén, Cordoue et Grenade.

1873
Pendant la Première République, de nombreuses villes se proclament États indépendants. Séville et sa voisine Utrera se déclarent même la guerre.

1891-1919
Les ouvriers agricoles andalous, appauvris, déclenchent des vagues de grèves anarchistes. La CNT, syndicat anarchiste fondé à Séville en 1910, compte 93 000 membres en Andalousie en 1919.

1923-1930
Dictature de Miguel Primo de Rivera, général de Jérez de la Frontera. Il est destitué par le roi Alphonse XIII en 1930.

1931-1936
Proclamation de la Seconde République : le roi part en exil. Cette période est marquée par des troubles politiques de plus en plus violents.

LA PEPA

Cadix, qui soutint le siège de 1810 à 1812, fut l'une des rares villes à résister aux forces françaises occupant l'Espagne durant les guerres napoléoniennes. Au cours de ces deux années, les Cortes (Parlement espagnol) se réunirent à Cadix et proclamèrent la Constitución de Cádiz, première constitution de l'histoire espagnole, le 19 mars 1812. Très libérale pour l'époque, elle décrétait notamment le suffrage universel pour les hommes, une monarchie constitutionnelle et la liberté de la presse. Aboli par le roi Ferdinand VII lors de sa restauration en 1814, cet éphémère document demeura néanmoins une référence pour les progressistes espagnols et fut célébré en fanfare lors de son bicentenaire en 2012.

Les Espagnols surnomment la constitution de Cadix "La Pepa", car elle fut promulguée un 19 mars, soit le Día de San José (la Saint-Joseph). Vous ne voyez pas le rapport ? En Espagne, le surnom de José est Pepe. *Constitución* étant de genre féminin, la constitution de Cadix fut donc affublée de la version féminine de Pepe – autrement dit La Pepa.

Il n'existait aucun plan d'action pour absorber cette nouvelle richesse américaine et faire face à l'inflation qu'elle provoquait. Le pays gaspilla sa fortune dans une série de guerres européennes, perdant ainsi toute chance de développer sa puissance industrielle, encore embryonnaire. Avec ses terres agricoles consacrées à l'élevage, le pays se trouvait obligé d'importer son grain.

Au XVIIe siècle, plusieurs cargaisons d'argent venant d'Amérique disparurent dans des naufrages. Le Bas-Guadalquivir, lien vital entre Séville et l'Atlantique, s'envasa progressivement. En 1717, le contrôle du commerce avec les Amériques fut transféré au port maritime de Cadix, qui connut son âge d'or au XVIIIe siècle.

Depuis toujours, l'Andalousie est un haut lieu de la corrida. La première école tauromachique officielle d'Espagne, l'Escuela de Tauromaquia de Sevilla, fut créée à Séville par le roi Ferdinand VII dans les années 1830.

Le profond déclin du XIXe siècle

Le XVIIIe siècle vit quelques avancées économiques en Andalousie, telles que la construction d'une route reliant Madrid à Séville et Cadix, l'ouverture de nouvelles terres à la culture du blé et de l'orge, ainsi que l'arrivée d'immigrants venus du reste de l'Espagne, permettant à l'Andalousie de compter environ 1,8 million d'habitants en 1787. En revanche, la perte des colonies américaines au début du XIXe siècle s'avéra catastrophique pour le port florissant de Cadix, totalement dépendant de ces échanges. Tout au long du XIXe siècle, l'Andalousie déclina au point de devenir l'une des régions les plus pauvres et divisées d'Europe.

Conformément aux lois de désamortissement de 1836 et 1855, les terres de l'Église et des communes furent mises aux enchères pour

17 juillet 1936
Début de la guerre civile. Un complot est fomenté par cinq généraux "nationalistes" dont Francisco Franco.

1936-1937
L'ouest de l'Andalousie tombe dès le début de la guerre aux mains des nationalistes, qui prennent aussi Málaga. Des massacres sont perpétrés par les camps nationaliste et républicain.

1936-1939
Guerre civile. Victoire des nationalistes. Environ 350 000 Espagnols trouvent la mort.

1939-1975
Dictature de Franco : ses opposants continuent d'être tués ou emprisonnés après la guerre civile ; aucune opposition politique n'est tolérée et l'église catholique obtient un statut privilégié.

tenter de résorber la dette nationale. Un désastre pour les paysans, qui se virent privés des pâtures communales. Sa société se partageait entre deux extrêmes : d'un côté, les nobles propriétaires et la bourgeoisie ; de l'autre, un très grand nombre de gens pauvres appelés *jornaleros* – ouvriers agricoles journaliers qui ne travaillaient même pas la moitié de l'année. L'analphabétisme, la maladie et la disette étaient monnaie courante.

Les paysans andalous déclenchèrent des émeutes, chaque fois sauvagement réprimées. Les idées de l'anarchiste russe Mikhaïl Bakounine firent de nombreux adeptes. Bakounine prônait les grèves et le sabotage pour provoquer une révolution spontanée, laquelle donnerait naissance à une société libre dans laquelle des groupes populaires autonomes coopéreraient de leur plein gré. C'est à Séville que le puissant syndicat anarchiste, la Confederación Nacional del Trabajo (CNT ; Confédération nationale du travail), fut fondé en 1910.

La guerre civile

La division de la société et de la scène politique andalouses finit par se refléter dans le pays tout entier. À mesure que le XIXe siècle avançait, une implosion de grande ampleur semblait de plus en plus inéluctable.

Selon la plupart des estimations, la guerre civile coûta la vie à environ 350 000 Espagnols, même si certains parlent de quelque 500 000 morts.

Le prélude : dictature et république

En 1923, un général excentrique de Jérez de la Frontera, Miguel Primo de Rivera, établit une dictature militaire modérée, qui obtint la coopération du grand syndicat socialiste, l'Unión General de Trabajadores (UGT ; Union générale des ouvriers). Primo fut destitué en 1930 suite à des revers économiques et au mécontentement de l'armée. Après l'écrasante victoire du mouvement républicain aux élections municipales d'avril 1931, le roi Alphonse XIII partit en exil en Italie.

La Seconde République qui s'ensuivit (1931-1936) marqua une période tumultueuse d'opposition croissante entre la gauche et la droite. Les élections de 1931 portèrent au pouvoir une coalition de socialistes, de centristes et de républicains, mais les élections suivantes, en 1933, furent remportées par la droite. En 1934, une spirale de violence incontrôlable s'empara du pays tandis que la gauche, notamment la force communiste émergente, appelait de plus en plus à la révolution. Lors des élections de février 1936, une coalition de gauche battit de peu le Front national de droite. Cependant, les violences persistèrent d'un bout à l'autre du spectre politique. La CNT, anarchiste, comptait désormais un million de membres et les paysans étaient au bord de la révolution.

Lorsque la révolte éclata, le 17 juillet 1936, elle survint à l'autre extrême de l'échiquier politique. Ce jour-là, la garnison espagnole de Melilla, en Afrique du Nord, se souleva contre le gouvernement de

Années 1950 et 1960

Quelque 1,5 million d'Andalous quittent la région pour aller chercher du travail ailleurs en Espagne ou en Europe. Arrivée du tourisme de masse sur la Costa del Sol.

1975-1978

Après la mort de Franco, transition vers la démocratie. La Constitution de 1978 fait de l'Espagne une monarchie parlementaire sans religion d'État.

BETTMANN / CORBIS ©

» Général Francisco Franco

1982-1996

Le sévillan Felipe González exerce la fonction de Premier ministre pendant 14 ans. Il préside au boom économique de l'Espagne après son entrée dans l'UE en 1986.

LES DUCS ET DUCHESSES DE MEDINA SIDONIA

Jamais famille aristocratique ne posséda autant de terres en Espagne que celle dont les origines remontent à la Reconquête et à Alonso Pérez de Guzmán (1256-1309), qui fit preuve d'un héroïsme légendaire en défendant Tarifa en 1294. Guzmán et ses descendants acquirent de vastes terres dans l'ouest de l'Andalousie, et Juan Alonso de Guzmán se vit attribuer le titre de Duque de Medina Sidonia en 1445. Au début du XVIe siècle, on pouvait traverser les actuelles provinces de Huelva, Séville et Cadix sans quitter le domaine de Medina Sidonia.

En 1588, le septième Duque de Medina Sidonia, bien que dépourvu d'expérience dans le domaine naval, fut choisi par Philippe II pour commander l'Armada espagnole qui allait envahir l'Angleterre. Contrairement à la légende, le duc n'était ni incompétent ni lâche et l'on attribue aujourd'hui la terrible défaite de l'Armada à la mauvaise stratégie ordonnée par le roi. L'épouse du quinzième duc, María, duchesse d'Albe, aurait eu une liaison avec Francisco de Goya. On prétend généralement qu'elle servit de modèle pour *La Maja Desnuda* (*La Maja nue*).

Toutefois, peu de membres de cette longue lignée n'eurent une vie aussi haute en couleur que la vingt et unième duchesse de Medina Sidonia, Luisa Isabel Álvarez de Toledo, décédée en 2008. Surnommée "la duchesse rouge", Doña Luisa fut une républicaine engagée, qui passa plusieurs mois en prison et dut s'exiler sous la dictature de Franco. Elle céda la plupart des terres de Medina Sidonia à des coopératives agricoles et se brouilla avec ses trois enfants. À la faveur de la récente loi espagnole autorisant le mariage entre personnes du même sexe, elle épousa sur son lit de mort Liliana Dahlmann, sa compagne de longue date et administratrice des immenses archives familiales conservées à Sanlúcar de Barrameda.

gauche, suivie le lendemain par d'autres garnisons sur le continent. Cinq généraux dirigeaient le complot. La guerre civile venait de commencer.

La guerre

La guerre civile espagnole scinda le pays en deux camps. Au cours des premières semaines, d'atroces massacres et représailles furent commis de part et d'autre. Les rebelles, qui s'étaient baptisés eux-mêmes nationalistes, fusillèrent ou pendirent des dizaines de milliers de partisans de la république. Les républicains agirent de même à l'égard de ceux qu'ils soupçonnaient être des sympathisants nationalistes, allant jusqu'à tuer 7 000 religieux.

Dans les régions contrôlées par les républicains, de nombreuses villes tombèrent aux mains des anarchistes, des communistes ou des socialistes. Une révolution sociale s'ensuivit. En Andalousie, les anarchistes s'imposèrent, abolissant la propriété privée, incendiant

1982

Le système espagnol d'autonomie régionale donne à l'Andalousie un parlement régional. Dix années de gouvernance nationale et régionale aboutissent à une réduction de la pauvreté.

1992

Expo '92 à Séville ; inauguration de la ligne Madrid-Séville du train à grande vitesse AVE (Alta Velocidad Española). Amélioration du réseau routier andalou.

1996-2004

L'Espagne est gouvernée par le PP (Partido Popular), parti de centre droit. Boom de la construction, du tourisme, et croissance industrielle.

2000-2010

Des milliers d'immigrés arrivent en Andalousie pour trouver un emploi. La population immigrée en Espagne atteint le chiffre record de 700 000.

églises et couvents. De vastes domaines furent occupés par les paysans et une centaine de communes agraires virent le jour. Entre-temps, la rébellion nationaliste prit l'accent d'une croisade contre les ennemis de Dieu.

La ligne de front s'établit rapidement. Les villes dont les garnisons soutenaient les rebelles (ce qui était fréquent) tombèrent souvent dans l'escarcelle nationaliste. Ce fut le cas de Cadix, de Cordoue et de Jerez, puis de Séville et de Grenade. Selon les estimations, les nationalistes exécutèrent 4 000 personnes dans Grenade et ses environs au nombre desquelles se trouvait Federico García Lorca. Les régions sous contrôle républicain s'illustrèrent elles aussi par le nombre des exécutions. On estime que 2 500 personnes furent massacrées dans Málaga, tenue par les anarchistes. Mais la ville tomba aux mains des troupes nationalistes et de leurs alliés italiens en février 1937 ; ils se vengèrent en exécutant des milliers de personnes. L'est de l'Andalousie demeura en grande partie républicain jusqu'à la fin de la guerre.

Au terme de l'année 1936, le général Francisco Franco devint le leader des nationalistes et s'autoproclama Generalísimo (Généralissime). Le rapport de forces tourna à l'avantage des nationalistes qui reçurent des armes, des avions et des troupes fortes de 92 000 hommes de la part de l'Allemagne nazie et de l'Italie fasciste. Les républicains bénéficiaient d'un certain soutien soviétique (avions, chars, artillerie et conseillers), et de celui de quelque 25 000 Français et de nombreux étrangers des brigades internationales qui combattirent à leurs côtés.

À la fin de 1936, le gouvernement républicain fut transféré de Madrid, assiégée, à Valence, puis à Barcelone en 1937. En 1938, Franco lança un mouvement vers l'est et réussit à isoler Barcelone. L'URSS se retira du conflit. Les nationalistes s'emparèrent de Barcelone en janvier 1939, et de Madrid, en mars. Franco déclara la guerre terminée le 1er avril 1939.

L'Espagne de Franco

Après la guerre civile, en fait de réconciliation, le pays connut un nouveau bain de sang. Cent mille personnes estime-t-on furent assassinées ou trouvèrent la mort dans les prisons du pays. Franco exerçait un pouvoir absolu, en tant que chef des armées et chef du parti unique, le Movimiento Nacional. Des garnisons militaires étaient maintenues à la porte de chaque grande ville, le droit de grève supprimé, le divorce interdit, et les mariages à l'église obligatoires.

L'Espagne demeura à l'écart de la Seconde Guerre mondiale mais subit le boycott commercial de l'ONU, contribuant à transformer la fin des années 1940 en *años de hambre* (années de faim), particulièrement dans les régions pauvres comme l'Andalousie où les paysans subsistaient parfois en concoctant de la soupe aux herbes sauvages.

2003

Le Museo Picasso ouvre ses portes. Málaga rejoint Barcelone, Paris et New York parmi les villes possédant des collections majeures de Pablo Picasso, né à Málaga en 1881.

2004

Le PSOE remporte les élections nationales et les élections régionales en Andalousie, quelques jours après les attentats de Madrid perpétrés par des islamistes.

2008

Un nombre record de 9,76 millions de touristes visitent l'Andalousie, soit plus d'un visiteur par habitant. Ils dépensent en moyenne 706 € chacun.

2008-2012

L'Andalousie, dont l'économie dépend du tourisme et de la construction, est frappée par l'endettement et la récession mondiale ; le chômage bondit de 14 à 31%, le taux le plus élevé d'Espagne.

En Andalousie, le tourisme de masse étranger connut un essor rapide sur la Costa del Sol à la fin des années 1950. Toutefois, 1,5 million de personnes affamées durent quitter la région dans les années 1950 et 1960 pour chercher du travail à Madrid, dans le nord de l'Espagne et à l'étranger. Dans les années 1970, de nombreux villages andalous manquaient encore d'eau, d'électricité et de routes goudronnées. Le système éducatif était inadapté et aujourd'hui encore, certains Andalous d'un certain âge sont illettrés, en particulier dans les zones rurales.

La nouvelle démocratie

Franco avait organisé sa succession et choisi de la confier à la famille royale. Le prince Juan Carlos, petit-fils d'Alphonse XIII, monta sur le trône en 1975, à l'âge de 37 ans, deux jours après la mort du Caudillo. Il a été, avec son Premier ministre Adolfo Suárez, le grand artisan de l'évolution démocratique qui succéda au franquisme. Après l'introduction d'un nouveau système parlementaire bicaméral, les partis politiques, les syndicats et le droit de grève furent légalisés en 1977. Le pays connut une vague de libéralisation : la contraception, l'homosexualité, l'adultère et le divorce furent dépénalisés et une vague d'hédonisme déferla sur l'Espagne.

En 1982, l'Espagne rompit de façon définitive avec son passé franquiste en portant au pouvoir le Partido Socialista Obrero Español (PSOE ; Parti socialiste ouvrier espagnol) de centre gauche. Felipe González, jeune avocat originaire de Séville, resta Premier ministre pendant 14 ans. On améliora l'éducation et on mit au point un système de santé publique. En 1986, l'Espagne entra dans l'Union européenne, ce qui favorisa un boom économique.

Le PSOE a aussi dirigé le gouvernement régional andalou à Séville depuis son inauguration en 1982. Le gouvernement a amélioré la condition des plus pauvres en Andalousie dans les années 1980 et au début des années 1990 grâce à des subventions, une politique d'emplois ruraux et un système d'indemnités de chômage relativement plus généreux. Le gouvernement a en outre pourvu l'Andalousie du plus vaste réseau de zones protégées en Espagne.

Le PSOE a perdu les élections nationales de 1996 au profit du Partido Popular (PP ; Parti populaire) de centre droit, qui a assuré au pays une période de croissance économique de plus de huit ans. L'Andalousie a profité de la croissance régulière du tourisme et de l'industrie, d'importantes subventions de l'UE pour l'agriculture et d'un boom prolongé de la construction. Son taux de chômage, divisé par deux pendant le mandat du Parti populaire, a atteint 16% (restant le plus élevé d'Espagne).

Architecture

Les multiples cultures à travers les âges ont laissé leur empreinte dans la région, notamment un fabuleux héritage architectural : le palais-forteresse de l'Alhambra à Grenade, la Mezquita (Grande Mosquée) de Cordoue, les superbes églises chrétiennes telle la Capilla Real de Grenade, ou encore les édifices aux couleurs éclatantes du XXe siècle n'en sont que les exemples les plus connus. Mais les autres édifices, d'aspect moins monumental, sont tout aussi envoûtants. C'est le cas des petits villages, aux maisons blanches, perchés dans les montagnes avec leur dédale de ruelles, des patios dissimulés derrière les façades des demeures citadines, des jardins enchanteurs, emplis de parfums, où l'on entend le murmure des fontaines, et des châteaux qui servaient de places fortes et coiffent presque toutes les collines.

L'empreinte de l'islam

Les siècles de domination musulmane (711-1492) ont laissé en héritage de magnifiques palais, mosquées, minarets et forteresses à l'Andalousie, région qui fut le cœur d'Al-Andalus (nom donné aux territoires de la péninsule Ibérique sous domination islamique). Ces constructions confèrent à l'Andalousie un caractère unique en Europe et font sa gloire architecturale.

Toutefois, l'héritage de la période musulmane ne se résume pas à quelques édifices monumentaux : après la Reconquista (reconquête chrétienne de la région ; 718-1492), nombre de bâtiments mauresques furent reconvertis pour un usage chrétien. Ainsi, beaucoup d'églises andalouses actuelles sont d'anciennes mosquées (la plus célèbre étant celle de Cordoue) et nombre de clochers étaient à l'origine des minarets. Quant au dédale de ruelles du centre historique des villes – dont le quartier de l'Albaicín à Grenade est un exemple illustre –, il conserve le plan labyrinthique des villes de la période musulmane.

Forteresses maures

- » Alcazaba, Almería
- » Torre del Oro, Séville
- » Alcazaba, Antequera
- » Alhambra, Grenade
- » Castillo de Gibralfaro, Málaga
- » Castillo de los Guzmán, Tarifa

Les Omeyyades

L'histoire de l'union entre l'architecture musulmane et le sol andalou remonte au VIIIe siècle, avec les Omeyyades. L'islam, fondé au VIIe siècle par le prophète Mahomet dans la cité arabe de La Mecque, atteignit l'Espagne en 711. En 750, la dynastie de califes omeyyades, qui gouvernait le monde musulman depuis Damas, fut renversée par un groupe de révolutionnaires, les Abbassides, qui transférèrent la capitale du califat à Bagdad. Un Omeyyade très influent, Abu'l-Mutarrif Abd ar-Rahman ibn Mu'awiya, parvint à s'échapper. Âgé de 20 ans seulement, il se réfugia au Maroc puis en Espagne. En 756, il se proclama émir indépendant à Cordoue sous le nom d'Abd ar-Rahman Ier, instaurant ainsi dans cette ville une dynastie qui perdura jusqu'en 1009, et établit le territoire d'Al-Andalus à l'extrémité occidentale du monde musulman, dernier poste avancé de la civilisation omeyyade.

L'ARC EN FER À CHEVAL

Les Wisigoths, qui eurent la malchance de succéder au tout-puissant Empire romain, sont généralement une civilisation largement oubliée. Toutefois, ces souverains du temps passé, jadis à la tête d'un empire plus vaste que le califat de Cordoue, ont laissé derrière eux un legs indélébile : l'arc en fer à cheval. Ainsi appelés en raison de leur forme (une rupture par rapport à l'arc semi-circulaire), ces arcs stylisés furent reconnus et adaptés par les Omeyyades, qui les découvrirent dans les églises wisigothes, notamment à Cordoue. Si la Mezquita abrite les meilleurs exemples de ces premiers arcs outrepassés, le style perdura au point de devenir la signature de l'architecture hispano-mauresque, transmise aux architectes almoravides, almohades, nasrides et mudéjars employés par les chrétiens.

Mezquita de Cordoue

Le plus ancien des monuments d'exception de l'Espagne musulmane est sans doute aussi le plus beau, et celui qui eut la plus grande influence. Édifiée par Abd ar-Rahman Ier en 785, la Grande Mosquée de Cordoue connut ensuite d'importantes extensions : sous Abd ar-Rahman II dans la première moitié du IXe siècle, sous Al-Hakim II dans les années 960, et sous Al-Mansour dans les années 970.

La mosquée d'origine occupait un espace carré subdivisé en deux rectangles : une salle de prière couverte et une cour ouverte où les fidèles faisaient leurs ablutions. La salle de prière de la mosquée se distinguait de la verticalité des grandes réalisations antérieures de l'architecture mauresque, tels la Grande Mosquée de Damas, l'un des superbes édifices omeyyades de la Syrie du VIIIe siècle, et le dôme du Rocher à Jérusalem. Son large espace horizontal rappelait au contraire les cours des maisons du désert qui furent les premiers lieux de prière musulmans. Elle conserve en revanche le plan "basilical" inspiré des églises paléochrétiennes du Moyen-Orient, avec sa nef centrale plus large que les autres. Cette nef mène au *mihrab*, la niche qui indique la direction de La Mecque, axe essentiel dans le plan d'une mosquée.

Des agrandissements postérieurs multiplièrent les rangées d'arches qui finirent par couvrir près de 120 m², faisant de la Mezquita l'une des plus vastes mosquées au monde. Au gré des angles et de la lumière, ces arcades offrent une infinité de perspectives et de points de vue changeant en permanence.

L'agrandissement le plus important fut celui commandé par Al-Hakim II, dans les années 960, et c'est à cette époque qu'elle devint le monument emblématique de la splendide architecture hispano-mauresque de la période dite califale. Al-Hakim II fit créer un nouveau mihrab magnifique, orné de splendides mosaïques byzantines dont les motifs imitaient ceux de la Grande Mosquée de Damas. En face de ce mihrab, il fit ajouter une nouvelle enceinte royale consacrée à la prière, la *maqsura*. L'entrelacs d'arcades et de dômes richement ornés de la *maqsura* témoignait d'une technicité bien plus avancée que celle des bâtiments de l'Europe d'alors. La *maqsura* forme ainsi le second axe de l'édifice, une travée qui longe le mur où est aménagé le mihrab – appelé mur *qibla* car il indique lui aussi la *qibla*, la direction de La Mecque. Cet axe transversal, à angle droit avec la nef centrale, dessine un plan en T, caractéristique de nombreuses mosquées. Dans sa version "finale" du Xe siècle, le toit de la mosquée reposait sur 1 293 colonnes.

Quoique fortement associée à l'Andalousie, l'architecture mudéjare est née en Castille et en Aragon au cours des XIIe et XIIIe siècles. En Andalousie, les plus remarquables édifices du genre se trouvent à Séville.

Les Almoravides et les Almohades

Le règne des Almoravides, des Berbères venus du Maroc entre la fin du XIe siècle et le milieu du XIIe siècle, ne laissa guère de constructions remarquables en Espagne. Seconde vague de Berbères à conquérir Al-Andalus, les Almohades édifièrent d'immenses mosquées dans les grandes cités de leur empire, en particulier à Séville. Leur architecture se caractérise par la simplification et l'épuration des volumes, ainsi que par de vastes salles de prière bâties conformément au plan en T de la mosquée de Cordoue.

Toutefois, les Almohades introduisirent d'importantes innovations sur le plan décoratif. Des coupoles ou des *muqarnas* (voûtes à "stalactites" ou en "rayon de miel", composées de centaines, voire de milliers, de minuscules alvéoles) en stuc surmontaient les travées à la jonction des nefs et du transept *qibla*. De grands panneaux de briques dessinaient des réseaux losangés sur les murs. Les hauts minarets carrés richement décorés étaient un autre élément caractéristique de l'architecture almohade.

La petite mosquée (Xe siècle) d'Almonaster la Real, dans la province de Huelva, évoque en version miniature la mosquée de Cordoue, avec ses rangées d'arcades délimitant cinq nefs. Celle du centre mène à un mihrab semi-circulaire.

La cathédrale de Séville, grande mosquée de la ville à l'époque musulmane, est le fleuron de l'architecture almohade. La Giralda, le minaret de la mosquée, est ornée de superbes panneaux en briques, qui en font le plus beau monument almohade d'Espagne. La salle de prière fut détruite au XVe siècle pour céder la place à la cathédrale. Du bâtiment d'origine subsistent tout de même la cour aux ablutions, le Patio de los Naranjos, et la porte nord, la superbe Puerta del Perdón.

Avec la défense militaire pour préoccupation majeure, en raison de l'avancée des chrétiens au nord, les Almohades se lancèrent dans une construction frénétique de forteresses au XIIe siècle et au début du XIIIe siècle. Cordoue, Séville et Jerez de la Frontera figuraient parmi ces cités fortifiées. La première contribution almohade à Séville – outre sa mosquée – fut la Torre del Oro (toujours debout), sentinelle dressée au-dessus du fleuve. L'Alcázar de Jerez fait partie des autres survivants ; cet édifice en briques, élevé et austère, est bâti sur un surprenant plan octogonal inscrit dans un carré ; à l'intérieur de ses murs, l'ancienne mosquée almohade fut transformée en église, son minaret devenant un clocher. Au nombre des créations almohades moins connues, citons le Castillo de los Guzmán à Tarifa et les murailles de la ville historique de Niebla, dans la province de Huelva.

Les Nasrides

L'émirat nasride de Grenade, baptisé d'après son fondateur, Mohammed ibn Yousouf ibn Nasr, fut le dernier bastion musulman de la péninsule

MEDINA AZAHARA

Joyau du califat de Cordoue, la Medina Azahara s'avéra une réalisation architecturale aussi extravagante qu'éphémère. Projet chéri d'Abd ar-Rahman III, sa "cité resplendissante" fut bâtie de toutes pièces en l'an 936, à 5 km à l'ouest de Cordoue, pour devenir la nouvelle capitale du califat. Baptisée Medina Azahara, en hommage à Az-Zahra, l'épouse favorite du calife, cette cité devait permettre d'établir le palais royal et le siège du gouvernement à l'écart de l'agitation de la ville, comme l'avaient fait les Abbassides avec la cité royale de Samara, au nord de Bagdad. L'architecte en chef de Medina Azahara fut Al-Hakim II, le fils d'Abd ar-Rahman III, qui allait faire de la Mezquita de Cordoue un véritable joyau. À la différence des palais moyen-orientaux, dont la salle de réception typique est un *iwan* (porche voûté ouvrant sur une cour), celles de Medina Azahara adoptaient un plan "basilical", chacune comportant au moins trois nefs parallèles, comme dans les mosquées. Bien que ravagée lors de l'effondrement du califat de Cordoue, soit moins d'un siècle après sa construction, la médina était incontestablement – à en juger par ses imposants arcs en fer à cheval, ses fines sculptures en stuc et ses immenses jardins – un lieu spacieux et luxueux.

Ibérique. Il résista encore durant deux siècles et demi (1249-1492) après la reconquête du reste de l'Espagne par les chrétiens. Les émirs nasrides dépensèrent sans compter pour bâtir leur résidence, un palais qui a tout d'une véritable cité.

L'ALHAMBRA

La magnifique citadelle de Grenade, l'Alhambra (de l'arabe Al-Hamra, "la rouge"), doit son nom à la couleur de ses murailles. Elle est le seul ensemble palatial du monde musulman médiéval qui nous soit parvenu intact. Ce n'était pas seulement une cité palatiale dans la tradition de la Medina Azahara, mais aussi une forteresse pourvue de 2 km de remparts, de 23 tours, et d'une forteresse dans la forteresse, l'Alcazaba. Dans l'enceinte de ses murailles, l'Alhambra abritait sept palais distincts, des mosquées, des casernes, des logis, des bureaux, des bains, une résidence d'été (le Generalife), ainsi que de splendides jardins.

Un art unique alliant la nature à l'architecture a présidé à la conception de l'Alhambra. Les architectes ont utilisé avec talent les bassins et les cours d'eaux, les arbres et les bosquets, les parterres de fleurs, les paysages et les encadrements de fenêtres, les points de vue judicieusement placés. Ils ont joué avec les contrastes d'ombre et de lumière, de chaleur et de fraîcheur. L'harmonie conjuguée des fontaines, des bassins et des jardins avec les salles de réception à coupoles atteint un haut degré de perfection. Pour conserver à l'Alhambra son rôle de palais d'agrément, nombre de ses tours défensives servaient aussi de palais d'été miniatures.

La décoration de l'Alhambra repose sur des jeux d'arcs aux formes et aux ornementations très variées. Les architectes nasrides firent preuve d'un raffinement suprême lorsqu'ils utilisèrent les techniques décoratives existantes, qu'ils portèrent là à un paroxysme d'élégance et d'harmonie. Stuc sculpté, panneaux de marbre, marqueterie, bois ouvragé, épigraphes et azulejos se retrouvent employés dans tout l'ensemble architectural.

L'apogée de la splendeur de Grenade correspond aux règnes des émirs Yousouf Ier (1333-1354) et Mohammed V (1354-1359 et 1362-1391). Chacun commanda la construction de l'un des deux palais principaux de l'Alhambra. On doit au premier le Palacio de Comares, dont le Salón de Comares abrite un plafond en marqueterie (comportant plus de 8 000 pièces) illustrant les sept paradis musulmans et couronné par une coupole représentant le trône d'Allah. Le Palacio de los Leones (palais des Lions), qui est à mettre au crédit de Mohammed V, s'organise autour du fameux Patio de los Leones (cour des Lions), entouré d'une galerie à colonnes et de pavillons, au milieu duquel trône une fontaine supportée par douze statues de lions de la bouche desquels jaillit l'eau. Dans ce palais, la Sala de las Dos Hermanas (salle des Deux Sœurs) présente une fantastique coupole à *muqarnas* composée de 5 000 alvéoles minuscules rappelant les constellations.

L'empreinte romaine

- » Itálica
- » Baelo Claudia
- » Calzada Romana (voie romaine), Benaocaz-Ubrique
- » Puente Romano, Cordoue
- » Amphithéâtre romain, Málaga
- » Teatro Romano, Cadix

Architecture mudéjare et mozarabe

Si les musulmans ont fini par perdre leur domination sur Al-Andalus, leur héritage architectural a perduré, même dans les régions sous contrôle chrétien. Le terme de mudéjar (de l'arabe *mudayan* qui signifie "soumis") fut appliqué aux musulmans qui habitaient dans les régions reconquises par les chrétiens. Ainsi appelle-t-on architecture "mudéjare" celle qui utilise les talents d'artisans musulmans pour la construction d'édifices destinés à des chrétiens (le style mudéjar côtoie d'ailleurs souvent le style gothique chrétien). Le style mudéjar se caractérise notamment par ses motifs géométriques en briques et/ ou en stuc, souvent enrichis de carreaux de céramique. Les plafonds en bois finement sculpté signent également le travail mudéjar. On appelle *artesonados* les plafonds où l'entrelacs des poutres ménage de multiples caissons décorés. Les plafonds authentiquement mudéjars ne comportent en principe que des motifs floraux ou simplement géométriques.

L'exemple le plus classique d'architecture mudéjare, le Palacio de Don Pedro, fut bâti au XIVe siècle pour le roi chrétien Pierre Ier de Castille à l'intérieur de l'Alcázar de Séville. Ce souverain entretenait des relations amicales avec Mohammed V, l'émir de Grenade, qui envoya ses meilleurs artisans pour la construction du palais. Le Palacio de Don Pedro est par conséquent un palais nasride, et l'un des plus beaux du genre – en particulier grâce au superbe Patio de las Doncellas situé en son centre, doté d'un jardin en contrebas bordé d'une profusion d'arches, de mosaïques et de sculptures en plâtre d'un extrême raffinement.

Le terme de mozarabe (de l'arabe *mustaírib* qui signifie "arabisé") fait référence aux chrétiens qui vivaient ou avaient vécu dans les territoires de la péninsule Ibérique sous domination musulmane. L'architecture mozarabe a été marquée bien sûr par l'influence musulmane. Elle comprend, notamment, l'arc en fer à cheval, ou arc outrepassé. L'essentiel des édifices à l'architecture mozarabe se trouve dans le nord de l'Espagne. Le seul vestige notoire de style mozarabe en Andalousie est l'église rupestre de Bobastro.

L'architecture Renaissance

- Palacio de la Condesa de Lebrija, Séville
- Casa de Pilatos, Séville
- Cathédrale de Jaén
- Cathédrale de Baeza
- Palacio de Vázquez de Molina, Úbeda

Architecture chrétienne

Bien qu'ils jouissent d'une renommée moindre que les célèbres créations des architectes et bâtisseurs de la période musulmane, les édifices andalous des époques suivantes – notamment les églises et monastères construits par les conquérants chrétiens, ainsi que les palais et demeures de la noblesse – n'en constituent pas moins un superbe héritage architectural.

Gothique

L'architecture chrétienne fit son apparition dans le nord et l'ouest de l'Andalousie au moment de la Reconquête, au XIIIe siècle. Le style dominant dans l'Europe chrétienne était alors le gothique, avec ses arcs en ogive, ses plafonds nervurés, ses arcs-boutants et ses tympans ajourés. L'Andalousie abrite d'innombrables églises, châteaux et demeures présentant une architecture intégralement ou partiellement gothique. Certains combinent les styles gothique et mudéjar, d'autres le gothique mêlé à des styles plus tardifs, avec pour résultat un véritable mélange d'influences.

LES PLUS BEAUX JARDINS

Selon la tradition musulmane, le paradis est un jardin. Les architectes d'Al-Andalus ont suivi cette idée à la lettre, mettant en valeur leurs plus beaux édifices grâce à de ravissants jardins aux multiples fragrances et couleurs, le tout bercé par le murmure des fontaines.

- **Jardins du Generalife, Alhambra, Grenade** Jardins paysagers d'une sophistication extrême.
- **Jardins de l'Alcázar, Séville** Jardins d'agrément classiques d'un palais musulman.
- **Jardins de l'Alcázar de los Reyes Cristianos, Cordoue** Terrasses verdoyantes agrémentées de nombreux canaux.
- **Parque de María Luisa, Séville** Vaste oasis de verdure en plein cœur de Séville.
- **Palacio de Viana, Cordoue** Jardins où l'accent est mis sur la symétrie.

LIVRES D'ARCHITECTURE

- *L'Architecture maure en Andalousie*, de Marianne Barrucand et Achim Bednorz (Taschen, 2007). Beau livre superbement illustré dont le texte est à la portée de tous.
- *Alhambra*, d'Henri et Anne Stierlin (Imprimerie nationale, 2002). Ce palais-forteresse révèle ici certains de ses secrets.
- *Expo'92 Séville architecture et design*, collectif (Gallimard 1992). Pour tout savoir sur les lieux de cette exposition universelle.
- *Andalousie*, de Brigitte Hintzen-Bohlen (Place des Victoires, 2006). Excellent livre spécialisé alliant photographies et texte pédagogique.

Le style isabélin, de l'époque de la reine Isabelle la Catholique, correspond à la dernière forme du gothique espagnol. Il se caractérise par des arcs aux formes souples, des tympans ajourés et des façades avec dentelures et bas-reliefs (dont une multitude de blasons).

Renaissance

La Renaissance, puisant ses origines en Italie, est un retour aux idéaux classiques valorisant l'harmonie et l'équilibre des proportions, dans un style où dominent colonnes et formes carrées, circulaires ou triangulaires. Nombre d'édifices andalous datant de la Renaissance comportent d'élégantes cours intérieures bordées d'arches arrondies disposées sur deux niveaux. Alors que la période gothique avait laissé son empreinte la plus remarquable sur les édifices chrétiens publics, la Renaissance vit la construction de somptueuses demeures urbaines au cœur desquelles se cachent des patios entourés d'harmonieuses galeries en arcades.

Dans l'architecture espagnole, la Renaissance se subdivise en trois phases. En premier lieu apparut le style plateresque, de l'espagnol *platero*, qui signifie "orfèvre en argenterie", et dont les effets ressemblent à ceux de l'argent. Ce genre toucha davantage la décoration que la structure. Les portails en plein cintre étaient encadrés de colonnes classiques et de sculptures en pierre. Puis vint le style proprement Renaissance, plus pur. La dernière phase, la plus sobre, vit apparaître le style herrerien, du nom de Juan de Herrera (1530-1597), l'architecte de l'austère palais-monastère de l'Escorial, près de Madrid, et de l'Archivo de Indias à Séville.

Ces trois phases d'architecture Renaissance ont été conciliées dans la province de Jaén par le légendaire maître architecte Andrés de Vandelvira (1509-1575), qui donna à la ville d'Úbeda l'un des plus beaux ensembles Renaissance du pays. Vandelvira fut largement influencé par Diego de Siloé (1495-1563), natif de Burgos, qui fut le principal architecte des cathédrales de Grenade, de Málaga et de Guadix.

Baroque

À la sobriété des édifices Renaissance succédèrent le goût pour les couleurs et le sens du mouvement qui caractérisent l'art baroque. Ce style connut son plus bel épanouissement en Andalousie, atteignant son expression la plus élaborée au XVIIIe siècle. Le baroque affichait une profusion d'éléments décoratifs en façade et des intérieurs comptant de nombreuses sculptures en stuc et de dorures. Les retables atteignirent des sommets d'exubérance. L'expression la plus outrée du baroque est qualifiée de churrigueresque (*churrigueresco*), du nom d'une famille d'architectes et de sculpteurs de Barcelone, les Churriguera.

Avant l'apogée du baroque se glissa une phase transitoire dont témoignent des œuvres plus sobres comme la façade de la cathédrale de Grenade, conçue par Alonso Cano au XVIIe siècle.

ALONSO CANO

Alonso Cano (1601-1667) est un sculpteur, architecte et peintre originaire de Grenade. Parfois surnommé le Michel-Ange espagnol, il était aussi réputé pour sa créativité que pour son fort tempérament. Son œuvre la plus fameuse reste la façade baroque de la cathédrale de Grenade.

Séville est sûrement l'une des villes au monde qui possède le plus d'églises baroques. Néanmoins, l'église du Monasterio de la Cartuja à Grenade, œuvre de Francisco Hurtado Izquierdo (1669-1725), compte parmi les plus somptueuses créations baroques de toute l'Espagne, avec son marbre polychrome, ses chapiteaux dorés et sa profusion de sculptures. Les disciples de Hurtado dotèrent la petite ville de Priego de Córdoba de sept ou huit églises baroques.

Architecture moderne

Au XIXe siècle, l'Andalousie vit apparaître le néogothique et le néobaroque, mais surtout le néo-mudéjar et le néo-mauresque, styles d'un autre âge qui inspirèrent le mouvement romantique. De grandes demeures privées, comme le Palacio de Orleans y Borbon à Sanlúcar de Barrameda, et toutes sortes de bâtiments publics, des gares ferroviaires de Séville jusqu'aux marchés de Málaga et de Tarifa, furent construits en imitant avec succès les styles architecturaux du passé. L'exposition ibéro-américaine (Exposición ibero-americana) de 1929 fut l'occasion de constructions fantaisistes à Séville, inspirées de presque tous les styles andalous passés, au premier rang desquelles figure la Plaza de España aux couleurs éclatantes, conçue par l'architecte Aníbal González.

Sous la dictature de Franco, de sinistres cités ouvrières - inspirées des blocs soviétiques - ont vu le jour dans de nombreuses villes. Le développement touristique des dernières décennies a entraîné une construction effrénée de bâtiments aussi laids que vulgaires qui, pour l'essentiel, ne font que dénaturer le paysage. L'orée du XXIe siècle semble avoir stimulé davantage l'imagination des architectes, surtout à Séville, où un trio de projets majeurs - le Metropol Parasol, la tour Cajasol et le Pabellon de la Navegación - a ajouté un peu de piquant au paysage urbain.

Architectes et promoteurs ont en revanche été plus inspirés en restaurant d'anciens bâtiments reconvertis en hôtels, musées et autres édifices publics. Pour preuve, le musée Picasso de Málaga et le Palacio de Villardompardo de Jaén sont tous deux d'anciens palais du XVIe siècle transformés en musées modernes de tout premier rang.

Les plus belles bourgades

- » Vejer de la Frontera
- » Arcos de la Frontera
- » Baeza
- » Osuna
- » Setenil de las Bodegas

Environnement et faune

L'Andalousie est une destination idéale pour les amoureux de la nature, avec ses étendues sauvages magnifiques, qui protègent une multitude d'oiseaux, d'animaux et de plantes.

Géographie

Les zones montagneuses sont nombreuses en Andalousie, depuis les vallons assez bas de la Sierra Morena jusqu'aux hauteurs de la Sierra Nevada. La Sierra Morena, dont l'altitude dépasse rarement les 1 000 m, ondoie au nord de la région. C'est en quelque sorte le dernier avant-poste du Sud espagnol, au terrain accidenté, qui cède ensuite la place à de vastes plaines et à l'horizon dégagé de la *meseta* (plateau), au centre du pays. Cette région est couverte de forêts de chênes à feuillage persistant, de maquis et de pâturages. Elle est aussi parsemée de villages composés de maisons en pierre.

Plus près de la côte, la cordillère Bétique (Cordillera Bética) a subi une pression de la plaque tectonique africaine, sur le sous-plateau ibérique, il y a 15 à 20 millions d'années. Ce massif abrupt part du sud-ouest de l'Andalousie pour atteindre une largeur d'environ 125 km à l'est. La Sierra Nevada (au sud-est de Grenade), longue de 75 km, comporte une série de monts de plus de 3 000 m – dont le Mulhacén (3 479 m), point culminant de l'Espagne continentale –, et constitue une "sous-chaîne" de la cordillère Bétique. Elle s'étend ensuite à l'est de l'Andalousie pour traverser les régions de Murcie et de Valence, puis resurgit de la Méditerranée pour former les îles Baléares, Ibiza et Majorque. Elle est composée en majorité de calcaire, qui donne de magnifiques reliefs karstiques.

Outre la plaine côtière, qui atteint 50 km de largeur à l'extrême ouest pour se réduire presque à néant dans certaines parties des provinces de Grenade et d'Almería, la vallée fertile du Guadalquivir est l'autre grande caractéristique géographique de la région. Le Guadalquivir, plus long fleuve d'Andalousie (660 km), prend sa source dans les monts Cazorla, dans la province de Jaén, coule en direction de l'ouest en passant par Cordoue et Séville, et se jette dans l'Atlantique au niveau de Sanlúcar de Barrameda. Avant de se jeter dans l'océan, il forme un delta marécageux connu sous le nom de Las Marismas del Guadalquivir, qui comprend le Parque Nacional de Doñana.

Parcs et zones protégées

L'Andalousie possède le plus important dispositif de protection environnementale d'Espagne : elle a en effet institué plus de 90 zones protégées, sur une superficie totale de 17 000 km^2. Cela représente 20% du territoire andalou et plus de 60% de l'ensemble des zones protégées du pays.

Principales essences d'arbres

- Chêne vert
- Chêne-liège
- Sapin d'Espagne
- Eucalyptus
- Peuplier
- Olivier

MEILLEURS PARCS ET ZONES PROTÉGÉES D'ANDALOUSIE

Parque Nacional de Doñana

Des millions d'oiseaux et le lynx ibérique font la réputation de ce parc (Doñana est l'un des derniers refuges du grand félin). Les habitats sont d'une extraordinaire diversité : marais, dunes, plages et bois à l'embouchure du Guadalquivir. Le parc est également peuplé de sangliers et de cerfs. Mieux vaut le découvrir en 4x4.

Parque Nacional Sierra Nevada

Les spectaculaires paysages de montagne sont ici à l'honneur. Les hauts sommets restent souvent couronnés de neige alors que le reste de l'Andalousie étouffe sous un soleil de plomb. Mieux vaut parcourir ce parc à pied, le long de ses nombreux chemins de randonnée où vous croiserez des bouquetins (environ 5 000 d'entre eux vivent dans le parc) et des plantes endémiques de haute montagne.

Parque Natural de Cabo de Gata-Níjar

Colonies de flamants, falaises volcaniques et plages de sable offrent un spectacle sans pareil. Ce parc, l'un des lieux les plus secs de la région, abrite une végétation semi-désertique et se prête à de nombreuses activités : baignade, observation des oiseaux, randonnée, équitation, plongée sous-marine et snorkeling.

Parque Natural Los Alcornocales

De vastes forêts de chênes-lièges (*alcornoques*), arbres caractéristiques du sud de l'Espagne, couvrent la campagne vallonnée de ce parc de la province de Cadix, au nord d'Algésiras. Comme c'est l'une des zones protégées les moins connues de la région, ses longs chemins de randonnée sont peu fréquentés.

Parque Natural Sierra de Grazalema

Bouquetins, vautours fauves et autres espèces vivent dans cette superbe région humide et vallonnée, qui se caractérise par d'immenses étendues de forêts méditerranéennes et des bosquets de sapins d'Espagne. De pittoresques villages blancs donnent accès à des sentiers de randonnée, mais on peut aussi faire de l'escalade, du canyoning, du parapente et de la spéléologie.

Parque Natural Sierra de las Nieves

Panoramas spectaculaires et profondes vallées distinguent cette région montagneuse nichée aux confins de la province de Málaga. Abritant deux espèces emblématiques de la flore (sapins d'Espagne) et de la faune (bouquetins) andalouses, ainsi que d'autres espèces, ce parc se prête idéalement à la randonnée, en pleine nature.

Parque Natural Sierra Norte

Des fleurs sauvages tapissent au printemps le paysage vallonné de la Sierra Morena, à l'intérieur de ce parc du nord de l'Andalousie. On peut y admirer d'époustouflants panoramas. Pour explorer ces paysages reculés, le mieux est de randonner à pied ou à cheval, de village en village.

Parque Natural Sierras de Cazorla, Segura y Las Villas

Une faune et une flore abondantes, des montagnes escarpées, de profondes vallées et d'épaisses forêts, tels sont les nombreux atouts de ce parc, le plus grand d'Espagne (2 143 km^2). On y croise des cerfs, des daims, des sangliers, des mouflons et des bouquetins. Découvrez-le à pied, à cheval ou en 4x4.

Paraje Natural Torcal de Antequera

Ses spectaculaires formations de calcaire sont le trait le plus marquant de cette zone naturelle montagneuse proche d'Antequera, dans la province de Málaga. Elle abrite des paysages géomorphologiques étonnants. Ses montagnes attirent des amateurs d'escalade de toute l'Europe.

Les *parques nacionales* (parcs nationaux) sont des zones d'une importance capitale pour la faune, la flore, la géomorphologie ou le paysage, dont la conservation est considérée comme relevant de l'intérêt national. Ces zones protégées, les plus strictement réglementées, comprennent parfois des réserves naturelles interdites au public, ou des aires dont la visite nécessite une autorisation. L'Espagne ne compte que 14 parcs nationaux, dont deux seulement – celui de Doñana et celui de la Sierra Nevada – sont en Andalousie.

Les *parques naturales* (parcs naturels) visent à protéger le patrimoine culturel, ainsi que la nature, et à promouvoir un développement économique compatible avec la protection environnementale. Les infrastructures incluent souvent des routes, des réseaux de chemins de randonnée, des villages ou de petites villes, avec souvent la possibilité de loger dans le parc. Comme dans les parcs nationaux, certaines aires sont soumises à une autorisation d'accès. Il y a 24 *parques naturales* en Andalousie, représentant la plus grande partie de son territoire protégé et englobant les paysages les plus spectaculaires.

Les autres types de zones protégées d'Andalousie incluent des *parajes naturales* (zones naturelles ; il en existe 31) et des *reservas naturales* (réserves naturelles ; on en dénombre 29). Elles sont en général plus petites, peu habitées, et poursuivent les mêmes objectifs que les parcs naturels. Il existe aussi 37 *monumentos naturales* (monuments naturels), qui protègent des lieux spécifiques, comme des cascades, des forêts ou des dunes.

L'Andalousie englobe à la fois la région la plus humide (Grazalema, dans la province de Cadix, jusqu'à 200 cm de précipitations annuelles) et la plus sèche d'Espagne (Desierto de Tabernas, dans la province d'Almería, seulement 14 cm de précipitations annuelles).

La faune

L'Andalousie est un refuge pour certaines espèces disparues ailleurs. Si vous avez le sens de l'observation, vous ne serez pas déçu. Un conseil : avant de vous mettre en route, consultez le site Internet Iberianature (www.iberianature.com), qui recense quantité d'informations actualisées sur la faune et la flore andalouses.

Mammifères

Nombre de grands mammifères qui vivaient autrefois en Europe occidentale sont désormais réduits à de petites populations isolées, chaque jour un peu plus cernées par les hommes. S'ils survivent tant bien que mal en Andalousie grâce à un milieu naturel contrasté et souvent resté indompté, cela n'empêche pas qu'ils soient gravement en danger.

Le lynx ibérique est certainement le plus menacé et il est presque impossible d'en apercevoir à l'état sauvage.

On peut en dire autant pour les 60 à 80 loups (*lobos*) encore présents dans la Sierra Morena, principalement dans le Parque Natural Sierra de Andújar (province de Jaén). En 1986, le loup a été déclaré espèce menacée en Andalousie et, afin de le préserver des chasseurs et des fermiers, ces derniers reçoivent désormais une indemnité si leurs animaux sont attaqués par des loups. Néanmoins, le niveau de population reste dangereusement bas.

La chasse dont ils ont été victimes tout au long du XXe siècle est la cause principale du déclin alarmant du nombre de lynx et de loups. Afin de fournir de quoi se nourrir aux espèces menacées, le gouvernement andalou a introduit le mouflon (*muflón*), ovin sauvage relativement abondant, en particulier dans le Parque Natural Sierras de Cazorla, Segura y Las Villas.

Le bouquetin (*cabra montés*), chèvre sauvage râblée des montagnes dont les mâles ont de longues cornes caractéristiques, n'est apparemment pas en voie d'extinction et il y a fort à parier que

El Parque Natural Sierras de Cazorla, Segura y Las Villas est la plus grande zone protégée d'Espagne et la deuxième d'Europe.

vous en croiserez. Environ 15 000 individus vivent en Andalousie, les populations les plus importantes se trouvant dans la Sierra Nevada, le Parque Natural Sierras de Cazorla, Segura y Las Villas, les Sierras de Tejeda y Almijara et la Sierra de las Nieves. Le bouquetin passe l'été en haute montagne, et redescend à des altitudes plus basses en hiver.

Plus inhabituels, des macaques de Barbarie, seuls primates sauvages d'Europe, peuplent l'Upper Rock Nature Reserve, à Gibraltar.

Les baleines (*ballenas*) et les dauphins (*delfines*) sont présents dans la baie d'Algésiras et le détroit de Gibraltar, qui accueillent une multitude de grands dauphins et de dauphins bleu et blanc, ainsi que des globicéphales, des épaulards et des cachalots.

D'autres mammifères plus courants abondent. Si certains vivent la nuit, vous avez toutefois toutes les chances d'apercevoir, en sortant des sentiers battus, le sanglier sauvage (*jabalí*), le cerf (*ciervo*), le chevreuil (*corzo*), le daim (*gamo*), la genette (*gineta*), la mangouste égyptienne (*meloncillo*), l'écureuil roux (*ardilla*), le blaireau (*tejón*) et la loutre (*nutria*).

LE LYNX EN SURSIS

Le lynx ibérique (ou pardelle ; *lince ibérico* pour les Espagnols, *Lynx pardina* pour les scientifiques) est le grand félin le plus menacé au monde. Il peuplait jadis tout le sud de l'Europe – les membres des légions hispaniques de l'Empire romain portaient un plastron orné d'un lynx ibérique – et, il y a 100 ans à peine, on dénombrait encore 100 000 de ces animaux à l'état sauvage. Aujourd'hui, on en recense environ 200, qui vivent confinés dans une zone dont la superficie est inférieure à celle d'une ville européenne de taille moyenne.

Les lynx étaient très nombreux jusqu'en 1966. Le gouvernement espagnol les déclara alors espèce nuisible et donna son blanc-seing aux chasseurs. Néanmoins, dès 1973, l'espèce fut officiellement protégée. Jusque récemment, cette mesure n'est pourtant pas parvenue à enrayer le déclin rapide du nombre de lynx, au point de susciter une vive crainte : qu'il devienne la première espèce de félins à disparaître depuis l'extinction du tigre à dents de sabre il y a 10 000 ans. Jusqu'en 2007, date à laquelle le gouvernement espagnol a confirmé la présence de 15 lynx ibériques dans les Montes de Toledo (monts de Tolède ; Castille-La Manche), le lynx n'avait officiellement survécu que dans deux régions d'Andalousie : l'est de la Sierra Morena (environ 100 lynx adultes) et le Parque Nacional de Doñana (environ 30 adultes).

Si le déclin du nombre de lapins (victimes de maladies et de la chasse) a joué un rôle crucial dans la disparition du lynx, l'homme reste son principal ennemi. Près de 80% des morts, depuis 2000, sont directement liés à l'intervention humaine : disparition progressive de l'habitat remplacé par de nouvelles terres cultivées, routes, barrages, plantations de pins ou d'eucalyptus, braconnage et accidents de la route (33 lynx se sont fait écraser aux abords du Parque Nacional de Doñana entre 1995 et 2006).

Malgré tout, certains signes laissent espérer un avenir meilleur pour le lynx. Le programme de reproduction en captivité créé en 1992 à El Acebuche, dans le Parc Nacional de Doñana, est une extraordinaire réussite : 18 lynx sont nés dans les 4 premiers mois de la seule année 2009. Des caméras filment les lynx que l'on peut ainsi voir au centre des visiteurs d'El Acebuche – mais le centre d'élevage lui-même est interdit au public. Il existe d'autres centres de reproduction dans toute l'Andalousie, notamment au zoo de Jerez de la Frontera et dans la Sierra de Andújar (province de Jaén). Durant les six premiers mois de 2012, 15 lynx nés en captivité ont été relâchés dans la Sierra Morena, ce qui peut laisser penser que l'emblématique "gros chat" européen ne connaîtra pas le destin du dodo mauricien.

Le paradis des ornithologues amateurs

Si l'Andalousie est le dernier refuge d'un certain nombre de mammifères, elle l'est aussi pour plusieurs espèces de rapaces en voie d'extinction. En outre, elle se trouve sur le chemin de quantité d'oiseaux migrateurs.

Pour nombre d'amateurs d'ornithologie, les rapaces ou oiseaux de proie sont les vedettes de l'espèce aviaire. L'Andalousie compte 13 espèces de rapaces endémiques et plusieurs autres espèces qui migrent d'Afrique en été. Le plus grand oiseau d'Europe, le vautour noir (*buitre negro*), est une espèce en voie de disparition. Il vit néanmoins en nombre dans la Sierra Morena, avec environ 230 couples dispersés entre la Sierra Pelada, dans la province de Huelva, et la Sierra de Andújar, dans la province de Jaén. Ces centaines de vautours noirs représentant certainement la plus importante population au monde, leur survie ici est cruciale pour le devenir de l'espèce.

Un autre oiseau, aussi emblématique que rare, l'aigle impérial ibérique (*águila imperial ibérica*), ne se trouve dans aucun autre pays. Sa population totale est passée d'une cinquantaine de couples dans les années 1960 à quelque 200 couples aujourd'hui, grâce à un plan gouvernemental actif de protection, en vigueur depuis 2001. Une cinquantaine de couples se trouvent en Andalousie, la plupart dans la Sierra Morena, et environ huit vivent dans la région de Doñana. Les appâts empoisonnés mis en place par les fermiers et les chasseurs sont les pires ennemis de cet oiseau.

Le gypaète barbu ou vautour des agneaux (*quebrantahuesos*), avec ses majestueux 2 m d'envergure, a disparu d'Andalousie – son dernier refuge en Espagne exception faite des Pyrénées – en 1986. Pour autant, tout n'est peut-être pas perdu. Un programme de reproduction a été mis en place dans le Parque Natural Sierras de Cazorla, Segura y Las Villas. La première étape du programme a consisté à relâcher trois jeunes gypaètes dans la nature en 2006. En 2012, une dizaine de gypaètes barbus avaient réussi à s'adapter à la vie en liberté.

Parmi les autres oiseaux de proie figurent l'aigle royal (*águila real*), le vautour fauve (*buitre leonado*) et le vautour percnoptère (*alimoche*), qui vivent tous dans les régions montagneuses.

Si les rapaces suscitent évidemment la convoitise des passionnés d'ornithologie, il faut aussi savoir que l'Andalousie est une terre d'élection pour les oiseaux aquatiques pratiquement sans pareille en Europe. C'est dû en grande partie aux vastes terres marécageuses qui longent la côte atlantique, notamment à l'embouchure des fleuves Guadalquivir et Odiel. Des centaines de milliers d'oiseaux migrateurs, dont environ 80% des canards sauvages d'Europe de l'Ouest, passent l'hiver dans les marais de Doñana à l'embouchure du Guadalquivir, et beaucoup d'autres y font escale au printemps et en automne.

La Laguna de Fuente de Piedra, près d'Antequera, accueille ainsi jusqu'à 20 000 couples de flamants roses (*flamencos*), qui viennent élever leurs petits au printemps et en été. Ce superbe spécimen peut aussi être observé, entre autres, à Cabo de Gata, à Doñana et dans le Paraje Natural Marismas del Odiel ; ce dernier comporte de vastes marais et zones humides où viennent trouver refuge d'autres oiseaux aquatiques.

La grande cigogne blanche (*cigüeña blanca*), qui est en fait noir et blanc, fait son nid du printemps à l'été sur des poteaux électriques, des arbres et des tours (parfois au beau milieu des villes) dans tout l'ouest de l'Andalousie. La Dehesa de Abajo abrite une importante colonie de cigognes blanches vivant en zone boisée.

Pour davantage de précisions sur les oiseaux d'Andalousie, consultez le site Internet de SEO/BirdLife (Société espagnole d'ornithologie ; www.seo.org).

La Veleta (3 380 m), dans la Sierra Nevada, abrite la plus haute route d'Europe. Elle s'achève à 10 m du sommet.

LA VELETA

Flamenco

En fait, la *sevillana* n'est pas originaire de Séville. Cette antique danse folklorique, appelée *seguidilla* à l'origine, viendrait de Castille. Depuis la moitié du XIXe siècle, c'est la danse incontournable de la Feria de Abril, à Séville.

Lorca l'appelait la "musique de l'espoir et du désespoir". Goethe décrivait son essence comme "une puissance physique que chacun peut ressentir mais qu'aucune philosophie ne peut expliquer". À la fois méditatif et euphorisant, brut et composite, pur et chargé d'une épaisseur historique et émotionnelle, le flamenco est bien plus qu'un genre musical ; c'est une culture à part entière. Ses origines demeurent obscures et indéterminées. D'aucuns citent l'importance des Maures d'Espagne, d'autres mettent en avant le rôle essentiel des gitans (*gitanos*). Néanmoins, tous s'accordent sur les circonstances uniques qui ont présidé à ses premiers pas. Le flamenco n'aurait jamais pu naître ailleurs : sans la moindre équivoque, il s'agit là d'un produit parfaitement andalou.

Les fondements

L'une des beautés du flamenco réside dans son manque de simplicité ; les recherches apportent plus de questions que de réponses. Une poignée d'éléments génériques contribuent toutefois à rassembler les pièces du puzzle. Tout d'abord, le flamenco est un moyen d'expression qui va au-delà de la musique. Au départ, c'est un miroir qui reflète la vie quotidienne de ceux qui le chantent : les opprimés. Où qu'ils aillent – aux champs, au travail, à la maison ou lors des fameuses *juergas* (fêtes gitanes) –, le flamenco les accompagne. Ensuite, il s'agit d'un spectacle "vivant" – pour les puristes du moins –, et forcément spontané. Chasse gardée des gitans nomades jusqu'au XIXe siècle, les spectacles n'étaient jamais répétés ou théâtralisés, ce qui est toujours le cas aujourd'hui pour les meilleurs d'entre eux. Enfin, le flamenco se compose de quatre éléments fondamentaux : le *cante* (chant), le *baile* (danse), le *toque* (guitare), et une quatrième composante souvent négligée, le *jaleo* (claquement de mains, cris et participation/appréciation du public). Au centre de la scène, le *cante* guide le reste. En effet, dans les premiers temps, le flamenco ne comportait pas de danseurs réguliers, tandis que les guitares ne furent ajoutées qu'au XIXe siècle. Certaines formes de flamenco, comme le *martinete* et la *carcelera*, sont uniquement vocales.

Lors des spectacles de flamenco traditionnels, les artistes s'échauffent tranquillement, accordant leurs guitares et s'éclaircissant la voix tandis que les spectateurs discutent entre eux. Il revient aux danseurs et aux musiciens de capter l'attention du public et de le séduire progressivement.

Palos (variétés musicales) de flamenco

L'expression la plus pure du flamenco est connue sous le nom de *cante jondo* (littéralement "chant profond"), un ensemble primitif de *palos* comprenant les *soleares* (flamenco fondamental, assorti d'un rythme strict et marqué), les *siguiriyas* (flamenco expressif et tragique), les *tientos*, les *martinetes* et les *carceleras*. Le *cante jondo* est considéré comme le fondement du flamenco et les bons chanteurs – dont les voix graves et lyriques peuvent évoquer la rencontre entre Tom Waits et Pavarotti – sont censés "cracher leur chant" et abandonner un fragment de leur âme dans chaque strophe. L'émotion crue et la

ASSISTER À UN SPECTACLE DE FLAMENCO

Tablaos

Les tablaos sont les successeurs naturels des *cafés cantantes* (établissements où l'on pouvait prendre un verre tout en assistant à un spectacle de flamenco), apparus en Espagne à la fin du XIXe siècle. Ces clubs spécialisés programment régulièrement des spectacles de flamenco professionnels. Si certains sont de premier ordre, d'autres manquent d'authenticité. En voici quelques-uns parmi les meilleurs :

» Casa de la Memoria de Al-Andalus (p. 70), Séville

» El Lagá Tio Parilla (p. 123), Jerez de la Frontera

» Los Gallos (p. 70), Séville

Peñas

Les *peñas* sont des clubs privés gérés par des aficionados. Leur répertoire, plus spontané et recherché que celui des *tablaos*, vise moins à satisfaire les goûts des touristes. Nombre de *peñas* sont de petits établissements semi privés. Quelques-uns ouvrent régulièrement leurs portes et affichent leur programmation. Citons notamment :

» Peña de la Platería (p. 249), Grenade

» Peña Flamenca La Perla (p. 110), Cadix

» Peña El Taranto (p. 271), Almería

Festivals

L'Andalousie compte d'innombrables festivals de flamenco.

La Bienal de Flamenco (septembre, années paires) Séville

Festival de Jerez (février/mars) Jerez de la Frontera

Potaje Gitano (dernier samedi de juin) Utrera

Gazpacho Andaluz (juillet) Morón de la Frontera

Caracolé (juillet) Lebrija

concentration quasi religieuse de ces formidables chanteurs peuvent se révéler assez déroutantes pour les profanes. L'objectif est de parvenir au *duende* – cet esprit musical touche l'âme du spectateur durant une représentation réussie. Toutefois, le *duende* est insaisissable. “Il n'existe ni plan d'accès ni exercice qui permette de trouver le *duende*”, confia un jour Lorca. Il revient donc au chanteur de le faire surgir, en fondant le désir, l'angoisse et la ferveur en une force à la fois intime et transcendantale.

Les *cantes chicos* (petites chansons) constituent l'autre ensemble de chants flamencos majeur. Ce sont des dérivés du *cante jondo*, plus légers et accessibles. Parmi les populaires *cantes chicos,* on trouve les toniques *alegrías* de Cadix, inspirées de gigues de marins, les vives et ironiques *bulerías* de Jerez de la Frontera, et les omniprésents tangos popularisés par la grande chanteuse sévillane La Niña de los Peines.

Un troisième groupe de *palos*, plus nébuleux (parfois appelés *cantes andaluzes*), existe en dehors de ce que la majorité des aficionados définissent comme le flamenco “pur”. Il s'agit essentiellement de fandangos dérivés de la musique folklorique espagnole, chaque région proposant sa propre variante. Les plus fameux sont les stridents fandangos de Huelva, que l'on danse avec passion à l'occasion du pèlerinage religieux de la Romería del Rocío. Les *verdiales*, antiques chants/danses d'influence arabe, sont une forme de fandango de Málaga, une province qui est aussi à l'origine des *malagueñas*, variété plus libre et plus accessible (mais qui ne se danse pas). Les *granaínas* sont une variété de fandango plus introspective, originaire de Grenade, sans rythme établi ; quant aux *tarantos*, c'est une version plus truculente et épurée de la variété pratiquée par les communautés de mineurs de Levante (Almería).

Les Ortega, l'une des grandes familles gitanes, ont produit des chanteurs de flamenco comme El Fillo (Francisco Ortega Vargas) et El Caracol ("l'Escargot" ; Manuel Ortega Juárez), ainsi que le légendaire torero Joselito "El Gallo" ("le Coq" ; José Gómez Ortega).

Parmi les autres *cantes* difficiles à classer, on trouve les *farrucas*, des danses folkloriques qui seraient nées en Galice, et les *sevillanas*, la danse festive andalouse par excellence, qui se donne à voir notamment lors de la Feria de Abril annuelle à Séville. Enfin, l'*ida y vuelta* (littéralement "aller et retour"), sous-classe plus récente, est un style musical qui fut saupoudré d'influences sud-américaines avant d'être "renvoyé" en Espagne. Les plus répandus sont la *guajira* et la *rumba*, originaires de Cuba, ainsi que les *columbianas*, d'origine colombienne.

Racines historiques

Longtemps chasse gardée des marginaux et d'une population opprimée, le flamenco ne fit l'objet d'aucune étude à ses débuts. Au lieu de cela, la musique se transmettait de génération en génération de manière orale. Aucun témoignage écrit n'existe avant 1840.

Cet art, tel qu'on le connaît aujourd'hui, vit le jour en Andalousie au début du Xe siècle au sein de groupes composites de gitans, de juifs, de Maures et d'Espagnols. Des études anthropologiques suggèrent que les Roms nomades auraient entamé une migration de 400 ans vers l'ouest, quittant le sous-continent indien au XIe siècle, s'établissant dans toute l'Europe, et notamment en Andalousie au début des années 1400. Avec eux, les gitans apportèrent un mode d'expression musicale énergique - une façon de chanter qui encourageait la virtuosité et l'improvisation - mêlant cette riche musicalité aux chants et mélodies de leur région d'accueil. En Andalousie, ils trouvèrent des alliés naturels parmi les juifs et les Maures qui venaient de se voir privés de leurs droits par la Reconquista. La collision de ces trois cultures, ainsi que l'association de leurs musiques et de leurs cultures pendant les siècles qui suivirent, donnèrent ce que l'on nomme le *cante jondo*, ou *flamenco puro*.

Les *saetas* sont des complaintes religieuses que l'on englobe souvent dans le terme générique de flamenco. Lors de la Semana Santa (Semaine sainte), au passage des chars et des processions, on entend encore des hommes et des femmes les chanter depuis les balcons des étages supérieurs, tandis que le public fait silence.

L'épopée de trois villes

L'histoire connue du flamenco, qui commence à l'orée du XIXe siècle, épouse l'épopée de trois villes d'Andalousie occidentale - Séville, Cadix et Jerez de la Frontera - et de leurs quartiers gitans respectifs. Le premier véritable chanteur de flamenco réputé est un forgeron gitan étrangement baptisé El Planeta (Antonio Monge Rivero), né à Jerez ou Cadix vers 1785. Bien que n'étant pas un artiste au sens moderne du terme, El Planeta se tailla vite une réputation avec les mélopées passionnées et éloquentes qui s'échappaient de son atelier. Il aurait donné naissance à des *palos* de flamenco primitifs comme les *martinetes* et les *livianas*. El Planeta trône au sommet d'un "arbre généalogique" flamenco qui a perduré jusqu'à nos jours, composé de chanteurs, de musiciens et de danseurs étroitement liés. Son héritier immédiat est El Fillo (Francisco Ortega Vargas), dont la voix naturellement grave devint l'étalon auquel toutes les voix furent jaugées.

Jerez a souvent été définie comme le "berceau du flamenco", surtout parce que les quartiers de Santiago et San Miguel, habités par une importante communauté gitane, ont produit quantité de grands artistes. Aujourd'hui, la ville abrite le principal centre/école de flamenco d'Andalousie et organise deux grands festivals, en février et en septembre. À Cadix, le flamenco s'est développé dans le romantique quartier de Santa María, bordé par l'océan tumultueux, tandis qu'à Séville il est né dans le quartier gitan de Triana, en bordure de fleuve. Tracez une ligne entre ces trois cités et vous découvrirez une poignée d'autres villes dotées d'une forte tradition flamenca, notamment Utrera, Lebrija et Morón de la Frontera, toutes situées dans la province de Séville.

L'âge d'or

La période dite de "l'âge d'or" débuta à la fin des années 1840 pour s'achever vers 1915. En 70 ans, le flamenco se métamorphosa, passant d'un art gitan, pratiqué lors de tapageuses *juergas,* à un spectacle professionnel et toujours plus populaire, mêlant le *cante jondo* à d'autres formes de musique folklorique espagnole. C'est durant cette époque fertile que les styles musicaux modernes du flamenco prirent forme. Entre autres innovations notables, la chorégraphie des danses se complexifia et la guitare s'imposa comme instrument d'accompagnement.

Les fameux *cafés cantantes,* qui se développèrent dans de nombreuses villes espagnoles et notamment en Andalousie, furent les catalyseurs de cette évolution. Après l'ouverture du premier d'entre eux à Séville, en 1842, les établissements se multiplièrent, atteignant leur apogée dans les années 1880 avec des lieux prestigieux comme le Café Silverio, à Séville. Ils devinrent les moteurs d'une spectaculaire synergie musicale, comparable à la fusion blues-country qui donnerait plus tard naissance au rock'n'roll. Silverio Franconetti, propriétaire du Café Silverio à Séville et héritier d'El Fillo et de sa *voz afillá* (voix cassée et enrouée), présidait à ce mélange. Pourtant, malgré ses origines gitanes et son penchant prononcé pour les *siguiriyas* et les *solerares,* Franconetti ne put empêcher l'abâtardissement de cette musique tant aimée. Le flamenco abandonna les *juergas* pour les cafés, remplaçant la rudesse tragique originelle par une saveur mélodieuse plus commerciale. De manière involontaire, il contribua grandement à la transformation d'une "musique de gitans" en musique populaire.

Variantes de flamenco locales

» *Alegrías* – Cadix
» *Bulerías* – Jerez de la Frontera
» *Soleares* – Séville
» *Tarantos* – Almería
» *Fandangos* – Huelva
» *Granaínas* – Grenade
» *Rondeñas* – Ronda
» *Verdiales* – Málaga

Déclin

En 1920, le *flamenco puro,* menacé par l'évolution des goûts et les crises politiques imminentes, semblait près de disparaître. De peur qu'il ne sombre dans l'oubli, Federico García Lorca et Manuel de Falla organisèrent un concours à Grenade en 1922 (p. 344) pour tenter de sauver cet art. Hélas, la guerre civile approchant, le sort en fut jeté. Le flamenco entra dans une phase appelée *ópera flamenco,* le *cante jondo* se retrouvant édulcoré sous l'effet combiné de la musique populaire, d'une commercialisation accrue et des influences étrangères importées d'Amérique latine. Figure controversée de cette époque et première superstar du flamenco, Pepe Marchena (1903-1976) rompit avec la tradition en chantant des fandangos légers et des *cantes de ida y vuelta,* souvent avec l'aide d'un orchestre. Une tendance naturellement accueillie avec méfiance par les puristes, tandis que d'autres considéraient que c'était là l'évolution naturelle d'une musique qui avait soudainement fait irruption dans le domaine public. Loin des regards, le *cante jondo* survécut pourtant, en partie parce que des chanteurs gitans comme Manuel Torre et La Niña de los Peines, les deux plus grandes voix de leur époque, continuèrent de le pratiquer.

Renaissance

Dans les années 1950, le *cante jondo* se vit réévalué grâce à Antonio Mairena (1909-1983), un *cantaor* (chanteur) gitan originaire de la province de Séville, premier véritable “flamencologue” à inscrire son art dans une démarche historique. Mairena avait pour principe absolu de ne chanter que des *palos* anciens, comme les *siguiriyas* et les *martinetes,* sauvant ainsi nombre d'entre eux d'une disparition certaine. À travers son refus obstiné de céder aux goûts commerciaux, il établit un lien vital entre l'âge d'or et la renaissance du flamenco qui allait suivre.

Dans les années 1960, les *tablaos* – cabarets programmant des spectacles de flamenco professionnels – naissants avaient comblé le vide laissé par la fermeture des *cafés cantantes* des années 1920. Si certains d'entre eux, notamment dans les nouvelles cités balnéaires de la côte, se révélaient factices, d'autres contribuèrent à rétablir le *cante jondo* aux côtés des *palos* les plus récents. Toutefois, cette renaissance n'est pas à mettre au crédit de ces salles de spectacle, mais bien aux formidables artistes qui les fréquentaient. Deux d'entre eux se distinguaient particulièrement : Paco de Lucía, originaire d'Algésiras, un guitariste si précoce qu'il avait déjà tout intégré dès l'âge de 14 ans, et Camarón de la Isla, son inspirateur et partenaire, un chanteur gitan originaire de San Fernando (La Isla) qui, au début des années 1970,

Noms de scène traduits

» Camarón de la Isla – Crevette de l'île

» El Caracol – L'Escargot

» La Niña de los Peines – La Fille aux peignes

» Tomatito – Petite Tomate

CONCURSO DE CANTE JONDO, 1922

Par une magnifique soirée d'été de juin 1922, Federico García Lorca, poète andalou à la réputation naissante, accueillit 4 000 personnes sur la Plaza de Aljibes, dans l'Alhambra de Grenade, à l'occasion du Concurso de Cante Jondo (“chant profond”), un concours de chant flamenco organisé avec la complicité du grand compositeur classique espagnol Manuel de Falla.

Conjointement, ces deux grands avant-gardistes avaient lutté sans relâche pour élever le flamenco – et notamment le *cante jondo* – au rang d'expression artistique sérieuse ; ce genre culturel énergique nourri de traditions folkloriques andalouses à demi oubliées se voyait progressivement asphyxier par un penchant croissant pour l'*ópera*, une forme édulcorée du flamenco.

Une impressionnante panoplie d'intellectuels, d'écrivains, de chanteurs, de musiciens et de puristes du flamenco s'était donc massée ce soir-là entre les murs évocateurs de l'Alhambra. Un *cantaor* (chanteur) de 72 ans nommé Tio Bermúdez, qui avait parcouru 100 km depuis son village pour participer à l'événement, stupéfia l'assistance avec son interprétation d'antiques *siguiriyas*. Une autre participante, une vieille femme aveugle d'origine gitane que Lorca avait traquée sans relâche, chanta une *liviana*, une forme de flamenco dénuée d'accompagnement que tous pensaient disparue. Enfin, un garçon de 12 ans nommé Manolo Ortega Juárez, aussi appelé “El Caracol' (“l'Escargot”), impressionna tant le jury qu'il remporta le premier prix. Derrière les cyprès, hypnotisés par les odeurs de jasmin et de lavande, des jeunes hommes échangeaient des *falsetas* (riffs) de guitare, des femmes se levaient pour danser des *soleares*, tandis que d'autres admiraient la virtuosité de vedettes confirmées, tels Ramón Montoya et Manuel Torre. Le lieu – diraient plus tard certains observateurs – semblait “habité par les esprits”.

Quant à savoir si le *concurso* a fini par “sauver” le flamenco, c'est une autre question. Si le genre gagna un prestige éphémère, accompagné d'enregistrements et de renaissances sporadiques, son âge d'or était bel et bien terminé. Commença une période de déclin, accélérée par le début de la guerre civile et la répression franquiste qui devait suivre. Il fallut attendre un deuxième *concurso*, à Cordoue en 1956, pour voir enfin la renaissance moderne du flamenco et l'émergence ultérieure d'artistes plus radicalement novateurs, comme Camarón de la Isla et Paco de Lucía, une décennie plus tard.

Pour sa part, le *concurso* de Lorca et Falla restera dans l'histoire comme le “Woodstock” du flamenco, un instant musical certes magnifique et mémorable, mais qui conclut une époque plutôt qu'il n'annonça la période à venir.

LÉGENDES DU FLAMENCO

» El Planeta (1785-1850). Légendaire forgeron gitan, qui aurait inventé de nombreux *cantes* (chants) non accompagnés.

» El Fillo (1829-1878). Protégé d'El Planeta, célèbre pour sa voix grave, surnommée la *voz afillá*.

» Silverio Franconetti (1831-1889). Il rencontra El Fillo à Morón de la Frontera. Non gitan, il devint un chanteur accompli et ouvrit le plus fameux *café cantante*, à Séville.

» Antonio Chacón (1869-1929). Ce chanteur non gitan était doué d'une voix puissante. Engagé par Franconetti pour chanter dans son *café cantante* sévillan dans les années 1890.

» Ramón Montoya (1880-1949). Accompagna Chacón à partir de 1922 – mit la guitare au cœur de la scène dans le flamenco.

» La Niña de los Peines (1890-1969). Énergique chanteuse gitane originaire de Séville, qui chanta avec Chacón et fournit un lien fondamental entre l'âge d'or et la renaissance des années 1950.

» El Caracol (1909-1973). Découvert à l'âge de 12 ans au Concurso de Cante Jondo en 1922. Devint l'un des plus grands chanteurs de flamenco de tous les temps, malgré une forte tendance à l'autodestruction.

» Camarón de la Isla (1950-1992). Chanta dans un club appartenant à El Caracol ; ce "dieu" moderne du flamenco, originaire de San Fernando (La Isla), vécut à toute vitesse, mourut jeune et tenta des expérimentations musicales audacieuses.

» Paco de Lucía (né en 1947). Virtuose de la guitare originaire d'Algésiras, qui devint l'accompagnateur principal de Camarón, avant d'effectuer un passage réussi au jazz et à la musique classique.

acquit un statut habituellement réservé aux rock stars et aux toreros. À eux deux, Camarón et Lucía emmenèrent le flamenco dans une autre dimension, l'enrichissant d'innovations originales (guitares électriques, claviers, etc.) tout en préservant sa pureté. Soudain, le monde entier prêtait l'oreille.

Flamenco moderne

Dans les années 1970, des musiciens commencèrent à mêler le flamenco au jazz, au rock, au blues et au rap. Les puristes ont bien sûr crié au scandale, mais ce *nuevo flamenco* a beaucoup élargi l'audience de cet art. Le premier à avoir fait école fut l'album de flamenco-rock-folk intitulé *Veneno* (*Venin* ; 1977), réalisé par le groupe éponyme centré autour de Kiko Veneno et Raimundo Amador, tous deux Sévillans.

Le groupe Ketama, dont les principaux membres appartiennent à la famille flamenca des Montoya de Grenade, fusionne le flamenco avec des rythmes africains, cubains, brésiliens et autres. Marqués par un incroyable éclectisme, leurs albums *Songhai* (1987) et *Songhai II* (1995) – sur lesquels ils ont collaboré avec le joueur de kora (harpe) malien Toumani Diabaté – sont parmi les meilleurs du groupe.

Jamais le flamenco n'a été si populaire ni si créatif qu'aujourd'hui. Plusieurs grands artistes, tels Enrique Morente, José Menese et Carmen Linares rencontrent toujours le même succès, tandis que les jeunes générations contribuent à élargir l'audience du flamenco. Parmi les plus plébiscités, citons José Mercé, de Jerez, dont l'album *Lío* (*Enchevêtrement* ; 2002) est un petit bijou, ainsi qu'El Barrio, sorte de poète urbain du XXIe siècle originaire de Cadix. Parmi les autres artistes, Niña Pastori, de Cadix, a débuté à la fin des années 1990 en chantant du flamenco mâtiné de jazz et d'influences latines. Ses albums, notamment *Entre dos Puertos* (*Entre deux ports* ; 1997), *María* (2002) et *Joyas Prestadas* (*Bijoux prêtés* ; 2006), méritent vraiment d'être écoutés.

La danse connaît un regain d'audace en la personne de Joaquín Cortés, né à Cordoue en 1969, qui associe le flamenco à la danse contemporaine, au ballet classique, au jazz, le tout amplifié comme pour un concert de rock. Il fait régulièrement, en solo ou avec son groupe, des tournées triomphales en Espagne et dans le monde entier.

Chez les guitaristes, suivez les virtuoses que sont Manolo Sanlúcar de Cadix, Tomatito d'Almería (qui a accompagné El Camarón de la Isla), et Vicente Amigo de Cordoue, qui accompagnent les plus grands chanteurs actuels et se produisent en solo.

Les arts en Andalousie

Durant les grandes périodes de l'histoire espagnole, l'Andalousie a toujours été à l'avant-garde de la scène artistique et culturelle du pays. Il n'y a pas eu un âge d'or mais plusieurs époques fabuleuses qui, selon le pouvoir qu'exerçait l'Espagne sur la scène mondiale, sont passées de la prospérité au déclin, avant, parfois, de disparaître. Citons la glorieuse période du califat de Cordoue du VIIIe au XIe siècle, la splendeur ultime de la dynastie nasride entre 1300 et 1400, le fameux Siglo de Oro (le Siècle d'or, en fait 160 ans de rayonnement entre 1492 et 1650 environ), et, en 1927, l'émergence beaucoup plus surprenante – si l'on a en tête l'effondrement économique de l'Andalousie après 1898 – de la Generación de 27 (le fameux groupe de poètes).

Bien que tous les arts soient abondamment représentés en Andalousie, la région a produit une veine particulièrement riche de peintres de talent, dont, deux des plus grands maîtres en ce domaine : Diego Velázquez et Pablo Picasso.

Le califat de Cordoue

Aujourd'hui Cordoue est une cité ouvrière, de tout juste un peu plus de 300 000 habitants, célèbre pour son ancienne Mezquita (Grande Mosquée) et son inclinaison politique à gauche. Cependant, il y a mille ans, elle était ville la plus peuplée d'Europe de l'Ouest et son centre culturel le plus dynamique. Entre le VIIIe et le XIe siècle, riche de ses bibliothèques, de ses écoles et de son université, elle était un centre intellectuel qui rivalisait avec le califat de Damas pour la propagation des idées nouvelles. L'émir Abd ar-Rahman II (r 822-852), fervent défenseur des arts, fut l'ami de l'illustre poète et musicien Ziryab. Puis, Abd al-Rahman III (r 912-961) fit ériger la Medina Azahara, cité-palais resplendissante des plus beaux chefs-d'œuvre de l'art et de l'artisanat islamiques, dont la mosaïque, en partie copiés des artistes de Byzance. Al-Hakim II (r 961-976) fut un lecteur passionné qui collectionnait et cataloguait des centaines de volumes. Nombre des grands ouvrages des philosophes grecs furent plus tard traduits et réinterprétés par des savants à l'esprit universel comme Averroès (1126-1198), Maïmonide (1138-1204) et Ibn Tufail (ou Ibn Tofaïl ; vers 1105-1185), versés dans les sciences aussi bien que dans les arts.

Si l'influence de Cordoue déclina après sa reconquête par les chrétiens en 1236, les envahisseurs du Nord n'en absorbèrent pas moins les idées qu'avait développées cette ville. C'est dans cet héritage intellectuel que l'Europe occidentale a puisé le savoir-faire et l'inspiration qui ont amené le mouvement de la Renaissance, qui prit forme en Italie deux siècles plus tard.

FRANCISCO PACHECO

Parmi les artistes qui s'illustrèrent à cette période, le peintre andalou Francisco Pacheco (1564-1644), de Sanlúcar de Barrameda, joua un rôle prépondérant, en étant le professeur et le mentor des plus grands, dont Diego Velázquez (qui se maria avec sa fille) et Francisco Zurbarán.

Byron visita pour la première fois l'Andalousie en 1809, une expérience qui inspira son œuvre maîtresse *Don Juan*, parodie facétieuse en vers des aventures du célèbre Espagnol du début des années 1820.

L'apogée nasride

L'émirat nasride établi à Grenade en 1232 le fut à des fins défensives. Contrairement à Cordoue, il n'avait pas vocation d'être un avant-poste de la propagation de la culture. Cependant, ses dirigeants, qu'on peut qualifier de précieux, étaient de véhéments défenseurs des arts et, en particulier, de la poésie. Plusieurs sultans de la dynastie louaient les poètes ; Yousouf III (r 1408-1417) composait lui-même des vers enflammés et romantiques qui furent un prélude au romantisme byronien, 400 ans plus tard. L'apogée nasride à Grenade correspond aux règnes des illustres Yousouf Ier (1333-1354) et Mohammed V (1354-1391), les deux grands bâtisseurs de l'Alhambra. Ce sont eux qui établirent des cercles littéraires à la cour. Yousouf Ier employa le poète et historien Ibn al-Khatib (1313-1375), dont les vers lyriques, devenus ballades chantées, illustrent les murs des palais et les fontaines de l'Alhambra. Mohammed V fit d'Ibn al-Khatib son vizir, une nomination qui attisa la controverse et coûta sans doute la vie au poète. En 1375, un de ses disciples, le poète Ibn Zamrak (1333-1393), commandita son assassinat, avant de prendre sa place auprès de Mohammed V, durant cette période où les échanges culturels avec le Maroc et l'Égypte contribuaient à la diffusion des idées entre les deux continents, et à une grande prospérité.

El Siglo de Oro

Peinture

Au Siècle d'or, qui commence en 1492, pendant une brève mais brillante période (50 ans), l'Andalousie va donner au monde quelques-uns de ses plus grands artistes peintres. À Séville, ils sont trois. Bartolomé Esteban Murillo (1618-1682), le maître du baroque, à la touche délicate, a un penchant pour les sujets réalistes et religieux. Francisco de Zurbarán (1598-1664), né en Estrémadure, mais intrinsèquement lié à l'école de Séville, représente de manière sobre le *chiaroscuro* (technique italienne du clair-obscur employée pour dramatiser les effets). Diego Velázquez (1599-1660), "le peintre des peintres", aux méthodes exigeantes et qui utilisait si subtilement les couleurs, servira de référence aux impressionnistes, qui l'érigeront en maître de l'esthétisme. Son tableau le plus célèbre, *Les Ménines*, est un chef-d'œuvre révolutionnaire de l'illusion : l'artiste se représente derrière son chevalet en train de contempler ses sujets, le roi et la reine d'Espagne, absents de la toile, sauf par le reflet de leurs visages dans un miroir. Trois siècles après sa mort, Picasso, subjugué, a fait 58 réinterprétations à sa manière abstraite du tableau du grand maître.

Velázquez et Zurbarán travaillèrent tous les deux à la cour de Philippe IV. Murillo, lui, encouragé par l'Église, a peint plusieurs œuvres pour la cathédrale de Séville, et est célèbre pour l'*Immaculée Conception* (1650), exposée au Prado de Madrid. Velázquez et Zurbarán traitèrent ce même sujet en 1618 et 1630, respectivement.

JULIO ROMERO DE TORRES

Julio Romero de Torres (1874-1930) est un peintre cordouan, né quelques années avant Picasso, et donc éclipsé par le grand maître cubiste. Il n'en est pas moins célèbre pour ses portraits de femmes, dans un style réaliste.

Musique

Avant la révolution artistique, durant la Renaissance (époque où le flamenco n'était encore qu'un art gitan obscur), la musique espagnole, ayant absorbé les traditions de la musique contemporaine italienne, devint célèbre en Europe avec des compositeurs comme Francisco Guerrero (1528-1599). Ce maître de chapelle de la cathédrale de Séville a composé des chants profanes et sacrés, très inspirés des traditions grégoriennes. Alonso Lobo (1555-1617),

UNE GÉNÉRATION DE POÈTES

De temps à autre, des circonstances exceptionnelles font s'épanouir des mouvements artistiques exceptionnels. La rigidité qui caractérisait les États-Unis d'après-guerre donna naissance aux poètes hédonistes de la Beat Generation. Au début du XXe siècle à Londres, le Bloomsbury Group réagissait aussi avec véhémence contre les valeurs dites victoriennes. En Espagne, c'est pendant la courte période de sérénité, entre la fin de la Première Guerre mondiale et le début de la guerre civile, que l'épanouissement eut lieu. En 1927, à Séville, à l'occasion du 300e anniversaire de la mort du maître du lyrisme baroque, Luís de Góngora, se forma un groupe de 10 poètes, qui allait jouer un rôle décisif. Parmi les dix, l'influence du Sud prévalait avec six Andalous, dont l'illustre Federico García Lorca (de Grenade), le romantique Rafael Alberti (de El Puerto de Santa María) devenu polémiste, et le magicien du surréalisme Vicente Aleixandre (de Séville).

Contrairement au mouvement plus pessimiste de la Generación de 98, qui avait critiqué le conformisme de l'Espagne après la restauration de la monarchie en 1868, les membres de la Generación de 27, tout à leur exploration de thèmes classiques comme l'amour, la mort, le destin et la beauté, condamnaient moins ce qui s'était passé avant. Fascinés par l'œuvre de Góngora, ils épousèrent un expressionnisme poétique, plus vaste, et plus libre dans la versification, alliant des éléments du nouveau surréalisme à d'anciennes traditions du folklore espagnol (en particulier le flamenco). Finalement, la guerre civile anéantit le mouvement. Lorca fut exécuté et les autres, comme beaucoup, prirent la route d'un long exil.

Le dernier survivant de la Generación de 27, Francisco Ayala, originaire de Grenade, mourut en 2009, à l'âge de 103 ans. Après que son père et son frère furent assassinés par les nationalistes, Ayala passa de nombreuses années en exil en Argentine et à Porto Rico.

d'Osuna, qui assistait Guerrero, portant son manteau, continua dans le même esprit que son maître à écrire des hymnes, des messes et des psaumes, qui contribuèrent à faire de Séville le centre de la musique sacrée.

Littérature

L'illustre Miguel de Cervantès (1547-1616), le créateur de *Don Quichotte* (*Don Quijote*) incarne la région de la Manche. Il n'est pas andalou, mais aurait-il pu accomplir un tel chef-d'œuvre littéraire si Antonio de Nebrija (1441-1522), originaire de Lebrija, près de Séville, n'avait pas publié le premier livre de grammaire espagnole en 1492 ? Cet ouvrage fut présenté très cérémonieusement à Isabelle Ire la Catholique qui, par la suite, découvrit l'utilité qu'il pouvait avoir pour assujettir les peuples du vaste empire qu'allait se tailler la Couronne en Amérique latine.

Contemporain de Cervantès, mais poète avant tout, Luís de Góngora (1561-1627), né à Cordoue, est une grande figure du Siècle d'or, aussi fameux pour sa rivalité de toute une vie avec Francisco de Quevedo que pour l'exubérance de sa poésie. Son style, assez avant-gardiste pour être baptisé de *gongorisme* (*gongorismo*), résista bien à l'épreuve du temps : trois siècles plus tard, Federico García Lorca et la Generación de 27 lui redonnèrent même vie de manière brillante.

Le film hispano-britannique *Little Ashes* (*Cenicitas ; Petites cendres*), de 2008, retrace l'histoire d'amour qui aurait eu lieu dans les années 1920 entre Federico García Lorca et Salvador Dalí.

Le réveil

La scène artistique andalouse déclina du XVIIIe au XIXe siècle, au fur et à mesure que l'Espagne perdait son empire colonial. Alors que la défaite semblait être totale, après l'humiliation de 1898 qui

PICASSO RÉCUPÉRÉ

On peut s'étonner que le peintre qui reçut 23 noms à sa naissance ait choisi de toujours signer Picasso, en tout cas le nom de la gloire. Né à Málaga en 1881, d'un père artiste, Don José Ruíz y Blasco (lui aussi né à Málaga), le jeune Pablo vécut dans cette ville jusqu'à l'âge de 10 ans. En 1891, il déménagea avec sa famille à La Corogne en Galice, puis, en 1895, à Barcelone, où il établit finalement sa réputation de peintre. Il n'est jamais retourné vivre à Málaga, si bien que le lien qu'il entretenait avec l'Andalousie a souvent été minimisé. De meilleurs musées lui sont consacrés à Barcelone et à Paris. Cependant, comme depuis la fin des années 1990, Málaga est en pleine renaissance culturelle, la ville a pris des mesures pour récupérer son artiste illustre. En 1988, la Fondation Picasso s'est établie dans sa maison natale (Casa Natal) de la Plaza de la Merced et, en 2003, après 50 ans de tergiversations, le Museo Picasso Málaga a enfin intégré un palais du XVIe siècle, digne du grand maître.

mettait fin à la guerre hispano-américaine, un appel à rebondir fut lancé par un groupe d'écrivains à l'œil critique, connu sous le nom de Generación de 98. Le cercle, dirigé par le poète sévillan et socialiste Antonio Machado (1875-1939), fustigeait la nation, lui reprochant de rester endormie et de se complaire dans sa médiocrité. Réalisme et rébellion enflammaient les écrits de la Generación de 98, dans le but de faire réagir face au malaise culturel et rétablir la littérature à sa place prééminente. Vers cette même période, la musique classique trouva la voix de la cohésion ibérique dans un groupe de quatre compositeurs, dont deux étaient andalous. Imprégnés de la musique de Debussy et Ravel, Manuel de Falla (1876-1946), de Cadix, et Joaquín Turina (1882-1949), de Séville, composèrent des opéras, des chansons et de la musique de chambre où résonnait l'écho du folklore andalou. Falla, plus particulièrement, était fasciné par le flamenco et organisa en 1922, avec le poète Federico García Lorca, le concours de Cante Jondo (chant profond).

Lorca : un poète à part

Peut-on vraiment comprendre l'Andalousie moderne sans avoir une petite idée de l'œuvre du plus grand poète et dramaturge espagnol, Federico García Lorca (1898-1936) ? Lorca incarna nombre de traits du caractère andalou – la passion, l'ambiguïté, l'exubérance et l'innovation – et, très tôt, leur donna vie avec talent dans une longue suite de recueils. La popularité lui vint dès 1928, avec *El Romancero Gitano* (*Romancero gitan,* 1928), un recueil de poèmes sur le thème gitan, émaillé de métaphores insolites mais construit avec la simplicité d'un chant flamenco. Entre 1933 et 1936, il écrivit trois pièces de théâtre qui s'imposent comme ses œuvres maîtresses : *Bodas de Sangre* (*Noces de sang*), *Yerma* et *La Casa de Bernarda Alba* (*La Maison de Bernarda Alba*). Sombres et tourmentées, ces superbes tragédies traitent de thèmes comme l'aliénation et la libération. Grenade façonna, inspira, et, finalement, détruisit Lorca (il y fut exécuté par les nationalistes en 1936).

Du XXe siècle à aujourd'hui

Aux XXe et XXIe siècles, les écrivains et artistes se trouvèrent confrontés à une tâche insurmontable : s'affranchir de Lorca et de Picasso. À la tête de la génération littéraire postfranquiste, Antonio Muñoz Molina, romancier et essayiste d'Úbeda, est célèbre pour son roman *Séfarade* (2003), qui évoque la mémoire des juifs, de leur expulsion d'Espagne jusqu'à l'holocauste. António Soler, de Málaga, est une autre voix de cette génération dans *Le Chemin des Anglais* (2004), qui raconte un été et une bande de copains qui passe de l'adolescence à l'âge adulte. Ce roman a été porté à l'écran par Antonio Banderas.

Dans le monde de l'art, après la période franquiste, la Movida (le Mouvement), initiée à Madrid, fut une période de transition et d'intense recherche d'identité. Le couple d'artistes gay du pop art, Enrique Naya et José Carrero, originaires de Cadix, s'installa à Madrid dans le studio d'art le Costus, qui devint le lieu de rendez-vous (et de la fête débridée) de tous les grands protagonistes de la Movida. Parmi eux, le réalisateur Pedro Almodóvar a mis cette période en scène dans son film culte *Pepi, Luci, Bom et autres filles du quartier* (1980).

Tauromachie

En janvier 2012, la Catalogne a dit adieu à une tradition espagnole vieille de plusieurs siècles en devenant la première région de l'Espagne continentale à interdire la corrida (déjà proscrite aux îles Canaries depuis 1991). D'autres régions suivront peut-être son exemple, mais l'Andalousie, elle, n'est certainement pas prête de rejoindre le mouvement des opposants. La région la plus méridionale de l'Espagne est considérée comme le berceau de la corrida et l'un de ses hauts lieux : les toreros mythiques y sont légion et c'est là que furent inventées les règles de la tauromachie moderne.

Pour ses détracteurs en revanche, la corrida est un sport cruel qui, en ces temps supposément éclairés, fait passer l'Espagne pour rétrograde. Le lobby anti-corrida est plus puissant dans certaines régions du nord de l'Espagne. Parmi les organismes espagnols qui luttent contre la tauromachie, citons l'**Asociación para la Defensa de los Derechos del Animal** (ADDA ; Association pour la défense des droits des animaux ; www.addaong.org) de Barcelone, et **Equanimal** (www.equanimal.org), installé à Madrid.

Histoire

D'un point de vue culturel, la tauromachie montre des ressemblances avec le flamenco. Ses origines sont plutôt vagues mais sa pratique est typiquement espagnole (et andalouse) et son art transmis de génération en génération dans différentes dynasties familiales.

Si les Romains organisèrent probablement les premières luttes entre les hommes et les bêtes, la *lidia*, soit la corrida que l'on connaît aujourd'hui, a véritablement commencé en Espagne, et plus précisément en Andalousie, au XVIIIe siècle. La famille Romero, originaire de Ronda, dans la province de Málaga, a mis au point les principales règles de cette tauromachie à pied. Auparavant, le torero montait à cheval et la corrida était une sorte de sport équestre réservé à la noblesse. La légende veut que, lors d'un combat ayant mal tourné, Francisco Romero soit descendu dans l'arène, ait détourné l'attention du taureau, avant de lui donner l'estocade avec son épée. Il recommença dans d'autres arènes et devint un véritable professionnel. Son fils, Juan Romero, continua de faire évoluer le combat en y ajoutant la *cuadrilla* (l'équipe soutenant le matador). Malgré les dangers de sa profession, Juan aurait vécu, dit-on, jusqu'à 102 ans. À la troisième génération, Pedro devint le torero le plus célèbre de tous les temps, avec à son actif plus de 5 000 mises à mort en quelque 60 ans de carrière. La dimension théâtrale était de première importance pour lui, et ce style qu'il introduisit dans l'arène se perpétua pendant près d'un siècle.

L'âge d'or de la tauromachie correspond aux années 1910, quand elle passe du spectacle ostentatoire à une pratique d'un esthétisme rare et d'une technicité ne laissant pas la place à la moindre approximation.

C'est la rivalité, célèbre, entre les deux matadors, Juan Belmonte et Joselito "El Gallito" qui fut à l'origine de ce changement. Ces deux illustres figures de la tauromachie, peut-être les plus grandes de son histoire, étaient nées à trois ans d'intervalle dans la province de Séville.

Juan Belmonte (1892-1962) avait les jambes déformées. Incapable donc d'adopter les postures classiques des matadors, il choisit de se tenir très raide et immobile dans l'arène jusqu'à ce que le taureau vienne l'effleurer. Il a dit en plaisantant qu'il entrait dans l'arène comme un "mathématicien prouve un théorème". Cette nouvelle tactique surprenante tenait les spectateurs en haleine, mais Belmonte fut éventré plus de 20 fois, sans jamais que cela lui soit fatal. Son rival, Joselito (José Gómez Ortega ; 1895-1920), ne fut pas si chanceux. Enfant prodige de la tauromachie, Joselito adapta la méthode dite "rapprochée" de Belmonte. Les deux devinrent rapidement des rivaux. Il est peu probable que l'on assiste un jour dans l'arène à des jeux de *muleta* (la cape rouge du matador) tels qu'ils s'en livrèrent entre 1912 et 1920. Joselito finit par mourir sous les cornes d'un taureau, en 1920, d'une mort sacrificielle évoquée par Ernest Hemingway dans *Mort dans l'après-midi* (L'écrivain, grand aficionado qui a sans doute le mieux parlé de la corrida en la décrivant comme un "merveilleux cauchemar", devint ensuite l'ami de Belmonte).

Corsetée par la tradition, l'essence de la tauromachie n'a que peu changé depuis la disparition de Joselito. Le célèbre Manolete (Manuel Rodríguez Sánchez ; 1917-1947), un Cordouan, fit entrer dans la corrida moderne quelques fameuses passes de *muleta* courtes et rapprochées. Quant à El Cordobés (Manuel Benítez Pérez, né en 1936), autre légende de Cordoue, aussi exubérant dans l'arène que dans la vie, il fut l'un des premiers matadors connus internationalement. La plus grande rivalité entre toreros à laquelle aient assisté les aficionados depuis les années 1910 fut celle entre le Madrilène Luís Miguel Dominguín (1926-1996) et le champion de Ronda, Antonio Ordóñez (1932-1998), immortalisée par Hemingway dans *L'Été dangereux* (1959).

Un *espontáneo* est un spectateur qui saute dans l'arène pour braver le taureau. C'est bien sûr interdit, mais c'est ainsi que le fameux matador El Cordobés a commencé sa carrière, ce qui a fait polémique. Ironie du sort, des années plus tard, un de ses propres combats fut interrompu par un *espontáneo*, bien moins chanceux, qui mourut encorné par le taureau.

ARÈNES HISTORIQUES

L'Andalousie compte près de 70 arènes. La saison tauromachique débute le dimanche de Pâques et dure jusqu'en octobre. Séville et Ronda sont les deux plus grandes places de la corrida.

» **Séville** Site de La Maestranza, appelée la "Catedral del Toreo" (cathédrale de la tauromachie), considérée comme l'une des plus anciennes arènes d'Espagne, datant de 1761. Les plus grandes corridas ont lieu à l'occasion de la Feria de Abril.

» **Ronda** La Plaza de Toros de Ronda, de style néoclassique, construite en 1784, accueillit Pedro Romero et, plus tard, le clan Ordóñez. La fête de la Corrida Goyesca s'y déroule en septembre. Avec ses 66 m de diamètre, elle serait la plus vaste au monde.

» **El Puerto de Santa María** Cette ville de la province de Cadix, autre haut lieu de la tauromachie, possède une arène de 15 000 places datant de 1880.

» **Antequera** Entourée d'un parc, l'arène d'Antequera fut reconstruite en 1984 à l'identique de celle de 1848. Un petit musée y est attaché.

» **Málaga** La fameuse Malagueta, de style néo-mudéjar, ouvrit en 1878, et accueille 14 000 spectateurs.

» **Cordoue** La Plaza de los Califas, de 1965, est la plus grande arène d'Andalousie, d'une capacité de 17 000 places.

Le combat

Les corridas débutent habituellement vers 18h. En règle générale, six taureaux sont à l'affiche et trois matadors combattent chacun deux animaux. Chaque combat dure 15 minutes.

Le roi d'Espagne, Juan Carlos, aurait déclaré "le jour où l'Union européenne interdira la corrida, l'Espagne quittera l'Union européenne".

Après avoir pénétré dans l'arène, le taureau est d'abord excité par de jeunes toreros appelés *peones* qui agitent de grandes capes. Vêtu de son habit de lumière, le matador (littéralement "le tueur") entre en scène et exécute des *faenas* (passes) avec l'animal. Plus le matador reste calme et proche du taureau, plus il suscite l'approbation des spectateurs. Il cède ensuite la place aux *banderilleros*, qui tentent de planter une paire de banderilles dans le garrot de la bête pour l'exciter. Les picadors, à cheval, prennent ensuite le relais. Ils enfoncent une lance dans le garrot de l'animal afin de l'affaiblir. Le matador revient alors pour le dernier acte. Lorsque le taureau semble fatigué et moins enclin à riposter, le matador choisit le moment de la mise à mort. Face à l'animal, il tente de plonger avec précision l'épée dans son échine pour provoquer une mort instantanée : c'est l'estocade (*estocada*).

Si le matador a réalisé une prestation habile et audacieuse, et réussi à tuer proprement le taureau, la foule se lèvera en agitant des mouchoirs pour inciter le président de la corrida à le récompenser en le gratifiant d'une oreille du taureau vaincu.

Cuisine

Question créativité et cuisine avant-gardiste, l'Espagne n'a rien à envier à la France. Ferran Adriá, le grand chef catalan, y a été le fer de lance de *la nueva cocina* (nouvelle cuisine) expérimentale, et son restaurant El Bulli, près de Barcelone, fut une scène culinaire mythique, jusqu'à sa fermeture, en 2011. L'Andalousie, qu'on ne peut pas non plus taxer de conformiste, préfère cependant s'appuyer sur la tradition que de se pendre aux basques de ses cousins prodiges du Nord. En 1998, à Ronda, le Restaurante Tragabuches était le premier d'Andalousie récompensé d'une étoile au Michelin, grâce à Dani García, l'un des dix chefs du moment en Espagne, et d'autres ont suivi.

Avant tout, la cuisine andalouse s'efforce de s'en tenir à la simplicité. Les poissons frais pêchés sont à l'honneur sur la côte, souvent juste frits à l'huile d'olive – une signature culinaire du cru –, tandis que dans les montagnes, notamment dans les Alpujarras et la région de Cazorla, la viande et le gibier sont cuisinés en savoureux ragoûts. L'huile d'olive, depuis les Romains, est l'ingrédient de base (la région est le premier producteur mondial). Le vin, introduit à la même époque, s'exporte également, surtout sous forme de xérès. Mais il est un autre mets de choix et d'exception, le *jamón ibérico*, ce jambon de porc noir ibérique qui fond dans la bouche. Et n'oublions pas de préciser que les Andalous prétendent avoir inventé les tapas.

La cuisine andalouse se distingue également par ses influences maures, très palpables. À l'époque d'Al-Andalus, les musulmans introduisent les agrumes, la culture du riz, ainsi que de nombreuses épices, comme la cannelle, la muscade, la coriandre et le safran. Sans oublier les amandes, qui entrent dans la composition de quantité de desserts traditionnels.

En 2012, l'Andalousie comptait neuf restaurants étoilés au Michelin, mais seul le Calima, à Marbella, possède deux étoiles.

MICHELIN

Produits de la mer

Les poissons et les fruits de mer sont présents partout sur la côte andalouse. Leur consommation remonte à l'époque où l'Andalousie était l'une des régions les plus pauvres du pays, et où la pêche était le principal pilier de l'économie. Aujourd'hui, nombre de villages de pêcheurs ont été supplantés par de tentaculaires stations balnéaires, notamment sur la Costa del Sol, et la pêche est désormais le domaine réservé de grandes entreprises, les petits bateaux de pêche se faisant de plus en plus rares. Toutefois, l'esprit de cette époque révolue est encore bien vivace et les prises du jour, qu'elles viennent de l'Atlantique ou de la Méditerranée, sont attendues avec la même impatience par les cuisiniers des restaurants, et les clients privés.

Les Andalous consomment le poisson de diverses manières, mais ils sont surtout réputés pour leur *pescaito frito* (poisson et crustacés frits). Spécialité typique de Cadix, d'El Puerto de Santa María et de la Costa de la Luz (même si l'on en trouve aussi à Grenade), le poisson frit à l'andalouse est une recette bien plus subtile qu'il n'y paraît. À peu près tous les produits de la mer sont roulés dans de la farine de pois chiche ou de blé, puis plongés brièvement dans la friture d'huile d'olive. Rares sont les poissons et fruits de mer préparés autrement. Parmi les plus courants, citons les *chipirones* ou *chopitos* (petits calamars ou supions), le *cazón en adobo* (beignets de roussette) et la *tortillita de camarones*, délicieuse galette croustillante dont la pâte contient de minuscules crevettes.

Autres poissons et crustacés très populaires : les *boquerones* (anchois), servis frits ou marinés dans l'ail, l'huile d'olive et le vinaigre ; les *sardinas a la plancha* (sardines grillées) ; les gambas et les *langostinos* (crevettes royales) grillés, frits ou froids avec un bol de mayonnaise maison (les plus appréciés viennent de Sanlúcar de Barrameda) ; les *chanquetes* (petite friture), une spécialité de Málaga ; les *ostras* (huîtres) ; le *pez espada* (espadon) ; et les *salmonetes* (rougets). Les réserves naturelles d'*atún* (thon) sont en train de s'épuiser, pourtant ce poisson reste très apprécié sur la Costa de la Luz, notamment à Barbate et à Zahara de los Atunes.

Le thon rouge, très prisé, est toujours pêché sur la Costa de la Luz, selon la méthode traditionnelle de l'*almadraba* (la madrague), qui consiste à piéger les poissons dans de vastes filets ancrés au fond. Cette technique, vieille de 3 000 ans, fut inventée par les Phéniciens.

Produits du terroir

Les Andalous de l'arrière-pays éprouvent eux aussi une véritable passion pour leurs produits et prétendent (avec raison, il faut le dire) que leur huile d'olive et leur *jamón* (jambon), produits courants sur les tables espagnoles, sont les meilleurs du pays.

Le *jamón* n'est pas seul à enchanter les papilles andalouses. Pendant toute la saison des corridas (en gros de mai à septembre), bars et restaurants annoncent fièrement "*hay rabo de toro*", "il y a de la queue de taureau au menu ! ".

Le fromage est également très apprécié. Si la plupart des produits fromagers viennent d'autres régions d'Espagne, il existe quelques exceptions notoires : le grazalema, un fromage à base de lait de brebis semblable au manchego, est fabriqué dans les montagnes de Cadix ; le málaga est un fromage de chèvre que l'on conserve dans de l'huile d'olive ; enfin, le cadix, fromage de chèvre frais au goût prononcé, est fabriqué dans la campagne des environs de Cadix.

L'ORIGINE DES TAPAS

De nombreuses légendes circulent quant à l'origine des tapas. Selon l'une d'elles, au XIIIe siècle, les médecins du roi Alphonse X lui auraient conseillé d'accompagner les gorgées de vin qu'il buvait entre les repas de petites bouchées de nourriture. Le monarque trouva l'idée tellement bonne qu'il institua une loi contraignant toutes les tavernes de Castille à faire de même. Selon une autre version, les tapas auraient été inventées par des tenanciers de cafés qui posaient une soucoupe contenant un morceau de pain sur les verres de xérès, afin d'éloigner les mouches ou d'éviter que leurs clients boivent le ventre vide. Quant au mot *tapa* (qui signifie "couvercle"), il se serait répandu dans le langage courant au début du XXe siècle, après que le roi Alphonse XIII eut fait halte dans un établissement en bord de mer de la province de Cadix. Alors qu'un fort coup de vent menaçait d'envoyer du sable en direction du souverain, un serveur se serait précipité pour couvrir le verre de xérès du monarque d'une tranche de *jamón*. Le roi aurait tellement apprécié ce geste (et le *jamón*) qu'il aurait commandé un second verre avec du jambon. C'est ainsi que le nom de tapa serait resté.

L'Andalousie produit aussi, grâce à son climat généreux, les meilleurs fruits et légumes d'Espagne. N'en déduisez pas pour autant que les légumes prédominent sur les cartes de restaurants, car ici on apprécie beaucoup la viande et la charcuterie. Mais ces fantastiques produits se consomment en saison. La province d'Almería, à l'est de Málaga, est le jardin d'hiver de l'Europe, avec ses kilomètres de serres sous plastique où l'on pratique la culture intensive des légumes.

Jamón

Rien n'est plus appétissant que quelques tranches fines de succulent *jamón*. Les bars et restaurants andalous ont presque toujours un jambon entamé, présenté sur une *jamónera* (table à découper). Plus souvent, les établissements ont plusieurs jambons entiers suspendus au mur ou au plafond.

Le *jamón* espagnol est un jambon rouge sombre et marbré de gras. Les meilleurs ont un délicat parfum évoquant les forêts et les prés. Comme le vin et l'huile d'olive, le *jamón* est soumis à une classification stricte. Ainsi, le *jamón serrano,* qui représente environ 90% du jambon cru d'Espagne, est un jambon cru de montagne fabriqué avec les porcs blancs qui ont été introduits dans le pays dans les années 1950. Jadis salés puis séchés par les vents froids et secs de la sierra espagnole, la plupart sont aujourd'hui mis à sécher une année durant sous abri afin de contrôler la température ambiante.

Le *jamón ibérico,* aussi appelé *pata negra* (patte noire), plus cher, est fabriqué avec le porc noir ibérique, un descendant du sanglier. Le gras infiltrant le tissu musculaire, ce jambon est très marbré, ce qui fait son goût et sa texture uniques. Considéré comme le meilleur de tous, le *jamón ibérico* de Jabugo, dans la province de Huelva, est issu de porcs élevés en liberté dans les forêts de chênes de la Sierra Morena. Les meilleurs jambons de Jabugo sont classés selon un système comptant de une à cinq *jotas* (J) ; les jambons *cinco jotas* (JJJJJ) proviennent de porcs n'ayant jamais rien mangé d'autre que des glands (*bellotas*).

Si un porc atteint au moins 50% de son poids pendant la saison où il est possible de se nourrir de glands, il a droit à l'appellation de *jamón ibérico de bellota*, le label de qualité le plus recherché.

Parmi les autres charcuteries très appréciées, citons la *morcilla*, un boudin noir au riz ou aux oignons, délicieuse légèrement grillée ; le chorizo, saucisson de porc pimenté avec du paprika ; et enfin le *lomo* (échine de porc).

Huile d'olive

Si l'Espagne est le plus grand producteur mondial d'huile d'olive, l'Andalousie affiche quant à elle des chiffres impressionnants : plus de 80 millions d'oliviers dans la région, 80% de la production nationale, 10% de la production mondiale d'huile d'olive produite dans la province de Jaén (qui produit plus que la Grèce), et enfin, plus de 4 500 km² de superficie couverts par les oliveraies de Jaén. Les champs d'oliviers des provinces de Cordoue, de Jaén et de Séville, s'étendent à perte de vue. Ils furent plantés à l'origine par les Romains. Cependant, la production de l'*az-zait* (jus de l'olive), d'où vient le terme *aceite*, nom générique actuel de l'huile d'olive, fut ensuite développée par les musulmans. Les olives et leur huile demeurent une spécialité de la cuisine andalouse.

HUILE D'OLIVE

L'Espagne est le plus gros producteur d'huile d'olive de la planète, et elle consomme 20% de la production mondiale.

LECTURES

Vous trouverez une multitude de livres de cuisine pour apprendre à faire les tapas et les plats traditionnels espagnols. Nous vous conseillons notamment :

» *Tapas de Séville*, d'Inma Ojeda-Vaupré (Mangeclous, 2008).

» *Tapas*, de Ghislaine Danan-Bénady (Solar, 2007).

» *Cuisine andalouse*, collectif (Bonechi Casa Editrice, 2009).

» *La Cuisine espagnole de mère en fille*, de Denise Laroutis (Albin Michel, 2005).

» *Le Grand Livre de la cuisine espagnole*, d'Anna Maria Calera (De Vecchi, 2004).

» *Huile d'olive*, de Robert Beauchemin (Éd. de l'Homme, 2006), présente 50 recettes du Bassin méditerranéen à base d'*aceite*, parmi lesquelles les brochettes andalouses.

» Concernant les vins et spiritueux, vous pouvez vous référer au livre *Les Vins d'Espagne*, d'Alain Huetz de Lemps (Presses Universitaires Bordeaux, 2009).

Sites Internet

» www.spaingourmetour.com (en anglais)

» www.andalucia.org/que-hacer (ce que nous offrons)

» www.sherry.org (en anglais)

» www.winesfromspain.org (en anglais)

La production d'huile d'olive est presque aussi compliquée que celle du vin, et il existe divers labels de qualité. Les meilleures huiles d'olive sont les huiles "vierges" (lesquelles doivent remplir 40 critères de qualité et de pureté) et "extravierges" (la meilleure, son taux d'acidité ne dépassant pas 1%). Certaines régions productrices ont reçu une Denominación de Origen (DO ; dénomination garantissant les origines géographiques, les techniques de production et la qualité du produit, équivalant à l'AOC française). En Andalousie, les DO sont Baena et Priego de Córdoba, dans la province de Cordoue ; ainsi que Sierra de Segura et Sierra Mágina, dans la province de Jaén.

L'espèce d'olive la plus courante est la *picual*, une olive au goût prononcé et parfois vaguement épicé, que l'on trouve dans les oliveraies de la province de Jaén, et avec laquelle on fabrique 50% de la production d'huile d'olive espagnole. Tirant son nom de son *pico* (bout pointu), elle est idéale pour la fabrication d'huile car elle contient une forte proportion de graisse végétale, d'antioxydants naturels et de polyphénols ; ces derniers permettent à l'huile de bien se conserver et de garder ses propriétés essentielles à haute cuisson. L'olive *hojiblanca* est cultivée essentiellement dans les provinces de Málaga et de Séville. Son huile se conserve moins longtemps et doit être gardée dans un endroit frais et sombre. Elle a, dit-on, un goût et des arômes de fruits, d'herbe et de noix.

Soupes

L'antidote idéal aux brûlants étés andalous est bien sûr le célèbre *gazpacho andaluz*. Cette soupe froide se prépare selon diverses recettes, mais le plus souvent, c'est un mélange de tomates, de poivrons, de concombre, d'ail, de mie de pain, d'huile d'olive et de vinaigre de xérès. Outre le climat, l'histoire a également joué un rôle majeur dans sa popularité : la recette serait un héritage du Nouveau Monde, lorsque Christophe Colomb rapporta des tomates et des poivrons de ses voyages. Le gaspacho a fait son apparition en Andalousie grâce aux *jornaleros*, ouvriers agricoles journaliers qui recevaient des rations de pain (souvent rassis) et d'huile. Ils faisaient tremper le pain dans l'eau pour obtenir une base de soupe, puis ajoutaient de l'huile et de l'ail, ainsi que les légumes frais qu'ils avaient sous la main. Tous les ingrédients étaient ensuite pilés dans un mortier pour obtenir un plat rafraîchissant et nourrissant. Le gaspacho est parfois servi dans un pichet avec des glaçons, accompagné de petites assiettes de

Les *tejeringos* sont de très longs *churros* (beignets) roulés en spirale.

légumes crus coupés en morceaux, par exemple des concombres et des oignons.

Le *salmorejo cordobés*, version cordouane plus épaisse du gaspacho, est aussi une soupe froide à base de tomates et de mie de pain trempée, avec de l'ail, mais sans concombre ni poivron. Il est servi avec des lanières de *jamón* et des miettes d'œuf dur. L'*ajo blanco* est un gaspacho blanc originaire d'Afrique du Nord, avec des amandes, de l'ail et du raisin à la place des tomates.

Boissons

Vin

La production de *vino* a commencé en Andalousie avec les Phéniciens, probablement dès 1100 av. J.-C. Les colonisateurs romains qui leur succédèrent leur emboîtèrent le pas. Les Maures, eux, étaient abstinents, comme l'exigeait leur livre sacré, le Coran, mais continuèrent de cultiver la vigne pour le raisin. À partir du XVIe siècle, l'économie du vin en Andalousie connut une belle progression, boostée par l'essor du commerce maritime et le nouveau penchant des Britanniques pour le xérès.

La DO Montilla-Moriles s'étend dans le sud de la province de Cordoue. Ce vin, proche du xérès, n'est pas fortifié par l'ajout d'alcool. La variété la plus appréciée est le *fino*. L'autre DO andalouse se trouve dans la province de Málaga : doux et velouté, le Málaga Dulce a ravi bien des palais depuis Virgile jusqu'aux ladies de l'Angleterre victorienne. Malheureusement, les vignobles furent attaqués par le mildiou vers le début du XXe siècle, si bien que la région de Málaga est aujourd'hui la plus petite DO d'Andalousie. Quelques bars de la ville proposent du vin de Málaga tiré directement au tonneau.

Presque chaque village andalou possède son propre vin basique et bon marché, connu sous le nom de *mosto*. Huit régions produisent une gamme de bons vins, sans DO, que l'on peut goûter sur place : ils ont pour nom Aljarafe et Los Palacios (province de Séville) ; Bailén, Lopera et Torreperogil (province de Jaén) ; Costa Albondón (province de Grenade) ; Laujar de Andarax (province d'Almería) ; et Villaviciosa (province de Cordoue).

Le vin n'accompagne pas seulement les repas : on le consomme aussi dans les bars. En outre, son prix est raisonnable : la bouteille coûte 5 € dans le commerce et un vin correct au restaurant revient à 12 €. Le *vino de mesa* (vin de table) revient à moins de 1,50 € le litre dans les boutiques. Vous pouvez commander du vin à la *copa* (au verre) dans les bars et les restaurants : le *vino de la casa* (cuvée maison), parfois tiré au tonneau, peut coûter environ 1 €. Les visiteurs de l'Andalousie, désireux de goûter des vins de qualité, délaisseront le Rioja. De nouveaux vignerons dans les Alpujarras expérimentent des mélanges de cépages entre *tempranillo*, pinot noir ou cabernet sauvignon, qui donnent d'excellents résultats.

PEDRO XIMENEZ

Selon la légende, le cépage blanc pedro ximénez arriva en Andalousie au milieu du XVIe siècle, dans les bagages d'un soldat germano-flamand de l'armée espagnole. Ce Peter Siemens espagnolisa son nom en Pedro Ximénez, qui devint la grande marque de xérès de réputation mondiale.

Xérès

Le xérès, célèbre vin fortifié d'Andalousie, est produit dans les villes de Jerez de la Frontera, d'El Puerto de Santa María et de Sanlúcar de Barrameda, qui représentent le "triangle du xérès" de la province de Cadix (voir p. 101). Cette production unique résulte à la fois du climat, des sols crayeux qui absorbent le soleil, mais retiennent l'humidité, ainsi que d'un procédé de vieillissement spécial, la *solera*.

Le xérès est essentiellement connu sous deux désignations : *fino* (sec et de couleur paille) et *oloroso* (doux et de couleur sombre, d'un bouquet puissant). L'*amontillado* est un *fino* ambré modérément sec, au goût de noisette et au taux d'alcool plus élevé. Un *oloroso*, combiné avec un vin doux, produit une "crème de xérès". Le *manzanilla*, de couleur camomille, n'est pas officiellement un xérès. C'est un *fino* non fortifié produit à Sanlúcar de Barrameda ; il doit, dit-on, son parfum délicat aux brises marines qui soufflent jusque dans les bodegas (caves).

L'Andalousie pratique

Carnet pratique

Argent

La monnaie espagnole est l'euro (€). Elle est en vigueur dans toutes les zones traitées dans ce guide à l'exception de Gibraltar, où a cours la livre de Gibraltar.

» Vous pourrez régler vos achats et retirer des espèces aux *cajeros automáticos* (distributeurs automatiques de billets) avec votre carte bancaire. Vérifiez que le distributeur que vous utilisez accepte les cartes étrangères : les logos des cartes acceptées sont affichés sur l'appareil. Vous pourrez changer des espèces et des chèques de voyage dans la quasi-totalité des banques et bureaux de change. Les bureaux de change – *cambio* (change) – restent ouverts plus longtemps que les banques mais les taux de change sont moins intéressants. Parmi les marques de chèques de voyage les plus largement acceptées figurent Thomas Cook, Visa et American Express (Amex), toutes offrant une assurance remplacement efficace.

» En règle générale, plus vous changez d'argent, plus vous obtiendrez un taux intéressant. Pensez à vous renseigner sur la commission et vérifiez que les taux affichés sont bien ceux du jour. La commission est généralement de 2 à 3%, avec un minimum de 4 ou 5 €. Les bureaux proposant un change "sans commission" offrent souvent des taux inintéressants. En Espagne, vous pourrez rarement utiliser vos chèques de voyage pour payer directement vos achats.

» La taxe espagnole sur la valeur ajoutée (TVA) s'appelle l'IVA (prononcez "iba", *impuesto sobre el valor añadido*). Elle s'élève à 8% dans l'hôtellerie et la restauration et est généralement comprise (mais pas toujours) dans les prix affichés. Sur les articles de détail et la location de voiture, l'IVA est de 18%. En règle générale, l'IVA est incluse dans les prix indiqués dans ce guide. Pour vous assurer qu'un prix comprend bien l'IVA, demandez : "*¿Está incluido el IVA?*"

Les visiteurs qui ne résident pas dans un pays de l'UE peuvent demander le remboursement des 18% de l'IVA sur tout achat d'un montant supérieur à 90,15 € réalisé dans n'importe quel magasin, à condition de quitter l'UE sous trois mois. Demandez au magasin de vous fournir une facture précisant le prix et l'IVA de chaque article, ainsi que les nom et adresse du vendeur et de l'acheteur. Présentez ensuite la facture et les biens au bureau des douanes de l'aéroport, du port ou du poste-frontière par lequel vous sortez du territoire de l'UE. L'agent tamponnera alors votre facture, que vous remettrez à une banque de l'aéroport ou du port concerné afin d'obtenir votre remboursement.

Cartes de crédit

En Andalousie, avec une carte de crédit (*tarjeta ede crédito*), il est facile d'effectuer ses achats et d'obtenir des liquidités dans les distributeurs automatiques de billets (DAB).

La plupart des établissements acceptent les paiements par carte, mais pas tous. Vous pourrez régler ainsi dans les hôtels et restaurants de catégorie moyenne ou supérieure et dans les grandes boutiques, mais ne comptez pas sur votre carte en toutes circonstances. Un document d'identité, par exemple votre passeport, . vous sera demandé lors du paiement. N'oubliez pas votre code, qu'il vous faudra parfois composer lors du paiement, et munissez-vous des numéros de téléphone nécessaires en cas de perte ou de vol de votre carte.

La formule la plus avantageuse pour les visiteurs vivant en dehors de la zone euro consiste à régler leurs achats par carte de crédit ou à retirer de l'argent dans un distributeur.

Les cartes American Express (Amex) sont moins largement acceptées que les Visa et MasterCard.

Pourboires

Selon la loi espagnole, le service est inclus dans les prix affichés sur les cartes des restaurants. Le pourboire est donc laissé à votre appréciation et 5% suffisent souvent amplement. Les porteurs dans les hôtels se satisfont de 2 €. Les taxis ne s'attendent pas à un pourboire mais apprécieront que vous arrondissiez le montant de la course.

Assurances

Assurance médicale

Pour les citoyens de l'UE (ou de Suisse), la carte européenne d'assurance maladie assure la gratuité de la plupart des soins médicaux dans les hôpitaux publics, mais non le rapatriement sanitaire ou les cas non urgents. Vous devez en faire la demande auprès de votre caisse d'assurance maladie (www.ameli.fr, rubrique *Vacances en Europe*). Les ressortissants d'autres pays doivent se renseigner pour savoir s'il existe un accord bilatéral entre leur pays et l'Espagne pour assurer la gratuité des soins.

Si vous avez besoin d'une assurance de santé, prenez celle qui vous couvrira le mieux (en cas d'accident nécessitant un rapatriement d'urgence par exemple). Demandez au préalable si votre assurance règle directement les frais engagés ou vous rembourse ultérieurement.

Assurance voyage

Il est conseillé de souscrire une police d'assurance qui vous couvrira en cas de vol, de perte, de problèmes médicaux, d'annulation de votre voyage et de retard ou de modification de votre vol. Payer son billet d'avion avec une carte de crédit permet souvent d'assurer en partie son voyage. Renseignez-vous auprès de votre prestataire de carte bancaire.

Cartes de réduction

Les cartes d'étudiants et jeunes donnent lieu à des réductions intéressantes sur les voyages, dans certains musées, sites et lieux de loisirs. Les cartes ISIC (International Student Identity Card), pour les étudiants, et ITIC (International Teacher Identity Card) pour les professeurs, sont acceptées dans la majorité des musées. L'ISIC offre des tarifs réduits sur les avions et les trains, 50% de réduction sur les musées nationaux en Espagne et jusqu'à 20% de remise sur les trajets effectués avec la compagnie de bus Alsa.

Toute personne de moins de 26 ans peut posséder une carte Euro<26 (*Carnet Joven* en Espagne), ou bien une carte International Youth Travel Card (IYTC ou GO25), disponible dans le monde entier. Elles offrent des réductions similaires à l'ISIC et sont délivrées par les mêmes organismes. Les détenteurs de la carte Euro<26 bénéficient en Andalousie de 20 à 25% de réduction sur de nombreux billets de train, 20% sur certaines locations de voiture et sur les voyages en bus avec Socibus, de 10 à 15% de réduction sur certains hébergements et de réductions dans certains musées et attractions touristiques. Il faut bien entendu présenter un papier d'identité prouvant votre âge. Pour plus d'information, notamment sur les lieux où se procurer les cartes, consultez les sites www.isic.fr et www.euro26.org.

Une carte senior, réservée généralement aux plus de 65 ans, offre des rabais similaires à ceux proposés par les cartes étudiant ; cependant, certains musées ne tiennent compte que des cartes senior émises dans des pays de l'UE.

Cartes et plans

Mise à jour chaque année, la carte Michelin *Andalucía*, au 1/400 000 (n°578), est parfaite pour organiser l'ensemble du voyage et circuler sur place. Elle est facile à trouver en Andalousie et ailleurs, notamment dans les stations-service et les librairies.

Les cartes fournies par les offices du tourisme sont en général suffisantes pour s'orienter dans les villes. Pour des plans plus détaillés, les éditeurs espagnols Telstar, Escudo de Oro, Alpina et Everest couvrent la plupart des grandes villes et intègrent un index des rues : vous les trouverez en librairie. Vérifiez leur date de publication.

Sur Internet, **Mappy** (www.mappy.fr) et **Cartes-Plans** (www.cartes-plans.com) proposent des plans des villes andalouses avec une fonction de recherche par nom de rue.

Il est préférable d'acheter vos cartes à l'avance, car toutes ne sont pas toujours disponibles partout. Sur place, vous pourrez trouver dans certaines librairies les cartes de la Junta, du SGE et du CNIG.

Cartes de randonnée

Pour vos randonnées en Andalousie, mieux vaut vous procurer les meilleures cartes du marché, car le balisage est parfois aléatoire.

Le **Centro Nacional de Información Geográfica** (CNIG ; ☎91 755 15 42 ; www.cnig.es, en espagnol), maison d'édition de l'Instituto Geográfico Nacional (IGN), a élaboré dans les

PRATIQUE

- Vous trouverez dans les kiosques un choix de journaux européens partout où se concentrent expatriés et touristes.
- De centre gauche, *El País* (www.elpais.es) est le quotidien le plus vendu d'Espagne. Chaque ville andalouse d'une certaine taille possède au moins un quotidien local.
- Pour la radio, *El País* publie un guide des fréquences province par province dans sa rubrique *Cartelera* (Sorties). La Radio Nacional de España (RNE) compte plusieurs antennes, dont RNE3, radio pop-rock, et RNE2, consacrée à la musique classique.
- L'Espagne compte six à huit chaînes de télévision gratuites, dont les publiques TVE1 et TVE2, et plusieurs chaînes locales. Certaines chambres d'hôtel reçoivent des chaînes satellite étrangères.
- Les DVD vendus en Espagne sont des zones 2 : ils ne sont pas toujours compatibles avec les lecteurs d'Amérique du Nord (zone 1) notamment.

années 1990 la collection *Mapa Guía*, consacrée aux parcs nationaux et naturels, en général à l'échelle 1/50 000 ou 1/100 000. Le CNIG couvre aussi les trois quarts de l'Andalousie dans ses cartes *Mapa Topográfico Nacional* au 1/25 000. Le CNIG et le **SGE** (Service géographique des armées ; ☎6630 915 126 600 ; Darío Gazapo 8, Madrid ; ⏲9h-13h30) publient chacun une série au 1/50 000 : celle du SGE, la *Serie L*, est généralement la plus à jour (la plupart des cartes ont été actualisées depuis leur première publication au milieu des années 1990). Les cartes CNIG portent l'appellation CNIG, IGN, ou les deux.

Le site Internet du CNIG recense les distributeurs des cartes CNIG (cliquez sur *Información y Venta*), également vendues en ligne. Le centre dispose de bureaux de vente dans les huit capitales des provinces andalouses, dont Grenade, Málaga et Séville.

Dans le commerce, on trouve de bonnes publications (généralement accompagnées d'un petit guide) éditées par **Editorial Alpina** (www.editorialalpina.com, en espagnol), **Editorial Penibética** (www.penibetica.com, en espagnol), et les **Discovery Walking Guides** britanniques (www.walking.demon.co.uk).

La **Junta de Andalucía** (www.juntadeandalucia.es), le gouvernement régional, publie des cartes dont la série *Mapa Guía* sur les parcs naturels et nationaux. Elles sont récentes et disponibles un peu partout, mais éditées au 1/75 000, conviennent plus au tourisme en voiture qu'à la randonnée. Leur couverture est à dominante verte, contrairement à celle des *mapas guías* du CNIG, plutôt rouge ou rose. La Junta édite aussi de bonnes cartes au 1/10 000 et au 1/20 000 qui couvrent toute l'Andalousie, mais vous aurez du mal à les trouver dans le commerce.

Désagréments et dangers

L'Andalousie est un endroit plutôt sûr, mais comme partout, il existe des risques de vol : s'il s'agit souvent de menus larcins, il est très contrariant de se faire voler son passeport, son argent ou son appareil photo. Le bon sens est la meilleure des précautions. Veillez à ne garder que peu d'argent liquide sur vous et si vous disposez d'un coffre-fort dans votre logement, utilisez-le. Mieux vaut éviter d'attirer l'attention, par exemple de laisser en évidence appareil photo et grosses coupures ou d'avoir son portefeuille dépassant d'une poche. Gardez toujours la main sur vos bagages et prenez garde à quiconque vous approche de trop près dans les gares ou la foule – et ailleurs. Ne laissez jamais rien en vue dans votre véhicule.

En cas de vol ou de perte d'un objet de valeur, et si vous souhaitez vous faire rembourser par votre assurance, vous devez déposer une plainte dans un commissariat de police et demander une copie de la plainte. Pour remplacer un passeport perdu ou volé, contactez votre ambassade ou votre consulat.

Douane

Les voyageurs arrivant en Espagne en provenance de pays hors Union européenne peuvent importer en duty-free 2 litres de vin, 1 litre d'alcool fort et 200 cigarettes ou 50 cigares. En payant des taxes, on peut importer et exporter des articles entre l'Espagne et d'autres pays de l'UE en quantités limitées : 110 litres de bière, 90 litres de vin, 10 litres d'alcool fort, 800 cigarettes et 200 cigares.

Électricité

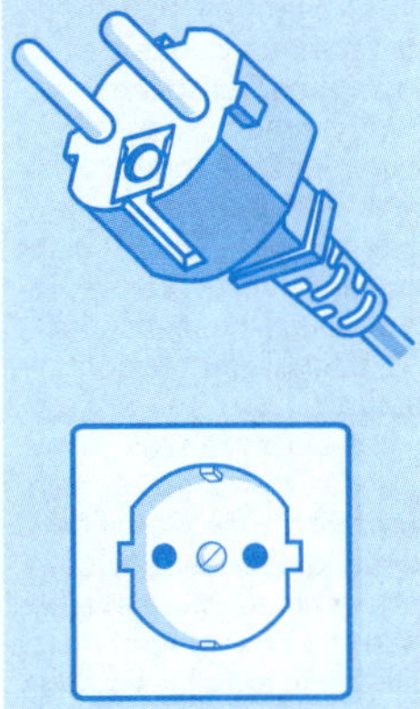

220V/230V/50Hz

240V/50Hz

Formalités et visas

Les ressortissants de l'UE, de la Suisse, de la Norvège, de l'Islande et du Liechtenstein n'ont besoin que d'un passeport ou d'une carte d'identité pour entrer en Espagne. Les ressortissants de nombreux autres pays, dont l'Australie, le Canada, le Japon, la Nouvelle-Zélande, Singapour et les États-Unis, n'ont pas besoin de visa pour des séjours de 90 jours maximum, mais doivent présenter leur passeport.

Les citoyens des autres pays doivent vérifier longtemps avant leur voyage auprès du consulat d'Espagne si un visa est nécessaire. Le cas échéant, le visa de tourisme classique est un visa Schengen valable en Espagne et dans les 24 autres pays signataires des accords de Schengen. Vous devrez généralement déposer en personne votre demande de visa auprès d'un consulat de votre pays de résidence.

Attention : Gibraltar ne fait pas partie de l'espace Schengen, et si vous n'avez pas l'autorisation d'entrer en territoire britannique, vous ne pourrez peut-être pas entrer à Gibraltar.

Avant le départ, il est impératif de contacter les ambassades et les consulats pour s'assurer que les modalités d'entrée sur le territoire n'ont pas changé. Nous vous conseillons de photocopier tous vos documents importants (pages d'introduction de votre passeport, cartes de crédit, numéros de chèques de voyage, police d'assurance, billets de train/d'avion/de bus, permis de conduire, etc.). Emportez un jeu de ces copies, que vous conserverez à part des originaux. Vous remplacerez ainsi plus aisément ces documents en cas de perte ou de vol.

Handicapés

L'accessibilité aux fauteuils roulants est en progrès en Andalousie : les nouvelles constructions, hôtels compris, satisfont désormais à la réglementation. De nombreux hôtels de catégorie moyenne et supérieure aménagent leurs chambres et facilitent l'accès aux personnes utilisant des chaises roulantes, mais l'accessibilité est encore rare dans certains établissements petits budgets.

Lorsque vous appelez un taxi, demander un "eurotaxi" devrait vous garantir un véhicule adapté aux fauteuils roulants.

En France, l'**Association des paralysés de France** (APF, ☎01 40 78 69 00 ; www.apf.asso.fr ; 17 bd Auguste-Blanqui, 75013 Paris) peut vous fournir d'utiles informations sur les voyages accessibles aux handicapés.

Deux sites Internet dédiés aux personnes handicapées comportent une rubrique consacrée au voyage et constituent une bonne source d'information. Il s'agit de **Yanous** (www.yanous.com) et de **Handica** (www.handica.com).

Heure locale

Toute l'Espagne continentale est à l'heure GMT + 1 heure en hiver, et + 2 heures en été (on change d'heure le dernier dimanche de mars et le dernier dimanche d'octobre). L'Espagne vit donc à la même heure que la France et que la plupart des pays d'Europe occidentale.

L'Espagne a 6 heures d'avance sur le Canada, en heure d'hiver. Le Portugal (et les Canaries) ont 1 heure de moins que l'Espagne. Le Maroc est à l'heure GMT/UTC toute l'année, soit 2 heures de moins qu'en Espagne en été, et 1 heure de moins en hiver.

Heures d'ouverture

Les horaires suivants peuvent subir quelques variations selon la région et la saison.

» **Banques** ouvertes en général de 8h30 à 14h du lundi au vendredi, et de 9h à 13h le samedi.

» **Bureaux de poste** De 8h30 à 20h30 du lundi au vendredi et de 9h à 13h30 le samedi.

» **Restaurants et bars** De 13h environ et jusqu'à 16h environ, puis le soir de 20h ou 20h30 à minuit. Sauf mention contraire, les établissements listés dans ce guide pratiquent ces horaires. La plupart ferment un jour par semaine (souvent le lundi). Certains bars sont ouverts dès le petit-déjeuner et jusqu'au soir, mais certains baissent le rideau dès 23h en semaine. Gibraltar pratique les mêmes horaires d'ouverture que le reste de l'Andalousie.

» **Magasins et services (agences de voyage, compagnies aériennes, voyagistes)** De 9/10h à 13h30/14h et de 17h à 20/21h du lundi au samedi, bien que certains ferment le samedi après-midi. Les supermarchés, grands magasins et *centros comerciales* sont en général ouverts toute la journée de 9h à 21h, du lundi au samedi.

» **Bars de nuit** Généralement ouverts en début de soirée, mais ne s'animent véritablement que de 23h ou minuit jusqu'à 2h ou 4h du matin (plus le week-end approche, plus ils restent ouverts tardivement).

Homosexualité

En Andalousie, la scène gay et lesbienne est particulièrement dynamique à Málaga, Torremolinos, Séville et Grenade, mais toutes les grandes villes abritent des bars ou des discothèques pour homosexuels.

Les sites Internet comme www.gayinspain.com, www.guiagay.com et www.cogailes.org proposent des listes utiles d'hébergements, bars, clubs, plages, lieux de rencontre, salles de sport et associations. Gayinspain et Cogailes disposent d'un service d'annonces. Cogailes est le site de la Coordinadora Gai-Lesbiana, organisation gay et lesbienne dont le siège se trouve à Barcelone ; elle tient une ligne téléphonique gratuite d'information en anglais, espagnol et catalan au ☎900 60 16 01, de 18h à 22h tous les jours. Vous trouverez d'autres liens vers des associations gays andalouses sur www.orgullogay.org.

L'**Asociación Andaluza de Lesbianas y Gais** (Calle Lavadero de las Tablas 15, Grenade) a mis en place le **Teléfono Andaluz de Información Homosexual** (☎958 20 06 02).

Même si le mariage gay a été légalisé en Espagne en 2005, certains réceptionnistes d'hôtel peinent encore à comprendre que deux personnes du même sexe souhaitent partager leur lit. Pour éviter toute perte de temps, un voyageur a suggéré que l'un des membres du couple prenne la chambre avant que l'autre ne se présente.

Internet (accès)

Les cybercafés sont nombreux un peu partout en Andalousie, à un tarif moyen de 1,50 €/h. Certains sont équipés de graveurs de CD, webcams, casque à écouteurs, etc. Cependant, les adresses les plus modestes n'ont pas toujours de lecteur de carte mémoire : si vous souhaitez graver des photos sur un CD au cours de votre séjour, mieux vaut apporter le vôtre ou le câble USB de votre appareil photo.

Si vous voyagez avec votre ordinateur portable ou de poche, un nombre croissant d'hôtels en Andalousie offre désormais un accès Wi-Fi (souvent limité à la zone de la réception) ou une connexion filaire dans les chambres.

Les lieux offrant un accès Wi-Fi sont indiqués dans ce guide par l'icône 📶.

Jours fériés

L'Espagne tout entière profite chaque année de 14 jours fériés – certains sont nationaux, d'autres régionaux. La liste change d'une année sur l'autre. Si un jour férié tombe un week-end, il se peut qu'il soit reporté au lundi. Quand un jour férié est proche d'un week-end, beaucoup d'Espagnols font le pont (*puente*).

Les deux grandes périodes de congés sont la *Semana Santa* (Semaine sainte, qui précède le dimanche de Pâques) et les six semaines qui vont de mi-juillet à fin août. Les stations balnéaires affichent alors souvent complet, et le trafic routier est saturé.

Voici les 9 jours fériés nationaux officiels :

Año Nuevo (jour de l'An) 1er janvier

Viernes Santo (Vendredi saint) 29 mars 2013, 18 avril 2014

Fiesta del Trabajo (fête du Travail) 1er mai

Asunción (Assomption) 15 août

Fiesta Nacional de España (Fête nationale) 12 octobre

Todos los Santos (Toussaint) 1er novembre

Día de la Constitución (jour de la Constitution) 6 décembre

Inmaculada Concepción (Immaculée Conception) 8 décembre

Navidad (Noël) 25 décembre

À ceux-là s'ajoutent normalement 3 jours définis par le gouvernement régional et 2 autres par les autorités locales. Les 3 jours fériés régionaux en Andalousie sont :

Epifanía (Épiphanie) ou **Día de los Reyes Magos** (jour des Rois) 6 janvier

Día de Andalucía (fête de l'Andalousie) 28 février

Jueves Santo (Jeudi saint) À Pâques

Les fêtes suivantes sont souvent choisies par les mairies :

Corpus Christi (Fête-Dieu) Environ deux mois après Pâques

Día de San Juan Bautista (Saint-Jean-Baptiste, jour de la fête du roi Juan Carlos II) 24 juin

Día de Santiago Apóstol (Saint-Jacques, fête du saint patron de l'Espagne) 25 juillet

Offices du tourisme

Offices du tourisme en Espagne

Toutes les villes et même certains villages d'Andalousie disposent au moins d'une *oficina de turismo* (office du tourisme). Le personnel vous fournira plans de ville et toutes sortes de renseignements (circuits guidés, horaires des sites touristiques voire horaires de bus). Les horaires d'ouverture sont très variables.

En Andalousie, les offices du tourisme sont gérés par la municipalité, un organisme local, le gouvernement de la province ou celui de la communauté autonome, la Junta de Andalucía. Certaines grandes villes en comptent plusieurs : en règle générale, l'office du tourisme régional informe à la fois sur la ville et la région, tandis qu'un office municipal se cantonne à sa ville et ses abords immédiats. La Consejería de Medio Ambiente, le secrétariat à l'environnement de la Junta de Andalucía, possède des centres d'information dans de nombreuses zones protégées (les *parques naturales* notamment).

De nombreux offices du tourisme sont dotés de points d'information Bluetooth où vous pouvez télécharger plans de ville, itinéraires de balade et calendrier de manifestations directement sur votre téléphone portable.

Vous trouverez les coordonnées des offices du tourisme à la rubrique *Renseignements* des chapitres régionaux de ce guide.

Poste

Les timbres sont vendus dans les *estancos* (bureaux de tabac, sous l'enseigne "Tabacos" en jaune sur fond brun) ainsi que dans les *oficinas de correos* (bureaux de poste ; www.correos.es). Vous pouvez aussi bien poster votre courrier dans les *buzones* (boîtes aux lettres) jaunes installés dans les rues qu'à la poste. Comptez une semaine pour un envoi depuis/vers un autre pays d'Europe de l'Ouest et 10 jours depuis/vers l'Amérique du Nord.

Problèmes juridiques

Il existe en Espagne trois grands corps de police.

» La **Policía Nacional** (police nationale ; ☎091), présente dans les grandes villes, est parfois dotée d'unités spéciales de lutte contre le trafic de drogue, le terrorisme, etc. D'autres se chargent des tâches administratives dans des *comisarías* aux airs de bunker.

» La **Policía Local** (police locale ; ☎092), aussi appelée Policía Municipal, dépend des autorités municipales et traite avant tout les questions de moindre importance telles que le stationnement, la circulation et la réglementation municipale. Les policiers portent un uniforme bleu et blanc.

» Habillés de vert, les agents de la **Guardia Civil** (garde civile ; ☎062) sont en charge des routes, des campagnes, des villages et des frontières internationales.

En cas de nécessité (par exemple, si vous êtes victime d'un vol), peu importe la police à laquelle vous vous adresserez ; cependant, le mieux est de contacter la Policía Nacional ou la Policía Local.

Les lois espagnoles sur les stupéfiants, jadis plus laxistes, ont été durcies en 1992. La seule drogue légale est le cannabis, et seulement pour une consommation personnelle – c'est-à-dire en très petite quantité. La consommation en public de toute drogue est illégale. Il est très fortement déconseillé de fumer du cannabis dans une chambre d'hôtel ou une maison d'hôtes, par exemple. Les voyageurs entrant en Espagne depuis le Maroc, surtout en voiture, doivent s'attendre à une fouille approfondie.

La législation espagnole sur l'alcool au volant est relativement stricte : le taux d'alcoolémie maximum est fixé à 0,05%, et 0,01% pour les jeunes conducteurs.

La Constitution espagnole stipule que toute personne arrêtée doit immédiatement être informée, de manière intelligible, de ses droits et du motif de son arrestation. Si vous êtes arrêté, vous avez droit à l'assistance d'un avocat (et le cas échéant, d'un interprète) pendant les interrogatoires ou les enquêtes judiciaires. En outre, selon la nationalité de la personne arrêtée, la police est souvent tenue d'en informer immédiatement le consulat de son pays d'origine. En cas d'arrestation, vous ne serez pas forcément contraint de faire une déclaration. La détention ne peut durer plus de 72 heures sans présentation à un juge.

Santé

Si vous avez besoin de recevoir des soins en urgence, rendez-vous aux *urgencias* de l'hôpital le plus proche, ou appelez une ambulance au ☎061.

Les *farmacias* (pharmacies) donnent des conseils utiles et proposent des médicaments en vente libre pour des maladies bénignes. Le système des *farmacias de guardia* (pharmacies de garde) fonctionne de manière à ce que chaque quartier dispose en permanence d'une officine ouverte. Lorsqu'une pharmacie est fermée, le nom de la plus proche est indiqué sur la porte.

L'eau du robinet est, en règle générale, potable en Espagne. Toutefois, à Málaga, de nombreux habitants préfèrent acheter de l'eau en bouteille pour ne prendre aucun risque. Ne buvez pas l'eau des rivières ni des lacs car elle pourrait contenir des bactéries nocives.

Téléphone

L'Andalousie est bien pourvue en cabines téléphoniques bleues qui, si elles ne sont pas en dérangement, sont simples d'utilisation pour les appels locaux comme internationaux. Elles acceptent les pièces et/ ou les *tarjetas telefónicas* (cartes téléphoniques).

Les téléphones publics sont généralement 10 à 20% moins cher de 20h à 8h du lundi au vendredi, et toute la journée les samedi et dimanche. Les cabines à pièces dans les bars et cafés – souvent de couleur verte – sont théoriquement un peu plus chères.

De nombreuses villes abritent des centres d'appels à bas prix, les *locutorios*, où vous pourrez appeler à l'international à un tarif avantageux (par exemple, environ 0,20 € la minute vers les États-Unis) ; cependant, le coût d'un appel en Espagne y est généralement similaire à celui des téléphones publics. Les appels via Internet sont les moins chers de tous : vous pourrez le faire dans certains *locutorios* et cybercafés, ou depuis votre ordinateur portable sur différents sites dont www.skype.com.

Téléphones portables

Si vous envisagez de passer beaucoup d'appels vers l'Espagne, il est conseillé d'acheter une carte SIM espagnole. Sur toutes les grandes artères et dans tous les centres commerciaux, des magasins vendent des téléphones à prix dérisoire, et **Orange** (www.orange.es), **Movistar** (www.movistar.es) et **Vodafone** (www.vodafone.es) sont des marques répandues et fiables.

Si vous avez l'intention d'utiliser votre propre téléphone mobile en Espagne, vérifiez auprès de votre opérateur que votre téléphone est équipé d'un service international et demandez les tarifs des appels vocaux, des SMS et de la consultation de votre messagerie. Le cas échéant, pensez à vous procurer un adaptateur électrique pour votre chargeur.

Les téléphones mobiles espagnols fonctionnent sur les réseaux GSM 900/1800 et 3G 2100.

Pour plus de détails, rendez-vous sur **GSM World** (www.gsmworld.com), qui fournit cartes du réseau, informations sur les accords de roaming et liens vers les sites Internet des opérateurs.

Numéros et indicatifs utiles

L'Espagne n'a pas d'indicatifs régionaux. Tous les numéros comportent neuf chiffres, qu'il suffit de composer directement quel que soit l'endroit où vous vous trouvez dans le pays. Les numéros de téléphones fixes espagnols commencent tous par ☎9, ceux des portables par ☎6.

Pour appeler l'étranger depuis l'Espagne, composez le code d'accès international ☎00, puis l'indicatif du pays (☎33 pour la France, ☎32 pour la Belgique, ☎41 pour la Suisse et ☎1 pour le Canada), le code régional (sans le 0) et le numéro désiré.

Les appels vers des numéros espagnols commençant par ☎900 sont gratuits. Les numéros commençant par les chiffres ☎901 à ☎906 sont facturés à la minute, à des tarifs variables ; le ☎902, assez répandu, est facturé environ 0,35 € les 3 minutes. Plus de détails sur ces numéros sur www.andalucia.com/travel/telephone/numbers.htm.

Quelques numéros utiles :

Code d'accès direct à l'international ☎00

Indicatif de l'Espagne ☎34 (également pour les *llamadas por cobro revertido*, appels en PCV)

Opérateur national ☎1009

Opérateur international ☎1008 (Europe) ou ☎1005 (reste du monde)

Renseignements nationaux ☎11822 (0,22 € puis 0,01 € la seconde) ou 11818

Renseignements internationaux ☎11825 (1 € puis 0,75 € la minute)

Cartes téléphoniques

Les cartes téléphoniques émises par la compagnie nationale Telefónica offrent 6 ou 12 € de communications. Elles sont vendues dans les bureaux de poste et les *estancos*.

Nombre de petites épiceries vendent également des cartes téléphoniques émises par des sociétés privées (avec code d'accès) : utilisables depuis un téléphone public ou privé, elles sont bien plus avantageuses.

Toilettes

Les toilettes publiques sont quasi inexistantes, mais beaucoup d'offices du tourisme (pas tous) en sont dotés. Vous pourrez généralement utiliser les toilettes des bars, même si dans ce cas on s'attend à ce que vous consommiez. Ayez toujours un peu de papier toilette avec vous, il fait souvent défaut.

Voyager seule

Les voyageuses devront sans doute subir certains regards appuyés, sifflements et autres commentaires parfois déplacés. Mieux vaut simplement les ignorer. C'est loin d'être une généralité, mais les hommes de moins de 40 ans, qui ont grandi après Franco, sont moins enclins aux stéréotypes sexistes que leurs aînés.

Si les tenues légères sont la norme dans nombre de stations balnéaires, on s'habille de façon plus pudique partout ailleurs. En général, le dimanche, les Espagnoles aiment se mettre sur leur trente et un pour aller se promener.

Si la plupart des lieux que vous visiterez sont sûrs, fiez-vous à votre bon sens pour déterminer où vous pouvez vous rendre seule. Évitez les coins de plage ou de campagne isolés, ainsi que les ruelles désertes la nuit. Une femme seule sera bien avisée de ne pas flâner, par exemple, dans les zones inhabitées du quartier Sacromonte de Grenade. De même, il est absolument déconseillé à une femme seule de faire de l'auto-stop – tout autant d'ailleurs qu'à deux femmes. Mémorisez le mot "*socorro*" (au secours) en cas de nécessité. Certaines voyageuses nous disent par ailleurs se sentir plus à l'aise à l'avant dans les transports publics.

Dans toutes les provinces, le siège de la police nationale possède un Servicio de Atención a la Mujer (SAM ; service d'aide aux femmes). À l'échelle nationale, la **Comisión para la Investigación de Malos Tratos a Mujeres** (commission d'enquête sur les mauvais traitements faits aux femmes ; ☎numéro d'urgence 900 10 00 09 ; www.malostratos.org, en espagnol ; ⌚9h-21h) offre une ligne téléphonique d'urgence aux victimes de violences physiques dans toute l'Espagne. En Andalousie, l'**Instituto Andaluz de la Mujer** (☎900 20 09 99 ; ⌚24h/24) propose également son aide.

Transports

DEPUIS/VERS L'ANDALOUSIE

L'Andalousie est une des premières destinations de vacances en Europe et est donc bien reliée à cette dernière et au reste de l'Espagne par l'avion, le train et la route. Des hydroglisseurs et des ferries font régulièrement la navette entre l'Espagne et le Maroc, et d'autres ferries rallient l'Algérie.

Entrée en Espagne

L'entrée sur le territoire et le passage de la douane devrait être simple, sauf exception. Les douaniers espagnols recherchent les produits détaxés qui alimentent la contrebande en Espagne, en particulier dans les voitures en provenance du Maroc. En été, les files d'attente au poste-frontière sont longues.

Voie aérienne

Des dizaines de vols réguliers et de charters desservent les cinq aéroports de la région. Si vous venez d'un autre continent, vous devrez prendre une correspondance, généralement à Madrid ou Barcelone, ou dans un autre pays européen. La haute saison va généralement de mi-juin à mi-septembre, même si les vols peuvent afficher complet (et donc des prix supérieurs) pendant la *Semana Santa* (Semaine sainte).

Aéroports

L'**aéroport de Málaga** (AGP ; ☎952 04 88 38 ; www.aena.es) est le principal aéroport international d'Andalousie et le quatrième plus grand d'Espagne, avec près de 60 compagnies aériennes reliant la ville à l'Espagne, à l'Europe, et au reste du monde. **Séville** (SVQ ; ☎954 44 90 00 ; www.aena.es), **Grenade** (GRX ; ☎958 24 52 07), **Jerez de la Frontera** (XRY ; ☎956 15 00 00 ; www.aena.es) et **Almería** (LEI ; ☎950 21 37 00 ; www.aena.es) offrent également des liaisons vers d'autres villes espagnoles et européennes, bien qu'en dehors des vols au départ de Séville, le choix soit assez limité. Pour savoir quelles compagnies desservent votre première destination andalouse, consultez le site Internet www.aena.es.

Gibraltar (GIB ; ☎20073026) reçoit également quelques vols directs en provenance du Royaume-Uni.

DEPUIS LA FRANCE

Air France (☎36 54 ; www.airfrance.fr) propose des vols directs quotidiens opérés par **Air Europa** (☎01 42 65 08 00 ; www.aireuropa.com) depuis Paris à destination de Málaga (environ 150 €, durée 2h35) et **Iberia** (☎0825 800 965 ; www.iberia.com) des vols directs, depuis Paris, pour Séville (environ 200 €, durée 2h10).

Les compagnies low cost

Transavia.com (☎0892 05 88 88 ; www.transavia.com) assure des vols directs depuis Paris pour Séville (AR à partir de 90 €) et **Vueling** (☎0800 90 54 61 ; www.vueling.com) des vols directs depuis Paris pour Málaga (AR à partir de 120 €), et Séville (AR à partir de 120 €). Vous pouvez aussi vous adresser aux agences de voyages suivantes :

AVERTISSEMENT

Les informations contenues dans ce chapitre sont particulièrement susceptibles de changements. Vérifiez directement auprès de la compagnie aérienne ou de l'agence de voyages les modalités d'utilisation de votre billet d'avion. N'hésitez pas à comparer les prestations. Les détails fournis ici doivent être considérés à titre indicatif et ne remplacent en rien une recherche personnelle attentive.

VOYAGES ET CHANGEMENTS CLIMATIQUES

Tous les moyens de transport fonctionnant à l'énergie fossile génèrent du CO_2 – la principale cause du changement climatique induit par l'homme. L'industrie du voyage est aujourd'hui dépendante des avions. Si ceux-ci ne consomment pas nécessairement plus de carburant par kilomètre et par personne que la plupart des voitures, ils parcourent en revanche des distances bien plus grandes et relâchent quantité de particules et de gaz à effet de serre dans les couches supérieures de l'atmosphère. De nombreux sites Internet utilisent des "compteurs de carbone" permettant aux voyageurs de compenser le niveau des gaz à effet de serre dont ils sont responsables par une contribution financière à des projets respectueux de l'environnement. Lonely Planet "compense" les émissions de tout son personnel et de ses auteurs.

Nouvelles Frontières (☎0 892 237 700 ; www.nouvelles-frontieres.fr ; coordonnées des agences en ligne), **Voyages SNCF** (☎36 35 ; www.voyages-sncf.com), **Thomas Cook** (☎0 826 826 777 ; www.thomascook.fr) et **Voyageurs du Monde** (☎01 40 15 11 56 ; www.vdm.com).

DEPUIS LA BELGIQUE

Iberia (☎070 700 050 ; www.iberia.com) assure des vols pour Málaga et Séville (environ 300 €) comme **SN Brussels Airlines** (www.flysn.be). La compagnie low cost **Ryanair** (www.ryanair.com) assure des vols directs de Bruxelles pour Málaga et Séville, **Vueling** (www.vueling.com) fait la liaison directe Bruxelles-Málaga, et Bruxelles-Grenade, Bruxelles-Almería, Bruxelles-Séville via Barcelone.

Vous pouvez aussi voir auprès des agences de voyages suivantes : **Airstop** (☎070 233 188 ; www.airstop.be), **Connections** (☎070 233 313 ; www.connections.be) et **Gigatour Voyages Éole** (☎070 224 432 ; www.voyageseole.be).

AGENCES EN LIGNE

Vous pouvez réserver votre vol via une agence en ligne ou vous renseigner auprès d'un comparateur de vols :

www.anyway.com
www.ebookers.fr
www.illicotravel.com
www.sprice.fr
www.opodo.fr
www.voyages-sncf.com
http://voyages.kelkoo.fr
www.govoyage.com

DEPUIS LA SUISSE

Iberia (☎0848 000 015 ; www.iberia.com) propose des liaisons depuis Genève et Zurich via Madrid pour Almería, Grenade, Málaga et Séville. **Swiss International Air Lines** (☎0848 700 700 ; www.swiss.com) assure des vols directs Zurich-Málaga (comptez 350 CHF).

Vous pouvez aussi vous adresser à l'agence de voyages **STA Travel Lausanne** (☎058 450 49 49 ; www.statravel.ch).

DEPUIS LE CANADA

Il n'existe pas de vols directs entre le Canada et l'Andalousie au moment où nous rédigeons ce guide, mais un grand nombre de vols avec escale à Madrid ou une autre ville européenne. Voyez auprès d'**Air Canada** (☎888 247 22 62 ; www.aircanada.ca), **Air Transat** (☎1 866 847 1112 ; www.airtransat.com) et **Travel Cuts–Voyages Campus** (☎800 667 2887; www.travelcuts.com ; coordonnées agences en ligne).

DEPUIS LE PORTUGAL

Tap Portugal (☎707 205 700 ; www.tapportugal.com) dessert par vols directs depuis Lisbonne, Séville et Málaga (à partir de 160 € AR pour les deux destinations).

Voie terrestre

Passage des frontières

Si vous arrivez du Maroc, les contrôles aux terminaux de départ et d'arrivée de ferries sont très stricts ; ajoutez donc environ deux heures supplémentaires à votre temps de trajet. L'attente est longue à la douane de chaque côté du détroit de Gibraltar.

Bus

Choisir le bus pour se rendre en Andalousie n'est souvent pas plus avantageux que de prendre l'avion, sauf si vous venez du Portugal. Depuis les autres régions d'Espagne, le bus est plus économique ou plus rapide que le train, mais cela dépend des cas. **Alsa** (www.alsa.es) et **Anibal** (www.anibal.net) relient quotidiennement Séville à Lisbonne (7 heures), tandis qu'**Eurolines** (www.eurolines.com), un groupement de 32 compagnies de bus de divers pays, et Alsa desservent plusieurs fois par semaine Casablanca, Marrakech et Fès, ainsi que les villes andalouses

de Séville, Marbella, Málaga, Grenade, Jerez de la Frontera et Almería, via les ferries Algésiras-Tanger. Comptez entre 19 et 20 heures pour aller de Málaga à Marrakech.
Les bus desservent la plupart des villes et bourgades d'Andalousie depuis le reste du pays, avec un très grand choix au départ de l'**Estación Sur de Autobuses** (☎91 468 42 00 ; Calle de Méndez Álvaro 83 ; Ⓜ Méndez Álvaro), à Madrid. Comptez environ 6 heures pour rejoindre Séville, Grenade ou Málaga. D'autres bus circulent sur la côte méditerranéenne depuis Barcelone, Valence et Alicante, à destination d'Almería, Grenade, Jaén, Cordoue, Séville, Málaga et la Costa del Sol. Les principales compagnies de bus reliant l'Andalousie au reste du pays sont **Alsa**, **Dainco** (☎902 42 22 42 ; www.dainco.es), **Damas** (www.damas-sa.es) et **Secorbus/Socibus** (☎902 22 92 92 ; www.socibus.es).

Train

La **SNCF** (☎36 35 en France ; www.sncf.com), la **Renfe** (Red Nacional de los Ferrocarriles Españoles ; réseau national des chemins de fer espagnols ; www.renfe.es) et les **Caminhos de Ferro Portugueses** (chemins de fer portugais ; ☎808 208 208 au Portugal ; www.cp.pt) sont les compagnies de chemins de fer assurant des liaisons avec l'Andalousie. Depuis la France, tous les trains à destination de l'Andalousie prévoient au moins une correspondance (en général à Madrid). Il existe des trains de nuit directs pour Barcelone et Madrid, ainsi qu'entre la Suisse et Barcelone. Depuis la Belgique, il faut effectuer un changement en France. Depuis Paris, un train de nuit direct dessert la capitale espagnole. Il quitte la gare de Paris-Austerlitz, à 18h53 (arrivée à Madrid à 9h). Il est aussi possible de prendre un TGV depuis la gare Montparnasse à Paris jusqu'à Irun, d'où des trains directs vont à Madrid. De là, (en général depuis la gare d'Atocha), des trains vous mèneront dans la plupart des grandes villes andalouses. Il n'existe pas de trains traversant la frontière depuis le Portugal, mais on peut prendre un train qui traverse l'Algarve jusqu'à Vila Real de Santo António, et traverser ensuite le Río Guadiana en ferry jusqu'à Ayamonte en Andalousie. Pour venir en train depuis Lisbonne (11 heures), il faut passer par Madrid (et aller de la gare Chamartín à Atocha). Des trains directs circulent au moins trois fois par semaine vers Barcelone depuis la Suisse, et tous les jours depuis Montpellier.

Depuis Madrid, le train le plus rapide pour se rendre en Andalousie est l'AVE (Alta Velocidad Española), géré par la Renfe. Il relie Madrid à Cordoue (aller à partir de 68,40 €, 1 heure 45), Séville (à partir de 83,30 €, 2 heures 30) et Málaga (à partir de 87,70 €, 2 heures 30). Des travaux sont en cours pour prolonger la ligne jusqu'à Cadix.

La plupart des trains longue distance ont des wagons *preferente* (1re classe) et *turista* (2e classe). Le train InterCity est direct, avec peu d'arrêts, et circule la journée sur la ligne Madrid-Cordoue-Málaga. Les trains de jours Altaria, Talgo, Talgo 200 ou l'AVE sont plus confortables (et plus chers). Les trains de nuit se divisent en deux catégories : l'Estrella et le Trenhotel (avec places assises, couchettes, et wagons-lits simples ou doubles, avec ou sans douche).

Il est préférable de réserver, surtout en juillet et août, par téléphone ou par Internet. Pour les trains longue distance, un aller-retour vous coûtera 20% moins cher que deux allers simples. Les enfants de moins de 4 ans voyagent gratuitement ; ceux âgés de 4 à 11 ans (12 ans sur certains trains) bénéficient d'une réduction de 40% sur les places assises et couchettes. La carte Euro<26 (www.euro26.org) offre une réduction de 20-25% sur les trajets longue distance et régionaux.

Voiture et moto

Si vous souhaitez vous rendre en Andalousie en voiture depuis la France, le trajet Paris-Séville (1 750 km) dure 17 heures (péage environ 60 €). Comptez environ 15 heures depuis le sud de la France. Les principales routes espagnoles sont en bon état. Il est théoriquement possible de se rendre en Andalousie depuis n'importe quelle région d'Espagne en l'espace d'une journée. Les principaux itinéraires traversent le centre du pays depuis Madrid, et longent la côte méditerranéenne depuis Barcelone. Les ferries relient également l'Andalousie à Tanger et Nador, au Maroc, et à Ceuta et Melilla, les enclaves espagnoles de la côte marocaine.

La principale autoroute de Madrid à l'Andalousie est l'A4/AP4, qui va à Cordoue, Séville et Cadix. Pour Jaén, Grenade, Almería et Málaga, prenez l'embranchement à Bailén. À l'est, l'AP7/A7 descend toute la côte méditerranéenne espagnole, depuis La Jonquera, à la frontière française, jusqu'à Algésiras, à l'exception de quelques endroits en Andalousie où subsiste l'ancienne N340.

Si vous comptez vous déplacer en voiture durant votre séjour, il est généralement plus rentable (et plus rapide) de voyager en avion et de louer une voiture sur place.

Consultez p. 375 pour plus de détails sur les formalités à accomplir pour faire entrer un véhicule en Espagne et sur la conduite dans le pays.

Voie maritime

Vous pouvez rejoindre l'Andalousie par bateau depuis les ports marocains de Tanger et Nador, ainsi que Ceuta et Melilla (les enclaves espagnoles de la côte marocaine) et Oran et Ghazaouet (Algérie). Les lignes sont les suivantes : Melilla–Almería, Nador–Almería, Ghazaouet–Almería, Melilla–Málaga, Oran–Almería, Tanger–Gibraltar, Tanger–Algésiras, Ceuta–Algésiras et Tanger–Tarifa. Toutes acceptent généralement les véhicules et les passagers. Les traversées les plus fréquentes se font depuis/vers Algésiras. On compte habituellement au moins 10 traversées quotidiennes entre Algésiras et Tanger (entre 1 heure 15 et 2 heures 30), et 16 entre Algésiras et Ceuta (45 minutes). En période de forte affluence, des ferries supplémentaires sont affrétés, de mi-juin à mi-septembre.

Les principales compagnies de ferries sont **Acciona/Trasmediterránea** (www.trasmediterranea.es), **EuroFerrys** (www.euroferrys.com), **FRS** (www.frs.es) et **Balèria** (www.baleria.com). Les tarifs varient peu d'une société à l'autre. Si vous voulez voyager avec une voiture en juillet, en août ou à Pâques, réservez bien à l'avance, et armez-vous de patience pour les longues files d'attente et les formalités de douane.

Voyages organisés

Certaines agences proposent des voyages à thèmes, culturels et randonnées en Andalousie :

Akaoka (☎0 825 000 840 ; www.akaoka.com)

Allibert (☎04 76 45 50 50 ; www.allibert-trekking.com)

Chamina Sylva (☎04 66 69 00 44 ; www.chamina-voyages.com)

Clio (☎01 53 68 82 82 ; www.clio.fr)

Donatello (☎0 826 102 005 ; www.donatello.fr ; coordonnées agences en ligne)

Terres d'Aventure (☎0 825 700 825 ; www.terdav.com)

Grand Angle (☎04 76 95 23 00 ; www.grand-angle.fr)

COMMENT CIRCULER

Bien que les réseaux de bus andalous soient excellents, vous profiterez mieux de votre séjour si vous avez votre propre véhicule. Les liaisons ferroviaires sont remarquables, même si elles ne sont guère utiles dans la province de Cadix, ou depuis la province de Huelva, hormis à destination de Séville.

Bateau

Le catamaran est le moyen de transport le plus agréable et le plus rapide entre Cadix et El Puerto de Santa María. La traversée de 25 minutes coûte 2,35 €. On compte 18 départs, du lundi au vendredi, et 6 environ durant le week-end. Les billets peuvent s'acheter au Terminal Marítima Metropolitana, à Cadix, ou sur le quai de la rivière à El Puerto de Santa María.

Bus

Les bus andalous sont confortables et bon marché, et couvrent presque toute la région (y compris des

PRINCIPALES COMPAGNIES DE BUS

COMPAGNIE	SITE	TÉLÉPHONE	PRINCIPALES DESTINATIONS
Alsa	www.alsa.es	902 42 22 42	Almería, Cordoue, Grenade
Casal	www.autocarescasal.com	954 99 92 90	Aracena, Carmona, Séville
Comes	www.tgcomes.es	902 19 92 08	Algésiras, Cadix, Grenade, Jerez
Damas	www.damas-sa.es	959 25 69 00	Ayamonte, Huelva, Séville
Linesur	www.linesur.com	956 34 10 63	Algésiras, Écija, Jerez, Osuna
Los Amarillos	www.losamarillos.es	902 21 03 17	Cadix, Jerez, Málaga, Ronda
Portillo	www.ctsa-portillo.com	902 14 31 44	Algésiras, Costa del Sol, Málaga, Ronda
Transportes Ureña		957 40 45 58	Cordoue, Jaén, Séville

routes de montagne) pour relier les villages isolés aux villes les plus proches. Les plus grandes villes sont reliées tous les jours par des bus fréquents. Les services sont plus rares le samedi et le dimanche sur les lignes moins fréquentées. Les villes ont en général une *estación de autobuses* (gare routière) pour les bus interurbains. Dans les petites localités, il existe un arrêt de bus dans une rue ou sur une place.

Durant la Semaine sainte, et en juillet et en août, il vaut mieux réserver ses billets un jour à l'avance. Les voyageurs de moins de 26 ans peuvent bénéficier de réductions sur les liaisons interurbaines.

Sur la plupart des lignes interurbaines, les bus roulent en moyenne à 70 km/h, pour un coût d'environ 1,20 € pour 14 km.

Tous les aéroports d'Andalousie sont accessibles en bus depuis le centre-ville (et également en train à Málaga). On peut se rendre à pied de l'aéroport de Gibraltar au centre-ville et à la gare routière de La Línea de la Concepción, en Espagne.

Taxi

Les taxis sont nombreux dans les grandes villes, et même la plupart des villages en comptent un ou deux. Prévoyez entre 3,50 et 4,50 € pour une course de 2 à 3 km. Les prix sont un peu plus élevés pour les aéroports. Le tarif interurbain est de 0,60 €/km.

Train

La **Renfe** (☎902 24 02 02 ; www.renfe.es), la compagnie nationale, dispose d'un large réseau ferroviaire efficace, desservant les principales villes andalouses et certaines localités plus petites. Pour de nombreuses liaisons, les trains sont aussi pratiques, rapides et bon marché que les bus. Cependant, souvenez-vous que les seuls trains au départ de Huelva sont à destination de Séville, et que pour rejoindre une autre destination de la région depuis Cadix, El Puerto de Santa María ou Jerez de la Frontera, vous devrez passer par Séville ou Utrera.

Des lignes longue distance suivantes, reliant l'Andalousie au reste du pays, permettent aussi de se déplacer dans la région : Cordoue–Málaga, Cordoue–Séville–Cadix, et Cordoue–Ronda–Algésiras. Les trains *regionales*, comme l'Andalucía Exprés, circulent entre les villes andalouses, avec de nombreux arrêts. Les *cercanías* sont quant à eux des trains de banlieue reliant Séville, Málaga et Cadix à leur agglomération et aux villes voisines.

Vous pouvez réserver vos billets de train de la Renfe en ligne. Son site indique aussi les horaires, tenus à jour. Les réservations sont nécessaires pour les trains à grande vitesse AVE, mais pas indispensables sur les itinéraires courts ou les trains plus lents.

Les trains régionaux circulent pour un coût

Lignes ferroviaires

d'environ 1 € pour 15 km. Sur la plupart des liaisons de la Renfe (mais pas les trains de *cercanía*), un aller-retour coûte 20% de moins que deux allers simples.

Vélo

L'Andalousie se prête idéalement au cyclisme. Même si certaines routes de montagne (dans la Sierra de Grazalema ou la Sierra Nevada) sont à réserver aux experts, la majeure partie de la région est accessible aux personnes en bonne condition physique. De nombreuses routes moins fréquentées, généralement bien entretenues, permettent aux cyclistes d'éviter les grands axes. Faire du vélo en Espagne ne présente pas plus de dangers que dans un autre pays européen, mais n'oubliez pas que certains adorent la vitesse au volant. Les excursions d'une journée et le cyclotourisme sont particulièrement appréciables au printemps et à l'automne, lorsque les conditions climatiques sont plus supportables.

Si vous en avez assez de pédaler, sachez que vous pouvez prendre le bus avec votre vélo (on vous demandera de démonter la roue avant). Vous pouvez embarquer votre vélo à bord des trains de nuit (mais pas des trains de jour), et de la plupart des train régionaux et de banlieue ; renseignez-vous à la gare sur les conditions spécifiques avant d'acheter votre billet.

On trouve des vélos à louer dans la majorité des grandes villes, des destinations côtières et des villes et villages touristiques de l'arrière-pays. Il s'agit généralement de *bicis todo terreno* (VTT). Comptez entre 10 et 20 €/jour.

Sur les grands axes, les pistes cyclables sont rares, mais les cyclistes ont le droit de pédaler à deux de front. Le port du casque est obligatoire en dehors des agglomérations.

Voiture et moto

Voyager avec sa propre voiture

Un véhicule personnel en Andalousie n'a d'intérêt que si vous prévoyez d'y passer deux semaines au minimum. Les routes sont généralement en bon état, mais il est parfois difficile de circuler en ville et de trouver un parking.
Vous trouverez facilement de l'essence (de 1,30 à 1,40 €/l en Espagne). En cas de panne, toutes les petites villes et de nombreux villages ont un garage.

Permis de conduire et papiers

Tous les permis de conduire délivrés dans l'UE (roses, ou vert et rose) sont valables en Espagne. Les permis de conduire délivrés dans d'autres pays sont censés être accompagnés d'un permis de conduire international, mais en pratique un permis national suffit pour louer une voiture et lors des contrôles de la police de la route. Le permis de conduire international, d'une validité de 12 mois, est délivré par les associations automobiles de votre pays.

Si vous conduisez votre propre véhicule en Europe, vous devez en permanence être muni d'un justificatif de propriété, d'un permis de conduire, d'un contrôle technique et d'une attestation d'assurance ou d'une carte verte (consultez la rubrique *Assurance*). Procurez-vous auprès de votre assureur un formulaire européen de constat d'accident qui, en cas de besoin, pourra simplifier les démarches.

Location

Si vous prévoyez de louer une voiture en Andalousie, il est préférable d'effectuer votre réservation avant le départ. En général, les sociétés locales disposant d'un comptoir à l'aéroport de Málaga ou sur la Costa del Sol pratiquent les tarifs les plus attractifs. Une petite voiture 4 portes avec clim vous coûtera ainsi environ 150 €/semaine en août, ou 120 € en janvier. De nombreuses sociétés locales proposent un service de réservation en ligne et vous n'avez qu'à vous adresser à leur comptoir ou juste à côté de l'aéroport à votre arrivée. Les tarifs de location sont plus élevés lorsque l'on s'éloigne des *costas* (côtes) touristiques.

Les agences locales suivantes sont toutes établies de longue date et possèdent des comptoirs dans les aéroports andalous et/ou les grandes gares ferroviaires (comme Málaga et Séville) :

Centauro (☎902 10 41 03 ; www.centauro.net)

Crown Car Hire (☎952 17 64 86 ; www.crowncarhire.com)

Helle Hollis (☎952 24 55 44 ; www.hellehollis.com)

Holiday Car Hire (☎952 24 26 85 ; www.holidaycarhire.com)

Niza Cars (☎952 23 61 79 ; www.nizacars.es)

Pepecar.com (☎807 41 42 43 ; www.pepecar.com)

Les grandes compagnies internationales sont présentes aux mêmes points d'arrivée et offrent l'assurance d'un service de qualité :

Avis (☎902 13 55 31 ; www.avis.com)

Europcar (☎913 43 45 12 ; www.europcar.com)

Hertz (☎917 49 90 69 ; www.hertz.es)

National/Atesa (☎902 10 01 01 ; www.atesa.es)

Pour louer une voiture, vous devez être âgé d'au

moins 21 ans (23 ans pour certaines agences) et être titulaire d'un permis de conduire depuis au moins un an (parfois deux). Les moins de 25 ans doivent souvent payer un supplément. Vérifiez bien ce qui est compris dans le prix. Certaines agences ne facturent pas les sièges de sécurité pour enfant ou l'ajout de conducteurs supplémentaires, mais ce n'est pas le cas général.

Assurance

Une assurance véhicule au tiers est le minimum requis dans toute l'Europe. Si vous résidez dans l'UE, votre assurance auto comporte probablement une garantie au tiers s'appliquant dans tous les pays de l'Union. Renseignez-vous auprès de votre assureur pour savoir si vous êtes couvert en cas de frais médicaux et d'hospitalisation, et pour les dommages au véhicule. Vous devrez peut-être vous acquitter d'un supplément pour bénéficier de la même protection que dans votre pays. Il peut également être utile de souscrire à une assurance prévoyant une assistance en cas de panne.

Document international délivré gratuitement par votre assureur, la carte verte vous permet de prouver que vous avez souscrit à l'assurance minimum exigée légalement par le pays que vous visitez. Si vous disposez d'un certificat d'assurance attestant cette garantie, elle n'est alors pas indispensable, mais elle offre l'avantage d'être facilement identifiable par la police et les autorités du pays étranger.

Si vous louez un véhicule en Andalousie, l'assurance de base fournie par l'agence peut ne comporter qu'une simple garantie au tiers. Vous devrez alors peut-être souscrire une garantie complémentaire afin d'être couvert en cas de vol ou de dommage au véhicule, et de blessures ou décès du conducteur ou de passagers. Lisez bien le contrat avant de signer et n'hésitez pas à demander des éclaircissements.

Parking

En ville, aux heures de bureau (9h-14h lun-sam et 17h-20h lun-ven), il est difficile de trouver une place de stationnement. Vous devrez vous garer dans les parkings (parfois souterrains), qui sont plutôt bien indiqués, mais un peu chers (environ 1 €/h ou 10-15 €/24h). Certains hôtels disposant d'un parking facturent en principe ce service à des tarifs similaires ou légèrement plus avantageux.

Les lignes bleues sur la chaussée signifient généralement que vous devez payer à un parcmètre proche pendant les heures de bureau (en général 0,50-1 €/h). Les lignes jaunes ou un panneau avec une ligne rouge sur fond bleu indiquent qu'il est interdit de stationner. Efforcez-vous de respecter la signalisation, bien que tous les automobilistes ne le fassent pas, afin d'éviter l'enlèvement de votre véhicule (coût 60 €).

Code de la route

L'âge minimum requis pour conduire est 18 ans. Le port des ceintures de sécurité à l'arrière est obligatoire. Les enfants de moins de 3 ans doivent être installés dans des sièges de sécurité. Le taux d'alcool au volant est limité à 0,05% (0,01% pour les conducteurs dont le permis date de moins de 2 ans). Des tests d'alcoolémie sont parfois effectués.

Ayez toujours vos papiers sur vous : la police procède à des contrôles de manière inopinée. Les étrangers non résidents peuvent devoir régler une amende sur-le-champ pour infraction au code de la route. Vous pouvez faire appel par écrit (dans la langue de votre choix) auprès de la Jefatura Provincial de Tráfico (Direction de la circulation provinciale) et, si votre réclamation est retenue, vous serez remboursé, mais n'y comptez pas trop. Les coordonnées de chaque direction provinciale sont disponibles sur le site Internet de la **Dirección General de Tráfico** (www.dgt.es, en espagnol).

La vitesse est limitée à 50 km/h en ville, à 80-100 km/h hors agglomération, et à 120 km/h sur les *autopistas* (autoroutes) et les *autovías* (autoroutes sans péage).

Il est obligatoire d'être équipé de deux triangles de présignalisation (à placer 100 m à l'avant et 100 m à l'arrière du véhicule si vous vous arrêtez sur la chaussée) et d'un gilet réfléchissant, dont le port est obligatoire si vous descendez de votre véhicule sur la chaussée ou sur une bande d'arrêt d'urgence hors agglomération.

L'usage du téléphone portable est interdit au volant.

Langue

POUR ALLER PLUS LOIN

Indispensable pour mieux communiquer sur place : le *guide de conversation français/espagnol de Lonely Planet* (7,99 €). Pour réserver une chambre, lire un menu ou simplement faire connaissance, ce manuel permet d'acquérir des rudiments d'espagnol. Inclus : un minidictionnaire bilingue.

Dans toute l'Espagne, on parle l'espagnol *(español)*, également appelé castillan (*castellano*). Il existe aussi des langues régionales : le catalan (*català*), parlé en Catalogne, aux Baléares et à Valence, le galicien (*galego*), parlé en Galice, et le basque (*euskara*), parlé au Pays basque et en Navarre.

L'espagnol n'est pas très difficile à prononcer. Dans nos conseils de prononciation, kh indique un "j" guttural (proche du *ch* dans "achtung" en allemand), th indique le "c" ou le "z" prononcés en glissant la pointe de la langue entre les dents (comme le "th" en anglais) ; le r est fortement roulé. L'accent écrit en espagnol indique l'accent tonique (comme dans *días* par exemple). Nous indiquons en italique les syllabes mises en évidence. En suivant la prononciation phonétique ci-après, vous n'aurez aucun mal à vous faire comprendre.

Le genre existe en espagnol. Les noms féminins se terminent généralement en *-a*, les noms masculins en *-o*. Les terminaisons des adjectifs changent aussi en fonction du genre du nom qu'ils modifient. Dans ce chapitre, les deux formes sont indiquées chaque fois que cela est nécessaire, séparées par une barre oblique, en commençant par la forme masculine (ex. *perdido/a*).

Lorsqu'un nom ou un adjectif se termine par une voyelle, on forme le pluriel en ajoutant *–s* ; il faut ajouter *-es* s'il se termine par une consonne.

Pour s'adresser à des proches ou à une personne plus jeune, on utilise le tutoiement *tú*, plutôt que le vouvoiement *usted*. Dans ce chapitre, les deux possibilités sont indiquées (poli/informel).

BASES

Bonjour	*Hola*	*o*·là
Au revoir	*Adiós*	a·*dyos*
Comment ça va ?	*¿Qué tal?*	*ké tal*
Bien, merci	*Bien, gracias*	bièn *gra*·sias
Excusez-moi	*Perdón*	pèr·*don*
Désolé	*Lo siento*	lo ssi·*ènn*·to
Oui/Non	*Sí/No*	si/no
S'il vous/te plaît	*Por favor*	por fa·*vor*
Merci	*Gracias*	*gra*·sias
Je vous/t'en prie	*De nada*	dé *na*·da

Je m'appelle...
Me llamo... — mé *lya*·mo...

Quel est votre nom ?
¿Cómo se llama Usted? — *ko*·mo se *lya*·ma ou·*ssté* (poli)
¿Cómo te llamas? — *ko*·mo té *lya*·mass (informel)

Parlez-vous (français) ?
¿Habla (francés)? — *a*·bla (frann-*théss*) (poli)
¿Hablas (francés)? — *a*·blas (frann-*théss*) (informel)

Je (ne) comprends (pas)
Yo (no) entiendo — yo (no) ènn·*tiènn*·do

HÉBERGEMENT

Je voudrais réserver une chambre
Quisiera reservar una habitación — ki·*ssié*·ra ré·ssèr·*var* *ou*·na a·bi·ta·*thyonn*

Quel est le prix pour une nuit/par personne ?
¿Cuánto cuesta por noche/persona? — *kouann*·to *kouèss*·ta por *no*·tché/por pèr·*sso*·na

Le petit-déjeuner est-il compris ?
¿Incluye el desayuno? inn·klou·yé èl dé·ssa·you·no

camping	*terreno de cámping*	tè·ré·no dé kamm·ping
hôtel	*hotel*	o·tèl
pension	*pensión*	pènn·ssion
auberge de jeunesse	*albergue juvenil*	al·bèr·gué khou·vé·nil
Je voudrais une chambre	*Quisiera una habitación*	ki·ssié·ra ou·na a·bi·ta·thionn.
simple	*individual*	inn·di·vi·doual
double	*doble*	do·blé
climatisation	*aire acondicionado*	aï·ré a·kon·di·thyo·na·do
salle de bains	*baño*	ba·nyo
lit	*cama*	ka·ma
fenêtre	*ventana*	vènn·ta·na

ORIENTATION

Où est ?
¿Dónde está ? donn·dé èss·ta ...

Quelle est l'adresse ?
¿Cuál es la dirección? koual ès la di·rèk·thyonn

Pourriez-vous me l'écrire, s'il vous plaît ?
¿Puede escribirlo, por favor? poué·dé èss·kri·bir·lo por fa·vor

Pourriez-vous me montrer(sur la carte) ?
¿Me lo puede indicar (en el mapa)? mé lo poué·dé inn·di·kar (ènn èl ma·pa)

à côté de	*al lado de ...*	al la·do dé ...
à l'angle	*en la esquina*	ènn la èss·ki·na
au feu	*en el semáforo*	ènn èl ssé·ma·fo·ro
derrière	*detrás de*	dé·trass dé
devant	*enfrente de*	ènn·frènn·té dé
droite	*derecha*	dé·ré·tcha
en face de	*frente a*	frènn·té a
gauche	*izquierda*	ith·kyèr·da
loin	*lejos*	lé·khoss
près	*cerca*	thèr·ka
tout droit	*todo recto*	to·do rèk·to

AU RESTAURANT

Que conseillez-vous ?
¿Qué recomienda? ké ré·ko·myènn·da

Qu'y a-t-il dans ce plat ?
¿Que lleva ese plato? ké lyé·va é·sé pla·to

Je ne mange pas de...
No como ... no ko·mo ...

EXPRESSIONS UTILES

Pour vous débrouiller en espagnol, combinez ces formules simples avec les mots de votre choix.

Quand part (le prochain vol) ?
¿Cuándo sale (el próximo vuelo)? kouann·do ssa·lé (èl prok·ssi·mo voué·lo)

Où se trouve (la gare) ?
¿Dónde está (la estación)? donn·dé èss·ta (la èss·ta·thyonn)

Où puis-je (acheter un billet) ?
¿Dónde puedo (comprar un billete)? donn·dé poué·do (komm·prar oun bi·lyé·té)

Avez-vous (un plan) ?
¿Tiene (un mapa)? tyé·né (oun ma·pa)

Y a-t-il (des toilettes) ?
¿Hay (servicios)? aï (sèr·vi·thyoss)

Je voudrais (un café)
Quisiera (un café) ki·ssié·ra (oun ka·fé)

Je voudrais (louer une voiture)
Quisiera (alquilar un coche) ki·ssyé·ra (al·ki·lar oun ko·tché)

Puis-je (entrer) ?
¿Se puede (entrar)? ssé poué·dé (ènn·trar)

Pourriez-vous (m'aider), s'il vous plaît ?
¿Puede (ayudarme), por favor? poué·dé (a·you·dar·mé) por fa·vor

Dois-je (obtenir un visa) ?
¿Necesito (obtener un visado)? né·thé·ssi·to (ob·té·nèr oun vi·ssa·do)

C'était délicieux !
¡Estaba buenísimo! èss·ta·ba boué·ni·ssi·mo

Apportez-nous la note, s'il vous plaît
Por favor nos trae la cuenta por fa·vor nos tra·é la kouènn·ta

Santé !
¡Salud! sa·lou

Je voudrais réserver une table pour...	*Quisiera reservar una mesa para ...*	ki·ssyé·ra ré·ssèr·var ou·na mé·ssa pa·ra ...
(huit) heures	*las (ocho)*	lass (o·tcho)
(deux) personnes	*(dos) personas*	(doss) pèr·sso·nass

Mots utiles

Amuse-gueule	*aperitivos*	a·pé·ri·ti·voss
assiette	*plato*	pla·to
avec/sans	*con/sin*	konn/sinn
bar	*bar*	bar

bol	*bol*	bol
bouteille	*botella*	bo·té·lya
café	*café*	ka·fé
chaise haute	*trona*	tro·na
chaud	*caliente*	ka·lyènn·té
couteau	*cuchillo*	kou·tchi·lyo
cuillère	*cuchara*	kou·tcha·ra
déjeuner	*almuerzo/ comida*	al mouer so/ ko·mi·da
dîner	*cena*	thé·na
fourchette	*tenedor*	té·né·dor
(très) froid	*(muy) frío*	(moui) fri·o
marché	*mercado*	mèr·ka·do
menu enfant	*menú infantil*	mé·nou inn·fann·til
menu (en français)	*menú (en francés)*	mé·nou (ènn frann-théss)
nourriture végétarienne	*comida vegetariana*	ko·mi·da vé·khé·ta·rya·na
nourriture	*comida*	ko·mi·da
petit-déjeuner	*desayuno*	dé·ssa·you·no
plat de résistance	*segundo plato*	ssé·gounn·do pla·to
restaurant	*restaurante*	rèss·taou·rann·té
supermarché	*supermercado*	sou·pèr·mèr·ka·do
verre	*vaso*	va·sso

Viandes et poissons

agneau	*cordero*	kor·dé·ro
bœuf	*carne de vaca*	kar·né dé va·ka
canard	*pato*	pa·to
dinde	*pavo*	pa·vo
poisson	*pescado*	pèss·ka·do
porc	*cerdo*	thèr·do
poulet	*pollo*	po·lyo
veau	*ternera*	tèr·né·ra

Fruits et légumes

abricot	*albaricoque*	al·ba·ri·ko·ké
ananas	*piña*	pi·nya
artichaut	*alcachofa*	al·ka·tcho·fa
asperges	*espárragos*	ess·pa·ra·goss
banane	*plátano*	pla·ta·no
betterave	*remolacha*	ré·mo·la·tcha
carotte	*zanahoria*	tha·na·o·rya
céleri	*apio*	a·pyo
cerise	*cereza*	thé·ré·tha
champignon	*champiñón*	tchamm·pi·nyonn
chou	*col*	kol
citron	*limón*	li·monn
concombre	*pepino*	pé·pi·no
épinards	*espinacas*	èss·pi·na·kass
fraise	*fresa*	fré·ssa
fruit	*fruta*	frou·ta
haricots	*judías*	khou·di·ass
laitue	*lechuga*	lé·tchou·ga
légume	*verdura*	vèr·dou·ra
lentilles	*lentejas*	lènn·té·khass
maïs	*maíz*	ma·ith
noix	*nueces*	noué·thés
oignon	*cebolla*	thé·bo·lya
orange	*naranja*	na·rann·kha
pastèque	*sandía*	sann·di·a
pêche	*melocotón*	mé·lo·ko·tonn
petits pois	*guisantes*	gui·ssann·tés
poivron (rouge/vert)	*pimiento (rojo/verde)*	pi·myènn·to (ro·kho/vèr·dé)
pomme de terre	*patata*	pa·ta·ta
pomme	*manzana*	mann·tha·na
potiron	*calabaza*	ka·la·ba·tha
prune	*ciruela*	thi·roué·la
raisin	*uvas*	ou·vas
tomate	*tomate*	to·ma·té

Autres aliments

beurre	*mantequilla*	mann·té·ki·lya
fromage	*queso*	ké·sso
miel	*miel*	myèl
œuf	*huevo*	oué·vo
confiture	*mermelada*	mèr·mé·la·da
huile	*aceite*	a·theï·té
pain	*pan*	pann
pâtes	*pasta*	pass·ta
poivre	*pimienta*	pi·myènn·ta
riz	*arroz*	a·roth
sel	*sal*	sal
sucre	*azúcar*	a·thou·kar
vinaigre	*vinagre*	vi·na·gré

Panneaux

Abierto	Ouvert
Cerrado	Fermé
Entrada	Entrée
Hombres	Hommes
Mujeres	Femmes
Prohibido	Interdit
Salida	Sortie
Servicios/Aseos	Toilettes

Boissons

bière	*cerveza*	thèr·*vé*·tha
café	*café*	ka·*fé*
eau (minérale)	*agua (mineral)*	*a*·goua (mi·né·*ral*)
jus (d'orange)	*zumo (de naranja)*	*thou*·mo (de na·*rann*·kha)
lait	*leche*	*lé*·tché
thé	*té*	té
vin (blanc)	*vino (blanco)*	*vi*·no (*blann*·ko)
vin (rouge)	*vino (tinto)*	*vi*·no (*tinn*·to)

URGENCES

Au secours !	*¡Socorro!*	so·*ko*·ro
Va-t'en !	*¡Vete!*	*vé*·té
Appelez...!	*¡Llame a !*	*lya*·mé a ...
un médecin	*un médico*	ounn *mé*·di·ko
la police	*la policía*	la po·li·*si*·a

Je me suis perdu(e)
Estoy perdido/a — èss·*toï* pèr·*di*·do/a (m/f)

J'ai eu un accident
He tenido un accidente — é té·*ni*·do oun ak·thi·*dènn*·té

Je suis malade
Estoy enfermo/a — èss·*toï* ènn·*fèr*·mo/a (m/f)

J'ai mal ici
Me duele aquí — mé *doué*·lé a·*ki*

Je suis allergique (aux antibiotiques)
Soy alérgico/a (a los antibióticos) — soy a·*lèr*·khee·ko/a (a loss ann·ti·*byo*·to·koss) (m/f)

ACHATS ET SERVICES

Je voudrais acheter...
Quisiera comprar ... — ki·*ssyé*·ra komm·*prar* ...

Je veux juste regarder
Sólo estoy mirando — *so*·lo èss·*toï* mi·*rann*·do

Puis-je le voir ?
¿Puedo verlo? — *poué*·do *vèr*·lo

Cela ne me plaît pas
No me gusta — no me *gouss*·ta

Questions

Comment ?	*¿Cómo?*	*ko*·mo
Où ?	*¿Dónde?*	*donn*·dé
Pourquoi ?	*¿Por qué?*	por *ké*
Quand ?	*¿Cuándo?*	*kouann*·do
Qui ?	*¿Quién?*	kyènn
Quoi ?	*¿Qué?*	ké

Quel en est le prix ?
¿Cuánto cuesta? — *kouann*·to *kouèss*·ta

C'est trop cher
Es muy caro — èss mouï *ka*·ro

Pouvez-vous baisser le prix ?
¿Podría bajar un poco el precio? — po·*dri*·a ba·*khar* oun *po*·ko èl *pré*·thyo

Il y a une erreur sur le ticket
Hay un error en la cuenta — aï oun è·*ror* èn la *kouènn*·ta

carte de crédit	*tarjeta de crédito*	tar·*khé*·ta dé *kré*·di·to
cybercafé	*cibercafé*	thi·bèr·ka·*fé*
DAB	*cajero automático*	ka·*khé*·ro aou·to·*ma*·ti·ko
office du tourisme	*oficina de turismo*	o·fi·*thi*·na dé tou·*riss*·mo
poste	*correos*	ko·*ré*·oss

HEURE ET DATE

Quelle heure est-il ?
¿Qué hora es? — ké *o*·ra èss

Il est (10) heures
Son (las diez) — sonn (las dyèth)

(Une heure) et demie	*Es (la una) y media*	èss (la *ou*·na) i *mé*·dya
après-midi	*tarde*	*tar*·dé
aujourd'hui	*hoy*	oï
demain	*mañana*	ma·*nya*·na
hier	*ayer*	a·*yèr*
matin	*mañana*	ma·*nya*·na
soirée	*noche*	*no*·tché
lundi	*lunes*	*lou*·nèss
mardi	*martes*	*mar*·tèss
mercredi	*miércoles*	*myèr*·ko·lèss
jeudi	*jueves*	*khoué*·béss
vendredi	*viernes*	*vyèr*·néss
samedi	*sábado*	*sa*·ba·do
dimanche	*domingo*	do·*minn*·go
janvier	*enero*	é·*né*·ro
février	*febrero*	fé·*bré*·ro
mars	*marzo*	*mar*·tho
avril	*abril*	a·*bril*
mai	*mayo*	*ma*·yo
juin	*junio*	*khou*·nyo
juillet	*julio*	*khou*·lyo
août	*agosto*	a·*goss*·to
septembre	*septiembre*	sèp·*tyèmm*·bré
octobre	*octubre*	ok·*tou*·bré
novembre	*noviembre*	no·*vyèmm*·bré
décembre	*diciembre*	di·*thyèmm*·bré

Nombres

1	*uno*	*ou*·no
2	*dos*	doss
3	*tres*	trèss
4	*cuatro*	*koua*·tro
5	*cinco*	*thinn*·ko
6	*seis*	seïss
7	*siete*	*ssyé*·té
8	*ocho*	o·tcho
9	*nueve*	*noué*·vé
10	*diez*	dyèth
20	*veinte*	*véïnn*·té
30	*treinta*	*tréïnn*·ta
40	*cuarenta*	koua·*rènn*·ta
50	*cincuenta*	thinn·*kouènn*·ta
60	*sesenta*	ssé·*ssènn*·ta
70	*setenta*	ssé·*tènn*·ta
80	*ochenta*	o·*tchènn*·ta
90	*noventa*	no·*vènn*·ta
100	*cien*	thyènn
1000	*mil*	mil

TRANSPORTS

Transports publics

bateau	*barco*	*bar*·ko
bus	*autobús*	aou·to·*bouss*
avion	*avión*	a·*vyonn*
train	*tren*	trènn
tram	*tranvía*	tran·*vi*·a
premier	*primer*	pri·*mérr*
dernier	*último*	*oul*·ti·mo
prochain	*próximo*	*prok*·ssi·mo

Je voudrais aller à...
Quisiera ir a ... ki·*ssyé*·ra ir a ...

S'arrête-t-il à (Madrid) ?
¿Para en (Madrid)? *pa*·ra ènn (ma·*dri*)

Comment s'appelle cet arrêt ?
¿Cuál es esta parada? koual èss *èss*·ta pa·*ra*·da

À quelle heure arrive-t-il/part-il ?
¿A qué hora llega/sale? a ké *o*·ra *lyé*·ga/*sa*·lé

Pourriez-vous me prévenir quand nous arriverons à (Séville) ?
¿Puede avisarme cuando lleguemos a (Sevilla)? *poué*·dé a·vi·*ssar*·mé *kouann*·do lyé·*gué*·moss a (sé·*vi*·lya)

Je veux descendre ici
Quiero bajarme aquí *kyé*·ro ba·*khar*·mé a·*ki*

un billet de...	*un billete de ...*	oun bi·*lyé*·té dé ...
première classe	*primera clase*	pri·*mé*·ra *kla*·ssé
deuxième classe	*segunda clase*	sé·*gounn*·da klassé
aller simple	*ida*	*i*·da
aller-retour	*ida y vuelta*	i·da i *vouèl*·ta
siège côté allée	*asiento de pasillo*	a·*ssyènn*·to dé pa·*ssi*·lyo
annulé	*cancelado*	kan·thé·*la*·do
en retard	*retrasado*	ré·tra·*ssa*·do
plate-forme	*plataforma*	pla·ta·*for*·ma
guichet	*taquilla*	ta·*ki*·lya
horaire	*horario*	o·*ra*·ryo
gare ferroviaire	*estación de trenes*	èss·ta·*thyonn* dé *tré*·nèss
siège côté fenêtre	*asiento junto a la ventana*	a·*ssyènn*·to *khounn*·to a la ven·*ta*·na

Transports individuels

Je voudrais louer...	*Quisiera alquilar ...*	ki·*ssyé*·ra al·*ki*·lar ...
un 4x4	*un todo-terreno*	oun to·do·tè·*ré*·no
un vélo	*una bicicleta*	*ou*·na bi·thi·*klé*·ta
une voiture	*un coche*	oun *ko*·tché
une moto	*una moto*	ou·na *mo*·to
un siège enfant	*asiento de seguridad para niños*	a·*ssyènn*·to dé sé·gou·ri·*da* *pa*·ra *ni*·nyoss
diesel	*gasóleo*	ga·*sso*·léo
casque	*casco*	*kass*·ko
mécanicien	*mecánico*	mé·*ka*·ni·ko
essence/carburant	*gasolina*	ga·sso·*li*·na
station-service	*gasolinera*	ga·sso·li·*né*·ra

Cette route mène-t-elle à...?
¿Se va a (Barcelona) por esta carretera? sé va a (bar·cé·*lo*·na) por ess·ta ka·ré·*té*·ra

(Combien de temps) Puis-je stationner ici ?
¿(Por cuánto tiempo) Puedo aparcar aquí? (por *kouann*·to *tyèmm*·po) *poué*·do a·par·*kar* a·*ki*

La voiture est tombée en panne (à Valence)
El coche se ha averiado (en Valencia) el *ko*·tché sé a a·vé·*rya*·do (ènn va·*lènn*·thya)

J'ai un pneu crevé
Tengo un pinchazo *tènn*·go oun pinn·*tcha*·tho

Je suis en panne d'essence
Me he quedado sin gasolina mé é ke·*da*·do sin *gasolina*

GLOSSAIRE

alameda –avenue (*paseo*) bordée d'arbres

alcázar – forteresse de l'époque musulmane

artesonado – plafond à caissons

autopista – autoroute à péage

autovía – voie express, sans péage

AVE – Alta Velocidad Española ; train à grande vitesse

ayuntamiento – hôtel de ville, mairie

azulejo – carreau de faïence

bahía – baie

bailaor/a – danseur/euse de flamenco

bandolero – bandit

barrio – quartier (d'une ville)

bodega – bar à vins traditionnel, aussi cave à vins et bar à tapas

buceo – plongée sous-marine

bulería – air flamenco au rythme enlevé

buzón – boîte aux lettres

cajero automático – distributeur automatique de billets

calle – rue

callejón – ruelle

cambio – change de devises ou monnaie, espèces

campiña – campagne (en général cultivée, plate ou vallonnée)

campo – campagne ou champ

cantaor/a – chanteur/euse de flamenco

cante jondo – "chant profond", l'essence du flamenco

capilla – chapelle

capilla mayor – chapelle où se trouve le maître-autel dans une église

carretera – route, route nationale

carta – au restaurant, la carte ; à la poste, une lettre

casa rural – maison de village ou ferme louant des chambres

casco – littéralement, "casque" ; désigne la partie ancienne d'une ville *(casco antiguo)*

castellano – castillan ; autre nom de la langue espagnole

castillo – château

caza – chasse

centro comercial – centre commercial

cercanías (tren de) – train de banlieue

cerrado – fermé

cerro – colline

cervecería – bar à bières

chiringuito – buvette

Churrigueresque – style architectural baroque, qui doit son nom aux frères Alberto et José Churriguera

ciudad – ville

cofradía – voir *hermandad*

colegiata – collégiale

comedor – salle à manger

comisaría – commissariat de la Policía Nacional

converso – dans l'Espagne médiévale, juif converti au christianisme

cordillera – cordillère, chaîne de montagnes

coro – chœur

correos – poste

cortes – assemblées, parlement

cortijo – ferme

costa – côte (bord de mer)

cruce – carrefour, croisement

cuenta – note, addition (au restaurant, par ex.)

cuesta – côte, pente (d'une colline, d'une route ou d'une rue)

custodia – ostensoir

dehesa – pâturage

Denominación de Origen (DO) – dénomination garantissant l'origine géographique, les techniques de production et la qualité du produit (vin, huile d'olive...) ; équivalent de l'AOC française (appellation d'origine contrôlée)

duende – esprit ; charme, envoûtement

duque/duquesa – duc/duchesse

embalse – lac de retenue, réservoir

ermita – ermitage ou chapelle

escalada – escalade

estación de autobuses – gare routière

estación de ferrocarril – gare ferroviaire

estación marítima – gare maritime

estanco – bureau de tabac

estrella – "étoile" ; désigne un train de nuit

farmacia – pharmacie

faro – phare (pour la navigation)

feria – foire ; peut désigner une foire commerciale ou une fête de ville ou de village

ferrocarril – chemin de fer

fiesta – festival, jour férié ou fête

finca – propriété rurale, ferme

flamenco – flamenco ; chant, musique et danse nés de la fusion d'éléments traditionnels gitans et du folklore andalou

frontera – frontière

fuente – fontaine ou source

gasolina – essence

gitano – gitan

Guardia Civil – gendarmerie ; les agents portent un uniforme vert. Voir aussi *Policía Local, Policía Nacional*

hermandad – confrérie (d'hommes et de femmes), qui, entre autres, participe aux processions religieuses ; synonyme de *cofradía*

hospedaje – pension, auberge

hostal – petit hôtel

infante/a – infant(e) (enfant puîné d'un monarque, non héritier du trône)

instalación juvenil – auberge de jeunesse

IVA – *impuesto sobre el valor añadido ;* équivalent espagnol de la TVA (taxe sur la valeur ajoutée)

judería – dans l'Espagne médiévale, quartier juif

Junta de Andalucía – gouvernement de la communauté autonome d'Andalousie

lavandería – laverie

librería – librairie

lidia – art de toréer

lucio – étang des *marismas* (marais) de Doñana

madrugada/madrugá – aube, petit matin, de 3h environ à l'aube (particulièrement animés dans certaines villes d'Espagne)

marismas – marécages, marais

marisquería – restaurant de fruits de mer

marqués – marquis

medina – médina, mot arabe désignant une ville ou le cœur d'une ville

mercadillo – marché aux puces

mercado – marché

mezquita – mosquée

mihrab – niche de prière indiquant dans une mosquée la direction de La Mecque

mirador – belvédère, point de vue

morisco – dans l'Espagne médiévale, musulman converti au christianisme

moro – maure, musulman (au Moyen Âge)

movida – mouvement culturel, inventif, audacieux et libéré apparu à Madrid après la mort de Franco ; *una zona de movida* ou *zona de marcha* correspond à un quartier animé en ville où l'on se retrouve pour boire un verre et se distraire

mozárabe – mozarabe ; dans l'Espagne médiévale, chrétien vivant sous des autorités musulmanes

mudéjar – dans l'Espagne médiévale, musulman resté dans les territoires conquis par les chrétiens ; se dit aussi d'un style décoratif architectural de l'Espagne chrétienne influencée par l'art islamique

muelle – quai, embarcadère

muladí – dans l'Espagne médiévale, chrétien converti à l'islam

nazareno – pénitent participant aux processions de la Semaine sainte

nieve – neige

nuevo/a – nouveau/elle

oficina de correos – bureau de poste

oficina de turismo – office du tourisme

olivo – olivier

palacio – palais

palo – littéralement, "bâton" ; désigne les différents types de chant flamenco

panadería – boulangerie

papelería – papeterie

parador – hôtel luxueux propriété de l'État occupant très souvent des bâtiments historiques

paraje natural – zone naturelle

parque nacional – parc national

parque natural – parc naturel

paseo – avenue, promenade (lieu et action)

paso – littéralement "pas" ; passage ou station du chemin de croix lors des processions de la Semaine sainte

pasos – plates-formes, portées par des hommes, pour transporter des statues figurant des scènes de la Passion dans les processions religieuses

peña – club, association, souvent de supporters d'un club de football ou d'amateurs de flamenco *(peña flamenca)*, mais parfois aussi club gastronomique

pensión – petit hôtel privé

pescadería – poissonnerie

picadero – manège (équitation)

pícaro – tricheur (aux dés ou aux cartes), crapule, coquin

pinsapar – sapinière, forêt de rares et beaux sapins d'Espagne

pinsapo – sapin d'Andalousie

plateresque – style architectural du début de la Renaissance, caractérisé par des façades richement ornementées

playa – plage

plaza de toros – arènes

Policía Local – police locale ; également appelée *Policía Municipal*. Les agents sont vêtus d'uniformes bleu et blanc. Voir aussi *Guardia Civil*, *Policía Nacional*

Policía Nacional – police nationale

preferente – voiture 1re classe d'un train grande ligne

provincia – province ; l'Espagne en compte 50

pueblo – village, petite ville

puente – pont

puerta – porte

puerto – port ; en montagne, col

puerto deportivo – port de plaisance

puerto pesquero – port de pêche

punta – pointe, cap

rambla – promenade, avenue ou lit de rivière

rastro – marché aux puces, brocante

Reconquista – "Reconquête" de la péninsule Ibérique sur les musulmans (du VIIIe au XVe siècle)

refugio – refuge de montagne

regional (tren) – train interurbain, reliant les villes andalouses

reja – grille, notamment dans les églises ; grille en fer forgé séparant une chapelle de la nef

Renfe – Red Nacional de los Ferrocarriles Españoles ; réseau de chemins de fer espagnol

reserva nacional de caza – réserve nationale de chasse

reserva natural – réserve naturelle

retablo – retable

río – fleuve, rivière

romería – pèlerinage, procession

ronda – boulevard périphérique

salida – sortie

salinas – marais salants, salines

Semana Santa – Semaine sainte, qui précède le dimanche de Pâques

sendero – sentier, piste

sevillana – sévillane ; danse andalouse populaire

sierra – massif montagneux

Siglo de Oro – le "Siècle d'or" de l'Espagne, du XVIe au XVIIe siècle

taberna – taverne

tablao – spectacle de flamenco

taifa –petit royaume musulman à l'époque médiévale

taquilla – billetterie

taracea – marqueterie

tarjeta de crédito – carte de crédit

tarjeta telefónica – carte de téléphone

teléfono móvil – téléphone portable

tetería – salon de thé à l'orientale, avec sièges bas et table basse

tienda – boutique ou tente

tocaor/a – guitariste de flamenco

torre – tour

trenhotel – élégant train-couchettes assez dispendieux

turismo – tourisme ou voiture de tourisme (particulière) ; *el turismo* désigne aussi parfois l'office du tourisme

turista – touriste ; voiture 2e classe d'un train longue distance

valle – vallée

zoco – grand marché des villes musulmanes

zona de protección – zone protégée

zona restringida – zone d'accès réglementé

En coulisses

VOS RÉACTIONS ?

Vos commentaires nous sont très précieux et nous permettent d'améliorer constamment nos guides. Notre équipe lit toutes vos lettres avec la plus grande attention. Nous ne pouvons pas répondre individuellement à tous ceux qui nous écrivent, mais vos commentaires sont transmis aux auteurs concernés. Tous les lecteurs qui prennent la peine de nous communiquer des informations sont remerciés dans l'édition suivante, et ceux qui nous fournissent les renseignements les plus utiles se voient offrir un guide.

Pour nous faire part de vos réactions, prendre connaissance de notre catalogue et vous abonner à notre newsletter, consultez notre site Internet : **www.lonelyplanet.fr**

Nous reprenons parfois des extraits de notre courrier pour les publier dans nos produits, guides ou sites web. Si vous ne souhaitez pas que vos commentaires soient repris ou que votre nom apparaisse, merci de nous le préciser. Notre politique en matière de confidentialité est disponible sur notre site Internet.

À NOS LECTEURS

Merci à tous les voyageurs qui ont utilisé la dernière édition de ce guide et qui nous ont écrit pour nous faire part de leurs conseils, de leurs suggestions et de leurs anecdotes : Sylvain Becquet, Magali Longepierre, Catherine Boyer et Pierre Filliol, Emmanuel Chavanes, M. Epherre-Iriart, M. Fartoukh, Élise, Thierry et Jeanne Gogniat, Emeline Guiu et Geoffroy Jamgotchian, Cécile et Éric Haguenauer, M. Idelovici, Gilles Margall, Dominique Moreau, M. Kheder, Cécile Picron, Christine Veulemans.

UN MOT DES AUTEURS

Brendan Sainsbury

Un grand merci à tous les chauffeurs de bus, les bénévoles sur les sites touristiques, les serveurs de xérès, les chanteurs de flamenco et les spectateurs qui m'ont aidé sans le savoir durant ce voyage, et plus particulièrement à Dora Whitaker pour m'avoir proposé ce travail, et à Josephine Quintero, John Noble et Daniel Schechter pour leur soutien. Je remercie également de tout cœur Manon pour son aide au sujet des passeports, ainsi que ma femme Liz et Kieran, mon fils de 6 ans, pour leur compagnie dans d'innombrables bars, bus, clubs de flamenco et chambres d'hôtel.

Josephine Quintero

J'aimerais adresser d'immenses *gracias* à tous les employés des différents offices du tourisme. Je suis aussi reconnaissante à Robin Chapman de m'avoir accompagnée durant ce voyage, à Paul et Barbara Butler pour leur connaissance de Cazorla, à Miguel et Carmen Guzman pour leurs tuyaux sur la vie nocturne à Grenade et à Brendan Sainsbury pour ses précieux commentaires et conseils. Je n'oublie pas non plus Dora Whitaker dont le soutien constant et les conseils sur ce guide m'ont été précieux.

Daniel C Schechter

Muchas gracias à mes coauteurs John Noble et Josephine Quintero, ainsi qu'à Sandra Vallaure, la blogueuse de Séville, pour avoir facilité mon arrivée et mon départ, et à Tiago Macedo et à Paola Zadra pour leur aide à Cordoue. Je remercie aussi tous les copains de couchsurfing.org pour leurs infos et leur amitié : Juanjo Boullosa et Adolia Romero (à Huelva), Pablo Antonio Fontales (à Écija), Oscar A. Jiménez (à Cordoue), Sara Nevado et Juan Erena (à Cazalla de la Sierra) et Joanna Wegrzyn (à Priego de Córdoba).
Et merci à Rafael Adamuz pour m'avoir invité sur Radio Huelva.

REMERCIEMENTS

Données des cartes du climat adaptées de Peel MC, Finlayson BL & McMahon TA (2007) "Updated World Map of the Köppen-Geiger Climate Classification", *Hydrology and Earth System Sciences*, 11, 163344.

Photographie de couverture : Montefrío, Andalousie, David Tominson/LPI.

À propos de cet ouvrage

Cette 7e édition française du guide *Andalousie* est une traduction-adaptation de la 7e édition du guide *Andalucía* (en anglais), commandée par le bureau de Londres de Lonely Planet

Traduction
Aurélie Belle, Pierre-Yves Raoult, Karine Thuillier

Direction éditoriale
Didier Férat

Adaptation française
Sophie Senart

Responsable prépresse
Jean-Noël Doan

Maquette
Alexandre Marchand

Cartographie
Cartes originales de Mark Griffiths, Valentina Kremenchutskaya, Alison Lyall, Amanda Sierp et Andrew Smith, adaptées en français par Nicolas Chauveau

Couverture
Adaptée par Annabelle Henry pour la version française

Remerciements à Rose-Hélène Lempereur, Michel Mac Leod et Sylvie Rabuel pour leur contribution au texte. Merci également à Julie-Pomme Seramour pour son travail de comparaison des textes et à Virginie Cornu pour le référencement. Merci à toute l'équipe du bureau de Paris. Enfin, merci à Clare Mercer, Tracey Kislingbury et Joe Revill du bureau de Londres ainsi qu'à Darren O'Connell, Chris Love, Craig Kilburn, Carol Jackson, du bureau australien.

index

Références des cartes
Références des photos

Références des cartes
Références des photos

G

H

Références des cartes
Références des photos

N

O

P

INDEX DES ENCADRÉS

Comment utiliser ce guide

Ces symboles vous aideront à identifier les différentes rubriques :

- À voir
- Activités
- Cours
- Circuits organisés
- Fêtes et festivals
- Où se loger
- Où se restaurer
- Où prendre un verre
- Où sortir
- Achats
- Renseignements/transports

Ces symboles vous donneront des informations essentielles au sein de chaque rubrique :

	Numéro de téléphone		Wi-Fi		Bus
	Horaires d'ouverture		Piscine		Ferry
P	Parking		Végétarien	M	Métro
	Non-fumeurs		Familles bienvenues		Tramway
	Climatisation		Animaux acceptés		Train
@	Accès Internet	dort	Dortoir	ch	Chambre
s	Chambre simple	d	Chambre double	tr	Chambre triple
f	Chambre familiale	app	Appartement	ste	Suite

Les adresses sont présentées par ordre de préférence de l'auteur.

Les pictos pour se repérer

- Les coups de cœur de l'auteur
- GRATUIT Des sites libre d'accès
- Les adresses écoresponsables

Nos auteurs ont sélectionné ces adresses pour leur engagement dans le développement durable – par leur soutien envers des communautés ou des producteurs locaux, leur fonctionnement écologique ou leur investissement dans des projets de protection de l'environnement.

Légende des cartes

À voir
- Centre d'intérêt
- Château
- Église/cathédrale
- Monument
- Musée/galerie
- Mosquée
- Plage
- Ruines
- Synagogue
- Temple bouddhiste
- Temple hindou
- Vignoble
- Zoo

Activités
- Plongée/snorkeling
- Canoë/kayak
- Ski
- Surf
- Piscine/baignade
- Randonnée
- Planche à voile
- Autres activités

Se loger
- Hébergement
- Camping

Se restaurer
- Restauration

Prendre un verre
- Bar
- Café

Sortir
- Spectacle

Achats
- Magasin

Renseignements
- Poste
- Point d'information

Transports
- Aéroport/aérodrome
- Poste frontière
- Bus
- Téléphérique/funiculaire
- Piste cyclable
- Ferry
- Métro
- Monorail
- Parking
- S-Bahn
- Taxi
- Train/rail
- Tramway
- Tube
- U-Bahn
- Autre moyen de transport

Routes
- Autoroute à péage
- Autoroute
- Nationale
- Départementale
- Cantonale
- Chemin
- Route non goudronnée
- Rue piétonne
- Escalier
- Tunnel
- Passerelle
- Promenade à pied
- Promenade à pied (variante)
- Sentier

Limites et frontières
- Pays
- Province/État
- Contestée
- Région/banlieue
- Parc maritime
- Falaise/escarpement
- Rempart

Population
- Capitale (pays)
- Capitale (État/province)
- Grande ville
- Petite ville/village

Géographie
- Refuge/gîte
- Phare
- Point de vue
- Montagne/volcan
- Oasis
- Parc
- Col
- Aire de pique-nique
- Cascade

Hydrographie
- Rivière
- Rivière intermittente
- Marais/mangrove
- Récif
- Canal
- Eau
- Lac asséché/salé/intermittent
- Glacier

Topographie
- Plage/désert
- Cimetière (chrétien)
- Cimetière (autre religion)
- Parc/forêt
- Terrain de sport
- Site (édifice)
- Site incontournable (édifice)

LES GUIDES LONELY PLANET

Une vieille voiture déglinguée, quelques dollars en poche et le goût de l'aventure, c'est tout ce dont Tony et Maureen Wheeler eurent besoin pour réaliser, en 1972, le voyage d'une vie : rallier l'Australie par voie terrestre via l'Europe et l'Asie. De retour après un périple harassant de plusieurs mois, et forts de cette expérience formatrice, ils rédigèrent sur un coin de table leur premier guide, *Across Asia on the Cheap*, qui se vendit à 1 500 exemplaires en l'espace d'une semaine. Ainsi naquit Lonely Planet, qui possède aujourd'hui des bureaux à Melbourne, Londres et Oakland, et emploie plus de 600 personnes. Nous partageons l'opinion de Tony, pour qui un bon guide doit à la fois informer, éduquer et distraire.

LES AUTEURS

Brendan Sainsbury

Auteur-coordinateur, Séville, province de Cadix et Gibraltar

Expatrié britannique, Brendan vit aujourd'hui au Canada, près de Vancouver. Pendant un certain temps, il fut guide en Andalousie, menant des circuits culturels et des randonnées dans les collines de Grazalema et dans la Sierra del Terril. Le charme romantique de la région l'a complètement ensorcelé quand il a rencontré sa future épouse, dans un petit village, non loin de Ronda, en 2003. Il est retourné depuis de nombreuses fois en Andalousie et nourrit une véritable passion pour la guitare flamenca et Grenade. Brendan a aussi participé chez Lonely Planet aux guides *Cuba*, *Hiking in Italy* (en anglais), et *Pacific Northwest* (en anglais).

John Noble

L'Andalousie aujourd'hui, Histoire

John, natif de la Ribble Valley, en Angleterre, vit entre les provinces de Cadix et de Málaga depuis le milieu des années 1990 : il a déjà exploré l'Andalousie de fond en comble mais continue d'y faire des découvertes. Le moindre village, la moindre vallée, apporte son lot de révélations sur l'histoire de cette région captivante. John et son épouse Susan Forsyth, aujourd'hui disparue, ont élevé leurs deux enfants en Andalousie, écrit ensemble les deux premières éditions de ce guide, et ont participé à la rédaction de toutes les suivantes.

PAGE 399 AUTEURS (suite)

Andalousie
7e édition
Traduit, et adapté de l'ouvrage *Andalucía, 7th edition, January 2013*

Dépôt légal Mars 2013
ISBN 978-2-81613-333-2

Imprimé par IME (Imprimerie Moderne de l'Est), Baume-les-Dames, France
Réimpression 03, avril 2014

En Voyage Éditions | un département place des éditeurs

Josephine Quintero

Province de Málaga, Province de Jaén, Province de Grenade, Province d'Almería, Voyager avec ses enfants Josephine s'est installée en Espagne après un séjour de sept ans au Koweït où elle était rédactrice en chef du *Kuwaiti Digest* jusqu'à la guerre du Golfe. Vingt ans après, le mode de vie décontracté des Andalous lui plaît toujours autant et elle partage avec joie son temps entre une petite maison dans un *pueblo* (village) de La Axarquía et les faubourgs de la grande cité de Málaga. Josephine aime s'échapper de la ville pour goûter à de nouveaux paysages et à des expériences inédites. Durant ce voyage, elle a découvert une synagogue récemment mise à jour à Úbeda et rencontré dans les Alpujarras des artisans de grand talent qui lui ont ouvert leurs ateliers.

Daniel C Schechter

Provinces de Huelva et de Séville, Province de Cordoue

Daniel C Schechter a vécu dans la péninsule Ibérique (à Lisbonne et à Barcelone) pendant quatre ans, et y revient souvent pour voir ses vieux amis et s'en faire de nouveaux. Pour Lonely Planet, il a écrit sur cinq des communautés autonomes espagnoles, et en a découvert quatre autres pour son plaisir, dont les Canaries, au cours d'un voyage à bord d'un petit yacht néerlandais. Il réside actuellement aux Pays-Bas, où il circule à vélo.